GUIDE COMPLET DE LA PSYCHOLOGIE NOIRE

(5 livres en 1) :
Manipulation psychologique,
Sombre Séduction,
Le Chantage émotionnel,
PNL noire, et Jeux de gaslighting

TABLE DES MATIÈRES

La Manipulation psychologique

Les techniques interdites susceptibles de manipuler, persuader, contrôler mentalement, et comment s'en protéger

Emory Green

TABLE DES MATIÈRES

INTRODUCTION

Il y a quelque chose qui vous a amené à ce livre. Il y a une raison pour laquelle vous êtes ici.

...La seule façon d'identifier cette impulsion est de comprendre qui vous êtes en tant que personne. Vous êtes arrivé là où vous êtes aujourd'hui grâce à un travail acharné, une bonne pratique et en ne négligeant aucun détail. Vous vous êtes construit une vie, n'est-ce pas ? Vous n'avez pas peur de faire des efforts. Vous avez un impact sur ceux qui vous entourent, et vous le savez ; cependant, il y a quelque chose que vous voulez encore savoir. C'est une démangeaison que vous devez gratter.

En tant que personne capable de résoudre des problèmes, de prendre des décisions et naturellement curieuse, vous espérez éclairer les coins sombres du comportement et des activités humaines, et je vous entends très bien. Vos hobbies sont une extension de vos passions ; ce sont eux qui vous motivent et vous définissent. C'est en creusant quelque chose, en cherchant et en découvrant le puzzle que vous restez actif. Vous vous êtes fixé ce défi, alors vous pouvez aller de l'avant.

Vous craignez peut-être que d'autres ne sapent vos réalisations et ne vous les enlèvent, vous laissant sans rien. Est-ce cela qui vous fait transpirer la nuit ? Suis-je proche ? Vous craignez de vous réveiller un jour et de découvrir que tout ce que vous avez construit a été sapé parce que vous n'avez pas gardé les yeux grands ouverts ; vous vous êtes dit que vous deviez rester vigilant face aux ennemis qui pourraient être autour de vous.

Par conséquent, vous voulez comprendre ce qui se cache juste sous la surface et dans l'obscurité du monde.

Y a-t-il certaines choses qui vous laissent perplexes ? Il y a certainement des gens et des forces qui exercent une domination que vous ne pouvez pas comprendre. Vous vous demandez : pourquoi ont-ils le pouvoir, le contrôle, l'argent et la sécurité ? Pourquoi semblent-ils avoir tout ce qu'ils veulent ? Les autres personnes sautent lorsqu'ils sifflent - qu'est-ce qui les a amenés à leur position de commandement ? Quels sont les jeux et les tours qu'ils ont joués et inventés ? Quel est le secret de leur art ?

Ces personnes sont des **manipulateurs**. Elles réalisent et réussissent, sans se soucier du bien-être des autres, et elles ont toujours un avantage sur les autres. Vous les voyez souvent, ce sont eux qui ont le sourire aux lèvres.

Mais comment font-ils ? Quel est leur secret ? Vous en avez assez d'être laissé à l'écart et vous voulez être au courant, car vous comprenez que c'est la seule façon de protéger votre entreprise, votre famille et votre sentiment de bien-être des influences extérieures.

C'est pourquoi vous avez pris ce livre.

Quels que soient vos antécédents, votre origine ethnique, votre identité, vos expériences ou votre carrière, vous avez fait les bons choix, ce qui mérite d'être salué. Allons de l'avant ensemble. Soyez assuré que je suis là pour vous fournir les détails et la perspective dont vous avez besoin.

Le problème est que la plupart des études psychologiques évitent souvent le sujet de la manipulation, notamment en raison de la controverse qu'il suscite. Le sujet peut toucher à la persuasion, à la coercition, à l'exploitation, à la servitude et au contrôle de l'esprit, qui sont tous des sujets sensibles - la manipulation est rarement utilisée comme une force du bien, et cela peut faire peur à lire ! Mais vous ne pouvez pas vous empêcher d'être fasciné, n'est-ce pas ? Moi, je ne peux pas. Comme vous, je refuse d'avoir peur de l'inconnu. Qui nous sommes en tant qu'espèce, ce que nous faisons et pourquoi, sont autant de sujets qui occupent mes pensées.

C'est pourquoi j'ai fait de la manipulation l'objet de mes recherches et que j'ai écrit ce livre. Il s'agit de la première partie d'une série approfondie sur la psychologie noire, dans laquelle j'examine de près la nature humaine et les traits de personnalité omniprésents : le bon, le mauvais et le laid. Ailleurs dans cette série, j'explorerai en profondeur le gaslighting, le chantage émotionnel, la persuasion noire et la programmation neuro-linguistique noire (PNL). Ici, nous allons examiner la manipulation sous ses nombreuses formes.

La **manipulation, c'est-à-dire le fait d'amener les** autres à faire des choses, est aussi vieille que le monde, et nous en parlons et écrivons depuis tout aussi longtemps. Le tout premier livre de la Bible nous montre Satan, sous les traits du serpent, utilisant la tentation pour des motifs ultérieurs. Les textes grecs et sanskrits de l'Antiquité mettent également en scène de manière explicite le lien entre la volonté et les personnes au pouvoir. Shakespeare a fait des études de cas poétiques sur les manipulateurs et la manipulation, et les dystopies modernes - les *cauchemars* orwelliens - *dressent* un tableau des fake news, de la propagande et de la déformation de l'information qui pourrait nous donner des frissons.

La manipulation est partout, et nous en faisons l'expérience tous les jours : sous la forme de communiqués de presse gouvernementaux, de campagnes politiques, de slogans publicitaires, et dans les demandes "subtiles" de faveurs de la part de proches, de collègues et d'inconnus. Souvent enveloppée de fiction et masquée par l'intrigue, la manipulation est un client sournois qui fonctionne mieux lorsque nous en sommes le moins conscients.

Ce livre vous donnera toutes les informations dont vous avez besoin pour y voir clair. La connaissance est le pouvoir, et tout a une explication ! La préparation est essentielle ; si vous voulez garder une longueur d'avance, vous devez savoir ce qui se passe dans le monde et être plus malin que les autres. Vous acceptez les autres - c'est dans votre ADN - mais cela ne veut pas dire que vous ne devez pas essayer de mieux comprendre les intentions des autres. Bien équipé, vous pouvez empêcher quiconque de profiter de vous, de sorte que vous ne serez pas une victime. Personne ne va vous escroquer, vous amener à faire quelque chose de préjudiciable à votre bien-être ou vous retenir. Il est essentiel que vous compreniez cela. La lecture des idées et des expériences présentées dans ce livre vous aidera à faire de vos ambitions une réalité.

Je travaille en tant que psychologue depuis plus de vingt ans. Au cours de cette période, j'ai également été consultant pour de grandes entreprises, offrant des conseils en matière de cognition, de comportement et de motivation. En tant que tel, j'ai été en contact avec des PDG et des chefs d'entreprise de premier plan, et j'ai rencontré plus que ma part d'esprits géniaux ! J'ai vu comment ils jouent le jeu - certains le jouent bien, d'autres mal, d'autres équitablement, d'autres encore moins bien. J'ai appris que les personnes les plus prospères, les plus admirées et les plus respectées ont toutes une connaissance approfondie de la manipulation ; c'est pourquoi je me suis fixé pour objectif de discuter de ce sujet avec elles, en étudiant les tactiques et les approches éthiques. Je veux maintenant vous faire part de ces secrets.

Mes idées, mes intérêts et mes connaissances ont aidé un large éventail d'associés, et leurs réalisations, leur gratitude et leur sentiment de sécurité témoignent de l'efficacité de mon approche. Une fois que vous aurez terminé la lecture de ce livre, vous serez également la preuve de son succès. Vous le verrez et le sentirez en vous, et les autres le sentiront aussi autour de vous.

Je peux vous faire cette promesse : je ne suis pas là uniquement pour satisfaire votre infomanie ou titiller votre curiosité. Je veux changer votre façon de penser, de vous comporter et de fonctionner, pour le mieux. Je tiens à éviter les hyperboles, le superflu et les affirmations grandioses et sans fondement, car ils n'ont pas leur place ici. Ce livre présente des faits. Avant tout, il répondra à un grand nombre de questions et d'incertitudes que vous pouvez avoir sur ce sujet, tout en fournissant une base solide des connaissances dont vous avez besoin pour progresser.

Équilibrant la science et les nouvelles théories radicales, ce livre vous donnera les outils dont vous avez besoin pour éviter les personnalités au noyau sombre avant qu'il ne soit trop tard. Il s'agit des types malveillants : ceux qui présentent un trouble de la personnalité narcissique, un trouble de la personnalité antisociale et un machiavélisme. J'explorerai ces caractéristiques plus en détail plus loin dans le livre. Pour l'instant, soyez prévenu : vous devrez vous tenir à l'écart de ces personnes. Je veux en tout cas vous aider à repérer rapidement les manipulateurs, de loin et de près. Vous apprendrez à identifier leurs méthodes, leurs arnaques et leurs techniques coercitives.

Préparez-vous à lire un aperçu fascinant des différentes facettes du comportement humain, en examinant le côté le plus sombre de la nature humaine. Je vous proposerai une nouvelle façon d'envisager la manipulation psychologique. Vous comprendrez mieux comment l'esprit humain fonctionne et comment il se défend, se protège et s'affirme.

C'est ainsi que vous serez en mesure de déjouer les plans des autres. Plus que ça, vous voulez participer à l'action, non ? Non pas comme un prédateur ou un tyran, mais pour utiliser ces stratégies de manière éthique. C'est ainsi que vous aiguiserez votre capacité à porter des jugements proactifs, ce qui renforcera votre sens du leadership. Vous contribuerez à la croissance de votre entreprise et à votre réussite personnelle en motivant et en inspirant les personnes qui vous entourent. Il s'agit de trouver le bon équilibre dans votre approche, et nous allons examiner de près comment cela est possible.

Vous n'avez pas à craindre cette part inconnue de la nature humaine qui se trouve dans l'ombre, et vous n'avez pas besoin d'être un Jedi de Star Wars pour vaincre le côté obscur ! Il existe des forces puissantes qui n'ont pas à cœur le bien du reste de l'humanité. Tu ne dois pas t'y rendre vulnérable.

En explorant toutes les facettes de la nature humaine - la lumière comme l'obscurité - nous pouvons mieux comprendre l'ensemble. C'est ainsi que l'on peut réaliser son potentiel. C'est ce que vous voulez, n'est-ce pas ? Vous voulez faire confiance à votre instinct et éviter de vous faire embobiner. Vous n'êtes le dupe de personne et vous vous sentez en sécurité de ce fait. Alors, allez de l'avant et mettez de côté votre ignorance. Soyez prêt à faire face à ce qui peut être inconfortable à apprendre mais qui vous aidera à acquérir une vie meilleure et plus intelligente. C'est la raison pour laquelle vous êtes en train de lire mon livre.

Vous appréciez ce livre jusqu'à présent ? N'oubliez pas de vous rendre au bas de ce livre pour découvrir une ressource gratuite de taille réduite, mais précieuse, sur l'hypnose conversationnelle. Ce mini-livre électronique est le moyen le plus simple d'apprendre à devenir un hypnotiseur conversationnel efficace. Vous êtes curieux de voir les bénéfices que cela peut apporter à vos conversations quotidiennes ? Obtenez votre exemplaire dès maintenant ! Cette ressource gratuite n'est disponible que pour une durée limitée.

La zone grise -
Dynamique de manipulation

Bienvenue au chapitre 1, dans lequel je vais vous emmener dans un territoire très sombre. Attendez-vous à ce que vos yeux soient grands ouverts. Si nous voulons comprendre ce sujet, nous devons commencer par comprendre ce qui définit et constitue un domaine aussi complexe du comportement social. Je vous guiderai à travers ce sujet avec soin et étape par étape afin que vous puissiez avoir une compréhension meilleure et plus complète.

Un point de départ : Qu'est-ce que la manipulation psychologique ?

Je suis convaincu que non seulement nous avons tous été manipulés à des moments fréquents de notre vie, mais que nous avons également tous été responsables, dans une certaine mesure, de la manipulation d'autres personnes, que ce soit de manière innocente ou non. Par essence, la manipulation consiste à convaincre psychologiquement quelqu'un d'autre de ressentir une certaine chose ou de faire quelque chose. Quel est exactement ce désir ? Les raisons de la manipulation peuvent être nombreuses : la convoitise du pouvoir, des ressources, de l'argent ou de "quelque chose en plus" sont toutes des raisons valables. La manipulation est peut-être liée au statut social : il s'agit de renforcer sa propre estime de soi et d'influencer une personne en limitant son autonomie. Il peut être motivé par la paresse - un manque de volonté de faire le travail - ou par le désir d'une force supplémentaire. Il peut s'agir d'un désir de contrôle ou de gratification. En fin de compte, c'est une question de *gain*.

Il peut certainement prendre de nombreuses formes différentes, que ce soit.. :

- Sexuel
- Commercial
- Politique
- Financier
- Social
- Emotionnel

Ne pensez pas un instant que la manipulation est toujours voyante et agressive ; dans la plupart des cas, elle ne l'est pas. Elle peut être subtile, insidieuse, discrètement persuasive et, souvent, sournoise. Dans ces circonstances, vous ne vous êtes peut-être même pas rendu compte que vous en étiez victime. Parfois, vous avez été mis au pied du mur de façon si nette que vous pouvez même croire que c'est la seule option qui s'offre à vous.

L'art de la manipulation dans le monde d'aujourd'hui

Les techniques et les effets de la manipulation sont intemporels et existent depuis le début de l'humanité. Cependant, elle est devenue particulièrement exploitable au cours des vingt dernières années, et ce à bien des égards. Je souhaite vous permettre de mieux comprendre comment le jeu psychologique opère dans le monde qui vous entoure, et vous faire prendre conscience de son omniprésence.

1. Nous entendons souvent dire que nous vivons dans une culture de consommation, et vous pouvez considérer cela comme une bonne chose ou comme le front de tous les maux. Si je devais approfondir ce sujet, nous aurions un tout nouveau livre. Quoi qu'il en soit, le capitalisme occidental s'est certainement construit sur le dos de la **dépendance, c**'est-à-dire sur l'idée que les produits sont essentiellement des drogues, qu'il s'agisse de la dernière émission de télévision, de la dernière chanson ou du dernier film, de la dernière mise à jour de logiciel, de la mise à niveau du produit, de la tendance en matière

de parfum ou de la dernière paire de baskets. Ils procurent une satisfaction rapide, qui peut s'user et nécessiter un remplacement. La durée d'attention ne dure pas longtemps, d'où ce besoin d'innovation. Par conséquent, le consommateur est encouragé à rechercher un stimulus constant sous la forme de mises à jour. Sans ce stimulus, l'économie s'effondre, ce qu'aucun d'entre nous ne souhaite. En tant que tel, ce système est ouvert aux abus, et les anticapitalistes nous diront certainement que la société n'est qu'une grande entité qui fait tourner l'argent, jouant sur nos faiblesses, des machines à sous au dernier iPhone. Nous avons été encouragés à devenir des accros de la dépense pour maintenir notre mode de vie à flot.

2.   Au centre de ce système mondial se trouve le *marketing* ; là encore, c'est le sujet d'un livre à part entière. Le principal aspect de la manipulation dans ce domaine est la **publicité**. En un mot, son art - sa raison d'être - consiste à persuader les gens d'acheter ou de faire quelque chose. Souvent, cette personne est persuadée alors qu'elle n'a même pas identifié de besoin. Dans un monde en constante évolution, peuplé de nouveaux produits, la seule constante est que les entreprises essaient toujours de nous faire acheter leurs produits. Les agences de marketing conçoivent chaque année de nombreux stratagèmes pour inciter les consommateurs à acheter un produit ou un service afin de protéger leurs intérêts. Ce ne sont que des faits - la manipulation est un phénomène courant. On nous donne des logos à reconnaître, des thèmes et des airs à fredonner et des slogans à répéter. Toutes ces tactiques publicitaires font appel à nos vanités, à notre perception de nous-mêmes, à nos espoirs et à notre bien-être émotionnel.

3.   Les **médias sociaux** sont un sujet brûlant en matière de manipulation psychologique. Ils peuvent sembler amusants et présenter de nombreux avantages, mais en tant que parent d'adolescents, je peux affirmer que tout l'environnement est construit autour de la manipulation. Le comportement de la foule, ce que l'on doit dire, lire, regarder, ressembler, où manger ou partir en vacances, tout cela nous est

présenté comme jamais auparavant. Autrefois, il y avait les magazines à potins et les discussions sur les dernières tendances au sein des cercles sociaux ; aujourd'hui, cette influence est *instantanée*. Notre envie, notre admiration et nos aspirations sont encouragées par des "likes", des émoticônes et des commentaires. Ce que nous voyons est considéré comme cool et désirable, et ne pas avoir les mêmes choses que les autres est considéré comme un grave échec. Si nous n'arrivons pas à suivre nos séries et nos notifications, nous sommes grillés. Dans un monde occupé, les médias sociaux peuvent devenir notre ami le plus proche, nous permettant de nous connecter à n'importe quelle heure de la journée... ou de plusieurs heures de la journée. Il est tout à fait naturel que nous soyons guidés par ce que les médias sociaux ont à dire.

4. Si nous regardons une certaine chaîne d'information ou lisons un certain média, ses opinions peuvent finir par devenir les nôtres. Il existe une telle quantité d'informations, ainsi que divers diffuseurs et sources d'information, que nous ne pouvons espérer les écouter tous. Par conséquent, nous nous concentrons sur un seul média et, au bout d'un certain temps, nous pouvons constater que nos opinions politiques/éthiques sont formées par quelqu'un d'autre pour nous. Peut-être qu'avec tout ce qui se passe, nous voulons secrètement qu'on nous dise quoi penser, qu'on nous dise ce qui est bien ou mal. Nous n'appelons pas cela l'**abrutissement**, mais c'est ce que c'est au fond.

5. La montée des **"fake news" a fait l'objet de** nombreuses discussions récemment. Au-delà de l'objectivité - ou de son absence - un bon mème peut avoir des répercussions durables sur la société. Internet est certainement plus difficile à contrôler que les organes d'information plus traditionnels, sur papier. Une étude récente sur les élections britanniques de décembre 2019 a révélé que 88 % des publicités en ligne d'un parti particulier étaient fausses ou trompeuses. L'idée n'était pas importante, mais l'effet final était le but. Par conséquent, les électeurs - volontairement et involontairement - se sont laissés laver le cerveau, ce qui est la définition du contrôle mental !

6. Je veux aussi mentionner le **photoshopping**. Qui n'a pas modifié l'éclairage d'une photo pour obtenir l'effet exact qu'on voulait ? C'est un truc innocent, non ? Peut-être, mais nous manipulons *littéralement l'*image que nous donnons de nous-mêmes. Le fait de ne pas présenter son vrai visage a des conséquences sur la santé mentale. De plus, si les photos peuvent être trafiquées, qui peut dire avec certitude ce qu'est la réalité ? Nos opinions, notre bien-être et notre sécurité sont tous ouverts à l'exploitation à une échelle plus grande que jamais.

7. Nous avons tous besoin d'argent pour survivre. Nous avons tous des factures à payer et des biens à acheter pour nous en sortir. Certains d'entre nous peuvent se retrouver dans des situations où ils essaient d'accepter n'importe quel travail pour garder la tête hors de l'eau. Les droits syndicaux et du travail ne sont pas universels, et les bas salaires et les contrats à durée indéterminée peuvent se combiner pour exploiter les travailleurs. Si l'on nous demande de faire un petit extra, qui, par crainte d'être licencié et de perdre son emploi, ose se plaindre ? Ce problème n'est pas nouveau. Grâce aux manipulations du **marché mondial**, des produits et des services peuvent être fabriqués et fournis pour presque rien dans une partie du monde, puis vendus à un tarif plus élevé dans une autre. Notre stabilité économique, sans parler des espoirs d'égalité et d'équité, est sujette à de graves abus.

8. On a beaucoup parlé récemment du **grooming**, qui peut techniquement faire référence à n'importe qui et à n'importe quelle situation, mais qui concerne généralement les enfants ciblés en ligne par des pédophiles se faisant passer pour d'autres enfants. Il peut aussi, bien sûr, prendre la forme d'e-mails ou d'appels de "vendeurs". La victime est ciblée et une connexion émotionnelle subtile est établie. Le grooming est une forme moderne et particulièrement désagréable de duperie. Le terrain est préparé à l'avance, la marque est beurrée avant qu'une proposition soit faite, et l'avantage est pris pour atteindre le but final.

Vous pouvez reconnaître certaines ou aucune des formes de manipulation ci-dessus, mais laissez-moi vous assurer qu'elles sont toutes prolifiques. J'espère que vous réalisez maintenant que, au sens figuré, la manipulation est dans l'air que nous respirons. Les manipulateurs nous entourent et marchent au milieu de nous, souvent sans que nous le sachions.

Comment les pièges sont posés

Certaines techniques de manipulation sont ouvertes, par exemple lorsqu'un ami nous demande carrément de l'accompagner à une soirée et de l'emmener en voiture, alors que nous avons d'autres engagements. Dans ce cas, nous pouvons être heureux de suivre le mouvement. Dans cette situation, il se peut que nous ayons été amenés à conduire quelqu'un à un événement auquel nous n'avons pas particulièrement envie d'aller, mais notre ami a été honnête à ce sujet, et ce sera amusant... n'est-ce pas ?

D'autres tactiques sont exprimées par des moyens sournois et trompeurs. Par exemple, si votre ami ne vous dit pas franchement qu'il veut cette voiture, mais qu'il compte quand même sur elle : *Viens, pourquoi pas ?* et *Tu vas adorer* se transforment en *Comment vas-tu y aller ?* et *Ma voiture est en réparation. Je pense que je vais devoir manquer cette fête.* Tu vois ce qu'ils ont fait là ? Ils vous ont fait vous engager et vous ont enthousiasmé pour quelque chose. Puis, ils vous demandent une faveur sans *vraiment* vous la demander - ils vous font sentir mal à l'idée que vous puissiez *ne pas* la faire. Ils se sont joués de vous, en vous orientant dans la direction qu'ils voulaient que vous preniez.

Ce genre de techniques sournoises peut souvent faire intervenir des jeux de pouvoir. *Si vous ne le faites pas, cela signifie que vous ne m'aimez pas* ou, dans un contexte professionnel, que vous *me laissez tomber avec ça et que je n'ai pas d'autre choix que de penser que vous ne prenez pas ce travail au sérieux.* Quelqu'un vous a-t-il déjà dit ce genre d'intimidation à l'envers, ou l'avez-vous entendu dire à d'autres personnes de votre entourage ? En substance, ce type de langage oblige la personne à faire quelque chose qui la met mal à l'aise parce qu'elle s'inquiète des conséquences potentielles ; on lui fait craindre des répercussions. En d'autres termes, elle est manipulée.

Peut-être certaines personnes voient-elles une faiblesse ou une "ouverture" chez les autres, et agissent-elles délibérément en conséquence. Sinon, elles sentent une vulnérabilité subliminale et ne peuvent s'empêcher d'y répondre.

Cependant, n'oubliez pas que ce chapitre s'intitule "La zone grise" et que l'exemple suivant illustre bien ce que je veux dire. Votre mère prépare d'excellents gâteaux et fait tout pour vous rendre heureux. Vous n'en êtes pas forcément conscient, mais elle fait partie de ces femmes au foyer naturelles qui font toujours passer les autres en premier. Que vous vous sentiez déprimé après une rupture ou que vous ayez simplement faim, où allez-vous ? Au ranch, bien sûr, pour la bonne cuisine de maman ! L'avez-vous manipulée pour qu'elle vous fournisse la couverture de confort émotionnelle et pratique que vous voulez ? *Peut-être*. Mais aussi, *peut-être* pas. Peut-être que cela l'ennuie secrètement et qu'elle se sent épuisée, mais il se peut aussi qu'elle retire plus de cette relation que vous ne l'imaginez - à savoir, peut-être le sentiment d'être utile et importante dans la vie de son enfant. C'est ce que je veux dire par l'existence d'une zone grise dans la manipulation.

Une perspective philosophique

Allen W. Wood, professeur de philosophie très respecté et publié, fait référence aux différents aspects de la manipulation comme étant moralement problématiques. Toutefois, comme je l'ai déjà évoqué, certains affirment que toutes les formes de manipulation ne sont pas mauvaises. Nous ne devons pas toujours supposer le pire ou qu'une situation est entièrement négative. Comme je l'ai dit, quelles que soient les intentions du manipulateur, un gain mutuel peut parfois résulter de ces arrangements. Si tel est le cas, y a-t-il réellement une perte ? L'acte de manipulation doit-il être entièrement diabolisé ?

J'examinerai ce sujet, et la notion d'éthique, plus en détail au chapitre 8. Pour l'instant, je veux vous aider à comprendre certains des arguments philosophiques et psychologiques concernant la manipulation.

On me demande souvent si les manipulateurs agissent délibérément ou si leur manipulation se fait inconsciemment sans qu'ils s'en rendent compte. Prenons l'exemple de cet ami dont j'ai parlé plus tôt, qui vous a proposé de vous accompagner à une soirée, puis qui a eu besoin d'un chauffeur. Est-ce qu'il vous manipule encore, même s'il ne l'a pas fait exprès ? Que se passerait-il s'il vous demandait de l'accompagner sans penser à la façon dont il se rendrait sur place, ou s'il mentionnait ses propres problèmes de transport sans avoir l'intention de profiter de votre générosité ? Dans ce cas, Marcia Baron, professeur de philosophie Rudy à l'université d'Indiana, pose une question importante : faut-il une intention consciente pour qu'il y ait manipulation ? Ce sujet a été constamment débattu, et les seules réponses que nous ayons sont subjectives, éthiques et philosophiques (non concrètes).

En effet, parmi d'autres perspectives, la manipulation pourrait n'être qu'une question de gestion et de motivation efficaces des personnes. Tous les patrons, parents et enseignants pourraient être considérés comme des manipulateurs sous un angle particulier, car une bonne gestion et la persuasion sont essentielles dans ces cas-là. Certains manipulateurs, naturellement, sont plus positifs que d'autres, comme vous en avez probablement fait l'expérience. L'abus de position est courant ; toutefois, dépassons un instant le côté négatif.

Dans des relations saines et constructives, nous nous influençons mutuellement en permanence, qu'il s'agisse de choix de mode de vie ou de bons livres à lire. La négociation et le débat sont le carburant de l'interaction sociale ; le compromis et l'écoute des autres peuvent nous aider à nous épanouir en tant qu'êtres humains. Les régimes visent également à nous améliorer, alors ne faisons pas nécessairement un méchant des entreprises qui tentent de nous promouvoir une alimentation riche en vitamines et leurs produits. Qu'en est-il des organisations caritatives ou des ONG qui utilisent leurs talents de persuasion pour nous alerter sur une certaine situation et demander notre aide ? Il y a aussi la question d'un enfant qui fait une crise de colère destructrice ou d'une personne dépressive qui envisage le suicide. Sortir cette personne de cet état d'esprit et la convaincre d'un point de vue différent - la manipuler - est évidemment une bonne chose à faire. Dans ces cas, on pourrait dire que ce qui est perdu (le libre arbitre) est plus important que ce qui est gagné.

Nous aborderons plus tard, au chapitre trois, l'archi manipulateur Niccolò Machiavelli. Homme de la Renaissance par définition - philosophe, diplomate, écrivain, polyamoureux et pragmatiste de l'Italie du XVe siècle au XVIe siècle - on pouvait toujours compter sur lui pour inventer une phrase et défendre une action. Bien qu'il n'ait jamais dit que *la fin justifie les moyens*, il a épousé cette philosophie. L'expression se résume à dire que quelles que soient les techniques ou les voies empruntées pour obtenir ce que l'on veut, elles sont toutes acceptables dans la poursuite de cet objectif. Bien que suffisamment célèbre pour que ses diverses philosophies soient encore suivies aujourd'hui, il était plus infâme que célèbre, avec ses propres intérêts à cœur. Ses paroles s'appliquent généralement à des affaires d'État louches et sont rarement utilisées comme un compliment. Pourtant, ce dont il parle, c'est du **conséquentialisme**. Il y a près de 2 000 ans, l'homme politique grec Démosthène a résumé ce terme de façon très claire : *Chaque avantage du passé est jugé à la lumière de l'enjeu final*. Par conséquent, il est permis de manipuler quelqu'un si l'objectif est (vraisemblablement) bon et/ou si la personne en bénéficie d'une manière ou d'une autre.

Le philosophe allemand du 18e siècle, Emmanuel Kant, ne serait pas d'accord. Tout au long de ses écrits, il a clairement indiqué que les personnes ne devaient pas être utilisées comme un moyen d'atteindre les objectifs d'autres personnes, même si ces intentions sont considérées comme bonnes, nobles ou dans l'intérêt de la majorité. Aucune mauvaise action n'est excusable. Il croyait en un principe suprême de moralité, connu sous le nom d'impératif catégorique. Nous avons le devoir moral de faire le bien et devons le poursuivre de manière éthique à tout moment.

Là où cela pose problème, c'est la manière dont la moralité fonctionne au niveau individuel. Existe-t-il un bien ou un mal sans équivoque ? Il est facile de comprendre pourquoi la plupart des gens diraient que le fait de faire pression sur un toxicomane, de le tenter, de le tromper, de l'exploiter et de le contraindre à cesser de prendre des drogues mortelles est une forme morale de manipulation, mais tout le monde serait-il d'accord ? Inversons légèrement la situation : un patient a besoin de médicaments et de transfusions sanguines pour survivre ; cependant, sa religion lui dit que l'utilisation de ces moyens est moralement inacceptable. Supposons que vous soyez médecin et que vous ayez une vision religieuse différente. Quel niveau de manipulation et de persuasion est autorisé pour garantir la survie du patient ? Démosthène aurait pu être tenté de dire n'importe quel niveau. Kant serait plus enclin à dire *"pas du tout"*.

La complication ici est que personne n'est jamais d'accord sur le sujet philosophique de la moralité. Une manipulation bien intentionnée d'un côté peut apparaître comme une intimidation égoïste de l'autre. Pour que l'une des parties change d'avis, l'autre devra peut-être user d'encore plus de persuasion.

Dans l'Athènes antique, il existait une population de professeurs connus sous le nom de **sophistes**. On pouvait les engager pour parler en votre nom dans des affaires juridiques ou vous instruire dans l'art de bien parler. L'accent n'était pas nécessairement mis sur la véracité de ce qui *était* dit, mais sur la manière de *le* dire. Socrate, le "père" de la philosophie occidentale, détestait ses contemporains, les sophistes, parce qu'ils cherchaient à gagner un argument au détriment de tout le reste. Ils manipulaient l'opinion des gens afin d'être considérés comme corrects. De tout temps, les avocats et les hommes politiques ont utilisé cette approche - des techniques de persuasion connues sous le nom de **rhétorique**. Aujourd'hui, nous appelons ces tactiques - la rhétorique - des arguments astucieux mais faux, conçus pour impressionner les autres afin d'obtenir ce que nous voulons.

Nous méprisons nos adversaires lorsqu'ils utilisent la rhétorique, mais nous applaudissons lorsque nos héros le font. Le Premier ministre britannique de la guerre, Winston Churchill, était un grand orateur. Malgré de nombreux échecs professionnels et un certain nombre de fautes personnelles considérables, il est considéré comme un homme d'État en raison de son approche pondérée et de son attitude énergique face au fascisme et à l'invasion nazie. Il a renversé le courant populaire, rallié une alliance et utilisé ses talents verbaux pour maintenir la démocratie en vie. De nos jours, il est tentant de dire que cette compétence orale est une astuce d'exploitation galvaudée ; elle peut tomber entre les mains de démagogues qui espèrent attiser les préjugés pour faire avancer leurs propres désirs.

Le psychologue et sociologue français Gustave Le Bon, écrivant vers la fin du 19e siècle, a analysé la dynamique de la révolution française de 1789 comme une forme de manipulation des foules et de propagande. Sa *psychologie de la foule* suggère sans équivoque que si vous répétez un message accrocheur suffisamment de fois, que vous persuadez les personnes influentes d'épouser votre cause et que vous répétez le même message pour vous-même, les gens en général le défendront en masse. Cette idée peut bien sûr être désabusée, car elle peut conduire à une manipulation généralisée. À l'ère moderne, il semble impossible d'y échapper, et j'imagine que Le Bon aurait beaucoup à dire sur la capacité de la publicité et des médias sociaux à déformer la réalité.

Dans ces termes, comment pouvons-nous distinguer le bien du mal ? Comment pouvons-nous même comprendre notre propre esprit ? Nous sommes constamment manipulés, sans même nous en rendre compte. Aucune des informations que nous recevons, des nouvelles que nous entendons, des ragots que nous recueillons ou de l'histoire que nous avons apprise ne reflète la vérité, mais seulement une version de celle-ci. En fait, nous sommes continuellement conditionnés - et affaiblis - par les opinions subjectives des autres. Nous sommes des proies faciles, et tout le monde ne nous veut pas du bien.

CHAPITRE DEUX

Bienvenue du côté obscur

Êtes-vous prêt à explorer les aspects les plus désagréables de la nature humaine ? Dans le chapitre précédent, nous avons abordé la dynamique de la manipulation. Je voudrais maintenant examiner ce qui pousse certaines personnes à abuser de la confiance, du bien-être et de la sécurité d'autrui. Pour ce faire, nous devons bien comprendre un domaine de la psychologie qui n'est pas à prendre à la légère.

Le voyage commence : Qu'est-ce que la psychologie noire ?

Qu'est-ce qui rend certaines personnes mauvaises ? C'est une discussion qui obsède la philosophie et la psychologie sociale, et ce depuis la nuit des temps.

Vous entendrez certaines personnes dire que tel ou tel enfant a toujours été destiné à être pourri. Autrefois, ma grand-mère montrait souvent du doigt un enfant du quartier et disait : "*Crois-moi, chérie, il sera mauvais*". Ce genre de pensée résume la croyance selon laquelle certaines personnes sont simplement nées mauvaises.

Dans son ouvrage dystopique *Minority Report*, qui a ensuite été adapté au cinéma avec Tom Cruise, Philip K. Dick se penche sur les caractéristiques psychologiques des criminels. L'histoire explore le principe selon lequel les crimes peuvent être prévus avant qu'ils ne se produisent, ce qui implique que certaines personnes sont prédisposées à les commettre. De nos jours, la science suggère que certains déséquilibres chimiques peuvent motiver un comportement antisocial - alors, est-ce vraiment dans les gènes ? Si oui, est-ce incurable ? Dans quelle mesure les facteurs sociaux jouent-ils un rôle ?

Arber Tasimi aborde cette question de front. Diplômé postdoctoral du département de psychologie de l'université de Stanford, sur le point d'occuper un poste de professeur adjoint de psychologie à l'université Emory d'Atlanta, en Géorgie, il s'est spécialisé dans l'étude du penchant moral des bébés. Il s'est posé la question suivante : à quel âge commençons-nous à comprendre l'idée du bien et du mal avant que le langage, la culture et les facteurs sociaux n'aient un impact ? En substance, ses études portent sur la recherche de valeurs fondamentales.

Tasimi a effectué une série de tests avec des nourrissons de 13 mois pour voir si une attirance pour le mal pouvait être identifiée chez eux. Ses études consistaient à utiliser des marionnettes pour jouer des histoires avec un personnage clairement bon et un personnage clairement mauvais. Après le spectacle, les marionnettes morales et les marionnettes méchantes offraient un biscuit aux enfants. Tasimi s'est intéressé aux tendances de la préférence des enfants pour le biscuit qu'ils avaient choisi. Fondamentalement, il s'est demandé s'ils étaient influencés par le bien ou le mal ; vers quoi gravitaient-ils ? Il a prévu de pousser cette étude un peu plus loin et d'introduire des marionnettes avec des nuances de gris ; en d'autres termes, ces personnages "moins mauvais" reçoivent-ils une préférence particulière de la part des enfants qui, auparavant, ne préféraient que la bonne marionnette ? Cette étape supplémentaire permet de découvrir si les enfants peuvent faire la différence entre différents degrés de méfaits.

Le Dr Delroy Paulhus, professeur de psychologie à l'université de Colombie-Britannique à Vancouver, s'est donné pour mission de s'attaquer au sujet des échelles de méchanceté. Il refuse d'accepter qu'il n'y ait toujours que du *bon d*'un côté et du *mauvais de l'autre*. Fasciné par le "mal quotidien", il pense qu'il y a beaucoup de gris entre les deux. Dans le cadre de ses recherches approfondies sur le sujet, il a entrepris toute une série de tests psychologiques pour déterminer la propension d'un individu à blesser ou à exploiter les autres. Son objectif était de renforcer sa compréhension des caractéristiques de la personnalité sombre de différentes personnes - égoïsme, machiavélisme, désengagement moral, narcissisme, droit psychologique, psychopathie, sadisme, intérêt personnel et méchanceté.

Ses résultats l'ont amené à conclure qu'il existe probablement un spectre qui couvre différents niveaux d'inclinaison vers le mauvais comportement, et que nous nous situons tous quelque part sur ce spectre.

Cette recherche part du principe que nous sommes *tous* potentiellement capables de violence, de méchanceté, de mal et de déviance. Certains peuvent tendre vers l'obscurité, d'autres vers la lumière, mais nous pouvons être bons et mauvais à la fois. Il existe une dichotomie dans nos esprits, nos esprits et nos cœurs. À bien des égards, le dernier opus de la franchise Star Wars, *The Rise of Skywalker,* aborde exactement cette question ! Pour expliquer : le film s'intéresse à la lutte entre les impulsions bénignes et malveillantes dans la psychologie d'un individu. Il examine comment nous essayons d'éviter la tentation et de faire de bonnes actions, mais comment nous finissons toujours par être séduits par des désirs égocentriques.

La psychologie noire fait le même travail et pose les mêmes questions, mais de manière plus académique. Essentiellement, elle s'intéresse à l'étude approfondie de cette bataille interne. Elle pose des questions essentielles telles que : *pourquoi certaines personnes prennent-elles plaisir à être cruelles et à mettre les autres mal à l'aise ? Pourquoi adoptent-ils des comportements antisociaux ?* Au fond, il cherche à comprendre pourquoi certaines personnes sont enclines à s'en prendre aux autres.

Les anthropologues soutiendraient que la capacité à être un prédateur est inscrite dans notre ADN depuis la nuit des temps. Sinon, comment aurions-nous pu survivre dans les plaines rocheuses ? Nous chassions d'autres animaux, si bien que l'idée de considérer d'autres créatures comme des proies est devenue naturelle. Nous portons encore cette idée dans notre sang, mais maintenant que nous sommes en sécurité au sommet de la chaîne alimentaire avec une nourriture toute prête, ces impulsions ont faim d'autres moyens d'expression. Ainsi, nous avons tendance à avoir *envie* de prier les uns sur les autres, non pas comme une source de nourriture, mais comme une exigence pour satisfaire un besoin psychologique.

Cette empreinte génétique historique que nous partageons tous est la raison pour laquelle divers individus de toutes les cultures et sociétés ont tendance à victimiser d'autres personnes. Naturellement, la plupart d'entre nous ne passent pas à l'acte - sinon, il y aurait probablement un désordre civil et une anarchie totale - mais certains nourrissent leurs pulsions, en font leur passe-temps ou, dans certains cas, presque une occupation.

Le roman terrifiant de Bret Easton Ellis, *American Psycho, qui a* ensuite été porté à l'écran, explore dans des détails sanglants comment certaines personnes peuvent développer un véritable goût et une addiction pour infliger de la douleur aux autres. Ce goût se transforme en tendances psychopathiques irrépressibles, et l'individu peut devenir déterminé à détruire les autres. Cependant, il ne faut pas croire que c'est le cas pour toutes les personnes qui agissent selon leurs sombres instincts ; il n'y a pas toujours un contexte physique à ces impulsions. Nous ne parlons pas toujours d'abus sexuel ou de meurtre lorsque nous faisons référence aux prédateurs humains. Ce comportement criminel peut également se manifester en termes moins sanglants de tricherie, de tromperie et d'exploitation, comme nous le verrons dans les chapitres suivants.

Dans la plupart des cas, selon les principes directeurs de la psychologie noire, le comportement abusif a un but ou un objectif distinct en tête. Cependant, des études ont montré que tous les prédateurs n'ont peut-être pas une raison spécifique de faire ce qu'ils font, comme le pouvoir, le gain matériel, la vengeance ou la satisfaction sexuelle. Il existe un petit pourcentage d'individus qui agissent de manière manipulatrice juste pour le plaisir, et il se peut qu'il n'y ait pas de cause, d'explication ou de but spécifique à leurs actions. Nous approfondirons cette idée au chapitre 6, lorsque nous aborderons Iago et Othello de Shakespeare. La question clé qu'il faut se poser est la suivante : les manipulateurs ont-ils une déconnexion essentielle du monde qui les entoure ? Agissent-ils comme ils le font en raison d'un manque d'empathie ou d'une incapacité à comprendre la gravité de leurs actions sur le bien-être des autres ?

Nous examinerons plus en détail toutes les personnalités sombres mentionnées dans le prochain chapitre. Nous verrons ce qui pousse différentes personnes à se nourrir de violence, de perversion, d'humiliation et de méchanceté à un niveau fatal. Pour l'instant, nous pouvons dire que la psychologie noire cherche à comprendre cet abîme au sein de certains individus.

Le bien et le mal - Révéler le pire de la nature humaine

Je souhaite partager avec vous deux études qui traitent de la position d'un individu par rapport à la moralité, notamment en termes d'inclinaison vers le bien et le mal. Elles vous aideront à mieux saisir la complexité du sujet que nous explorons.

*1) Le **mal radical***. J'ai mentionné le philosophe allemand Emmanuel Kant au premier chapitre, et sa croyance en l'intégrité morale. Nous allons maintenant approfondir un peu plus sa pensée. Dans les deux premiers chapitres de son ouvrage *Religion within the Boundaries of Mere Reason*, publié en 1793, il décrit en détail ce qui, selon lui, constitue le mal. Il observe que l'obéissance à la loi morale n'est pas automatique, même si nous sommes tous nés avec une prédisposition au bien, et il affirme que cette prédisposition peut faiblir.

Il croit que nous avons trois aspects fondamentaux de ce que nous sommes en tant que personne. Ces aspects sont :

A. La **personnalité**, qui est alimentée par la pensée rationnelle, la compréhension et la raison.

B. L'**animalité**, qui constitue notre pulsion sexuelle, nos instincts de survie, la préservation de soi et les compétences sociales. Il reconnaissait que cet aspect de notre être pouvait souvent être dégradé honteusement par la luxure ou l'appétit, mais il n'y voyait pas nécessairement une raison de notre perte.

C. L'**humanité**, qui est animée par une pulsion de calcul, d'ambition et de comparaison.

Selon Kant, le mal survient lorsque ce principe de base est corrompu parce que l'égoïsme, la compétitivité et l'amour de soi ont prospéré. Il a fait remarquer que l'amour-propre n'était pas nécessairement une mauvaise chose lorsqu'il était lié au souci de notre bien-être, mais qu'il pouvait conduire à l'arrogance lorsque les désirs égoïstes dominent.

Le terreau de ce principe corrompu est la société en général, dans laquelle nous voyons de près d'autres personnes qui semblent s'en sortir beaucoup mieux que nous. Une fois que cet aspect fondamental de notre être est infecté - ce qui, selon Kant, est à la fois un *choix* auto-infligé et une *impulsion* innée en nous -, nous commençons à ne plus vouloir suivre les codes moraux et finissons par ne plus y arriver.

Ce penchant à se défendre corrompt tous les autres comportements et conduit à la dépravation, où les préférences d'un individu deviennent primordiales et où il utilise les autres comme des marionnettes au service de ses désirs. C'est la source de tous les autres méfaits et, en tant que telle, elle est qualifiée de **mal radical**. Sous l'effet de ce penchant, le caractère entier d'une personne finit par être souillé. Pour Kant, il n'existe pas d'échelle mobile : une personne est soit entièrement bonne, soit entièrement mauvaise.

Il a cependant offert un certain espoir. Kant a affirmé sans équivoque que chaque individu est responsable de son propre péché. Cette affirmation s'oppose à la croyance catholique, communément admise, selon laquelle le péché originel est omniprésent - il a été infligé à l'ensemble de l'humanité par Adam et Eve - et à la pensée plus prédéterminée de certains collègues protestants de Kant, qui affirmaient que Dieu avait déjà réservé certaines âmes au salut et d'autres à la damnation.

Kant croyait que le mal pouvait être inversé, et il appelait les individus corrompus à subir une révolution. Cette révolution, en termes simples, consiste en un changement significatif du cœur de l'individu vers la vertu et en une restructuration complète des priorités par le biais d'efforts appliqués et d'une persistance engagée. En théorie, ces pratiques devaient permettre de réformer le caractère.

Sa philosophie offre la possibilité de choisir d'être bon. Les personnes de bonne moralité peuvent choisir la sainteté comme maxime directrice. Toutes leurs actions, leurs pensées et leurs relations seraient alors régies par ce principe et y resteraient conformes. Cela permet d'éliminer le vice et d'empêcher un individu de retomber dans ses vieilles et mauvaises habitudes.

Kant espérait et croyait fermement que nous pourrions tous agir en tant qu'agents moraux dans le cadre d'un commonwealth éthique du royaume de Dieu sur terre. Ce changement était sa solution pour combattre l'obscurité.

2) Le facteur D est un autre concept qui s'attaque à cette inclination à manipuler les autres et à faire le mal. En octobre 2018, Ingo Zettler, professeur de psychologie à l'université de Copenhague, et ses collègues allemands Morten Moshagen de l'université d'Ulm et Benjamin E. Hilbig de l'université de Coblence-Landau ont publié leurs recherches sur ce sujet dans la revue Psychological Review.

Leurs conclusions permettent de déterminer ce qui se cache derrière les impulsions sombres : la capacité d'un individu à faire le mal. Les chercheurs ont inventé l'expression **"facteur sombre de la personnalité"**, ou **D**. Elle s'inspire des travaux du psychologue anglais Charles Spearman, qui a étayé ses travaux par des analyses statistiques de grande envergure. En 1904, il a développé le **facteur g**. Sa conviction était qu'il existait un niveau d'intelligence *générale* chez les individus ; en d'autres termes, si vous excellez dans un type de test cognitif, il est probable que vous soyez également fort dans d'autres. Il a donc créé une mesure de l'intelligence ! Zettler a suggéré qu'il pouvait en être de même pour la tendance d'une personne au mal. Cette théorie affirme que les aspects sombres de la personnalité d'un individu sont en corrélation.

Quatre tests différents ont été effectués sur plus de 2 500 personnes, afin de déterminer comment les individus justifiaient certaines actions ou comment ils évitaient la culpabilité et la honte en faisant passer leurs intérêts avant ceux des autres. La propension d'une personne à l'agressivité, à la compétition, à l'égoïsme et à un comportement impulsif a également été contrôlée, ainsi que le degré de supériorité qu'elle se considère par rapport à son entourage.

La principale méthode de recherche consistait à utiliser des questionnaires contenant des affirmations telles que "*Je dirais n'importe quoi pour obtenir ce que je veux*" ou "*Je trouverais excitant de faire du mal aux gens*". Les sujets devaient indiquer dans quelle mesure ils étaient d'accord ou non avec ces affirmations.

Le but de l'exercice était de mesurer les niveaux de certains traits de personnalité sombres, tels qu'identifiés par le Dr Paulhus et son collègue Kevin M. Williams dans leurs recherches en 2002 - ces traits de personnalité sombres incluent l'intérêt personnel, le sadisme, entre autres. Les chercheurs ont effectué une analyse statistique des résultats pour déterminer le niveau D global de chaque participant. La théorie de Zettler est que ces traits se chevauchent dans une certaine mesure, tournant autour de l'idée centrale de D. Par conséquent, ce facteur D s'exprime à différents degrés chez différentes personnes, certains traits particuliers étant potentiellement plus dominants selon l'individu.

Ainsi, cette recherche nous suggère de manière surprenante qu'il existe un lien entre la brute de la cour d'école, le menteur occasionnel, le partenaire infidèle, le troll d'Internet, le trompeur d'entreprise et le meurtrier. En d'autres termes, si une personne aime manipuler les autres, elle peut aussi être encline au sadisme et à d'autres traits de personnalité plus sombres.

Si vous êtes intéressé, vous pouvez aller faire le test vous-même en ligne. Lorsque vous poursuivrez la lecture de ce livre, sachez que la prochaine section traitera des caractéristiques sur lesquelles porte cette étude.

CHAPITRE TROIS :

Personnalités sombres que nous aimons détester

Notre culture populaire est inondée de méchants arrivistes dans les émissions de télévision et les films. Les pages économiques des magazines célèbrent les manipulateurs d'entreprise, et notre intérêt pour les ragots nous permet d'être au courant des défauts des vedettes égocentriques. Il semble qu'il soit impossible d'échapper à l'ombre des personnalités sombres. Qui sont-elles, et qu'est-ce qui les pousse à agir ? Dans ce chapitre, je veux prendre un peu de temps pour vous aider à connaître l'ennemi et les différents traits qui le caractérisent.

Voyage au centre obscur

Comme je l'ai dit, personne - ni poète, ni prêtre, ni policier, ni philosophe - ne peut décider ou convenir qu'il existe un facteur déterminant pour expliquer pourquoi les gens manipulent les autres, et pourquoi certains sont plus mauvais que d'autres.

C'est ce concept qui fascine le Dr Paulhus de l'Université de la Colombie-Britannique. J'ai déjà évoqué dans le chapitre précédent ses recherches sur la psychologie noire et le spectre du comportement humain. En 2002, il a publié, avec son collègue Williams, des résultats visant à identifier et à nommer les aspects fondamentaux de la personnalité, que j'aimerais examiner de plus près ici.

Comme je l'ai mentionné au chapitre 2, neuf traits clés composent la personnalité sombre : l'**égoïsme**, l'**intérêt personnel**, le **droit psychologique**, la **rancune**, le **sadisme** et le **désengagement moral**. Avec ces neuf traits, Paulhus et Williams ont identifié trois types fondamentaux : le **narcissisme**, le **machiavélisme** et la **psychopathie**. Ce trio de traits constitue ce que Paulhus appelle la **triade noire**.

Vous aurez déjà entendu ces expressions dans les chapitres précédents et, peut-être, par vous-même au-delà de ce livre ; cependant, ce sont des termes souvent lancés sans que les gens comprennent vraiment ce qu'ils signifient. Je vais maintenant les examiner attentivement, en vous donnant les faits et en évitant les termes émotifs comme "monstre" ou "monstre".

Ces personnalités sombres sont certainement une menace, quelle que soit la façon dont vous essayez de le tourner. Elles ont été comparées à des parasites ou des vampires ; en d'autres termes, elles se nourrissent de vous. Elles envahissent votre espace - mental, physique, émotionnel et spirituel - et accaparent votre énergie. La culture du bonus et les environnements axés sur les récompenses dans lesquels nous vivons ne font qu'accroître leur appétit, car ils tentent de prendre de l'avance aux dépens des autres. Comme nous le verrons dans les études de cas des chapitres 5 et 6, ces personnalités sombres se préoccupent ostensiblement d'elles-mêmes. Ce que les autres pensent ou ressentent n'a pas d'importance ; ces types de personnalité s'en préoccupent à peine. Les autres points de vue ne sont qu'une entrave à la réalisation des objectifs, ce que toutes les personnalités sombres ont en commun.

Ils ont également tendance à partager des caractéristiques telles que l'agressivité, la prise de risque, la toxicomanie, l'humour négatif, la dépression, le comportement antisocial et la recherche d'attention histrionique, qui peut se manifester par l'automutilation. À la base, il y a ce qui a été identifié comme une résilience au chaos. En fait, les personnes qui présentent des traits de caractère sombres s'épanouissent généralement dans le désordre, la désorganisation et le désarroi.

Un appel nominal des visages les plus célèbres de l'histoire comprendrait de nombreux noms issus d'une liste de manipulateurs, de contrôleurs et de personnalités sombres. Si l'on se base sur cette liste, pour faire sa place et se faire entendre, il est probable que l'on doive se placer quelque part sur l'échelle D. Vous ne serez peut-être pas surpris d'apprendre que le démagogue fasciste Adolf Hitler présentait des caractéristiques de personnalité sombre, mais seriez-vous choqué d'apprendre que le combattant de la liberté et orateur inspiré Martin Luther King Jr. y figure également ? On s'attendrait à voir Jules César, conquérant de la Gaule, sur la liste, mais Diana, princesse de Galles et princesse du peuple ? Elle aussi avait des traits de personnalité que nous pouvons considérer comme faisant partie du spectre sombre.

Examinons ces différentes caractéristiques individuellement.

Six traits de caractère sombres à faire frémir

L'*égoïsme*, c'est l'impulsion de se mettre en avant, au détriment des autres. Le mot a connu un parcours étymologique intéressant, qui permet de résumer son emprise psychologique sur nous. Il est formé à partir du verbe grec ancien *"être"* ou, plus précisément, de sa conjugaison à la première personne *"je suis"*. En latin, il signifie simplement *"je"*, tandis qu'en français moderne, *egoisme* signifie *égoïste*.

Depuis des millénaires, les philosophes débattent du besoin essentiel qui existe en nous de protéger notre identité et nos désirs ; c'est ainsi que nous fonctionnons tous au quotidien. Charles Darwin et Sigmund Freud ont tous deux beaucoup écrit sur ce sujet, et sur la façon dont notre perception du "moi" en nous définit tout ce que nous faisons. En un sens, servir l'ego est un élément fondamental de la survie humaine ; si ses exigences ne sont pas satisfaites, nous ne pouvons pas prospérer.

Chez les individus sains et équilibrés - qui tiennent compte des besoins concurrents ou des objectifs généraux de la communauté qui les entoure - l'excès d'ego reste sous contrôle. Les problèmes surviennent lorsqu'une personne place ses objectifs au premier plan. En général, elle aura du mal à tenir compte des souhaits ou des exigences émotionnelles des autres. En règle générale, les personnes à l'ego élevé ont tendance à avoir un certain nombre de relations courtes et monogames : elles passent à autre chose lorsque les besoins d'un partenaire deviennent trop exigeants. Une expression fréquente qu'ils utiliseraient pourrait être : *Elle me déprimait, alors on s'est séparés,* ou *Elle a perdu son emploi et il est devenu très collant ; je ne voulais rien avoir à faire avec ça.* Ce qui compte, c'est d'éviter le malaise et d'assurer son bonheur personnel. Le blâme est souvent l'arme d'une personne à l'ego surdimensionné, et vous devez vous attendre à un manque total d'engagement de sa part !

L'***intérêt personnel*** est étroitement lié à cette caractéristique. Il s'agit d'une personne dont la pensée est principalement - voire *exclusivement* - axée *sur la* promotion de sa propre position sociale ou financière. Elle ne considère une situation que par rapport à ce qu'elle peut y gagner ou y perdre. La vie est un jeu de toboggans et d'échelles, dans lequel ils sont en compétition avec les autres. Dans la plupart des cas, la personne en question peut souvent se vanter ou faire étalage de ses succès, de ses réalisations et de ses possessions, car tout est vu à travers le prisme du gain matériel. Vous l'entendrez souvent dire : "*Qu'est-ce que ça m'apporte ?* Un problème plus général peut être considéré uniquement sous l'angle des ramifications qu'il a pour l'individu, par exemple : *Sa voiture est en panne, elle voulait un lift ; ça m'a coûté 5 dollars d'essence,* ou encore : c'est *cool parce qu'on m'a confié le projet ; il a complètement perdu son mojo après que sa femme se soit enfuie avec cet autre type !* Les contrariétés des autres ne forment qu'une toile de fond, et leurs faiblesses peuvent souvent être exploitées pour en tirer un avantage personnel.

La plupart d'entre nous souffrent de ces deux premiers traits sombres, au moins à un certain degré. Ils sont incroyablement communs, et ils font de nous des êtres humains. Nous verrons plus en détail au chapitre 8 comment modérer ces impulsions en vue d'une forme plus éthique d'affirmation de soi et de manipulation. Si on ne les surveille pas et qu'on les laisse se déchaîner, ces aspects égoïstes en nous peuvent nous amener à utiliser les autres comme des pions et des jouets.

Fondamentalement, cela peut être le signe d'un complexe de supériorité qui pousse certains individus à croire qu'ils sont meilleurs que les autres et qu'ils méritent donc un traitement spécial. C'est ce qu'on appelle le *droit psychologique*. Certaines personnes - que ce soit en raison d'un QI élevé, de la richesse, d'une structure osseuse exceptionnelle ou du produit d'une enfance gâtée - pensent que le monde leur doit quelque chose. Ce sont ces personnes que l'on entend souvent parler de ce qu'elles méritent, de ce qui n'est pas juste et de ce qui aurait dû se passer dans une situation donnée s'il y avait une quelconque justice. L'expression *"Comment osent-ils ?" revient* souvent sur leurs lèvres. Ils sont souvent anxieux, impatients ou stressés, car ils se heurtent à une réalité qui ne correspond pas à leurs attentes. La déception est devenue une façon d'être pour ces personnes, et elles l'expriment sans cesse.

Attention, car la soupape d'évacuation de cette frustration chez une personne de type contrôlant peut souvent s'exprimer par de la *méchanceté*. Cela provient souvent d'une insécurité profonde et d'un désir de rabaisser les autres, de sorte qu'ils se sentiront aussi faibles et déprimés. Les manipulateurs à la personnalité sombre font invariablement preuve d'une impulsion malveillante pour infliger du mal aux autres par leurs paroles ou leurs actions. En général, ils adorent les querelles et les rancunes, car ils savourent l'occasion de s'en prendre aux autres avec vindicte. Les idées de vengeance et de punition sont des mots à la mode dans leur vocabulaire, et elles célèbrent certainement le malheur des autres. Ainsi, vous pouvez souvent les entendre jubiler ou raconter des ragots sur les échecs des autres. *Ils ont eu ce qu'ils méritaient, c'*est leur devise habituelle, et elle définit certainement leur façon de voir les choses. Ne vous attendez pas à ce qu'ils aiment beaucoup de gens, car ce n'est pas le cas. Ils ont tendance à être toujours en colère et pleins d'invectives.

Ce trait est étroitement lié au *sadisme.* Il s'agit d'une personne qui éprouve un plaisir sensoriel à infliger ou à assister à l'inconfort mental, émotionnel et/ou physique d'autrui. Ces types sombres aiment humilier les autres en leur infligeant des douleurs corporelles réelles ou en les torturant et en les angoissant mentalement. Cela peut être lié au pouvoir et à la domination, ou pour combler ce qu'ils perçoivent comme un vide en eux. Ces personnes aiment le drame et la discorde, ainsi que l'angoisse, les blessures et les contrariétés.

Comme nous l'avons vu, l'implication plus large de la souffrance d'autrui - sa douleur, sa souffrance et ses dommages émotionnels - aura rarement un impact sur une personne ayant une personnalité sombre au fond d'elle-même. Cela est dû au fait que, le plus souvent, cette personne souffre également d'un *désengagement moral.* Tout simplement, ces personnes ne voient pas le mal dans une action. Que vous l'appeliez péché ou immoralité, ils sont incapables de considérer un comportement contraire à l'éthique comme odieux. En tant que telles, elles agissent sans aucun sentiment de culpabilité, de regret ou autre. Les expressions "*Et alors ?"* ou "*Ce n'est pas ma faute"* guident leur pensée quotidienne. Elles n'assument aucune responsabilité, alors que les autres personnes ou les facteurs en général sont toujours à blâmer pour ce qui se passe autour d'elles.

La redoutable triade : Narcissique, machiavélique et psychopathe

Au centre de ces caractéristiques sombres, Paulhus et Williams ont identifié une intersection des trois traits les plus sombres et les plus toxiques. Ils les ont appelés une triade, représentant les aspects les plus négatifs et les plus nuisibles de la nature humaine.

D'autres cercles universitaires critiquent leur travail, estimant qu'il simplifie peut-être trop l'état de l'esprit humain. L'accusation porte sur l'apposition d'étiquettes commodes et de gros titres, qui peignent la personnalité avec un large coup de pinceau au lieu de souligner les nuances individuelles. Certains se demandent même si les résultats de Paulhus sont concluants - par exemple, d'autres psychologues se demandent s'ils ont mené leurs recherches sur un éventail de sujets suffisamment large. Quelle que soit la manière dont ils ont mené leurs recherches, Paulhus et Williams nous ont tout de même fait découvrir les archétypes élémentaires qui sous-tendent une psychologie sombre. Distillés, ils sont les totems des principes directeurs d'une psyché de contrôle :

- Vanity
- Fourberie
- Agressivité.

Explorons-les ensemble.

1) Le *narcissisme*. En termes simples, il s'agit d'une personne qui a une trop haute opinion d'elle-même, généralement en ce qui concerne son apparence, ses réalisations et ses attributs. Vous connaissez le type de personne qui est toujours en train de regarder son reflet dans la fenêtre par-dessus votre épaule.

Leur vanité et leur ego leur procurent du plaisir aux dépens des autres. Contrôlantes, en manque d'affection et toujours avides de louanges et de perfection, elles sont terriblement destructrices dans les relations, les amitiés et les équipes d'entreprise.

Vous avez peut-être entendu parler de Narcisse ; c'est un homme fier du mythe grec. Les artistes ont été fascinés par lui, notamment le poète latin Ovide qui a écrit sur le jeune chasseur il y a plus de 2 000 ans. Narcisse pensait que personne n'était assez bien pour lui, que personne ne pouvait être aussi grand que lui et que personne ne pouvait atteindre son niveau. Il était toujours en train de rabaisser les autres et de les critiquer par rapport à lui-même. Sans surprise, cela rendait les autres malheureux, et ses relations n'étaient pas vraiment au beau fixe. Un jour, il a vu son propre reflet et a éprouvé un désir instantané et dévorant. Il existe différentes versions de ce qui lui est arrivé ensuite, mais aucune n'est heureuse ou satisfaisante.

De nombreux jeunes hommes et femmes souffrent aujourd'hui d'une tendance similaire à l'autosatisfaction. C'est un état qui ne fait qu'empirer avec l'âge, et le domaine de la fantaisie est certainement leur territoire de prédilection.

Au cas où vous auriez des doutes sur la manière de les repérer, voici quelques autres traits qui caractérisent une personne présentant un niveau élevé de narcissisme :

- Ils sont égocentriques et convaincus que leurs opinions, et souvent leur origine et leur race, sont supérieures. Cela se manifeste par de l'arrogance et la conviction qu'ils peuvent faire tout ce qu'ils veulent parce qu'ils sont extraordinaires.

- Une image de soi positive mais infondée, qui verra souvent ces types se positionner en experts ou en héros dans une situation donnée, malgré l'absence de preuves corroborantes.

- L'affirmation est essentielle. Elles utilisent des tactiques "douces" comme la flatterie, les cadeaux et la corruption émotionnelle pour amener les gens à faire des choses pour elles. Elles puniront également les autres ou se complimenteront elles-mêmes si elles pensent qu'elles ne reçoivent pas assez d'attention.

- Ils s'attaquent aux personnes au grand cœur, aux amoureux et aux généreux.

- Elles sont hypocrites, c'est-à-dire qu'elles font rarement ce qu'elles conseillent aux autres de faire, car elles pensent qu'il existe un ensemble de règles pour elles et un autre pour les autres. Elles critiquent souvent les autres pour les mêmes choses qu'elles font elles-mêmes.

- Ils essaieront de rabaisser les autres et de les dévaloriser, car personne ne peut atteindre les plus hauts niveaux de perfection à leurs yeux. Ils peuvent faire une fixation sur les objets de leur mépris et s'acharner avec passion sur leurs ennemis.

- Ils sont hypersensibles à toute critique perçue. Leur sentiment déçu d'être dans leur bon droit les amène souvent à suggérer qu'ils sont des victimes.

- La jalousie est un outil pour eux et ils adorent mettre les gens en compétition les uns avec les autres pour attirer leur attention (les patrons sont très doués pour cela). Ils aiment prétendre qu'ils sont plus populaires qu'ils ne le sont.

- Il est vrai qu'ils agissent comme s'ils plaisaient à la foule. Elles ont souvent un large cercle de connaissances, mais elles ont rarement des liens profonds. Leur sens de l'amitié et de l'engagement est fluide, et elles se séparent toujours des gens.

- Elles sont généralement attirées par les personnes belles, populaires, performantes ou admirables, qui donnent une bonne image d'elles. Elles espèrent que ces personnes les valideront par leur soutien et leurs encouragements.
- Ils s'ennuient facilement, notamment par la routine.
- L'irresponsabilité financière imprègne leur vie.
- L'incapacité à tenir ses promesses est courante. Déplacer les poteaux de but est devenu une seconde nature. Ils ont construit leur vie sur des mensonges et des excuses, et ils cherchent constamment à expliquer leurs échecs.

Connaissez-vous quelqu'un dans votre vie qui est comme ça ? Peut-être reconnaissez-vous un collègue de travail, un ami ou peut-être même votre partenaire. Si c'est le cas, méfiez-vous et ne tombez pas dans leurs pièges. Je vous donnerai plus de conseils à ce sujet au chapitre 7.

Personne ne sait exactement ce qui déclenche cette affection. Peut-être est-ce dû à un sentiment d'abandon et d'insécurité dans l'enfance, qui pousse l'individu à rechercher une validation. Tout ce dont nous pouvons être certains, c'est que la manipulation devient un moyen d'adaptation pour les narcissiques, car ces personnes ont faim de l'attention des autres. Les projecteurs deviennent la viande dont ils se nourrissent.

Des exemples que vous pourriez reconnaître en public : Les narcissiques ont tendance à privilégier les industries créatives en termes de carrière, et nous pouvons certainement en identifier un certain nombre dans la musique, le théâtre et la télé-réalité. Ces personnes seraient probablement celles qui monopolisent la scène lors des cérémonies de remise de prix des autres ou les divas qui exigent du champagne à la bonne température dans le réfrigérateur de leur loge.

2) *Machiavélisme.* Ces personnes ont plus soif de pouvoir et de gains matériels que de toute autre chose. Elles utiliseront la ruse et le calcul pour réaliser leurs désirs par le biais de complots impitoyables et de la manipulation des gens. L'expression "peu importe *ce qu'il faut"* pourrait bien servir de principe directeur à ces individus.

L'état porte le nom de Niccolò Machiavel, l'homme de la Renaissance dont j'ai brièvement parlé au premier chapitre. En 1532, le *Prince* a été publié à titre posthume, sur la base de ses notes et de ses écrits datant de vingt ans. Il s'agit d'une étude de l'art de gouverner et des stratégies de réussite qui ne s'embarrassent pas de la morale conventionnelle. Les critiques ne s'accordent pas sur la question de savoir si Machiavel voulait que ce qu'il écrivait soit une critique des pratiques tranchantes - une mise en garde contre celles-ci - ou s'il préconisait leur utilisation par admiration. Quoi qu'il en soit, *Le Prince* est devenu l'un des premiers livres d'auto-assistance sur la façon de progresser dans les affaires !

Machiavel a certainement eu mauvaise presse au fil des siècles, associé dans la culture populaire à tout ce qui est égoïste et diabolique et dépeint comme surgissant de l'enfer dans les pièces de théâtre du dramaturge élisabéthain Christopher Marlowe.

Dans les années 1960, les psychologues sociaux Richard Christie et Florence L. Geis ont étudié les écrits de Machiavel, puis ont demandé aux gens dans quelle mesure ils étaient d'accord ou non avec certaines phrases. Ils ont utilisé ces résultats pour élaborer l'**échelle de Machiavel**, qui détermine la fourberie et l'insensibilité des personnes qui répondent au questionnaire. Cette recherche a été publiée en 1970 sous le nom de **test Mach IV**, et place une personne dans la catégorie des *machiavéliques* élevés ou faibles en fonction de leur proximité avec ce trait de personnalité sombre.

Les signes de machiavélisme incluent :

- Quelqu'un qui justifie ce qu'il fait simplement parce qu'il le veut.
- Une ambition considérable en termes de carrière et de pouvoir ; ils veulent aller de l'avant plutôt que de simplement s'en sortir.
- Intéressé par l'argent, les possessions matérielles et les symboles de statut en général.
- Extérieurement confiant.
- Ils sont toujours en train d'élaborer des plans et des stratagèmes pour obtenir ce qu'ils veulent dans n'importe quelle situation, ce

qui implique généralement d'exploiter les points faibles des autres. Les gens sont toujours considérés en termes d'utilité plutôt qu'en tant qu'individu ; par exemple, ils peuvent nouer des amitiés en fonction de ce que cette amitié peut leur apporter, notamment les contacts de l'autre partie ou ce qu'elle possède.

- La patience est un marqueur émotionnel primordial, car l'impatience menace tout simplement de bouleverser leurs plans bien ficelés. Le 16e chef militaire japonais Tokugawa Ieyasu a dit de la patience qu'elle était un attribut nécessaire pour maîtriser la joie, la colère, le chagrin, la peur et la haine ; ce n'est qu'à cette condition que les objectifs pourront être atteints. C'est un peu comme la maxime selon laquelle les bonnes choses arrivent à ceux qui attendent.

- Nous verrons plus en détail leur flexibilité dans les études de cas du chapitre 5, mais un individu de cette catégorie sait qu'il devra changer de camp à l'occasion pour avancer avec fluidité dans la vie, sans être gêné par des engagements ou des croyances passés.

- Pas de confiance. N'importe qui peut être prêt à vous voler à tout moment. Si la vie est une partie d'échecs, un individu machiavélique doit avoir une longueur d'avance à tout moment, avec son prochain mouvement et sa stratégie en vue.

- Ils pensent que les conséquences sont pour les mauviettes et que la morale est un obstacle. L'absence de scrupules aide ces personnes à atteindre la grandeur, du moins le croient-elles.

- Les émotions sont considérées comme des obstacles à la réussite, donc moins il y a de liens émotionnels, mieux c'est. Cela signifie qu'il n'y a pas de véritables partenaires ou amis.

- D'autres personnes sont simplement un véhicule pour obtenir un type de mach élevé pour l'endroit où ils veulent être.

- Ils étudient et observent souvent les autres. Les individus machiavéliques sont perspicaces, bien que les émotions des autres puissent les mettre mal à l'aise, car ces dernières peuvent compliquer les choses et constituer des obstacles.

- Ils ont tendance à voir les choses de manière pratique plutôt que fantastique, mais cela ne veut pas dire qu'ils ne mentiront pas et ne tromperont pas si nécessaire.
- Ils font tout ce qui doit être fait. En tant que caméléons sociaux, ils s'adapteront à une situation pour en tirer ce qu'ils veulent.
- Ils utilisent à la fois des tactiques douces et dures pour atteindre leurs objectifs. Par exemple, ils peuvent saboter les efforts d'autrui, considérant tout le monde comme une concurrence potentielle.

Des *exemples que vous pourriez reconnaître dans l'opinion publique* : Le monde de l'entreprise et de la politique regorge de "high machs", du PDG prêt à tout pour aller de l'avant - même si cela implique de se débarrasser de ses amis en cours de route - au leader politique qui épouse des causes populistes pour faire avancer sa carrière.

3) La *psychopathie*. En 1941, le psychiatre Hervey Cleckley a mis au point une liste de contrôle permettant d'identifier les personnes ayant de fortes tendances psychopathiques, et nous ferions bien d'y accorder une grande attention. En substance, ces individus sont instables et agissent souvent de manière violente, mettant leur vie en danger. Les personnes présentant des traits de caractère psychopathiques sont plus susceptibles de se retrouver en prison que les autres. Contrairement à ceux qui ont des tendances *sociopathes* et qui s'enferment - causant des dommages par des pratiques antisociales - les individus ayant des tendances psychopathes franchissent plus fréquemment la ligne, attirant d'autres personnes dans leur toile pour infliger un maximum de dommages. Personne ne veut se retrouver seul dans une pièce avec l'un de ces sombres contrôleurs, à moins d'en être un soi-même.

Cette tendance se situe à l'extrémité de l'échelle D, mais elle est en fait beaucoup plus répandue qu'on ne le pense. Dans les années 1970, le psychologue canadien Robert D. Hare a poussé plus loin les études de Cleckley, en recherchant des caractéristiques communes. Il a constaté qu'un nombre surprenant de PDG - sans parler des psychologues et des psychiatres - présentent des traits psychopathiques.

Bien que l'American Psychological Association (APA) ne la reconnaisse pas comme un trouble à diagnostiquer, mais plutôt comme une caractéristique d'autres troubles, les causes de la psychopathie ont fait l'objet de nombreux débats récemment.

Sont-ils simplement mauvais, comme le disait ma grand-mère, ou leur état est-il le résultat d'un conditionnement social : si un enfant a été élevé dans un environnement particulièrement dur, abusif ou compétitif, il est probable qu'il développe une psyché psychopathique. Il y a ceux, comme je l'ai mentionné plus tôt, qui soupçonnent des causes génétiques. Des scanners et des études ont indiqué que le cerveau de ces personnes est câblé différemment de celui des autres, et qu'il y a une déconnexion entre les neurotransmetteurs et les récepteurs émotionnels dans leur cerveau. L'éventail des déséquilibres chimiques et le conditionnement social font pencher la balance en faveur d'une opposition entre l'inné et l'acquis, à la suite d'un traumatisme cérébral subi dans l'enfance ou d'une réaction à long terme aux drogues. La psychopathie pourrait-elle même être héritée ? Si c'est le cas, il y a plusieurs questions éthiques à prendre en compte concernant la recherche de la faute et la punition appropriée dans la société. Dans ce livre, nous nous intéressons davantage à la manière dont la psychopathie se manifeste : l'effet plutôt que la cause.

Cleckley et Hare ont tous deux observé que les psychopathes ont tendance à présenter des caractéristiques récurrentes. Celles-ci incluent :

- Ils ont le cœur froid et ne se soucient pas des sentiments des autres, mais sont tout à fait charmants. Ce trait de caractère peut se manifester par des propos désinvoltes et superficiels lors de rencontres sociales.
- Malgré les sourires, ils ont souvent une voix et des yeux sans vie.
- Ils sont prompts à évaluer les autres et à les étiqueter. Elles trouvent rapidement la vulnérabilité des autres.
- Ils rendent les autres responsables de leurs propres actions, en disant souvent des choses comme "ils m'ont forcé à le faire". Le

plus important est qu'elles ne montrent aucun remords pour leurs propres actions.

- De même, il n'y a pas d'empathie ou de compréhension de la situation critique des autres.
- Des impulsions narcissiques vers l'auto-agrandissement.
- Utilise des tactiques dures pour obtenir ce qu'il veut, par exemple des menaces. Ils aiment aussi provoquer et énerver les gens, généralement en leur infligeant des blessures physiques et en jouant des jeux désagréables.
- Enfant comme adulte, on prend plaisir à faire du mal aux autres de manière cruelle et sadique. On rapporte par exemple que le tueur en série Albert de Salvo, également connu sous le nom d'Étrangleur de Boston, torturait des animaux lorsqu'il était enfant.
- Il a des sautes d'humeur imprévisibles et est sujet à un mauvais caractère. Lorsqu'il est très en colère, il peut devenir tout simplement méchant.
- Tendance à la promiscuité sexuelle, qui s'accompagne souvent de fantasmes de nature sado-masochiste.
- Persuasif.
- Les personnes ayant de fortes tendances psychopathiques sont rarement anxieuses et ne transpirent pas sous la pression. En 2012, le neuroscientifique controversé Nils Birbaumer a entrepris un test de transpiration qui l'a amené à conclure que ces personnes pourraient être moins à l'écoute des émotions que les autres (en manifestant moins de culpabilité, de honte, d'embarras et de peur).
- Ils n'ont aucun scrupule à enfreindre la loi ; ils savent peut-être distinguer le bien du mal, mais ils s'en moquent.
- Considérez les gens et les choses comme jetables. Rien n'a tendance à avoir une valeur pendant longtemps. Ainsi, ces contrôleurs sombres resteront rarement longtemps dans un emploi.
- Niveaux élevés de tolérance aux odeurs fortes et aux images graphiques que d'autres personnes pourraient trouver désagréables ou révoltantes.

- Impulsif, sans objectifs à long terme ni signes de planification pour l'avenir.

Des *exemples que vous pourriez reconnaître dans l'œil du public* : Nos cinémas et nos écrans de télévision regorgent de ces individus, de Scar dans *Le Roi Lion* au *Joker* oscarisé en passant par Johnny dans *The Shining*. Il existe également un temple de l'infamie dans la vie réelle, parsemé de noms immédiatement reconnaissables, comme la comtesse Elizabeth Báthory de Ecsed, qui a terrorisé la Hongrie au XVIe siècle et a poussé la vanité à son paroxysme en buvant le sang de ses victimes pendant leur jeunesse, ou le cruel Hamilton Howard Fish, qui s'est re-baptisé Albert en l'honneur d'un frère ou d'une sœur décédé. Dans les années 1920, Fish violait et mangeait ses victimes, puis raillait leurs proches dans des lettres sadiques. La salle comprend également les chefs de culte diaboliquement manipulateurs Charles Manson de la Californie des années 1960 et le délirant Jim Jones, qui se voyait comme une divi-nité rassemblant des adeptes autour de lui, dont 918 qu'il a manipulés jusqu'à ce qu'ils se tuent en 1978. N'oublions pas non plus le séducteur Ted Bundy, beau mais sans cœur, qui ne ressentait aucune culpabilité, malgré des actes extrêmes de torture, de meurtre et de nécrophilie, faisant plus de trente victimes. Nous pourrions également parler de la liste du tueur BTK, sado-masochiste, inspiré par le bondage, autrement connu sous le nom de Dennis Radar, qui s'exhibait, jouant avec les médias jus-qu'à sa capture finale en 2005.

Mais assez parlé de ces célèbres tueurs en série. Je ne veux pas leur consacrer trop de temps ni attirer trop d'attention sur ces meurtriers tor-dus qui ont délibérément marché dans les ténèbres. Il n'y a rien de sexy, de séduisant ou d'inspirant chez ces personnes maléfiques. Laissez-les rester dans l'ombre, car ils ne méritent plus notre attention.

Nous avons encore beaucoup de choses à explorer ensemble dans les chapitres à venir. J'ai discuté en détail de diverses personnalités obscures ; nous allons maintenant examiner leur mode de fonctionnement.

CHAPITRE QUATRE :

Les arts cachés dévoilés - Comment fonctionne la manipulation

Nous comprenons tous que le monde peut être mauvais et qu'il y a de méchants prédateurs, mais cette prise de conscience est totalement inutile si nous ne pouvons pas reconnaître le où, le comment et le pourquoi de tout cela. L'objectif de ce livre, comme je l'ai dit, est de vous donner une compréhension globale afin que vous ne soyez pas la proie des sombres stratagèmes des forces malveillantes.

Dans ce chapitre, je vous donnerai des indications et des outils précieux pour que vous puissiez repérer les stratégies manipulatrices. Ce n'est qu'alors que vous serez en mesure de mettre fin à l'exploitation ou de l'utiliser pour de bon, comme je l'expliquerai aux chapitres sept et huit. Prenons les choses étape par étape.

Comment repérer le mal : les astuces du métier

Quelqu'un peut utiliser un certain nombre de techniques interconnectées pour obtenir ce qu'il veut de vous. Je souhaite vous donner un aperçu afin que vous puissiez prendre conscience de ces astuces et techniques de persuasion.

1. La **tentation** peut être utilisée comme une arme efficace. Prenons l'exemple d'un collègue qui a besoin d'aide pour rédiger un rapport : il sait que vous aimez les sucreries, et il se présente à votre porte avec un plat entier de brownies et des notes pour ce rapport sous le bras. N'ayez aucun doute : vous *êtes* manipulé, même s'ils ne semblent pas vous faire de mal physiquement. Ce que vous aimez et appréciez est agité

devant vous, comme une carotte pour un cheval, en échange de quelque chose d'autre (que vous vouliez leur rendre ou non). Dans ce cas, votre choix est relativement libre et vous tirez profit de la situation, à moins que vous ne puissiez pas manger les brownies pour une raison quelconque.

2.   L'**exploitation** est étroitement liée au premier point. Dans ce cas, quelqu'un profite - à son avantage ou à son profit - de ce qui pourrait être considéré comme une faiblesse chez vous, que ce soit au niveau de vos émotions, de votre situation financière ou de vos attributs physiques. Ne pensez pas toujours que lorsque nous parlons d'exploitation, nous faisons référence à des travailleurs mal payés qui triment dans des ateliers clandestins. À l'autre bout de l'échelle, il y a l'exemple que j'ai donné au chapitre 1, celui de votre gentille maman qui fait des gâteaux pour vous. Vous pourriez débattre de sa situation et de la question de savoir si elle est exploitée, mais cette impulsion qu'*elle a* en elle se transforme en capital.

3.   La **tromperie** peut également être utilisée dans divers cas. Quelqu'un peut ne pas être honnête quant à ses intentions lorsqu'il essaie de vous faire faire quelque chose pour lequel vous êtes ambivalent. La campagne Kickstarter à laquelle vous vous êtes inscrit et qui vous incite à faire un don peut être une façade pour une activité frauduleuse. Dans un autre exemple, votre enfant pourrait vous dire qu'elle a besoin d'argent pour le bus, mais elle prévoit en fait d'utiliser cet argent pour s'acheter une nouvelle chemise.

4.   Les choses peuvent prendre une tournure plus sombre sous l'effet de la **pression**. Dans ce cas, une influence indue est exercée par quelqu'un afin qu'il atteigne son but. Elle peut être apparemment innocente. Vous êtes peut-être poussé, cajolé ou poussé par un barrage quotidien d'e-mails vous demandant de partir en vacances au ski avec un ami. Ils disent que vous les laissez tomber et que vous êtes une poule mouillée si vous n'y allez pas. Ne vous faites pas d'illusions : il s'agit d'une forme de harcèlement. Elle peut prendre une tournure plus sérieuse, impliquant un certain degré de cajolerie ou de fausse flatterie. La pression peut aussi

devenir très agressive : *vous ferez ceci, n'est-ce pas ?* avec un *"ou bien"* implicite à la fin.

5.   La **coercition en** est une autre étape, qui peut commencer par une manipulation psychologique et se transformer en violence physique. Elle consiste à vous forcer ou à vous menacer de faire quelque chose contre votre gré. Le chantage ou la violence peuvent être utilisés, ne vous laissant finalement pas le choix. Évidemment, si vous vous trouvez dans de telles situations, vous devez demander l'aide d'agents de la force publique ou de professionnels du droit.

Dans tous les exemples ci-dessus - quels que soient les mérites de chaque situation individuelle - les intérêts du manipulateur passent presque toujours avant ceux de la personne manipulée, indépendamment de tout bénéfice potentiel dans les deux sens que la victime peut percevoir.

Une carte pour vous aider : Les stratagèmes spécifiques que vous devez surveiller

Comme nous l'avons dit, nous avons tous été manipulés à un moment ou à un autre ; parfois, c'était dans notre propre intérêt ou cela nous a permis de faire quelque chose qui nous plaisait vraiment. Comme nous l'avons également mentionné, la manipulation ne se fait pas toujours aux dépens des autres, mais, malheureusement, elle est encore plus souvent utilisée pour des raisons plus sinistres, comme nous l'avons vu dans le chapitre précédent. Les gens deviennent les pions des autres, et ni vous ni moi ne voulons nous retrouver dans cette position.

Voici un guide détaillé en huit points des approches et des comportements spécifiques dont vous devez vous méfier à tout moment.

1. FLATTERIE :

Les faux compliments et les fausses attentions sont à la fois doux et empoisonnés. Comme l'a fait remarquer Edmund Burke, philosophe anglo-irlandais du XVIIIe siècle, la *flatterie corrompt à la fois celui qui la reçoit et celui qui la donne*. En d'autres termes, rien de bon ne peut en sortir ! Dans ses différentes manifestations, elle est une arme puissante dans l'arsenal du manipulateur.

- Le **charme**. Nous ne pouvons nous empêcher de baisser notre garde lorsque quelqu'un est poli et plein de sourires. Méfiez-vous de la tromperie potentielle sous leurs bonnes manières et leur discours doux. Le charme est l'approche préférée de la triade noire.

- **Caresser l'ego**. Si quelqu'un vous dit que vous êtes un expert, que vous êtes beau et intelligent, vous avez de fortes chances de vouloir le croire. Si on nous dit ces choses, nous nous sentirons également réceptifs à la personne qui nous caresse. Les personnes en quête de faveurs utilisent souvent la même technique et profitent de nous lorsque nous sommes heureux.

- **Si seulement...** La publicité prospère en faisant directement appel à nos ambitions et à nos vanités. Nous sommes flattés que la publicité s'adresse à nous ; du moins, nous voulons croire qu'elle le fait. Avec une publicité bien faite, nous croyons que nous pourrions aussi être superbes dans ce jean sur ce mannequin, et que nous pourrions aussi être aussi cool que cette célébrité conduisant cette voiture, portant cette montre ou ce parfum.

- **Bombe d'amour**. Cette arme est la flatterie à outrance. Dans ce cas, on nous dit constamment à quel point nous sommes merveilleux, on nous offre des cadeaux et des récompenses, on nous complimente et on nous présente aux autres comme un modèle d'excellence. Ces affirmations peuvent provenir d'un patron glissant, d'un partenaire exploiteur, d'amis et de parents également. Le résultat est que vous vous laissez bercer par la fausse croyance que cette autre personne vous estime et vous apprécie. Il n'y a donc pas de problème lorsqu'elle vous demande de faire un effort supplémentaire pour elle, et bien sûr vous le ferez - vous voulez les éloges et vous vous y êtes habitué. Plus encore, vous ne voulez pas les décevoir et perdre leur estime. Ne vous faites pas d'illusions : ce n'est qu'un stratagème pour qu'ils obtiennent ce qu'ils veulent de vous.

- **Réaffirmation**. L'expert dans ce domaine utilisera la dévalorisation et la réaffirmation comme une ruse parfaite. Il retirera ses compliments et vous laissera tomber soudainement - ou augmentera le risque de le faire - pour vous reprendre peu après, plein d'éloges. En jouant avec vous, vous ne pouvez que désirer l'attention et devenir de la pâte à modeler entre leurs mains. Comme un drogué, vous ferez tout pour obtenir votre dose de flatterie et d'approbation.

- **Allégeance et alliance.** Les politiciens, les responsables du marketing et les vendeurs aiment prétendre qu'ils sont de notre côté. Ils étudient la linguistique et utilisent des expressions familières et un jargon qui nous font croire qu'ils sont des nôtres, et ils adaptent leur langage corporel pour paraître accessibles. Ils veulent nous faire croire qu'ils sont nos copains. Les faux amis et les collègues de travail malhonnêtes peuvent dire qu'ils nous soutiennent, pour ensuite nous rabaisser dans les coulisses. Si nous pensons avoir le soutien de quelqu'un, nous sommes plus susceptibles de lui faire confiance, ce qui se traduit notamment par le fait que nous lui donnons quelque chose lorsqu'il le demande.

2. MENSONGES.

Ceux qui cherchent à nous tromper ne seront pas francs avec la vérité. Vous pouvez compter là-dessus. Ils le feront :

- Ils déforment les faits à leur guise.
- dissimuler l'ensemble de la situation pour masquer leurs actes répréhensibles.
- Présenter une certaine image qui n'est pas toute la vérité.
- Nier tout acte répréhensible présumé.
- Ils se contredisent eux-mêmes parce qu'ils sont empêtrés dans leurs mensonges et leurs incohérences.

Il peut s'agir d'une technique de survie automatique pour éviter d'être repéré, ou d'une malhonnêteté délibérée, calculant que cela vous déstabilisera. Ils comptent sur le fait que, désavantagé et incertain de la situation réelle, vous serez plus facile à manipuler.

3. DÉSORIENTATION.

Au combat, il est essentiel d'embobiner son adversaire. Pourquoi en serait-il autrement dans le monde obscur de la manipulation ? Cette tactique pour confondre et prendre au dépourvu se présente sous de nombreuses formes :

- **Déplacer les poteaux d'objectif.** On vous a peut-être dit que si vous faites quelque chose, vous obtiendrez un certain résultat, mais une fois que c'est fait, il y a un autre objectif à l'horizon. Le patron qui vous dit que vous obtiendrez une promotion si vous renoncez à vos vacances pour terminer un projet en est un bon exemple. Un autre exemple est celui du partenaire intermittent qui dit qu'il s'engagera lorsque vous aurez tous deux un emploi stable, mais qui insiste sur d'autres critères le moment venu. Il ne s'agit là que de quelques exemples de personnes qui changent les règles du jeu pour vous. Dans ces cas, vous attendez constamment quelque chose qui n'est jamais livré, et votre patience et votre optimisme sont malmenés.
- **Sautes d'humeur.** Cela peut être le résultat d'un déséquilibre chimique dans le cerveau ; cependant, certains prédateurs peuvent délibérément adapter leur comportement erratique pour vous déséquilibrer. Si une personne est tout sourire un jour, puis revêche le lendemain, il est facile pour vous de devenir plus anxieux et d'avoir envie de son côté ensoleillé. Dans ce cas, vous êtes devenu plus facile à contrôler.
- **Blâme.** Au moment où vous pensez que quelqu'un est en faute, il se retourne et dit que c'est vous qui avez mal agi. *Vous êtes si autoritaire,* diront-ils, alors que vous venez de réaliser qu'ils vous donnent des ordres. Le résultat est que vous ne savez pas distinguer votre gauche de votre droite, ni le haut du bas. De plus, si vous commencez

à vous défendre, ils peuvent éviter un examen plus approfondi. Intelligent, hein ?

- **Switcheroo.** Cette technique est similaire à la précédente et consiste à salir et à critiquer les autres pour les crimes que le manipulateur a lui-même commis. C'est un *tel menteur*, diront les menteurs. *Le mensonge est tellement affreux, méfiez-vous des gens qui le font !* L'effet est que, psychologiquement, vous faites confiance à cette personne. Vous vous dites qu'elle ne pourrait pas être hypocrite au point de dénoncer la chose même qu'*elle fait*, n'est-ce pas ? La réponse est : oui, elle le pourrait. Nous verrons plus en détail ce concept dans nos études de cas aux chapitres 5 et 6.

- **Renverser la situation.** Il s'agit d'une technique très sournoise, car le fait de renverser complètement la situation peut faire passer le malfaiteur pour le maltraité, et le maltraité pour le malfaiteur. Il s'agit d'une technique particulièrement toxique, qui consiste à rejeter la responsabilité des actions malveillantes sur la victime, souvent avec le hurlement d'apitoiement : C'est *de ta faute si je suis comme ça.*

- **Faire l'innocent.** Avez-vous entendu quelqu'un dire : *Qui, moi ? Comment as-tu pu penser ça ? Je ne ferais jamais ça !* Si c'est le cas, il est plus que probable que quelqu'un essaie de vous manipuler. L'innocence véritable nécessite rarement une protestation en faveur de l'innocence. Les types glissants aiment réfuter les preuves du contraire en insistant, choqués que vous mettiez en doute leur moralité, sur le fait qu'il est peu probable qu'ils puissent jamais faire le mal. Le résultat final est que vous ne pouvez pas vous empêcher de remettre en question votre jugement.

- **Jouer la victime.** Peut-être le manipulateur va-t-il plus loin et prétend-il être la victime ? Nous avons abordé ce sujet au chapitre 3 : un partenaire arriviste peut dire qu'il se sent sous pression au travail et, désireux de compatir, vous pouvez devenir un arriviste dans d'autres domaines et répondre à tous ses besoins. Lors d'une soirée, si votre ami autoproclamé "fauché" se plaint de sa malchance, vous vous rendrez vite compte que c'est vous qui payez toutes les boissons sans même y penser.

- La **culpabilisation**. Prolongement de la tactique précédente, il s'agit d'un outil souvent utilisé par les sociétés de bienfaisance, les partenaires abusifs et les soi-disant amis. Il s'agit d'une forme de chantage émotionnel. Si nous nous sentons responsables ou mal à propos de quelque chose, nous sommes plus susceptibles de répondre en faisant ce que quelqu'un nous demande de faire. Peu d'entre nous veulent se sentir égoïstes ou sans compassion. *Regardez ça, n'est-ce pas terrible ? Vous avez le pouvoir de le réparer, alors pourquoi ne le faites-vous pas ?* Un problème a été créé, dont nous sommes la solution, et notre refus de rectifier la "situation" signifie que sa continuation est de notre faute. Un autre classique du canon est : "*Pourquoi ne fais-tu pas ça ? Tu ne te soucies pas de moi ? Je suis toujours en train de faire des choses pour toi !* Cette affirmation vous met au pied du mur, vous obligeant à choisir entre vous plier à la volonté de la personne ou ressentir de la culpabilité.
- **Minimiser**. Les personnes qui espèrent vous tromper minimisent souvent l'impact de leurs actions. Vous pouvez vous plaindre que quelque chose n'est pas ce que vous voulez et que vous n'en êtes pas satisfait, et leur réponse sera de minimiser votre préoccupation. On vous fait croire que vous êtes hystérique ou déraisonnable et, par conséquent, on vous pousse à accepter l'inacceptable.
- **Jouer les plaisantins**. Qui n'a jamais répondu avec force à une demande douteuse, pour s'entendre dire qu'il réagit de manière excessive et qu'il n'a pas saisi un certain sens de l'humour ? *Je plaisante,* c'est la réponse habituelle des types malveillants. Les manipulateurs chevronnés peuvent agir délibérément de manière déroutante, clownesque ou bizarre pour vous mettre sur une fausse piste ou vous faire douter de votre propre jugement, ce qui nous amène au point dangereux suivant.
- **Gaslighting**. Créer le doute est un fusil d'assaut automatique dans les mains d'un manipulateur. Il veut que vous soyez incertain de ce qui est vrai et de ce qui ne l'est pas. Votre mémoire et votre jugement sont remis en question, et une fois que le doute s'installe, il devient difficile de s'en défaire. *Tu dois t'imaginer que c'est une expression* fréquemment utilisée, ou : *Vous aviez promis de faire ceci, pourquoi*

prétendez-vous maintenant que vous ne l'avez pas fait ? Cette technique est mortelle. Dans les cas extrêmes, la personne qui vous manipule peut même vouloir déséquilibrer votre santé mentale, en vous faisant douter de la réalité. Au cas où vous auriez des doutes sur l'expression *"gaslighting"*, elle provient de la pièce de théâtre *Gaslight*, écrite dans les années 1930 par l'auteur britannique Patrick Hamilton, et adaptée plus tard en film à succès avec Ingrid Bergman. Dans cette pièce, un mari infâme et criminel fait des bêtises dans le grenier, faisant vaciller les lampes à gaz de l'appartement du dessous ; lorsque sa femme remarque ce phénomène, il la convainc qu'elle devient folle.

4. DIVERSION

Les escrocs et les magiciens pensent souvent que le secret de leur réussite consiste à faire en sorte que le public regarde dans la mauvaise direction. De cette façon, le subtil tour de passe-passe ne sera pas remarqué. La tromperie peut passer inaperçue tout en évitant de rendre des comptes. Dans le même arbre généalogique, attendez-vous à trouver les éléments suivants :

- **Déplacement des responsabilités.** Il s'agit d'une tactique que vous rencontrez assez souvent. Dans mon cas, j'avais envie de me plaindre d'un service inadéquat, mais j'ai reçu la réponse suivante : *J'aimerais bien vous aider, mais ce sont les règles.* Ou encore : *mon patron m'a dit que c'est comme ça qu'il faut faire.* Les partenaires violents peuvent attribuer leur comportement antisocial à toute une série de facteurs : l'alcool, la dépression et la fatigue, pour n'en citer que quelques-uns. Si vous avalez cette histoire et lui permettez de rejeter la faute sur quelqu'un d'autre que lui, vous vous laissez tromper et exploiter.
- Les **excuses**. Ne vous laissez pas berner par ces excuses, car les personnes maltraitantes cherchent souvent à expliquer leurs méfaits comme étant normaux. Ils insistent sur le fait que leur comportement est acceptable, ce qui leur permet de créer l'illusion qu'il en est ainsi.

- **Honte**. Si vous confrontez quelqu'un pour ses actes répréhensibles, il peut tenter de vous faire honte en vous faisant croire que vous avez le mauvais côté du bâton. Comme nous l'avons vu au chapitre 3, *"How dare you ?"* est souvent le recours des personnes malhonnêtes qui cherchent à détourner des accusations véridiques.

- L'**évasion**. Vous verrez souvent cette tactique utilisée par les tricheurs, les menteurs et les politiciens. Si vous posez une question directe à ces personnes ou si vous les interpellez sur un point, elles changeront souvent de sujet. Ils veulent vous distraire ou vous faire oublier le sujet que vous avez initialement contesté. Ils espèrent bien sûr se tirer d'affaire, alors si vous vous heurtez à des commentaires vagues et à des **généralisations** lorsque vous cherchez une réponse précise, il est fort probable que quelqu'un essaie d'éviter la vérité et qu'il a probablement quelque chose à cacher.

- Le **fantôme** ou, comme on l'appelle aussi, le traitement silencieux, est une tactique préjudiciable. Permettez-moi de partager quelque chose avec vous : j'ai eu un patron qui, lorsqu'il ne voulait pas répondre à quelque chose (une demande d'augmentation de salaire ou un problème délicat à régler avec un client, par exemple), disparaissait *littéralement*. Mes e-mails restaient sans réponse et les messages que je laissais sur son téléphone s'accumulaient. Je savais qu'il était toujours vivant et actif car d'autres collègues avaient mystérieusement eu de ses nouvelles ! J'étais confuse, anxieuse et convaincue d'avoir fait quelque chose pour l'offenser. Finalement, je laissais tomber le problème et il obtenait ce qu'il voulait.

- Les **promesses de changement**. Elles sont souvent faites par les personnes coupables de comportements toxiques lorsqu'elles remettent à plus tard l'épreuve de force finale. C'est un peu comme déplacer les poteaux de but, car les promesses peuvent être faites et, en fait, le manipulateur vous déresponsabilise en prétendant entendre vos inquiétudes et en offrant une (fausse) solution. Dans la plupart des cas, ce changement n'arrive jamais.

- **Agressivité passive**. Soyons honnêtes, la plupart d'entre nous l'ont fait ou l'ont rencontré d'une manière ou d'une autre. C'est l'art de faire semblant de ne pas vouloir quelque chose ou de viser un résultat final tout en agissant comme si le sujet était le plus éloigné de nos esprits. Il peut également s'agir d'une tactique délibérée pour aborder un désir par des moyens indirects : un ami qui est toujours en retard peut essayer "subtilement" d'exercer son contrôle et son sentiment d'importance, par exemple.

5. SOUS-ENTRETIEN

Une tactique parfaite des types malveillants consiste à affaiblir leur cible par tous les moyens possibles, en exerçant leur propre pouvoir, leur force et leur supériorité supposée.

- L'**agressivité**. L'agressivité et la rage de quelqu'un d'autre peuvent souvent vous obliger à vous soumettre. Cette tactique d'intimidation permet de s'assurer que vous faites ce qu'il veut, et elle fait partie des pressions et de la coercition dont j'ai parlé dans le chapitre précédent. Face à un tel bruit et une telle fureur, il n'est pas toujours facile pour vous de soulever des objections.
- La **punition**. Cette tactique peut prendre la forme de violences physiques ou de menaces dans le but de vous affaiblir.
- Le **chantage**. On vous menace peut-être de révéler un secret ou de faire du mal à des proches. Si c'est le cas, rappelez-vous qu'il s'agit d'une activité *illégale*. Aussi grand que soit votre secret, personne n'a le droit d'exercer son influence sur vous de cette manière.
- **Corruption**. Cela fait partie du stratagème de la tentation que nous avons examiné plus tôt dans ce chapitre. Des récompenses, comme le sexe ou d'autres friandises, sont agitées devant vous... ou utilisées comme des armes. Quelle que soit la situation exacte, le refrain commun est le suivant : *vous n'aurez pas à faire ceci si vous faites cela à la place.*
- La **peur imaginée**. C'est un excellent outil pour les politiciens. *Ne votez pas de cette façon, ou ceci va arriver,* ou *faites attention aux étrangers,* peuvent-ils insister. Très vite, nous acceptons tout ce qu'ils disent parce que nous avons besoin de sécurité. Attention : les parents et les partenaires peuvent également utiliser ce moyen de contrôle.

- **Le sarcasme**. Votre patron ou votre partenaire vous a-t-il déjà rabaissé devant les autres ? A-t-il lancé des piques sarcastiques en réponse à vos actions ou commentaires ? Si c'est le cas, ils cherchent à diminuer votre estime de soi. Il s'agit d'une technique de contrôle classique qui leur donne l'impression d'avoir de l'esprit, d'être forts et de savoir tout. Si vous vous sentez inutile, vous pourriez être tenté de les croire aussi et, finalement, vous finirez par penser qu'ils ont toujours raison.

- **Exagération**. Il s'agit d'une déformation délibérée de vos opinions pour les faire paraître absurdes et grotesques, et d'un stratagème pour vous faire paraître irrationnel. Vous pouvez avoir une petite plainte ou un soupçon à propos de quelque chose, qui est ensuite déformé et gonflé hors de proportion par la personne que vous accusez. Par exemple, imaginez que votre partenaire rentre souvent tard le soir et qu'il est un peu mal en point ; vous lui demandez donc ce qu'il fait. Vous lui demandez donc ce qu'il fait. C'est une demande normale et naturelle, mais il peut délibérément en faire tout un plat en suggérant que vous êtes paranoïaque et que vous l'accusez de vous négliger : *Quoi ? Vous voulez dire que je suis sur le point de m'enfuir et de vous laisser pour organiser un trafic de drogue ?!* Au final, ils donnent l'impression que vous avez été ridicule.

- **Les calomnies**. Les personnes désagréables cherchent souvent à salir le nom de quelqu'un d'autre afin de le dénigrer et de l'éliminer en tant qu'adversaire potentiel. Il s'agit d'une tentative de créer un avantage sur l'autre personne.

- **Peur, puis soulagement**. Celle-ci présente des similitudes avec les sauts d'humeur et la technique de réaffirmation que j'ai mentionnée plus haut, dans laquelle des éloges sont donnés, puis retirés, pour être ensuite réitérés. Dans ce cas, quelqu'un peut chercher à vous effrayer délibérément - peut-être avec un complice - pour vous offrir ensuite du réconfort et du soutien. Psychologiquement, après avoir été effrayé, vous aurez besoin de sécurité et de sûreté, et votre capacité à prendre des décisions équilibrées sera compromise. Cette situation vous rend beaucoup plus malléable.

- **Isolement**. Les personnes maltraitantes cherchent souvent à vous séparer de vos amis et de votre famille. Avez-vous déménagé de votre quartier à la demande de quelqu'un d'autre ? Vous restez à la maison avec votre partenaire plutôt que de fréquenter des gens parce qu'il préfère passer du temps avec vous seul ? Attention : vous êtes plus faible seul et plus facile à contrôler, comme nous le verrons dans les études de cas du chapitre six.

6. SURMONTER

Tous les manipulateurs veulent que vous vous sentiez mal à l'aise. Si vous vous sentez sous pression ou hors de vos moyens, il est plus facile de vous tromper. Faites attention à ce qui suit :

- Le **jargon**. Les vendeurs ou les mécaniciens douteux aiment souvent se faire passer pour des experts en la matière, parlant rapidement avec des phrases compliquées. En vous faisant sentir petit et ignorant, contrairement à leur savoir, vous êtes plus susceptible d'accepter ce qu'ils disent.
- **Les statistiques**. Méfiez-vous toujours d'un diagramme à barres. Les sondages Vox pop sont un peu mieux, et les politiciens et les gens du marketing peuvent leur faire dire ce qu'ils veulent. Il est important de ne pas se laisser influencer par eux.
- **Comparaison.** Il est courant de s'entendre dire que l'on doit penser d'une certaine manière parce que d'autres personnes le font. C'est un fait psychologique que nous supposons souvent que la majorité a raison, même si ses opinions diffèrent des nôtres. Les tricheurs s'en serviront à leur avantage, inventant souvent des alliés pour vous rallier à leur cause.
- **Hors de votre zone de confort.** La plupart des trompeurs s'épanouissent sur leur propre terrain. Dans un environnement peu familier, vous êtes désavantagé, et c'est là que vous devez être le plus méfiant.
- Les **délais**. J'ai personnellement remarqué la récente montée en ligne des comptes à rebours. J'entends par là cette petite horloge sur le côté de l'écran, qui nous presse alors que nous essayons d'effectuer un

achat. C'est presque comme si on nous incitait à faire des erreurs non remboursables ! De même, qui ne s'est pas fait dire d'acheter un article à ce moment précis parce que c'est le dernier en stock, de peur que l'offre spéciale n'expire ce jour-là ? Lorsque nous sommes énervés, nous ne pouvons pas être les plus vigilants.

- **Suivre le troupeau**. La pression des pairs est un problème vicieux mais omniprésent dans la société. Elle se déchaîne dans la cour de récréation, au bureau et dans les salles de sport ; elle trouve son oxygène dans les médias sociaux et la publicité lui donne la possibilité de respirer. Les manipulateurs emploient des phrases chocs telles que : *tout le monde pense ceci, fait ceci, a ceci, alors vous devriez aussi.* Rapidement, il est facile de perdre de vue nos propres besoins individuels parce que nous sommes si désireux de sauter dans le train en marche et de faire partie de la foule.

- Le **lavage de cerveau**. Ce n'est pas seulement le terrain de la science-fiction et des dystopies effrayantes. Il arrive souvent que l'on nous impose les vues d'une personne, d'un parti politique ou d'un média au point de ne plus avoir de place pour nos propres opinions. Si on nous répète quelque chose suffisamment de fois, sans nous faire voir une autre perspective, nous pouvons perdre de vue qui nous sommes et ce que nous pensons, ce qui fait de nous des proies faciles. Nous verrons cette technique employée avec beaucoup d'efficacité dans les études de cas de victimes que nous examinerons au chapitre six.

7. PROBING.

La plupart des manipulateurs sont des maîtres de l'intelligence émotionnelle et l'utilisent à des fins sinistres. Par là, je veux dire qu'ils emploient :

- **Observation**.
- **Questions**.
- L'**écoute**, qui consiste à vous laisser parler en premier ou à faire l'essentiel de la conversation.

Leur objectif est de vous faire révéler vos faiblesses, vos points d'accès et vos préférences. Une fois qu'ils les connaissent, ils peuvent les utiliser contre vous pour leur propre bénéfice.

8. ESCALATION

Il est assez fréquent qu'une personne soit abusée sur une échelle mobile.

- **Le pied dans la porte**. J'imagine que nous nous sommes tous dit : ce n'*est pas un problème maintenant, et ça ne le sera que si je laisse la situation m'échapper, ce que je ne ferai pas... Pour* finalement se retourner quelques mois plus tard et découvrir que la situation est en train de *s'aggraver*. Les manipulateurs astucieux commenceront petit, puis feront grand. Ils espèrent que nous nous acclimaterons progressivement et que nous deviendrons aveugles à l'exploitation parce que nous nous sommes habitués à ce qu'ils nous demandent des faveurs et à ce qu'ils fassent des demandes à un stade moins grave.
- La **réciprocité mise en scène**. Vous êtes-vous déjà trouvé dans une situation où quelqu'un vous rendait un service et en attendait un autre, beaucoup plus important, en retour ? La réciprocité par étapes est une astuce très basse qui consiste à donner un peu pour recevoir beaucoup plus tard.
- **Repousser les limites**. Il s'agit d'une autre forme du point précédent ; pour reprendre une expression : donnez à quelqu'un un pouce et il prendra un kilomètre. Les manipulateurs continuent à prendre jusqu'à ce qu'on les *arrête*.

Quel catalogue de calcul ! Utilisé à mauvais escient, tout ce qui précède constitue une véritable recette de toxicité. Il est difficile de ne pas se sentir un peu essoufflé après avoir jeté un coup d'œil à ces machinations ; pourtant, ce sont des techniques actives qui apparaissent et sont tissées directement dans nos vies. Elles existent dans nos foyers, sur les campus, dans les hautes sphères de l'État, dans les rues, sur les panneaux d'affichage et sur les lieux de travail. Lisez ce qui suit pour voir comment elles se manifestent dans des exemples quotidiens, juste sous notre nez.

CHAPITRE CINQ

Confessions de la salle du conseil - Les pratiques tranchantes en action

Ne cherchez pas plus loin que le lieu de travail pour voir des exemples concrets de manipulation en jeu. Je parle des collègues qui prétendent assurer vos arrières mais qui, en secret, vous rabaissent dans le but de bloquer votre ascension et de faciliter leur propre promotion. Je parle aussi de ces patrons rusés qui vous poussent, vous cajolent et vous contraignent pour maximiser leur productivité et leur profit.

Pour diriger une entreprise avec succès, vous avez certainement besoin d'un certain nombre de caractéristiques qui vous différencient des autres : ne pas transpirer sous la pression, faire preuve de charme, prendre des risques et avoir des compétences en gestion. Sans aucun doute, un patron doit aussi être en contact avec son côté sombre.

Il existe de nombreux manuels qui peuvent vous apprendre comment progresser dans les affaires. La détermination et d'excellentes capacités de motivation figurent en tête de liste de ce dont un entrepreneur a besoin s'il veut monter en flèche. Certains éléments plus sombres - l'impitoyabilité, le jeu et la persuasion - ne sont pas toujours inclus et, s'ils le sont, ils sont souvent rapidement survolés. Pourtant, c'est ce genre d'éléments que de nombreux recruteurs recherchent en réalité lorsqu'ils recrutent. Ce sont souvent ceux qui adoptent une approche impitoyable des affaires qui réussissent le mieux, et ce sont malheureusement les personnes ayant des tendances antisociales qui ont tendance à s'élever le plus rapidement dans les environnements axés sur les objectifs.

Nous allons explorer quelques études de cas qui examinent de près la dynamique de la manipulation dans un environnement professionnel. Le premier est celui de Steve Jobs, l'ancien PDG d'Apple, qui nous a beaucoup inspirés mais qui n'en est pas moins impitoyable. La deuxième étude de cas concerne un type plus sombre qui restera anonyme pour l'instant.

Profiter des hauteurs du succès ; les tactiques d'un génie

À ce stade, Apple est devenue l'une des entreprises les plus importantes et les plus prospères du monde, et le catalyseur de cette réussite est Steve Jobs. Il n'est pas exagéré de dire qu'il était un manipulateur très puissant et habile.

Il n'en a pas toujours été ainsi - en tant que jeune homme et lors de la création de la société en 1976, on pourrait dire que son comportement tendait vers l'imprudence. Il y avait un aspect largement autodestructeur dans son égocentrisme, sans aucune concentration ni discipline. C'était un homme qui ne semblait pas se soucier des conséquences ou de la façon dont il pouvait ouvertement bouleverser les sentiments de ceux qui l'entouraient. En tant que tel, il gérait les situations de manière imprudente et se faisait des ennemis puissants qui le liquidaient lorsqu'il n'était pas préparé.

Jobs a quitté Apple en 1985. Que cette décision ait été volontaire ou forcée est une question subjective dont les historiens débattront probablement pendant des années. Quoi qu'il en soit, ce qui nous intéresse ici, c'est son retour en 1996, et son accession au poste de PDG l'année suivante.

La transformation de son caractère et de ses techniques commerciales était stupéfiante. C'est le genre de choses sur lesquelles les auteurs de livres d'auto-assistance pour les entrepreneurs pourraient écrire plusieurs volumes !

Jobs est revenu avec la stratégie parfaite nécessaire pour réussir, comme s'il était devenu un expert sur la façon d'obtenir exactement ce qu'il voulait et de réaliser de grandes choses. Comme vous le savez probablement, ces grandes choses ont été réalisées !

Certaines des pratiques employées par Jobs lors de son second passage chez Apple ressemblent étrangement aux méthodes des archi-manipulateurs dont j'ai parlé dans le chapitre précédent. Elles incarnent les techniques classiques de persuasion, d'intimidation de bas niveau et de détournement d'attention, associées à une grande concentration. Nous allons les passer en revue maintenant, car ce sont vraiment les tactiques d'un véritable génie. Que vous les appeliez des stratagèmes de séduction et des astuces sombres, ou qu'elles fassent partie d'un plan directeur brillant, elles ont eu des résultats matériels profondément réussis, puisque Apple est devenue la société la plus précieuse du monde dans les dix ans qui ont suivi son retour.

Il est facile de se demander si Jobs était simplement lui-même, agissant avec plus de maturité qu'avant 1985, ou s'il s'est assis et a dessiné une feuille de route pour atteindre ses objectifs. Au vu de la précision et de l'ampleur de ses réalisations, il est tentant de répondre par la seconde hypothèse.

Alors quelle était son approche ? Je vais vous guider à travers un guide en vingt points, riche en faits, de la recette de Steve Jobs pour une réussite triomphante :

1. **Travailler dur et se faire respecter**. N'ignorons pas que, dans le fond, Steve Jobs était un homme dévoué, qui avait le nez dans le guidon. Il n'était certainement pas du genre à se reposer sur ses lauriers et à laisser les autres faire le travail difficile. Steve Jobs s'engageait 24 heures sur 24, du matin au soir. Il n'hésitait pas à assumer différentes responsabilités et était prêt à faire plusieurs choses à la fois lorsque cela était nécessaire. Peut-être que cela lui venait naturellement, ou qu'il savait que c'était ce qu'il fallait pour gagner le respect et la confiance des autres. Les gens étaient plus disposés à l'écouter et à faire ce qu'il voulait parce qu'ils le considéraient comme

un vrai professionnel, prêt à faire lui-même des efforts supplémentaires. Cet exemple a placé la barre très haut pour ses collègues, les incitant à faire preuve du même dévouement.

2. Déterminez **ce qui ne fonctionne pas**. Jobs s'est donné pour objectif d'examiner sans complaisance les modèles économiques, les services et les produits qui ne fonctionnent pas. Il voulait comprendre le pourquoi et le comment de l'échec. Honnête et direct sur les défauts, il n'essayait pas d'édulcorer le problème s'il pensait qu'un produit n'était pas assez amusant, intéressant ou efficace.

3. **Améliorer et être créatif**. Dès qu'un problème était détecté, il fallait le résoudre. Il est facile d'oublier parfois que, au cœur du succès de Jobs, se trouvait la qualité. Il n'était pas un grand illusionniste ni un empereur déshabillé : il a livré des produits fantastiques qui ont révolutionné le marché. Il voyait les lacunes et les déficiences, et il les rectifiait. C'est pourquoi Jobs s'est efforcé, lors de son deuxième passage chez Apple, de réunir une équipe capable de démarrer plus rapidement, de produire plus rapidement des produits et d'innover encore et encore.

4. **Restez fluide**. Nous avons abordé ce sujet au chapitre 3 - ce n'est pas tout à fait la même chose que d'être flexible, ce qui suggère une certaine dose de compromis et de partage collégial des idées. Jobs était sans doute beaucoup plus élastique et rusé que cela ! Il a adopté l'approche, très prisée des politiciens, qui consiste à ne pas se laisser freiner par ce qu'il a dit ou pensé auparavant. Ce n'est pas parce qu'il avait critiqué quelque chose dans le passé qu'il n'allait pas en faire l'éloge dans le présent si cela correspondait à ses objectifs. Il était capable d'inverser les positions sans problème, et il profitait de la courte durée d'attention de la plupart des gens. Il serait facile de prétendre que ce qui a été dit auparavant était juste, mais en raison de l'évolution des circonstances, il savait quand il fallait adopter une position différente. C'était le moyen idéal de garder une longueur d'avance : s'adapter au changement et tirer des leçons de l'expérience sans paraître faible.

5. **Donner l'impression d'avoir toujours raison**. En plus de l'approche précédente, Jobs était également prêt à adopter les positions d'autres personnes lorsque cela lui convenait. Il lui arrivait même de proposer l'idée de quelqu'un en prétendant qu'il s'agissait de la sienne afin de s'en attribuer le mérite. Non seulement cette tactique donnait aux autres l'impression qu'il avait toujours raison, mais elle renforçait également sa force et son pouvoir. En psychologie, il existe un terme connu sous le nom de *"contrôle de la source"*, qui explique comment notre cerveau retient souvent des informations, mais peut avoir un trou de mémoire lorsqu'il essaie de comprendre d'où proviennent ces informations. Lorsque nous sommes occupés, il est naturel de laisser tomber des données qui semblent moins importantes que le noyau principal lui-même. Jobs a utilisé cette psychologie à son avantage.

6. **Ne croyez pas aux compromis**. Comme je l'ai mentionné plus haut, c'est exactement ce que faisait Jobs. Il exigeait la loyauté et insistait sur le fait que la meilleure solution était toujours la *sienne*, jusqu'à ce qu'il change d'avis.

7. **Enthousiasme**. Il n'y avait pas de demi-mesure, en ce qui concerne Jobs. Ceux qui travaillaient à ses côtés disaient souvent qu'il était un peu fou et à fond. Il aimait parler longuement de ses produits aux investisseurs ou aux clients potentiels, ce qu'il appelait *"pitcher avec passion"*. Il est difficile de ne pas trouver une telle énergie irrésistible ; il est facile de se laisser entraîner parce qu'on veut voir une vision aussi dynamique récompensée. Ainsi, la moitié de la bataille était gagnée car les mentalités et les cœurs avaient été conquis.

8. Une **perspective ensoleillée**. L'enthousiasme est aussi en partie le principe directeur qui sous-tend le maintien d'une vision positive de l'avenir. Il semble que ce soit une vérité universelle que les gens n'aiment pas entendre de mauvaises nouvelles, alors créer une perspective positive et dynamique donnera aux gens l'envie de vous entendre et de vous croire. Jobs était passé maître dans l'art de cette tactique.

9. **Parler**. En gardant à l'esprit le point précédent, Jobs a également adopté l'idée de la mise en avant. Il se présentait et faisait souvent sa propre promotion, tout autant que ce qu'il essayait de vendre, qu'il s'agisse d'un produit, d'un service, d'une idée ou d'une vision. Il répétait ensuite ce message. Gustave Le Bon appelait cette technique le *mob-steering* !

10. Un **marketing exceptionnel**. L'art de parler va de pair avec des compétences exceptionnelles en matière de marketing. Jobs savait qu'il était crucial de promouvoir ses produits - même s'il les critiquait lorsqu'il n'était pas dans l'entreprise ! et de faire passer ce message, rapidement et à grande échelle, de la manière la plus inventive possible.

11. Une **publicité créative**. Au-delà d'un marketing exceptionnel, Jobs savait qu'il aurait également besoin d'une publicité accrocheuse et colorée. Il s'agissait de convaincre les gens qu'ils devaient avoir des produits Apple parce que ces produits étaient les meilleurs et les plus avant-gardistes.

12. **Reconnaissance de la marque**. Apple a prospéré non seulement grâce à ses produits et à sa publicité, mais aussi grâce à la manière dont les gens ont pu l'identifier rapidement. Le logo est devenu une icône, par exemple, et est devenu tout à fait reconnaissable dans le monde entier.

13. **Construire une base de fans**. Toute cette publicité et cette reconnaissance ont permis à Apple de se constituer une base de fans. Il ne s'agit pas seulement pour vos clients potentiels d'avoir besoin de votre produit ; cela crée en eux un *désir*. Il y avait - et il y a toujours, dans une certaine mesure - une image positive liée au fait de posséder un produit Apple. Jobs savait que l'attrait du désir et de l'obligation d'avoir un produit était (et est toujours) un outil puissant.

14. **Abattre l'ennemi**. Jobs savait également qu'affaiblir ses concurrents serait également très bénéfique pour son entreprise. Il a utilisé un langage férocement émotif et négatif à l'égard de ses concurrents, ce

qui a contribué à créer un état d'esprit et à rallier les gens à ses idées et à ses visions.

15. **Impitoyabilité**. Jobs renvoyait souvent les personnes qui se présentaient comme des obstacles ou des objections pour lui et son entreprise. Il ne voulait rien avoir à faire avec l'échec, la réserve ou tout ce qui n'était pas possible. Si vous voulez réussir dans son orbite, vous devez embrasser l'entreprise à la manière de Steve Jobs !

16. **Utiliser une position de pouvoir**. Il n'avait certainement pas peur d'utiliser cette stratégie. Ainsi, lorsqu'il est revenu chez Apple, il a adopté une approche du type "soutenez-moi ou renvoyez-moi", sachant exactement à quel point il était vital pour l'entreprise. En fin de compte, tout se résumait à : *faites ceci ou je pars ; ne faites pas cela ou vous partez.* Il a certainement exercé son influence et son attrait commercial pour obtenir ce qu'il voulait.

17. La **flatterie**. Son pouvoir était combiné au fait de donner aux gens l'approbation dont ils avaient besoin pour être motivés et mobilisés. C'était cette flatterie à la langue bien pendue dont nous avons parlé dans le chapitre précédent - et non, elle n'était pas toujours sincère ! Il continuait à faire des éloges pour que son équipe en ait envie et s'y attende. Lorsqu'ils ne l'obtenaient pas, ils ne savaient pas pourquoi et avaient besoin de réaffirmation, cherchant des moyens de mériter à nouveau les compliments et les incitant à travailler plus dur. En bref, tout le monde voulait être son ami, ce qui est une position très forte pour un patron.

18. L'**évasion**. S'il y avait quelque chose que Jobs ne voulait pas qu'il se passe, il l'ignorait et ne s'en occupait pas. Peut-être jouait-il un jeu de poule mouillée en attendant de voir qui céderait le premier. C'est une technique classique de manipulateur : comme nous l'avons vu, c'est aussi ce stratagème d'évitement dont j'ai parlé plus tôt dans le chapitre quatre qui était privilégié par mon ancien patron.

19. **Suivez votre instinct**. Jobs voyait rarement l'intérêt de commander des études de recherche ou de repousser une décision. Si quelque

chose lui semblait juste, il le faisait. Il donnait ainsi l'impression d'être un expert né, que les gens voulaient suivre.

20. **Saisir le moment**. Malgré les conseils contraires, il a rendu public le projet Pixar peu après le buzz et le succès au box-office de Toy Story en 1995. Il a apporté le même sens de la spontanéité exubérante à Apple. Même les sceptiques ne pouvaient s'empêcher d'admirer sa confiance, qui lui permettait d'amener les gens à faire ce qu'il voulait. C'était un pari, mais la chance sourit aux gagnants, et il a gagné gros.

Il est difficile de ne pas voir le chemin de la gloire de Jobs comme étant planifié à l'avance, et les gourous du monde des affaires s'inspirent certainement de son livre. Quoi qu'il en soit, la leçon rapide et essentielle que nous pouvons tirer de la réussite de Jobs est indéniable : avec des objectifs et un sens de la concentration, la manipulation peut donner des résultats significatifs.

On peut sourire et être un méchant - L'histoire intime d'un maître manipulateur

Vous reconnaissez peut-être une partie de mon sous-titre ici. Elle est tirée de la pièce emblématique de William Shakespeare, *Hamlet*, et intervient au moment où le protagoniste, le prince du Danemark, se rend compte que son joyeux oncle est responsable du meurtre de son père. Cette expression en est venue à décrire parfaitement la capacité d'une personne à se montrer agréable, tout en accomplissant des actes sombres et manipulateurs. Je voudrais vous parler d'un milliardaire qui a pris cette approche à cœur et qui est aujourd'hui l'une des personnes les plus puissantes du monde. Appelons-le, pour des raisons d'anonymat, B.

L'ascension de B. a été spectaculaire. Il est passé d'un simple gratte-papier à l'un des PDG les plus riches et les plus influents de la planète, à la tête d'une organisation multinationale qui fournit des services et des produits axés sur les personnes dans le monde entier.

Mais comment a-t-il fait ?

Je vais vous donner un indice : il s'agit de l'**image qu'**il s'est créée dans un monde où la langue de bois et le style l'emportent souvent sur la substance. Il a tellement bien réussi que des hommes politiques ont suivi son exemple dans leur façon de fonctionner et de se présenter.

Bien sûr, il est issu d'une famille de Blancs privilégiés. Il critique aujourd'hui l'élite dans son rôle d'homme du peuple, mais ses propres racines étaient plutôt tranquilles : les meilleures écoles, les meilleurs avantages et les meilleures opportunités étaient tous à ses pieds. Il est certainement né avec une cuillère en argent dans la bouche et avec les bons contacts, les fonds et l'influence nécessaires pour aller loin. Cependant, il a toujours su très bien couvrir ses traces en cours de route.

Le succès de son entreprise dépend du fait qu'il soit un **homme ordinaire** : accessible, l'un des nôtres, et un guerrier contre l'injustice et les droits. Tel est le rôle qu'il joue, et il nous dit maintenant que les types de l'Ivy League sont l'ennemi parce qu'ils sont déconnectés et ne se soucient pas de nous ou de nos besoins. Il critique les autres chefs d'entreprise et les organisations, en disant qu'ils sont distants et conçus uniquement pour servir les 1% les plus riches. Vous voyez ce qu'il fait là ? Il utilise la tactique du *revirement que* j'ai décrite au chapitre 4. Nous semblons tous oublier commodément que B est en fait l'ennemi *même* qu'il décrit parce qu'il s'est habilement érigé en son adversaire !

L'adoption d'expressions idiomatiques et de **termes familiers fait** partie intégrante de ce rôle de monsieur tout le monde, et B les introduit dans son discours chaque fois qu'il le peut, avec un *"buddy"* par-ci, un *"y'all"* par-là. Nous pensons qu'il nous comprend lorsqu'il nous parle de ses produits et services, et quiconque l'a entendu parler peut être facilement ébloui par la vitesse à laquelle il enchaîne ses phrases ; il espère que nous n'aurons pas le temps de scruter les détails exacts de ce qu'il dit.

De manière cruciale, B a exploité le langage de l'aspiration tout au long de sa carrière. Depuis les premiers jours de son succès commercial, il nous a donné l'idée qu'il est alimenté par une **vision**. Il prône une utopie, dans laquelle nous serons tous plus riches et plus heureux, si seulement nous adoptons ce qu'il propose, et les hautes terres ensoleillées du confort matériel seront à nous si nous achetons ce qu'il vend. C'est un message séduisant - nous voulons y croire, même si nous voyons des défauts ou des pièges dans certains des services et produits qu'il promeut. B a réussi avec brio à créer un environnement dans lequel les consommateurs sont prêts à lui accorder le bénéfice du doute parce qu'ils veulent tellement que les rêves qu'il promeut deviennent réalité.

La stratégie marketing de B. est astucieuse et, tout au long de ses activités, elle a été mise en place pour positionner ses produits comme étant bons pour la planète d'une certaine manière. En les achetant, il suggère que nous contribuons à une bonne cause et à notre gain matériel, ce qui semble être une situation gagnante pour nous. C'est une stratégie plutôt intelligente : nous dépensons notre argent, nous augmentons ses bénéfices et nous croyons faire quelque chose de **positif**. La psychologie machiavélique qui se cache derrière cela est incroyable.

Il est clair que la caractéristique principale et distinctive de B a été de jouer les idiots et de faire semblant d'être l'ami de tout le monde tout au long de sa carrière. Nous connaissons tous ce genre de personne : elle sourit, plaisante, utilise des expressions extravagantes qui nous font rire. Ils peuvent également bafouiller et fanfaronner, et faire des erreurs occasionnelles en cours de route. Pour quelle raison ? Elle espère nous charmer et nous **désarmer**. *Cette personne ne peut pas être une menace*, pensons-nous. *Elle est trop excentrique pour être trompeuse. Regardez, avez-vous vu la façon dont ils s'habillent et se brossent les cheveux ?* C'est une technique astucieuse car elle peut alors agir comme un serpent dans l'herbe sans que nous ne soupçonnions ou ne réalisions jamais sa véritable nature. De plus, si nous les aimons, nous sommes enclins à leur pardonner la plupart de leurs actes. Donner l'impression d'être inoffensif et sympathique est un outil précieux pour les manipulateurs, et B a pris cela à cœur.

C'est pourquoi il a réussi à faire les choses les plus incroyables pour aller de l'avant et rendre son entreprise plus rentable. C'est le secret de sa richesse toujours croissante. Nous pouvons nous attendre à ce que B soit **impitoyable** quand il le veut, mais nous ne le remarquons pas ou ne pensons pas qu'il l'est parce qu'il joue le clown si fréquemment et si bien. C'est une parfaite tactique de distraction. Il élimine les dissidents en laissant entendre qu'ils sont faibles, qu'ils ont le nez bouché et qu'ils "ne suivent pas le programme". Il pulvérise les concurrents commerciaux avec un jargon agressif, qui plaît aux foules et qui suscite beaucoup d'émotions. Plus encore, il ridiculise les objections à ses propositions en suggérant que les autres ne comprennent pas sa vision, ou qu'ils sont des peureux manquant de jugeote et de fibre morale.

En effet, tout au long de sa carrière et de son ascension au sommet du conseil d'administration, B n'a cessé de minimiser les plaintes de ses adversaires. Il dit carrément qu'ils ont tort ou qu'ils sont trop bêtes pour voir les avantages de ses suggestions. Il a été difficile pour les autres de former des alliances contre lui car personne ne veut être considéré comme pathétique, stupide ou faisant une montagne d'une taupinière. L'approche **réductrice** de B. s'est avérée être un coup de maître pour neutraliser son opposition.

Dénigrer ceux qui se trouvent sur son chemin n'a jamais été un problème pour B au cours de son ascension régulière. Espérant évincer une concurrente interne, B a souvent commenté ses faiblesses : ses insomnies et son manque d'esprit de décision pour trouver un compromis. Lorsqu'elle concluait des accords et des négociations, il les critiquait comme étant peu réfléchis et dommageables pour l'entreprise. Sa popularité est en chute libre, et rien ne s'oppose à ce que B prenne la première place.

Ce que j'ai toujours trouvé intéressant chez B, c'est sa capacité à avoir une règle pour lui et une autre pour les autres. Par exemple, il a réussi à obtenir une augmentation de salaire pour lui-même, alors que le reste de ses collègues étaient *gelés*. Il a fait valoir qu'il était un générateur de richesse et a insisté sur le fait que ses collègues devaient travailler aussi dur que lui et avoir autant de succès, pour obtenir une augmentation de salaire également. Étonnamment, cela n'a pas conduit à une mutinerie de masse, mais à une éthique de travail accrue. Il a utilisé des tactiques de blâme et de désorientation pour **déjouer** complètement ses détracteurs. L'accent était mis sur la productivité des autres plutôt que sur l'hypocrisie de ses actions.

Au début de sa carrière, B tenait à **placer la barre très bas au départ**. Il sous-estime les délais de livraison ou les capacités, en contradiction directe avec ce que ses équipes de recherche lui disent en privé. Il s'agissait d'une tactique délibérée ; lorsque le produit sortait "plus tôt que prévu" ou dépassait les spécifications attendues, B était dans une position idéale pour présenter ce résultat comme un coup de maître. Cela contribuait à renforcer l'idée que lui et l'entreprise étaient des personnes fonceuses et capables, la satisfaction du client étant primordiale.

Une autre technique que les observateurs ont remarquée est que, pendant la montée de B, il **fabriquait un problème de façon à ce qu'on le voie le résoudre.**

Un accord important était en cours de négociation entre son organisation et une autre. Pendant un moment, il a semblé que la position de négociation de B était faible, et que ses détracteurs étaient prêts à bondir et à l'évincer. Il nous a dit à tous, par le biais d'une série d'interviews et de communiqués de presse, que l'autre entreprise faisait obstacle à l'accord et qu'il refuserait de négocier si elle ne changeait pas de position. Il a affirmé que ce qu'ils offraient était préjudiciable à son organisation et à ses actionnaires, et qu'il n'avait certainement pas peur de se retirer de l'accord. Le message est clair : si l'accord échoue, ce sera la faute des autres (car B aime jouer les innocents). La calamité semblait proche et, si son entreprise vacillait, c'est toute l'économie qui aurait pu être en danger. Les investisseurs, les consommateurs et les initiés sont sur les dents, et la tension devient presque insupportable.

Peu de temps après, B est revenu à la table des négociations, invoquant un changement négligeable et presque invisible de la position de l'autre partie - un changement totalement imaginaire. L'accord qu'il a obtenu pour son organisation était sans doute moins avantageux que celui que son prédécesseur avait obtenu avant son départ. Cela ne semblait pas avoir d'importance ; à ce stade, les actionnaires étaient soulagés qu'un accord ait été conclu. Le rôle de B en tant que sauveur et champion compétent était assuré.

L'image de soi est importante pour le succès de ce milliardaire, comme je l'ai dit. Pour maintenir cette image, il faut notamment **accaparer le devant de la scène** et isoler tout concurrent. Au début de l'ascension de B., il était à la tête d'une équipe chargée de résoudre des problèmes apparemment insolubles en termes de capacité d'innovation, d'efficacité de la chaîne de production et de coûts opérationnels. Un collègue situé plus bas dans la chaîne de rémunération a réussi à identifier une ouverture chez un fournisseur qui permettrait d'accélérer les délais de livraison tout en réduisant les dépenses. La solution à ce problème était en vue, mais la réponse de B a été de transférer le collègue dans une autre équipe d'un département en retrait - en invoquant des problèmes de performance - puis de redonner au projet toute sa gloire. Aujourd'hui, tout ce dont on se souvient, c'est que B a rendu l'impossible possible.

Rassurez-vous, B n'a jamais eu peur de **s'attribuer le mérite de ce qui marche et de rejeter la faute sur ce qui ne marche pas.** C'est un stratagème crucial pour se présenter comme une histoire à succès et cela l'a aidé à construire ses milliards.

La seule constante de cette longue et turbulente carrière a été la capacité de B à se construire en tant que marque. B parle de ses réussites chaque fois qu'il le peut, et ce sentiment accru d'**estime de soi** nous séduit. Après un certain temps, il est facile pour nous d'être éblouis et de croire au battage médiatique. Si on nous répète quelque chose assez souvent, cela devient une sorte de vérité. Les maîtres de la tromperie et de l'exploitation - PDG, politiciens, vendeurs, publicitaires, abuseurs émotionnels et criminels - en comprennent tous l'importance.

Nous avons vu que B n'a pas eu peur de tromper, de mentir et de manipuler pour arriver au sommet. Il a utilisé habilement des pratiques douteuses pour s'assurer de devenir un gagnant lucratif, mais à quel prix pour le fair-play et ceux qui se sont mis sur son chemin ? Les dégâts sont incalculables, mais notre monde matérialiste et l'histoire semblent récompenser les forts. Il n'est pas étonnant que B conserve une attitude optimiste et impénitente.

Il a constamment fait preuve d'un comportement qui, dans d'autres domaines, lui aurait probablement valu une peine de prison. Je ne peux m'empêcher de me demander comment une telle personne peut se regarder dans le miroir ? Ne réfléchissent-ils jamais aux dommages collatéraux qu'ils ont causés ? Ils ont été motivés par le profit et le gain, mais ne sont-ils pas gênés par ce qui a été perdu ?

CHAPITRE SIX

Damage Done - Les victimes de la manipulation

Je vous ai montré les techniques employées par les manipulateurs : les bonnes, les mauvaises et les plus sombres. Je vous ai également montré un aperçu du mal et des vrais visages derrière les masques. Nous avons exploré le narcissisme, le machiavélisme, la sociopathie et la psychopathie, et j'ai décrit en détail les nombreuses réussites des types de calcul dans le monde des affaires. En substance, nous avons examiné la portée mortelle des stratagèmes d'exploitation et d'avidité de pouvoir, et ce qui les sous-tend psychologiquement.

Nous pouvons tous voir les sombres frissons que certaines machinations peuvent procurer à certaines personnes. Les astuces, les jeux et les stratagèmes sont synonymes de triomphe et de satisfaction pour une poignée de personnes triées sur le volet. Mais je voudrais maintenant poser une question importante : qu'en est-il de l'autre côté de ces stratagèmes et de ceux qui *n'en sortent pas* vainqueurs ?

Pour chaque gagnant intrigant, il y a souvent de nombreux perdants dans le jeu. Nous ne devons jamais l'oublier.

Nous allons maintenant nous pencher sur certaines victimes spécifiques de la manipulation. L'une est fictive, bien que reconnue mondialement comme étant l'Othello de Shakespeare. L'autre est réelle, son identité étant protégée et son anonymat préservé.

Brought Low by a Beast : Un cœur brisé ; comment la manipulation a ruiné l'amour

J'aimerais vous parler d'une jeune femme qui est venue me demander conseil après avoir subi les conséquences de graves problèmes relationnels, qu'elle sentait l'enfoncer. Comme il s'agit d'un cas sensible, je l'appellerai simplement A.

Tout a commencé dix ans auparavant, lorsqu'elle a rencontré un garçon, peut-être semblable à la plupart des histoires que nous avons vues ou lues auparavant. Elles ont aussi souvent la même fin. Malgré les similitudes universelles - qui se répètent à travers l'histoire, les continents, les ménages et les modes de vie - il ne s'agit pas de sous-estimer les effets dévastateurs que peuvent déclencher ces relations malheureuses. Ces effets sont personnels et individuels, causant des dommages profonds et à long terme, comme nous allons le voir.

Comme beaucoup d'entre nous, A pensait avoir trouvé l'amour. Elle avait une vingtaine d'années, était jeune, belle et pleine d'initiative. L'espoir et les opportunités s'offraient à elle, et elle avait l'énergie, l'esprit et la passion pour réaliser tout ce qu'elle voulait. Elle a rencontré son nouveau partenaire lors d'une fête - nous l'appellerons Nick. Ils ont sympathisé instantanément alors qu'il racontait des blagues et flirtait, et elle a été immédiatement charmée. Il lui a offert des commentaires excessifs, mais délicieux, des compliments qui lui ont fait tourner la tête. Il semblait peut-être un peu plus intéressé à parler de lui, mais il posait plus ou moins les bonnes questions quand il le fallait. Il semblait ouvert et honnête, et il avait envie de partager et de demander son avis.

Nick était un peu plus âgé, mais ça n'avait pas d'importance. Cela le faisait paraître plus expérimenté et mature. Il était sur le rebond : la victime, disait-il, d'une relation émotionnellement abusive. La corde sensible de A est tirée lorsqu'il lui raconte ce qui a conduit à la rupture de sa précédente relation. Son ancien partenaire l'avait trompé avec son meilleur ami ; les deux s'étaient enfuis ensemble, le laissant brisé, endetté et en manque de réparations.

Qui ne pourrait pas résister à une telle invitation ? La sympathie et la compréhension de A ne se sont pas démenties, et les choses se sont développées assez rapidement à partir de là.

La romance était un tourbillon de passion. Nick était gentil et attentif, et il ne cessait de complimenter et de traiter A quand il le pouvait. Il la couvrait de cadeaux : fleurs, parfums, bijoux, tenues. *Tu es superbe là-dedans,* lui disait-il. *J'aime quand tu es en rouge.* L'attention qu'il lui portait était incroyable. *Je te veux pour moi tout seul,* lui disait-il. Il l'a certainement fait se sentir spéciale. Elle était le centre de sa vie ; lui, le sien.

Ils voyageaient, faisaient la fête et partaient à l'aventure. Au début, il payait son chemin et partageait les frais à parts égales. S'il buvait un peu plus qu'elle ou si ses goûts étaient un peu plus extravagants, cela n'avait pas d'importance pour A. Elle appréciait sa compagnie, et elle gagnait plus que lui, donc cela ne la dérangeait pas de participer à ses frais.

Lors de ces voyages, il baissait encore plus sa garde - ou peut-être était-ce A. Mais elle était sûre que c'était lui. Il s'est ouvert sur la relation difficile qu'il avait avec sa famille, lui racontant comment son père autoritaire était envieux de son lien avec sa merveilleuse mère et comment ses frères et sœurs étaient tous horribles avec lui. Il lui a parlé de son patron qui le contrôlait et l'exploitait, et qui n'appréciait pas son talent. Autour d'un verre, Nick s'insurge contre tous les mensonges de son ex-femme, qui ont provoqué leur divorce.

Le divorce ? Vous étiez mariés ? s'enquiert A. C'est *vrai*, insista-t-il, un peu irrité. *Je te l'ai déjà dit.* Il ne l'a pas fait, bien sûr. Qu'est-ce que ça peut faire, demande-t-il ; A ne va pas se mettre à pleurnicher à ce sujet, n'est-ce pas ? S'il y avait une chose que Nick trouvait pathétique, c'était les types jaloux ! Après leur discussion, A pense que ses inquiétudes sont minimes et les met de côté.

Avec les problèmes au travail et la promotion qu'il espérait ne pas obtenir, Nick avait du mal à payer son loyer. Il disait toujours à A qu'il était fauché et que son appartement tombait en ruine. Chaque fois qu'il était chez A, il était heureux, et il parlait toujours des merveilles de son appartement. Bientôt, comme si c'était une idée qui venait naturellement, A a trouvé une solution aux soucis de Nick - pourquoi n'emménageait-il pas avec elle ? C'est ce qu'il a fait. Dans le cadre de cet arrangement, il semblait naturel qu'elle paie les factures, puisqu'elles *étaient* à son nom. Elle n'allait pas faire la fine bouche à ce sujet. Quand il aurait son augmentation de salaire, il commencerait à payer sa part.

Mais la promotion n'est jamais arrivée, et Nick a quitté son travail peu de temps après, invoquant des différences créatives. Il avait une nouvelle idée, un projet qu'il avait besoin d'espace pour le développer. Si seulement ils avaient un endroit avec une meilleure lumière, une cour, ou un balcon peut-être, alors ses jus créatifs pourraient couler. *Tu veux que je m'épanouisse, n'est-ce pas ?* demandait-il à A. Peu après, ils ont déménagé dans un nouvel appartement, aux frais de A.

Ça te dérange si j'utilise ta voiture ? Il a dit. *J'ai besoin de me déplacer pour des entretiens d'embauche et des trucs pour présenter mes idées.* Elle lui a donc prêté les clés, et les amendes et les tickets de parking impayés se sont rapidement accumulés, tous au nom de A. Elle les a payés dès qu'il a été clair que Nick n'avait pas l'intention de le faire, bien qu'il ait promis de la rembourser.

Il a parlé en long et en large de ses projets et de la façon dont il comptait la traiter bientôt, car les cadeaux avaient cessé d'arriver, les anniversaires oubliés. *J'ai juste beaucoup de choses en tête*, a-t-il dit. *Tu comprends, n'est-ce pas, chérie ? Tu ne vas pas me casser les couilles avec ça, hein ? Je suis trop faible comme ça !*

Il a expliqué que le fait d'avoir été licencié l'avait beaucoup ébranlé. Elle était choquée d'entendre ça : Viré ? Elle avait cru qu'il avait démissionné. *Oui, viré,* gémit-il, agacé et contrarié. *tu le sais : pourquoi me mettre le nez dedans ?* Elle se demanda si cela expliquait les bouteilles vides d'alcool bon marché qu'elle trouvait sans cesse dans les poubelles, et pourquoi il avait souvent l'air débraillé quand elle rentrait du travail.

Ils sortaient rarement ensemble, car il ne pouvait pas se le permettre et elle détestait le quitter. Il la suppliait souvent de rester avec lui - je *ne sais pas ce que je pourrais me faire si je restais seul,* disait-il. Rapidement, A s'est isolée de ses amis et de sa famille. Lorsqu'ils appelaient pour prendre de ses nouvelles, Nick répondait au téléphone, toujours prêt à donner une excuse : elle avait du travail ou ne pouvait pas aller les voir parce qu'elle s'inquiétait pour l'argent.

C'est sûr, l'argent était un souci. Elle voulait un enfant, mais cela ne l'intéressait pas et ils ne pouvaient pas se permettre d'avoir une autre bouche à nourrir. A payait pour eux deux, et il avait commencé à lui emprunter de l'argent, accumulant des dettes qu'il lui demandait d'éponger. Elle trouvait sur sa carte de crédit des dépenses qu'elle ne pouvait pas vraiment expliquer, et lorsqu'il a eu un accident avec sa voiture et l'a laissée comme une épave, il a dit qu'il lui en offrirait une nouvelle une fois qu'il serait remis sur pied.

A pouvait sentir qu'elle devenait désespérée. Elle se sentait désénergisée et comme si la vie était lentement aspirée hors d'elle. Elle ne pensait pas pouvoir le quitter car elle était sûre de l'aimer. Quel genre de personne serait-elle si elle quittait un homme qui était au plus bas comme lui ? Il n'était pas *violent.* Il lui faisait encore de temps en temps des compliments qui illuminaient son monde, et il y avait encore de la passion dans la chambre !

Lentement mais sûrement, les choses ont empiré. Nick disparaissait souvent pendant un jour ou deux, soit pour se vider la tête, soit pour voir un copain. Il y avait toujours des divergences et des petites choses sur lesquelles elle n'arrivait pas à mettre le doigt dans les histoires qu'il racontait. L'iPhone qu'elle lui a acheté, parmi d'autres cadeaux qu'elle lui a offerts, a commencé à disparaître. *Je ne suis pas moi-même,* disait-il. *Je perds toujours des choses ; ne me fais pas me sentir plus mal que je ne le suis déjà.*

Lorsqu'ils sortaient, on trouvait souvent Nick de l'autre côté de la pièce en train de flirter avec d'autres femmes. Une fois, la caissière du magasin local s'est plainte à A qu'il l'avait draguée et qu'il lui avait fait des propositions inappropriées ; cependant, Nick a rejeté toutes ces affirmations en les qualifiant de fantaisistes. A était juste en manque d'affection et cruel, a-t-il insisté. Désorienté par ses affirmations, A était enclin à le croire.

Je suis sûr qu'à présent, vous pouvez reconnaître dans le comportement de Nick un grand nombre des traits et des tactiques dont nous avons parlé aux chapitres 3 et 4. Malgré toutes les épreuves, A ne voulait toujours pas le quitter. Elle n'était pas sûre de trouver quelqu'un d'autre qui l'aimait autant et doutait de pouvoir aimer quelqu'un de mieux. Elle s'est convaincue que toutes les relations ont des hauts et des bas. Nick a peut-être été et devient de plus en plus instable, mais il semble être un homme bien au fond de lui, mais peut-être un peu malchanceux ? Elle ne voulait pas le contrarier ou ajouter à ses inquiétudes.

Puis, Nick a disparu pendant une semaine. Frénétique, A a essayé d'appeler toutes les personnes qu'elle connaissait. Finalement, la petite amie de son copain - nous l'appellerons Zoe - est venue la voir. *Il ne reviendra pas*, a expliqué Zoe. *J'ai entendu qu'il discutait avec les gars, et je n'ai pas aimé ce que j'ai entendu. Je lui ai donné un ultimatum, vous voyez. Soit il vous le dit, soit c'est moi.*

A pouvait sentir son corps entier devenir froid. *Dis-moi quoi ?*

C'est à ce moment-là que A. a appris la déchirante vérité : Nick a eu une liaison intermittente avec la voisine de leur ancien logement pendant cinq ans. Il a mis la fille enceinte et lui a demandé d'avorter, ce qu'elle a fait. Cependant, la fille est retombée enceinte et a voulu le garder cette fois. Nick se plaignait à ses copains qu'il ne savait pas quoi faire ; lorsque Zoé l'a entendu, elle a insisté pour qu'il dise à A la vérité.

Nick n'a jamais eu le courage de lui faire face, cependant.

A a jeté ses affaires à l'extérieur, changé les serrures, mis l'appartement sur le marché et quitté son emploi pour retourner vivre avec sa famille. Dans les mois qui ont suivi, toutes ses connaissances avaient une histoire à lui raconter sur Nick : comment il faisait des avances sexuelles, était vu avec d'autres femmes, rabaissait A et vendait ses biens pour acheter de la drogue. La liste était *sans fin*, et elle ne pouvait s'empêcher de se demander pourquoi elle n'avait pas repéré tout cela elle-même. Plus que cela, quelles autres informations lui avaient été cachées ? Cette pensée fut rapidement remplacée par la réalisation qu'elle ne les aurait pas crus, même s'ils l'avaient fait.

Je lui ai dit qu'elle avait eu la chance d'échapper à Nick, mais elle m'a avoué qu'elle était frustrée d'avoir perdu dix ans de sa vie avec un escroc. Dix années qu'elle ne récupérerait jamais. On lui avait lavé le cerveau et vendu un fantasme, qu'elle avait accepté à son propre détriment. Sans aucun doute, la situation l'a laissée avec des sentiments :

- Stupide et humilié.
- Dévalué.
- Doutant de sa propre valeur.
- Incapable de " tomber amoureuse " ou de s'engager à nouveau, au cas où un nouveau partenaire abuserait également de sa confiance.
- Méfiante envers les autres, croyant qu'ils gardent des secrets pour elle.
- Solitaire.
- Méfiant à l'égard des compliments.
- En colère et gravement contrarié.

Comme nous pouvons l'identifier au chapitre 3, Nick était un tricheur, un menteur et un égocentrique égocentrique avec des traits de personnalité très sombres. Les actions de cet archi-manipulateur au narcissisme sociopathique indéniable ont certainement entraîné une perte importante pour A. Il en a profité à ses dépens et l'a laissée complètement diminuée.

En fin de compte, elle était mieux sans lui et, au fil du temps, avec de l'aide et beaucoup de courage, elle est devenue plus forte. Cependant, il ne fait aucun doute qu'elle a été victime d'une sombre manipulation et qu'elle s'est trouvée dans une mauvaise situation pendant très longtemps. Être une victime n'est pas amusant.

Maintenant, pour toujours, adieu l'esprit tranquille

Examinons maintenant une autre étude de cas dont les résultats sont encore plus troublants. Vous connaissez peut-être déjà bien l'histoire d'Othello, le général imparfait de William Shakespeare. Si c'est le cas, vous conviendrez sans doute avec moi qu'il est difficile de ne pas être effrayé par la chute d'Othello ; il est peut-être l'exemple le plus emblématique, quoique tragique, des dangers dévastateurs de la manipulation obscure.

Si vous n'avez pas entendu parler de son triste sort, ou si vous n'êtes pas sûr des détails, prenons un moment pour parcourir son histoire.

L'histoire magnifiquement complexe et sombre de Shakespeare sur la malice, la manipulation, la jalousie et le désespoir a été écrite pour la scène en 1604 et publiée pour la première fois dix-huit ans plus tard, en 1622. Elle demeure, à ce jour, un puissant examen de la victimisation, voire l'une des pièces de théâtre les plus émouvantes et les plus perceptives de l'histoire. L'art de la manipulation y est clairement exposé, et nous voyons, dans des détails douloureux, ses effets mortels.

Le héros de guerre Othello, un homme de couleur, a épousé la jeune, blanche et ravissante Desdémone, la fille d'un membre de l'élite dirigeante, Brabantio. C'était l'amour, et ils s'adoraient sincèrement. Cependant, leur avenir n'est pas aussi radieux, et leur relation se heurte à de nombreux préjugés, à la rancune et à la résistance de tous les côtés. Plus âgé qu'elle et soumis toute sa vie à des insultes racistes, Othello ne pouvait s'empêcher de penser qu'il était, d'une certaine manière, indigne d'elle ou qu'il méritait l'échec. Il savait certainement que c'était ce que les autres, y compris Brabantio, pensaient. Malgré cela, Othello espérait que ses réalisations passées pourraient l'emporter, mais il restait malheureusement et fatalement ouvert aux suggestions négatives.

C'est là que son collègue amer et soi-disant ami Iago est intervenu.

Iago est au centre de la pièce, tissant une toile de tromperie malveillante contre presque tous les autres personnages pour des raisons peu claires, poussé par cette obscurité profonde et inexplicable qui réside dans certaines personnes, comme nous l'avons examiné aux chapitres deux et trois. Présentant les caractéristiques de la triade, il semble agir pour son propre plaisir, plus que par désir de gain matériel ou d'avancement personnel. Il a laissé entendre qu'il avait une soif et une motivation de vengeance, ayant manqué une promotion au profit d'un homme plus jeune, Cassio, qu'Othello a fait progresser dans les rangs militaires. Il a également exprimé un soupçon fou et non fondé que sa femme Emilia avait couché avec Othello, mais a admis qu'il ne savait même pas si c'était réellement vrai. Ces raisons changeantes ne cherchent qu'à expliquer ses actions après avoir entrepris de faire tomber Othello.

Le poète Samuel Taylor Coleridge, alors qu'il étudiait la pièce pour une série de conférences environ deux cents ans plus tard, a fait remarquer qu'il y avait une "malignité sans motif" dans les actions de Iago. En d'autres termes, le seul encouragement dont cet homme avait besoin était l'acte même de frustrer et de détruire les gens. Oui, ma grand-mère l'aurait certainement appelé un mauvais garçon !

Il fait remarquer qu'une autre victime de Iago, Roderigo, un jeune homme amoureux de Desdémone et que Iago utilisait pour financer son style de vie sournois, ne traînait qu'autour d'Othello pour "servir son tour sur lui". Il ajoute : "En le suivant, je ne suis que moi-même." (Shakespeare, 1622, 1.1.58). En tant que spectateurs, nous ne devrions avoir aucun doute sur le fait que Iago ne prépare rien de bon, et il a admis qu'il n'était "pas ce que je suis". Malgré sa haine pour Othello et son racisme évident, il a donné un "signe d'amour" en faisant semblant de soutenir Othello. Lorsque nous voyons Iago avec le général, il agit comme un confident et, surtout, comme une main secourable en lui offrant des conseils et des suggestions pour s'épanouir dans sa relation avec Desdémone.

Othello ne cache pas ses sentiments amoureux pour sa nouvelle épouse. Au départ, il était convaincu que les services qu'il avait rendus à l'État et ses réalisations le garderaient en bonne position, mais c'était sans compter sur le grand marionnettiste Iago, qui tirait les ficelles de tout le monde en coulisse. Iago attise la haine contre son ami en dénigrant Othello à chaque occasion et en attisant la bigoterie.

Plus encore, Iago était doué pour l'étude psychologique de ses victimes et savait exactement sur quels boutons appuyer. Othello était absolument convaincu de l'honnêteté de son ami, même si ces pensées allaient causer sa perte, comme le remarque Iago : "plus mon but sera efficace sur lui" (Shakespeare, 1622, 1.3.389). Iago voyait clairement qu'Othello avait une "nature libre et ouverte" et pensait que "les hommes sont honnêtes mais semblent l'être" (Shakespeare, 1622, 1.3.397-398). Tout cela signifiait que le général pouvait être facilement trompé. Ainsi, la connaissance qu'avait Iago des faiblesses, des peurs et des angoisses d'Othello a permis à ce dernier de causer de terribles dommages.

Il n'a pas fallu longtemps à Iago pour accuser faussement Desdémone de ne pas être *réellement amoureuse* de son nouveau mari. Pire encore, il insinue qu'elle et Cassio ont une liaison. Il a dressé un tableau saisissant de l'adultère, ce qui a alimenté les insécurités et la nature jalouse d'Othello. Rusé jusqu'à la moelle, Iago a fait de son mieux pour couper Othello de tout autre réseau de soutien, le poussant à se brouiller et à se faire des ennemis auprès de ceux qui auraient pu l'aider à retrouver la raison. C'était certainement un coup de maître, qui a créé un fossé entre le général et Cassio.

Les techniques de Iago sont tout droit sorties du livre de jeu de l'archi-manipulateur. Il raconte des mensonges, fait des allusions, utilise des généralisations et des évasions. Il exploite les situations à ses propres fins, tend des pièges et se montre habile dans la tromperie. A un moment, il a joué l'innocent et a créé un parfait écran de fumée, en disant gentiment : " les hommes doivent être ce qu'ils semblent être " (Shakespeare, 1622, 3.3.130).

Iago était certainement adepte des fausses accusations et des fausses nouvelles : "regarde ta femme", disait-il, ce dont Othello se délectait - le caractère de la femme en qui il avait confiance, sa partenaire bien-aimée, était maintenant repéré. Vicieusement, Iago a retourné le couteau dans la plaie en disant à Othello qu'il ne devait pas s'attendre à autre chose dans les relations interraciales. Il a touché Othello à son point le plus vulnérable, exprimant les craintes du général qui bouillonnaient sous la surface depuis qu'Othello était entré dans cet environnement raciste.

Faible, seul, méfiant, et doutant de lui-même, Othello est maintenant là où Iago voulait qu'il soit : le poison coule dans ses veines. À partir de ce moment, Othello est complètement désorienté ; il ne sait littéralement pas quoi penser et est troublé par des croyances contradictoires. Il avoue : "Je pense que ma femme est honnête, et je pense qu'elle ne l'est pas" (Shakespeare, 1622, 3.3.390).

C'est à ce moment-là que Iago fait monter les enchères de façon experte en fournissant des preuves falsifiées. Le fait de placer le mouchoir de Desdémone - un cadeau de son mari - dans la chambre de Cassio était une astuce parfaite. La réponse d'Othello est volcanique : "mes pensées sanglantes, avec un rythme violent/ ne regarderont jamais en arrière" (Shakespeare, 1622, 3.3.464-465). La femme qu'il avait autrefois aimée et adorée était désormais damnée à ses yeux, et il a ensuite promu Iago, en remplacement de Cassio. Iago, assurément, avait maintenant tout ce qu'il voulait. Il aurait pu s'arrêter là, mais il *ne l'a pas fait*.

Les stratagèmes, les machinations, les jeux subtils et les plans insidieux se poursuivent, et Othello, brave soldat et défenseur de la liberté, n'est pas de taille face aux ruses de Iago. Il s'ensuivit une triste et rapide perte de la raison et du bon sens. Comme Desdemona l'a remarqué : "mon seigneur n'est pas mon seigneur" (Shakespeare, 1622, 3.4.121). Le rythme et la syntaxe du discours du protagoniste sont devenus désordonnés, illustrant de façon graphique le délitement de l'esprit d'Othello.

Le reste de la pièce est gore, Othello perd tout, petit à petit. Il a tué Desdémone en disant : "Je n'ai pas de femme/ O, insupportable." Il perd sa propre identité, en disant de lui-même : "C'est lui qui était Othello" (Shakespeare, 1622, 5.2.285), et, finalement, il se donne la mort.

Ce qui est remarquable dans la méchanceté de Iago, c'est qu'il a à peine levé le petit doigt pour provoquer les terribles résultats qu'il souhaitait. La rhétorique était son arme, ses insinuations et ses mensonges incitant Othello à faire tout le travail. Ainsi, Othello est devenu l'auteur de sa propre perte et de la ruine de ceux qu'il aimait le plus.

La réaction d'Othello a été indéniablement violente et abusive envers des passants innocents, ce qui ne peut être toléré. On ne peut minimiser ses actes, pas même en disant qu'il a été horriblement piégé et qu'il a choisi cette voie destructrice. Il est aussi très largement fautif. Je dis cela parce que je ne veux pas excuser les réactions d'Othello, mais nous pouvons tout de même le plaindre.

Était-il simplement malchanceux, ou y avait-il quelque chose qui le rendait particulièrement vulnérable et ouvert aux stratagèmes de Iago ? La réponse courte à cette dernière question est oui. Les grands drames ne naissent généralement pas du fait que quelqu'un se trouve au mauvais endroit au mauvais moment ; cependant, un manque de chance peut s'avérer cuisant.

Avant de passer à autre chose que cette triste histoire, examinons ce qui a fait d'Othello une cible de choix pour l'exploitation :

- Vulnérable, malgré ses forces physiques.
- Isolé.
- Faire confiance à de faux amis.
- Complexe d'infériorité couplé à la fierté, ce qui est un mélange dangereux.
- L'insécurité.
- Colère.
- Souffrait de jalousie et se comparait aux autres.
- Un manque de conscience de soi.
- Faible intelligence émotionnelle.
- Incapable de communiquer correctement ses sentiments.
- Ouvert à toute suggestion.
- La naïveté.

- Il a laissé les autres lui parler.
- Il n'a vu que ce qu'il voulait voir.

Le fait que le général était mûr pour la victimisation ne devrait en aucun cas permettre à l'intrigant Iago de s'en tirer à bon compte, et cela ne signifie pas non plus que notre antihéros a totalement mérité ce qui lui est arrivé.

Ce qu'il faut retenir ici, c'est que la nature intérieure d'Othello, combinée aux conditions extérieures, peut parfaitement expliquer pourquoi il devient sensible à la manipulation, et pourquoi il a fait ce qu'il a fait. Nous devrions y trouver beaucoup de matière à réflexion, et je suis impatient d'approfondir la question, de manière plus spécifique, sans tarder.

CHAPITRE SEPT

Êtes-vous sur le radar ?

Les tactiques que nous avons examinées dans les chapitres précédents sont omniprésentes et utilisées souvent par des patrons, des amants et des amis manipulateurs ; ce sont les outils du narcissisme, du machiavélisme et de la psychopathie au faux cœur. N'importe lequel d'entre nous peut devenir la proie d'une ou de toutes les ruses d'exploitation qui ont été mentionnées.

En effet, en théorie, quel que soit notre niveau d'équipement, nous pouvons tous potentiellement devenir une cible ou une victime en attente.

Cependant, nous ne finirons pas tous par être manipulés. Dans ce chapitre, je vais examiner pourquoi certaines personnes sont manipulées et d'autres non, et discuter des dommages qui peuvent être causés. Je veux également vous donner quelques conseils cruciaux pour vous assurer que vous n'êtes pas quelqu'un dont les autres peuvent profiter si facilement et si souvent.

Au vu et au su de tous : Qu'est-ce qui nous rend sensibles à la manipulation ?

Soyons honnêtes : ce n'est pas comme s'il y avait un signe révélateur que certains d'entre nous portent sur le front et qui dit : *profitez de moi*. Dans les études de cas que j'ai présentées dans le chapitre précédent, ni Othello ni la jeune femme A n'ont invité l'exploitation ou ne l'ont méritée. Cependant, il se peut qu'ils aient inconsciemment signalé qu'ils étaient particulièrement enclins à la manipulation. Est-ce que vous et moi faisons de même sans même nous en rendre compte ?

Je vous présenterai un éventail de personnalités susceptibles d'être manipulées. J'ai identifié quinze types principaux :

Rétrécisseurs

Nombreux sont ceux qui n'aiment pas trop les conflits et les confrontations. Dans certains cas, c'est une bonne chose, mais il n'est pas toujours sain de se lancer dans des situations agressives. Si vous vous méfiez constamment des émotions négatives qui peuvent surgir lorsque vous dites *"Stop"* ou *"Hang on, that's not right"*, vous risquez d'être une proie facile pour les personnes qui veulent vous pousser à faire ce qu'elles veulent.

Plaisanciers

Nous connaissons tous le genre de personne qui aime rendre les autres heureux ; peut-être en faisons-nous partie nous-mêmes. Il n'y a rien de mal à vouloir apporter un sourire au monde. C'est une qualité immensément admirable, et nous ne devrions donc pas nous moquer des saints de tous les jours parmi nous. De manière stéréotypée, ce sont des mamans ! Si vous connaissez quelqu'un qui est toujours en train de rendre service, ce sont les personnes que vous appellerez probablement lorsque votre voiture tombera en panne au milieu de la nuit sur l'autoroute. Cependant, ces personnes peuvent se présenter sous de nombreuses formes. Qui connaît leurs motivations exactes : se sentent-elles valorisées lorsqu'on a besoin d'elles, ont-elles besoin d'approbation ou sont-elles simplement altruistes par nature ? Dans tous les cas, il leur est difficile de dire *non*. Malheureusement, elles sont des cibles de choix pour la manipulation, qu'elle soit de faible ou de forte envergure.

Innocents

Ce sont les personnes que l'on pourrait qualifier de crédules et de naïves. Elles ne peuvent tout simplement pas imaginer que les gens puissent être trompés dans une situation donnée. Attention : ces personnes ne portent pas d'étiquette indiquant qu'elles sont *des pigeons*. Comme je l'ai dit, il pourrait même s'agir de vous ou de moi sans que nous le sachions. Les innocents sont dans le déni. Il peut s'agir d'amoureux : des personnes qui n'acceptent pas que le centre d'intérêt de leur adoration soit dans le pétrin. Sinon, les innocents sont ce que j'appelle des individus au grand cœur. Ce sont des gens décents, facilement exploitables. Vous avez peut-être tendance à accorder aux gens le bénéfice du doute - imaginez un type qui vous aborde dans la rue, il dit qu'il a perdu son portefeuille, et il veut que vous l'aidiez en lui donnant de l'argent pour le bus afin qu'il puisse rentrer chez lui avant que ses enfants ne rentrent de l'école. Que vas-tu faire : lui faire confiance ou imaginer le pire ? Vous ne voulez pas lui refuser la charité, mais faites attention. Si vous adoptez trop souvent cette attitude, vous risquez d'être sérieusement désavantagé.

Les sceptiques

Ce genre de personne remet constamment en question sa propre opinion et ses goûts, croyant que quelqu'un d'autre saura toujours mieux que lui. Non, ce n'est pas forcément le cas ! Cette attitude impressionnable découle souvent d'un complexe d'infériorité et d'un manque total de confiance en soi, ce qui signifie qu'elle peut facilement être exploitée.

Le Vain

J'ai abordé ce sujet au chapitre 4 lorsque nous avons parlé des manipulateurs qui flattent notre ego. Qui n'a jamais été flatté pour faire quelque chose qu'il ne voulait pas faire ? *Hey, vous êtes si bon avec votre technologie. Pourriez-vous réparer mon Wi-Fi ?* Oui, nous sommes tous passés par là !

Imprudent

Il y a ceux qui ne font tout simplement pas attention à ce qui se passe. Ils ont la tête dans les nuages ou sont trop occupés et préoccupés par d'autres choses pour remarquer qu'ils sont manipulés. Elles sont peut-être impulsives et n'aiment pas trop s'attarder sur quelque chose, car cela tue la spontanéité. Peut-être, mais cela peut quand même mener à l'exploitation.

Soumis

Peut-être est-ce une partie de votre personnalité intérieure que de vous permettre d'être dépendant, et vous avez peut-être besoin de la protection et de la sécurité que procure la dépendance à quelqu'un d'autre. Ce qu'on vous dit passe parce que cela vous fait vous sentir plus en sécurité. Sinon, vous partez du principe que vous ne méritez pas mieux que votre situation actuelle - c'est aussi bien que possible, et vous pensez que vous devez l'accepter.

Auto-agresseurs

Il s'agit d'une personne qui accueille avec masochisme l'idée d'être dominée par une autre personne et qui en retire un plaisir (sexuel ou sensoriel). Les sadiques dont j'ai parlé au chapitre 3 formeraient un partenariat parfait - ou imparfait - avec ces personnes.

Les solitaires

Vous souhaitez peut-être accueillir l'attention des autres, bonne ou mauvaise, car l'alternative est le silence. Vous avez peut-être été isolé pendant si longtemps qu'il vous est difficile de voir les choses en perspective.

Les personnes âgées ou infirmes

Dans ces cas, la faiblesse physique ou mentale des autres est exploitée car ils ne peuvent pas se défendre facilement.

Manque de conscience de soi

Peut-être ne savez-vous pas vraiment ce que vous voulez ou pensez. Il se peut que vous n'ayez pas la clarté émotionnelle ou le sens de l'analyse nécessaire pour traiter vos sentiments. Dans ce cas, il ne serait pas étonnant que vous vous laissiez facilement influencer, si cela arrive.

Tout garder en mémoire

Dans ce cas, les gens peuvent ne pas réussir à s'exprimer ou simplement ne pas avoir les compétences de communication nécessaires pour faire passer leur opinion ou leur préférence. Dans ce cas, la personne peut finir par être manipulée par d'autres personnes qui agissent de manière non intentionnelle. Ils ne savent pas vraiment ce que vous voulez parce que vous ne le dites pas assez clairement ; ainsi, vos besoins semblent ignorés et passent au second plan par rapport aux désirs de quelqu'un d'autre.

Faible entretien

Pensez-vous qu'il vaut mieux suivre le mouvement parce que c'est plus simple ? Vous ne faites jamais d'histoires ou de remarques, ce qui peut être positif et vous permet d'être ouvert aux nouvelles idées et à la compagnie facile. Cela signifie certainement que vous n'êtes pas une personne exigeante - une de ces personnes qui doit toujours organiser un événement et qui a invariablement quelque chose à dire sur les endroits où manger, boire ou faire du shopping. Cependant, l'aspect négatif de cette souplesse est que vous pouvez vous désengager. En pratique, cela signifie que vous semblez souvent indécis, insipide et facile à persuader ; les autres peuvent donc vous plier à leur volonté sans résistance.

Coincé dans une ornière

Souvent, lorsqu'une personne se sent déprimée et en a assez de sa vie, elle cherche à obtenir le moindre changement possible. En effet, elle pense qu'il vaut mieux se jeter d'une falaise au sens figuré que de rester immobile. Dans cette situation, ils seront ouverts à toute une série de suggestions : essayez ce stupéfiant, essayez ce stratagème, etc. Les hommes politiques exploitent le besoin de secours et de changement en permanence ; bien que ceux qui cherchent à se faire réélire trouvent ce défi plus difficile à relever lorsqu'ils sont en place.

Plein d'empathie

Vous êtes peut-être trop compréhensif pour votre propre bien. Vous savez peut-être que quelqu'un manipule une situation, mais vous essayez quand même de vous mettre à sa place. Vous pensez qu'elle agit de la sorte parce qu'elle est déprimée, fauchée, seule ou engagée dans une certaine cause. Vous vous sentez peut-être coupable de ne pas être une personne assez "gentille", et vous faites donc de votre mieux pour répondre aux besoins et aux désirs des autres. L'empathie est une compétence essentielle, mais pas lorsque vous l'utilisez pour trouver des excuses au comportement nuisible des autres.

En lisant cette liste, je suis sûr que vous reconnaissez des aspects de vous-même et d'autres personnes. Comme je l'ai dit, de nombreux traits de personnalité peuvent être positifs, charitables, et contribuer à rendre le monde meilleur. Cependant, s'ils ne sont pas contrôlés, ils peuvent aider les forces obscures à prospérer.

Ressentir la douleur - Les effets négatifs

Aucun d'entre nous ne veut être victime de l'obscurité, et le mal causé par les techniques d'exploitation est inquantifiable. Elles peuvent progressivement corroder ou ébrécher de petites manières intrinsèques, causant insidieusement des dommages psychologiques. Les tactiques sournoises peuvent certainement avoir une variété d'effets négatifs à long terme sur l'image de soi, le monde et les autres. Par ailleurs, comme nous l'avons vu avec Othello au chapitre six, elles peuvent avoir des répercussions énormes et dramatiques, notamment la perte de la vie, des moyens de subsistance ou des biens.

Je ne veux pas trop m'attarder sur ce point, car je préfère vous aider à mieux comprendre la manipulation, afin que vous puissiez l'éviter ou en exploiter les aspects positifs. Cependant, il est essentiel que vous ayez une vue d'ensemble de la manière dont les différentes formes de ruses peuvent être malsaines.

Voici quelques-unes des principales conséquences d'être la cible d'un manipulateur :

- **Faible estime de soi**. Il est facile de se sentir inutile quand on sait que quelqu'un a profité ou profite encore de vous.
- **Honte et humiliation**. Vous ne pouvez peut-être pas vous empêcher de vous sentir idiot d'avoir été pris au dépourvu.
- La **culpabilité**. On vous a peut-être donné l'impression que ce que vous faites est mal, ou que vous êtes mauvais parce que vous résistez à la volonté d'une autre personne.
- **Fermez les yeux**. Il est facile d'arrêter de ressentir et de s'engourdir pour bloquer toutes les émotions négatives en vous et autour de vous.
- **Mauvaise gestion de soi**. Dans le prolongement du point précédent, cette situation se produit parce que le fait d'être manipulé peut vous amener à toujours vous faire passer au second plan.
- Les **troubles de l'alimentation**. Dans certains cas, une domination excessive ou des commentaires critiques de la part d'une autre personne peuvent vous amener à rechercher des mécanismes d'adaptation psychologique pour reprendre le contrôle de votre vie.
- **Diminution des performances**. Comment pouvez-vous réaliser votre potentiel et faire de votre mieux si vous êtes constamment épuisé ou distrait de vos propres besoins ?
- Vous avez **peur d'être seul**. Vous craignez peut-être d'être pris pour cible si vous êtes livré à vous-même.
- **Les relations** entre amis, partenaires et famille **sont endommagées** parce que vous ne pouvez pas vous sentir détendu, heureux ou vous-même en présence de quelqu'un qui cherche à vous faire plier à sa volonté.
- La **peur de l'engagement**. Comme nous l'avons vu dans notre étude de cas sur la jeune femme A, le fait d'avoir été trompé par un partenaire peut entraîner une peur de s'engager dans de nouvelles relations, car on craint d'être à nouveau abusé.

- **Manque de confiance** (et sa cousine, la *paranoïa*). Il est tout à fait naturel, après avoir été dupé ou dominé, de commencer à supposer que tout le monde est pareil.
- **Douter que ce que vous croyez est correct.** Cela revient à être malhonnête avec vous-même au sujet de vos sentiments ou de vos opinions. Tout simplement, vous pouvez commencer à vous demander si vos soupçons et vos pensées actuels sont vrais.
- **L'incertitude**. Je ne parle pas seulement de votre propre pensée, mais aussi de ce qu'est la situation réelle. Nous avons abordé ce sujet au chapitre 4, lorsque nous avons examiné le phénomène du gaslighting : le fait d'être incertain de la véritable nature de la réalité peut avoir de graves répercussions psychologiques.
- **L'anxiété**. L'anxiété et la dépression excessives sont les conséquences naturelles de tout ce qui précède. L'insomnie, les sautes d'humeur et l'automutilation peuvent également suivre.
- La **déception**. En fin de compte, si vous avez été trompé - que ce soit par un politicien, un amant ou un vendeur - vous finirez probablement par obtenir le contraire de ce qui vous a été promis. La déception ne peut venir que si vous n'obtenez pas les bonnes choses que vous pensiez voir arriver.
- **Danger**. Comme je l'ai décrit en examinant les manipulateurs de la triade noire, si vous êtes ciblé, vous pouvez être incroyablement dangereux. Il n'est pas exagéré de dire que votre vie et votre bien-être peuvent être en danger.

Quelle litanie de négativité ! Il est hors de question de l'accepter car nous voulons le meilleur pour nos vies, n'est-ce pas ? Alors, comment s'y prendre ?

La grande évasion : Ce qu'il faut faire pour éviter les techniques de manipulation

Je viens de vous donner une sacrée dose de pessimisme ! Je ne veux pas vous effrayer, mais rassurez-vous, il est possible de naviguer dans les eaux troubles de la manipulation et d'éviter ses dangers. Je vais vous présenter un mode d'emploi pratique, en vingt étapes, pour vous assurer que vous n'êtes pas susceptible d'être manipulé et que vous n'êtes pas vulnérable à ses effets négatifs.

Jetons un coup d'œil.

1. **Demandez à la personne qui est en vous**. Il est essentiel que vous preniez le temps d'apprendre ce que vous ressentez, voulez et avez besoin. C'est le meilleur moyen de garantir que vous avez toujours le contrôle de votre situation. Assurez-vous que vos souhaits sont exaucés.

2. **Ayez confiance en vous**. Je sais que ce point est plus facile à dire qu'à faire, mais ayez confiance en vos propres opinions et en votre force de caractère, et passez outre toute tentative de vous contraindre à faire ce que vous ne voulez pas faire. Vous vous connaissez mieux que quiconque, et vous ne devez pas l'oublier.

3. **Assumez le problème**. N'expliquez pas, n'excusez pas et ne minimisez pas un comportement qui vous dérange ou vous perturbe. Identifiez-le comme un problème qui doit être traité.

4. **Fixez des limites**. Déterminez vos limites et ce que vous êtes prêt à faire. Veillez à ce que cette ligne ne soit jamais franchie.

5. **Recherchez les incohérences**. Très souvent, lorsque quelqu'un essaie de vous berner, il contredit son histoire. Elle vous ment probablement si rien de ce qu'elle dit n'est franc ou cohérent. Vous pouvez essayer de prendre des notes sur les conversations que vous avez eues, afin de ne pas vous retrouver dans l'erreur plus tard.

6. **Demandez aux gens de rendre des comptes**. Exigez des réponses et des réponses. S'ils cherchent à éviter de répondre, agissez vous-même comme un disque rayé. *Revenons à la question en cours* est une expression utile que vous pouvez utiliser dans ces circonstances.

7. **Vérifiez les références**. Si vous êtes approché par un soi-disant expert, exigez de voir sa carte d'identité. Si quelqu'un prétend être votre ami ou avoir vos intérêts à cœur, essayez d'en trouver la preuve dans son comportement passé et actuel.

8. **Soyez vigilant**. Gardez l'œil ouvert sur les situations dans lesquelles vous pourriez être vulnérable à l'exploitation. Soyez attentif aux comportements ou activités inhabituels et n'acceptez pas tout ce que vous entendez.

9. **Ayez une vue d'ensemble**. Veillez à ce que ce soit toujours le cas, afin de ne pas vous laisser abuser ou de ne pas tomber dans les fake news. Faites de votre mieux pour rechercher les faits essentiels, le contexte et d'autres perspectives, car obtenir d'autres opinions peut vous aider dans votre quête de la vérité.

10. **Recherchez des espaces sûrs et neutres**. Ne vous mettez pas dans des situations ou des environnements dans lesquels vous êtes en danger ou désavantagé. Par conséquent, recherchez des espaces sûrs et neutres lorsque vous traitez avec des inconnus ou des personnes qui vous demandent des choses. En agissant ainsi, vous diminuez vos chances d'être manipulé.

11. **Maintenez un réseau de soutien**. Ainsi, ne vous laissez pas isoler. Restez en contact avec des personnes en qui vous pouvez avoir confiance, notamment vos amis, votre famille et vos proches. Vous devez savoir qu'il y a quelqu'un qui vous soutient et à qui vous pouvez faire appel si vous soupçonnez quelqu'un de profiter de vous.

12. **Ne jouez pas le jeu**. C'est ça : éloignez-vous d'une situation inconfortable ou fermez vos oreilles si le besoin s'en fait sentir et ne vous

engagez pas. Il est important que, dès que vous identifiez un comportement manipulateur, vous refusiez de lui donner de l'oxygène.

13. **Arrêtez-la**. Je veux que vous dénonciez la manipulation partout où vous la voyez. Il n'est pas nécessaire de se laisser distraire par des confrontations ou des accusations inutiles, mais concentrez-vous sur le fait que vous n'avez pas l'intention de jouer le jeu de qui que ce soit. Apprenez l'importance de dire *"Je ne vais pas accepter cela"*. Si l'on vous accuse de quelque chose, dans le but de vous miner ou de vous discréditer, répondez calmement : *ce n'est pas le cas*.

14. **Soyez honnête**. Il n'y a rien de mal à dire calmement, poliment et résolument *"je ne veux pas faire ça"*. En fait, il importe peu que vous bégayiez ces mots ; si c'est ce que vous ressentez, faites en sorte d'être entendu.

15. **Compromis**. Considérez cette idée. Si l'on vous demande une faveur, et que cela ne vous dérange pas de la faire, mais qu'il y a certains aspects que vous jugez gênants, trouvez un terrain d'entente. Toutefois, restez fidèle à vos principes en ce qui concerne les limites infranchissables que nous avons mentionnées précédemment.

16. **Cachez vos vulnérabilités**. C'est bien d'être soi-même et d'être ouvert pour partager avec les autres. Mais ne laissez pas tout le monde savoir que vous êtes négligeant avec l'argent ou que vous êtes friand d'histoires tristes, par exemple. Si vous le faites, vous leur aurez donné un guide facile à lire sur la façon de vous exploiter. Veillez donc à rester élégant et présentable. C'est triste à dire, mais les manipulateurs - en particulier ceux qui ont des tendances psychopathes - ciblent les personnes qui ont l'air faibles et abattues.

17. **Essayez quelque chose de nouveau**. Peut-être commencez-vous à vous demander pourquoi vous utilisez une certaine marque ou pourquoi vous mangez toujours une pizza avec votre partenaire le vendredi soir. Vous êtes peut-être connu comme le gratte-papier qui

travaille toujours tard. Mélangez un peu les choses ; sinon, vous risquez de vous rendre compte que vous faites des choses sans en avoir envie.

18. ...Bien sûr, dans certaines situations, une approche plus rigoureuse est nécessaire.

19. **Coupez les liens**. Parfois, la seule façon de sortir d'une relation malsaine dans laquelle vous êtes dominé est de la quitter. Dans ce cas, vous devez partir sans regarder en arrière. Sachez toutefois que ce n'est pas forcément une solution à long terme. Vous devez vous demander pourquoi votre garde était suffisamment basse pour permettre ce genre de manipulation en premier lieu, et il se peut que vous ne fassiez que sortir d'une relation néfaste pour vous ouvrir à une autre plus tard.

20. La **thérapie**. Si vous vous laissez manipuler, c'est peut-être parce que quelque chose en vous vous dit de le faire. Je ne cherche pas à rejeter la faute ou à excuser le comportement dominateur d'autres personnes. Vous avez peut-être un problème de santé mentale, un trouble de la personnalité ou des sentiments et des impulsions que vous ne pouvez pas expliquer. Demander l'aide d'un professionnel vous aidera à déterminer pourquoi vous prenez certaines décisions. Cela peut être la première étape pour éviter les situations qui vous désavantagent. De même, il se peut que vous reconnaissiez les traits de la triade en vous-même et que ce soit vous qui soyez le manipulateur dans certaines circonstances ; dans ce cas, vous devez y remédier avant que la situation ne devienne incontrôlable. Quel que soit le côté de la barrière où vous vous situez, le conseil pourrait être la solution idéale.

21. **Appelez à l'aide**. J'entends par là la police ou les autorités civiles. J'en ai déjà parlé : s'il y a le moindre soupçon de coercition, d'abus ou d'activité illégale, faites appel à des professionnels.

Les forces de la manipulation ne sont pas insurmontables, et elles peuvent être arrêtées. Sachez toutefois qu'il n'existe pas de combinaison magique et pare-balles qui vous protégerait de toutes les mauvaises intentions. J'ai dit plus haut qu'il fallait s'équiper de connaissances ; comme le disait le philosophe anglais du 18e siècle Abraham Tucker : "*Qui est averti est armé*". Ainsi, connaissez votre propre esprit, faites vos recherches et recherchez la vérité avant de faire pleinement confiance à quelqu'un. Soyez honnête et franc.

C'est ainsi que l'on élimine l'aiguillon de la manipulation. Dans le prochain chapitre, nous examinerons d'autres moyens constructifs d'aller vers la lumière.

CHAPITRE HUIT

Un guide des approches éthiques

Dans votre vie quotidienne, au niveau de vos relations, de vos amitiés, de vos interactions sociales et de vos pratiques professionnelles, est-ce que vous motivez ou manipulez ? Regardez-vous attentivement et demandez-vous : est-ce que j'influence les autres de manière positive ou négative ?

Quelle que soit la "bonne" personne que vous pensez être, les questions ci-dessus n'ont pas toujours des réponses toutes faites et tranchées.

Diagnostiquer qui vous êtes et distinguer le vrai du faux

Pour déterminer l'impact que vous avez sur les autres - et savoir s'il est énergisant ou exploiteur - vous devez d'abord *identifier* correctement vos actions et vos relations interpersonnelles. Utilisez-vous des méthodes de persuasion douce, ou s'agit-il en fait de coercition ? Espérez-vous influencer ou tromper quelqu'un pour obtenir ce que vous voulez ? Vous appuyez-vous sur un débat rationnel, en interagissant avec les capacités de raisonnement facultatif d'un autre individu, ou cherchez-vous à duper les gens en faisant appel à leurs émotions et à leurs impulsions ?

En substance, je veux savoir si vous encouragez le libre arbitre chez les autres et si vous cherchez à les garder ouverts à toutes les options qui s'offrent à eux.

Il n'est pas difficile de répondre à ces questions. Je suis prêt à parier que si vous êtes honnête avec vous-même, vous admettrez que vos approches se situent à cheval entre la motivation et la manipulation.

Ensuite, je veux que vous *évaluiez* si votre objectif d'influencer les autres est éthique. Vous ne vous considérez probablement pas comme un être malfaisant et vous voyez un million de différences entre vous et toutes ces sombres études de cas que nous avons examinées dans les chapitres précédents. Cependant, prenez un peu de temps avant de répondre. La ligne directrice simple que vous devez suivre ici est la suivante : agissez-vous pour le bien des autres ou pour vous servir vous-même ? Suivez-vous une certaine ligne de conduite pour le pouvoir et le contrôle ? Cela ressemble-t-il à un jeu dont vous tirez un certain plaisir ? Il n'est peut-être pas facile de nommer vos motivations exactes, mais vous pouvez rapidement savoir dans quelle fourchette elles se situent et si vous espérez utiliser votre influence pour obtenir des changements positifs.

Soyez prêt à vous retrouver dans une zone grise. Comme je l'ai dit tout au long de ce livre, tout n'est pas nécessairement noir ou blanc. Prenons l'exemple de l'hypnose : cette technique - qui consiste à manipuler l'état d'esprit et les préférences d'un individu par la suggestion - fait appel au subconscient et contourne la pensée raisonnée. Dans certains cas, elle est clairement utilisée à des fins égoïstes. C'est ce que montre l'exemple littéraire de Svengali, un homme exploiteur et criminel dans *Trilby* de George du Maurier, qui esquisse une perspective fascinante de la séduction et du contrôle. Dans cette histoire, Svengali hypnotise une jeune femme et la transforme, par le pouvoir de la suggestion, en une chanteuse extraordinaire qui peut rapporter de l'argent. Ses raisons découlent du sombre désir de dominer et d'obtenir une reconnaissance matérielle, contre la volonté de la femme. Dans ce cas, nous avons identifié et évalué que la manipulation est mauvaise car les moyens et les motifs sont tous deux contraires à l'éthique.

Cependant, l'hypnose est fréquemment utilisée comme méthode pour aider les gens à arrêter de fumer. Dans ce cas, l'objectif est positif, avec des bénéfices pour la santé ; on peut donc l'identifier comme cherchant délibérément à contourner la pensée préconditionnée. En d'autres termes, il aide à fixer ce que le psychisme dépendant a établi chimiquement, comme raison et justification de l'action. Les moyens que j'ai observés peuvent tenter de subvertir le libre arbitre et de restreindre intrinsèquement certains choix, mais une évaluation plus approfondie suggérera sûrement que les objectifs peuvent être nobles.

Dans le premier chapitre, nous nous sommes demandé si les bonnes intentions annulent les actions immorales. Je n'étais pas prêt à donner une réponse à l'époque, et je ne le suis pas maintenant. Contrairement à Kant, je crois fermement que vous devez trouver votre propre réponse à cette question !

Si vous pensez que vos actions se font au détriment des autres, vous devriez peut-être envisager de demander l'aide d'un professionnel, comme je l'ai évoqué dans le chapitre précédent. Vous pouvez également passer un test en ligne qui évaluera votre niveau d'insistance et déterminera si vous représentez un risque réel pour les autres ou s'il s'agit simplement d'une tendance que vous devez contrôler pour garantir un environnement équilibré et heureux autour de vous.

La lumière dans l'obscurité : une nouvelle conception de la morale

Dans son œuvre fondamentale, *l'Éthique, le* philosophe Aristote préconise l'importance de vivre sa vie en accord avec des valeurs positives. Ses réflexions sur la vertu et le *bien* sont restées respectées pendant plus de 2 500 ans. Selon lui, une bonne compréhension de l'éthique peut aider à guider un individu à travers les extrêmes de la vie quotidienne, dans laquelle les décisions morales sont fréquentes. Pour lui, l'*honnêteté et l'intégrité* doivent être nos mots d'ordre. Lorsque vous identifiez et évaluez votre comportement, ces principes sont les balises qui éclairent votre chemin si vous suivez une approche éthique.

Qu'est-ce que cela signifie concrètement, et que signifie l'intégrité dans notre monde moderne ? Pour parvenir plus facilement à une utilisation éthique de vos talents de persuasion et de votre capacité à influencer les autres, vous devrez peut-être repenser complètement la façon dont vous voyez votre but et vos objectifs dans la vie. Je veux dire par là que nous devons commencer à penser davantage à *NOUS qu'à JE*. Traiter une situation collectivement et adopter un sens de la responsabilité commune sont des éléments importants pour faire comprendre ce point. Considérez l'impact plus large d'une action et le nombre maximal de personnes qui peuvent en bénéficier ; par exemple, disons que vous vous faites régulièrement conduire au travail par votre ami et que vous savez que deux autres collègues ont également des difficultés de transport. Ils ne se trouvent pas sur votre trajet vers le bureau, et le fait de les prendre en charge ajoutera du temps à votre trajet. Dans ce cas, le plus grand bien - pour vos collègues et la planète - est de convaincre votre ami de faire ce détour.

En Afrique du Sud, il existe une ligne philosophique qui a gagné du terrain depuis les années 1800 et qui s'est imposée au cours du dernier demi-siècle pendant les périodes de transition entre la colonisation et l'apartheid, avec des adeptes comme l'archevêque Desmond Tutu, militant des droits de l'homme. Il est connu sous le nom d'*Ubuntu*, qui signifie "humanité" en zoulou. Essentiellement, il incarne l'idée d'unicité : *Je suis parce que nous sommes*. En tant que tel, il met l'accent sur une méthodologie de partage pour produire une harmonie mondiale.

Par conséquent, on pourrait suggérer qu'un point de vue éthique peut être acquis dans notre interaction avec les autres si nous commençons à penser à la façon dont nous bénéficions tous ensemble. Avec cette approche, il est temps d'adopter une approche globale, de penser large et grand. Le philosophe et économiste britannique John Stuart Mill, du 19e siècle, voyait cependant quelques failles dans cette proposition. Son argument était qu'il est impossible - et donc futile - de tenter d'assumer les fardeaux du monde entier. Penser à *tout le monde* peut devenir trop vague, et certains soutiendraient que l'altruisme complet n'est pas possible. Selon lui, il serait de loin préférable d'adopter les causes de la petite communauté qui nous entoure : pensez à ce qui profite à l'équipe, au quartier, au cercle d'amis ou à la famille. Les États-Unis sont toujours protégés, au-dessus des besoins du *moi*, mais de façon beaucoup plus gérable.

Mais comment changer aussi radicalement notre sens de l'orientation ? Il a été suggéré qu'un changement positif n'est possible que si nous appliquons ce que l'on appelle **la règle d'or**. Il s'agit d'une façon de penser qui revient à *traiter les autres comme on aimerait être traité*. Il ne s'agit pas d'une approche universellement adoptée, et certainement pas dans le monde des affaires. Malgré cela, ce concept existe depuis l'aube de la civilisation, même si l'histoire de la construction d'empire le mentionne rarement.

On trouve des références à cette philosophie dans nos écrits les plus anciens, notamment sur les restes de papyrus de l'un des plus anciens récits de fiction encore existants, *Le Paysan éloquent*, qui remonte à l'Égypte ancienne, il y a plus de 4 000 ans. L'épopée sanskrite *Mahabharata*, composée il y a plus de 2 000 ans, résume succinctement cette idée comme étant le conseil parfait que l'on peut donner à un roi. Ce n'est qu'un peu plus tard, dans la Rome antique, que le célèbre dramaturge et philosophe Sénèque a interrogé moralement les idées d'esclavage en affirmant : "Traite ton inférieur comme tu voudrais que ton supérieur te traite". Des mouvements philosophiques tels que le confucianisme, le zoroastrisme et la pensée humaniste, ainsi que diverses écritures religieuses - judaïsme, christianisme, bouddhisme, hindouisme, islam et sikhisme - embrassent l'idée de réciprocité. C'est une école de pensée que nous devrions garder près de nous si nous espérons pratiquer des approches éthiques dans la vie.

Est-ce le moment de se motiver ?

Dans cette optique, je souhaite vous proposer une liste de contrôle rapide en cinq points à conserver au cas où vous souhaiteriez adopter une approche éthique dans la vie, en travaillant pour le bien des autres et de vous-même. Elle vous aidera à identifier et à évaluer les moments où vous devriez exercer votre influence de manière plus claire.

1. Lorsque vous cherchez à motiver, encourager, influencer ou persuader, posez-vous la question suivante : *est-ce que je voudrais*

moi-même ce conseil ou ce produit ? Mettez-vous à la place de l'autre personne.

2. Allez plus loin et soyez honnête : ce que vous allez dire ou faire va-t-il aider les gens ? Ce que vous proposez **améliorera-t-il** leur vie, de façon minime ou monumentale ?

3. Si vous n'êtes pas sûr objectivement, clarifiez : *est-ce que je crois en ce que je dis* ? Les types machiavéliques peuvent ne pas y croire, mais diront probablement qu'ils y croient quand même. Si vous espérez maintenir une approche éthique à tout moment, alors ne soutenez pas publiquement quelque chose à laquelle vous êtes secrètement opposé.

4. **Demandez** peut-être **un deuxième avis objectif.** Si vous voulez donner à votre collègue des conseils pour éviter un partenaire violent, vous pouvez d'abord présenter les faits sans émotion à une personne de confiance pour voir ce qu'elle en pense.

5. Si vous êtes convaincu que vous **répondez à un besoin,** allez-y.

Maintenant que vous avez acquis les bases, il est temps de parler de la manière de s'en sortir dans un monde manipulateur.

Entre vos mains : Le don de l'incitation positive

Les livres d'auto-assistance promettant la gloire dans les relations et les affaires sont partout. Ils vous donnent des conseils sur ce que vous devez faire pour attraper le poisson, briller et aller de l'avant. Je souhaite ici vous proposer un guide pratique sur la manière de réussir de manière éthique lorsque vous cherchez à influencer les mentalités ou les actions d'autres personnes.

J'aime appeler le pouvoir que vous donnez *"incitation"*, ce qui le différencie des connotations négatives de la manipulation. En substance, il encourage le libre arbitre. Les économistes primés Sunstein et Thaler en ont parlé dans leurs recherches de 2009 sur les "nudges" éthiques. Il s'agit d'encourager une personne à choisir de faire quelque chose seulement après qu'elle ait pris connaissance des options. De cette façon, elle donne son consentement et vous avez atteint vos objectifs en provoquant un changement positif.

Mon objectif est de vous doter de manière responsable des outils interpersonnels les plus efficaces qui soient, afin que vous puissiez encourager et motiver à tout moment. Vous pourrez ainsi apprendre à utiliser la persuasion pour le bien.

- Refusez de soutenir un comportement mauvais ou antisocial, que ce soit chez vous ou chez les autres. La **maîtrise de soi** est essentielle. Il est essentiel que vous maîtrisiez vos propres sentiments et que vous fassiez preuve d'intelligence émotionnelle. Cette idée est liée à la théorie aristotélicienne dont nous avons parlé plus tôt : dominez votre personnalité au lieu de la laisser vous dominer, équilibrez le moi et évitez les appétits excessifs et les émotions telles que la colère. Faites l'effort d'être une bonne personne. Être manipulateur pour des raisons égoïstes demande tout autant d'énergie (pensez à tous ces subterfuges !).

- Gardez votre équipe propre ! Plus précisément, entourez-vous de personnalités non triviales sur votre lieu de travail, à la maison et dans vos relations sociales. Si vous souhaitez pratiquer une approche éthique, les sombres impulsions des autres entraveront vos efforts. **Évitez la toxicité**.

- **Débusquez les problèmes**. À ce titre, faites une évaluation franche de votre entourage : qui est difficile à côtoyer ou à travailler ? Pourquoi ? Présentent-ils des caractéristiques de la triade noire ? Si c'est le cas, abordez-les lorsqu'ils sont de bonne humeur et le plus à l'aise possible. Observez leur langage corporel : ont-ils les mains croisées et évitent-ils le contact visuel ? Si c'est le cas, cela peut indiquer qu'ils ne seront pas réceptifs. S'il croise votre regard et montre de l'émotion sur son visage, il sera peut-être plus disposé à vous écouter. Faites taire les mensonges et ne vous laissez pas influencer par les techniques de manipulation. Utilisez vos propres arts de la persuasion et de la promotion pour leur dire que leur comportement est désénergisant. Donnez des exemples précis et aidez-les à identifier les éléments déclencheurs et les solutions. Faites-lui comprendre qu'il doit changer ses habitudes dans un délai réaliste.

- Soyez **patient** mais aussi vigilant car tout ce que vous voulez ne doit pas forcément se concrétiser à court terme. N'oubliez pas de fixer des délais pour essayer de nouvelles approches, ou de couper les liens avec quelqu'un si les promesses et les engagements n'ont pas été respectés.

- Soyez déterminé, mais ne forcez jamais. Apprenez donc à **vous affirmer sans vous mettre en colère ni être agressif**. Vous devez être fort mais juste. Restez calme et défendez votre position. Si vous ne vous sentez pas en sécurité dans une situation, n'oubliez pas de partir.

- Faites **attention à ce que les gens ressentent**. Le but n'est pas de rabaisser qui que ce soit ou d'affirmer votre vision supérieure de la vie - assurez-vous de conserver une attitude légère et sans reproche. Personne n'écoutera quelqu'un qui les fait se sentir mal.

- Si vos efforts sont éthiques, il est probable que vous verrez une certaine **récompense** pour l'autre personne, alors veillez à l'exprimer. Je vous conseille de mettre l'accent sur le positif ; par exemple, examinez le taux de réussite d'une action plutôt que son taux d'échec. Concentrez-vous sur le plus grand bien et soulignez les inconvénients de ne pas faire quelque chose. Cette tactique est connue sous le nom d'*éthique des conséquences.* Vous ne faites pas de menaces ou de fausses promesses, mais vous exposez les faits de la situation pour encourager une attitude positive et positive.

- **Concentrez-vous sur ce en quoi vous croyez** et travaillez dur pour le promouvoir. Faites en sorte que votre message et votre vision - ce que vous offrez - aient un sens. Ils doivent être attrayants et offrir une harmonie, un avantage et un équilibre. Vous devez le voir véritablement comme une opportunité de faire de bonnes choses.

- Les personnes que vous incitez doivent être curieuses d'en savoir plus. **Inspirez** un sentiment de voyage et d'apprentissage partagé pour ce que vous suggérez.

- Il est essentiel, dans nos interactions avec les autres, de gagner et d'établir la **confiance**. Soyez fidèle à vos paroles, car votre expérience, votre comportement et vos connaissances devraient inciter les gens à se tourner vers vous. De même, si vous vous entourez de personnes en qui vous avez confiance et vice versa, cela encourage un cercle de loyauté toujours plus grand. *Ne trahissez pas cette confiance !* Si vous êtes pris en train de mentir ou de ne pas tenir une promesse, quel que soit votre rôle, vous perdez votre crédibilité et votre influence.

- Dans tous vos rapports avec les autres, **faites preuve de respect et d'empathie**. Suivez le principe kantien selon lequel les gens ne sont pas des choses ou des pions ; au contraire, ils sont complets en eux-mêmes et ont des opinions valables. Vous devez vous rappeler que votre interaction avec eux est un dialogue et non un soliloque. Alors, écoutez et maintenez le contact visuel ! Comme je l'ai mentionné précédemment, la personne que vous cherchez à inciter doit faire partie du choix éventuel qu'elle doit faire. Toutes les options doivent être discutées. Vous êtes un coach, pas un dictateur ; vous devez promouvoir la pensée indépendante et l'autonomie.

- De **solides compétences en communication verbale** sont indispensables. Parlez clairement, calmement et lentement, en vous exprimant dans un langage accessible. C'est une qualité qui faisait défaut aux manipulateurs dans les études de cas que nous avons examinées. Vous devrez peut-être lire davantage tout en améliorant vos connaissances et votre vocabulaire. Vous pouvez également vous entraîner devant un miroir - ou vous filmer - tout en étudiant votre langage corporel et votre voix. Ainsi, vous pourrez vous assurer que vous ne gesticulez pas de manière distrayante et que vous évitez de marmonner sur un ton monotone, ce qui peut être très peu inspirant.

- Veillez à ce que vous-même et votre environnement soient propres et soignés, ce qui est essentiel pour vous rendre **accessible**. Vous pouvez essayer de porter des couleurs qui rehaussent votre expression, par exemple ; cherchez toujours à être présentable et à sentir bon.

- Soyez positif, joyeux et confiant, tout en évitant la négativité. Vous vous souvenez de ce que j'ai dit sur l'**attitude ensoleillée** de Steve Jobs ? Utilisez-le ici pour inspirer les autres sur le plan éthique.

- Le **renforcement positif**, l'affirmation et l'encouragement continus sont conseillés, mais ils doivent rester sincères, équilibrés et cohérents.

- N'oubliez pas d'être **ouvert et transparent, tout en étant honnête et juste**. Si vous essayez d'amener un partenaire à se défaire d'une habitude malsaine, si vous avez besoin d'une faveur de la part d'un ami ou si vous voulez motiver un collègue de travail pour maximiser sa productivité, faites preuve de tact et d'intégrité pour expliquer *pourquoi* vous essayez de l'inciter à agir d'une certaine manière. Vous devez être en mesure de dire honnêtement : *Je fais cela pour toi.* Si ce n'est pas le cas, alors *je le fais pour nous tous.* Vous savez que vous êtes dans les bas-fonds si tout ce que vous pouvez dire est : *Je fais ça pour moi.* Si c'est le cas, quelque chose a mal tourné dans vos efforts.

Des exemples brillants - Choisir un état d'esprit

En 2013, Auvinen et al. du département de psychologie de l'université de Jyväskylä en Finlande, ont mené une recherche importante sur la façon dont les leaders pouvaient éviter les techniques de contrôle sombre. Ils ont examiné comment les messages durs ou difficiles peuvent être employés par des moyens doux, comme les récits et les interactions collégiales en équipe.

Au centre de leurs conclusions se trouvait le PDG, qui utilisait régulièrement des anecdotes pour motiver ses collègues. À un moment difficile du développement d'un produit, il leur a raconté l'histoire (fictive) d'une usine de voitures aux débuts de l'industrie automobile. L'usine était remplie de diverses études expérimentales basées sur différentes technologies de carburant, du cheval à la pédale. L'usine a brûlé, et il ne restait qu'un seul prototype ; les ouvriers ont donc dû développer cette voiture. Il se trouve que c'est le modèle à essence qui est resté, et leur invention a connu un succès mondial.

Le récit humoristique du PDG a permis à son équipe de se recentrer. Le message était clair pour ceux qui l'écoutaient attentivement : il fallait oublier les tergiversations et s'atteler à l'essentiel, à savoir sélectionner un prototype capable de décoller. Il aurait pu utiliser d'autres moyens pour faire passer son message, y compris une tirade qui les menaçait tous de licenciement, par exemple. Mais il a choisi quelque chose d'un peu plus encourageant et réconfortant.

Dans cette optique, j'aimerais vous raconter l'histoire d'un jeune homme que je connais, que nous appellerons C. Je le connais depuis avant que sa carrière de metteur en scène de théâtre et de cinéma ne décolle. Au début de sa carrière, il souffrait d'un manque de confiance en lui presque insurmontable. Pour contrer cela dans la salle de répétition, il aboyait souvent des instructions et jouait au dur. Il s'emportait, criait et dominait. Pour gagner des alliés, il montait les acteurs les uns contre les autres, les poussant à commérer et à médire librement. Il n'était pas non plus à l'abri de la tromperie, notamment lorsqu'il s'agissait de vanter les mérites de l'émission et d'attirer les découvreurs de talents qui pourraient être présents pour la voir.

Inutile de dire que son comportement lui valait très peu d'amis. L'environnement des répétitions était assez toxique et ses productions manquaient toujours de l'étincelle nécessaire pour les élever au niveau supérieur. Il est venu me voir pour me demander conseil, et je lui ai donné. En me basant sur les secrets que j'avais appris dans les salles de conseil du monde entier, je lui ai enseigné les avantages d'un leadership éthique.

Oui, c'est ça, il a dit. *De jolies idées. Elles ne fonctionnent pas dans le monde réel.*

Je l'ai exhorté à écouter la voix de l'expérience et à faire confiance aux preuves de la réussite des autres. Essayez, lui ai-je conseillé.

Il a eu son opportunité peu de temps après. Il mettait en scène une pièce de Shakespeare - expérimentale et non sexiste - dans un minuscule théâtre au fond de l'au-delà. Les répétitions s'étaient bien déroulées et il avait gardé son calme, poussé plutôt que contraint. Pendant ce temps, il avait gagné un cercle de confiance, et les résultats portaient quelques modestes fruits sur scène. Le spectacle pourrait vraiment être un succès, pensait C. Puis vint la première nuit, et une véritable tempête faisait rage à l'extérieur. Quelques minutes avant le lever du rideau, il n'y avait que deux personnes dans l'auditorium.

Désespérés, les acteurs ont refusé de monter sur scène. *Ce sera humiliant,* disent-ils. De plus, le régisseur a fait remarquer que, selon les règles du travail et du syndicat, la représentation ne pouvait avoir lieu si le public était plus nombreux que les acteurs.

C s'est assis avec ses acteurs en cercle sur le sol de la loge. *Je vais être honnête avec vous,* a-t-il dit clairement et lentement, en les regardant dans les yeux un par un. *Je veux que vous fassiez ce spectacle ce soir. Je veux vous convaincre que vous devez le faire.* Il avait le sentiment que, s'ils ne montaient pas sur scène ce soir-là, ils ne le feraient peut-être plus ; ils perdraient la motivation et l'envie de le faire, cherchant d'autres excuses pour annuler.

Tout d'abord, il a écouté patiemment ce que les acteurs avaient à dire, et a pris à bras le corps toutes les critiques qu'ils avaient pu formuler au sujet du mauvais marketing et de leur sentiment d'avoir été déçus. Il a répondu à leurs plaintes de manière calme et constructive, et leur a expliqué les raisons pour lesquelles il pensait qu'ils devaient jouer. Il a énuméré les efforts fournis par chacun d'entre eux - de la star au porteur de lance - et les a amusés avec des anecdotes amusantes sur leurs mésaventures et leurs triomphes pendant les répétitions. Il a donné une évaluation honnête mais positive de leurs performances individuelles. Il a dit à la première interprète du spectacle : "*Vous avez travaillé si dur pour réussir le pentamètre iambique. Ne gâchez pas tout.*

Il leur a également rappelé que certaines personnes avaient bravé le vent et la pluie pour venir voir la pièce. Quel genre d'artiste professionnel laisse tomber son public, aussi petit soit-il ? Dans l'ensemble, il les a exhortés à ne pas abandonner. *Vous le devez à ce couple et vous le devez à vous-mêmes.*

Avec un sens presque shakespearien de la rhétorique, de la répétition et de la cadence entraînante, C a fait avancer sa troupe, les enthousiasmant et les motivant tous. C'était certes de la manipulation, mais éthique avec un objectif admirable en vue. C'est ce qu'on pourrait appeler une gestion d'équipe experte.

En guise de coda ou d'épilogue à cette histoire : ces deux personnes dans le public ont fait une ovation. Plus que cela, ils étaient des critiques et leurs critiques étaient extatiques. Des salles pleines ont suivi pour le reste de la tournée, et plusieurs carrières ont été lancées ce soir-là !

Atteindre les hautes terres ensoleillées

Pour moi, cette étude de cas est puissante, divertissante et nous rappelle que le leadership peut se transformer et venir vraiment du cœur. Il n'en est pas moins efficace pour autant. C'est ce dont j'ai parlé tout au long de cet important chapitre : vous pouvez adopter des pratiques éthiques de manière équitable tout en évitant l'obscurité et réaliser de grandes choses.

Je veux que vous sachiez qu'il est possible de gagner équitablement.

CONCLUSION

Vous êtes venu lire ce livre pour satisfaire votre curiosité et mieux comprendre cette question lancinante : pourquoi certaines personnes réussissent-elles à obtenir ce qu'elles veulent ?

Vous avez eu envie de lire cette étude détaillée de la psychologie noire et de la manipulation en raison de ce que vous êtes. Au centre de vos pensées se trouvait l'énigme suivante : *comment puis-je m'épanouir moi aussi ?* En effet, motivé par vos efforts d'auto-amélioration, vous avez toujours voulu le meilleur pour vous-même afin de fonctionner plus efficacement, tout en restant équitable, sur votre lieu de travail, à la maison et dans votre environnement social.

C'est pourquoi vous vous êtes tourné vers mon livre, qui s'appuie sur mon expérience de psychologue et de praticien de l'auto-assistance.

À présent, je suis persuadé que vous savez que vous avez fait le bon choix. J'ai promis au début de ce livre de vous aider à changer votre façon de voir les choses et de vous proposer un nouveau mode de fonctionnement, plus solide et plus sûr. Pouvez-vous déjà en ressentir les bienfaits ? Quel voyage nous avons fait ensemble, et en grande partie sans jargon ! J'ai fait de mon mieux pour que les explications de ce livre soient rédigées en termes simples plutôt qu'en langage technique déroutant, pour votre confort.

En regardant par-dessus votre épaule et en voyant ce que vous lisez, les gens ont peut-être froncé le nez et vous ont interpellé. Ils peuvent penser qu'il s'agit d'un sujet désagréable et qu'il n'est certainement pas fait pour les âmes sensibles, comme je l'ai dit. *Pourquoi voulez-vous aller là-bas ?* pourraient-ils demander. *Ce genre de choses est effrayant.*

C'est certainement le cas, mais ce n'est pas une excuse pour se défiler. Seule l'exploration nous permet de découvrir les outils dont nous avons besoin pour survivre et prospérer. Les dramaturges, les philosophes et les spiritualistes se demandent tous depuis des millénaires *ce qui définit le mal humain.* C'est le travail des psychologues comme moi de faire savoir à tout le monde qu'il ne sert à rien de dépeindre les gens mauvais comme des méchants de dessins animés, puis de courir derrière le canapé pour les éviter. La question de suivi devrait toujours être : *comment peut-on contrer le mal* ? Si nous comprenons les ténèbres - les mauvaises pensées, les mauvais sentiments et les mauvaises inclinations - au lieu de détourner le regard, nous pouvons combattre tout ce qui cherche à nous miner en tant que société.

Il est certain que les recherches de Paulhus, qui ont porté sur les tendances au comportement obscur et sur les raisons pour lesquelles certaines figures d'autorité pouvaient abuser de leur position, ont été utilisées avec beaucoup d'efficacité par les autorités civiles et militaires. Ses études sur la psychologie noire ont activement contribué à identifier, au stade du recrutement, certains individus prédisposés à rechercher des emplois où ils auraient le contrôle d'individus vulnérables et chercheraient à exploiter cela.

De même, les conclusions de Zettler sur le facteur D ont fourni une cartographie qui pourrait nous rapprocher de l'arrêt des extrêmes plus violents de la triade des comportements sombres. Les personnes ayant un facteur D élevé opèrent de manière cachée, bien que techniquement toujours à la vue de tous. Ce sont des individus qui fonctionnent encore dans la société, et le facteur D peut nous aider à identifier, avant qu'il ne soit trop tard, ceux d'entre eux qui pourraient être tentés d'intensifier leurs crimes.

Il ne fait aucun doute que l'adoption d'une recherche rigoureuse peut nous permettre de susciter des innovations dans la compréhension de la psychologie qui amélioreront la façon dont nous prévenons les comportements nuisibles et imprudents. Cela ne peut être qu'une étape positive, n'est-ce pas ?

Je suis sûr que vous le savez. Après tout, vous avez regardé hardiment vers l'inconnu, sans avoir peur d'écouter ce qui doit être entendu.

Ensemble, nous avons exploré la nature humaine et ses recoins sombres. Nous avons discuté du concept de personnalités sombres et vu un certain nombre d'études de cas, en nous interrogeant sur les différences entre le bien et le mal. Nous nous sommes rendu compte que la manipulation est partout - dans les livres que nous lisons, les émissions de télévision que nous regardons et les horreurs que nous entendons aux informations. Vous devriez maintenant disposer des informations dont vous avez besoin pour vous protéger et vous préparer.

Vous avez peut-être identifié que vous fréquentez des manipulateurs. Si c'est le cas, je vous ai également donné les outils pour identifier leurs techniques et les surmonter.

Peut-être que la lecture de ce livre vous a permis de reconnaître des traits sombres dans votre propre personnalité, ce qui est formidable ! Maintenant, vous êtes également équipé pour affronter ces caractéristiques et chercher l'aide dont vous avez besoin pour faire quelque chose de positif de vos impulsions. Je vous ai montré qu'il y a à la fois la vérité et la tromperie en chacun de nous. La nature humaine est si nuancée et profonde qu'elle peut entretenir des contradictions. Pour paraphraser le magnifique poète Walt Whitman, *nous sommes grands, nous contenons des multitudes.*

Au centre de cet esprit complexe qui est le nôtre se trouve l'idée que le libre arbitre est primordial. Cela signifie que vous pouvez décider de vous comporter de manière éthique, indépendamment de l'influence ou de la coercition d'autres personnes. Vous pouvez le faire si vous vous donnez la peine. À l'aide d'exemples factuels et d'un sens de la perspective, je vous ai donné les connaissances dont vous avez besoin pour vous élever. C'est à vous de décider comment utiliser ce pouvoir.

Peut-être que vous regardez nos dirigeants politiques égocentriques, nos célébrités et nos CEOS et que vous aspirez à quelque chose d'autre - une façon d'être différent. Peut-être en avez-vous assez de voir les méfaits et la malveillance récompensés. Ce livre vous a appris que le mal ne prospère pas toujours aux dépens du bien.

Non seulement l'art sombre de la manipulation exploitante peut être évité, mais il est possible d'adopter une approche éthique pour influencer les autres, ce qui est une excellente nouvelle. Il y a ceux qui s'en prennent aux autres, et il y a ceux - plus justes, plus conscients d'eux-mêmes et plus objectifs - qui veulent sincèrement aider le plus grand nombre. Ces souffleurs, comme je les appelle, sont conscients du fonctionnement de la manipulation de masse et de la micromanipulation. Cependant, ils sont trop intelligents pour tomber dans ce piège, et trop éthiques pour utiliser eux-mêmes ces techniques à des fins égoïstes. Ils nous encouragent tous à progresser de ce qui est vers ce qui pourrait être.

C'est ainsi que l'on peut éviter les ombres noires et profiter de la lumière. Nous pouvons tous le faire si nous le voulons.

Je vous remercie de m'avoir permis de partager ces réflexions avec vous. S'il y a une chose que j'aimerais particulièrement que vous reteniez de ce livre, c'est que vous pouvez créer et sculpter la nature de votre propre succès. C'est parce que c'est à *vous de* façonner votre état d'esprit. Alors, avancez dans la nuit, brillez longtemps, et votre influence sur les autres sera profonde.

RESSOURCES

Adam, D. (2019, March 12). Does a dark triad of personality traits make you more successful? *Science.* https://www.sciencemag.org/news/2019/03/does-dark-triad-personality-traits-make-you-more-successful

Allers, R. & Minkoff, R. (1994). *The Lion King.* [Motion picture]. Disney.

Arabi, S. (2019, November 1). Recovering from a narcissist. *Psychcentral.* https://blogs.psychcentral.com/recovering-narcissist/2019/10/5-terrifying-ways-narcissists-and-psychopaths-manufacture-chaos-provoke-and-manipulate-you/

Arabi, S. (2016, May 12) The love story of a narcissist and his victim. *Thought Catalog.* https://thoughtcatalog.com/shahida-arabi/2016/05/the-love-story-of-a-narcissist-and-his-victim/

Arabi, S. (2019, April 4). 20 diversion tactics highly manipulative narcissists, sociopaths and psychopaths use to silence you. *Thought Catalog.* https://thoughtcatalog.com/shahida-arabi/2016/06/20-diversion-tactics-highly-manipulative-narcissists-sociopaths-and-psychopaths-use-to-silence-you/

Aristotle. (1943). *The Nicomachean Ethics* (H. Rackham, trans.). Basil Blackwell & Mott. (Original work written 340 BCE).

Auvinen, T., Lämsä, A. M., Sintonen, T., & Takala, T. (2013, August 1). Leadership manipulation and ethics in storytelling. *Journal of Business Ethics.* https://www.researchgate.net/publication/257541869_Leadership_Manipulation_and_Ethics_in_Storytelling/citation/download

Bacon, F. (2012) Meditationes sacrae. In *Wikisource.* https://en.wikisource.org/wiki/Meditationes_sacrae (Originally published 1597).

Bariso, J. (2016, August 23). 10 ways manipulators use emotional intelligence for evil (and how to fight back). *Inc.* https://www.inc.com/justin-bariso/10-ways-manipulators-use-emotional-intelligence-for-evil-and-how-to-fight-back.html

Brenner, A. (2016, October 27). 9 classic traits of manipulative people. *Psychology Today.* https://www.psychologytoday.com/us/blog/in-flux/201610/9-classic-traits-manipulative-people

Brown, F. (2019, December 19) Investigation finds '88% of Tory ads misleading compared to 0% for labour. *Metro.* https://metro.co.uk/2019/12/10/investigation-finds-88-tory-ads-misleading-compared-0-labour-11651802/

Brown, L. (2018, June 12). 10 disturbing signs of emotional manipulation that people are missing. *Ideapod.* https://ideapod.com/signs-emotional-manipulation/

Burke, E. (1790). Reflections on the revolution in France. *McMaster University Archives.* https://socialsciences.mcmaster.ca/econ/ugcm/3ll3/burke/revfrance.pdf

Bussing, K. (2020). 13 signs you're dealing with a psychopath. *Reader's Digest.* https://www.rd.com/health/conditions/signs-of-a-psychopath/page/2/

Carver, J. (2018, October 15). Personality disorders. *Mental Health Matters.* https://mental-health-matters.com/personality-disorders-controllers-abusers-manipulators-users-relationships/

Chinn, K. A. (2017, September 7) Can manipulation be used in a positive way? *Go1.* https://www.go1.com/blog/post-can-use-manipulation-good

Chivers, T. (2017, August 26). How to spot a psychopath. *The Daily Telegraph.* https://www.telegraph.co.uk/books/non-fiction/spot-psychopath/

Chung, K. (2017, October). The dark triad. *Edinburgh Napier University.* https://www.napier.ac.uk/~/media/worktribe/output-1031400/the-dark-triad-examining-judgement-accuracy-the-role-of-vulnerability-and-linguistic.pdf

Coons, C., & Weber, M. (2014, August). Manipulation: Theory and practice. *Oxford Scholarship Online.* https://www.oxfordscholarship.com/view/10.1093/acprof:oso/9780199338207.001.0001/acprof-9780199338207

Coughlan, S. (2018, June 26). Narcissists 'irritating but successful.' *BBC News.* https://www.bbc.com/news/education-44601198

Cukor, G. (1944). *Gaslight.* [Motion picture]. MGM.

Davies, J. (2017, April 5). 20 most common manipulation techniques used by predators. *Learning Mind.* https://www.learning-mind.com/manipulation-techniques/

Demosthenes. (n.d.). Public Quotes. http://publicquotes.com/quote/20328/every-advantage-in-the-past-is-judged-in-the-light-of-the-final-issue.html

Depression Alliance Staff (2018). Famous narcissists. *Depression Alliance.* https://www.depressionalliance.org/famous-narcissists/

Dick, P. K. (2002). Minority report. *Citadel Press Books.* https://d3gxp3iknbs7bs.cloudfront.net/attachments/42055afc4cb3e9c1ed90f1da5a9dd42c9754c9ca.pdf

Dockrill, P. (2018, September 27). Scientists have identified the driving force behind all your darkest impulses. *Science Alert.* https://www.sciencealert.com/scientists-identified-driving-force-behind-all-your-darkest-impulses-personality-traits-triad-psychopathy-narcissism-machiavellianism

Dodgson, L. (2017, July 7). Here's why CEOs often have the traits of a psychopath. *Business Insider.* https://www.businessinsider.com/ceos-often-have-psychopathic-traits-2017-7?r=US&IR=T

Dodgson, L. (2018, June 26). Narcissists are actually really successful, research finds. *Inc.* https://www.inc.com/business-insider/narcissists-more-successful-research-psychology.html

Dodgson, L. (2018, August 6). The 4 types of people narcissists are attracted to, according to a psychotherapist. *Insider.* https://www.insider.com/the-types-of-people-narcissists-are-attracted-to-2018-8

Du Maurier, G. (2009). *Trilby* (E. Showalter, Ed.). Oxford Classics.

Eddy, B. (2018, August 1). 3 steps to identifying a narcissist. *Psychology Today.* https://www.psychologytoday.com/us/blog/5-types-people-who-can-ruin-your-life/201808/3-steps-identifying-narcissist

Elder, L., & Paul, R. (2004). Fallacies: The art of mental trickery and manipulation. *The Foundation for Critical Thinking.* https://www.criticalthinking.org/files/SAM-Fallacies1.pdf

Ellis, B.E. (1991). *American Psycho.* Picador.

Enderle, R. (2017, June). The art of manipulation and misdirection. *TechNewsWorld.* https://www.technewsworld.com/story/84616.html

Eyal, N. (2012, July 2). The art of manipulation. *Forbes.* https://www.forbes.com/sites/nireyal/2012/07/02/the-art-of-manipulation/#2fa6793d5009

Flippin, W. E., Jr. (2012, April 6). Ubuntu: Applying African philosophy in building community. *Huffington Post.* https://www.huffpost.com/entry/ubuntu-applying-african-p_b_1243904

Garvey, J. & Stangroom, J. (2008). *The greatest philosophers.* Capella.

Ginsberg, L. & Huddleston, T., Jr. (2019, March). The psychology of deception. *CNBC.* https://www.cnbc.com/2019/03/20/hbos-the-inventor-how-elizabeth-holmes-fooled-people-about-theranos.html

Grayling, A. C. (2009, November 25). The art of manipulation: When people become mere pawns in a game. *The Independent.* https://www.independent.co.uk/voices/commentators/a-c-grayling-the-art-of-manipulation-when-people-become-mere-pawns-in-a-game-1820853.html

Hanson, E. (n.d.). Kant, Immanuel: Radical evil. *Internet Encyclopedia of Philosophy.* https://www.iep.utm.edu/rad-evil/

Hilbig, B. E., Moshagen, M., & Zettler, I. (2018). What is D? *D: The Dark Factor of Personality.* https://www.darkfactor.org/

Hill, R. (2015, March 2). How to manipulate people: Expert manipulation techniques. *Psychologium.* https://www.psychologium.com/7-ways-to-manipulate-someone-to-do-anything-you-want/

Hirstein, W. (2017, June 8). 9 clues you may be dealing with a psychopath. *Psychology Today.* https://www.psychologytoday.com/us/blog/mindmelding/201706/9-clues-you-may-be-dealing-psychopath

Holland, K. (2018, February 2013). How to recognize the signs of emotional manipulation and what to do. *Healthline.* https://www.healthline.com/health/mental-health/emotional-manipulation

How to detect each of the 9 dark personality types recognized by psychologists. (2018, September 8). Code. https://www.lifecoachcode.com/2018/09/08/the-9-dark-personality-types-psychologists/

Jacobson, S. (2015, January 8). What is Machiavellianism in psychology? *Harley Therapy Counselling Blog.* https://www.harleytherapy.co.uk/counselling/machiavellianism-psychology.htm

Kane, S. (2018, October 8). How to recognize a psychopath. *PsychCentral*. https://psychcentral.com/lib/how-to-recognize-a-psychopath/

Kingsley, J. (n.d.) Styles of leadership — Do you motivate or manipulate? *Jeremy Kingsley*. http://jeremykingsley.com/styles-of-leadership-do-you-motivate-or-manipulate/

Kubrick, S. (1980). *The Shining*. [Motion picture]. The Producer Circle Company.

Lancer, D. (2018, December) Beware the dark triad. *PsychCentral*. https://psychcentral.com/lib/beware-of-the-dark-triad/

Le Bon, G. (2018). *Psychologie des foules* (G.Shinri, Ed). Kuro Savoir.

Lectures 1808-1819 on literature 2: 315. (n.d.). Shakespeare Navigators. https://shakespeare-navigators.com/othello/motiveless.html

Markarian, T. (n.d.) 15 of the most famous psychopaths in history. *Reader's Digest*. https://www.rd.com/culture/most-famous-psychopaths-in-history/

Machiavelli, N. (1981). *The Prince*. (G. Bull, Trans.). Penguin Classics.

Manipulation. (2019, March 26). Good Therapy. https://www.goodtherapy.org/blog/psychpedia/manipulation

Marlowe, C. (1990). *The Jew of Malta* (T.W. Craik, Ed.). New Mermaids.

Mcardle, R. (2018, January). Modern mind control: Public opinion manipulation in our online world. *Enigma*. https://www.usenix.org/node/208126

Murphy, B., Jr. (2015, December 7). 11 psychological tricks to manipulate people, ranked in order of pure evilness. *Inc*. https://www.inc.com/bill-murphy-jr/evil-psychological-tricks-to-manipulate-people.html

Noggle, R. (2018, March 30). The ethics of manipulation. *The Stanford Encyclopedia of Philosophy*. https://plato.stanford.edu/archives/sum2018/entries/ethics-manipulation

Nuccitelli, M. (2020) iPredator inc. DMCA take down policy. *iPredator*. https://www.ipredator.co/ipredator-inc-dmca-policy/

Orwell, G. (1987). *1984*. Penguin.

Personality traits in victims. (2020). The Sociopathic Style. https://sociopathicstyle.com/personality-traits-in-victims/

Phillips, T. (2019). *Joker*. [Motion picture]. Warner Bros. & DC Films.

Pinola, M. (2012, October 19). Three of the easiest ways to manipulating people into doing what you want. *Lifehacker*. https://lifehacker.com/three-of-the-easiest-ways-to-manipulate-people-into-doi-5953183

Psychology Behind. (2017, October 30). Psychology behind the art of manipulation. *Medium*. https://medium.com/@PsychBehind/psychology-behind-the-art-of-manipulation-d9e0bdd6d8d3

Rauthmann, J. F. & Kolar, G. P. (2012, November). How "dark" are the dark triad traits? Examining the perceived darkness of narcissism, Machiavellianism, and psychopathy. *Personality and Individual Differences, 53*(7), 884-889. https://doi.org/10.1016/j.paid.2012.06.020

Robson, D. (2015, January 20). Psychology: the man who studies everyday evil. *BBC Future*.https://www.bbc.com/future/article/20150130-the-man-who-studies-evil

Sălceanu, C. (2014). Personality factors and resistance to the manipulation of advertising. *Science Direct*. https://www.sciencedirect.com/science/article/pii/S1877042814022939

Sarkis, S. (2019, June 19). Know the "dark triad" to avoid workplace chaos. *Forbes*. https://www.forbes.com/sites/stephaniesarkis/2019/06/16/know-the-dark-triad-to-prevent-workplace-chaos/#587b7747555f

Seltzer, L. F., (2014, April 23). The vampire's bite: Victims of narcissists speak out. *Psychology Today*. https://www.psychologytoday.com/us/blog/evolution-the-self/201404/the-vampire-s-bite-victims-narcissists-speak-out

Shakespeare, W. (1984) *Othello* (M. R. Ridley, Ed.). The Arden Shakespeare.

Shakespeare, W. (1986) *Hamlet*. (H. Jenkins, Ed.). The Arden Shakespeare.

Shortsleeve, C. (2018, October). How to tell if someone is manipulating you — And what to do about it. *Time*. https://time.com/5411624/how-to-tell-if-being-manipulated/

Smith, D. (2019, June 2). The Steve Jobs guide to manipulating people and getting what you want. *Business Insider*. https://www.businessinsider.fr/us/steve-jobs-guide-to-getting-what-you-want-2016-10

Stieg, C. (2019, October 31). Narcissists are happier, tougher and less stressed, according to science. *CNBC*. https://www.cnbc.com/2019/10/31/study-narcissists-tend-to-be-happier-tougher-and-less-stressed.html

Stosny, S. (2008, August 26). Effects of emotional abuse. *Psychology Today*. https://www.psychologytoday.com/intl/blog/anger-in-the-age-entitlement/200808/effects-emotional-abuse-it-hurts-when-i-love

The dark triad: Narcissism, Machiavellianism and psychopathy. (2018, June). Exploring your mind. https://exploringyourmind.com/the-dark-triad-narcissism-machiavellianism-and-psychopathy/

The golden rule. (2020, February 16). In *Wikipedia*. https://en.wikipedia.org/wiki/Golden_Rule

The Mind Tools Content Team. (n.d.). Understanding the dark triad. *Mind Tools*. https://www.mindtools.com/pages/article/understanding-dark-triad.htm

Thomas, J (2019, June 6). The dark triad in the workplace: How to manage difficult personality types. *Toggl*. https://blog.toggl.com/dark-triad-in-the-workplace/

Throne, I. (2015, November 19). Seven terrifying dark triad men from history. *Dark Triad Man*. https://darktriadman.com/2015/11/19/seven-terrifying-dark-triad-men-history/

Tracy, N. (2012, July 24). Effects of emotional abuse on adults. *Healthy Place*. https://www.healthyplace.com/abuse/emotional-psychological-abuse/effects-of-emotional-abuse-on-adults

Tucker, A. (2013, January). Are babies born good? *Smithsonian Magazine.* https://www.smithsonianmag.com/science-nature/are-babies-born-good-165443013/

Tucker, A. & Mildmay, Sir H. P. St. J. (1805) *The light of nature pursued.* Philosophy, 2. https://books.google.je/books?id=4GorAAAAYAAJ&printsec=frontcover#v=onepage&q&f

University of Copenhagen. (2018, September 26). Scientists define the 'dark core of personality.' *Science Daily.* https://www.sciencedaily.com/releases/2018/09/180926110841.htm

Vyasa, (1989). *Mahabharata* (C. Rajagopslschari, Trans.) Bharatiya Vidya Bhavan.

Weller, C. (2014, March 6). What's the difference between a sociopath and a psychopath? (Not much, but one might kill you). *Medical Daily.* https://www.medicaldaily.com/whats-difference-between-sociopath-and-psychopath-not-much-one-might-kill-you-270694

West, D. (2016, Jun 23). How does Iago manipulate Othello? *Studymoose.* https://studymoose.com/how-does-iago-manipulate-othello-essay

What is psychological manipulation? (2019, July). Band Back Together. https://bandbacktogether.com/master-resource-links-2/abuse-resources/psychological-manipulation-resources/

Whitman, W. (1855). *Song of Myself.* Poets.org. https://poets.org/poem/song-myself-1-i-celebrate-myself

Yarrow, K. (2016, September 29). The science of how marketers and politicians manipulate us. *Money.* http://money.com/money/4511709/marketing-politicians-manipulation-psychology/

Zivaljevic, A. (n.d.) Positive manipulation theory. *Mix Prize.* https://www.mixprize.org/sites/default/files/media/posts/documents/Positive%20%20Manipulation%20Theory.pdf

Sombre Séduction

La sombre vérité sur l'art de la séduction, et comment l'exploiter pour être heureux en amour, sexe et relations.

Emory Green

TABLE DES MATIÈRES

INTRODUCTION

Qu'est-ce que la séduction ? Les exemples sont nombreux et variés : l'homme politique qui attire les foules et ses partisans qui ont parfois l'air d'être envoûtés. Celui qui n'est pas conventionnellement attirant et qui est pourtant constamment accompagné de belles partenaires. L'orateur qui tient toute la salle en haleine. La femme que vous connaissez avec plusieurs enfants et qui a toujours réussi à trouver un homme pour s'occuper d'elle. L'homme dont vous parlez avec vos amis et qui semble avoir un amant différent chaque soir de la semaine. Vous avez peut-être été attirée par quelqu'un d'incroyablement séduisant, mais vous n'arrivez pas à comprendre pourquoi. Ou bien vous avez des amis qui ne semblent pas pouvoir résister à ces tentations dans la chair.

Le pouvoir de la séduction est indéniable. Et pourtant, il ne semble pas tout à fait acceptable dans une société polie. Lorsque le sujet est abordé, il est moralement ambigu. Bon ? Mauvais ? Quelque chose entre les deux ? Mais la séduction est une science et ne doit pas s'appuyer sur des opinions. La capacité à fasciner les autres n'est pas seulement un art, mais une science. Comprendre la nature humaine et la psychologie est la clé de l'apprentissage de la séduction. Tout le monde peut apprendre les trucs et astuces, à condition de maîtriser les bases. Toute personne qui lit ce livre peut utiliser les outils que je décris pour enchanter et influencer d'autres personnes. Plus important encore, elle peut apprendre à reconnaître quand quelqu'un essaie de la séduire. Ainsi, que vous appréciiez ou non le stratagème, vous comprendrez ce qui se passe.

La séduction comporte son lot de risques et de récompenses. Les récompenses d'une séduction réussie peuvent être incroyablement gratifiantes ! Mais il y a aussi des risques. Sachez que jouer à ce jeu a un coût. Le livre que vous tenez entre vos mains dévoile les secrets des avantages et des inconvénients de la séduction. Vous comprendrez ce qui se passe dans les coulisses des controverses actuelles sur la séduction, en plus des

techniques que vous apprendrez pour attirer les autres ou pour vous défendre. Je discuterai également de l'art et de la science qui animent cette
force en nous.

Laissez-moi être franc : Je ne suis pas un "artiste de la drague" ! Je
suis un homme de science qui met en pratique les découvertes scientifiques. J'ai étudié la recherche et j'ai également étudié les personnes puissantes - les "alphas" - qui dirigent le monde. Ces personnes dirigent des
entreprises de plusieurs millions de dollars et sont admirées par des millions de personnes qui veulent connaître leurs secrets. L'un de leurs avantages cachés est leur capacité à manier le pouvoir de séduction. Ils sont
incroyablement magnétiques et les gens sont fortement attirés par eux.
Ce n'est pas un accident. C'est le résultat de leur connaissance de la manière d'enchanter les gens.

Je voulais répandre cette connaissance au-delà de ces quelques alphas et en faire d'autres si vous le voulez bien ! Notez que les alphas ne
sont pas exclusivement des hommes. Il y a beaucoup de femmes qui ont
cette capacité, aussi. Les personnes avec qui j'ai déjà partagé ce savoir
m'ont été incroyablement reconnaissantes de cette expérience. Elles
m'ont dit combien d'opportunités se sont ouvertes à elles lorsqu'elles ont
commencé à mettre en œuvre ces outils et combien d'opportunistes elles
ont évité lorsqu'elles ont compris ce qui se passait ! Ils m'ont également
remercié pour le monde merveilleux qui s'est ouvert à eux après que je
leur ai expliqué les techniques de séduction. Ils ne sont plus ignorants de
l'art et de la science qui se cachent derrière la magie du séducteur. Je suis
ravi que les gens commencent à réaliser jusqu'où ils peuvent aller pour
réaliser leurs rêves et leurs désirs lorsqu'ils commencent à utiliser les informations contenues dans ce livre.

Je me rends également compte, en diffusant ces connaissances,
qu'elles aident les gens à mieux comprendre la nature humaine, une fois
qu'ils ont compris qu'il n'existe pas de formule magique, mais seulement
le levier des désirs humains. C'est le genre d'informations que les gens
veulent savoir, mais dont personne ne veut parler. En lisant ce livre, vous
posez les bases pour obtenir ce que vous voulez.

Les lecteurs sont souvent curieux de savoir comment la psychologie et la séduction fonctionnent ensemble. Vous avez peut-être lu un article sur "l'art de la séduction". Mais sans bagage scientifique, cette technique peut parfois vous sembler TROP puissante et trop puissante pour être laissée entre vos mains non formées ! Ou peut-être avez-vous des doutes quant à l'efficacité de cette méthode sans aucune recherche à l'appui. Ce livre vous montre à quel point la séduction est une force puissante, mais qui s'appuie sur la nature humaine et la psychologie, avec des données à l'appui. D'autres personnes qui ont absorbé ces informations ont trouvé le pouvoir en elles-mêmes, en comprenant leur nature et leur capacité à attirer ce qu'elles veulent de la vie et d'un partenaire.

Une fois que vous aurez lu ce livre, vous serez maître de votre pouvoir. Vous serez plus conscient de votre capacité à inciter les autres à faire ce que vous aimeriez qu'ils fassent. Vous comprendrez les désirs, les forces et les vulnérabilités de votre pouvoir et de celui des autres. Lorsque vous commencerez à utiliser les techniques que je décris dans ce livre, vous découvrirez que vous avez un avantage sur le succès et le bonheur. Davantage d'opportunités commenceront à se présenter à vous, pas seulement dans votre carrière ou dans la recherche de l'amour romantique, mais dans tous les aspects de votre vie.

En ce moment, les gens qui réussissent utilisent ces outils. Ce sont ceux qui ont un avantage. Voulez-vous que quelqu'un d'autre ramasse la vie ou le partenaire de vos rêves ? Ils ne savent peut-être même pas qu'ils vous attendent. Quelqu'un d'autre pourrait être en train de les charmer alors que vous êtes encore en train d'essayer de comprendre ce que vous voulez faire. Soyons honnêtes, il y a beaucoup d'autres personnes qui possèdent ces informations et qui vous traitent comme une proie parce que vous n'avez pas encore les outils nécessaires. Devenez plutôt le séducteur. Libérez le pouvoir de votre nature pour l'utiliser à bon escient. Comme vous le découvrirez plus loin dans ce livre, influencer les autres n'est pas forcément un acte de prédation ou de manipulation. Vous pouvez l'utiliser pour le plus grand bien, en plus de l'utiliser à votre avantage.

Découvrez les secrets de l'art de la séduction. Apprenez la science qui sous-tend la nature humaine et la psychologie humaine. Donnez-vous les moyens de choisir votre meilleure vie. Ce livre ne vous juge pas, vous et vos désirs. À ce stade, la seule personne qui peut vous empêcher de débloquer ce pouvoir, c'est vous.

Vous appréciez ce livre jusqu'à présent ? N'oubliez pas de vous rendre au bas de ce livre pour découvrir une ressource gratuite de taille réduite, mais précieuse, sur l'hypnose conversationnelle. Ce mini-livre électronique est le moyen le plus simple d'apprendre à devenir un hypnotiseur conversationnel efficace. Vous êtes curieux de voir les bénéfices que cela peut apporter à vos conversations quotidiennes ? Obtenez votre exemplaire dès maintenant ! Cette ressource gratuite n'est disponible que pour une durée limitée.

CHAPITRE UNE :

La vraie séduction

Quelle est la signification du mot "séduction" ? Les gens pensent souvent à ce pouvoir en relation avec le sexe. Un homme qui séduit les femmes peut être un "dragueur" ou un Roméo. Une femme qui séduit les hommes est une séductrice (tout comme une femme qui séduit d'autres femmes). Pensez aux autres façons dont vous avez entendu le mot "séduire" ou "séduction". Certains hommes politiques sont connus pour leur charisme et leur capacité à donner à leur interlocuteur l'impression d'être le seul dans la pièce. Vous avez peut-être entendu des orateurs populaires ou célèbres "séduire" leur public grâce à leur magnétisme. D'excellents représentants commerciaux sont parfois aussi connus pour "séduire" leurs prospects afin de les inciter à acheter.

Qu'ont-ils tous en commun ?

La séduction : Une définition simple

En regardant le dictionnaire, la nature ambiguë du mot est claire. Certaines significations sont négatives, mais d'autres sont positives.

1. Pour égarer... corrompre.
2. Pour persuader ou inciter à des rapports sexuels.
3. Pour conduire ou attirer loin, comme des principes...
4. Séduire, attirer, séduire[1].

Il est intéressant de noter que la racine latine du mot est beaucoup plus neutre. Il vient du latin *"se ducere"*, qui signifie "ils mènent". C'est

---

[1] https://www.dictionary.com/browse/seduce

vraiment ce qu'est la séduction : diriger. Naturellement, certaines formes de leadership sont mauvaises, d'autres sont bonnes, et d'autres encore sont neutres. Vous pouvez considérer la séduction comme le fait de diriger quelqu'un. Si vous voulez que l'autre personne fasse l'amour ou tombe amoureuse de vous, vous l'amenez à vous voir comme une personne attirante. Lorsque vous êtes sur scène, vous incitez le public à vous écouter et à vous trouver crédible. Si quelqu'un d'autre essaie de vous séduire, il essaie de vous amener à ce qu'il veut que vous fassiez.

Le paradoxe de la séduction

Ce type de pouvoir est intrinsèquement manipulateur. Cependant, la séduction n'est pas un acte de force. Ce n'est pas un viol, si on la considère dans le contexte de l'amour ou du sexe. Il s'agit d'un processus et, surtout, de persuasion, et non de violence physique ou de menaces. Il ne s'agit pas non plus d'une relation unilatérale, ce qui signifie que les deux parties sont consentantes, du moins à la fin. Cela peut ne pas commencer de cette façon. Le séducteur veut arriver à ses fins. Lorsque l'autre personne succombe, ce n'est pas parce qu'elle y a été forcée, que ce soit physiquement ou mentalement. Elle a succombé parce que le séducteur a rendu la perspective de céder si attrayante et si séduisante. Prenons l'exemple d'une femme vierge qui a été incitée à avoir des relations sexuelles avec un homme pour la première fois. Comme la séduction vise le côté sensuel de la nature humaine et non le côté logique et rationnel, elle peut très bien en venir à considérer la rencontre de manière négative. Cela peut se produire si elle considère que sa capitulation face à la séduction est faible, ou si elle se sent "utilisée" et négligée par la suite.

D'autre part, une personne qui est restée vierge, peut-être plus longtemps qu'elle ne l'aurait souhaité, peut se sentir libérée par le fait d'avoir été "prise". Une femme dont la culture considère le sexe comme sale ou mauvais peut ensuite se sentir soulagée d'avoir été prise. Elle peut aussi s'éveiller à son propre pouvoir féminin, dont elle n'avait peut-être pas conscience, ou dont on lui avait dit qu'elle ne le possédait pas.

"Le désir de l'homme est pour la femme, mais le désir de la femme est pour le désir de l'homme". - Madame de Stael

La séduction peut revêtir de nombreux visages, il est donc trop simpliste de suggérer que les résultats sont toujours négatifs pour celui qui est séduit. La séduction peut être agréable et aussi paradoxale : les effets peuvent être positifs et/ou négatifs. La vérité est que de nombreuses personnes veulent être séduites. Ils veulent se sentir spéciaux, tomber sous le charme, même pour un court instant, être appréciés et considérés comme dignes d'être séduits. En matière de sexe, l'excitation est l'une des expériences humaines les plus puissantes - la plupart d'entre nous en veulent davantage ! L'excitation de la séduction est l'anticipation de celle-ci. Pas l'aboutissement du désir, ni la réalisation de l'objectif. L'excitation vient du fait que l'on savoure le processus et que l'on étire la durée du jeu afin d'en profiter pleinement. L'anticipation est la clé du plaisir de nombreuses expériences, même des vacances. Le plaisir de penser à des vacances à venir peut parfois même dépasser le bonheur ressenti pendant le voyage lui-même ![2] De nombreuses personnes sont plus heureuses lorsqu'elles passent plus de temps à profiter de la période précédant les événements importants et amusants, à ralentir et à savourer le moment présent.

La différence entre séduction, persuasion et manipulation

Ces trois façons de communiquer pour influencer d'autres personnes sont étroitement liées, mais elles ne signifient pas toutes la même chose. Le mot ayant une connotation plus positive est "persuasion", qui est simplement une communication destinée à modifier le comportement d'une autre personne. La personne qui est persuadée ne subit aucun stress et elle est consciente de l'intention. Personne ne cache rien et les faits sont connus des deux parties. Les persuadeurs utilisent souvent des arguments

---

[2] https://www.psychologytoday.com/us/blog/shameless-woman/201207/the-power-seduction

logiques pour défendre leur cause. L'autre personne est libre de remettre en question les hypothèses. Si elle trouve que l'argument tient la route, il se peut qu'elle accepte les arguments avancés et change de comportement, comme l'espère le persuadeur.

Les publicités utilisent souvent des techniques bien connues pour persuader leur public d'acheter quelque chose. L'appel émotionnel, l'effet d'entraînement et d'autres méthodes sont courants. Le design et la couleur sont également utilisés pour créer des campagnes qui attireront les acheteurs. Si certaines de ces approches sont connues et comprises par le grand public, d'autres ne le sont pas. Cela nous amène aux deux autres domaines susmentionnés, où les deux parties ne sont pas équipées de la même manière pour faire face à la tentative d'influence.

Si la manipulation est intentionnelle, tout comme la persuasion, cette intention consiste en partie à tromper la personne manipulée. Des faits ou des connaissances sont cachés afin d'obtenir les résultats souhaités par le manipulateur. Vous pouvez parfois voir cela en personne, mais c'est également courant dans le marketing et les campagnes politiques, où le manipulateur essaie de donner peu pour recevoir beaucoup. La réciprocité est un moyen de manipulation bien connu[3] : celui qui manipule donne un petit quelque chose qui oblige le destinataire à faire ce qu'il veut.

Une campagne politique peut envoyer des badges ou des autocollants, afin que les destinataires se sentent obligés de faire un don à la campagne et peut-être de se porter volontaires sur le terrain. De nombreux groupes à but non lucratif envoient toutes sortes d'articles - sacs, calendriers, parapluies et t-shirts - pour obtenir des dons. Ils s'appuient sur une caractéristique de la nature humaine qui nous dit que si quelqu'un vous donne quelque chose, que vous l'ayez demandé ou non, vous êtes obligé de lui rendre la pareille.

---

[3] http://opinionsandperspectives.blogspot.com/2010/11/persuasion-manipulation-seduction-and.html

Les vendeurs manipulent souvent les acheteurs. Ils évaluent le pouvoir d'achat de l'acheteur et utilisent ensuite une technique ou une autre pour vendre quelque chose de plus cher. Vous vous êtes déjà senti manipulé dans une concession automobile ? Il y a une raison à cela ! La manipulation est temporaire car la personne manipulée ne fera plus confiance à l'autre. Les relations sont basées sur la confiance et la communication. Une fois que cela est rompu, les deux parties ne peuvent plus entretenir une relation. La persuasion et la séduction sont normalement des processus plus longs, car la manipulation ne fonctionne que sur une courte période de temps. Contrairement à l'utilisation logique de la persuasion, la manipulation est basée sur les émotions.

La séduction se situe quelque part entre la manipulation et la persuasion. Comme la manipulation, le séducteur joue sur les émotions de sa cible. Il n'est pas aussi ouvert que s'il essayait simplement de persuader l'autre de faire quelque chose. Il peut cacher ses véritables intentions. Par exemple, un Roméo peut faire croire à une femme qu'il lui propose une relation romantique, alors qu'en réalité, il ne veut qu'une relation sexuelle. Mais la tromperie est plus subtile et moins coercitive que dans le cas de la manipulation. Une promesse est faite à l'autre, tout comme dans le cas de la persuasion, mais cette promesse a plus de chances de ne pas être tenue dans le cas de la séduction.

Les publicités et les films sont particulièrement susceptibles de faire des promesses vides. Combien de fois avez-vous vu une publicité pour un aliment qui vous a donné tellement faim que vous avez dû l'acheter, pour finalement vous rendre compte que le produit ne ressemblait en rien à ce qui était montré à la télévision (c'est particulièrement vrai pour les fast-foods) et qu'il n'avait même pas un très bon goût. Ou peut-être avez-vous vu la bande-annonce d'un film qui avait l'air génial, mais le film lui-même n'était que médiocre ? Ces publicités et bandes-annonces étaient séduisantes, pas véridiques.

Techniques modernes de séduction

Les entreprises qui réussissent se concentrent sur la satisfaction du client. Les entreprises connues pour leur excellent service à la clientèle ou pour leur capacité à convertir les clients en clients ont toujours réussi à créer l'idée d'un monde idéal - un monde où il y a moins de problèmes, moins de douleur et plus de plaisir. L'être humain a tendance à avoir une aversion pour la perte, de sorte que l'évitement de la douleur est en fait plus important que la création de plus de plaisir. L'être humain a également tendance à être attiré par l'incertitude. Un homme qui rend son attirance évidente pour une femme est moins désirable qu'un homme qui envoie des signaux contradictoires. Ainsi, les hommes sont attirés par une "coquette" : une femme qui taquine, flirte et nie.[4]Ce type de séduction se distingue dans un monde où les gens sont souvent agressifs lorsqu'ils essaient de vous vendre ce qu'ils veulent. Cet "effet de rareté" donne également de bons résultats aux spécialistes du marketing. Le slogan "Agissez maintenant ou la prime disparaîtra" incite souvent les clients à agir. Alors que les médias de masse et la publicité travaillent ensemble pour séduire les consommateurs et les inciter à dépenser leur argent, il est important de se rappeler que les consommateurs réagissent à ces messages. Nous contribuons tous à la société dans laquelle nous vivons, non seulement en tant que consommateurs, mais aussi en tant qu'êtres humains à la recherche de partenaires romantiques.

Maintenant que les femmes ont leurs propres moyens de gagner leur vie, elles ne sont plus aussi dépendantes des hommes qu'il y a plusieurs générations. Les hommes doivent fournir une raison émotionnelle pour qu'une femme sorte avec eux et ait des relations sexuelles avec eux. Ils doivent séduire d'une manière qui n'était peut-être pas nécessaire il y a des siècles. Pendant longtemps, on a supposé que les femmes ne faisaient que "supporter" le sexe. Cela avait peut-être à voir avec le fait qu'elle devait se marier rapidement si elle voulait être prise en charge. Dans le monde moderne, nous savons que les femmes aiment le sexe, mais qu'il ne faut pas qu'elles en profitent trop, sous peine d'être traitées de salopes,

---

[4] https://coolcommunicator.com/social-seduction-creating-space-anticipation/

ou pire. Les femmes veulent être séduites et romantiques et se sentir at-tirantes et séduisantes. Taquiner, flirter et séduire une femme sont autant de moyens modernes pour un homme d'avoir la relation qu'il souhaite. Faire durer l'attente pour tous les deux rend la relation encore plus agréable. La clé ici est que la logique n'a rien à voir avec cela ! Il s'agit de jouer avec l'attrait émotionnel et c'est un jeu social, pas rationnel.

Résumé du chapitre

- La séduction vient du latin "ils mènent" et, selon le contexte, elle peut être considérée comme positive ou négative. Parfois les deux.
- Les gens veulent être séduits, que ce soit par un amant potentiel ou autre chose.
- La séduction en tant que technique d'influence est moins ouverte et plus émotionnelle que la persuasion, mais moins trompeuse que la manipulation.
- Les techniques de séduction modernes reconnaissent que nous en savons plus que jamais sur la nature humaine.
- Puisque les femmes peuvent vivre de manière indépendante comme elles ne le pouvaient pas auparavant, les hommes qui cherchent une femme doivent utiliser des techniques de séduc-tion s'ils veulent une relation romantique/sexuelle avec une femme.

Dans le chapitre suivant, vous découvrirez l'histoire et le contexte psychologique des séducteurs sexuels, y compris les plus célèbres.

CHAPITRE DEUX

Les noms et les visages de la séduction

Lorsqu'on parle de séduction romantique et sexuelle, nombreux sont ceux qui nous ont précédés. À travers les âges, des hommes et des femmes ont compris comment utiliser la nature humaine pour influencer les autres et obtenir ce qu'ils veulent. Il existe différents types de séducteurs et ils ont des traits de caractère similaires. Vous trouverez probablement utile d'apprendre de ceux qui ont maîtrisé les techniques de séduction.

Séducteurs célèbres dans l'histoire

Vous avez probablement entendu parler de Giacomo Casanova, car de nombreux séducteurs masculins sont communément appelés "Casanovas". C'était un Vénitien qui aimait aimer les femmes en difficulté. Il résolvait son problème et lui offrait de petits cadeaux avant de l'attirer dans son lit. Puis, il s'ennuyait et partait. Ça vous semble familier, non ? Remarquez comment il commençait la séduction, une fois qu'il avait choisi sa cible : il la sortait de la difficulté dans laquelle elle se trouvait. En d'autres termes, il était le "chevalier blanc" qui venait à son secours.

Un autre séducteur masculin bien connu était l'Anglais Lord Byron. Poète et soldat, c'était un homme d'action qui savait écrire et qui était un véritable aimant pour les femmes (et les hommes aussi). La star de cinéma Errol Flynn s'est battu avec les meilleurs d'entre eux. Même les accusations de détournement de mineure n'ont pas entaché sa réputation, même si cela aurait pu être différent s'il avait fait la fête aujourd'hui.

Le célèbre joueur de basket-ball Wilt Chamberlain a affirmé avoir couché avec plus de 20 000 femmes. Ces chiffres semblent mathématiquement suspects, étant donné qu'il aurait dû avoir huit femmes différentes chaque semaine après ses 16 ans. Les femmes qu'il a draguées ont remarqué que, bien qu'il ait confiance en lui (le fait d'être un homme riche de 2 mètres n'a probablement pas fait de mal), il les respectait quand même. Plus récemment, Jack Nicholson et Russell Brand, tous deux artistes, sont connus pour avoir maîtrisé les techniques de séduction. Nicholson est célèbre pour son attitude de mauvais garçon et la lueur qui brille dans ses yeux. Russell Brand est plus connu pour son esprit et son charme... et ses cheveux !

Le club auquel appartiennent les séductrices célèbres n'est en aucun cas une institution exclusivement masculine. Cléopâtre, le dernier pharaon d'Égypte, a joué les coquettes. Elle a utilisé Marc-Antoine et Jules César pour exercer sa "magie". Catherine la Grande de Russie utilisait ses liaisons différemment. Après s'être lassée de ses amants, elle leur donnait de bons postes dans son gouvernement. Et dans le cas de son ancien amant Potemkin, ils l'aidaient à se procurer de nouveaux amants qui répondaient à ses critères d'intelligence et de performance au lit.

L'essor des communautés de séduction

Dans le jeu de la séduction, lorsqu'on pense aux hommes qui séduisent les femmes, les hommes ont toujours eu besoin de se démarquer de la foule et de faire en sorte que la femme se sente spéciale, puis de gagner sa confiance et enfin une place dans son lit. Nombreux sont les hommes qui rêvent de passer du stade où ils se distinguent dans la foule à celui où ils se retrouvent dans leur lit, sans tout ce travail au milieu.

En Écosse, dans les années 1600, on croyait qu'il existait un mot secret qu'un homme pouvait murmurer à l'oreille d'une femme pour la mettre dans son lit sans avoir à la conquérir. Ce mot était protégé par un ordre secret d'hommes qui entraînaient les chevaux. Cette société, connue sous le nom de "Mot du cavalier", gardait également les rituels agraires qui impliquaient le mot magique, que l'on pensait avoir été fourni par Old Scratch lui-même.[5] Le mot faisait s'arrêter les chevaux jusqu'à ce que le cavalier les libère de leur sort et il rendait également les femmes impuissantes face à un séducteur. En fait, les filles non mariées qui étaient fécondées par des cavaliers n'étaient pas méprisées, car le pouvoir du diable dans le mot les rendait impuissantes. En d'autres termes, ce n'était pas sa faute si le mot avait été utilisé contre elle.

La société était comme un syndicat protégeant les cavaliers. Les meilleurs de ces entraîneurs de chevaux bénéficiaient d'avantages particuliers : le mot qui domine les chevaux et les femmes et un salaire plus élevé. Elle se comportait également comme les francs-maçons, avec des poignées de main secrètes et autres. Une fois que les propriétaires terriens ont utilisé des tracteurs à la place des chevaux, le Mot du cavalier a été absorbé par les temples maçonniques. Il s'avère, du moins selon des membres plus modernes de la société, que le pouvoir ne venait pas tant d'un mot que d'un puissant mélange d'huiles et d'herbes qui attirait à la fois les femmes et les chevaux.

Aux XXe et XXIe siècles, les séducteurs ont commencé à former des communautés, notamment par le biais d'Internet. Au début, les jeunes hommes devaient surtout compter sur leurs pairs (qui en savaient généralement aussi peu qu'eux) ou, s'ils avaient de la chance, sur des mentors masculins plus âgés pour obtenir des informations sur la manière de sortir avec une femme et de la trouver. Les informations sont devenues plus accessibles avec l'apparition de magazines comme Playboy, qui faisaient la publicité de livres tels que le classique des années 1970 "How to Pick Up Women" d'Eric Weber.[6] C'est peut-être de là que vient l'expression "artiste de la drague".

Cependant, lorsque la crise du sida a éclaté dans les années 1980, les conseils ont été réorientés vers la sécurité lors des rapports sexuels. Les années 1990 et Oprah ont permis de mettre en avant les besoins sexuels

---

[5] https://www.ancient-origins.net/history/enchanted-sex-word-scotland-s-secret-seduction-society-008114

[6] https://historycooperative.org/the-history-of-the-seduction-community/

des femmes. Au tournant du siècle, avec l'essor d'Internet, les communautés permettant aux hommes d'apprendre l'art de la séduction ont commencé à fleurir. Des mystères de la programmation neurolinguistique (PNL), qui est essentiellement la même chose que l'hypnose, à la "négation", les hommes enseignent à d'autres hommes des techniques plus modernes, ou du moins actualisées. Négliger une femme, c'est lui faire un compliment à l'envers, comme lui dire qu'elle est "mignonne - comme ma petite sœur morveuse".[7] Cette méthode était destinée aux femmes belles, glamour et sûres d'elles, afin de piquer leur intérêt au lieu de les flatter comme le font tant d'hommes. Malheureusement, entre de mauvaises mains, la technique pouvait développer des effets pervers. Les hommes l'utilisaient sur les femmes peu sûres d'elles ou celles qui n'étaient pas conventionnellement attirantes, provoquant des chagrins d'amour et des dégâts, au lieu de laisser la place au jeu de la séduction.

Les forums de discussion sur Internet sont devenus un lieu où les hommes pouvaient se rassembler anonymement et partager leurs théories de séduction. Ils ont pu partager des histoires sur ce qui a marché et ce qui n'a pas marché, d'un point de vue strictement masculin et sans se soucier des valeurs familiales. L'un de ces hommes était connu sous le nom de "Mystery", célèbre pour porter un chapeau haut de forme et un boa en plumes. Il appelait cela le "peacocking", c'est-à-dire le fait de déployer un magnifique spectacle pour attirer une femelle de l'espèce. Il faisait également des tours de magie pour séduire les jeunes femmes. Les jeunes hommes l'imitaient dans son image d'"artiste de la drague". Les hommes étaient si nombreux à être membres de la "Communauté" en ligne qu'un homme du nom de Neil Strauss a fini par écrire un livre sur le mouvement, intitulé "The Game : Penetrating the Secret Society of Pick-Up Artists". Le livre et une émission de télévision sur VH1 ont rendu l'art du pick-up encore plus populaire, au point que la plupart des jeunes hommes en ont entendu parler. Certains l'ont rejeté, mais d'autres l'ont étudié de près pour trouver les secrets de la séduction des femmes.

---

[7] https://historycooperative.org/the-history-of-the-seduction-community/

Profitant de sa popularité, des hommes qui se qualifiaient de gourous du jeu pouvaient débarquer dans la rue et prétendre être des experts. Livres, CD, séminaires et camps d'entraînement ont inondé le marché. Des groupes d'hommes ont commencé à sortir et à draguer des femmes pour tester leurs techniques. Pour battre la concurrence, certains membres de la communauté ont commencé à se concentrer sur la psychologie du jeu et sur la façon dont les jeunes hommes se mettent en travers de leur propre chemin à cause de leurs blocages intérieurs. Actuellement, la communauté se préoccupe davantage de la forme physique et mentale afin de devenir une cible séduisante pour les femmes, plutôt que d'essayer de draguer les femmes en groupe.

Il existe désormais de nombreuses communautés sur Internet qui fournissent des conseils en matière de rencontres. Elles semblent moins axées sur les gourous et les avis d'experts que sur le crowdsourcing de conseils. Dans de nombreux cas, les tactiques sont davantage axées sur la séduction et moins sur la manipulation pure et simple, un piège dans lequel tombent souvent les artistes de la drague.

La triade noire des séducteurs

Comme mentionné dans l'introduction, il existe une science derrière l'art de la séduction. Dans les exemples ci-dessus, les hommes se sont surtout appuyés sur l'art. Les ragots, ce qui a été transmis par d'autres hommes, les exemples donnés par d'autres séducteurs, et ainsi de suite. La science a identifié trois traits psychologiques que l'on retrouve souvent chez les séducteurs à succès, connus sous le nom de Triade noire. Ces trois traits sont le narcissisme, la psychopathie et le machiavélisme.

Quels sont exactement ces traits de caractère ? Le narcissisme se manifeste par la domination, une vision grandiose de soi et un sentiment d'être dans son bon droit. Il a été démontré que ce trait de caractère est principalement masculin et qu'il existe dans toutes sortes de cultures.[8]

---

[8] https://scottbarrykaufman.com/wp-content/uploads/2013/09/The-Dark-Triad-Person-ality.pdf

Un narcissique trouve facile d'attirer quelqu'un dans son lit et de le mettre dehors peu de temps après le rapport sexuel. Cela fonctionne bien pour le sexe occasionnel, qui a des conséquences négatives plus importantes pour les femmes (grossesse, slut-shaming), de sorte que les hommes sont également plus susceptibles d'être intéressés par le sexe occasionnel que les femmes. Comme les narcissiques ont tendance à faire étalage de leurs ressources plus que les autres hommes, ils sont parfois plus attirants pour les femmes.

Les hommes ont également tendance à avoir des impulsions machiavéliques plus élevées que les femmes. Ce trait de caractère implique d'être fourbe, manipulateur et peu sincère. Ils sont connus pour faire semblant d'être amoureux afin d'obtenir le sexe occasionnel qu'ils désirent - ce trait de caractère est également propice au sexe occasionnel, tout comme la psychopathie, où les gens sont insensibles, manquent d'empathie et peuvent être hostiles aux autres. À cela s'ajoute un charme superficiel et les personnes présentant cette caractéristique ont tendance à avoir de nombreux partenaires sexuels et à être jugées plus attirantes, non seulement par elles-mêmes, mais aussi par les femmes. Là encore, cette caractéristique est plus fréquente chez les hommes que chez les femmes. La triade noire semble favoriser ce que les scientifiques appellent "l'accouplement à court terme". Pour le reste d'entre nous, il s'agit de sexe occasionnel. La question qui se pose alors est la suivante : pourquoi les femmes choisissent-elles des hommes présentant la triade noire ou même l'un de ces traits de personnalité ? La théorie psychologique de l'évolution affirme que les femmes, qui doivent être plus sélectives sexuellement que les hommes en raison du coût plus élevé du sexe pour elles, ont certains traits qu'elles recherchent chez un homme. Elles ont tout intérêt à choisir un homme dominant, car ces hommes peuvent généralement obtenir davantage de ressources pour la famille. Les hommes dominants sont généralement confiants et sûrs d'eux. Les attributs de la Triade noire créent l'illusion pour les femmes que l'homme est socialement dominant, qu'il le soit réellement ou non. Un homme antisocial paraît fort et masculin, un psychopathe paraît confiant et les hommes agressifs ont tendance à paraître dominants. Les hommes agressifs ont tendance à être perçus comme dominants. Un homme qui a une image grandiose de lui-même est perçu comme ambitieux et déterminé, ce qui est également le cas des hommes dominants. Quelqu'un qui se situe en haut de l'échelle machiavélique a tendance à accumuler du pouvoir et à le comprendre presque intuitivement, ce qui peut suggérer à la femme observatrice qu'il est lui-même puissant.

Plus tôt, j'ai parlé de laisser une certaine incertitude comme une herbe à chat pour un partenaire sexuel potentiel. Les hommes qui ont un score élevé dans les traits de la Triade noire ont tendance à ne pas se soucier de ce que les autres pensent d'eux, ce qui est une technique qui attire l'attention des séducteurs. Ce petit frisson de danger rend le jeu de la séduction encore plus excitant pour celui qui est séduit.

Pouvez-vous penser à quelqu'un que vous connaissez qui est un bon exemple de la Triade noire ? Je vais t'en donner un : James Bond. Il est toujours en train de séduire une nouvelle maîtresse et il ne reste pas dans les parages après. Les femmes du film tombent dans le panneau à chaque fois, mais ce n'est pas si éloigné de la vie réelle !

Il a été démontré que le narcissisme a un taux de fréquentation plus élevé que les autres caractéristiques de la triade.[9] Le charme et l'attention qui vont de pair avec ce trait de caractère tendent à être plus attrayants pour les femmes, par rapport au machiavélisme ou à la psychopathie. Ces caractéristiques peuvent aider les hommes à prendre de l'avance au travail, et pas seulement dans le jeu de l'accouplement. Les caractéristiques de la triade noire sont également liées à l'ouverture à de nouvelles expériences, à une haute estime de soi et à la curiosité, qui sont également des caractéristiques attrayantes dans la salle de réunion. En outre, la triade a tendance à renforcer la compétitivité. Un classement élevé dans les caractéristiques entourant la psychopathie et le machiavélisme effraie les concurrents potentiels et attire les supérieurs. [10]

---

[9] https://www.sciencedirect.com/science/article/abs/pii/S0191886913006582

[10] https://hbr.org/2015/11/why-bad-guys-win-at-work

Cependant, bien que ces comportements soient à l'avantage d'un individu, ils causent du tort à l'organisation. Les employés de la triade noire surfent sur les traces d'autres employés. Ils sont plus susceptibles de voler l'entreprise, de la saboter et de ne pas se présenter lorsqu'ils n'en ont pas envie. Bien qu'ils puissent avoir du succès personnel, leurs performances professionnelles réelles sont médiocres. Les supérieurs qu'ils ont séduits en cours de route ignorent leur manque de productivité.

Si vous n'êtes pas psychotique, certains aspects des attributs de la Triade noire peuvent en fait être utilisés pour le bien de tous. Les dirigeants doivent prendre des décisions impopulaires, il est donc préférable que vous ne vous souciiez pas trop de ce que pensent les autres. Les forces spéciales et autres escouades d'élite doivent cesser d'appuyer sur la gâchette et de tuer quelqu'un d'autre, de peur d'être eux-mêmes tués. Les chirurgiens doivent se détacher émotionnellement du fait qu'ils coupent dans le corps d'une autre personne afin de pouvoir le faire avec succès. Les traits modérés de la Triade noire peuvent également profiter à une organisation. Ceux qui ont un niveau intermédiaire de machiavélisme sont souvent de bons employés, car ils sont doués pour le réseautage et la gestion. Les chefs militaires qui parviennent à tirer parti du côté positif du narcissisme (égoïsme et haute estime de soi), tout en modérant leur pouvoir de manipulation, sont souvent très efficaces. En d'autres termes, de faibles doses d'attributs de la Triade noire peuvent être bénéfiques ! Si on en abuse, on en voit le côté sombre.

Mâles alpha et femelles alpha

D'où vient le concept de "mâle alpha" en premier lieu ? L'origine de ce terme provient de l'étude des animaux, où un mâle alpha est littéralement le chef de la meute. Dans ce type de groupes animaux hiérarchisés, les mâles alpha ont un statut élevé et ont accès à davantage de ressources que les autres mâles. En général, pour déterminer quel membre d'un groupe animal est l'alpha, il suffit d'observer les mâles lorsqu'ils se battent entre eux. Le vainqueur devient l'alpha et peut choisir la femelle qu'il veut. Il est en position de force.

Les hommes humains en position de pouvoir sont connus pour exploiter les femmes à leur profit. Ils le font parce qu'ils le peuvent et qu'ils sont en position de le faire. Cependant, tous les alphas ne sont pas des hommes. Certains sont des femmes. Elles sont talentueuses, ambitieuses et motivées. Une femme alpha est confiante et croit (comme ses homologues masculins) que son potentiel de réussite est sans limites. Elles sont capables de réguler leurs émotions car elles ont un QE ou une intelligence émotionnelle. Cela leur permet de faciliter les interactions sociales et professionnelles. Dans le cadre de leur QE, elles peuvent donner le ton pour que d'autres femmes aient de bonnes discussions sans être la proie de la médisance et des ragots. Elles ont un profond désir d'apprendre davantage et de devenir des expertes dans leurs domaines de prédilection. Connue pour sa force mentale et physique, la femme alpha est non seulement sollicitée, mais elle n'hésite pas à demander de l'aide quand elle en a besoin. Elle a tendance à être issue d'une famille solide, ce qui lui permet de s'aventurer plus facilement dans de nouvelles expériences. Il ne peut y avoir qu'une seule femme alpha, mais pour qu'une organisation fonctionne bien, il devrait y en avoir une (au lieu d'aucune).

Cependant, les hommes ne peuvent pas être divisés en deux catégories, les alphas et les bêtas, comme le voudraient la culture pop et les études antérieures sur le mâle alpha ! En l'absence de contexte, les femmes ne trouvent pas les hommes dominateurs ou les hommes soumis attrayants, ce qui suggère qu'il y a plus d'une façon d'attirer les femmes.[11] Lorsque la dominance devient agressive, c'est un repoussoir. Mais lorsque dominant signifie confiant et affirmé, les femmes sont attirées. Les femmes ne voient pas d'inconvénient à ce que les hommes dominants soient en compétition les uns avec les autres, mais elles ne sont pas attirées par les hommes qui pourraient devenir agressifs avec elles. En fait, les femmes préfèrent les hommes dominants lorsqu'ils sont agréables et non narcissiques.

Chez les humains, ce n'est pas toujours une question de force physique. Les hommes peuvent devenir sexuellement désirables lorsqu'ils

---

[11] https://greatergood.berkeley.edu/article/item/the_myth_of_the_alpha_male

acquièrent du prestige, ce qui peut passer par des canaux sociaux. Les performances réelles sont un facteur d'estime de soi authentique, ce qui est une caractéristique attrayante. Le statut d'alpha dépend également du contexte : le PDG d'une grande entreprise multinationale ne sera plus l'alpha dans la population générale d'une prison.

Si la domination peut être souhaitable dans un environnement dur ou extrême, le prestige permet aux hommes de disposer de plus de ressources dans plus de situations, ce qui est plus attrayant que quelqu'un qui utilise la coercition et la force dans la société "polie". Un alpha avec du prestige est non seulement considéré comme plus fort, mais aussi plus moral et plus compétent socialement. Un alpha qui est "simplement" dominant peut être considéré comme fort, mais pas comme éthique ou compétent. [12]

Les neuf types de séducteurs

Maintenant que vous avez une connaissance de la psychologie et de l'histoire des séducteurs, hommes et femmes, vous voudrez peut-être comprendre les différents modes opératoires des séducteurs. Peut-être l'une d'entre elles résonnera-t-elle en vous. Ou peut-être que vous comprendrez un peu mieux le séducteur dans votre vie.

Râteau

Ce séducteur est animé par sa libido. Les femmes sont charmées par son désir intense. Elles ne sont pas sur la défensive en sa présence car il ne semble rien leur cacher. L'attention et la passion du Rake semblent dévorantes. Beaucoup de femmes ignorent les signaux d'alarme car il ne semble pas calculateur. Les mots sont son arme. Les femmes trouvent les hommes doués pour les jeux de mots séduisants, et le Rake en profite pour en tirer le maximum lorsqu'il est à sa poursuite. Il ne s'attarde pas

---

[12] https://greatergood.berkeley.edu/article/item/the_myth_of_the_alpha_male

longtemps et le mariage n'est certainement pas ce qu'il envisage pour lui. Lord Byron et Errol Flynn étaient tous deux des Rake.

Amoureux idéal

L'amant idéal peut être un homme ou une femme. Dans tous les cas, il reflète le fantasme de la personne qu'il tente de séduire. Casanova est devenu le chevalier blanc que les femmes qu'il poursuivait voulaient. Il étudiait une femme pendant qu'il la poursuivait, découvrant ce qu'elle voulait, puis le lui donnait, sauf, bien sûr, si elle voulait se marier.

Madame de Pompadour a commencé dans la vie comme une femme de la classe moyenne, mais elle a séduit le roi Louis XV de France en étant ce qu'il voulait chez une maîtresse. Elle ne lui permettait jamais de s'ennuyer, ce qui était exactement ce qu'il voulait.

Il est intéressant de noter que le fait d'être un Amoureux idéal ne fonctionne pas seulement dans le domaine de la romance : les hommes politiques en profitent lorsqu'ils reflètent ce que l'électorat veut, comme dans le cas du président John F. Kennedy.

Dandy

Beaucoup d'entre nous ressentent le besoin d'obéir à des rôles de genre - masculin et aux cheveux courts pour les hommes, féminin aux cheveux longs pour les femmes. Nous avons tendance à être intrigués par ceux qui sont plus fluides, ou qui se présentent différemment de leur genre. Un dandy féminin est un homme qui fait souvent plus attention à ses vêtements, ses cheveux et sa silhouette que la plupart des hommes, mais qui a toujours quelque chose en lui qui semble dangereux - ce qui est très attirant pour les femmes !

Rudolph Valentino s'habillait de robes flottantes et portait beaucoup de maquillage pour son rôle dans le film "Le Cheik", et pourtant, les femmes l'aimaient parce qu'il était toujours un peu dangereux. Être un Dandy, ce n'est pas seulement être efféminé car, sans une touche de menace, ce n'est pas séduisant pour les femmes. De même, un Dandy masculin crée de l'excitation et de la confusion pour ses amants potentiels. George Sand était une femme bien connue qui portait des vêtements d'homme de manière exagérée.

Qu'il s'agisse d'un homme ou d'une femme, le Dandy ne pense qu'au plaisir de vivre, notamment en mangeant des plats délicieux et en vivant avec de beaux objets.

Charmeur

Pour être un charmeur, tout ce que vous devez faire est de détourner l'attention de vous-même vers votre cible. Faites en sorte que la personne avec laquelle vous êtes se sente mieux dans sa peau parce que vous ne la disputez pas ou ne l'embêtez pas. Plus vous le faites, plus vous avez de pouvoir sur elle. Malheureusement pour certains d'entre vous, ce type est le séducteur sans sexe ! Il y a toujours une tension sexuelle, mais elle n'est pas résolue. Les charmeurs flattent l'estime de soi et la vanité des autres. S'il y a un quelconque désagrément, le charmeur reste imperturbable.

Catherine la Grande, arrivée en Russie en tant que jeune princesse allemande, attend son heure. Elle a charmé la cour en agissant comme si elle n'était pas du tout intéressée par le pouvoir. Pamela Churchill (qui était alors mariée au fils de Winston Churchill) courtisait le riche veuf Averell Harriman. Bien qu'au début, les hôtesses de Washington D.C. se méfient d'elle, elle les charme aussi. Elle est ensuite devenue une hôtesse et une philanthrope réputée.

Benjamin Disraeli a charmé la reine Victoria lorsqu'il était Premier ministre. Il lui envoie des copies de rapports et lui fait d'autres concessions. En réponse, elle l'a fait comte. Il a compris que son extérieur sobre cachait le cœur d'une femme qui voulait un peu de séduction dans sa vie.

Les charmeurs séduisent en ne parlant pas beaucoup d'eux-mêmes. Ils savent où se concentrer : sur leur cible, et ils le font subtilement. Ce n'est pas la lumière crue et éblouissante de l'attention, mais plutôt une lueur agréable qui fait que l'autre personne se sent chaleureuse et spéciale.

Charismatique

Ce séducteur possède une qualité intérieure qui crée une présence intense. Il s'agit souvent d'une intense confiance en soi, mais cela peut aussi être de l'audace ou une sérénité intérieure. Il en laisse la source mystérieuse, mais les gens sont attirés par la façon dont cette qualité se manifeste. Ce sont des leaders, souvent des leaders de masse, et leurs cibles veulent être dirigées. Les charismatiques jouent avec la sexualité refoulée, mais leur attrait est en fait quasi-religieux. Leurs victimes voient leur qualité extraordinaire, quelle qu'elle soit, comme un signe de Dieu. Sinon, comment pourraient-ils l'avoir et être si différents des autres ?

Un Charismatique a tendance à être théâtral et à jouer avec le langage. Ils ne semblent pas tout à fait sûrs, mais appellent à l'aventure et à l'excitation. Les visions intenses de Jeanne d'Arc ont fait d'elle une charismatique. Raspoutine a séduit la Russie du début du XIXe siècle, en particulier le tsar Alexandre et sa femme la tsarine. Il n'a jamais essayé de minimiser ses contradictions, ce que la cour (hautement artificielle) trouvait tout à fait séduisant. Elvis Presley avait quelques démons et lorsqu'ils ressortaient dans sa musique, ils faisaient preuve d'un pouvoir sexuel. Il avait un bégaiement qui ne disparaissait que lorsqu'il se produisait.

Un bon exemple de charismatique politique est le communiste russe Lénine. Il était non seulement incroyablement confiant, mais aussi déterminé et organisé dans son travail. Il enthousiasmait les travailleurs pour la révolution. La star de la radio argentine Eva Duarte a épousé Juan Peron, qui était alors élu président. Bien qu'elle soit passée des feuilletons aux discours plus sérieux, elle a touché tous ceux qui l'écoutaient. Un autre charismatique qui était un maître du langage était Malcolm X. Il a aidé une partie de la société longtemps opprimée à libérer ses émotions par ses discours et ses actions.

Le succès d'un charismatique dépend de son succès. Si le public croit que vous êtes en train de perdre, il se retournera contre vous.

Naturel

Certaines personnes se laissent facilement séduire par un amant ayant l'espièglerie d'un enfant. L'âge adulte peut être extrêmement artificiel, sans jamais dire ce que l'on a envie de dire à son patron ou à ses amis. Le naturel chez un adulte est séduisant. Un séducteur naturel conserve l'esprit d'enfance, mais lorsqu'il calcule qui et comment séduire, il est très adulte.

Charlie Chaplin a découvert qu'il était séduisant pour un grand nombre de femmes en jouant sur sa faiblesse. Il faisait en sorte que les gens se sentent à la fois compatissants et supérieurs à lui, ce qui est une position incroyablement séduisante. Joséphine Baker a pris Paris d'assaut. Elle a refusé d'être loyale à un club, créant un espace pour que les managers puissent la chasser. Parce qu'elle jouait ses rôles avec tant de légèreté, les Parisiens ne se sont jamais lassés d'elle.

Étoile

Bien que nos vies ne soient plus méchantes, brutales et courtes, elles peuvent encore être assez dures ! L'Étoile donne envie de les observer, même si personne ne peut s'en approcher. Elle nous permet d'imaginer la vie fantastique qu'elle doit mener, tout en gardant ses distances.

JFK laissait l'Amérique deviner ce qui se cachait derrière ses yeux et son sourire. Son effet était délibéré, pas accidentel. Marlene Dietrich était célèbre pour la froideur qui recouvrait sa beauté et son visage était un masque vierge sur lequel les réalisateurs pouvaient projeter ce qu'ils voulaient.

Une étoile apparaît comme un mythe ou un rêve devenu réalité. Ils évitent les réponses directes et les apparences trop réelles. Elles permettent à leurs fans de savoir quelque chose sur elles, ce qui, paradoxalement, leur donne envie d'en savoir plus. Mais une vraie star ne laisse personne tout savoir d'elle, car une partie de son attrait réside dans le fantasme que les autres projettent sur elle.

Sirène

Ce type est normalement une femme - une sirène est une séductrice. Elle tire son nom des déesses dont le chant était si doux qu'il faisait s'écraser les marins sur les rivages rocheux. C'est une femme qui aime le sexe et l'utilise pour obtenir ce qu'elle veut.

Cléopâtre est un exemple célèbre de ce type. Les sirènes offrent un aspect théâtral et dramatique qui captive les hommes. Elles incarnent le fantasme d'un homme et il n'est pas nécessaire d'être conventionnelle-ment attirant pour qu'un homme soit sous le charme d'une sirène. Marilyn Monroe est un autre exemple. Elle a appris à être plus séduisante pour les hommes et elle a réussi. Sa voix haletante leur donnait envie de se rapprocher d'elle pour l'écouter. Sa touche de vulnérabilité, qui corres-pondait pour elle à un besoin d'affection, attirait les hommes vers elle.

Une sirène offre un peu de danger avec son plaisir, ce qui est extrê-mement séduisant.

Coquette

Ce séducteur est le maître (ou la maîtresse) de la taquinerie, de la promesse mais jamais de la satisfaction totale. Il fait attendre son amant jusqu'à ce qu'il soit prêt et retarde la satisfaction aussi longtemps qu'il le souhaite.

"...[N]ous ne sommes vraiment excités que par ce qui nous est re-fusé, par ce que nous ne pouvons pas posséder en totalité."
- Robert Greene

Joséphine a tour à tour amadoué Napoléon Bonaparte et l'a renvoyé sans le voir, ce qui l'a à la fois rendu furieux et excité. Warhol est devenu célèbre lorsqu'il a cessé de supplier les gens de le remarquer et qu'il s'est retiré des autres. Les coquettes ne sont pas jalouses elles-mêmes, mais incitent à la jalousie en accordant de l'attention à un tiers, ce qui rend leur cible folle de désir. C'est également très efficace sur un groupe, comme l'ont démontré les dictateurs Mao Zedong et Josef Tito.

Pour séduire, il faut avoir une certaine estime de soi et une certaine confiance en soi. Si vous manquez d'assurance et êtes trop vulnérable, cela vous rebute. Il y a un peu de tension sexuelle à la base de chaque type de séduction, plus prononcée dans certains cas et moins dans d'autres. Pour pouvoir séduire un autre être humain, il faut l'observer de suffisamment près pour pouvoir jouer sur ses émotions et ses faiblesses.

Résumé du chapitre

- Il y a eu toutes sortes de séducteurs à travers l'histoire et étudier comment ils ont pu attirer les autres peut aider ceux qui cherchent à devenir eux-mêmes des séducteurs.
- Les communautés de la séduction vont et viennent au gré de l'air du temps et se concentrent actuellement sur le fait que le séducteur doit devenir plus attrayant pour ses amants potentiels.
- La triade noire de la séduction comprend le narcissisme, le machiavélisme et la psychopathie. Les expressions modérées de ces traits sont plus bénéfiques que les expressions fortes.
- Bien que nous parlions généralement des mâles alpha, il existe également des femmes alpha, bien que leurs caractéristiques soient souvent différentes de celles de leurs homologues masculins.
- Toute personne désireuse d'améliorer son jeu de séduction peut examiner les neuf archétypes de séducteurs et s'en inspirer.

Dans le prochain chapitre, nous aborderons les éléments nécessaires à une séduction réussie.

CHAPITRE TROIS

Les éléments de la séduction

Décortiquons un peu plus l'art de la séduction. Vous n'êtes probablement pas fasciné par toutes les personnes que vous rencontrez car tout le monde n'a pas ce petit quelque chose qui est nécessaire pour être séduisant. Si vous êtes fasciné par toutes les personnes que vous rencontrez, c'est une autre histoire ! Lorsque vous êtes facilement séduit, les gens ont plus de pouvoir sur vous qu'ils ne le devraient. Reconnaître ce que fait un Rake, par exemple, vous aidera à éviter d'être aussi rapidement placé sous le charme d'une autre personne.

Qu'est-ce que les séducteurs ont que les autres n'ont pas ?

Nous pouvons en fait définir ce "petit quelque chose". Comme nous l'avons vu au chapitre 2, les différents types de séducteurs ont des comportements très variés, mais ils tendent à avoir certaines qualités en commun. Parce que les gens ont tendance à être attirés par ceux qui sont confiants et qui ont de l'entregent, un séducteur aura au moins l'air d'avoir ces attributs aussi, sinon, ses stratagèmes ne pourront pas décoller ! Elles sont charismatiques et passionnées, croient profondément en elles-mêmes et sont également positives. Quoi qu'il arrive, elles ne se laissent pas facilement décontenancer ou déstabiliser.

Vous savez maintenant que l'une des bizarreries de la nature humaine est que nous aimons les défis et que nous préférons que la récompense ne soit pas abandonnée trop vite. Une personne qui est au moins un peu distante, ou qui alternativement nous repousse et nous amadoue, est hautement désirable. Les séducteurs entretiennent cette aura de mystère. L'insaisissabilité nous intrigue. Intéressé ? Pas intéressé ? Les gens en redemandent. Ces séducteurs peuvent également sembler être en phase avec leurs cibles. Ils semblent être plus sensibles aux besoins des autres, présentant parfois la solution avant même que leur public n'ait mentionné le problème ! Ils veulent apprendre à connaître leur cible, afin d'appuyer sur les bons boutons. La cible se sent spéciale parce que le séducteur investit autant de temps et d'attention sur elle. Le séducteur peut également révéler des vulnérabilités soigneusement choisies, sachant que sa cible ressentira le besoin de réagir en conséquence.

Sachant que les gens aiment se laisser guider, la voix du séducteur est toujours calme et contrôlée. Il aime les jeux de mots, surtout ceux qui sont suggestifs ! Il contrôle également les mouvements de son corps. Leurs gestes ne sont pas toujours faciles à lire ou à dévoiler, car ils cultivent soigneusement cette ambiguïté qui intrigue tant l'être humain. Ils établissent un contact visuel important et sont très attentifs lorsqu'ils attirent leur cible.

Qui est facilement séduit ?

Lorsqu'il s'agit de relations amoureuses, il y a des femmes avec certaines qualités et dans certaines situations qui sont plus enclines à être séduites, ce qui se termine par un chagrin d'amour pour elles lorsque le séducteur se lasse et s'en va, comme il le fait inévitablement. Si vous présentez l'une de ces caractéristiques, méfiez-vous lorsqu'une personne magnétique et charmante croise votre chemin !

Constamment mécontent

Une personne qui est toujours en train de se plaindre et d'être triste se laisse facilement séduire. Les séducteurs atténuent temporairement la tristesse, car ils s'intéressent au plaignant et le font se sentir spécial. Ils sont également très doués pour concocter le fantasme d'un monde meilleur et plus romantique, comparé à la réalité de la vie.

Si c'est votre cas, il existe un certain nombre de moyens de changer votre réalité ou de changer votre façon de la voir. La première consiste à adopter une attitude de gratitude. De quoi pouvez-vous être reconnaissant dans votre vie ? Qu'est-ce que vous aimez dans votre vie ? La réalité ne peut pas être tout le temps un arc-en-ciel et des chiots, malheureusement. Mais plus vous trouverez des choses à aimer dans votre vie et changerez les choses que vous n'aimez pas, moins vous aurez besoin d'un fantasme. Le séducteur sera moins attirant pour vous, simplement parce qu'il ne peut pas vraiment vous offrir ce que vous voulez.

Imagination active

Les séducteurs émettent des signaux. Leurs actions agitent des drapeaux rouges pour ceux qui font attention. Mais une cible dotée d'imagination ne voit pas les signes évidents qu'elle a affaire à un séducteur qui a l'intention de l'aimer et de la quitter. Les séducteurs induisent des fantasmes qui peuvent être facilement imaginés par une personne dotée d'une bonne imagination. La cible peut être tellement absorbée par le bel avenir promis par le séducteur qu'elle ne perçoit pas les indices qui lui permettraient de savoir que cela ne va pas se produire. Les séducteurs sont également très habiles avec le langage et il est facile de se laisser prendre à leurs paroles.

Si vous savez que vous avez une imagination débordante, assurez-vous d'observer les actions de votre amant potentiel, et pas seulement d'écouter ses fantasmes. Cela vous aidera à voir les drapeaux rouges lorsqu'ils commenceront à s'agiter.

Vous ignorez généralement les signaux d'alarme et l'opinion de votre famille et de vos amis.

Comme les personnes à l'imagination débordante, vous êtes tellement plongé dans la fantaisie et le charme que vous ignorez les signes auxquels vous devriez prêter attention. Vous avez des discussions qui suggèrent que vous êtes incompatibles parce que vous ne partagez pas de valeurs communes, ou que l'autre personne ne semble jamais vouloir faire ce que vous voulez faire. Vos amis et/ou votre famille vous mettent en garde contre les signes qu'ils observent. Ils connaissent peut-être des personnes qui ont été échaudées par votre séducteur, ils l'ont vu en ville en compagnie de personnes attirantes, ou ils voient que le séducteur vous rend malheureux. Ou encore, votre comportement a peut-être changé pour le pire. Ils vous aiment et veulent le meilleur pour vous.

Il est vrai que parfois, les autres ne sont pas capables de voir ce que vous voyez en quelqu'un et ce n'est pas toujours une mauvaise chose. Mais si tout le monde autour de vous vous dit la même chose, vous devriez écouter ce qu'ils ont à dire.

Plaisir des gens

La réalité est que de nombreuses personnes, en particulier les femmes, sont socialisées pour plaire aux autres. Elles traversent la vie en croyant que leur valeur et leur mérite dépendent de l'approbation extérieure. Il n'est pas vraiment surprenant que les personnes qui aiment les gens tombent si facilement sous le charme. Lorsque le séducteur se retire, comme il doit le faire, la personne qui aime les gens fera tout pour récupérer l'approbation et l'attention. Sinon, il finira par se sentir inutile ou par penser qu'il n'est pas assez bon pour être aimé.

Si c'est votre cas, travailler sur votre besoin d'approbation extérieure vous aidera énormément, et pas seulement pour repousser ou ignorer les séducteurs ! Vous êtes digne d'être aimé, quoi qu'on en dise, et vous devez d'abord vous aimer vous-même. Ce n'est qu'une fois que vous aurez atteint cet objectif que vous devrez chercher un partenaire romantique. Mettez-le à la porte s'il commence à se retirer et trouvez-en un autre !

Prêt à utiliser le sexe pour tenter l'amour

Une personne qui a une faible estime d'elle-même est souvent prête à faire l'amour trop tôt, dans l'espoir que cela mène à l'amour. Mais avec un séducteur, cela ne mène qu'à un cœur brisé, car il n'est là que pour le sexe.

L'ocytocine est une substance neurochimique qui favorise la création de liens et les femmes la libèrent lorsqu'elles ont des rapports sexuels.

Elles peuvent finir par se sentir liées à l'homme avec lequel elles viennent de faire l'amour, qui ne pourrait pas se sentir moins désireux de se mettre en couple avec elles ! Si c'est votre cas, choisissez mieux les personnes avec lesquelles vous faites l'amour. Demandez-vous ce qui se passera si vous avez des rapports sexuels avec une certaine personne et que cela ne devient pas de l'amour. Si tu n'aimes pas les conséquences, évite de coucher avec elle.

Vous faites de mauvais compromis pour le bien de votre relation.

Les nouvelles personnes dans votre vie apportent de nouvelles aventures et ce n'est pas une mauvaise chose ! Lorsque vous constatez que vous compromettez vos valeurs pour être avec quelqu'un, c'est une mauvaise chose.

Votre nouveau partenaire vous fait-il dépenser trop d'argent ? Ou vous pousse à faire l'amour trop vite, avant que vous ne soyez vraiment à l'aise ? Faites-vous la fête tous les soirs au point d'avoir du mal à vous rendre au travail le matin ? Fréquentez-vous des personnes que vous ne fréquenteriez pas autrement, en raison de leur mauvais caractère et/ou de leurs habitudes ? Si c'est le cas, être célibataire est mieux que ce que vous faites.

Tu restes trop longtemps

La relation est-elle devenue manifestement dysfonctionnelle ? Lorsque vous ne faites que vous disputer ou vous disputer (ou pire) avec votre partenaire, il n'y a aucune raison de rester. Certaines personnes le font, par peur de rester célibataires. Mais est-ce vraiment pire que de rester avec une personne qui nuit à votre estime de soi et qui ne vous soutient en aucune façon ?

Là encore, il est préférable d'être célibataire. Ne laissez pas votre désir d'amour et d'affection vous aveugler sur votre propre réalité.

Les signes de séduction

Vous vous êtes peut-être reconnu ou non dans la liste ci-dessus. Mais même si vous n'êtes pas facilement séduit, vous pouvez quand même tomber sous le charme de quelqu'un. Voici quelques signaux dont il faut se méfier :

Pour commencer, vous consentez à la séduction. (Sinon, s'il n'y a pas de consentement, c'est un viol.) Nous ne faisons pas de procès d'intention aux victimes ici. La clé pour séduire une autre personne est que le poursuivant utilise la tromperie et la manipulation pour obtenir ce consentement. Vous ne l'avez pas donné librement parce que votre séducteur vous a caché ses intentions. De plus, vous n'auriez probablement pas donné votre consentement si votre poursuivant ne vous avait pas menti ou trompé.

Par exemple, vous pourriez ne pas consentir à une relation sexuelle à moins de croire que l'autre personne est amoureuse de vous ou, du moins, qu'elle est prête à envisager une relation à long terme avec vous. Sachant cela, et sachant aussi qu'il ne désirait rien d'autre que du sexe, votre séducteur peut vous avoir fait croire qu'il voulait une relation avec vous. Si vous aviez su qu'il ne voulait que du sexe, vous n'auriez jamais accepté de coucher avec lui.

Le séducteur ne se soucie pas vraiment de sa cible et tout ce qu'il veut, c'est renforcer son ego ou tirer un certain plaisir personnel de la poursuite. Bien qu'il puisse sembler intéressé afin de poursuivre sa quête, il ne s'intéresse à personne d'autre qu'à lui-même. Cette situation est peut-être un peu plus difficile à cerner, car la plupart des séducteurs sont habiles à feindre l'intérêt ! Il se peut aussi qu'il s'intéresse vraiment à vous pour savoir sur quels boutons il faut appuyer.

Regardez leurs actions. Se souvient-il des petits détails sans importance qui font de vous ce que vous êtes et qui ne sont pas liés au sexe ? Ou leur intérêt est-il principalement orienté vers la découverte de ce qui vous charme et vous séduit ? Lorsqu'ils parlent des autres, est-ce au service d'eux-mêmes ou semblent-ils curieux des autres ? Y a-t-il d'autres tendances narcissiques que vous repérez ? Il est contraire à l'éthique de tromper quelqu'un pour obtenir ce que l'on veut, mais de nombreux séducteurs utilisent ce stratagème, surtout dans le domaine romantique, où l'on croit généralement que les hommes veulent une chose et les femmes une autre ! Ce n'est pas nécessairement vrai. Dans un monde parfaitement éthique, les deux parties disposent des mêmes informations et le consentement est mutuel. Mais ce n'est pas le monde dans lequel nous vivons.

Modèle en trois étapes : attraction, confort et séduction

La première chose que le séducteur doit faire est d'attirer sa cible. Comme ils ont tendance à être magnétiques et charismatiques, ce n'est généralement pas la partie la plus difficile pour eux ! Ils savent comment se distinguer dans la foule et attirer l'attention sur eux. C'est là que la séduction commence, avant même qu'ils n'approchent la personne qui les intéresse. Tous les yeux sont rivés sur eux, ce qui leur donne également un air populaire et confiant. Une fois qu'ils ont établi un contact direct, ils font en sorte que leur cible se sente puissante et intéressante. En étant direct dans leur approche, ils ont l'air courageux. Les gens aiment ceux qui prennent des risques, car ils représentent une nouveauté.

Il peut aussi essayer l'approche indirecte, qui consiste à poser une question (apparemment) au hasard. Cette manœuvre est conçue pour engager la conversation en douceur. Qu'il utilise l'approche indirecte ou directe, le séducteur se tourne normalement vers les jeux de mots, le charme et l'humour, qui sont tous connus pour attirer les autres. Parfois, les séducteurs, en particulier les hommes, entament une conversation avec une femme qui ne les intéresse pas. Lorsqu'un homme est vu en train de parler à une femme, surtout une femme attirante, d'autres femmes peuvent s'intéresser à lui. Il est intéressant de noter que d'autres espèces sont connues pour effectuer ce "copiage du choix du partenaire",[13] dans lequel les femelles de l'espèce copient d'autres femelles en

---

[13] https://journals.sagepub.com/doi/full/10.1177/147470491201000511

choisissant un mâle spécifique pour l'accouplement. Mais le séducteur ne doit pas en dire trop, dès le départ. Personne ne veut que le prix lui soit servi sur un plateau d'argent. Une fois que la cible est accrochée, elle va commencer à se retirer. C'est déroutant et intriguant, ce qui maintient l'attention de leur cible. La relation se poursuit dans le temps, car normalement la séduction ne se fait pas d'un seul coup. Pour maintenir l'intérêt à un niveau élevé, le séducteur doit maintenir une certaine tension émotionnelle, afin de garder son public en déséquilibre et d'en redemander.

Ensuite, il faut construire la relation. Le confort et la confiance avec le poursuivant doivent être établis avant que la cible puisse être attirée par la séduction. Un contact visuel accru fait sentir à la personne poursuivie que le séducteur s'intéresse à elle. Le poursuivant peut également se pencher vers sa cible, réduisant ainsi l'espace personnel qui les sépare. En plus d'utiliser l'esprit, le séducteur utilise également le pouvoir du toucher - pas de manière sexuelle, du moins au début. Mais les humains répondent par la confiance, même avec un bref contact de la main. Cela favorise la création de liens entre les deux. Le cerveau libère des substances neurochimiques lorsque le corps est touché, dont l'ocytocine, qui est la substance chimique qui crée des liens.

L'affection physique et l'établissement de rapports se poursuivent jusqu'à et pendant la séduction elle-même, afin de maintenir le niveau de confiance nécessaire pour que la cible accepte d'avoir des relations sexuelles. La décision doit être prise de manière émotionnelle et non logique. Le séducteur utilisera des mots et le langage corporel pour faire appel à l'émotion et établir un rapport affectif. Il ne s'agit pas d'une confiance construite sur des expériences ou des valeurs similaires, mais sur une pulsion similaire, que les deux ont (ou que le poursuivant semble avoir) pour être dans une relation physique et romantique.

Résumé du chapitre

- Les séducteurs ont des qualités qui les font sortir de l'ordinaire, même si leur charme et leur charisme sont superficiels.
- Certaines personnes se laissent facilement séduire parce qu'elles sont insatisfaites de leur vie ou ont d'autres besoins insatisfaits qu'un séducteur peut exploiter.
- Les signes de séduction impliquent un consentement qui semble mutuel, mais qui ne l'est pas, en raison d'une tromperie de la part du poursuivant.
- Le modèle de la séduction comprend trois étapes principales : l'attraction, le confort et l'établissement de la confiance, et la séduction elle-même.

Dans le chapitre suivant, vous apprendrez les règles du jeu de la séduction.

CHAPITRE QUATRE :

Les règles du jeu

L'art (et la science) de la séduction est vraiment un jeu avec deux joueurs principaux. D'autres peuvent être impliqués en marge du jeu. Lorsqu'un homme entame une conversation avec une femme qu'il ne cherche pas à séduire, afin d'en attirer une autre qu'il a l'intention de séduire, des joueurs mineurs sont impliqués. Typiquement, dans une séduction romantique, elle se joue à deux.

Types de jeux

Il existe trois grands types de jeu, du moins lorsqu'il s'agit de séduction sexuelle.

1. Direct

L'amorce de conversation directe dont j'ai parlé dans le dernier chapitre est le plus souvent utilisée pour ce type de jeu. Ici, le poursuivant est direct dans son approche de la cible. Il n'utilise pas d'autres femmes pour attirer sa cible, mais vient directement à elle et lui exprime son attirance. Cela ne signifie pas nécessairement être grossier, mais simplement exprimer son intérêt. Pour ceux qui ont peur du rejet, cela peut sembler être une tâche terrifiante ! Mais, parce que cela vous fait passer pour un courageux preneur de risques, votre cible trouvera probablement votre confiance attirante.

Cette technique signifie également moins de manipulation et moins de connaissances sur la nature humaine, car vous n'essayez pas d'être sournois ou d'utiliser une caractéristique humaine à votre avantage. À un moment donné, vous devrez probablement être direct dans votre approche de toute façon. Surtout lorsque vous "concluez l'affaire" pour avoir des relations sexuelles.

2. Indirect

En revanche, lorsque vous jouez à un jeu indirect, vous ne faites pas savoir à votre cible que vous êtes attiré par elle avant qu'elle n'ait déjà manifesté une certaine attirance pour vous. Cela permet d'éviter le risque de rejet qui est toujours possible dans le jeu direct. C'est un jeu de stratégie dans lequel vous attirez votre cible pour découvrir des choses sur elle et la faire se qualifier pour le sexe avec vous. Une fois que vous avez montré un peu de vous-même, pour l'attirer, elle en révèle davantage sur elle-même. Vous pouvez tester si vous les intéressez réellement avant de leur faire savoir que vous êtes sexuellement intéressé par eux.

Le problème avec ce type de jeu est qu'il y a généralement une tension sexuelle entre les deux sexes de toute façon. Si vous optez pour la technique indirecte, vous devez vous arranger pour qu'ils ne soient pas conscients de l'intérêt que vous leur portez, tout en maintenant une tension suffisamment forte pour les attirer et les mettre à l'aise.

3. Social

Lorsque vous utilisez le jeu social, vous devez connaître certaines bizarreries humaines afin de les utiliser comme levier contre votre cible. C'est ici que la technique de la "copie de choix du partenaire" peut entrer en jeu. Idéalement, vous voulez entrer dans la salle avec une foule de gens et faire en sorte que votre cible se demande qui vous êtes. Vous n'avez pas besoin d'avoir un statut élevé pour attirer celle que vous voulez séduire, mais vous devez être confiant et socialiser.

Qui sont les joueurs du jeu ?

Au chapitre deux, j'ai parlé des différents types de séducteurs. Il existe également différents types de victimes. En général, il leur manque quelque chose que leur séducteur est capable d'exploiter ou d'utiliser comme levier. Le poursuivant doit cependant s'assurer qu'il lit correctement ses cibles. La plupart d'entre nous cachent ou du moins essaient de cacher leurs faiblesses et leurs vulnérabilités. Une personne qui semble forte et dure peut, en fait, protéger un cœur aussi mou qu'une guimauve !

Certaines victimes sont en fait d'anciens séducteurs, qui ont dû arrêter en raison de pressions familiales ou autres. Elles peuvent éprouver du ressentiment ou de l'amertume à l'égard de ce changement, car la capacité de séduire leur manque. Cependant, lorsque vous les poursuivez, n'oubliez pas qu'ils doivent penser que c'est eux qui vous séduisent, et non l'inverse. D'autres séducteurs ont vécu leur vie de plaisir et se sentent blasés. Ils peuvent souvent être facilement séduits par quelqu'un qui semble jeune et innocent, car cela leur rappelle des souvenirs de leur propre jeunesse.

Une cible qui fétichise l'exotisme mène une vie intérieure vide et veut la remplir de friandises exotiques. Un poursuivant exotique fait l'affaire, surtout si vous exagérez un peu. Les personnes qui s'ennuient dans leur vie la remplissent de drames, alors ne courez pas après une reine du drame en lui promettant sécurité et sûreté. D'autres victimes peuvent être des personnes très imaginatives qui trouvent que la réalité ne correspond pas à leurs fantasmes. Les enfants gâtés ont besoin de nouveauté et de la main ferme que leurs parents ne leur ont jamais donnée. Une cible qui ne veut pas grandir et prendre des responsabilités est également à la recherche d'un parent.

Une personne qui était autrefois une star (athlète, étudiant, acteur, etc.) et qui mène aujourd'hui une existence terne se réveillera dès que quelqu'un lui accordera un peu d'attention. De même, une personne belle ou particulièrement séduisante a toujours peur de perdre son apparence. Séduisez-la en rendant hommage à son apparence, mais aussi à une autre caractéristique (comme l'intelligence, l'esprit ou la personnalité) à laquelle personne d'autre n'a prêté attention. Vous pourriez trouver une cible qui agit comme si elle était plus blanche que neige, mais qui, au fond, est à la fois terrifiée et émoustillée par l'idée des plaisirs interdits dans la chambre à coucher. D'autres ne se font aucune illusion sur leur pureté réelle, mais ils veulent aussi goûter à ces fruits encore inconnus.

Les personnes assoiffées de pouvoir ont besoin de libérer de l'énergie, alors être une allumeuse leur convient très bien. Certains leaders sont réellement puissants, mais parce qu'ils sont des leaders, ils ont besoin que quelqu'un brise leurs murs pour eux et mette fin à leur isolement. D'autres cachent leur besoin de pouvoir sous l'apparence d'un sauveteur. D'autres cibles peuvent avoir passé tellement de temps dans leur tête et à travailler sur leur supériorité mentale (perçue) qu'un poursuivant physique est pour elles une sorte de soulagement. Elles ont aussi tendance à manquer de confiance en elles, vous pouvez donc jouer sur ce point également. Le vide intérieur de certaines victimes est si grand qu'elles essaient de le combler par un culte : une cause, une religion ou une idole. Leur esprit est hyperactif et ils sont aussi physiquement sous-stimulés. Une personne dont les sens sont surstimulés a en fait besoin de plus de plaisirs sensuels, car elle a tendance à être timide.

Si le genre d'une personne est fluide ou ambigu, il est fort probable qu'elle cherche une autre personne de genre fluide pour réveiller certains de ses désirs refoulés.

La séduction est-elle éthiquement responsable ?

Certains États américains, du moins à une certaine époque, ont rendu illégaux certains types de séduction (sexuelle).[14] Si un homme séduisait une femme en lui promettant le mariage ou en usant d'autres ruses, et si la femme avait moins de 25 ans ou était vierge auparavant, ou si l'homme avait plus d'un certain âge, la séduction pouvait être considérée comme un crime. Dans le monde moderne, cependant, les femmes ont plus de

---

[14] https://www.britannica.com/topic/seduction

pouvoir et la séduction n'est donc pas un crime. Bien que de nombreuses personnes considèrent encore la séduction comme immorale, il y a certainement des arguments en faveur de la séduction éthique !

Il est important d'éviter les mensonges totaux et les fausses impressions. Si vous n'avez pas l'intention d'épouser votre conquête, ne lui promettez pas de mariage. Et ne donnez pas non plus l'impression que vous êtes prêt à envisager un mariage. Si vous essayez de charmer quelqu'un pour qu'il fasse l'amour avec vous, dites clairement que le résultat final est le sexe, et non un mariage ou une relation à long terme. Non seulement c'est la façon éthique de procéder, mais cela raccourcit également le processus de mise au lit. Dans la culture populaire, la femme qui a l'étoffe d'un mari n'a de relations sexuelles que beaucoup plus tard dans la relation. Lorsqu'elle sait que le mariage n'est pas dans les cartes, elle n'a pas besoin d'agir comme si elle était faite pour le mariage et elle n'a pas besoin de continuer à mettre des obstacles entre vous et le sexe. Et si vous ne la connaissez pas très bien, comment pourriez-vous savoir si c'est une personne que vous voulez épouser en premier lieu ? Agir tout de suite comme si elle avait l'étoffe d'une épouse est malhonnête, car vous devez d'abord apprendre à mieux la connaître.

Une façon évidemment immorale de séduire quelqu'un est d'utiliser son pouvoir ou son statut. Le "casting couch" à Hollywood, même s'il a été beaucoup utilisé, est contraire à l'éthique. Si vous êtes le patron de quelqu'un et que vous exigez qu'il couche avec vous pour garder son emploi, ce n'est pas du tout de la séduction. C'est un pur jeu de pouvoir et il n'y a rien d'attirant ou de séduisant là-dedans.

Cependant, et si vous faisiez les choses correctement ? Traitez votre partenaire comme une personne à part entière qui vous attire ? Tout le monde trouve cette approche charmante ! Savoir à quoi votre cible réagit n'est pas de la manipulation, car tout le monde le fait. Le rapport de force est égal - la plupart des gens comprennent assez rapidement cet aspect de la nature humaine s'ils ne le savent pas déjà lorsqu'ils commencent à fréquenter quelqu'un. Dans le cas d'une séduction éthique, il y a toujours beaucoup de flirt, de taquinerie et de jeux de mots, si les deux partenaires aiment ça. Mais le poursuivant indique clairement ce qu'il recherche et la cible perçoit ces signaux et répond de la même manière. Si la réponse est positive, le séducteur peut alors commencer à faire les démarches pour conclure l'affaire et terminer le voyage par une relation sexuelle. Si la réponse est négative, le séducteur peut changer de cible et recommencer.

Toutes les personnes impliquées dans ce type de séduction ont des attentes réalistes quant à ce qui se passe. Personne n'est blessé parce qu'il n'a pas de faux espoirs qui finissent par se heurter à la réalité. Les deux parties sont attirées l'une par l'autre. Il n'y a aucune raison d'augmenter son attractivité par des artifices ou des jeux. Le consentement est mutuellement donné parce que les deux parties savent clairement ce qu'elles attendent.

Tracer la ligne

Dans la communauté de la séduction en ligne, certains hommes n'ont aucune envie d'être des "artistes de la drague" qui ont des relations sexuelles avec des femmes et les rejettent ensuite parce qu'ils le peuvent. Ces hommes recherchent simplement des conseils en matière de rencontres, afin d'avoir de meilleurs rendez-vous et plus de sexe. Il n'y a rien de nécessairement immoral ou contraire à l'éthique dans tout cela. Mais où faut-il tracer la limite ? Certaines des techniques de séduction sont issues de la PNL (programmation neurolinguistique), qui est censée améliorer les techniques de communication. Elle est aussi souvent considérée comme trompeuse et manipulatrice, car les personnes qui l'utilisent n'en parlent pas ouvertement. Est-ce un abus si vous avez un fort pouvoir de séduction et que vous l'utilisez à votre avantage ? Comme indiqué ci-dessus, la séduction peut être manipulatrice et avoir des conséquences destructrices.

Le harcèlement sexuel concerne aussi bien les superviseurs masculins que féminins. Si l'employeur utilise son pouvoir d'embauche et de licenciement pour forcer une employée à avoir des relations sexuelles, il s'agit de coercition et non de séduction.

Résumé du chapitre

- Il existe trois types de jeux de séduction : direct, indirect et social, chacun ayant ses avantages, ses inconvénients et ses techniques.
- Il existe de nombreux types de cibles que les séducteurs trouveront faciles à poursuivre, surtout s'ils comprennent la nature humaine et les différentes façons dont les gens ressentent un manque dans leur vie.
- La séduction n'a pas besoin d'être manipulatrice et trompeuse, tant que le séducteur affiche clairement ses intentions.
- L'utilisation de son pouvoir et de son statut pour contraindre quelqu'un d'autre à avoir des relations sexuelles est une ligne claire entre la séduction et l'absence de consentement.

Dans le chapitre suivant, vous apprendrez l'art de la séduction.

CHAPITRE CINQ :

L'art de la séduction

Quiconque prend le temps d'apprendre cet art peut devenir un maître (ou une maîtresse) du jeu de la séduction. Il combine une connaissance de la nature humaine et une expérience historique obtenue au fil des siècles. Vous devrez connaître le type de séducteur auquel vous ressemblez le plus et découvrir les stratégies qui fonctionneront pour vous et votre type spécifique. Si vous avez des affinités avec l'un des types de victimes évoqués au chapitre 3, ne les utilisez pas comme cibles !

Une introduction aux techniques de séduction

Les gens aiment le mystère et l'incertitude. Cela les attire, ils veulent savoir ce qui va se passer. Si vous avez bien choisi votre cible, elle fera de son mieux pour découvrir votre mystère et vous prendre pour elle. La concurrence est également séduisante. Développez le charisme qui fera que vos cibles en redemanderont. Vous devez paraître confiant, car c'est une autre caractéristique qui accroche facilement les gens. Accrochez-les, mais ne les laissez pas s'approcher trop près de vous. La distance vous donne l'aura mythique que vous voulez cultiver.

Soyez le héros ou l'héroïne d'un grand drame, mais rappelez-vous que, comme pour tous les héros, vous ne pouvez pas être trop proche des gens ordinaires. Restez sur ce piédestal aussi longtemps que vous le pouvez. Agissez comme si votre pouvoir était inné et un don de la création. Le travail acharné et la discipline sont des tueurs d'os en matière de séduction. Ne laissez pas entendre que vous vous êtes entraîné et que vous avez étudié. Quel que soit le type de séducteur que vous êtes, vous voulez qu'il paraisse sans effort. Après tout, tout le monde peut travailler dur pour atteindre un objectif, mais un séducteur qui réussit n'est pas n'importe qui ! Il s'agit d'un être rare, doté d'une grande présence, qui attire les autres, mais qui ne peut pas nécessairement s'en approcher, du moins pas avant que le séducteur ne laisse entrer sa cible. Il doit éventuellement y avoir une touche de vulnérabilité - juste une touche - être dans le besoin rebute la plupart des gens. Cela permet aux personnes poursuivies de se sentir spéciales car elles sont les seules autorisées à toucher l'ourlet du vêtement du séducteur.

Les clés de la séduction résident dans votre capacité à faire preuve de charisme, même si vous ne vous considérez pas forcément comme naturellement charismatique. Vous devez être confiant et agir comme si vous aviez un plan. Soyez suffisamment mystérieux pour intriguer les autres. Attirez-les, puis repoussez-les. Faites en sorte que votre cible travaille pour avoir l'opportunité d'être séduite par vous, car les gens ne font pas confiance aux cadeaux donnés trop librement.

Les phases de la séduction et leurs techniques

Nous avons abordé l'ensemble du processus de séduction : l'attraction, le confort et l'établissement d'un rapport, puis la séduction proprement dite. Examinons plus en détail les phases de séduction et les stratégies qui les accompagnent.

Sortir la cible du lot et susciter le désir et l'attirance.

Vous devrez sélectionner votre cible avec soin pour vous assurer qu'elle correspond à votre type et que vous pouvez combler le vide qu'elle a en elle. Ignorez ceux qui ne sont pas attirés par vous ou que vous ne pouvez pas séduire, car ils ne sont qu'une perte de temps. Montrez que vous êtes le séducteur en étant sélectif. Il se peut qu'un certain nombre de personnes semblent ouvertes à vos charmes, mais vous n'êtes pas obligé d'accepter la première personne qui vous est proposée. Ce serait un geste basé sur l'insécurité, et non sur la confiance, et il finira par se retourner contre vous. Vous pourriez choisir une personne qui semble timide parce qu'elle réagit souvent bien au fait d'être approchée et qu'elle aimerait qu'on l'attire. Votre cible ne doit pas avoir l'air trop occupée. Si vous lui demandez trop de travail, elle n'aura pas le temps de vous consacrer le temps dont vous avez besoin pour réussir votre séduction.

Une fois que vous avez choisi une bonne cible qui est prête à vous recevoir, commencez à faire la conversation. Apprenez à les connaître un peu afin de pouvoir utiliser ces informations plus tard, notamment des petits détails sur leur jeunesse ou leur enfance, ou quelque chose sur ce qui les fait tiquer. Une fois qu'ils sont à l'aise pour vous parler, vous pouvez leur faire une suggestion inhabituelle ou surprenante - quelque chose qui les intrigue. Au début, il ne faut pas leur accorder trop d'attention. N'oubliez pas que la distance est attrayante. Une fois que vous avez fait l'approche et que vous les avez intrigués, vous voulez qu'ils viennent à vous. Ils veulent avoir l'impression d'être le séducteur, et non le séduit. Le fait de prendre du recul leur permet également d'utiliser un peu leur imagination. C'est plus séduisant que de tout leur expliquer. Envoyez des signaux mixtes ou ambigus. La plupart des gens sont tellement évidents que vous passerez pour plus intéressant. Vous devez également leur faire savoir que vous avez une complexité qui ne peut être abordée lors d'une première rencontre. Ils devront apprendre à mieux vous connaître pour découvrir cette qualité intrigante et mystérieuse. Si vous vous présentez comme innocent et chérubin, vous devrez laisser échapper un soupçon de cruauté ou de danger pour maintenir leur intérêt.

Jouer sur la vanité peut apporter de belles récompenses ! Si vous êtes intéressé par une personne en particulier, flirtez avec son ami. C'est une façon de créer un "triangle du désir", qui est un excellent moyen d'attirer votre cible. Les femmes sont particulièrement attirées par les hommes ayant une "réputation de séducteur", alors utilisez cela à votre avantage. Pendant que vous êtes dans la première phase de la séduction, vous allez planter des graines pour plus tard. L'une d'entre elles consiste à les rendre inquiets pour l'avenir. Faites surgir en eux les doutes et les sécurités que vous avez appris lors de votre conversation. Cela prépare le terrain pour votre deuxième graine d'insinuation, qui est que vous serez capable de combler ce vide dans leur vie. C'est le bon moment pour jouer le jeu avec eux. Quelle coïncidence que vous aimiez ce qu'ils aiment ! Vous vous adaptez à leur humeur, ce qui joue sur leur ego.

Les déstabiliser avec confusion et plaisir

Créer du suspense est la clé ! Faites des choses qu'ils n'attendent pas de vous, ce qui les incite à en redemander. Ils veulent savoir ce qui va se passer et vous ne voulez pas que ce soit trop évident. Les gens aiment la nouveauté, alors attirez-les avec elle, mais utilisez-la aussi pour les déstabiliser. N'oubliez pas d'ajouter une petite touche de vulnérabilité de temps en temps et montrez stratégiquement un peu de faiblesse ou de vulnérabilité. Évitez de le faire accidentellement, car vous donnerez l'impression d'être peu sûr de vous ou confiant. Décidez quelle faiblesse vous allez leur faire goûter et à quel moment. Faites en sorte qu'elle soit suffisante pour qu'il se sente supérieur ou fort, au moins pendant un bref moment. Elle doit être naturelle pour votre personnage, de sorte que même si vous l'utilisez de manière calculée, elle ne paraîtra pas calculatrice.

Ne soyez pas fiable. Si vous choisissez, par exemple, de leur envoyer une lettre ou des fleurs, ne le faites pas régulièrement. Vous voulez qu'ils vous courent après, et non l'inverse. Utilisez vos mots ! La séduction est une question d'appel émotionnel. Flattez-la, utilisez un langage chargé, faites appel à sa vanité, son ego et son estime de soi. Enveloppez-les de fantasmes et de mondes riches et imaginaires. Ils n'auront pas la volonté de résister si vous utilisez le langage comme levier. Vous devrez prêter attention aux détails, afin de savoir sur quels boutons appuyer. Soyez poétique, vulgaire (si votre cible est d'accord), coquin ou sensuel, mais ne soyez pas ordinaire. Incarnez leurs fantasmes. Au cours de vos conversations, vous avez, je l'espère, découvert ce qu'ils recherchent. Maintenant, vous voulez brouiller les lignes entre le fantasme et la réalité en étant cette figure fantasmée dont ils rêvent depuis si longtemps. Tout cela vous aidera à les isoler de leur environnement naturel : physique, mental, émotionnel, les encourageant à dépendre de vous plus qu'ils ne l'ont fait jusqu'à présent.

Approfondissez l'effet et poussez-les sur la corniche.

Montrez à votre cible que vous êtes l'incarnation de ses rêves, selon la graine que vous avez plantée. Si vous jouez au chevalier blanc, c'est le moment de créer un drame ou une crise (s'il n'y en a pas déjà un), afin de pouvoir intervenir et réaliser son rêve d'être sauvé, par exemple. Quel que soit le type de séducteur que vous êtes, ne craignez pas d'avoir l'air idiot ou de faire une erreur. Tout ce qui ressemble à un sacrifice va impressionner votre cible et renforcer l'idée que vous êtes l'amant de ses rêves en chair et en os.

Les gens aiment avoir l'impression d'explorer leur côté obscur. Vous pouvez les aider à dépasser les limites qu'ils se sont eux-mêmes imposées ou celles que la société a mises en place. Dans tous les cas, donnez-leur l'impression que vous les amenez à transgresser et à explorer quelque chose qu'ils ont toujours voulu mais jamais osé. Normalement, cela sera de nature sexuelle ! Vous pouvez adopter un comportement qui est interdit à la plupart des gens, ce qui vous rend dangereusement attirant. Permettez à votre cible de profiter de l'attrait de l'interdit.

Assurez-vous, que vous séduisiez une personne vaniteuse sur son apparence ou non, d'exprimer une attirance qui va au-delà du physique. De nombreuses personnes ont des insécurités et des inquiétudes concernant leur corps et vous ne voulez pas que ces angoisses les effraient. Rendez-les tellement conscients de leur faiblesse qu'ils ne pourront pas se concentrer sur vous. Exprimez votre appréciation pour quelque chose qui n'est pas physique. Faites appel à quelque chose de sublime pour les réorienter, comme la religion ou l'occulte, ou même une œuvre d'art étonnante. La clé de cette phase est de ne pas se concentrer exclusivement sur le plaisir. Vous les attirez avec votre promesse d'être le héros ou l'héroïne. Une fois que vous leur avez accordé de l'attention, vous voulez vous retirer brusquement. Intéressé, intéressé, intéressé... maintenant apportez la douleur. Soudain, vous n'êtes plus attiré par eux. Vous pouvez même vous pousser à la rupture, pour qu'ils ressentent le vide de leur vie sans vous. Ensuite, vous pouvez faire revenir le plaisir, jusqu'à ce que vous ayez besoin de faire monter la tension et de vous retirer une fois de plus.

N'évitez pas le conflit. Vous devrez maintenir la tension sexuelle et ce n'est pas possible sans conflit. Attirez-le, repoussez-le et répétez. Variez les moments de plaisir et de douleur, pour que ce ne soit pas ennuyeux ou prévisible. Peut-être que cette rupture est réelle ! Vous ne voulez pas qu'ils découvrent un schéma.

Les repousser et s'installer

Introduire un peu de jalousie dans l'équation. Comme d'habitude, rien de trop évident. Faites quelques allusions à l'intérêt que vous pourriez porter à une autre personne, puis laissez libre cours à l'imagination de votre cible. La volonté est liée à la libido sexuelle d'une manière que vous pouvez facilement exploiter. Si elle attend que vous veniez à elle - si elle croit qu'elle est poursuivie - la température sexuelle est basse. Faites-la monter en provoquant de nouvelles émotions, de la tension et de la jalousie. Faites-les participer à la poursuite, au lieu de se détendre et de vous attendre. Pendant qu'ils sont de plus en plus chauds, vous restez totalement nonchalant. Après tout, tout le monde s'attend à ce que le héros ou l'héroïne soit cool, calme et posé. Pendant ce temps, vous guettez les signes de réchauffement de leur libido. Ils pourraient commencer à rougir, voire à pleurer. Gardez également un œil sur les lapsus révélateurs. Ce sont tous des signes qu'ils sont prêts à ce que vous concluiez l'affaire.

Vous êtes le poursuivant, même s'ils pensent à tort qu'ils vous poursuivent. Cela signifie également que c'est vous qui devez faire preuve d'audace. C'est vous qui décidez, mais vous devez conserver votre aura de calme et de mystère. C'est vous qui faites le pas, mais vous ne devez pas attendre désespérément leur réponse. Par la suite, vous aurez peut-être besoin de remuer le couteau dans la plaie pour rester insaisissable. Mais lorsque vous en avez fini ou que vous êtes désenchanté, assurez-vous d'en finir. Ne continuez pas par pitié ou parce que vous n'avez personne d'autre. Faites une rupture nette si vous le pouvez. Si vous ne le pouvez pas, incitez-le à rompre avec vous en utilisant délibérément un comportement anti-séduction.

Notes de séduction pour les débutants

Il y a quelques choses que vous devez savoir pour vous mettre à niveau. Elles vous aideront également à maîtriser l'art de la séduction.

Éteignez votre téléphone

Afin de maintenir votre concentration sur l'apprentissage et la séduction, vous devez éviter les distractions. Si vous êtes trop plongé dans votre téléphone, vous serez trop facilement détourné de vos objectifs par une notification ou un SMS inopportun. De plus, vos cibles potentielles seront insultées, et non attirées, si vous commencez à regarder votre téléphone pendant que vous leur parlez. Rester loin de votre téléphone vous aide à entrer dans un état de flux, dans lequel vous êtes concentré sur ce que vous faites. Les états de fluidité sont également essentiels à la créativité.

Étude

Regardez ce que font les séducteurs qui réussissent. Regardez comment ils jouent le jeu. Les lire dans ce livre vous donne une bonne base, mais vous aiderez votre jeu à faire un bond en avant en observant ce qui fonctionne dans le monde et en le copiant. Trouvez un mentor si vous le pouvez. Ils peuvent également vous aider à tirer le meilleur parti de votre personnalité de séducteur et vous donner quelques conseils et astuces sur la façon dont ils font ce qu'ils font. Vous pouvez également consulter YouTube ou rechercher des séducteurs connus et les regarder en ligne.

Visualisez

Vous pouvez le faire "sur le terrain", ainsi qu'à d'autres moments. La visualisation est une astuce de l'esprit que les athlètes et les hommes d'affaires qui réussissent utilisent tous. À quoi ressemble une soirée réussie sur le terrain ? Pourquoi essayez-vous d'améliorer votre jeu de séduction et quel est votre objectif ? Quel qu'il soit, jouez-le comme il se présente. Lorsque vous êtes sur le point de partir pour la nuit, imaginez dans votre esprit comment vous voulez que la nuit se déroule. Imaginez comment vous allez trouver une cible appropriée et comment vous allez vous glisser dans la conversation avec elle.

Une pratique cohérente

Comme tant d'autres voyages dans la vie, la séduction et l'amélioration de votre jeu sont des concours d'endurance. Ce sont des marathons, pas des sprints. Ne vous épuisez donc pas à pratiquer trop en peu de temps et à avoir ensuite besoin de trop de temps pour récupérer. Au contraire, entraînez-vous un peu chaque jour. Certains jours, vous pouvez ne prendre que 10 minutes, d'autres fois, vous pouvez travailler pendant une heure. Ne vous surchargez pas trop vite. Allez-y doucement pour avoir le temps de vous améliorer, de réfléchir et d'apprendre de chaque séance d'entraînement.

Système d'apprentissage à partir de votre pratique

Pour la plupart des gens, cette pratique prendra la forme de "notes de terrain". Lorsque vous rentrez chez vous après une séance de pratique, revivez la soirée. Mettez-la par écrit, car si vous la laissez dans votre tête, vous ne profiterez pas de toute la puissance de la réflexion. Lorsque vous écrivez, prenez note de ce qui s'est bien passé. Avez-vous dit quelque chose qui a suscité l'intérêt de votre cible, ou avez-vous tenté un contact informel pour renforcer les liens ? Notez également ce qui n'a pas bien fonctionné. Votre jeu indirect était peut-être un peu trop indirect et n'a pas permis à la cible de comprendre votre attirance.

Que se passait-il dans le monde extérieur où vous exerciez ? Que se passait-il à l'intérieur ? Quelque chose a-t-il déclenché vos insécurités et avez-vous été capable de les gérer ou avez-vous besoin d'un plan de match au cas où cela se reproduirait ? Qu'avez-vous envie de réessayer ? Y a-t-il quelque chose de nouveau que vous voudriez tester ? Ou quelque chose qui, à votre avis, a tellement échoué que vous ne voulez plus jamais l'utiliser ? La plupart des mentors voudront entendre vos notes.

Équilibre entre trop facile et trop difficile

Si vous ne vous entraînez qu'aux choses faciles, comme approcher des cibles qui semblent désespérément vouloir interagir, vous ne vous améliorerez pas. Vous resterez médiocre et ne parviendrez pas à maîtriser votre jeu. D'un autre côté, si vous visez constamment trop haut, au-delà de vos capacités actuelles, vous ne saurez pas vraiment ce qui a bien marché et ce qui n'a pas marché. Vous n'en savez tout simplement pas assez pour le déterminer et vous ne pourrez pas non plus vous améliorer en visant constamment trop haut. De plus, il est très facile de se décourager quand on vise l'impossible, car on échoue.

Limitez ce sur quoi vous voulez vous concentrer dans chaque session et vous serez ainsi en mesure d'apprendre plus rapidement.

Dormir

Le cerveau a besoin de repos ! La réparation des cellules et d'autres processus ne peuvent avoir lieu que lorsque vous dormez, vous devez donc vous assurer de prendre le temps de dormir. L'apprentissage se fait également pendant le sommeil, lorsque les souvenirs et les expériences sont encodés. Faites une sieste si vous en avez besoin, afin de pouvoir vous coucher tard et vous entraîner plus tard dans la nuit.

Résumé du chapitre

- La séduction fait appel à un art et à des techniques qui ont été acquis au fil des siècles.
- Chaque phase de la séduction contient des techniques applicables à cette phase, quel que soit le type de séducteur que vous êtes.
- Vous pouvez améliorer votre jeu plus rapidement grâce à quelques astuces, notamment un entraînement régulier et la prise de notes sur vos séances d'entraînement.

Dans le chapitre suivant, vous apprendrez plus en détail les techniques de séduction.

CHAPITRE SIX :

Techniques de séduction 101

Ici, je vais aborder les techniques que les hommes utilisent pour séduire sexuellement les femmes. Je vous rappelle que ces techniques sont basées sur des siècles de connaissances et d'expérience, notamment sur ce que les hommes ont découvert sur le fonctionnement des femmes et sur la manière de tirer parti de ces informations pour séduire.

Introduction aux meilleures techniques utilisées par les hommes pour séduire les femmes

Il existe quelques manœuvres courantes que les hommes ont utilisées avec succès pour attirer les femmes dans leur lit. La première consiste à agir comme un joueur ou un Casanova, c'est-à-dire que vous êtes connu pour vos aventures amoureuses et que vous êtes très doux et débonnaire à ce sujet. Vous les aimez ardemment, puis vous les quittez. Si vous êtes un joueur, vous savez que vous avez des compétences que les autres hommes n'ont pas. En général, vous avez le choix des femmes que vous voulez parce que vous utilisez ces manœuvres et stratégies douces. Les médias rendent la vie de célibataire, du moins pour les hommes, amusante et glamour. Se fixer est perçu comme ennuyeux et parfois même comme la mort du sexe. Qui ne voudrait pas être là à flirter avec une femme différente chaque soir ?

Les joueurs ne font généralement pas entrer leurs femmes dans leur vie. Ils en ont tellement qu'ils ne veulent pas continuer à présenter de nouvelles personnes à leurs amis et à leur famille. Ils sont confiants et laissent la balle tomber dans le camp de leur cible, afin que celle-ci puisse les poursuivre à leur place. Leur but ultime est le sexe, le plus rapidement possible.

Il existe plusieurs types de joueurs. Ils peuvent être le seul homme décent et/ou célibataire de leur bureau ou de leur ville, et les femmes affluent vers eux ! D'autres sont connus pour l'attention qu'ils accordent au sexe opposé, en leur offrant des boissons, des compliments et des ours en peluche. Ou encore, un homme peut jouer la carte du mystère, en laissant échapper de petits indices sur sa vie et la complexité de son identité... mais personne n'obtient toutes les informations, même si toutes les femmes essaient de les découvrir ! Et, bien sûr, il y a le mauvais garçon, difficile à prévoir et jamais ennuyeux. Quand les gens disent qu'il est le mauvais garçon, les femmes font la queue à la porte pour essayer de leur prouver qu'elles ont tort. Elles ne le feront pas. Il ne trouvera jamais une relation à long terme dans laquelle il a envie d'être.

Quel que soit le type de joueur qui vous attire, cela signifie être super cool et jouer selon ses propres règles. Vous ne pouvez pas être comme tous les autres gars, sinon vous vous fondrez dans la masse. Les femmes veulent quelqu'un qui ose être différent. Montrez-leur que vous êtes différent. Pour être cool, vous devez être au-dessus de tout. Personne ne réagit bien au désespoir, alors suscitez leur curiosité à votre sujet. Intriguez-les, mais ne leur donnez pas tout de suite ce qu'elles veulent. Gardez-les accrochés. Jouer la carte de la difficulté à obtenir fonctionne pour vous dans cette situation. Les gens veulent toujours ce qu'ils ne peuvent pas avoir, alors faites savoir à votre cible qu'elle ne peut pas vous avoir et regardez-la essayer !

Les femmes aiment les hommes qui ont de l'esprit. Si un homme parle assez rapidement et sur un ton monocorde, il peut induire une quasi-transe chez sa cible. C'est l'un des avantages de la programmation neuro-linguistique ou PNL. Un joueur travaille avec tous ses sens, pas seulement les mots, mais l'odeur, la vue et le toucher. Il fait également appel à son cerveau et lui demande ce qu'elle pense. Il peut être enjoué et définitivement imprévisible. Il peut la surprendre avec des cadeaux ou l'emmener dans un endroit spontané. En plus d'être intelligent et charmant, un bon séducteur a plusieurs atouts dans sa manche. Il peut agir comme le héros qui essuiera ses larmes. Si la femme a des problèmes dans sa relation actuelle, le séducteur peut lui dire à quel point elle a l'air triste.

A l'inverse, vous agissez comme si vous aviez besoin de sa protection, de son épaule pour pleurer. Vous avez des problèmes dans votre relation actuelle, qu'elle soit romantique ou non. Mais il peut aussi s'agir d'un problème au travail ou avec des amis. Vous montrez une certaine vulnérabilité et vous lui donnez l'impression d'être le plus fort. Agir comme un homme romantique est également un excellent moyen d'attirer la cible. Citer des citations classiques ou lui lire de la poésie est une astuce qui séduit la plupart des femmes. En prêtant attention à ce que la cible veut, vous pourrez déterminer si elle est une "mauvaise fille" ou une bonne fille. Mais, quelle qu'elle soit... jouez sur le contraire. Si c'est une bonne fille, elle veut être mauvaise, ou au moins goûter au fruit défendu. Si c'est une mauvaise fille, elle veut de la romance. Si vous êtes attentif aux détails, vous pourrez faire quelque chose de spécial pour elle qu'elle appréciera et elle commencera à baisser sa garde.

Vous pourriez même essayer de lancer une rumeur sur vous ! Quelque chose de calculé pour séduire, ou quelque chose sur lequel une femme sera encline à vous défendre. Comme pour toutes les techniques de séduction, soyez délibéré à ce sujet. Ne laissez pas accidentellement échapper certaines informations vous concernant, ou ne permettez pas à quelqu'un d'autre de lancer des rumeurs. Calculez votre approche et vos manœuvres.

On peut être un salaud et séduire beaucoup de femmes, mais il faut être authentique et insouciant. Vous êtes un salaud parce que vous ne vous souciez pas des résultats, de la société ou des règles. Mais si vous êtes rancunier parce que vous réagissez à quelque chose qui vous tient à cœur, vous ne parviendrez pas à attirer les femmes. La distanciation fonctionne bien, surtout avec les femmes.

En ce moment, vous vous demandez peut-être pourquoi être un joueur et un connard indifférent fonctionne si bien pour attirer les femmes dans votre lit. Cela s'appelle l'hypothèse des "fils sexy".[15] Les femmes veulent avoir des fils qui seront attirants pour le sexe opposé, donc elles auront des rapports sexuels avec des hommes qui sont attirants pour d'autres femmes. On pense que l'orgasme féminin est un moyen de rendre la fécondation de l'ovule plus probable. L'évolution veut que l'orgasme se produise avec les partenaires les plus désirables. Dans ce contexte, "désirable" signifie posséder les gènes que les femmes veulent transmettre à leurs fils potentiels pour qu'ils puissent attirer des femmes désirables. Des recherches ont montré que les femmes ont plus d'orgasmes avec des hommes que les autres femmes trouvent également séduisants, ce qui contribue à valider l'hypothèse des fils sexy.

Jeux d'esprit et séduction secrète

Les suggestions précédentes étaient un peu évidentes, mais nous allons maintenant nous pencher sur des activités qui ne sont peut-être pas aussi claires pour les deux participants au jeu. Ces types de jeux utilisent l'esprit de la cible contre elle un peu plus que les autres que vous avez lus jusqu'à présent.

Lecture à froid

Une façon de commencer à manipuler l'esprit d'une femme est d'essayer la "lecture à froid", qui est la même tactique que celle utilisée par de nombreux soi-disant médiums et lecteurs de pensées. Vous devez être capable de lire le langage corporel des femmes pour que cette tactique fonctionne. Vous y faites des suggestions qui s'appliquent à de nombreuses femmes et laissez son esprit et son imagination faire le reste. C'est particulièrement efficace si vous lisez les lignes de la main, car vous pouvez alors laisser le sens du toucher opérer sa magie. Que vous

---

[15] https://www.psychologytoday.com/intl/blog/slightly-blighty/201508/the-sexy-sons-theory-what-women-are-attracted-in-men

fassiez ou non une lecture à froid, assurez-vous de rester enjoué et inté-ressant.

Quels sont les principes de base d'une lecture à froid ? Que vous jouiez le jeu de la séduction ou que vous vous présentiez comme un mé-dium ou un lecteur de cartes de tarot, vous opérez sur la même base de suppositions - que les gens sont plus semblables qu'ils ne sont différents et que les événements majeurs de la vie sont les mêmes pour tous : nais-sance, puberté, travail, mariage, avoir un enfant, vieillissement et mort. Les gens ne consultent pas les lecteurs froids parce qu'ils sont heureux, mais parce qu'ils essaient de résoudre un problème. La plupart du temps, ces problèmes sont dus à l'amour, à l'argent, à la santé ou à l'absence de celle-ci. Un bon spécialiste de la lecture à froid, celui qui peut en vivre, a un sens aigu du détail. Il remarque les bijoux, la peau, les vêtements et autres accessoires qui lui indiquent quel est le problème probable. Il se peut que vous n'ayez pas ce sens du détail ou même que vous ne vous en souciiez pas beaucoup. Mais la plupart des gens, même si nous avons des objectifs et des aspirations différents, partagent la même vision de la vie. De nombreuses croyances sont dictées par la culture, donc si vous con-naissez la culture de la femme, vous en savez probablement déjà beau-coup sur ses croyances et ses perspectives.

Il s'avère que vous pouvez vous en sortir assez bien même avec un "baratin de base", tant qu'il est suffisamment vague pour couvrir un grand nombre de femmes. Les meilleurs discours sont aux trois quarts positifs et un quart négatif.[16] Tant que vous êtes confiant et que vous agissez comme si vous saviez ce que vous faites, votre cible sera proba-blement convaincue que vous avez bien lu en elle et elle sera étonnée de ce que vous savez. Cela fonctionne parce que lorsqu'une personne entend des déclarations potentiellement contradictoires, son cerveau commence immédiatement à essayer de donner un sens aux choses. Mettez-les en-semble d'une manière cohérente. Une bonne tactique vague à utiliser consiste à parler de différentes parties d'elle. Vous pouvez opposer deux parties : "Ton sourire est si innocent, mais je peux voir quelque chose de

---

[16] https://heartiste.net/cold-reading-is-a-potent-seduction-tactic/

plus sombre dans tes yeux." Ou parfois, ils sont d'une certaine façon - disons, aventureux et audacieux - et d'autres fois, ils sont timides et ne veulent pas prendre de risques. Comme cela s'applique à la plupart des gens, on peut dire que c'est assez sûr ! Si vous connaissez quelques éléments de base du langage corporel, vous pouvez également les utiliser. "Je sais que vous êtes émotionnellement fermé parce que vous vous tenez là, les bras croisés sur votre poitrine."

Commencez votre lecture à froid de manière ludique. Vous pouvez même lui dire que vous êtes un médium, pour l'intriguer. Vous pouvez également commencer par une déclaration générale qui est probablement vraie et partir de là. Vous voulez faire ressortir ses émotions, vous pouvez donc commencer par une émotion "négative", comme l'anxiété, puis lui dire quelque chose de positif à ce sujet. Une fois que vous avez effectué quelques lectures à froid génériques, utilisez une lecture à froid plus délicate, comme l'exemple "fermé" ci-dessus. Les femmes que vous lisez à froid seront surprises par tout ce que vous savez, ce qui fait tomber leurs défenses, et vous pouvez donc en apprendre beaucoup sur elles à un niveau plus profond qu'avec d'autres techniques. Comme vous en savez déjà beaucoup sur elles, il n'est pas très grave qu'elles vous avouent leurs faiblesses. Cela vous permet d'établir un lien avec votre cible, surtout si elle est conventionnellement attirante et qu'elle n'a l'habitude que des hommes qui commentent son apparence. Vous pouvez ajouter quelques déclarations sur le sexe ou la répression pour l'amener à penser à votre objectif ultime, même si c'est inconsciemment.

Plus vous ferez de lecture à froid, plus cela deviendra facile. D'un simple coup d'œil, vous serez en mesure de lire vos cibles et de leur montrer votre incroyable pouvoir. C'est un excellent moyen d'établir une relation tout en mettant la femme à l'aise avec vous, car vous "découvrirez" des choses que vous avez en commun. La lecture à froid ne va probablement pas amener une femme à aller jusqu'au lit avec vous, vous devrez donc utiliser d'autres méthodes. Mais c'est un moyen rapide d'attirer l'attention d'une femme et de lui montrer des pouvoirs inhabituels, à moins qu'elle ne s'identifie comme une sceptique, auquel cas elle se moquera de vous pendant que vous tentez votre lecture ! Il se peut également que vous découvriez, au fur et à mesure que vous en savez plus sur elle, que vous n'avez pas vraiment envie de passer plus de temps avec elle et que vous puissiez vous retirer avec élégance !

Survoler et disqualifier

Une autre tactique est connue sous le nom de "hover and disqualify". Vous pouvez probablement deviner ce que cela signifie ! L'avantage est qu'elle peut fonctionner quel que soit votre niveau de jeu, ou le type de personnalité de séducteur le plus proche de la vôtre.

Premièrement, vous vous approchez physiquement de votre cible, pour qu'elle vous voie. Le mieux n'est pas de le faire de manière effrayante, mais de trouver une raison (plausible) d'être dans son voisinage. Si elle est au bar, vous avez l'excuse de lui offrir un verre. Si elle se trouve ailleurs, vous pouvez sortir votre téléphone et faire semblant de le consulter. Ne vous perdez pas dans vos notifications au point d'oublier pourquoi vous avez choisi cet endroit particulier ! Ne lui faites pas face, mais il est préférable d'être dans une position qui vous permette de voir ce qu'elle fait, au cas où vous verriez un bon moment pour vous approcher. C'est la partie "hover".

Ensuite, vous voulez donner l'impression de la disqualifier en tant que partenaire potentielle en regardant ouvertement une autre femme pendant que vous vous trouvez près de votre cible. Cela suscitera un peu de jalousie et la chauffera un peu. Vous devrez vous assurer qu'elle vous voit en train de mater les autres femmes, donc vous devrez peut-être être plus direct que subtil. Si une autre femme a de superbes fesses, montrez-lui que vous les regardez.

La technique "planer et disqualifier" fait plusieurs choses pour vous. Tout d'abord, comme vous ne regardez pas directement votre cible, vous ne semblez pas trop intéressé par elle, ni trop en manque d'attention. Rester près d'elle mais regarder d'autres femmes envoie des signaux contradictoires. Les gens trouvent ces signaux confus et séduisants, alors plus vous en envoyez, mieux c'est ! La jalousie est une émotion sexy et votre cible peut voir votre attention pour une autre femme comme un défi pour elle. Les femmes adorent les défis ! Une fois que vous avez exécuté la technique, vous pouvez approcher votre cible. Vous pouvez le faire tout de suite, si l'occasion se présente, et vous pouvez le faire en douceur. Sinon, vous devrez peut-être vous éloigner pendant une courte période, puis revenir.

Il faut faire attention à certaines choses avec cette technique, sinon elle risque de ne pas fonctionner. Ne regardez pas la "disqualification" trop longtemps, ou vous aurez l'air effrayant. Remarquez-la, regardez une caractéristique manifestement attirante, mais détournez le regard une fois que vous êtes sûr que votre cible l'a remarqué. Il est également possible que votre cible soit tellement gênée qu'elle ne se montre pas à la hauteur de l'événement : elle se laisse faire sans se battre ni résister. Vous pouvez essayer de lui montrer un peu plus d'attention si cela se produit, mais il se peut que vous deviez simplement passer à autre chose.

Negging

La technique dont vous avez probablement entendu parler en matière de drague est la "négation". Vous adressez une insulte légère (trop légère pour être offensante) à une femme, ce qui est surprenant car les hommes ne font généralement pas cela aux femmes avec lesquelles ils veulent avoir des relations sexuelles ! L'élément de surprise est une nouveauté dont le cerveau humain a besoin. Les femmes, en particulier celles qui sont très attirantes, n'ont pas l'habitude de recevoir autre chose que des éloges. Vous vous distinguerez dans la foule en utilisant cette tactique. La négation exprime un léger désintérêt pour la femme, ce qui, là encore, est inhabituel et attire l'attention. Cela vous donne le contrôle de la situation. Elle essaie maintenant de gagner votre approbation, suite au compliment que vous lui avez adressé, et non plus l'inverse. Même si vous ne vous considérez pas comme un artiste de la drague, vous pouvez utiliser la négation pour pimenter un peu vos interactions.

La négation doit être utilisée avec précaution. Il est destiné aux femmes physiquement très séduisantes car, pour elles, un compliment détourné est inhabituel. Pour les femmes qui ne sont pas conventionnel-lement attirantes, ce n'est pas forcément une nouveauté. Lorsqu'il est fait de manière directe, il ne fonctionne pas très bien car les femmes le trou-vent effrayant. Il est préférable de l'utiliser après un peu de flirt et de va-et-vient avec la femme et de le dire sur un ton coquet ou enjoué.

Preuve sociale

La tactique de la preuve sociale est également une bonne tactique à utiliser, quelle que soit la manière dont vous avez pratiqué la séduction. Elle repose sur l'hypothèse que la plupart des gens font que si de nom-breuses personnes font un certain choix, il doit s'agir de la bonne option. Par exemple, dans quel restaurant allez-vous ? Celui qui n'a pas de clients, ou celui qui est bondé de clients ? Vous allez dans celui qui est animé parce que vous supposez que quelque chose ne va pas dans l'autre si personne n'y mange.

Cela fonctionne même avec des choses comme le choix d'aller à l'université. Si vous vivez dans un endroit où personne ne va à l'univer-sité après avoir terminé ses études secondaires, vous n'irez probablement pas non plus. D'un autre côté, si toutes les personnes que vous connaissez vont à l'université, il est probable que vous y alliez aussi. Quand achète-rez-vous un cours en ligne : lorsque vous verrez une publicité qui a l'air bien et qui vous dira à quel point le cours est bon, ou lorsque vos amis vous diront à quel point le cours a changé leur vie ? Naturellement, vous allez suivre les recommandations de vos amis.

Comment cela fonctionne-t-il dans le domaine de la séduction ? La preuve sociale, c'est lorsque vous êtes entouré d'autres femmes ou que vous êtes connu pour avoir eu des relations sexuelles avec d'autres femmes. Elles veulent être avec vous, donc votre cible reconnaîtra qu'elle doit vous choisir parce que vous êtes l'option socialement correcte.

Il y a trois façons principales de construire une preuve sociale, rela-tivement rapidement. La première consiste à être vue en compagnie d'autres femmes. Cela fonctionne mieux si votre public est composé de jeunes femmes séduisantes. Cela fonctionne encore si vous avez un ami cool et que vous traînez avec lui et son équipe. Vous obtiendrez un certain effet d'entraînement. Vous pouvez également vous approcher d'une autre femme ou d'un groupe de femmes et commencer à leur parler de manière animée et, à un moment donné, vous excuser pour avoir une conversation avec votre cible. C'est un peu comme la disqualification, mais pas tout à fait la même chose.

La deuxième façon est d'être un papillon social et de travailler dans la salle. Plus vous rencontrez de gens, plus les gens veulent vous rencontrer. C'est comme ça que fonctionne l'animal social. Lorsque les gens veulent vous parler, vous donnez l'impression d'avoir un statut élevé. Vous devez vraiment être "quelqu'un" si tout le monde veut vous rencontrer ! Vous serez intriguant et les femmes voudront faire votre connaissance. L'inconvénient de ce type de preuve sociale est qu'il est trop facile de passer en mode "amuseur" et d'oublier la raison de votre présence ici. Ou bien vous serez sur une telle énergie maniaque que vous ne serez pas capable de la retirer pour être cool et indifférent lorsque vous devrez aborder une femme.

Continuez à vous déplacer dans la foule jusqu'à ce que vous trouviez une femme que vous avez envie de mieux connaître. Ne restez pas coincé à parler à quelqu'un qui n'est pas intéressant (homme ou femme) pendant trop longtemps. Mais, une fois que vous avez trouvé cette femme intrigante, vous devez avoir les moyens d'arrêter de papillonner et de travailler sur elle.

Enfin, trouvez un endroit où l'on vous connaît. Si vous n'en avez pas déjà un, vous pouvez vous en trouver un. Vous voudrez un bar ou une boîte de nuit où vous pourrez faire connaissance avec le personnel et les habitués. Il doit également s'agir d'un endroit où il y a beaucoup de roulement, ce qui signifie que de nouvelles femmes apparaissent régulièrement. Vous ne voulez pas choisir un endroit où vous ne verrez que les mêmes visages à chaque fois que vous y allez, car votre jeu s'épuisera très vite. Il doit également s'agir d'un lieu où les femmes cherchent à rencontrer de nouveaux partenaires, et non d'un café ou d'un salon de thé où elles se rendent pour passer du temps avec leurs amis. Elles doivent venir dans cet endroit dans l'idée de trouver un homme avec qui passer un moment sexuel ou romantique. L'idéal est que le lieu dispose de petits coins ou de tables où vous pouvez amener une femme pour qu'elle s'éloigne de l'énergie débordante et se concentre sur votre séduction. Le mieux, c'est un lieu qui a plusieurs étages et des espaces distincts, de sorte que vous pouvez changer de lieu sans vous déplacer.

Pour renforcer votre crédibilité une fois que vous avez trouvé un tel endroit, allez-y régulièrement. Comme pour vos séances d'entraînement, vous n'avez pas besoin d'y passer beaucoup de temps, mais vous devez y faire des apparitions régulières. Pour apprendre à connaître le personnel, il est préférable de venir un peu plus tôt ou à des heures creuses, afin qu'ils ne soient pas trop occupés pour passer un peu de temps avec vous. Mettez-vous à l'aise et explorez tout ce qu'il a à offrir. Vous voulez savoir où vous pouvez emmener une femme pour un tête-à-tête séduisant. Étudiez-le, afin de savoir quand les femmes arrivent généralement et de pouvoir être là pour les nouveaux venus.

Kino-escalade

Vous avez déjà entendu parler de la kino-escalade ? Elle s'appuie sur le pouvoir érotique du toucher pour vous aider à vous rapprocher de la femme avec laquelle vous souhaitez avoir des rapports sexuels. Rappelez-vous que le toucher aide à libérer l'ocytocine, un neurotransmetteur qui crée des liens. Toucher une femme en dit long sur vous, et c'est tant mieux. Cela montre que vous êtes confiant et que vous ne vous inquiétez pas de savoir si vous allez l'effrayer. Cela démontre que vous êtes un homme physique. Les femmes trouvent très sexy les hommes confiants qui n'ont pas peur de toucher. Tout comme pour votre discours, vous devez toucher une femme avec assurance et de manière délibérée. Sinon, vous aurez l'air incertain, ce qui vous rebutera.

Lorsque vous commencez la nuit, vous devrez souvent vous rapprocher et vous toucher pour qu'elle puisse entendre ce que vous dites. Mais si vous commencez par le toucher pendant la journée, vous ne pouvez pas chuchoter à son oreille lors de votre première rencontre, c'est trop effrayant. Adaptez en conséquence.

Il est beaucoup plus difficile de séduire une femme si vous n'utilisez pas la kino-escalade. Le toucher est très puissant ! Si elle vous donne des signaux positifs, vous pouvez continuer. Ces signaux se manifestent par le fait qu'elle se penche vers vous et peut même vous rendre la pareille. Si elle est neutre, elle ne bougera pas et ne vous touchera pas en retour. Si la réponse est négative, il s'éloignera de vous. Si vous recevez un signal neutre ou négatif, cela ne signifie pas nécessairement que vous devez abandonner. Elle n'est pas à l'aise avec vous pour le moment, alors reculez et laissez-lui du temps avant de réessayer. Si elle vous envoie un signal indiquant que vous êtes allé trop loin, vous pouvez vous retirer calmement et délibérément. Ne retirez pas votre main d'un coup sec comme si vous aviez touché quelque chose de chaud, car cela donne également l'impression que vous n'avez pas confiance en vous. Même avec le toucher, vous ne devez pas être constant ou prévisible. Si elle montre qu'elle aime une certaine façon dont vous la touchez, arrêtez-vous un moment. Vous recommencerez plus tard.

Lorsque vous vous touchez, n'y allez pas par quatre chemins. Les contacts légers sont de mise - son bras brièvement quand vous voulez faire une remarque, votre genou contre le sien quand vous êtes serrés l'un contre l'autre. Ne laissez pas votre main sur elle comme un poids mort. Vous pouvez vous introduire dans le kino en lui touchant l'épaule en signe d'approbation. Ce n'est pas sexuel, mais c'est un toucher, et il ouvre la voie à d'autres gestes. Lorsque vous la conduisez d'un endroit à un autre, tenez-lui la main. Rappelez-vous qu'un bon endroit pour vous faire connaître est un endroit avec des espaces séparés. C'est une excellente idée de la faire passer d'un endroit à un autre et vous pouvez lui tenir la main pendant que vous le faites.

Une fois que vous avez entamé une conversation, vos contacts peuvent être un peu plus longs : câlins, caresses. Tenez-la par la taille, surtout en boîte de nuit lorsque vous avez du mal à parler par-dessus la musique. L'avantage de tenir sa taille est que vous pouvez évaluer si vous pouvez l'embrasser. Même un baiser est un kino. Embrassez-la de la même manière que vous le faites pour le reste de vos attouchements : délibérément et sans hésitation. Si elle se retire, laissez-la partir, et réessayez un peu plus tard si elle vous fait signe de continuer.

Les boîtes de nuit sont idéales pour danser. De nombreuses femmes aiment danser et vous pouvez lui tenir la main en l'entraînant sur la piste. La danse vous permet également d'être physiquement beaucoup plus proche d'elle et de la toucher plus intimement.

Tant que cela ne pose pas de problème dans votre établissement, vous pouvez passer au pelotage et à la drague, à mesure qu'elle se sent plus à l'aise avec vous. Mais si tu ne peux pas conclure l'affaire, c'est une mauvaise idée. Elle se calmera et reconnaîtra ce que vous essayez de faire, au lieu de rester bloquée sur le moment. Si vous parvenez à la faire venir sur place, l'embrasser est un excellent moyen d'intensifier le contact. Vous voulez qu'elle meure d'envie d'entrer dans votre pantalon, alors excitez-la par le toucher. Embrassez son cou, jouez avec ses cuisses, et utilisez vos doigts avec beaucoup d'efficacité.

La clé avec le kino est de monter en puissance. Commencez doucement, en effleurant ses épaules ou ses bras. Si vous y allez trop fort et trop vite, vous risquez de la dégoûter. Surveillez ses réactions : si elle veut que vous reculiez, faites-le en douceur et délibérément. Laissez-lui quelques instants avant de recommencer et vous pouvez commencer par des contacts légers (kino mineur). Assurez-vous qu'elle est à l'aise avec les contacts légers avant de passer aux contacts moyens (kino moyen). Et, encore une fois, avant de faire l'amour (kino majeur). Toutes les phases doivent être respectées ou vous serez rejeté pour être allé trop vite trop tôt.

La psychologie féminine et la méthode Shogun : Une vue d'ensemble

Le chapitre suivant aborde plus en détail la méthode Shogun, mais sachez que vous pouvez utiliser la psychologie féminine pour susciter son intérêt pour vous. Cela implique de la rendre heureuse, mais elle doit également vivre des expériences extrêmement négatives avec vous.

Si vous n'avez pas peur de coucher à droite et à gauche, si vous n'avez pas peur d'utiliser des techniques de manipulation mentale et si vous acceptez de faire souffrir un peu une femme pour qu'elle soit à vous, vous devriez envisager la méthode Shogun. Elle est un peu controversée et peut être considérée comme manipulatrice, mais si vous êtes d'accord, elle peut fonctionner. Si vous êtes un psychopathe qui aime faire du mal aux femmes ou si votre objectif est de coucher avec autant de femmes que possible jusqu'à votre mort, vous devriez passer à une autre technique.

Résumé du chapitre

- Il existe des astuces courantes qui permettent aux hommes de séduire les femmes, parmi lesquelles le fait d'être un joueur ou un Casanova.
- Les opérations plus secrètes comprennent des jeux d'esprit, comme le négationnisme, la lecture à froid et le "survol et disqualification".
- Une technique de séduction plus puissante est la méthode Shogun qui consiste à faire souffrir mentalement les femmes pour qu'elles soient à vous.

Dans le chapitre suivant, vous apprendrez tout sur la méthode Shogun et d'autres tactiques de séduction plus sournoises.

CHAPITRE SEPT :

Les tactiques sournoises de séduction

Jusqu'à présent, les techniques dont nous avons parlé étaient un peu plus inoffensives. Oui, ce sont des jeux d'esprit, mais la femme a toujours le choix de faire marche arrière ou de ne pas être docile. Il existe des façons plus sournoises de séduire une femme, qui impliquent davantage de manipulation et de tromperie. Dans ces techniques, le consentement n'est pas nécessairement entièrement mutuel, parce qu'elle peut ne pas être consciente de ce que vous faites. Mais elles dureront plus longtemps et seront plus permanentes, par rapport à certaines des stratégies des artistes de la drague qui sont conçues pour le court terme.

Méthode Shogun

Lorsque vous utilisez cette tactique, vous avez franchi la ligne et êtes passé de la séduction à l'asservissement. L'astuce consiste à isoler la femme et à la séparer de sa famille et de ses amis, afin qu'elle finisse par dépendre de vous. (N'oubliez pas que vous ne devez pas utiliser cette tactique si tout ce que vous voulez vraiment faire, c'est les aimer et les quitter).

Pour que la méthode Shogun fonctionne, il faut suivre une feuille de route étape par étape, connue sous le nom de feuille de route IRAE. Ces lettres signifient Intriguer, Rapprocher, Attirer, et enfin, Asservir. Commencez par l'intriguer, puis établissez un rapport. Si vous y parvenez, vous l'attirerez vers vous. Ensuite, et seulement ensuite, vous pourrez l'asservir mentalement, c'est-à-dire la rendre totalement dépendante de vous sur le plan émotionnel, pour la vie. Si vous essayez de suivre ces étapes dans le désordre, ça ne marche pas. Si vous essayez de construire un rapport sans l'intriguer, vous n'aurez pas une base assez profonde avec elle. Et il ne peut pas y avoir d'attirance assez profonde sans construction de rapport et ainsi de suite.

La communauté PUA met l'accent sur le jeu intérieur des hommes, mais la méthode Shogun exploite les faiblesses de la psychologie des femmes. Les séquences Shogun sont conçues pour attirer l'attention de la femme et l'amener à faire les choix que vous souhaitez qu'elle fasse. Tout ceci est basé sur la science - pas sur le contrôle de l'esprit comme dans les films, mais sur des principes basés sur ce que nous savons du cerveau, y compris la PNL et la psychologie appliquée. Des études montrent que les femmes peuvent être polygames et hypergames : elles "changent de partenaire" si un meilleur homme que celui qu'elles ont actuellement se présente. Il s'agit d'une opportunité pour un praticien du Shogun qui le souhaite, mais aussi d'un risque.

Cette méthode peut aider les hommes à sortir de la zone d'amis, à se remettre d'un chagrin d'amour et à repartir à zéro, et même à faire revenir une ex qu'ils ne veulent pas laisser partir. Les adeptes de cette méthode affirment qu'il n'est pas nécessaire d'en savoir beaucoup sur les femmes, tant que vous suivez les étapes comme indiqué et que vous avez une compréhension de base de la science, cela fonctionnera.

Chacune des étapes de l'IRAE possède ses propres séquences, ou modèles, pour vous aider à attirer la femme :

Pendant la phase d'Intrigue, vous voulez qu'elle soit attirée par vous. Une façon de procéder consiste à ancrer les sentiments qu'elle éprouve pour un objet quelconque sur vous. Identifiez sa passion et demandez-lui de la transférer sur vous. Si elle a une puissance supérieure ou croit en de telles choses, vous pouvez l'utiliser pour créer une intrigue dans son esprit. Posez-lui des questions sur l'amour et les relations. Si c'est une belle femme, faites-lui savoir que vous êtes intéressé par quelque chose de plus que son apparence.

L'établissement de rapports est similaire aux techniques utilisées par les artistes de la drague. Mais vous allez aller un peu plus loin qu'eux.

Vous trouverez sa faiblesse cachée et montrerez que vous êtes la solution à son vide. Tous les êtres humains ont besoin d'appartenir à un groupe et vous allez donc créer un groupe commun qui ne sera composé que de vous deux.

Une fois que vous avez établi ce rapport profond, il est temps de passer à l'étape de l'attraction. En vous appuyant sur votre univers commun, vous lui montrerez à quel point vous vous ressemblez. Invoquez l'homme de ses rêves, en montrant ses similitudes avec vous... et la grande différence entre son petit ami actuel et l'homme de ses rêves (si elle a actuellement un petit ami dont vous devez vous débarrasser). Ensuite, vous lui montrerez que vous êtes le petit ami parfait.

L'étape d'asservissement comporte deux phases. La première consiste à isoler votre cible de son environnement actuel, afin qu'elle devienne dépendante de vous. Ensuite, vous utilisez la séquence de la Rose noire, expliquée ci-dessous, pour effacer son identité actuelle et la remplacer par une identité qui vous est soumise. Cette étape n'est pas possible si vous n'avez pas passé les trois précédentes.

Commandes implantées

Comme vous le savez probablement, personne, y compris les femmes, ne réagit bien aux ordres directs. Mais que se passe-t-il si vous plantez une graine dans le subconscient ? C'est la technique derrière les commandes implantées. Au lieu de lui ordonner de faire quelque chose directement, vous le camouflez de manière à ce qu'elle soit charmée. Vous avez un ordre direct dans votre déclaration, c'est ce qui est implanté, mais vous ne donnez pas un ordre réel.

Voici un exemple : "Je pourrais te dire de t'engager avec moi, mais quelqu'un comme toi a besoin de tout considérer attentivement avant de faire le bon choix." "Engage-toi avec moi" est l'ordre direct, mais ce n'est pas ce qu'elle entend. Et pourtant, c'est ce que son subconscient absorbe.

Fractionnement

C'est Freud qui a découvert cette tactique psychologique.[17] Elle utilise l'hypnose, la persuasion et la psychologie pour découvrir les secrets d'un cerveau particulier. Elle peut être utilisée au cours de n'importe laquelle des étapes de l'IRAE. Généralement, dans le milieu de la séduction, le fractionnement est une combinaison de l'hypnose et de l'utilisation efficace du langage corporel pour établir une connexion émotionnelle avec la femme. Vous la mettez en transe et l'en sortez, de manière répétée, ce qui conduit à sa dépendance émotionnelle à votre égard.

Si l'éthique vous préoccupe, sachez que les vendeurs et Hollywood font cela aussi ! Ils vous mettent en transe, vous ramènent à la réalité et vous y plongent à nouveau. Dans cette technique, vous racontez une histoire où les émotions s'opposent rapidement, passant de la joie à la tristesse et inversement. Ses émotions doivent être sur des montagnes russes : en haut, en bas, de côté ! Un peu de confusion, c'est bien. Intensifiez les sentiments au fur et à mesure. Vous pouvez même le faire en une seule phrase, dans laquelle vous exprimez votre approbation de la faiblesse perçue de la femme ou votre désapprobation de ses attributs positifs.

Au lieu de l'histoire, vous pouvez aussi lui poser des questions, en allant et venant du présent au futur - encore mieux si vous ancrez ses pensées positives à vous. Vous pouvez aussi le faire physiquement, en lui demandant de vous suivre. Éloignez-vous chaque fois un peu plus. Pouvez-vous fractionner par texto ? Dans le cadre d'un asservissement en face à face, oui, mais cela ne fonctionne pas tout seul. C'est une bonne méthode lorsque vous ne la connaissez pas très bien et que vous en êtes encore au stade de l'intrigue et du rapport. Si vous êtes déjà avec elle - par exemple, si vous cherchez à asservir votre femme - vous voulez renforcer l'attraction en utilisant des commandes implantées.

Vous devrez envoyer deux textos pour vous assurer que l'ordre lui échappe et qu'elle se concentre sur la deuxième partie du message, celle

---

[17] https://sibg.com/using-fractionation-in-seduction/

qui l'attire. L'ordre est implanté dans son subconscient par le biais du premier message. Comme toujours, surtout lorsque vous exprimez votre désapprobation, vous devez le faire avec assurance. C'est elle qui doit vous courir après, et non l'inverse.

Séquence rose noire

C'est la dernière étape du processus IRAE et l'asservissement est ici complet. L'identité de votre cible est effacée, pour être remplacée par une identité qui se soumet à vous émotionnellement. Rappelez-vous, nous ne parlons pas d'asservissement physique ! C'est une forme de fractionne-ment, où les montagnes russes vont très haut et très bas. Vous utilisez l'hypnose pour qu'elle soit tellement absorbée par le personnage que vous avez créé que son expérience avec vous est émotionnellement intense. Vous lui ferez ressentir ces hauts et ces bas dans son corps et elle passera du plaisir à la douleur. Cela induit une transe, pendant laquelle vous pou-vez introduire une identité plus soumise.

Il est plus facile de la mettre dans le bon état d'esprit si vous lui de-mandez de faire semblant d'être hypnotisée. L'esprit a du mal à jouer un rôle, ce qui l'aidera à entrer dans la transe que vous cherchez à induire. Donnez-lui des affirmations positives (pas sur son corps, mais sur d'autres caractéristiques, pour éviter qu'elle ne doute d'elle-même). En-suite, créez avec elle un monde futur très vivant, en veillant à solliciter tous les sens. Si vous voulez implanter le sexe, par exemple, vous pouvez créer une projection vivante de vous deux dans une relation romantique. À ce stade, il ne faut pas être grossier ou vulgaire. Donnez-lui un petit coup de pouce à la fin - "Bien sûr, ça n'arriverait pas !" Vous pouvez également utiliser cette méthode pour vous débarrasser d'un petit ami - imaginez l'amant de rêve dont les traits sont similaires aux vôtres et son amant actuel sera bien loin.

La projection dans l'avenir est essentielle pour qu'elle développe cet attachement émotionnel à vous et à votre avenir imaginé ensemble.

Résumé du chapitre

- D'autres tactiques secrètes utilisent le pouvoir du contrôle mental pour avoir et dominer la femme que vous voulez.
- La méthode Shogun utilise un processus en quatre étapes et des séquences au sein de ces étapes pour contrôler la femme que vous désirez.

Dans le prochain chapitre, nous nous concentrerons sur les secrets des séductrices à succès.

CHAPITRE HUIT :

Seductress Secrets of Seduction

Bien que les hommes et les femmes attendent des choses similaires de la vie, les astuces utilisées par une séductrice sont un peu différentes de celles de ses homologues masculins. Comme je l'ai dit précédemment dans le paradoxe de la séduction, les hommes et les femmes veulent être séduits. Ils veulent ressentir le frisson de l'attention et faire l'expérience du charme et de l'attrait utilisés dans la séduction.

Les ambiguïtés de la séduction

Les hommes utilisent depuis longtemps leur pouvoir physique et leur statut pour dominer les femmes et les autres hommes. Pourtant, les hommes ne sont pas les seuls à s'approprier le pouvoir des autres et à l'utiliser à leur avantage. Alors que les séducteurs masculins ont tendance à être calmes et confiants, les femmes s'habillent et se maquillent de manière séduisante pour attirer un partenaire potentiel. Tant les femmes que les hommes sont à la merci de leur cerveau "lézard" - les parties que nous avons héritées de nos ancêtres reptiliens. Cette partie du cerveau est très différente de notre cerveau humain rationnel et réfléchi. La séduction fait appel au cerveau de lézard et la logique et la raison sont mises de côté lorsque nous sommes séduits. Cela est vrai pour les hommes comme pour les femmes. La société est conçue pour faire appel aux parties rationnelles et humaines du cerveau. Mais, au fond, nous sommes des animaux qui ont envie de retourner à l'état sauvage !

Introduction à la psychologie des hommes

Une astuce de séduction simple qui fonctionne sur presque tout le monde : trouvez l'émotion qui séduit le plus votre cible et donnez-en beaucoup ! Si vous sortez avec un psy, il aime se sentir perspicace. Faites-leur donc sentir que leurs idées sont à la fois bienvenues et étonnantes. Les hommes disent qu'ils apprécient l'honnêteté chez leurs partenaires. Si vous avez subi des interventions esthétiques, comme une opération des seins ou un lifting, les hommes se demandent si vous n'êtes pas malhonnête sur d'autres sujets.

Voici une astuce à laquelle vous n'avez peut-être pas pensé si vous désirez un homme intelligent : regardez les poils de son corps. Une intelligence élevée chez les hommes est corrélée à une abondante pilosité corporelle.[18] Ce n'est pas exactement une découverte attendue !

Bien que les hommes et les femmes se ressemblent plus qu'ils ne diffèrent, certaines différences spécifiques concernent la manière dont vous devez aborder les hommes que vous souhaitez séduire. La partie du cerveau qui rend les gens territoriaux est plus importante chez les hommes que chez les femmes. C'est pourquoi ils peuvent devenir violents lorsqu'ils perçoivent une menace sur leur territoire physique ou relationnel. Il en va de même pour l'amygdale, une partie du cerveau du lézard qui est intimement liée à la réaction de combat ou de fuite, mais aussi au désir sexuel.

Enfin, la zone du cerveau consacrée à la poursuite sexuelle est également beaucoup plus grande chez les hommes que chez les femmes. Les garçons commencent à fabriquer des quantités de testostérone dès l'adolescence - 20 fois plus que leurs homologues féminines - ce qui signifie qu'ils sont hormonalement et mentalement très intéressés par le sexe. C'est également pour cette raison qu'ils s'aveuglent à la vue d'une poitrine

---

[18] https://www.dailymail.co.uk/femail/article-426320/The-psychology-seduction.html

féminine : les circuits visuels de leur cerveau sont constamment à la re-cherche de partenaires fertiles.[19] Cela ne signifie pas qu'il pense cons-tamment à la paire qu'il vient de regarder. L'attention vient, puis se dissipe. Ensuite, il commencera à penser à d'autres choses, comme ce qu'il y a pour le dîner. Ne vous méprenez pas sur son visage impassible, cependant. Ses réactions émotionnelles sont aussi fortes et parfois même plus fortes que celles d'une femme - il ne fait que mieux les cacher.

Peut-être parce que ses circuits visuels sont plus puissants, les hommes n'ont pas besoin d'avoir beaucoup de contexte ou de relation pour être excités. Il leur suffit de voir les parties du corps qu'ils veulent voir et c'est parti.[20] C'est pourquoi s'habiller de manière séduisante et se maquiller de manière suggestive fonctionne si bien - les hommes sont des créatures visuelles, ce qui n'est pas le cas des femmes. Les hommes ne supportent pas bien l'ambiguïté d'une hiérarchie. Leur cerveau préfère une chaîne de commandement claire et l'armée peut en fait contribuer à réduire les comportements agressifs, simplement en diminuant cette an-xiété. [21]

Les hommes sont aussi souvent heureux avec un certain nombre de partenaires sexuels - la nouveauté est attrayante pour tous les cerveaux et les hommes n'ont pas la même pression sociale sur la honte de la sa-lope. Certains d'entre eux sont très attentifs aux femmes qui se sentent seules ou qui manquent de quelque chose dans leur vie. Ils peuvent être francs quant à leurs intentions et supposer que les femmes recherchent aussi le sexe. Faire l'amour peut être une expérience transcendante.

"C'est l'extase de vouloir et d'être voulu." - Anonyme

Si vous êtes une femme intéressée par les hommes plus âgés, sachez qu'ils traversent une période de la vie appelée andropause. Si sa femme a eu des enfants, son taux de testostérone a chuté pendant qu'elle était

---

[19] http://edition.cnn.com/2010/OPINION/03/23/brizendine.male.brain/index.html

[20] https://www.psychologytoday.com/us/blog/love-and-sex-in-the-digital-age/201506/what-turns-guys-understanding-male-sexual-desire

[21] https://www.livescience.com/14422-10-facts-male-brains.html

enceinte. Pendant l'andropause, il commence à fabriquer plus d'œstro-gènes. Si son taux de testostérone devient trop faible, il sera grognon et irritable et devra peut-être prendre des compléments alimentaires et faire plus d'exercice. Il pourrait être un grand-père formidable s'il a beaucoup d'ocytocine, l'hormone de l'attachement, en circulation. Il pourrait être plus affectueux avec ses petits-enfants qu'il ne l'a jamais été avec les siens. Les hommes âgés se sentent très seuls après un veuvage ou un divorce et vous pourriez être la bonne personne pour lui permettre de renouer avec la vie sociale.

Les femmes ont plus de neurones miroirs, c'est-à-dire les nerfs qui se déclenchent lorsqu'elles réfléchissent à ce que fait une autre personne. Ils sont essentiels à l'empathie, ce qui explique pourquoi les femmes sont souvent plus sensibles à leurs partenaires que les hommes. Lorsque les hommes repèrent une partenaire potentielle attrayante, leur cerveau li-bère de la dopamine. Ce phénomène se produit qu'ils soient en couple ou non. La décision de passer à l'acte ou non peut être désastreuse, selon les circonstances, et pourtant les hommes continuent à le faire. Pourquoi ? En grande partie à cause d'un taux de testostérone plus élevé. Un homme ayant un faible taux de testostérone est plus apte à fonder une famille et à s'y tenir. Les recherches montrent que les hommes ayant un taux de testostérone élevé ont tendance à se marier moins souvent et, lorsqu'ils se marient, ils sont plus susceptibles de tricher et/ou de divorcer. [22]

Les belles femmes déclenchent l'amygdale de l'homme à peu près au même moment où son centre de décision dans le cortex préfrontal (partie du cerveau rationnel) se déconnecte - ce qui n'est pas un bon moment pour prendre de bonnes décisions ! Des circuits visuels puissants signi-fient que les belles filles et le porno activent la dopamine beaucoup plus pour les hommes que pour les femmes. Les femmes ont un meilleur accès à l'hémisphère droit du cerveau, ce qui est bon et mauvais pour les rela-tions. Il a tendance à être plus négatif, ce qui explique en partie pourquoi les femmes sont plus souvent déprimées que les hommes. Mais elles ont

---

[22] https://www.menshealth.com/sex-women/a19516672/understanding-sex-and-the-brain/

aussi une bonne vision d'ensemble, ce qui fait que les femmes larguent les hommes plus souvent que l'inverse. Elles sont plus négatives mais peuvent aussi voir plus rapidement quand quelque chose ne fonctionne pas.

Langage corporel et signaux non verbaux

La communication ne s'exprime pas principalement par des mots, comme beaucoup d'entre nous le pensent souvent. Plus de la moitié du message est transmis de manière non verbale, notamment par les gestes, la posture et les mouvements du visage. En fait, les mots représentent moins de 10 % de la communication ![23] De nombreux aspects du langage corporel sont les mêmes pour les hommes que pour les femmes. Se tenir droit, les épaules rejetées en arrière, dégage de la confiance, tandis que se tenir les bras croisés dénote une attitude défensive.

Les signes de séduction incluent un contact visuel prolongé. Le fait d'établir un contact visuel montre l'intérêt que l'on porte à l'autre personne. Regarder un peu trop longtemps puis détourner lentement le regard peut être très érotique. Vous pouvez également baisser lentement et visiblement votre regard vers ses lèvres. Léchez vos lèvres, souriez sournoisement ou utilisez d'autres expressions faciales similaires. Les attouchements sont également très suggestifs lorsqu'ils sont bien faits ! Enfin, un ton positif et agréable fait une grande différence par rapport à un ton dur lorsque vous séduisez.

Plus tôt, vous avez appris certaines des tactiques que les hommes utilisent pour séduire les femmes. Ces mêmes indices peuvent fonctionner pour les femmes qui tentent de séduire les hommes. Par exemple, la familiarité suscite l'intérêt. Ils doivent vous remarquer avant d'être attirés par vous. Le fait de marcher de long en large près de votre cible l'aide à s'habituer à vous voir. Le fait de la croiser, surtout si vous vous trouvez dans un endroit bondé, permet également d'atteindre cet objectif. En

---

[23] https://sexyconfidence.com/how-to-seduce-men-with-body-language/

outre, le mouvement attire l'attention. Vous pouvez choisir de faire tomber quelque chose - peut-être pas votre téléphone, qui pourrait se casser, mais vos clés ou une serviette. Cela attirera également l'attention.

Une autre façon d'exploiter le désir de nouveauté du cerveau humain est de paraître exotique. Si vous êtes d'une culture ou d'une ethnie différente, jouez-la. Soulignez vos différences par rapport au look standard. Cela vous aidera à vous faire remarquer dans la foule et à plaire à ceux qui aiment l'exotisme. Vous promettez l'aventure rien qu'à votre look lorsque vous n'êtes pas ennuyeux et/ou dans la norme. Les cerveaux aiment aussi la symétrie, alors faites de votre mieux pour paraître symétrique. Les bons vêtements peuvent vraiment vous y aider.

Faites-lui savoir que vous appréciez son approche. En particulier si vous êtes plus petite que lui, il peut être très efficace de baisser un peu la tête et de regarder vers le haut à travers vos cils. C'est un peu comme une petite fille et cela vous donne l'air innocent. Il saura que vous ne lui arracherez pas la tête s'il commence à vous parler !

Lorsque vous parlez à votre cible, faites un geste mignon, comme lever une épaule et incliner la tête. Ça marche ! Montrez un peu de vulnérabilité, ce qui plaira particulièrement aux hommes qui ont des fantasmes de sauveteur. Touchez votre cou, qui est un signe de faiblesse. Ou votre poignet, qui est un autre point de faiblesse. Tenez votre poignet droit avec votre main gauche et vous aurez l'air accessible.

Reflétez les mouvements qu'il fait. Est-ce que vous reflétez quelqu'un qui ne vous intéresse pas ? Bien sûr que non. Il comprendra le message. Utilisez également votre posture pour le séduire. Lorsque vous maintenez vos épaules en arrière et que vous vous tenez droite, cela fait ressortir les seins que les hommes aiment regarder. Faites-lui un sourire authentique qui atteint vos yeux, pas le sourire d'une hôtesse de l'air ou d'un autre employé de service. Faites-lui face, notamment (cela va vous paraître bizarre) avec votre nombril. Même si votre tête est détournée, la majeure partie de votre corps est orientée dans sa direction, ce qui lui indique que vous êtes intéressé. Rappelez-vous que le mouvement attire l'attention et jouez avec vos cheveux. Faites-les tourner, lancez-les en arrière et relevez-les lentement lorsque vous êtes en face de lui et laissez son imagination s'exprimer !

Jouer avec les vêtements peut aussi être très sensuel. Faire glisser votre pied lentement et délibérément dans et hors de votre chaussure. Croisez et recroisez lentement et délibérément vos jambes, en jouant avec le pendentif qui pend juste au-dessus de vos seins. Balancez vos hanches. Penchez-vous vers lui, ce qui signale votre intérêt. Vous devez également vous tenir ou vous asseoir plus près que les étrangers ne le font normalement. Pas trop près, dans la zone des amis et de la famille, mais pas trop loin pour qu'il ne puisse pas voir que vous l'attirez. Vous pouvez tourner votre épaule vers lui, poser la main opposée sur cette épaule et appuyer votre joue sur votre main, surtout si vous maintenez un contact visuel permanent.

Plus important encore, assurez-vous de porter des vêtements et des accessoires qui VOUS font sentir bien ! Ils vous aideront à avoir plus confiance en vous. Plutôt que de vous inquiéter de voir l'ourlet de votre robe se resserrer ou d'avoir ce bouton stupide qui ne cesse de glisser de la boutonnière, vous pouvez vous concentrer sur le moment où vous voulez afficher votre sourire éclatant ou lécher vos lèvres de manière suggestive. Vous pouvez également rester dans l'instant de la séduction, en faisant ce qui vous vient naturellement et ce qui vous semble juste à ce moment précis. C'est la façon la plus agréable d'être avec un homme. Vous pouvez lire ses réactions et augmenter ce qui suscite une réaction positive pour l'attirer.

Les jeux d'esprit des tentatrices

Maintenant que vous avez maîtrisé l'art d'utiliser des indices physiques pour tromper votre cible, il est temps de commencer à jouer à des jeux d'esprit. Les hommes sont censés être calmes, rationnels et logiques. Le fait d'être imprévisible et irrationnel crée une forte attraction pour certains hommes qui aiment être entraînés dans un jeu émotionnel. Vous pouvez également le stimuler en utilisant des sentiments mixtes, où vous alternez entre chaleur et distance. C'est déroutant, imprévisible et proba-blement nouveau pour lui aussi.

De même, essayez les signaux mixtes lorsque vous voulez, eh bien, mélanger les choses. Le "push-pull" est un bon exemple de ce jeu, mais essayez aussi quelques variations. Prenez une apparence angélique mais soyez coquine en dessous. Si vous avez un visage de bébé, portez des vêtements sérieux, comme un costume d'affaires. Ou bien, vous pouvez essayer de porter une robe blanche pour renforcer l'apparence innocente, mais faites en sorte que la robe et les accessoires soient TRÈS révéla-teurs. Si vous portez un costume d'affaires et que vous avez l'air sérieux, jouez la carte de la soumission ou portez de la lingerie très innocente en dessous.

Tout comme la triangulation fonctionne avec les femmes, une femme peut jouer ce jeu avec les hommes. Suscitez la jalousie en l'atti-rant, puis en flirtant avec un autre homme. Le rendre émotionnellement chaud et ennuyé.

Les femmes sont censées être soit une Madone, soit une pute, alors... jouez les deux ! Il appréciera la confusion et le fait de ne pas savoir où se trouve le haut et il adorera la chute dans le lit. Pendant que vous vous embrassez, appréciez la luxure et les sensations de plaisir. Puis arrêtez et résistez un peu. Cela fait également partie de l'imprévisibilité que les hommes apprécient. Vous découvrirez probablement que vous l'appré-ciez aussi ! Vous êtes perdue dans l'envie... mais vous devez ensuite com-battre votre désir... auquel vous finirez par succomber de toute façon. Mais il ne le sait pas et vous allez créer un véritable suspense pour lui. De brefs éclats d'action sexuelle extrême combinés à un retrait le laisse-ront à la fois hébété et en manque. La passion sexuelle tourbillonnante est exactement ce qu'il veut et il en veut encore plus. Alors, bien sûr, vous ne pouvez pas la lui redonner tout de suite - c'est trop ennuyeux et prévisible. Encouragez-le dans des endroits bizarres, comme la file d'at-tente au magasin, où vous pouvez effleurer son entrejambe. Lorsque vous dînez avec des parents, faites-lui un petit câlin.

Soyez dangereux - rappelez-vous qu'il est censé être logique, donc une touche de folie pourrait être ce que le médecin de la séduction a ordonné. Mais pas complètement fou ! Assez pour que ce soit nouveau et imprévisible. À l'inverse, certains hommes adorent les gestes maternels, alors laissez un peu de régression s'installer. Mettez-le sous les couvertures, embrassez-le sur le front. C'est un excellent moyen d'accrocher un joueur. Ou inversez la régression pour agir de façon plus jeune. Les hommes aiment revisiter leur jeunesse, en particulier les hommes plus âgés qui peuvent être paternels et obtenir du sexe, pour eux, c'est une combinaison puissante. Les Sugar Daddies en particulier tombent dans le panneau assez facilement. Ne soyez pas trop un bébé cependant, c'est rébarbatif.

Utilisez vos mots. Il est vrai que le langage corporel est plus important dans la communication, mais pourquoi ne pas laisser vos mots compter vraiment ? Ne soyez pas trop vulgaire, grossier ou jureur : vous voulez toujours montrer que vous êtes une femme de qualité. Mais vous pouvez être incroyablement suggestive avec vos mots, tout en utilisant certaines des techniques de langage corporel décrites dans la dernière section. Les attouchements et les coups sous la ceinture fonctionnent également très bien. Vous pouvez effleurer "accidentellement" sa poitrine ou son entrejambe, ou le frôler *avec* vos seins ou votre entrejambe. Vous pouvez aussi être plus évidente au sujet de son entrejambe, ce qui lui demande délibérément s'il est assez viril pour venir pour vous. Il l'est. Et si ce n'est pas le cas, vous n'êtes pas intéressée de toute façon, n'est-ce pas ?

S'il vous a trompée ou blessée, culpabilisez-le. Faites-lui savoir à quel point il vous a blessé. Cela ne fonctionnera pas avec un narcissique, qui se moque de vous faire du mal, ou avec un sociopathe, pour qui la cruauté est le but recherché.

En parlant de cruauté, vous devez être prudent avec ce dernier jeu d'esprit. La violence et l'abus émotionnel ne sont pas des choses que vous voulez infliger aux gens. Cela dit, l'agressivité sexuelle, la violence et l'attraction peuvent être incroyablement puissantes lorsqu'elles sont combinées. Le sexe pendant un combat peut être absolument incroyable et l'agressivité plus le sexe, la domination de votre homme, feront appel à toutes les tendances masochistes latentes qu'il pourrait avoir.

Déclencher l'attraction émotionnelle chez les hommes

Dans les chapitres précédents, j'ai mentionné que la séduction est un jeu d'émotions. Bien que les hommes se croient logiques et rationnels, ils peuvent être emportés par les émotions tout comme les femmes. En fait, il faut qu'il mette de côté son cerveau pensant pour qu'il soit séduit. Le cerveau humain aime les schémas et il aime reconnaître les schémas. L'astuce consiste à savoir quels schémas débloquent les émotions chez les hommes, car certains sont différents de ceux qui fonctionnent sur les femmes.

Les gens se sentent bien lorsqu'ils progressent vers un objectif. Souvent, les petits progrès finissent par être plus agréables que l'objectif lui-même ! C'est pourquoi la définition d'objectifs standard suggère d'identifier vos grands objectifs, puis d'en fixer de plus petits afin de pouvoir constater les progrès au fur et à mesure. Chez les hommes, le fait de jouer la carte de la difficulté fait appel à cet instinct de la chasse et des petites réussites vers le but ultime du sexe.

Imaginez une petite fille fuyant un pays déchiré par la guerre - il y a un but à tout cela, je vous le promets - avec son petit sac à dos, sans savoir où elle va. Vous ressentez de l'empathie pour sa détresse, n'est-ce pas ? Vous voulez l'aider. Mais lorsque vous imaginez des millions de personnes fuyant ce pays, sans savoir où elles vont, avec les seuls biens matériels qu'elles peuvent transporter, il est plus difficile de faire preuve d'empathie. Dans la recherche, on appelle cela l'effondrement de la compassion et cela se produit parce que la capacité humaine d'empathie diminue lorsqu'il n'y a pas de moyen significatif d'aider. C'est pourquoi les organisations à but non lucratif mettent souvent en avant un enfant ou une famille spécifique dans leurs appels aux dons[24]. Les hommes sont naturellement moins empathiques que les femmes. Ils veulent rendre leur femme heureuse, mais cet objectif est trop vague et ils ne savent pas vraiment comment s'y prendre. À moins que vous ne leur donniez des moyens particuliers de vous rendre heureuse et de déclencher son empathie, ils dériveront vers un manque d'intérêt pour vous. Les hommes aiment les missions, alors donnez-lui en une. Il ne doit pas nécessairement s'agir de trouver le Saint Graal, mais quelque chose qu'il peut facilement imaginer dans son esprit.

L'instinct naturel des gens est de rendre service aux autres. Nous avons été socialisés pour donner et c'est souvent ce que font les femmes lorsqu'elles essaient d'attirer un homme en particulier. Mais ce n'est pas la bonne façon de développer un véritable lien. Demandez-lui plutôt une faveur. Les recherches montrent que le cerveau humain est plus activé lorsqu'il s'agit de donner un cadeau que lorsqu'il s'agit de le recevoir.[25] Demandez-lui donc de vous donner quelque chose. Il n'est pas nécessaire que ce soit un cadeau, un conseil est préférable. Demandez-lui de vous aider à résoudre un problème que vous rencontrez au travail ou, peut-être, de vous indiquer quels nouveaux pneus vous devriez mettre sur votre voiture !

Les hommes veulent des relations qui correspondent à ce qu'ils sont, de la manière dont ils veulent se voir. Si un homme veut se voir comme un héros, il s'attachera à la femme qui lui permet d'être ce héros. Il a besoin d'apprécier qui il est quand il est avec vous. La plupart des hommes veulent être des héros. C'est ainsi qu'ils ont été socialisés. Créez un lien avec lui en lui racontant une histoire qui révèle certains de vos besoins et qui l'aide à les satisfaire. Maintenant, il se sent bien avec vous parce que vous nourrissez ce besoin qu'il a.

---

[24] https://commitmentconnection.com/the-secret-to-understanding-what-triggers-attraction-in-men/

[25] https://www.huffpost.com/entry/how-to-scientifically-trigger-his-emotional-desire_b_59bab8b4e4b06b71800c3781

En plus de l'aider à être la version de lui-même qu'il a toujours voulue, il existe des moyens d'être émotionnellement attirant pour les hommes.

Soyez patient

Nous tâtonnons tous dans cette vie en ayant perdu le manuel d'instruction ! Les hommes aiment les femmes qui n'exigent pas que tout soit fait de la bonne façon dès la première fois, tout le temps. Ils aiment aussi les femmes qui demandent d'abord ce qu'elles veulent dire avant de s'offusquer parce qu'elles n'ont pas formulé leur message correctement. N'oubliez pas que les femmes ont le dessus sur les aspects linguistiques du cerveau.

Soyez à l'écoute

Contrairement à l'opinion générale, les hommes aiment parler. Mais il peut être difficile pour eux d'avoir des discussions sérieuses. Laissez-les exprimer toute leur pensée avant de tirer des conclusions hâtives.

Avoir confiance en soi

Ne passez pas trop de temps à parler de vos défauts, surtout les défauts physiques. Laissez-le vous voir comme une personne sûre d'elle. Cela lui enlève la charge de satisfaire ce besoin.

Soyez dans le moment présent

Laissez le passé au passé. Personne n'apprécie vraiment d'entendre des souvenirs déterrés à propos de mauvais ex-petits amis... ou même de bons ! Profitez de la relation que vous avez devant vous. Cette tactique l'aide également à se sentir moins en insécurité par rapport à vos relations précédentes.

Concentrez-vous sur les aspects positifs

Qui aime une Debbie Downer ? Pas les hommes, en tout cas. Laissez à leurs idées le temps de mûrir avant de les critiquer ou de leur faire remarquer leurs défauts.

Communiquer honnêtement et ouvertement

S'il y a un problème, faites-le lui savoir pour qu'il puisse le résoudre. Rappelez-vous que les hommes ont moins d'empathie que les femmes, et qu'ils seront donc encore plus mauvais pour lire dans les pensées. Il ne peut pas le faire, alors ne l'y obligez pas. Posez-lui des questions pour vous assurer que vous comprenez ses intentions, au lieu de supposer que vous savez ce qui se passe dans sa tête.

Soyez un gardien du secret

Dans une relation solide, vous vous ouvrez l'un à l'autre et vous révélez des secrets que beaucoup d'autres personnes ne connaissent pas. Gardez les secrets qu'il vous confie comme si vous étiez un coffre-fort. Personne dans votre famille n'a besoin de connaître ses vulnérabilités et ses faiblesses, et ne les lui renvoyez pas en pleine figure lors d'une dispute.

Appréciez l'effort consenti

Aucun d'entre nous n'est parfait. En plus de la patience, les hommes aiment que vous constatiez qu'ils ont fait un réel effort (quand ils en ont fait un, bien sûr). Ils n'ont probablement pas réussi du premier coup, mais ils ont essayé, et ils aiment que vous le reconnaissiez.

Les points sensibles de l'instinct du héros

Vous savez maintenant combien il est important de faire en sorte qu'un homme se sente comme un héros lorsque vous souhaitez avoir une relation avec lui. Si vous êtes vraiment en détresse, cela peut être assez facile. Mais que faire si ce n'est pas le cas ? Heureusement, il existe quelques méthodes à utiliser pour le déclencher sans qu'il y ait de crise dans votre propre vie. Même si vous êtes une femme forte et indépendante, utilisez son instinct de héros pour le rapprocher de vous.

Nous avons déjà parlé de lui demander de l'aide ou des conseils. Même les petites choses du quotidien déclencheront son envie d'être un héros. Vous êtes peut-être déjà un expert en réparation de voitures et de toilettes. Et alors ? Laissez-le lever le petit doigt pour vous aider. Si vous avez du mal à ouvrir un bocal, demandez-lui de le faire. Ce n'est pas grand-chose, mais si vous lui montrez que vous l'appréciez, il se sentira le héros qu'il veut être.

Le laisser être un homme, avec des hobbies masculins et une déco-ration masculine, est également très apprécié. Les hommes aiment le fait que vous soyez féminine, mais ils n'ont pas forcément envie de l'être eux-mêmes. Si son appartement est en désordre, eh bien, on s'en fiche. Vous appréciez simplement de passer du temps avec lui. Si vous n'aimez pas les sports qu'il regarde, ne l'obligez pas à regarder la chaîne Hallmark Mysteries & Movies avec vous à la place.

Tout comme les femmes, les hommes n'aiment pas que les choses soient trop faciles. Ils aiment les défis, ce qui est une autre raison pour laquelle le fait de jouer la carte de la difficulté fonctionne si bien avec eux. Vous pouvez lui trouver d'autres défis et d'autres moyens de gagner votre respect. Ne le donnez pas automatiquement - laissez-le travailler pour l'obtenir. Faites en sorte que votre homme vous gagne en réussissant le défi que vous lui lancez.

Le langage du désir masculin

Les déclencheurs émotionnels sont différents pour les hommes et les femmes, tout comme le langage qui vous excite et vous dérange. Veillez à ce qu'il entende aussi les mots qui lui conviennent. Certains d'entre eux peuvent vous sembler un peu ridicules, mais vous déclenchez son affection pour vous afin que vous puissiez vous lier plus profondément - dans un langage qui fonctionne avec le cerveau masculin. Dites-lui que vous êtes à lui. Cela lui offre la loyauté qu'il recherche. Vous pouvez également lui dire que vous ne voulez que lui, ce qui atténuera son anxiété à l'idée d'aller trop loin. Assurez-lui que vous êtes dans le même bateau, ce qui apaisera ses éventuelles inquiétudes financières.

Comme nous l'avons dit, les hommes sont des créatures visuelles et le fait d'attirer l'attention sur certaines de ses caractéristiques physiques d'une manière qui le rend plus sûr de lui sera très gratifiant. Vous pouvez lui demander s'il grossit, ce qui l'aidera à mettre de côté toutes ses insécurités concernant la taille. (La plupart des hommes ont ce genre d'insécurité, même s'ils ne le montrent pas tout de suite.) Ou l'éternelle question "As-tu fait de la musculation ?". Les femmes vont à la salle de sport, mais les hommes font de la musculation. Vous flattez donc sa masculinité tout en apaisant les problèmes d'apparence physique qu'il peut avoir. Lorsque vous voulez déclencher votre instinct de héros, faites-lui savoir qu'il vous fait vous sentir en sécurité.

Appréciez les choses qu'il fait pour vous tout en montrant votre vulnérabilité. "Quand je t'ai rencontré, je n'étais pas sûr de te mériter, mais tu sais toujours ce qu'il faut dire quand je me sens déprimé." Faites-lui savoir qu'il vous excite même en faisant des choses plus banales, comme un câlin. Cela lui donne l'idée qu'au fond, vous pensez et fantasmez toujours sur lui.

Et n'oubliez pas de lui dire que vous l'aimez !

Résumé du chapitre

- Le cerveau des hommes est plus orienté visuellement et baigne dans la testostérone, ils ont donc des déclencheurs différents, notamment le frisson de la poursuite et le plaisir visuel de la lingerie.
- Le langage corporel et les indices non verbaux fonctionnent très bien sur les hommes orientés visuellement pour attirer l'attention sur vous et renforcer l'attraction.
- Des jeux d'esprit et des déclencheurs émotionnels différents, ainsi qu'un langage différent, permettront d'attacher les hommes à vous aussi longtemps que vous le souhaitez.
- C'est particulièrement vrai lorsque vous déclenchez son instinct de héros et que vous lui permettez d'être votre héros, même par de petits moyens.

Dans le chapitre suivant, vous apprendrez à utiliser les techniques de séduction en dehors d'une relation romantique ou sexuelle.

CHAPITRE NEUF

La séduction appliquée

Jusqu'à présent, la plupart de nos discussions ont porté sur la séduction romantique ou sexuelle. Mais séduire les autres au travail, ou même dans votre vie quotidienne, peut vous apporter de grandes récompenses. Évidemment, vous allez aborder votre supérieur ou d'autres collègues d'une manière complètement différente ! Mais vous pouvez utiliser certaines des mêmes techniques d'une manière différente, avec le même objectif final : obtenir ce que vous voulez des autres.

Séduire pour booster sa carrière (de manière non sexuelle)

Laissez ce que vous avez appris sur la séduction romantique débloquer le potentiel pour plus d'opportunités de carrière.

Utilisez une approche créative pour passer les barrières.

Vous savez que vous pourriez décrocher le marché - ou le poste - si vous pouviez rencontrer les bonnes personnes. Mais ils sont généralement très occupés et ils ont embauché des personnes pour éviter d'être dérangés par chaque vendeur ou chaque candidat à un emploi. Il peut s'agir du réceptionniste, de l'assistant personnel ou même des RH. Ils ont entendu les mêmes phrases d'introduction un million de fois et ils en sont fatigués. Ils vous descendront avant même que vous ayez une chance.

Si vous les frappez avec quelque chose qu'ils n'attendaient pas, vous pouvez leur échapper avant même qu'ils ne se rendent compte de ce qui leur arrive. Même une histoire intéressante ou créative peut fonctionner.

Sur LinkedIn, une plateforme sociale principalement destinée aux entreprises, j'ai vu un message qui racontait comment un candidat à l'emploi était entré dans un bureau en se faisant passer pour un livreur et avait livré une boîte de beignets avec son CV. Ils ont réussi à passer les barrières !

Ne soyez pas ennuyeux

L'amour du cerveau humain pour la nouveauté ne concerne pas seulement les partenaires sexuels. Notre cerveau aime tout ce qui est nouveau. De même que vous ne pouvez pas ennuyer à mort un amant potentiel parce qu'il s'en ira, vous ne pouvez pas non plus ennuyer à mort un partenaire commercial potentiel. Parlez de quelque chose de différent. Faites quelque chose de différent au cours de l'entretien pour les inciter à s'engager avec vous. Soyez amusant et intéressant, tout comme vous le feriez avec une nouvelle cible de séduction.

Montrez la preuve sociale

Tout comme je vous ai recommandé d'aller en boîte avec des tonnes de personnes séduisantes pour montrer votre magnétisme, les entreprises aiment voir que vous avez travaillé avec d'autres entreprises connues. Si vous avez réussi là, vous pouvez réussir partout : le test de Sinatra.[26] Pour les freelances et les consultants, la preuve sociale prend souvent la forme de témoignages ou d'études de cas.

Vous êtes le prix, alors faites preuve d'arrogance.

Les gens aiment voir de la confiance et cela ne change pas parce que vous êtes dans la salle de réunion plutôt que dans la chambre à coucher. Être dans le besoin et désespéré rebute les membres des deux sexes, que vous essayiez de vendre un produit ou vous-même en tant que nouvelle

---

[26] https://www.news.com.au/finance/work/seduction-tactics-to-boost-your-career/news-story/6fce129b118a03dfde4b68c4169ababf

recrue de l'entreprise. Lorsque vous passez un entretien, adoptez l'attitude selon laquelle vous passez également un entretien avec le candidat pour vous assurer qu'il vous convient. Agissez comme si vous aviez tellement d'entreprises qui vous courent après, que vous pouvez choisir avec qui vous travaillez.

Tout comme pour la recherche d'un nouveau partenaire romantique, le fait d'être poursuivi par de nombreuses autres personnes peut être vrai ou non. Mais c'est une bonne pratique d'agir comme si c'était le cas. Faites preuve d'audace. Ne leur dites pas seulement ce qu'ils veulent entendre et n'en faites pas trop. C'est très désagréable !

Ne tombez pas dans le piège de leurs tests

De même, les prospects, les clients et les interlocuteurs peuvent vous pousser à aller jusqu'où ils peuvent aller. Ils peuvent vous faire miroiter des prix ou des honoraires plus bas. Si ce qu'ils proposent ne vous convient pas, faites en sorte qu'ils le sachent. Ne soyez pas si désespéré que vous soyez prêt à subir une perte pour travailler avec eux.

Soyez attrayant pour qu'ils viennent à vous

Vous êtes cool, calme et posé, vous les attirez plutôt que de les chasser. Cela vous semble familier ? Vous ne voulez pas non plus baisser votre prix (voir ci-dessus) car le coût n'est pas ce qui pousse les gens à acheter. Si vous baissez votre prix, vous n'êtes pas plus attrayant, vous êtes simplement moins rentable.

"Soyez la flamme, pas le papillon de nuit." - Casanova

Ne courez pas après vos clients ou vos ventes. Soyez si attrayant que vous êtes la flamme et que les clients (ou les responsables du recrutement) viennent à vous à la place.

Continuez à flirter après avoir conclu l'affaire

Continuez à entretenir vos clients même après qu'ils ont effectué leur achat. Cela vous aidera à augmenter les ventes de suivi, ainsi que les recommandations. Entretenez la relation et vous serez une star de la vente au lieu de devoir courir après la vente. Mais attention : agir de manière distante n'attirera pas vos clients comme on attire un partenaire romantique !

La séduction dans les affaires, le marketing et les ventes

Donnez à vos cibles (professionnelles) suffisamment d'informations sur vous et/ou votre entreprise ou votre produit pour les séduire. Éveillez leur curiosité et leur curiosité ludique, comme vous le feriez pour une cible romantique. Utilisez le charme social dont vous disposez. Par exemple, certaines personnes sont spirituelles, d'autres sont mignonnes. Certaines jouent sur leur intelligence. Quel que soit ce qui vous vient naturellement, utilisez-le.

Les gens n'aiment pas qu'on leur vende, alors l'astuce consiste à les vendre sans les vendre ! Cela semble difficile, mais les tactiques de séduction vous y aident. Vous pouvez créer des événements qui ne ressemblent pas à des tactiques de marketing, même si, bien sûr, ils en sont. Même si les hommes sont plus orientés vers le visuel que les femmes, presque tous les humains sont visuels. Assurez-vous que votre marketing contient suffisamment d'images pour faire passer votre message. J'ai évoqué dans les chapitres précédents le fait que la séduction consiste à combler un besoin, ou un manque, chez quelqu'un. Cela fonctionne exactement de la même manière dans la vente. Vous développez une connexion avec vos prospects et clients afin de comprendre leurs besoins.

La plupart des clients n'ont pas vraiment besoin du gadget ou du service que vous vendez. Ce dont ils ont besoin, c'est d'une validation de la part de leur supérieur. D'un moyen de faire leur travail plus rapidement, non pas pour le plaisir du travail, mais pour pouvoir rentrer chez eux plus tôt et passer du temps avec leur famille. Ils cherchent un moyen d'économiser de l'argent afin de pouvoir allouer plus de budget à d'autres projets, ou de faire bonne figure devant leurs supérieurs.

Une autre façon de voir les choses est que les clients aiment avoir quelque chose à quoi aspirer. Votre produit les aide à devenir une meilleure version d'eux-mêmes. Il vous suffit de déterminer quelle version ils recherchent et de la cibler. Si vous êtes écrivain, vos clients potentiels n'ont pas tellement besoin de vos mots. Ils ont besoin que quelqu'un d'autre s'occupe de quelque chose qui les déconcerte ou leur libère du temps pour travailler sur leur entreprise. Vous vendez des aspirateurs ? Votre prospect n'a pas besoin d'un aspirateur robot d'une capacité de 3 litres. Il a besoin de trouver plus de temps à consacrer à sa famille. Au fur et à mesure que vous développez votre relation, vous découvrez ces besoins, puis vous vous positionnez comme la personne parfaite avec le produit ou le service parfait pour répondre à ce besoin. Les gens n'achètent pas en fonction de la logique et de la raison. Ils achètent en fonction de leurs émotions, ce qui est également la base de la séduction.

Établissez des liens émotionnels avec vos cibles. Vous pouvez leur poser des questions qui les orientent vers vous et votre produit, à condition de les poser au bon moment. Vous pouvez également préparer l'environnement avec de la musique, des senteurs et un attrait visuel afin de les influencer.

N'oubliez pas qu'il faut du temps pour construire ces relations. Lorsque vous allez en boîte de nuit, la plupart du temps, vous ne pouvez pas passer directement de l'approche d'un amant potentiel à l'acte sexuel avec lui en un court laps de temps. Vous devez laisser l'attraction et le confort se développer avant de commencer à conclure l'affaire. De même, si vous passez directement de la présentation à la vente agressive, votre prospect sera rebuté. Prenez le temps de créer un lien avec lui au lieu de l'effrayer. Parfois, ça ne marchera tout simplement pas. La vente n'aura pas lieu. Tant que vous vous détachez des résultats, tout ira bien. Vous êtes libéré pour aller attirer le prochain prospect. Si vous êtes trop attaché au résultat, chaque rejet vous écrase.

Lorsque vous vendez en séduisant, vous faites moins de travail. Vous n'êtes pas à la recherche d'autant de prospects, mais vous travaillez avec des prospects bien qualifiés qui veulent faire des affaires avec vous. Séduire vos prospects peut être plus amusant car il s'agit d'une question d'habileté plutôt que de chiffres bruts. Le contenu numérique est l'appât que vous lancez. Une fois que vous l'avez créé, vous pouvez le lancer dans de nombreux bassins différents pour voir quels sont ceux qui s'y intéressent le plus souvent, sans que vous ayez à fournir beaucoup plus de travail. Laissez les prospects se qualifier eux-mêmes et venir à vous. Vous pouvez les aider à se qualifier en leur donnant l'impression qu'ils sont membres d'un club d'élite. Votre produit n'est pas destiné à tout le monde. En fait, il est peut-être trop puissant pour certains !

Fermez le téléphone quand vous êtes avec vos prospects auto-qualifiés. Ou n'importe quel prospect, d'ailleurs. Regarder quelqu'un se laisser distraire par son téléphone est aussi une cause de perte d'appétit pour les affaires. Écoutez ce qu'ils ont à dire. Tout le monde aime qu'on lui accorde toute son attention ! Faites en sorte qu'il s'agisse d'eux, pas de vous (ou de votre quota). Profitez du voyage. Si vous utilisez correctement les méthodes de séduction, vous constaterez probablement que la séduction est meilleure que la conclusion ! Cela fonctionne mieux si vous croyez sincèrement au produit ou au service que vous vendez. Si ce n'est pas le cas, il est très difficile de se mettre dans la tête que vous faites une faveur à vos prospects et clients en leur donnant la possibilité d'acheter. La visualisation de votre réussite fait partie intégrante de votre état d'esprit.

Imaginez-vous en train de surmonter les objections, sans donner l'impression d'être désespéré. Imaginez-vous en train de discuter et d'obtenir les informations dont vous avez besoin pour résoudre leur problème. L'esprit ne peut pas faire la différence entre une scène réelle et une scène imaginaire, alors offrez-lui des scènes réussies. Assurez-vous que votre visualisation inclut également les émotions et les autres sens, afin de vivre une expérience complète. Vous pouvez également visualiser ce qu'est la vie de vos prospects, en vous mettant à leur place et en voyant le monde de leur point de vue plutôt que du vôtre. Lorsque vous vendez, offrez à vos clients une riche fantaisie sur ce à quoi ressemble leur vie lorsque vous aurez résolu leur problème. Déplacez leur attention sur vous à l'aide de titres accrocheurs ou d'un effet dramatique. Embrouillez-les et faites preuve de beaucoup d'humour, tant que vous n'êtes pas ridicule.

Vos clients et prospects doivent avoir le bon état d'esprit et être prêts à acheter lorsque vous commencez réellement à vendre. Vous pouvez faciliter ce processus en les entraînant dans un voyage mental, généralement à l'aide d'une histoire, qui leur fait penser qu'ils ont besoin de ce que vous vendez.

Vous êtes responsable et vous le montrez par votre assurance, sans être une brute ou donner des ordres aux autres. Comme indiqué précédemment, les gens aiment être dirigés. Soyez le leader qui leur fait croire que c'est leur idée d'acheter, et non la vôtre ! Vous pouvez également utiliser le "phénomène du gourou" pour augmenter les ventes. Parfois, un produit ne décolle pas tant qu'un gourou, un influenceur ou un expert ne l'a pas approuvé. Si vous n'avez pas de gourou sous la main, vous pouvez simplement citer une figure d'autorité dans le domaine. Laissez l'imagination du prospect s'envoler à partir de là. Vous voulez améliorer encore plus cette idée ? Vous aussi, vous pouvez devenir un gourou, ou un expert en la matière. Positionnez vous comme ayant l'avantage sur tout ce que vos clients recherchent. Aidez-les à modifier leur perception de vous. Vous pouvez ajouter des astuces et des conseils à votre texte de vente.

Quand vous négociez, vous voulez paraître un peu mystérieux. Comme si vous aviez une carte que vous n'avez pas jouée... parce que vous n'en avez pas besoin. Vous ne cherchez pas désespérément à obtenir un bon résultat, car vous êtes trop confiant pour cela. Votre partenaire de négociation doit venir vous voir et vous faire comprendre à quel point sa solution est bonne pour vous. Encore une fois, cela devrait vous sembler assez familier à présent !

Pour être clair, vous n'essayez pas d'utiliser ou de manipuler l'autre partie. Vous êtes simplement confiant et puissant, ce qui vous rend séduisant en affaires. Ne vous rendez pas trop disponible, et ne vous précipitez pas pour que vos prospects sachent tout de vous. Maintenir un petit air d'exclusivité est attrayant. Vous voulez présenter quelqu'un dans les médias ? Vous cherchez peut-être à attirer l'attention sur votre produit ou service. Voici un autre bon endroit pour pratiquer vos techniques de séduction. Les journalistes sont aussi des personnes ! Soignez votre introduction et ne la rendez pas trop longue. Soyez suffisamment concis pour que votre message soit clair. Vous enverriez un courriel de masse à toutes les personnes que vous connaissez lorsque vous cherchez un rendez-vous ? Cela ne marcherait jamais, et cela ne marche pas non plus avec les contacts médiatiques. Envoyez des messages personnalisés, adaptés à votre cible. Assurez-vous que vous visez la bonne cible. Si votre message concerne des produits de consommation, ne l'envoyez pas au journaliste qui couvre l'actualité étrangère.

Assurez le suivi, mais pas de manière effrayante. Il arrive que les courriels soient enterrés ou que les journalistes eux-mêmes soient ensevelis sous des montagnes de travail. Si vous n'avez pas de réponse, réessayez. Mais ne restez pas non plus devant leur porte (en ligne) avec votre doigt sur la sonnette.

Une fois que votre cible a succombé... continuez à flirter ! Entretenez la relation, comme vous le faites avec d'autres contacts professionnels.

Tout cela peut être décomposé en trois grandes catégories. Lorsque vous utilisez la vente et le marketing séduisants, vous :

1. Les séduire

Votre créativité, votre humour et votre assurance sont tous conçus pour que les prospects et les clients viennent à vous. Qu'ils vous courent après, vous et votre produit. Qu'ils sentent qu'il a été conçu pour eux et pour leurs besoins.

2. Enrichissez-les

Créez un lien durable avec eux en vous connectant, en les écoutant et en découvrant leurs besoins.

3. Permettez-leur

Laissez-les imaginer la vie confortable et moins coûteuse qu'ils mèneront avec vous pour les guider ! En leur dépeignant un avenir riche en fantaisie, vous les séduisez en leur faisant croire que vous êtes la solution.

La séduction au quotidien

En étant capable de charmer les gens, vous pouvez les inciter à vous donner ce que vous voulez. Pour autant qu'ils soient en mesure de le faire ! Il existe de nombreux domaines, en dehors des affaires et du lit, où un peu de séduction peut être très utile.

Désir

Tout d'abord, vous devez être clair sur ce que vous voulez. Si vous ne le savez pas, vous ne pouvez pas déterminer les étapes pour y parvenir, et encore moins inciter quelqu'un à vous donner quelque chose ! La personne doit comprendre ce que vous demandez pour pouvoir vous le fournir. Supposons que vous alliez au club, mais que vous ne sachiez pas exactement pourquoi vous y êtes. Est-ce pour vous amuser avec vos amis ? Trouver un homme avec qui faire l'amour ? Trouver une femme avec qui entamer une relation ? En fonction de votre objectif pour la soirée, vous agirez de manière très différente. On n'aborde pas ses amis de la même manière qu'on s'ouvre à un amant potentiel.

Une fois que vous aurez déterminé ce que vous voulez, vous saurez quel langage utiliser et ce que vous devez demander ou permettre aux gens de vous donner. Vous vous présenterez dans une situation en sachant ce que vous devez faire pour obtenir ce que vous désirez.

Confiance en soi

Vous savez maintenant que la séduction a beaucoup à voir avec le fait de diriger d'autres personnes. Vous n'avez pas toujours envie de montrer clairement que c'est vous qui commandez, car certaines personnes ont besoin de croire que c'est elles qui commandent. Cela ne vous dérange pas... car vous savez qu'ils ont tort ! Cependant, pour être dirigés, les gens doivent croire en leur leader. S'ils ne le font pas, ils refuseront tout simplement de suivre. Cela signifie que vous devez agir et parler comme le leader que vous êtes. C'est beaucoup plus facile lorsque vous rayonnez d'assurance. C'est une invitation pour les personnes qui veulent vous suivre, car cela leur indique que vous êtes quelqu'un qui sait ce qu'il fait ! Cela est particulièrement vrai pour les hommes, qui ont besoin de hiérarchies sociales claires pour se sentir à l'aise.

Communication non verbale

Le corps raconte la plupart des choses, alors assurez-vous de savoir comment l'utiliser. Même lorsque vous ne vous sentez pas particulièrement sûr de vous, vous pouvez prendre des poses confiantes. Lorsqu'il s'agit de confiance en soi, le "fake it 'til you make it" fonctionne réellement. Tenez-vous droit avec les épaules en arrière, c'est une pose confiante, tout comme se tenir debout avec les jambes écartées, prenant l'espace que vous méritez. Tenez votre tête haute et établissez un contact visuel direct. Ce sont les personnes qui n'ont pas confiance en elles qui regardent leurs pieds, la porte, n'importe où sauf le visage de leur interlocuteur.

Vous pouvez également exprimer ce que vous voulez et ne voulez pas sans utiliser de mots. En utilisant vos bras croisés devant vous comme bouclier, en vous penchant loin de quelqu'un qui est dans votre espace, et d'autres poses similaires, vous faites savoir aux gens qu'ils ne sont pas les bienvenus. De la même manière, établir un contact visuel, sourire et ranger son téléphone sont autant de signes d'intentions positives envers votre cible.

Excitation

Pour faire ce que vous voulez, votre cible doit ressentir une attraction émotionnelle vers vous, suffisamment forte pour dépasser toute forme d'inertie. Une fois que vous aurez découvert leur besoin et que vous les aurez attirés, ils voudront faire ce que vous souhaitez. La séduction est un moyen de comprendre ce que l'autre personne veut. Ce n'est qu'une fois que vous avez satisfait son besoin émotionnel, quel qu'il soit, que vous pouvez l'inciter à faire ce que vous voulez qu'il fasse.

Résumé du chapitre

- La séduction n'est pas seulement pour le sexe.
- Les mêmes méthodes de séduction enseignées précédemment peuvent vous aider à booster votre carrière sans sexe.
- Les affaires, le marketing et les ventes sont tous plus efficaces lorsque vous utilisez des techniques de séduction, telles que la découverte de leurs besoins émotionnels et leur satisfaction.
- Dans la vie quotidienne, il arrive souvent que la séduction des autres vous permette d'obtenir ce que vous voulez.

Dans le chapitre suivant, vous apprendrez à utiliser la séduction pour trouver votre chemin dans la vie.

CHAPITRE DIX :

Utiliser les principes de la séduction pour naviguer dans la vie

Vous avez maintenant une bonne compréhension de la séduction et savez comment l'utiliser pour trouver des partenaires commerciaux et romantiques. Mais vous pouvez également l'utiliser pour vous forger un chemin dans la vie. Vous n'avez pas besoin d'être manipulateur ou trompeur, mais vous pouvez être séducteur. Vous pouvez considérer la séduction comme une forme de communication, de leadership ou de mise à profit de votre connaissance de la nature humaine.

L'art perdu de la séduction

Une autre façon de voir la séduction est qu'elle est basée sur la surprise. La nouveauté dont notre cerveau a besoin est satisfaite par une personne qui ne cesse de nous surprendre. C'est ainsi que l'on accroche un partenaire romantique pour la vie : on le surprend continuellement. C'est lorsque les gens s'ennuient ou ont l'impression d'être dans une ornière que l'idée de tricher risque de faire son chemin. Mais si votre partenaire ne sait pas ce qui va se passer ensuite ? Il restera dans les parages juste pour le savoir !

Vous ne pouvez pas utiliser l'élément de surprise tout le temps, mais assez souvent pour pimenter les choses. Cela fonctionne aussi très bien lorsque vous commencez à attirer votre cible. Elle appréciera le fait que vous soyez spontané et imprévisible. L'ennui n'est pas attirant, ni séduisant, ni séduisant. Plus vous pouvez pimenter les choses et les changer, plus elle pensera à vous. C'est aussi l'habitude d'entrer dans la tête de quelqu'un. Nous avons perdu cette capacité, car nous passons de plus en

plus de temps devant des écrans et acceptons passivement le divertissement fourni par l'algorithme d'une entreprise. Pour séduire quelqu'un,
vous devez l'observer attentivement. Remarquez les détails qui la trahis-
sent. Trouvez le point faible sous l'apparence de votre cible.

Que vous soyez à la recherche d'un client ou d'un amant, vous obtiendrez les meilleurs résultats lorsque vous serez en mesure de découvrir
leurs besoins émotionnels. N'oubliez pas que la séduction est une affaire
d'émotion et que cela ne change pas, que vous vendiez un aspirateur ou
que vous soyez vous-même un partenaire sexuel. Quels sont les besoins
non satisfaits de votre cible ? Vous devrez prêter attention à ce qu'elle dit
(et ne dit pas) et lui poser des questions. Voyez comment ils réagissent à
différentes histoires. Votre téléphone ne vous le dira pas, pas plus que
votre jeu vidéo, votre flux de médias sociaux ou l'écran de votre ordinateur portable. La seule personne qui peut vous renseigner sur votre cible
est votre cible elle-même. Il se peut qu'elle vous le dise d'emblée, ou que
vous deviez l'inciter à vous le dire.

Le pouvoir de séduction

Dans une société civilisée, nous n'avons pas l'habitude de démontrer
(ou de prendre) le pouvoir par la force physique. Nous devons le faire
indirectement, ce qui implique souvent la tromperie. Les gens sont assez
crédules lorsqu'il s'agit d'apparences. C'est pourquoi agir comme si vous
étiez confiant fonctionne si bien. Vous avez l'air d'être confiant et les
gens le croient.

Maîtrise

Pour maîtriser quelque chose, il y a deux exigences majeures. La
première est que vous pratiquiez la chose de manière constante au fil du
temps. Vous travaillez toujours dessus et essayez toujours de vous améliorer. La deuxième condition est que vous l'aimiez ! Il n'y a aucune
chance que vous puissiez y consacrer des heures si vous ne l'aimez pas.
Il y a beaucoup de répétitions, surtout pour les notions de base lorsque

vous débutez. Vous devez apprendre toutes les règles et tous les processus. En général, vous commencez au bas de l'échelle et vous progressez au fur et à mesure. Rien de tout cela n'est viable ou même supportable si vous n'aimez pas ça. Vous avez peut-être déjà une idée assez précise de ce que vous aimez. Mais que faire si ce n'est pas le cas ? Dans ce cas, vous devez essayer beaucoup de choses pour trouver quelque chose. Ne vous découragez pas si cela ne se produit pas tout de suite. Vous devrez peut-être élargir vos paramètres de recherche si vous continuez à essayer des choses sans résultat.

Une fois que vous l'aurez trouvé, vous devrez vous assurer d'apprendre et d'acquérir les compétences qui vont avec. Il y a des siècles, en Europe (et encore aujourd'hui dans certains pays européens), vous faisiez votre apprentissage auprès d'un maître existant et celui-ci vous enseignait les ficelles du métier. De nos jours, l'apprentissage peut prendre la forme d'un emploi. Lorsque vous essayez de maîtriser quelque chose, vous n'avez pas forcément envie d'accepter le poste le mieux rémunéré. Les apprentissages sont généralement assez subalternes, du moins au début. Vous voulez trouver l'emploi qui vous permettra d'apprendre le plus. À l'époque, ils n'avaient pas non plus les distractions d'Internet, comme c'est le cas aujourd'hui. Vous ne maîtriserez jamais rien si vous passez votre temps sur l'internet. Tout comme vous devez poser votre téléphone pour vous concentrer sur votre cible en séduction, posez-le lorsque vous essayez de maîtriser une compétence. Vous devez la pratiquer vous-même, et non pas regarder des vidéos interminables à ce sujet ou vous perdre dans des sujets tangentiels.

Apprendre la maîtrise, c'est aussi apprendre à éviter ou à faire abstraction des distractions. Une fois que vous avez acquis les bases ou terminé votre apprentissage, vous devez tester et expérimenter. Quelles techniques fonctionnent pour vous et lesquelles ne fonctionnent pas ? Pouvez-vous apporter une autre expérience de vie pour éclairer le problème ? En d'autres termes, vous devez vous remettre en question pour rester maître de la situation. Si vous vous permettez d'arrêter d'apprendre et de stagner, vous perdrez pied. Apprenez les règles pour pouvoir les enfreindre et découvrez celles qui doivent le rester.

Avantages d'apprendre à séduire

Un avantage majeur d'apprendre à séduire est que ceux qui le font peuvent aussi apprendre à se détacher du résultat. Le jeu ne fonctionne pas à tous les coups. Plus important encore, si vous êtes tellement attaché aux résultats, vous passerez souvent pour quelqu'un de désespéré et de nécessiteux. Mais lorsque vous parvenez à vous détacher du résultat et à vous concentrer sur le processus, vous serez calme et frais sans même avoir à y penser. Si vous n'obtenez pas le résultat escompté, vous rées- sayerez simplement à un autre moment. Vous avez appris à gérer le rejet. Certaines personnes ne l'obtiennent jamais et sont écrasées à chaque fois ! Mais vous savez que cela arrive et vous savez que vous pouvez rebon- dir. Vous ne passez pas beaucoup de temps à l'anticiper parce que vous savez que vous serez rejeté un jour ou l'autre. Ce n'est pas grave. Il suffit de passer à la cible suivante et de ne pas le prendre personnellement. Quand vous savez que cela fait partie du jeu, c'est plus facile à gérer.

La plupart des gens qui ont maîtrisé la séduction finissent aussi par avoir moins de regrets, car au moins ils ont essayé ! Ils ne se soumettent pas à de nombreux "si seulement" et "j'aurais aimé aborder cette per- sonne" parce qu'ils ont tenté leur chance.

"Vous ratez 100% des tirs que vous ne prenez pas." - Wayne Gretzky

Des recherches récentes ont montré que lorsque les gens sont sur leur lit de mort, ils n'ont pas tendance à regretter ce qu'ils ont réellement fait. Ils regrettent plutôt ce qu'ils n'ont pas fait, comme passer plus de temps avec d'autres personnes. Si vous passez régulièrement du temps à parler à d'autres personnes, vous ne le regretterez pas plus tard. Auras-tu des mauvais jours ? Oui. Y aura-t-il des jours pleins de rejet ? Oui. Mais cela ne signifie pas que, dans l'ensemble, vous ferez moins bien que si vous n'aviez jamais été sur le terrain. Vous avez appris l'importance d'un état d'esprit positif. Lorsque les pensées négatives surgissent, il suffit de s'en débarrasser. Sinon, vous passerez trop de temps dans votre tête au lieu d'aller sur le terrain pour approcher et ouvrir.

Lorsque vous rencontrez une personne que vous voulez séduire, ou même simplement faire en sorte qu'elle se sente importante pour une raison quelconque, vous savez comment écouter activement. À ce stade, vous observez les détails et essayez de comprendre ce qui se passe dans la tête de votre interlocuteur. Vous n'écoutez pas seulement pour savoir quand la personne va s'arrêter de parler pour pouvoir intervenir et donner votre avis ! Engager une conversation peut vous rapporter des dividendes inattendus. Il y a des jours où vous n'avez tout simplement pas envie de sortir. Peut-être qu'un rejet vous a vraiment blessé, ou que vous êtes fatigué, etc. Vous savez aussi que vous devez sortir et vous entraîner régulièrement, alors vous vous assurez de sortir, même si vous ne le sentez pas. Se montrer est la moitié de la bataille ! Vous vous êtes maintenant entraîné à sortir, que vous en ayez envie ou non. Vous pouvez dire que vous êtes discipliné et constant grâce à cette pratique. Plutôt que de vous apitoyer sur vous-même, vous vous levez et vous y allez. Il est difficile de rester déprimé et déprimé quand on est en train de s'amuser !

Obtenez ce que vous voulez dans la vie grâce à ces principes clés de la séduction.

Vous ne vous qualifiez peut-être pas d'artiste de la drague, mais vous avez déjà acquis de sérieuses techniques de séduction. Mais la séduction n'est pas un hobby. Il ne s'agit pas seulement d'apprendre à coucher avec quelqu'un avec qui vous voulez vraiment coucher ou à obtenir le travail que vous voulez. C'est une compétence de vie fondamentale que vous devez avoir dans votre boîte à outils. La séduction vous aide à trouver le bonheur parce que vous êtes capable de sortir dans le monde et de choisir votre partenaire romantique, vos amis et d'autres personnes à fréquenter qui vous soutiennent. Choisir les personnes avec lesquelles vous passez du temps signifie que vous ne vous contentez pas de n'importe quelle personne qui se trouve dans votre entourage, mais que vous choisissez quelqu'un qui est vraiment compatible avec vous. Ne laissez pas vos doutes et vos croyances limitatives vous empêcher d'obtenir ce que vous voulez ou de mettre ces principes et techniques en pratique dans votre vie quotidienne. Les techniques de séduction sociale s'apprennent, tout comme les autres compétences. Et tout comme les autres compétences, plus vous vous entraînez, plus vous vous améliorez !

La clé pour se frayer un chemin dans le monde est que vous avez beaucoup plus de chances d'obtenir ce que vous voulez lorsque les gens vous apprécient. Il est crucial d'être sympathique, sinon la vie vous sera très difficile. Heureusement, vous pouvez utiliser les principes de la séduction pour amener les gens à vous apprécier, même si vous ne souhaitez pas nécessairement les attirer dans votre lit ou leur vendre quelque chose. Le simple fait d'aller au restaurant peut être plus agréable lorsque le personnel de salle vous apprécie ! Il s'agit toujours de trouver ce besoin non satisfait chez l'autre personne et de le combler d'une manière qu'elle n'a jamais connue auparavant. Êtes-vous malheureux parce que vous avez l'impression que le monde ne vous donne pas ce que vous voulez ? Peut-être une augmentation de salaire, un rendez-vous, de l'amour, de la compagnie ? Il s'avère que vous devez donner au monde avant qu'il ne vous donne.

"La vie est une séduction." - Raj Persaud

Au lieu de vous concentrer sur vos propres besoins non satisfaits, renseignez-vous sur ceux de l'autre personne, notamment sur ses principales frustrations. Utilisez le small talk de manière spécifique pour découvrir ce qui motive l'autre personne et ce dont elle a besoin. Une fois que vous avez donné au monde en répondant aux besoins d'une personne, vous constaterez que le monde commence à vous rendre la pareille - le partenaire que vous voulez, les amis que vous voulez. Il est également important de se rappeler qu'il n'y a pas qu'une seule façon d'être séduisant. Quelles que soient vos forces naturelles - esprit, humour, intelligence - utilisez-les pour charmer les autres et obtenir ce que vous voulez. Il ne s'agit pas nécessairement d'être magnifique. Vous pouvez l'être, bien sûr, mais vous n'êtes pas obligé de l'être pour séduire les autres. Avez-vous déjà vu une personne qui semble avoir des admirateurs à ses pieds partout où elle va, alors qu'elle n'est même pas belle ? Ces personnes ont appris les techniques de séduction et n'ont donc pas besoin d'être belles. Une expérience intéressante a montré comment la séduction fonctionne. Des groupes d'étudiants ont été envoyés en rendez-vous. Un groupe devait être d'accord avec tout ce que disait son partenaire. Un autre groupe devait être en désaccord avec tout ce qu'il disait. Le troisième groupe devait être en désaccord avec tout ce qu'il disait pendant la première moitié du rendez-vous, puis en accord avec tout ce qu'il disait pendant la seconde moitié. Après le rendez-vous, les participants ont évalué le degré de séduction des étudiants.

Comme on pouvait s'y attendre, le premier groupe était modérément attrayant et le deuxième groupe était considéré comme hideux ! Mais le troisième groupe a été jugé le plus séduisant de tous. Ayant lu les parties précédentes de ce livre, cela ne vous surprendra peut-être pas du tout. Les cavaliers pensaient que les élèves du troisième groupe avaient besoin d'un peu de temps pour s'habituer à eux et qu'ils les avaient habitués. En d'autres termes, qu'ils avaient séduit les élèves. Casanova aurait trouvé dans un bar une actrice séduisante qui zozotait et ne pouvait pas prononcer ses R correctement. Lui a-t-il proposé de l'envoyer à des cours d'élocution ? Lui a-t-il dit d'aller voir quelqu'un qu'il connaissait et qui avait de l'expérience avec ce problème et pouvait travailler avec elle ? Non. Il est rentré chez lui et a écrit une pièce de théâtre qui ne contenait pas de R. Une fois terminée, il est retourné au bar et la lui a présentée. Séduction totale ! C'était probablement la première fois que quelqu'un écrivait une pièce pour elle, et encore moins une pièce adaptée au problème qu'elle avait. Il ne lui a pas dit qu'elle avait besoin d'être réparée ou qu'il était intéressé par elle. Elle devait d'abord régler son problème. Donc, il a écrit la pièce.

Combien de fois indiquons-nous par inadvertance que l'autre personne a besoin d'être réparée ? Nous penserions probablement aider l'actrice si nous lui proposions des leçons d'élocution. Mais la pièce était sexy. Son message : "Ne change rien ! Tu es parfaite telle que tu es !" est incroyablement sexy. Et, bien sûr, elle a été séduite par ce message. Elle n'avait pas vraiment besoin de leçons d'élocution. Elle avait besoin d'une pièce qui ne mettrait pas en scène son défaut d'élocution. C'est ce besoin que Casanova a satisfait, comme personne ne l'avait jamais fait auparavant.

On peut considérer que les relations comportent trois phases : l'attraction, l'intérêt et l'entretien. Dans une relation à long terme, vous continuerez ce cycle plusieurs fois, sinon l'intérêt peut tomber d'une falaise ou les gens se lassent. Cela est vrai pour les relations romantiques ou sexuelles. Mais c'est également vrai pour de nombreuses autres relations que vous entretenez dans votre vie : avec vos clients, avec vos amis, et bien d'autres encore. Prenez ces principes et techniques psychologiques et utilisez-les pour améliorer votre vie. Est-ce un jeu ? Peut-être. Mais les autres y jouent certainement, et vous aurez du mal à refuser. Donnez avant de vous attendre à recevoir - c'est ainsi que cela fonctionne le mieux pour vous permettre d'atteindre vos objectifs et d'obtenir ce que vous voulez dans la vie.

Résumé du chapitre

- La séduction est presque un art perdu parce que trop peu de gens font attention à l'être humain qui se trouve en face d'eux, étant distraits par leurs propres besoins et leurs gadgets électroniques.
- Vous devez être capable de séduire les gens pour obtenir ce que vous voulez, y compris le pouvoir.
- La maîtrise de la séduction exige du temps et une pratique persistante. Cette pratique présente également des avantages secondaires.
- La séduction est une compétence de vie que vous devez apprendre pour survivre, pas seulement un passe-temps ou un moyen d'avoir plus de sexe.

CONCLUSION

La séduction est à la fois un art et une science. Elle s'appuie sur les connaissances fondamentales que nous avons sur le fonctionnement du cerveau humain, y compris les différences entre les cerveaux masculin et féminin. C'est important lorsque nous parlons de séduction sexuelle ! Mais c'est aussi un art, en ce qui concerne la façon dont vous utilisez la communication verbale et non verbale pour attirer vos cibles et les séduire. Bien que ces dernières années, les groupes de "pick-up artists" (PUA) se soient fait connaître pour leurs tentatives d'enseigner aux hommes comment draguer les femmes, en réalité, les communautés de séduction existent depuis longtemps. Certains ont la chance d'être encadrés par quelqu'un qui sait comment jouer le jeu, mais ce n'est pas le cas de tous.

On pense généralement que la séduction est l'apanage des personnes qui présentent une ou plusieurs des caractéristiques de ce que l'on appelle la triade noire : narcissisme, machiavélisme et psychopathie. En réalité, les recherches montrent que les personnes qui présentent un degré modéré d'une ou plusieurs de ces caractéristiques peuvent réussir dans les affaires et dans d'autres aspects de la vie. La question de savoir si la séduction est morale fait l'objet de nombreux débats. Certes, pour ceux qui considèrent la séduction comme un jeu permettant aux hommes d'avoir des relations sexuelles avec des femmes et de les quitter ensuite, elle semble pour le moins immorale, ou contraire à l'éthique. Mais les stéréotypes populaires ne racontent pas toute l'histoire. Un séducteur apprend à connaître sa cible afin de pouvoir identifier ses besoins non satisfaits. Cela peut signifier que sa cible est couverte d'attention, ce qu'elle ne reçoit peut-être pas assez ailleurs. Une technique clé de la séduction consiste à se mettre dans la tête d'une autre personne et à voir le monde comme elle le fait - à se mettre à sa place. Bien sûr, le but ultime est d'obtenir ce que le séducteur veut. Mais cela ne semble toujours pas très narcissique, n'est-ce pas ? Apprendre ce qui fait vibrer l'autre personne et la surprendre avec de petits cadeaux (pas nécessairement monétaires) est une autre technique de séduction qui profite également à l'autre personne.

Pour ceux qui pensent encore que la séduction est immorale, considérez qu'il s'agit d'une compétence importante à apprendre pour tous. Pour obtenir ce que vous voulez dans le monde, vous devez d'abord donner. Trouvez le besoin non satisfait de l'autre personne, puis répondez-y d'une manière qu'elle n'a jamais vue auparavant. Vous devez également être sympathique pour attirer les bonnes personnes vers vous. Vous pouvez apprendre à séduire les autres pour qu'ils vous apprécient.

Savoir ce que vous attendez du monde vous aide à choisir des partenaires : romantiques, professionnels, ou même simplement des amis qui font ressortir le meilleur de vous et vous soutiennent. Si vous n'apprenez pas les techniques de séduction, vous finirez par choisir celui qui se trouve près de vous et qui n'est pas forcément le plus compatible. Il ne s'agit pas d'avoir un hobby, il s'agit de survivre. Pour mener la vie que vous voulez mener, vous devrez séduire d'autres personnes d'une manière ou d'une autre. La séduction est différente de la manipulation, où vos intentions sont dissimulées à la cible. Par exemple, les hommes manipulent parfois les femmes dans leur lit en leur faisant croire qu'ils sont intéressés par une relation romantique alors qu'ils ne veulent que du sexe. Les deux sexes peuvent cependant séduire - la séduction n'est pas limitée à un seul sexe.

Certaines techniques de séduction sont différentes selon que vous séduisez un homme ou une femme. Les hommes accordent plus d'importance à l'aspect visuel et ils peuvent être amenés à exécuter les ordres d'une femme si celle-ci déclenche leur instinct de héros. Les femmes réagissent souvent bien aux fantasmes riches en détails, ainsi qu'aux jeux de mots spirituels.

Il existe de nombreux archétypes de séducteurs - le Rake, la Sirène, la Coquette. Mais il y a aussi beaucoup de victimes ! Il s'agit parfois de personnes dont le besoin n'est pas satisfait, dont la réalité est si terne que toute personne un tant soit peu intéressante est comme une bouffée d'air frais. Toute personne qui a l'impression de s'encroûter, de quelque manière que ce soit, est une cible à séduire. De nombreuses techniques de séduction sont universelles, elles ne sont pas limitées à un sexe ou à un type de cible. Elles peuvent être utilisées non seulement pour séduire un prospect sexuel, mais aussi pour les affaires et les ventes. Les êtres humains aiment la nouveauté, donc surprendre ou faire quelque chose de différent permet généralement d'attirer l'attention que vous souhaitez. Nous avons également des besoins non satisfaits et une personne qui promet de les combler sera très bien accueillie. La plupart des gens veulent être dirigés, il est donc essentiel que le séducteur soit confiant et sûr de lui, qu'il ne soit pas déconcerté par les tests ou les désaccords que sa cible pourrait essayer de soulever comme obstacle.

Les humains ont tendance à aimer les défis. Nous ne voulons pas nécessairement que tout nous soit servi sur un plateau d'argent. Une technique très efficace, que vous séduisiez une cible sexuelle ou un client potentiel, consiste à les laisser venir à vous. Naturellement, vous aurez besoin qu'elle soit attirée et intéressée par vous et/ou votre produit pour que cela fonctionne, mais vous ne voulez pas la pourchasser. Le besoin et le désespoir sont des facteurs de rejet, alors mettez un peu de distance. Vous savez à quel point vous êtes génial (ou du moins vous le projetez sur eux), alors ils finiront par venir à vous. La séduction n'est pas logique et elle n'a peut-être rien à voir avec votre attrait physique. La plupart des gens ont une force qu'ils peuvent utiliser pour charmer les autres. Pour certains, il s'agit d'être beau ou belle, mais pour d'autres, il peut s'agir d'esprit ou d'humour. Si vous avez déjà vu quelqu'un qui a des tonnes de fans enragés et qui n'est pas conventionnellement attirant, c'est qu'il utilise une autre force qui lui vient naturellement.

Vous n'avez pas besoin de dormir pour arriver au sommet, mais vous pouvez certainement séduire pour y arriver ! Si vous êtes un vendeur, vous voulez que votre prospect ait faim de votre produit. Lorsqu'il est convaincu qu'il en a besoin et que c'est la réponse à tous ses problèmes, vous n'avez même pas besoin de lui vendre. N'oubliez pas de ne pas être trop disponible ! Vous attiserez ce besoin, vous lui montrerez que vous êtes celui qui peut y répondre et vous le ferez se précipiter vers vous au lieu de faire l'inverse.

Lorsque vous êtes en affaires, peu importe ce que vous pensez de la communauté PUA, une chose qu'ils enseignent est très importante. La séduction est un processus : attraction - confort - séduction, et essayer d'adopter ces phases dans le désordre entraîne l'échec. Vous n'obtiendrez pas de clients mourant d'envie de travailler avec vous (ou de femmes de coucher avec vous) si vous ne les attirez pas d'abord. Vous ne pouvez pas les séduire tant qu'ils ne se sont pas mis à l'aise avec vous. Vous pouvez finir par faire moins de travail parce que vous faites moins d'appels à froid et que vous laissez les prospects se qualifier eux-mêmes. Il existe plusieurs façons de procéder, mais il est important que les phases soient respectées, en affaires comme au lit. Si vous essayez de vendre dès que vous rencontrez des gens, cela ne fonctionnera pas et ne mènera qu'à la frustration. Vous devez d'abord passer du temps avec eux avant de commencer à essayer de conclure l'affaire. Le temps est important dans la séduction. Il faut non seulement prendre le temps nécessaire au processus, mais aussi reconnaître qu'il vous faudra du temps pour maîtriser ces compétences. Vous devez les pratiquer de manière régulière pour les maîtriser. Si vous cherchez à séduire des femmes, vous devez en parler à une par jour ou travailler votre jeu tous les jours. Si vous vous efforcez de séduire quelqu'un dans le monde des affaires, vous devez être en contact régulièrement afin de pouvoir cerner ce besoin et continuer à flirter après l'avoir comblé.

Je vous ai promis de vous apprendre tout ce que vous devez savoir sur la séduction - ce qu'elle est, comment elle a été utilisée et comment les gens l'utilisent actuellement. Je vous ai également donné des techniques que vous pouvez apprendre et utiliser dans la vie réelle pour obtenir ce que vous voulez, et c'est vraiment ce qu'est la séduction. Si vous ne deviez retenir qu'une seule chose de ce livre, ce serait ceci : la séduction est une compétence nécessaire que vous pouvez apprendre si vous vous entraînez régulièrement. Certaines personnes sont nées en sachant comment attirer et séduire, mais beaucoup d'entre nous ne le savent pas. Heureusement, c'est quelque chose que vous pouvez apprendre. Si vous y travaillez régulièrement, vous vous améliorerez. Peu importe à quoi vous ressemblez ou combien d'argent vous avez, tant que vous apprenez et utilisez ces méthodes de séduction.

RESSOURCES

About-Secrets. (2013, June 30). Seduction marketing.
https://www.slideshare.net/mfr786/seduction-marketing

Acton, F. (2020, January 6). Fractionation Texting.
https://fractionation.net/fractionation-texting/

A-hole Game: Day 1. (2009, January 12).
https://web.archive.org/web/20140711073602/http:/heartiste.wordpress.com/2009/
01/12/a-hole-game-day-1/

Amante, C. (n.d.-a). How to Use Social Proof to Get Girls | Girls Chase.
https://www.girlschase.com/content/how-use-social-proof-get-girls

Amante, C. (n.d.-b). Tactics Tuesdays: Deconstructing the PUA Neg | Girls Chase.
https://www.girlschase.com/content/tactics-tuesdays-deconstructing-pua-neg

Anonymous. (2004, June 27). Some of my best friends are women.
https://www.theguardian.com/world/2004/jun/27/gender.menshealth3

Avery. (2018, September 7). Kino Escalation: How To Attract Women With Physical
Touch. https://redpilltheory.com/2018/09/06/kino-escalation-how-to-attract-
women-with-physical-touch/

Barbe, O. (2004, November 5). Sex on the Brain. https://www.menshealth.com/sex-
women/a19516672/understanding-sex-and-the-brain/

Barking Up the Wrong Tree. (n.d.). Seduction, Power and Mastery: 3 Lessons From
History's Greatest Minds. https://www.bakadesuyo.com/2014/02/seduction-
power-mastery/

BBC. (n.d.). Unpacking the Psychology of Seduction.
https://www.bbc.com/reel/video/p07l3r3q/unpacking-the-psychology-of-seduction

Bergreen, L. (2017, July 26). 10 Seduction Tips and Tricks from Casanova Himself.
https://www.tipsonlifeandlove.com/love-and-relationships/10-seduction-tips-and-
tricks-from-casanova

Best PUA Training. (2018, May 3). Kino Escalation - Early, Mid Set Kino and Kiss
Closing. http://www.bestpuatraining.com/kino-escalation

Bey, B. A. (2018, October 29). Here's Why Pitching is a Lot Like Seduction.
https://www.mediabistro.com/climb-the-ladder/skills-expertise/heres-why-
pitching-is-a-lot-like-seduction/

BigEyeUg3. (2017, June 6). 4 Signs you are too easily seduced. https://bigeye.ug/4-
signs-you-are-too-easily-seduced/

Black Rose - Free Download PDF. (n.d.). https://kupdf.net/download/black-
rose_58e52d47dc0d609438da97f1_pdf

Brandstory. (2016, September 3). The art of seduction – how to get customers to want
you. http://www.brandstoryonline.com/seduction/

Britannica. (n.d.). Seduction. https://www.britannica.com/topic/seductio

Brizendine, L. (2010, March 25). Love, sex and the male brain - CNN.com.
http://edition.cnn.com/2010/OPINION/03/23/brizendine.male.brain/index.html

Broucaret, F. (2014, December 23). Seduction: 10 Gestures and What They Reveal.
https://www.mariefranceasia.com/lifelove/decoding/les-10-gestes-seduction-du-
desir-59008.html#item=1

Buffalmano, L. (2019, November 2). How to Mind Fuck a Guy: The Ultimate Guide
(With Examples). https://thepowermoves.com/make-him-crazy-about-you/

Burras, J. (n.d.). Power: Domination or Seduction.
http://www.jonburras.com/pdfs/Power-Domination-or-Seduction.pdf

Calo, C. (n.d.). Switching From Logical to Social: The Art of Seduction. Retrieved
February 7, 2020, from https://www.waytoosocial.com/the-art-of-seduction-blog/

Carter, G. L., Campbell, A., & Muncer, S. (2013, June 12). The Dark Triad Personality:
Attractiveness to Women. https://scottbarrykaufman.com/wp-
content/uploads/2013/09/The-Dark-Triad-Personality.pdf

Chamorro-Premuzic, T. (2015, November 4). Why Bad Guys Win at Work.
https://hbr.org/2015/11/why-bad-guys-win-at-work

Coast, M. (2019a, November 4). 3 Ways to Trigger The Hero Instinct in Your Man.
https://commitmentconnection.com/3-ways-to-trigger-the-hero-instinct-in-your-
man/

Coast, M. (2019b, November 4). The Secret to Understanding What Triggers
Emotional Attraction in Men. https://commitmentconnection.com/the-secret-to-
understanding-what-triggers-attraction-in-men/

Cool Communicator. (2019, November 12). Social Seduction, Creating Space and
Anticipation. https://coolcommunicator.com/social-seduction-creating-space-
anticipation/

Cowie, A. (2017, May 22). The Enchanted Sex-Word of Scotland's Secret Seduction
Society. https://www.ancient-origins.net/history/enchanted-sex-word-scotland-s-
secret-seduction-society-008114

Cross, E. (2020, January 15). Obsession Phrases Review: What Makes Him Truly
Obsessed With You? https://www.lovemakingexperts.com/obsession-phrases-
review/

Definitions.net. (n.d.). What Does Seduction Mean? Retrieved from
https://www.definitions.net/definition/seduction

Dictionary.com. (n.d.). Seduce. Retrieved from
https://www.dictionary.com/browse/seduce

Drapkin, J. (2005, May 1). Hpw to Seduce a Lover.
https://www.psychologytoday.com/us/articles/200505/how-seduce-lover

Edwards, D. (n.d.). Seduction or abuse? Is seducing someone ethical or is it
manipulation? https://steemit.com/ethics/@dana-edwards/seduction-or-abuse-is-
seducing-someone-ethical-or-is-it-manipulation

Eliason, N. (n.d.). The Art of Seduction by Robert Greene: Summary, Notes, and

Lessons. https://www.nateliason.com/notes/art-seduction-robert-greene

Emory University. (2004, March 16). Study Finds Male And Female Brains Respond Differently To Visual Stimuli. https://www.sciencedaily.com/releases/2004/03/040316072953.htm

Essays Writers. (n.d.). Persuasion, Manipulation and Seduction. https://essayswriters.com/essays/Analysis/persuasion-manipulation-and-seduction.html

Farouk Radwan, M. (n.d.). Why women like men with dark triad traits | 2KnowMySelf. https://www.2knowmyself.com/Why_women_like_men_with_dark_triad_traits

Farquhar, S. (2017, September 3). Shogun Method *. https://seductionfaq.com/blog/shogun-method/

Female Psychology. (n.d.). http://www.the-alpha-lounge.com/female-psychology.html

Finkelstein, K. (n.d.). The Influence of the Dark Triad and Gender on Sexual Coercion Strategies of a Subclinical Sample. https://bir.brandeis.edu/bitstream/handle/10192/28572/FinkelsteinThesis2014.pdf?sequence=1

Fisher, D. (n.d.). 7 Quick Tips to Help You Learn Seduction Faster | Girls Chase. https://www.girlschase.com/content/7-quick-tips-help-you-learn-seduction-faster

Francis, M. (2007, January 3). The psychology of seduction. https://www.dailymail.co.uk/femail/article-426320/The-psychology-seduction.html

Ganz, M. (2013, October 31). Covert Seduction – How to Mess with Women's Minds. https://sibg.com/covert-seduction-mess-with-womens-minds/

Ganz, M. (2016, August 4). Black Rose Sequence – How You Can Seduce Women Using Mind Control Enslavement. https://sibg.com/black-rose-sequence-how-you-can-seduce-women-using-mind-control-enslavement/

Ganz, M. (2020, February 4). Fractionation Seduction Technique: All You Need To Know! https://sibg.com/using-fractionation-in-seduction/

Get the Guy. (2010, December 21). The Player: Why Men Long To Be Casanovas And How To Spot If He Is One – Men's Personalities Part 3. https://www.howtogettheguy.com/blog/player-mens-personalities-part-3/

Greene, R. (n.d.). The Art of Seduction. http://radio.shabanali.com/the-art-of-seduction-robert-greene

Hardy, J. (2020, January 30). The History of the Seduction Community. https://historycooperative.org/the-history-of-the-seduction-community/

Her Way. (2020, February 13). The Best Thing That Is Going To Happen To You This Year Is You. https://herway.net/relationship/3-simple-ways-to-unlock-the-hero-instinct-in-your-man/

His Secret Passion. (2019, March 30). Best 8 His Secret Obsession Phrases That Make A Man Fall In Love. https://hissecretpassion.com/secret-obsession-phrases/

Honan, D. (2019, January 30). James Bond's guide to seduction. https://bigthink.com/think-tank/james-bonds-guide-to-seduction

Hyman, R. (n.d.). Cold Reading: How to Convince Strangers That You Know All About Them. https://web.archive.org/web/20140716020736/http://www.skepdic.com/Hyman_cold_reading.htm

kartjoe. (2017, April 4). A modern man living guide to seduction PDF EBook Download-FREE. https://www.slideshare.net/kartjoe/a-modern-man-living-guide-to-seduction-pdf-ebook-downloadfree

Kaufman, S. (2015, December 10). The Myth of the Alpha Male. https://greatergood.berkeley.edu/article/item/the_myth_of_the_alpha_male

Kings of the Web. (2020, February 6). Cold Reading Is A Potent Seduction Tactic. https://heartiste.net/cold-reading-is-a-potent-seduction-tactic/

Kozmala, M. (2019, February 2). The Body language of seduction. https://businessandprestige.pl/the-body-language-of-seduction/

Lizra, C. (2017, December 10). Seduction in Business. https://www.powerofsomaticintelligence.com/blog/seduction-in-business

LoDolce, A. (2019, October 24). How to Seduce Men With Body Language: 12 Perfect Seduction Tips. https://sexyconfidence.com/how-to-seduce-men-with-body-language/

LoDolce, A. (2017, September 14). How To Scientifically Trigger His Emotional Desire for You using This Technique. https://www.huffpost.com/entry/how-to-scientifically-trigger-his-emotional-desire_b_59bab8b4e4b06b71800c3781

M., S. (2020, January 4). Shogun Method Review (Is Derek Rake The Real Deal?). https://www.calpont.com/shogun-method/

Madsen, P. (20212, July 7). The Power of Seduction. https://www.psychologytoday.com/us/blog/shameless-woman/201207/the-power-seduction

Magical Apparatus. (2019, December 1). The phases of a seduction - Alpha Male. https://www.magicalapparatus.com/alpha-male/the-phases-of-a-seduction.html

Magical Apparatus. (2019, December 26). Using Cold Reading - Seduction. https://www.magicalapparatus.com/seduction-2/chapter-ix-using-cold-reading.html

Mallens, T. (2015, September 4). 3 rules the art of seduction can teach you to boost your sales & marketing. https://www.linkedin.com/pulse/3-rules-art-seduction-can-teach-you-boost-your-sales-mallens-bsc-mba

Martin, C. (2010, November 11). Persuasion, Manipulation, Seduction, and Human Communication. http://opinionsandperspectives.blogspot.com/2010/11/persuasion-manipulation-seduction-and.html

Martin, T. (n.d.). Creating A More Effective B to B Sales Prospecting Program. https://conversedigital.com/social-selling-sales-training-posts/b-to-b-sales-prospecting

MensXP.com. (n.d.). MensXP.com - India's largest Online lifestyle magazine for Men. Offering tips & advice on relationships, fashion, office, health & grooming.

https://www.mensxp.com/dating/seduction-science-/600-cold-reading-her-mind.html

Merriam-Webster. (n.d.). "Negging" Moves Beyond the Bar. https://www.merriam-webster.com/words-at-play/negging-pick-up-artist-meaning

Nguyen, V. (2013, August 17). 7 Life Lessons to Learn from Pickup Artists. https://www.selfstairway.com/pickup-artists/

Nicky Woolf. (n.d.). "Negging": the anatomy of a dating trend. https://www.newstatesman.com/blogs/voices/2012/05/negging-latest-dating-trend

Nixon, R. (2016, March 23). 10 Things Every Woman Should Know About a Man's Brain. https://www.livescience.com/14422-10-facts-male-brains.html

Oesch, N., & Miklousic, I. (2012). The Dating Mind: Evolutionary Psychology and the Emerging Science of Human Courtship. *Evolutionary Psychology, 10*(5), 147470491201000. https://doi.org/10.1177/147470491201000511

Presaud, R., & Bruggen, P. (2015, August 15). The Sexy Sons Theory of What Women Are Attracted to in Men. https://www.psychologytoday.com/intl/blog/slightly-blighty/201508/the-sexy-sons-theory-what-women-are-attracted-in-men

Rake, D. (n.d.). How to Hook Up With Beautiful Women - Using "Player" Seduction Tactics. https://ezinearticles.com/?How-to-Hook-Up-With-Beautiful-Women---Using-Player-Seduction-Tactics&id=2481207

Rake, D. (2020, January 17). Shogun Method - A Critical (Self) Review *. https://derekrake.com/blog/#Four-Steps-To-Eternal-Enslavement-8211-The-IRAE-Model

Rauthmann, J. (2014, April 1). Mate attraction in the Dark Triad: Narcissists are hot, Machiavellians and psychopaths not. https://www.sciencedirect.com/science/article/abs/pii/S0191886913006582

Razzputin. (n.d.). Knowing How to Use Kino Effectively on Women. https://www.waytoosocial.com/how-to-use-kino-effectively/

Riggio, R. (2016, February 10). 6 Seductive Body Language Channels. https://www.psychologytoday.com/intl/blog/cutting-edge-leadership/201602/6-seductive-body-language-channels

Roberts, M. (2016, August 4). Black Rose Sequence®. https://sonicseduction.net/black-rose-sequence/

Rogell, B. E. (2013, August 26). Seduction tactics to boost your career. https://www.news.com.au/finance/work/seduction-tactics-to-boost-your-career/news-story/6fce129b118a03dfde4b68c4169ababf

Rogell, E. (2013, August 22). Seduction Tactics For Your Career. https://sea.askmen.com/entertainment/216/topten/seduction-tactics-for-your-career

Rolstad, A. (n.d.). The "Hover and Disqualify" Pickup Technique | Girls Chase. https://www.girlschase.com/content/hover-and-disqualify-pickup-technique

S, P. (2017, April 5). Raj Persaud: The Psychology of Seduction at TEDX U. of Bristol (transcript). https://singjupost.com/raj-persaud-the-psychology-of-seduction-at-tedxuniversityofbristol-transcript/

Seltzer, L. (2013, September 17). The Paradox of Seduction. https://www.psychologytoday.com/us/blog/evolution-the-self/201309/the-paradox-seduction

Shogun Method Fractionation - Free Download PDF. (n.d.). https://kupdf.net/download/shogun-method-fractionation_5913cf2adc0d60bf4c959eb0_pdf

Sicinski, A. (2018, December 8). Breaking Down the Intoxicating Art of Romantic Seduction. https://blog.iqmatrix.com/art-seduction

Simon, C. (2012, February 16). Don't be Seduced! 6 Crucial Warning Signs. https://www.psychologytoday.com/us/blog/bringing-sex-focus/201202/dont-be-seduced-six-crucial-warning-signs

Sinn, J. (n.d.). 3 Ways to Use Cold Reading to Attract Women. https://ezinearticles.com/?3-Ways-to-Use-Cold-Reading-to-Attract-Women&id=6169379

Skills Converged Ltd. (n.d.). Skills Converged > Body Language of Seduction. https://www.skillsconverged.com/FreeTrainingMaterials/BodyLanguage/BodyLanguageofSeduction.aspx

Snowden, J. (2020, February 7). Shogun Method: My Confession (A Review). https://sibg.com/shogun-method/

T, S. (2015a, November 5). The Three Types Of Game Pickup Artists Use To Attract Women: Part 2. http://seductioncommunity.com/attraction/the-three-types-of-game-pickup-artists-use-to-attract-women-part-2/

T, S. (2015b, November 5). The Three Types Of Game To Attract Women: Part 1. http://seductioncommunity.com/attraction/the-three-types-of-game-to-attract-women-part-1/

Tan, J. (2020, January 10). Customer Seduction: How to make customers LOVE your brand... https://www.referralcandy.com/blog/customer-seduction-make-customers-love-brand-infographic/

TED Talks: The power of Seduction in our Everyday Lives. (2013, July 30). https://www.payscale.com/career-news/2013/07/ted-talks-the-power-of-seduction-in-our-everyday-lives

The Doctor. (2019, August 27). The ethics of Seduction. https://thedoctorsdiary.com/women/ethics-of-seduction/

The Natural Lifestyles. (2015, February 11). Why Learning Seduction Is Not Optional. https://www.youtube.com/watch?v=onqLFdYY5Rw

Vandeweert, W. (2015, July 22). Use Cold Reading to Pick Up Girls. https://willemvandeweert.wixsite.com/cold-reading/single-post/2015/06/08/USE-COLD-READING-TO-PICK-UP-GIRLS

Van Edwards, V. (n.d.). The Alpha Female: 9 Ways You Can Tell Who Is an Alpha Woman. https://www.scienceofpeople.com/alpha-female/

Way, H. (2020, February 13). The Best Thing That Is Going To Happen To You This Year Is You. https://herway.net/love/8-ways-men-use-fractionation-seduction-make-fall-love/

Weiss, R. (2015, June 20). What Turns Guys On? Understanding Sexual Desire. https://www.psychologytoday.com/us/blog/love-and-sex-in-the-digital-age/201506/what-turns-guys-understanding-male-sexual-desire

Wendell, R. (n.d.). Cold Reading Your Way to Great Conversations | Girls Chase. https://www.girlschase.com/content/cold-reading-your-way-great-conversations

Williams, S. (2012, March 14). Are You Easily Seduced? https://www.yourtango.com/experts/shay-your-date-diva-williams/are-you-easy-be-seduced

Wilson, B. M. (2011, October 23). The great seducers. https://www.independent.co.uk/life-style/love-sex/seduction/the-great-seducers-928178.html

Wilson, J. (n.d.). Social Psychology: The Seduction of Consumers. https://pdfs.semanticscholar.org/be16/b695b47eee8f82e5af8ac3da2589d76b2799.pdf

Woman Knows: 12 Tricks That Men Use to Seduce Women. (n.d.). http://www.womanknows.com/understanding-men/news/71/

Woman Knows: Playboys: Uncovering the Mystery. (n.d.). http://www.womanknows.com/understanding-men/news/316/

Yohn, D. L. (2016, March 9). To Win Customers, Stop Selling And Start Seducing. https://www.forbes.com/sites/deniselyohn/2016/03/09/to-win-customers-stop-selling-and-start-seducing/#443e2ed451c1

Le Chantage émotionnel

Comprendre et se protéger face aux dépendances affectives, violences psychologiques, relations toxiques et autres types de harcèlement

Emory Green

TABLE DES MATIÈRES

INTRODUCTION

Sont-elles difficiles ou toxiques ? Je parle des relations avec des personnes proches et chères. Peu importe à quel point les relations sont étroites, certaines peuvent être assez difficiles. Mais, certaines peuvent même s'être transformées en relation toxique sans que vous en ayez conscience.

Cependant, vous pouvez déterminer si vos relations sont saines ou toxiques.

Une relation saine exige sincérité et compassion de la part des deux parties. Elle aide les deux personnes concernées à évoluer et à devenir des personnalités confiantes et aimables. Mais que faire si vous commencez à vous sentir étouffé et contrôlé dans une relation ? Que faire si vos besoins ne comptent pas dans une relation sur laquelle vous comptez ? Le pire, c'est que vous ne vous sentez pas en sécurité et soutenu pour exprimer vos sentiments. Cela constitue une relation toxique. Une telle relation peut démolir votre estime de soi au plus bas.

Cependant, il n'est pas facile d'identifier une relation toxique. Encore plus, lorsque ces relations vous sont chères. Vous comptez sur elles pour tout votre soutien émotionnel. Elles sont l'épine dorsale de votre bien-être émotionnel. Pourtant, elles sont devenues toxiques.

Il n'est pas facile d'identifier la toxicité dans les relations car les personnes qui vous entourent, celles que vous aimez le plus, peuvent utiliser des tactiques. Des tactiques pour vous manipuler d'une manière qui semble inoffensive, bien qu'elles ne le soient pas. Ils peuvent les utiliser pour vous manipuler et obtenir ce qu'ils veulent. En bref, ils peuvent vous faire du chantage émotionnel. Mais pourquoi ne pouvez-vous pas facilement identifier que vous êtes victime de chantage affectif ? Tout simplement parce que les maîtres chanteurs utilisent des techniques secrètes pour vous manipuler. Ils peuvent faire en sorte que leurs exigences semblent raisonnables, vous faire sentir égoïste ou utiliser une personne influente pour vous intimider.

En fin de compte, vous vous sentez obligé de céder. Il devient difficile pour vous de vous défendre, de faire valoir vos besoins et vos opinions. Par conséquent, vous endurez la relation toxique par peur de perdre l'être aimé. La relation et le maître chanteur prennent le dessus sur vous, sur votre esprit, votre intellect et vos sentiments. Vous vous sentez frustré, mais vous ne pouvez rien faire.

Eh bien, c'est ce que vous pensez et ressentez jusqu'à présent. Cependant, il y a toujours une lueur d'espoir dans le plus sombre des trous.

Votre rayon d'espoir est juste là. C'est dans le secret que je vais révéler dans ce livre. Un secret qui t'aide à comprendre.

Comprenez ce qu'est le chantage affectif, quel est l'état d'esprit de ces maîtres chanteurs, ce qui les pousse à faire du chantage affectif, pourquoi ils se comportent comme ils le font et ce qui façonne la personnalité de ces vampires du chantage. Une fois que vous saurez tout cela, je vous garantis que vous pourrez facilement éviter de vous faire manipuler émotionnellement.

En outre, si vous avez un aperçu des techniques secrètes utilisées par ces maîtres chanteurs, vous pourrez facilement identifier les empreintes digitales du chantage affectif. Comment ces maîtres chanteurs utilisent des mots et des phrases qui embrouillent votre esprit ; comment ils vous obligent à penser qu'ils ont raison et que vous avez tort. Vous identifierez les méthodes utilisées par les vampires maîtres chanteurs pour profiter de vous et obtenir ce qu'ils veulent.

Enfin, je vous donnerai des étapes simples et pratiques pour changer cette dynamique et vous tirer des griffes du chantage affectif. En suivant ces conseils, vous pourrez vaincre le chantage affectif et retrouver le pouvoir que vous avez perdu sur ceux qui vous manipulent.

Comment pourrais-je te dire ce secret ? Suis-je un gourou des relations ?

Eh bien, attribuez-le à mon expérience, à mes observations et à mes études dans les profondeurs de la psychologie noire, de la manipulation secrète, de la manipulation émotionnelle et du chantage. J'ai exploré les tactiques de motivation, de persuasion, de manipulation et de coercition que les gens utilisent pour obtenir ce qu'ils veulent.

Ma propre expérience m'a conduit à le faire. J'avais été victime de la forme la plus sévère de manipulation émotionnelle dans mes jeunes années. J'ai été témoin d'un abus émotionnel sous une forme très intense. Cela m'a asservi à des sentiments de culpabilité pendant des années. Mon cœur battait la chamade à cause des stigmates de la manipulation émotionnelle dont j'avais été témoin et que je n'avais pas su dénoncer.

Néanmoins, j'ai eu l'occasion d'explorer. De voir et de comprendre ce qui rend le chantage affectif si puissant. Qu'est-ce qui en fait la forme de manipulation la plus délicate et la plus répandue à connaître et à comprendre, en particulier dans nos relations étroites ?

J'ai aussi appris les outils puissants, les tactiques, les techniques subtiles que ces maîtres chanteurs utilisent pour régner sur nos émotions. Comment ils utilisent notre faiblesse contre nous pour nous manipuler et obtenir ce qu'ils veulent.

Dans ce livre, je vais révéler tout ce que j'ai appris. Si vous vous trouvez dans une situation similaire, je ne veux pas que vous soyez une victime un jour de plus.

Vous sentez-vous déchiré jusqu'au plus profond de vous-même, et que cela est causé par celui que vous aimez le plus ? Vous trouvez que d'autres personnes prennent le contrôle de vos émotions ? Alors, vous êtes certainement la cible de toutes sortes de tactiques manipulatrices et coercitives que les gens utilisent pour profiter de vous. Mais plus maintenant !

La lecture de ce livre ne vous fera pas seulement prendre conscience de ces tactiques de manipulation, mais vous mettra également une épée entre les mains. Une épée, une arme puissante que vous pouvez utiliser pour vous sauvegarder et vous protéger de la sauvagerie émotionnelle de ces personnes.

Ce que je vais vous révéler entre ces pages vous permettra de définir vos limites et vous donnera la résilience mentale nécessaire pour ne plus être exploité. Non seulement vous vous sentirez fort, mais vous serez mentalement et émotionnellement préparé à faire face à de tels vampires et à mener une vie paisible.

Comprendre les techniques de ces maîtres chanteurs vous aidera également à faire votre introspection. Ce que je veux dire, c'est que vous serez en mesure d'évaluer vos propres tactiques dans divers domaines de la vie - travail, famille, relations amoureuses et amicales. Vous pourrez ainsi éviter le piège d'être vous-même un maître-chanteur.

Ne vous méprenez pas quand je dis cela. Mais il est si facile de devenir la proie de ces tactiques que nous pouvons même les utiliser nous-mêmes sans le savoir. Il se peut que nous ne soyons pas seulement les victimes de ces méthodes, mais que nous en soyons aussi les auteurs.

C'est pourquoi j'ai commencé à rechercher les méthodes qui nous font passer, nous ou les autres, du statut d'être humain à celui de vampire maître chanteur. Mon intention en écrivant ce livre était - et est toujours - de tirer le plus grand nombre de personnes possible de l'emprise du chantage affectif et de les aider à mener une vie joyeuse.

Et je fais l'expérience de la réalisation de cette intention chaque jour lorsque j'apporte fièrement la liberté à des centaines de personnes en exposant ces astuces.

Imaginez ! Imaginez votre vie sans ce maître chanteur émotionnel. Pas de culpabilité, pas de honte, pas de peur et pas de doutes. Plus besoin de souffrir ou de s'excuser pour des choses que vous n'avez pas faites. L'idée même est géniale ! N'est-ce pas ?

Maintenant, transformez cette imagination en réalité en parcourant les pages de ce livre qui vous enseigne de A à Z le chantage affectif. Il éliminera toute la brume et le brouillard de votre esprit et révélera la vérité sur vos relations. Vous serez en mesure de voir vos proches, non seulement pour ce qu'ils sont, mais aussi pour leurs intentions.

Et une fois que vous voyez la vérité, cela vous libère. Libre de la culpabilité, de la honte et des obligations que vous portez depuis longtemps.

Alors, êtes-vous prêt à apprendre la vérité sur votre relation ?

Avant d'aller de l'avant, répondez à cette question : Votre relation est-elle simplement difficile, ou est-elle toxique ? Le plus tôt vous répondrez, le mieux ce sera. Sinon, il pourrait être trop tard pour réparer une relation qui pourrait s'épanouir en quelque chose de bien, ou trop tard pour fuir une relation captive. C'est à vous de décider si vous voulez rester coincé dans une relation sombre toute votre vie, ou si vous voulez profiter des leçons que j'enseigne dans ce livre pour construire des relations saines.

Si vous choisissez la seconde, vous connaîtrez le bonheur et la liberté authentiques qui vous attendent.

Vous appréciez ce livre jusqu'à présent ? N'oubliez pas de vous rendre au bas de ce livre pour découvrir une ressource gratuite de taille réduite, mais précieuse, sur l'hypnose conversationnelle. Ce mini-livre électronique est le moyen le plus simple d'apprendre à devenir un hypnotiseur conversationnel efficace. Vous êtes curieux de voir les bénéfices que cela peut apporter à vos conversations quotidiennes ? Obtenez votre exemplaire dès maintenant ! Cette ressource gratuite n'est disponible que pour une durée limitée.

Chantage émotionnel en noir et blanc

Qu'est-ce que le chantage affectif ?

Par définition, le chantage affectif est un acte visant à contrôler la personne avec laquelle vous avez un lien affectif. Ce contrôle se fait en utilisant des tactiques qui la font se sentir coupable ou contrariée. En termes simples, lorsqu'une personne utilise vos sentiments (de manière négative ou contre vous) pour contrôler votre comportement ou obtenir ce qu'elle veut, on parle de chantage affectif. Vous pouvez faire l'objet d'un chantage affectif de la part de votre conjoint, de vos parents, de vos enfants, de vos frères et sœurs, de vos amis, de vos collègues ou de toute autre personne proche de vous sans vous rendre compte que vous êtes manipulé.

Mais pourquoi est-ce que j'utilise le terme "chantage affectif" et pas simplement "chantage" ? C'est parce que les deux sont différents.

Chantage ou chantage émotionnel

Qu'est-ce qui vous vient à l'esprit quand vous pensez au chantage ?

Probablement, un film où le méchant fait chanter le héros ou un employé qui fait chanter son patron pour obtenir des choses en sa faveur.

OU

Vous pouvez observer des exemples de chantage dans votre vie quotidienne. Un écolier menace son camarade de classe de le frapper si celui-ci se plaint de lui. Un collègue de travail connaît des informations privées sur son collègue et menace de les révéler en échange d'une petite somme.

Pour résumer, le chantage est généralement associé à des activités criminelles, ou au fait de persuader par la force quelqu'un de donner quelque chose, ou de suivre la voie du maître chanteur, en échange de la non-divulgation d'informations qui pourraient être nuisibles ou compromettantes sur cette personne.

Oui, vous comprenez l'idée de chantage, mais qu'en est-il du concept de chantage émotionnel ? Le comprenez-vous aussi bien que le chantage ? Êtes-vous capable de dire quand cela vous arrive ?

Je vous pose cette question parce qu'il est important de saisir la signification du chantage affectif, de comprendre sa pertinence dans les relations interpersonnelles et dans la société. Comprendre la méthode est aussi la première étape pour éliminer son efficacité, son pouvoir sur vous.

Comme défini précédemment, un maître chanteur affectif utilise vos sentiments contre vous ; pour contrôler votre comportement comme il le souhaite ou pour atteindre son objectif. La menace ici n'est donc pas tangible. Vos sentiments sont utilisés contre vous dans le cadre du chantage affectif.

Clarifions les choses à l'aide de quelques exemples.

Le mari est surpris en train de tromper sa femme, mais il déforme les circonstances, faisant en sorte que sa femme se sente coupable et inadéquate. Il utilise le drame pour la faire chanter émotionnellement, et la faire se sentir désolée d'avoir douté de son mari.

Cette situation est courante dans le monde de l'entreprise. Lorsqu'une personne gravit l'échelle du succès plus haut que l'autre, même si elle le mérite, elle fait l'objet d'un chantage émotionnel pour avoir atteint un tel niveau. Cela peut priver cette personne de joie, de fierté et d'estime de soi.

L'un des partenaires s'inscrit à un programme de remise en forme et réussit à atteindre ses objectifs. L'autre partenaire peut lui faire du chantage affectif et le faire se sentir coupable de ne pas passer de temps avec lui.

Stratégies de chantage émotionnel

Le maître chanteur utilise contre vous trois émotions principales : la peur, l'obligation et la culpabilité, désignées par l'acronyme FOG de Susan Forward, l'une des principales psychothérapeutes américaines. Pour qu'un maître chanteur réussisse, il doit connaître vos peurs, celles qui sont profondément ancrées, comme la peur de l'isolement, de l'humiliation ou de l'échec. Le plus intéressant, c'est que ces peurs peuvent vous être propres. Personne d'autre que vous ne les perçoit comme une menace de la part du maître-chanteur. Cela donne une chance au maître chanteur de vous menacer, de vous isoler, de vous ridiculiser devant les autres ou d'exposer votre échec passé si vous ne succombez pas à ses désirs.

L'obligation est une autre tactique favorite utilisée par ces dépendants. Ils justifient leur dépendance en rejetant la faute sur les autres. Au lieu d'assumer la responsabilité de leur mauvais comportement, ils la projettent sur les autres. Par exemple, un buveur invétéré peut menacer sa femme en disant : "Si tu me vires de la maison, je serai obligé de boire davantage". L'épouse innocente croit et espère que son mari arrêtera de boire si elle lui obéit, mais ce n'est qu'un piège dans lequel elle tombe.

Le chantage à la culpabilité est utilisé par les maîtres chanteurs pour faire en sorte que leur cible se sente coupable d'avoir causé un résultat négatif pour le maître chanteur. Le résultat final n'est peut-être même pas si négatif, mais le maître-chanteur le présente de manière à ce que la cible ressente de la douleur et de la culpabilité.

L'idée derrière l'utilisation de ces trois émotions pour contrôler une personne est qu'il s'agit d'émotions négatives, et que personne ne veut éprouver de tels sentiments dans sa vie. Par conséquent, les personnes cèdent aux exigences du maître chanteur pour éviter de ressentir ces sentiments négatifs.

Définition juridique du chantage affectif

Le chantage affectif est une forme de violence psychologique qui n'est pas légale. C'est parce que le maître chanteur peut :

- Menacez de mettre votre vie en danger.
- Menacer de se tuer si vous n'obéissez pas à ses souhaits.
- Vous contrôler en utilisant l'argent.
- Menacer de mettre fin à la relation avec vous.
- Vous manipuler de manière à ce que vous ressentiez de la compassion pour lui/elle.
- Vous faire sentir coupable.
- Vous démoraliser.
- Vous blesser ou vous faire souffrir sous une forme ou une autre.
- Vous priver d'amour, d'attention et d'appréciation.
- Vous faire sentir égoïste et inconsidéré.

Avec beaucoup de tact et d'habileté, le maître chanteur vous fait croire à ses exigences. Cependant, plus vous cédez, plus les menaces s'intensifient. La seule façon de s'en sortir est d'identifier que vous êtes victime de chantage affectif. Cela devient plus facile si vous connaissez les déclarations courantes utilisées par ces maîtres chanteurs émotionnels pour vous manipuler/menacer.

Voici quelques exemples :

- Si jamais je te vois avec cet homme, je le tue.
- Je vais me tuer si tu arrêtes de m'aimer.
- Mes amis et ma famille sont d'accord avec moi pour dire que tu es déraisonnable.
- Je vais partir en vacances, avec ou sans toi.
- Tu ne peux pas dire que tu m'aimes et rester ami avec eux.
- Tu m'empêches de dépenser de l'argent pour moi.

- J'étais en retard au travail à cause de toi. C'est de ta faute.
- Je ne serais pas en surpoids si tu me cuisinais des plats sains.
- C'est ta faute si je ne réussis pas dans ma carrière.
- Je finirai à l'hôpital ou dans la rue si vous ne vous occupez pas de moi.
- Si tu ne fais pas ça, tu ne reverras pas tes enfants.
- Je vais rendre ta vie misérable.
- Je vais détruire ta famille.
- Tu n'es plus mon fils/fille.
- Vous devrez en être désolé.
- Je te rayerai de mon testament.
- Je vais tomber malade si tu ne m'aimes pas.
- Si tu ne peux pas m'acheter ça, tu es une mère/papa/amant/mari sans valeur.

Vous avez maintenant compris ce qu'est le chantage affectif, mais il est également important de comprendre l'état d'esprit qui pousse les gens à utiliser ces stratégies.

Pourquoi les gens se comportent-ils ainsi ?

Les gens ont souvent recours au chantage affectif car il leur permet de contrôler les pensées et les sentiments des autres. Ils ne savent pas comment s'y prendre autrement et ont recours à la manipulation émotionnelle. Les maîtres chanteurs émotionnels sont très doués pour donner à leurs victimes un sentiment d'impuissance et de confusion. Ils pensent à tort qu'en faisant en sorte que les autres se sentent impuissants et vulnérables, ils se sentiront puissants et bien dans leur peau. En d'autres termes, le chantage affectif est leur façon de gérer leurs insécurités émotionnelles. Des insécurités qui peuvent provenir d'une enfance marquée par la violence émotionnelle.

Si vous vous penchez sur l'histoire de ces personnes, vous constaterez qu'elles ont souvent fait l'objet d'une manipulation émotionnelle dans leur enfance. Il est donc très difficile pour ces personnes de savoir ce qui est normal et ce qui ne l'est pas. Elles ne peuvent pas comprendre ce qu'est une relation saine et comment en construire une elles-mêmes. Ils ont été élevés en voyant le chantage émotionnel des parents et considèrent que c'est la bonne façon de faire les choses. Ils trouvent un remède à leurs insécurités en répétant eux-mêmes le cycle.

Les maîtres chanteurs affectifs partagent certains traits de personnalité communs :

1. Manque d'empathie

Il n'est généralement pas trop difficile pour nous de nous imaginer à la place de l'autre personne, de ressentir son agonie, sa douleur, et de faire preuve d'empathie à son égard. Mais ce n'est pas le cas des maîtres chanteurs affectifs. Ils ne peuvent pas avoir de réelle empathie avec les autres. Soit ils ne peuvent pas s'imaginer à la place de l'autre, soit, s'ils le font, c'est dans une position de méfiance. Ils pensent que l'autre personne va leur faire du mal et qu'ils ont donc raison de la manipuler.

2. Faible estime de soi

Une faible estime de soi ? En chantage affectif ? Êtes-vous sérieux ?

Ils sont capables de priver les autres de leur estime de soi par la manipulation émotionnelle. Alors comment peuvent-ils avoir une faible estime d'eux-mêmes ?

Je sais que cela semble un peu bizarre, mais c'est la vérité. Comme nous l'avons expliqué précédemment, les maîtres chanteurs affectifs manquent souvent d'assurance sur le plan émotionnel et ont une faible estime d'eux-mêmes. Au lieu de trouver des moyens d'améliorer leur estime de soi, ils croient qu'il faut abaisser celle des autres pour se sentir bien. Une faible estime de soi signifie également que ces personnes ont du mal à nouer des relations étroites. Elles n'ont peut-être qu'une seule relation proche et attendent d'elle qu'elle leur apporte tout ce qui leur manque ailleurs. C'est leur dépendance à l'égard d'une relation, et si elles sentent qu'elles vont la perdre, elles ont recours à un chantage affectif plus intense.

3. Tendance à blâmer les autres

Les maîtres chanteurs affectifs n'assument jamais la responsabilité des problèmes dans leur relation ou d'un échec dans leur carrière. Ils rendent toujours les autres responsables de leur douleur et de leur souffrance. Cette logique leur permet de se sentir justifiés de menacer les autres pour obtenir ce qu'ils veulent.

Résumé du chapitre

1. Le chantage affectif est une forme d'abus où le maître chanteur tente de contrôler les sentiments et le comportement de l'autre personne.
2. Le maître chanteur utilise la peur, l'obligation et la culpabilité pour manipuler la victime.
3. Ces personnes manquent d'estime de soi et d'empathie et rendent les autres responsables de leurs mauvaises relations.
4. Pour savoir si vous y êtes sujet dans votre relation, posez-vous ces questions :
5. Est-ce que mon partenaire dit ou fait des choses pour me faire sentir coupable d'actions qui ne sont pas mauvaises ?
6. Mon partenaire souligne-t-il les éléments négatifs liés à ma réussite ?
7. Mon partenaire cherche-t-il un moyen de faire baisser mon humeur ?
8. Mon partenaire me fait-il souvent ressentir de la peur, des obligations ou de la culpabilité ?

Si vous répondez "oui" à ces questions, vous êtes certainement victime de chantage affectif.

Dans le prochain chapitre, vous apprendrez....

- Six étapes progressives dans le chantage émotionnel.
- Types courants de maîtres chanteurs émotionnels.

- Signes d'alerte et caractéristiques du maître-chanteur émotion-nel.
- Personnalités de maîtres chanteurs.
- Principales caractéristiques et émotions des victimes.
- Comment changer la dynamique de la transaction entre le maître-chanteur et la victime.

CHAPITRE DEUX

Le maître chanteur et la transaction de la victime

Les connaissances acquises jusqu'à présent vous ont-elles permis de vous sentir plus fort ? Vous devez l'être, car il vous est désormais facile d'identifier les cas de chantage affectif dans votre vie. Cependant, il y a une idée fausse que les gens se font de cette situation. Ils ont tendance à qualifier toute personne qui tente de les contrôler de maître chanteur. Mais le bon sens nous dit que ce n'est pas vrai.

Si la personne veut être aimée, valorisée, soutenue ou appréciée par vous, elle peut agir de manière contrôlante. Et ses désirs sont absolument légitimes. Sachez également que dans toute relation, vous aurez des exigences, sinon tout le temps, du moins parfois.

Et il est très courant de ne pas être d'accord avec les demandes de quelqu'un au début, puis de parvenir à un accord mutuel, ou de se conformer aux souhaits de l'autre personne même si vous n'aimez pas cela. Mais vous pouvez le faire pour l'amour de votre relation et de l'autre personne.

Le problème ne réside pas dans ses *"désirs"*, mais dans la manière dont il s'y prend pour obtenir ce qu'il veut. Est-ce qu'il vous menace ou devient insensible à vos besoins en le faisant ? Alors, vous pouvez dire à juste titre qu'il s'agit d'un cas de chantage affectif, sinon non.

Comprenons cela à l'aide d'un exemple !

Ahana veut un iPhone de sa mère, mais celle-ci refuse. Ahana peut essayer de l'obtenir de deux façons. Elle peut persuader sa mère en disant

: "Mais la mère de Sara lui a acheté un iPhone". Ce n'est clairement pas un chantage émotionnel. Mais si elle prend un couteau et menace de se tuer si sa mère ne lui achète pas un iPhone, nous sommes dans une situation très différente, et il s'agit sans aucun doute d'un chantage affectif. Le problème ici n'est donc pas l'iPhone, mais la méthode utilisée pour tenter de l'obtenir. C'est cela qui nous permet d'analyser s'il s'agit d'un chantage affectif ou non.

En outre, s'il arrive toujours que quelqu'un cède aux exigences de l'autre, on en arrive à une situation de chantage affectif.

Un chantage affectif est parfois une transaction, peut-être même inconsciente, entre le maître-chanteur et la victime. Le maître chanteur est le *"contrôleur"* qui souffre d'un état psychologique dysfonctionnel et qui tente de contrôler les émotions d'une autre personne. La victime est le *"contrôlé"* qui fournit une réaction rassurante à cet état psychologique.

Cette opération comporte 6 parties, détaillées ci-dessous.

6 étapes progressives du chantage émotionnel

Susan Forward et Frazier identifient ces six étapes du chantage émotionnel :

Étape 1 : La demande

Le maître chanteur dit à la victime (c'est-à-dire vous) ce qu'il veut et y ajoute une menace émotionnelle. "Si tu ne fais pas ça, je vais me tuer."

Étape 2 : Résistance

Bien sûr, vous pouvez très bien refuser de vous plier aux exigences du maître-chanteur. Donc, dans un premier temps, vous résistez à la demande.

Étape 3 : Pression

Le maître chanteur ne peut pas accepter un "non". Il fait donc pression sur vous pour que vous cédiez. Il ne se soucie pas de ce que vous ressentez. Il ne se préoccupe que de ce qu'il veut et essaie de l'obtenir par tous les moyens. En conséquence, ils essaient délibérément de vous faire sentir effrayé et confus en utilisant n'importe laquelle de leurs stratégies secrètes. Vous commencez à vous demander si votre résistance initiale était raisonnable. C'est là que vous devenez faible et qu'ils s'accrochent à votre faiblesse.

Étape 4 : Une menace

Une menace, c'est le chantage émotionnel lui-même avec une déclaration : "Si tu ne fais pas ce que je dis, alors je vais...".

Étape 5 : Conformité

Vous cédez à la menace du maître chanteur, même si cela ne vous fait pas plaisir.

Étape 6 : Définition d'un modèle

Le chantage émotionnel est terminé, mais seulement pour le moment. Attendez-vous à une demande plus lourde et à une menace beaucoup plus grande la prochaine fois. En effet, le maître chanteur a identifié votre point faible et il sait qu'il peut l'utiliser contre vous pour obtenir ce qu'il veut.

L'exemple le plus courant de ces étapes du chantage affectif pourrait même être votre enfant. Combien de fois avez-vous reçu une demande déraisonnable de votre fils/fille ? Je suis sûr que c'est innombrable. Vous résistez au début, vous pouvez même gronder votre enfant, mais vous finissez par céder parce que votre enfant vous menace en disant : "Maman/Papa, tu ne m'aimes pas. Sinon, tu m'aurais acheté ça".

Résultat : Vous fondez comme du beurre et répondez aux demandes sans hésiter.

Voyez-vous ce que votre enfant a fait ici ? Ils ont senti qu'en vous menaçant à plusieurs reprises avec de telles déclarations, vous obéiriez à leurs ordres et obtiendriez ce qu'ils veulent. En bref, ils conçoivent un moyen facile de vous manipuler émotionnellement et d'obtenir ce qu'ils veulent.

Types courants de chantage émotionnel et leur langage

Nous pouvons classer les maîtres chanteurs émotionnels en quatre types différents :

1. Punisseurs

Les punisseurs menacent de blesser directement la personne qu'ils font chanter. Ils utilisent la stratégie de la peur pour vous punir si leurs exigences ne sont pas satisfaites. La punition peut être physique, financière, vous empêcher de voir vos amis, vous retirer son affection ou mettre fin à sa relation avec vous si vous ne faites pas ce qu'il dit.

Une remarque typique pourrait être : "Fais ce que je dis ou je te bats."

2. Les auto-punisseurs

Les autopunisseurs menacent de se faire du mal en guise de chantage et vous font porter le chapeau. Ils vous tiennent pour responsable de ce qu'ils s'infligent à eux-mêmes. Ils agissent ainsi pour déclencher en vous la peur et la culpabilité et vous obliger à faire ce qu'ils demandent.

Par exemple, "Si tu ne m'achètes pas ce cadeau, je vais me tuer."

3. Souffrants

Les personnes souffrantes ne vous menacent pas directement, mais montrent qu'elles sont tristes ou perturbées à cause de vous. Il vous rend responsable de son état émotionnel et attend de vous que vous vous pliez à ses désirs pour qu'il se sente mieux. Les personnes souffrantes utilisent les tactiques de la peur, de l'obligation et de la culpabilité pour vous manipuler.

Par exemple, un mari dit à sa femme : "Tu peux sortir avec tes amis si tu veux, mais je me sentirai triste et seul si tu le fais".

4. Tantalizers

Les tentateurs ne profèrent pas non plus de menaces directes, mais ils vous attirent avec la promesse de quelque chose de mieux si vous faites ce qu'ils veulent. Votre conjoint peut vous dire : "Je t'achèterai ce collier si tu restes avec moi à la maison ce week-end". Cependant, il tient rarement sa promesse.

Signes d'alerte et caractéristiques d'un maître-chanteur affectif

Voici les signes avant-coureurs du chantage affectif dans une relation :

- Si vous vous excusez fréquemment pour des choses que vous ne faites pas, comme l'état émotionnel négatif de l'autre personne ou ses emportements.
- Si votre partenaire insiste sur sa façon de faire et celle de personne d'autre, même au détriment des besoins et des émotions des autres.
- Il semble que vous soyez le seul à vous conformer et à faire des sacrifices.
- Si vous vous sentez menacé. Si vous vous sentez intimidé pour obéir aux exigences de l'autre personne.

Comme nous l'avons dit, le chantage affectif est un cercle vicieux, et en tant que victime, vous pouvez être enclin à vous excuser, à plaider, à pleurer et à céder aux exigences des autres. Mais vous aurez du mal à défendre vos besoins, à aborder directement le problème ou à communiquer avec le maître chanteur au sujet de son attitude inappropriée. Vous n'êtes pas en mesure de fixer des limites claires pour aider les autres à savoir ce qui est acceptable pour vous et ce qui ne l'est pas.

Tout cela se produit parce que vous ne connaissez pas les caractéristiques des maîtres chanteurs affectifs. À moins que vous ne le soyez, vous ne pouvez pas repérer si l'autre personne vous manipule ou non.

Toute personne pratiquant le chantage affectif présente les caractéristiques suivantes :

- Insiste sur le fait que vous êtes fou ou déraisonnable en remettant en question ses exigences.
- Il essaie de contrôler ce que vous faites.
- Ignore vos préoccupations.
- Il évite d'assumer la responsabilité de ses actes.
- Reproche toujours aux autres leur comportement.
- Vous donne des excuses vides.
- Utilise la peur, l'obligation, les menaces et la culpabilité pour arriver à ses fins.
- Pas prêt à faire des compromis.
- Justifie leurs comportements et demandes déraisonnables.
- Ils vous intimident jusqu'à ce que vous obéissiez à leurs demandes.
- Il vous reproche quelque chose que vous n'avez pas fait pour mériter votre compassion.
- Menace de vous faire du mal ou de se faire du mal.

Personnalités du maître-chanteur

Il n'existe pas de prototype exact des maîtres chanteurs affectifs, mais ils présentent certaines caractéristiques communes.

Ces personnes ont souvent des tendances narcissiques ou un sens exagéré de leur propre importance. Elles pensent être les meilleures en tout et s'en vantent. Tout dans leur vie est centré sur elles-mêmes, et si cela est menacé, elles sont sujettes à une colère, une frustration, une panique ou une dépression extrêmes. Les maîtres chanteurs font souvent preuve d'immaturité émotionnelle ; ils ne sont pas en contact avec leurs sentiments ou ne savent pas exactement ce qu'ils ressentent. Il est probable qu'il s'agisse de personnes qui ont été victimes de chantage affectif dans leur jeunesse et qui ont constaté que c'était une tactique efficace.

Les maîtres chanteurs ont tendance à vouloir l'approbation des autres, souvent en raison d'une faible estime de soi. Ils créent une scène à partir de chaque petit problème. Bien qu'ils soient très critiques envers les autres, ils ne peuvent généralement pas accepter les conseils ou les critiques.

Certains de ces traits sont facilement visibles, tandis que d'autres, comme les insécurités émotionnelles, la peur et la douleur, peuvent être profondément ancrés dans leur psychologie.

Le monde intérieur du maître-chanteur

Les maîtres chanteurs émotionnels sont des lâches au sens propre du terme. Ils détestent perdre et ne supportent pas la frustration. Leur frustration est liée à des peurs profondément ancrées de perte et de privation, et ils la vivent comme un avertissement les incitant à agir immédiatement pour éviter de subir des conséquences intolérables.

Ces personnes pensent pouvoir compenser les frustrations du passé en changeant leur présent. Les possibilités de chantage affectif augmentent considérablement lors de crises telles qu'une séparation ou un divorce, la perte d'un emploi, une maladie, un départ à la retraite, etc.

Ce n'est pas la crise qui en fait des maîtres chanteurs émotionnels, mais plutôt leur incapacité à gérer de tels problèmes. Souvent, vous observerez que les personnes incapables de traiter ces problèmes dans leur vie ont été soit surprotégées, soit ont tout eu dans leur enfance. Elles n'ont donc eu que peu d'occasions de développer leur confiance en elles et leur capacité à gérer toute sorte de perte. Au premier signe de privation ou de perte, elles se mettent en colère ou paniquent, et ont recours au chantage pour éviter de ressentir ce sentiment.

En général, les maîtres chanteurs se concentrent inconditionnelle-ment sur leurs désirs et leurs besoins. Ils s'intéressent moins aux autres personnes, ou à la façon dont leur pression vous affecte. Pour eux, chaque interaction avec vous est un schéma de relation qui passe ou qui casse. Si vous acceptez ce qu'ils veulent, ils resteront ou se retireront de la relation.

Les maîtres chanteurs savent ce que la relation représente pour vous et son importance. Par conséquent, ils utilisent des tactiques pour créer une rupture potentielle dans la relation. Ils savent et réalisent que vous ne laisserez pas tomber votre relation. Cela vous rend vulnérable à leur manipulation.

La plupart des maîtres chanteurs ont une attitude "je veux ce que je veux quand je le veux". Et l'urgence d'obtenir ce qu'ils désirent les em-pêche de voir les conséquences de leurs actes.

L'élément le plus marquant de la psyché d'un maître-chanteur est qu'il donne l'impression que tout tourne autour de vous. En fait, il parle de manière à vous donner l'impression que tout tourne autour de vous, mais en réalité, il ne s'agit pas du tout de vous. Il s'agit uniquement du maître chanteur et de ses désirs. Le chantage provient d'endroits peu sûrs de l'individu qui le pratique. La plupart du temps, il est lié au passé du maître-chanteur, plutôt qu'à son présent. Il est lié aux besoins du maître-chanteur, plutôt qu'à ce que le maître-chanteur dit de ce que vous faites.

Il faut être deux pour faire du chantage

Tout comme il faut être deux pour danser le tango, il faut être deux pour que le chantage réussisse, ou même se produise. Le maître-chanteur seul ne peut rien faire sans la participation active de la victime. Si vous ne donnez pas l'autorisation de faire du chantage, il ne peut pas se pro-duire.

Parfois, vous êtes conscient du problème, mais vous ne pouvez pas y résister parce que la pression du maître-chanteur déclenche une série de réponses programmées dans votre esprit, et vous agissez par impulsion. Par exemple, si le maître-chanteur menace de se tuer si vous n'obéissez pas à ses ordres, cela ne laisse pas beaucoup de place à la discussion. Vous êtes immédiatement saisi par la peur de perdre cette personne. Vous êtes enclin à céder, de peur qu'il ne fasse ce geste suicidaire. Ainsi, le maître chanteur ne vous a même pas laissé un espace pour réfléchir ou penser. Vous êtes obligé de réagir de manière impulsive.

Les maîtres chanteurs connaissent vos boutons "sensibles". Dès que vous résistez, la peur de la privation du maître-chanteur entre en jeu et il utilise vos boutons sensibles pour vous faire changer d'avis et obtenir ce qu'il veut.

Alors pourquoi ne pouvez-vous pas résister ? Pourquoi jouez-vous le rôle de victime dans les combines des autres ? C'est à cause des caractéristiques qui vous rendent vulnérable.

Principales caractéristiques et émotions des victimes

Non seulement les maîtres chanteurs, mais aussi les victimes du chantage affectif, se sentent peu sûrs d'eux, dévalorisés et dévalorisés. Elles doutent d'elles-mêmes à un degré préjudiciable.

Les victimes de chantage affectif présentent des traits communs qui les rendent vulnérables. Elles recherchent en permanence l'approbation des autres. Elles ont peur de la colère et souhaitent la paix à tout prix. Elles font souvent preuve d'une compassion et d'une empathie excessives. Les victimes de chantage aiment prendre sur elles la responsabilité de la vie des autres. Elles doutent beaucoup d'elles-mêmes et ont peur d'être abandonnées dans toute relation qu'elles entreprennent. Elles personnalisent les choses et ont généralement une faible estime d'elles-mêmes.

Lorsque vous présentez ces traits de manière répétée ou extrême, vous êtes condamné à devenir la "cible privilégiée" d'un maître chanteur affectif. Les maîtres chanteurs affectifs s'inspirent de la façon dont vous réagissez aux situations quotidiennes ou à leur comportement, et les utilisent contre vous.

L'impact du chantage affectif

Ces relations peuvent ou non mettre la vie en danger, mais elles privent la victime de son intégrité personnelle. Les victimes commencent à remettre en question leur sens de la réalité. Les effets du chantage affectif sur les victimes peuvent être considérés comme suit :

- Faible estime de soi.
- avoir une mauvaise opinion d'eux-mêmes ou croire qu'ils n'ont aucune valeur.
- Pensée déformée sur eux-mêmes.
- Cycle vicieux de chantage et de manque de confiance.
- La victime peut même trahir d'autres personnes pour plaire au maître-chanteur.
- Se sentir isolé et seul.
- Méfiance dans les relations.
- Anxiété et dépression.

Comment changer la dynamique ?

Après avoir pris connaissance des caractéristiques du maître chanteur, et des vôtres, qui vous rendent sensible au chantage affectif, il est temps de passer à l'action. De déterminer comment vous pouvez changer cette dynamique et cesser d'être traité de cette manière.

Que faut-il faire pour mettre fin au chantage affectif ?

Vous devez commencer à regarder la situation d'une nouvelle façon. Il est crucial de se détacher des émotions du maître-chanteur. Se détacher ne signifie pas devenir insensible, mais ne vous laissez pas perturber par ses émotions. Vous devez réaliser que vous êtes traité d'une manière qui n'est pas appropriée. Une fois que vous avez compris cela, engagez-vous à prendre soin de vous ; ne permettez pas à ce traitement abusif de se poursuivre. Réfléchissez aux demandes qui vous sont faites et à la façon dont elles vous mettent mal à l'aise.

Ne soyez pas tenté de céder à la pression du maître chanteur. Fixez vos limites. Prenez le temps de considérer la situation sous tous les angles et réfléchissez aux alternatives avant de prendre une décision. Ayez une vision claire de ce que vous espérez obtenir en changeant votre état d'esprit et votre façon de gérer la relation.

Respectez d'abord vos propres besoins.

Comment répondre aux maîtres chanteurs émotionnels ?

Une fois que vous avez changé votre état d'esprit pour aborder le maître chanteur différemment, il est temps d'apprendre les réponses spécifiques à ses déclarations de chantage. Cependant, le résultat ne sera pas là du premier coup. Vous devez vous entraîner à dire ces réponses jusqu'à ce qu'elles vous paraissent naturelles. Les maîtres-chanteurs vous bombarderont de visions des conséquences extrêmement négatives de ne pas leur obéir. Ils essaieront de faire pression sur vous pour que vous changiez votre décision. Mais tenez bon.

Vous trouverez ci-dessous les moyens spécifiques de répondre à leurs déclarations catastrophiques :

1. Ils disent : Je vais finir à l'hôpital si vous ne vous occupez pas de moi.
   Vous dites : C'est votre choix !
2. On dit : Vous ne reverrez pas vos enfants.
   Tu dis : J'espère que vous ne ferez pas ça, mais j'ai pris ma décision.
3. Ils disent : Tu n'es plus mon enfant, je vais te couper de ma volonté, je vais te faire souffrir, tu vas le regretter.
   Tu dis : Je sais que tu es en colère/en colère en ce moment.
   Pourquoi ne reparlerions-nous pas de ce sujet lorsque tu seras

moins contrariée ? Les menaces/les souffrances/les larmes ne fonctionneront plus.

4. Ils disent : Tu es égoïste.
   Vous dites : Vous avez droit à votre opinion.

5. Ils disent : Comment pouvez-vous me faire ça après tout ce que j'ai fait pour vous ?
   Vous dites : Je sais que ça ne va pas te faire plaisir, mais il doit en être ainsi.

6. Ils disent : Pourquoi gâches-tu ma vie ?
   Vous dites : Il n'y a pas de méchants ici. Nous voulons juste des choses différentes.

7. Ils disent : Pourquoi tu te comportes comme ça ?
   Vous dites : Je sais que vous êtes déçu par cette situation, mais ce n'est pas négociable.

Susan Forward propose trois tactiques - un contrat, une déclaration de pouvoir et une série de phrases d'affirmation de soi pour mettre fin au chantage affectif.

Contrat

Un contrat est une liste de promesses que vous allez vous faire à vous-même pour ne plus être victime de chantage affectif. Prenez le temps, chaque jour, de vous lire le contrat à haute voix.

Exemples de promesses :

Je me promets de ne plus laisser la peur, l'obligation et la culpabilité contrôler mes décisions.

Je promets d'apprendre et d'appliquer les stratégies contenues dans ce livre pour ne plus subir de chantage émotionnel.

Déclaration de puissance

Créez votre déclaration de pouvoir en réponse à celle du maître chanteur, et répétez-la sans cesse lorsque le manipulateur vous menace. Par exemple, "Je ne ferai pas ça" ou "Je ne ferai pas ça". Les déclarations fortes sont succinctes et ont un impact. Elles remettent en question vos doutes et vos croyances limitatives quant à votre capacité à gérer de telles personnes.

Phrases d'affirmation de soi

En cédant aux exigences du maître-chanteur, vous pouvez ressentir de la culpabilité, de la gêne, de la douleur, de la peur, de la honte, de l'anxiété, de la colère, du ressentiment, de l'impuissance, du désespoir, etc. La seule façon d'arrêter de ressentir ces émotions négatives est de commencer à changer vos pensées. La seule façon d'arrêter de ressentir ces émotions négatives est de commencer à changer vos pensées. Développez des schémas de pensée d'affirmation de soi à répéter chaque fois que des pensées négatives vous assaillent. Posez-vous la question suivante Est-ce que la demande que l'on me fait me met mal à l'aise ? Pourquoi ? Quelle partie de la demande est acceptable et quelle partie ne l'est pas ? Si j'obtempère, quelles seront les conséquences ?

Pensez toujours à SOS avant de répondre à une demande :

STOP - prenez le temps d'y réfléchir.
OBSERVEZ - vos réactions, vos pensées, vos émotions et vos déclencheurs.
STRATÉGIE - analysez les demandes et l'impact potentiel de la mise en conformité. Examinez ce dont vous avez besoin et étudiez les autres options possibles.

Comme les maîtres chanteurs sont très défensifs, ils peuvent commenter vos phrases et souvent aggraver les conflits. Essayez de rester à l'écart de ces déclarations et de vous en tenir à une communication non défensive, par exemple :

- Je peux voir que vous êtes bouleversé.
- Je comprends que vous soyez frustré.
- Je suis désolé que tu sois en colère.
- Je peux comprendre que vous le voyiez de cette façon.
- Parlons-en quand vous serez plus calme.

Gérer les maîtres chanteurs silencieux

Il est facile de répondre aux maîtres chanteurs qui profèrent des menaces ouvertes ou font du chantage verbal, mais qu'en est-il de ceux qui boudent en silence ? Que pouvez-vous dire ou faire lorsqu'ils ne disent rien ? Ce traitement silencieux est bien plus subtil qu'une attaque ouverte. Parfois, on a l'impression que rien ne fonctionne avec un maître chanteur silencieux. Cependant, si vous vous en tenez aux principes de la communication non défensive et que vous suivez les conseils suivants, vous pouvez également vous attaquer à un maître-chanteur silencieux.

A faire

N'oubliez pas que le maître chanteur auquel vous avez affaire est inadéquat, impuissant et qu'il a peur que vous le blessiez ou l'abandonniez.

Confrontez-les lorsqu'ils se sentent plus prêts à entendre ce que vous avez à dire. Envisagez de leur écrire une lettre.

Rassurez-les en leur disant que vous écouterez leurs sentiments sans riposter.

Faites preuve de tact et de diplomatie. Cela leur assure que vous n'exploiterez pas leurs vulnérabilités.

Dites des choses rassurantes comme "Je sais que tu es en colère en ce moment, et je serai prêt à en discuter avec toi dès que tu seras prêt à en parler", puis laissez-le tranquille. Si vous ne le faites pas, vous ne ferez que l'inciter à se retirer davantage.

Dites-lui ouvertement que son comportement vous dérange, mais commencez par lui exprimer votre reconnaissance. Par exemple : "Maman, je tiens vraiment à toi, et je pense que tu es l'une des personnes les plus intelligentes que je connaisse, mais cela me dérange vraiment quand tu te tais chaque fois que nous ne sommes pas d'accord sur quelque chose et que tu t'en vas. Cela nuit à notre relation, et je me demande si tu pourrais m'en parler."

Ne vous laissez pas détourner du sujet qui vous préoccupe. Restez concentré.

Attendez-vous à être attaqué lorsque vous exprimez un grief. Le maître-chanteur ressentira votre affirmation comme une attaque à son encontre.

Faites-leur savoir que vous savez qu'ils sont en colère et ce que vous pouvez faire pour y remédier.

Acceptez le fait que vous devrez faire le premier pas la plupart du temps.

Laissez passer certaines choses.

A ne pas faire

Attendez d'eux qu'ils fassent le premier pas vers la résolution du conflit.

Suppliez-les de vous dire ce qui ne va pas.

Continuez à leur demander une réponse (ce qui ne fera que les inciter à se retirer davantage).

Critiquer, analyser ou interpréter leurs motivations, leur caractère ou leur incapacité à être direct.

Acceptez volontairement de les blâmer pour ce qui les contrarie afin de les mettre de meilleure humeur.

Permettez-leur de changer le sujet de la discussion.

Se laisser intimider par la tension et la colère dans l'air.

Laissez votre frustration vous pousser à faire des menaces que vous ne pensez pas (par exemple, "Si tu ne me dis pas ce qui ne va pas, je ne te parlerai plus jamais").

Partez du principe que s'ils finissent par s'excuser, cela sera suivi d'un changement significatif de leur comportement.

Attendez-vous à des changements majeurs de personnalité, même s'ils reconnaissent ce qu'ils font et sont prêts à y travailler.

Le chantage affectif est une forme douloureuse et dysfonctionnelle d'abus qui peut vous déchirer. Vous pouvez vous sentir coincé dans une relation toxique avec un tel agresseur. Mais si vous tenez bon et utilisez les tactiques ci-dessus pour répondre à ses menaces, cela vous aidera à arrêter et à prévenir le chantage affectif dans vos relations.

Résumé du chapitre

1. Toute personne qui vous demande quelque chose dans une relation n'est pas un maître chanteur.
2. Ce ne sont pas les exigences qui font d'une personne un maître chanteur affectif, mais plutôt la façon dont elle s'y prend pour satisfaire ces exigences.
3. Un chantage affectif est une transaction entre le maître chanteur et la victime. Le maître chanteur est le "*contrôleur*" des émotions de la victime.
4. Le chantage affectif commence par une demande du maître-chanteur à laquelle la victime résiste. Toutefois, la résistance est de courte durée car le maître chanteur menace et fait pression sur la victime pour qu'elle se conforme à ses souhaits en utilisant les tactiques de la peur, de l'obligation et de la culpabilité. Cela crée un modèle de pression répétée sur la victime.
5. Les maîtres chanteurs émotionnels peuvent être classés en quatre catégories : les punisseurs qui menacent de faire du mal à la victime, les autopunisseurs qui menacent de se faire du mal, les souffrants qui rendent la victime responsable de leur mauvais

état émotionnel et les tentateurs qui attirent la victime avec de fausses promesses.

6. Tous les maîtres chanteurs affectifs présentent des caractéristiques communes : tendance narcissique, faible estime de soi, peur de perdre et d'être abandonné, colère profonde, panique, frustration et dépression, immaturité émotionnelle et absence de responsabilité.

7. Le chantage émotionnel ne peut avoir lieu que si la cible préférée du maître chanteur accepte la menace et cède.

8. Certains traits de caractère vous rendent sensible au chantage affectif exercé par les autres : faible estime de soi, recherche de l'approbation des autres, extrême compassion, pitié extrême pour les autres, peur de l'isolement et prise de la responsabilité des autres sur vos épaules.

9. Le chantage affectif peut mettre la vie de la victime en danger ou la tourmenter mentalement et émotionnellement.

10. La seule façon de ne plus être victime de chantage affectif est de changer votre état d'esprit et votre approche du maître-chanteur. Le fait de fixer des limites claires et d'utiliser une communication non défensive permet de gérer le chantage affectif avec succès.

Dans le prochain chapitre, vous apprendrez....

- Le FOG - Les tactiques utilisées par les maîtres chanteurs émotionnels.
- Projection du chantage émotionnel : blâme, culpabilité et honte.
- Les outils émotionnels des maîtres chanteurs.

Les tactiques de base du chantage

Après avoir pris connaissance des caractéristiques des maîtres chanteurs affectifs et de vos tendances qui vous rendent vulnérable à la manipulation, il est temps de se plonger dans les tactiques utilisées par ces maîtres chanteurs.

Savez-vous qui a popularisé le terme "chantage émotionnel" ?

Les thérapeutes et psychologues de premier plan, Susan Forward et Donna Frazier. Elles ont également introduit le concept de peur, d'obligation et de culpabilité, ou le FOG. Apprenons-en davantage sur ce FOG !

Le FOG

Le FOG est la technique que les maîtres chanteurs émotionnels utilisent et sur laquelle ils comptent pour réussir. En effet, leurs victimes ont peur d'eux, se sentent obligées envers eux ou coupables de ne pas faire ce qu'ils leur demandent. Le maître-chanteur connaît les sentiments de ses victimes et s'empare rapidement de leurs déclencheurs émotionnels pour permettre à son chantage de fonctionner. Le FOG représente la combinaison de trois stratégies que les manipulateurs utilisent pour faire chanter leurs victimes. Ils peuvent utiliser l'une ou l'autre, ou les trois, à moins que la victime ne succombe à leurs exigences. Il s'agit de la peur, de l'obligation et de la culpabilité.

Le fait de connaître les tactiques utilisées par les maîtres chanteurs affectifs vous aidera à ne pas vous comporter comme ils le souhaitent. Cela vous aidera à échapper à la manipulation et à l'exploitation aux mains d'une telle personne.

Les trois techniques utilisées par les maîtres chanteurs sont :

Ils utilisent vos peurs (F)

C'est quoi la peur ?

C'est une émotion, un sentiment que nous éprouvons lorsque nous anticipons que quelque chose de mauvais va se produire, comme la peur de perdre nos proches. Cependant, cette peur nous protège également du danger. Malheureusement, certaines personnes utilisent cette peur pour vous manipuler et vous faire accéder à leurs exigences. Pour vous faire du chantage émotionnel, les maîtres chanteurs utilisent différents types de peurs, telles que :

- La peur de l'inconnu.
- La peur de l'isolement.
- La peur de contrarier quelqu'un.
- La peur de la confrontation.
- La peur des situations délicates.
- La peur de votre sécurité physique.

Exemple : Le mari sait que sa femme a une liaison extraconjugale avec un autre homme. Il les a surpris ensemble en flagrant délit. Pourtant, il ne peut pas demander à sa femme d'arrêter de voir l'autre homme, car il **craint** que si elle le fait, elle ne le quitte.

Ils utilisent votre sens de l'obligation (O)

Une relation est un engagement. Vous êtes moralement lié à la personne avec laquelle vous êtes en relation. C'est votre obligation. Mais, lorsque cette même personne utilise ce sentiment d'obligation pour vous manipuler, pour appuyer sur vos déclencheurs émotionnels et vous forcer à vous conformer à ses souhaits, cela devient un chantage émotionnel.

Par exemple, votre partenaire peut faire pression sur vous et demander ce qu'il veut en vous rappelant toutes les choses qu'il a faites pour vous ou les sacrifices qu'il a consentis. Cela vous oblige à faire ce qu'il veut, même si cela ne vous plaît pas.

Ils vous font sentir coupable (G)

Si vous ne vous conformez pas aux exigences du maître-chanteur, même en utilisant votre sens de l'obligation, il utilisera sa prochaine tactique, à savoir la culpabilisation. Le maître-chanteur vous fera sentir coupable de ne pas avoir tenu vos promesses comme prévu. Il vous fera croire que vous méritez d'être puni. Par exemple, vous pouvez vous sentir coupable d'être heureux lorsque votre partenaire se sent déprimé(e) ; vous êtes victime d'un chantage émotionnel.

La technique du FOG réside dans l'obscurité. Elle découle des émotions et non d'une pensée logique de la part du maître chanteur.

Cependant, comme nous l'avons vu dans le dernier chapitre, il faut être deux pour faire du chantage. Si vous refusez d'être l'otage de la peur, de l'obligation et de la culpabilité utilisées par cette personne, si vous établissez des limites personnelles, si vous prenez soin de vous et si vous ne vous laissez pas aveugler par vos émotions, vous pouvez éviter d'être captivé par les exigences du maître-chanteur.

Une fois qu'il n'a pas réussi à vous captiver ou à vous manipuler, il est moins susceptible d'essayer à nouveau ces tactiques.

Qu'est-ce qui vous rend otage de la technique FOG du maître chanteur ?

Outre les caractéristiques qui font de vous une victime du chantage affectif, vous êtes la proie de la technique du FOG pour les raisons suivantes :

Le besoin de plaire aux gens - Vous finissez par céder au chantage affectif pour que l'autre personne ne soit pas en colère contre vous. Comme vous êtes vulnérable à ce stade, vous pensez que le traitement injustifié et sans amour que vous recevez est juste. Vous vous sentez coupable de mettre l'autre personne en colère.

Vous épuiser - Les compromis constants dans une relation, le fait de céder aux exigences d'une personne qui ne correspondent pas à vos propres besoins et désirs, peuvent vous épuiser. Cela vous rend plus sensible à la manipulation émotionnelle par la technique du FOG.

Peur de la colère et des représailles - La plupart des gens ont peur de la colère et des représailles des autres. Cette peur est un puissant moteur pour devenir une victime du chantage affectif.

Manipulation émotionnelle par les personnes souffrant de BPD

BPD est l'abréviation de borderline personality disorder. Il s'agit d'un trouble de la santé mentale qui a un impact sur la façon dont le patient pense et ressent les choses par rapport à lui-même et aux autres, provoquant des perturbations dans la vie quotidienne. Les personnes souffrant de cette maladie mentale ont des problèmes d'image de soi, des difficultés à gérer leurs émotions et leur comportement, et une peur intense de l'abandon. En bref, elles ne supportent pas d'être seules.

Les signes et les symptômes du BPD sont les suivants :

- Une peur intense de l'abandon, à tel point que la personne peut prendre des mesures extrêmes pour éviter une séparation réelle ou imaginaire.
- Avoir des relations intenses et instables. Par exemple, le patient peut idéaliser quelqu'un à un moment donné, puis croire soudainement que cette personne ne tient pas à lui.
- Les problèmes d'identité personnelle et le fait de se considérer comme mauvais ou comme si on n'existait pas du tout.
- Moments de paranoïa liés au stress et perte de contact avec la réalité.

- Comportement impulsif et risqué, comme les jeux d'argent, la conduite dangereuse, les dépenses effrénées, la boulimie, la toxicomanie ou le sabotage de la réussite en quittant soudainement un bon emploi ou en mettant fin à une relation positive.
- Menaces suicidaires, souvent en réponse à la peur de la séparation ou du rejet.
- De grandes variations d'humeur. Les humeurs peuvent fluctuer d'un bonheur intense à l'irritabilité en passant par la honte ou l'anxiété.
- Sentiments constants de vide.
- Une colère inappropriée et intense, comme perdre fréquemment son sang-froid, être sarcastique ou amer, ou avoir des bagarres physiques.

La lutte contre l'impulsivité et la peur de l'abandon amènent les personnes souffrant de TPL à recourir à la manipulation émotionnelle. Cependant, leur manipulation est un moyen de faire face à leurs angoisses et non un complot malveillant.

Comment faire face à la manipulation émotionnelle de votre proche atteint de BPD ?

Bien que votre proche ayant un BPD n'ait pas de mauvaises intentions à votre égard, le fait d'avoir affaire à lui peut créer beaucoup de douleur et de troubles émotionnels.

Randi Kreger, auteur et experte en matière de TPL, propose cinq étapes pour traiter avec un membre de votre famille ou un être cher atteint de TPL. Elle appelle son approche "Beyond the Blame System" (au-delà du système de blâme), qui est une manière empathique et rationnelle de faire face à la manipulation émotionnelle des personnes souffrant de BPD.

Les 5 étapes de son approche sont les suivantes :

1. Prendre soin de soi

La première étape consiste à demander du soutien à vos amis et aux membres de votre famille en qui vous avez confiance. Consultez également un thérapeute qualifié qui pourra vous guider sur la façon de traiter votre proche avec tact. N'oubliez pas de ne pas vous occuper de votre proche atteint de trouble borderline lorsque vous vous sentez fatigué, affamé, malade ou émotif. Prenez d'abord soin de vous et mangez bien. Trouvez des moyens de renforcer votre estime de soi. Ne prenez pas le comportement de votre proche atteint de BPD personnellement. Il réagit en raison de sa maladie mentale, et non pour vous faire du mal.

2. Sachez ce qui vous retient

Vous avez peut-être créé une relation de sauveteur avec votre proche BPD, mais ce n'est sain ni pour vous ni pour lui. Des actions telles que claquer les portes et jeter des objets ont peut-être été utilisées pour contrôler votre comportement, ce qui vous maintient dans la peur et dans un schéma répétitif avec votre proche BPD.

La peur peut vous contrôler d'autres manières, comme la peur de ses réactions, la peur des conflits, la peur d'être seul, etc. Sachez ce qui vous maintient coincé dans cette dynamique malsaine avec votre proche BPD.

3. Communiquer pour faire valoir son point de vue

S'approcher d'une personne souffrant de BPD et essayer de communiquer avec elle peut être effrayant car l'interaction a été chaotique et conflictuelle dans le passé. Vos tentatives ont été vaines et vous avez été dépassé par les événements.

Cependant, la communication est le meilleur moyen, et le plus sain, d'aller de l'avant. Lorsque vous vous adressez à la personne souffrant de BPD, faites toujours preuve d'empathie, d'attention et de respect (EAR). Si vous l'abordez de cette manière, vous aurez plus de chances de faire en sorte que votre proche se calme et vous écoute.

Pour communiquer, soyez bref, informatif, amical et ferme. Ne soyez pas critique ou sarcastique, mais tenez-vous en aux points positifs et restez ferme sur vos limites.

4. Fixez des limites avec amour

Cette étape peut sembler difficile si vous n'avez jamais fixé de limites avec votre proche atteint de BPD, ou si vous ne les avez jamais transgressées en raison du FOG. Mais n'oubliez pas que la fixation de limites est essentielle à votre santé mentale et à la santé de votre relation.

Vous devez communiquer vos limites avec fermeté, mais aussi avec amour. Par exemple, si vous choisissez de sortir de la pièce lorsque votre proche exprime sa colère, vous devez lui dire clairement que vous ne l'abandonnez pas. Vous devez lui dire à quel point vous l'aimez et que vous partez pour vous aider vous-même, et non pour le blesser. Vous ne reviendrez que lorsqu'il sera redevenu calme.

Commencez doucement en fixant des limites à votre proche. Soyez ferme, mais juste, et n'abandonnez pas vos limites. La fixation de limites est un engagement que vous prenez pour votre bien et celui de votre proche.

5. Renforcer le bon comportement

Les actions sont plus éloquentes que les mots. Ne réagissez pas impulsivement lorsque votre proche BPD exprime des émotions négatives démesurées. Toute réaction de ce type de votre part renforcera ses sentiments négatifs, même si vous ne réagissez de la sorte qu'occasionnellement. Soit vous vous éloignez un moment, soit vous n'abordez que les contributions positives.

Les outils émotionnels des maîtres chanteurs

La manipulation par les maîtres chanteurs affectifs peut inclure une agression ouverte, un abus narcissique et des formes subtiles d'abus émotionnel. Les outils et tactiques typiques qu'ils utilisent pour la manipulation sont :

Mentir

Eh bien, personne n'est 100% honnête, ni 100% menteur. Mais les manipulateurs sont des menteurs invétérés. Ils mentent même quand ce n'est pas nécessaire, non pas parce qu'ils ont peur ou qu'ils sont coupables, mais pour vous embrouiller et obtenir ce qu'ils veulent. En plus de mentir, ils peuvent vous mettre sur la défensive par de fausses accusations. Le mensonge peut se manifester par l'imprécision des informations données, ou par l'omission de la partie réelle et le fait de dire d'autres choses qui sont vraies.

Déni

Ne pas se rendre compte que l'on a été maltraité ou que l'on a une dépendance n'est pas un déni. Le déni consiste à renoncer à des choses que vous connaissez, comme des promesses, des accords et des comportements. Cela inclut également la rationalisation des excuses. Par exemple, le manipulateur peut faire comme si vous faisiez toute une histoire pour un problème insignifiant ou justifier ses actions pour vous faire douter de vous-même ou gagner votre sympathie.

Évitement

Les manipulateurs évitent à tout prix d'être confrontés ou de prendre leurs responsabilités. Ils évitent d'avoir des conversations sur leur comportement, qui peuvent être combinées avec une attaque du type "Tu me harcèles toujours". Cela vous piège dans le blâme, la culpabilité ou la honte.

L'évitement peut également être subtil lorsque le manipulateur déplace avec tact le sujet de la discussion vers autre chose. Il peut le camoufler avec des fanfaronnades, des compliments et des remarques que vous voulez entendre.

Par exemple, un mari peut détourner le sujet de la discussion en disant : "Tu sais combien je t'aime" ou "Tu es si attentionné et patient".

L'esquive est une autre tactique d'évitement qui brouille les faits, vous embrouille et vous fait douter de vous-même.

Projection - blâme, culpabilité et honte

Ce sont les tactiques de projection. La projection est un mécanisme de défense utilisé pour la manipulation par les narcissiques, les personnes souffrant de BPD et les toxicomanes. Il s'agit d'une défense par laquelle le manipulateur accuse les autres de son propre comportement. Ils croient en la devise "Ce n'est pas moi, c'est toi". En rejetant la faute sur les autres, ils mettent la personne visée en mode défensif ; celle-ci se sent alors coupable et honteuse, tandis que le manipulateur s'en sort en étant innocent.

Parfois, même les excuses peuvent être une autre forme de manipulation. Les toxicomanes rejettent généralement la faute de leur dépendance sur d'autres personnes, comme un patron exigeant ou un conjoint rancunier.

En vous culpabilisant et en vous faisant honte, les manipulateurs mettent l'accent sur vous, vous rendant faible et obtenant ainsi une chance de gagner sur vous. L'humiliation est un pas de plus que la culpabilisation pour vous faire sentir inadéquat.

La honte ne rabaisse pas seulement vos actions ou votre comportement, mais aussi votre personne. La comparaison est également une forme d'humiliation, comme lorsque les parents comparent leurs enfants à leurs frères et sœurs ou à leurs camarades de jeu.

Accuser la victime, c'est aussi la culpabiliser et lui faire honte. Par exemple, une femme trouve sur le téléphone de son mari des preuves qu'il flirte avec une autre femme. Le mari se montre outré parce que sa femme a vérifié son téléphone. Il a donc fait porter l'attention sur sa femme, qui est en fait la victime. En accusant sa femme d'avoir consulté son téléphone, il a évité une confrontation sur le flirt. En outre, il peut aussi mentir à ce sujet ou le contourner complètement.

Suite à cette réaction du mari, la femme se sent coupable d'espionnage, et il continuera à flirter sans se soucier des émotions de la victime. Le véritable problème du flirt n'est pas abordé.

Intimidation

L'intimidation n'est pas toujours directe. Elle n'inclut pas nécessairement des menaces directes à la victime à chaque fois. Elle peut aussi se faire par un regard, un ton de voix ou des déclarations du type :

- J'arrive toujours à mes fins.
- J'ai des amis haut placés.
- J'ai des contacts avec de nombreux influenceurs.
- Connaissez-vous les répercussions de votre décision ?

Parfois, le maître-chanteur peut aussi raconter une histoire qui suscite la peur chez vous, par exemple : "Elle a quitté son mari et a donc perdu ses enfants, sa maison et tout le reste". Il ne s'agit pas d'une menace directe, mais d'un avertissement à la victime : si elle ose s'opposer à lui, elle en paiera les conséquences, tout comme le personnage de l'histoire.

Jouer la victime

Le maître-chanteur peut vous persuader de céder à ses exigences en jouant lui-même le rôle de victime. Plutôt que de vous blâmer, il se blâmera lui-même pour susciter votre culpabilité et votre sympathie. Il peut dire : "Je ne mérite pas qu'on s'occupe de moi. Je ne vous ai pas donné beaucoup de soins moi-même, alors comment puis-je en attendre de vous

?". Cette tactique du "pauvre de moi" vous oblige à penser qu'ils ont raison et que vous avez tort. Vous commencez à vous laisser prendre au piège de leur manipulation et à vous conformer à ce qu'ils veulent.

Cependant, votre conformité alimente votre ressentiment, nuit à la relation et encourage la poursuite de la manipulation.

Une fois que vous connaissez les outils émotionnels et les tactiques que ces maîtres chanteurs utilisent pour vous manipuler, il devient plus facile d'identifier les cas de pressions et de tactiques similaires dans vos relations.

Maintenant, il est temps d'apprendre les stratégies pour faire face au chantage affectif.

Comment faire face au chantage affectif et cesser d'en être la victime ?

La première étape pour faire face au chantage affectif est de savoir ce qu'est le chantage affectif et comment vous pouvez reconnaître que vous ou quelqu'un d'autre est victime de chantage.

N'oubliez pas les points suivants lorsque vous traitez avec un maître chanteur affectif :

1. Ne cédez pas à leurs exigences

Bien que la situation puisse sembler effrayante si vous êtes confronté à des menaces physiques ou émotionnelles directes, le fait de céder à leurs exigences ne fera qu'encourager le maître-chanteur à recommencer. Cela ne fera qu'aggraver la situation. Alors tenez bon, soyez ferme et refusez d'accéder aux demandes du maître-chanteur. C'est d'autant plus important si la menace est violente envers vous ou d'autres personnes. Retirez-vous de la situation.

2. Sachez que les gens ne font pas chanter ceux qu'ils aiment.

L'idée fausse la plus courante chez les victimes au sujet du maître chanteur est que l'agresseur aime la victime et qu'il peut abandonner la relation si elle ne cède pas à ce qu'il veut.

Cependant, il est peu probable que cela soit vrai. Vous devez reconnaître que les personnes qui vous aiment vraiment, qui se soucient sincèrement de vous, ne feront jamais de demandes tout en menaçant de vous nuire ou de se nuire à elles-mêmes. Cela vous aidera à vous détacher de la situation, à voir la réalité et à avoir la possibilité de refuser de suivre leurs exigences.

3. Modifier l'équation

Parfois, il ne sera pas possible de contrôler le maître-chanteur, mais vous pouvez vous contrôler vous-même. Retirez-vous de la situation pendant un certain temps. Cela montre au maître-chanteur qu'il n'a personne à contrôler. De plus, vous serez en mesure de mieux gérer la situation lorsque vous ne serez pas sous pression.

Que ce soit vous ou votre proche qui soyez victime d'un chantage affectif, il faut avant tout en connaître les signes, afin de pouvoir retirer la victime de la situation en toute sécurité. Ne prenez jamais à la légère les menaces de violence à l'encontre de la victime.

Comment faire face aux projections des maîtres chanteurs ?

Comme nous l'avons vu, la projection est un mécanisme de défense des maîtres chanteurs, en particulier des narcissiques, des personnes souffrant de BPD et des toxicomanes. Lorsqu'ils se projettent, ils se défendent contre des impulsions ou des traits inconscients qu'ils se refusent à reconnaître ou qu'ils ne veulent pas reconnaître. Ils croient que leurs émotions proviennent de l'autre personne, alors qu'en fait, ce sont leurs pensées et leurs sentiments qui sont le problème. Par exemple, elles peuvent penser que l'autre personne les déteste alors que c'est elles qui détestent la personne.

La projection est un comportement qui indique un faible niveau de développement émotionnel ou de maturité.

Comment gérer la projection des manipulateurs ? Fixez vos limites afin de ne pas réagir avec colère au comportement projeté par les maîtres chanteurs. Ne vous jugez pas en fonction de l'opinion d'autres personnes. Bien que cela puisse être difficile si vous êtes une personne sensible, essayez de ne pas prendre les commentaires et les déclarations du projeteur personnellement. Essayez de faire preuve d'empathie à son égard. Et surtout, ne laissez rien entamer votre respect de vous-même et votre confiance en vous.

Résumé du chapitre

1. FOG ou peur, obligation et culpabilité sont les techniques utilisées par les maîtres chanteurs émotionnels pour manipuler avec succès leurs victimes.
2. Le besoin de plaire à vos proches, ou la peur de leur colère et de leurs représailles, vous rendent sensible à leur chantage affectif.
3. Outre la technique du FOG, les maîtres chanteurs affectifs utilisent des outils tels que le mensonge, le déni de leurs promesses ou accords, l'évitement de la confrontation/conversation sur leur comportement, la projection, l'intimidation et le jeu de la victime pour vous gagner.
4. La projection est un mécanisme de défense utilisé par les narcissiques, les personnes souffrant de BPD et les toxicomanes, qui utilisent le blâme, la culpabilité et la honte pour exercer un chantage émotionnel sur leurs victimes.
5. Ne pas céder aux exigences des maîtres chanteurs, fixer vos limites et communiquer directement et fermement avec eux pour garder votre opinion, sont les meilleurs moyens de faire face au chantage affectif et de ne plus en être victime.

6. N'hésitez jamais à demander le soutien d'amis, de membres de votre famille et de psychothérapeutes pour faire face au chantage affectif.

Dans le prochain chapitre, vous apprendrez....

- Les effets du chantage émotionnel sur les enfants.
- Parents difficiles contre parents toxiques.
- Les moyens de faire face au chantage dans une famille.

CHAPITRE QUATRE :

Le chantage dans la famille

Le processus de décision au sein de la famille est un phénomène complexe où de nombreux facteurs, dont les émotions, jouent un rôle important. Tant les parents que les enfants utilisent les émotions pour s'influencer mutuellement et orienter les décisions en leur faveur. Ce phénomène est généralement naturel et sain.

Les familles saines prennent leurs décisions sur la base de la négociation, de règles clairement définies et d'une autorité juste. Bien qu'il soit presque impossible de satisfaire tous les membres de la famille dans le processus de décision, les parents essaient d'écouter tout le monde avant de prendre la décision finale. Une telle discussion supprime la prise d'otage à la maison et permet à chacun d'exprimer ouvertement son opinion, voire son mécontentement. Ainsi, les problèmes sont exposés à la famille plutôt que la volonté d'une personne imposée à la famille.

En outre, lorsque les règles et les attentes sont claires, la structure d'autorité juste est claire, le besoin de manipulation devient moindre et les membres de la famille développent une confiance dans la décision prise.

L'utilisation des émotions devient nuisible lorsqu'elles sont utilisées comme des menaces pour contrôler le comportement d'une autre personne ou l'intimider. Les parents peuvent proférer des menaces à l'encontre de leurs enfants, les enfants peuvent les utiliser à l'encontre de leurs parents, et parfois même les grands-parents entrent dans ce cycle de menaces émotionnelles.

Ces menaces émotionnelles se manifestent généralement par de la rage, des cris, des pleurs, des gémissements ou des plaintes. Elles rendent non seulement la situation inconfortable pour la victime, mais l'obligent également à faire quelque chose qu'elle n'aime pas.

Lorsque ces menaces émotionnelles ont lieu dans des lieux publics, cela devient très embarrassant pour la victime, ce qui accroît encore la pression pour qu'elle cède. Après plusieurs épisodes de telles menaces, la victime est obligée de céder pour éviter de créer une scène en public. Dans ce cas, ce n'est pas seulement la pression psychologique, mais le simple fait d'être gêné qui crée une pression pour céder.

Les menaces émotionnelles répétées, qu'elles émanent du parent ou de l'enfant, créent une situation d'otage au sein du foyer.

La rétention est une autre forme de chantage affectif que l'on peut observer au sein de la famille. Le maître chanteur peut menacer de refuser l'amour, l'attention, l'argent ou la dignité pour obtenir ce qu'il veut.

Malheureusement, de nombreux parents utilisent le chantage affectif comme stratégie d'éducation de leurs enfants. Ils utilisent la peur, la culpabilité et l'intimidation pour faire faire à leurs enfants ce qu'ils veulent. Et la vérité est qu'ils sont souvent inconscients de ses conséquences sur leurs enfants. Ils ne se rendent pas compte de l'effet qu'il peut avoir sur les enfants et sur la relation qu'ils entretiennent avec eux.

Il semble très tentant et facile d'utiliser le chantage affectif et de faire en sorte que les enfants obéissent à leurs ordres, mais les conséquences sont immensément dommageables. Les enfants peuvent apprendre à faire du chantage affectif en imitant l'exemple donné par leurs parents.

Pourquoi les parents ont-ils recours au chantage affectif ?

Les parents ont souvent recours au chantage affectif, car il leur donne un moyen d'amener les enfants à obéir sans protester. Ce qu'ils ne comprennent pas, c'est que le contrôle n'est pas synonyme d'éducation. Les parents peuvent dire à l'enfant ce qu'il doit faire et comment le faire. Mais, s'ils le menacent s'il ne le fait pas immédiatement, ils réduisent la capacité de décision de l'enfant. Par conséquent, en grandissant, l'enfant sera soit excessivement dépendant, soit très rebelle.

De plus, le recours au chantage affectif envers les enfants révèle l'insécurité des adultes en tant que parents. Il montre qu'ils ont peu ou pas de patience et qu'ils ne peuvent pas respecter la façon de faire d'un jeune. C'est aussi la pire façon de se protéger des questions de son enfant.

Comment le chantage affectif affecte-t-il vos enfants ?

Le chantage émotionnel des parents est une forme de manipulation qui ne laisse pas le choix à l'enfant. Il est obligé de vous obéir, mais c'est probablement de courte durée. À long terme, la stratégie du chantage affectif ne fonctionnera pas. Au pire, l'enfant peut commencer à l'utiliser contre vous parce que c'est ce qu'il a retenu de vous - si vous ne pouvez pas obtenir ce que vous voulez par des moyens raisonnables, menacez les autres pour obtenir ce que vous voulez.

En outre, le chantage affectif peut remplir le cœur de votre enfant de ressentiment, qu'il ne peut expliquer au départ mais qui se manifeste en grandissant. Le chantage affectif ternit également l'amour dans les relations parents-enfants.

Pourquoi le chantage affectif ne fonctionne pas

Parfois, le chantage affectif exercé par les parents ne fonctionne pas parce que les parents profèrent des menaces qu'ils ne mettent pas à exécution. Aucun parent ne cessera d'aimer son enfant parce qu'il ne range pas sa chambre, alors à quoi bon le menacer de le faire ?

De nombreux psychologues ont prouvé que ces types de menaces ne durent pas longtemps et ont un très mauvais résultat. En utilisant des menaces, vous ne pourrez jamais faire apprendre et comprendre à votre enfant la véritable raison de garder sa chambre propre.

Ils n'apprendront jamais qu'en ayant une chambre bien rangée, ils peuvent facilement retrouver leurs affaires. Ils n'apprendront jamais l'importance de se brosser les dents. Et ainsi de suite.

Il est fort probable que, lorsque les menaces semblent cesser de faire sentir leur effet sur votre enfant, les bonnes habitudes que vous vouliez lui inculquer disparaissent également.

En bref, le chantage n'apprend pas à votre enfant à résoudre des problèmes ou à faire des choses parce que c'est mieux pour lui. Il ne modifie le comportement de l'enfant que pendant un moment, mais il n'y a pas de changement réel ou durable.

De même, si vous menacez votre enfant d'une conséquence et que vous ne la mettez pas à exécution, vous perdez toute crédibilité aux yeux de votre enfant. Vos menaces deviennent vides de sens.

Quelles sont les alternatives au chantage émotionnel ?

Si vous souhaitez dire à votre enfant de faire quelque chose ou comment le faire, la meilleure façon d'enseigner est de l'aider ou de l'accompagner dans l'accomplissement de la tâche. C'est bien mieux que de crier ou de donner des ordres depuis le canapé. Pour les enfants plus âgés, la meilleure méthode d'enseignement est l'exemple. Si vous voulez qu'ils fassent ce que vous voulez, laissez-les imiter vos actions et votre attitude. Donnez-leur quelque chose de positif à imiter.

Les enfants ne sont pas des robots. Seuls les robots et les machines répondent à nos ordres la première fois que nous les demandons. Il se peut donc que vous deviez répéter les choses plus d'une fois pour que votre enfant les fasse. S'il tarde à faire quelque chose, ce n'est pas toujours par paresse ou pour vous mettre en colère. Les enfants mettent du temps à apprendre et à se souvenir des choses. Laissez-les donc faire à leur rythme.

Parents difficiles ou toxiques

Les parents difficiles sont très prudents et peuvent inciter leur enfant à adopter un comportement similaire. À l'inverse, les parents toxiques sont plus hostiles au développement de la personnalité et à la formation du caractère de leur enfant.

Vous ne pouvez pas qualifier un parent de toxique si :

- Il/elle est un peu lunatique.
- Le stress dû à des problèmes financiers, relationnels ou familiaux.
- Ils sont préoccupés par le travail.
- physiquement et émotionnellement indisponibles pour leurs enfants.
- Ressentir du ressentiment et de l'amertume à l'idée d'être pris au piège de la parentalité.

Un tel parent est émotionnellement négligeant envers l'enfant, mais il n'est pas nécessairement toxique.

Voici quelques questions à vous poser sur le comportement de vos parents. S'il est constant et chronique, il se peut que vous ayez une relation toxique avec eux.

- Tes parents réagissent-ils de manière excessive ou font-ils une scène pour de petites choses ?
- Est-ce qu'ils vous font du chantage émotionnel ?
- Les demandes sont-elles fréquentes ou déraisonnables ?
- Essayent-ils de vous contrôler ?
- Est-ce qu'ils vous critiquent ou vous comparent aux autres ?
- Est-ce qu'ils vous écoutent avec intérêt ?
- Est-ce qu'ils vous blâment souvent ?
- Assument-ils la responsabilité de leur conduite ou s'excusent-ils ?
- Respectent-ils vos limites physiques et émotionnelles ?
- Respectent-ils vos sentiments et vos besoins ?
- Est-ce qu'ils vous envient ?

Les causes du comportement toxique des parents

La raison la plus importante du comportement toxique des parents est essentiellement la répétition de ce qu'ils ont eux-mêmes vécu dans leur enfance. Ce qu'ils ont appris et imité de leurs parents est maintenant transmis à leurs enfants sous forme d'abus.

Comme ils n'avaient pas suffisamment de conscience de soi, de connaissances et de compétences pour changer ces schémas improductifs, ils ont continué à appliquer le même style d'éducation. De plus, le fait d'avoir été eux-mêmes victimes d'abus toxiques dans leur enfance peut les avoir laissés avec un trouble de la personnalité ou un problème de santé mentale, ce qui affecte leur capacité à éduquer correctement leurs propres enfants.

Les personnes qui sont aujourd'hui parents, si elles ont été traumatisées dans leur enfance par le chantage affectif, peuvent très bien manquer d'empathie et de considération pour les besoins de leur enfant. La vulnérabilité de leur enfant déclenche l'insécurité émotionnelle des parents, qu'ils ne peuvent pas affronter, et ils punissent l'enfant pour avoir fait preuve de "faiblesse".

De l'autre côté du spectre de la parentalité toxique se trouvent les personnes qui ont eu une enfance apparemment bonne, mais qui ont été "choyées" et gâtées. Ils ont été trop gâtés et n'ont jamais eu à attendre pour obtenir ce qu'ils voulaient.

Ces personnes ont grandi en croyant que leurs besoins étaient prioritaires, qu'ils étaient supérieurs à ceux des autres et qu'ils méritaient d'avoir le pouvoir sur les autres. Elles pensent qu'elles doivent recevoir une attention particulière, des privilèges et des récompenses parce qu'elles sont supérieures aux autres.

Signes et symptômes des parents toxiques

Les parents toxiques font passer leurs sentiments et leurs besoins en premier. Ils sont égocentriques et se croient au centre de l'attention. Ils ont généralement un comportement erratique, imprévisible et effrayant. En raison de ces facteurs, ils ne peuvent pas offrir un environnement sûr et sécurisant à leurs enfants.

Ils ne peuvent pas accepter que leur enfant puisse parfois échouer car, à leurs yeux, c'est un reflet négatif d'eux-mêmes. L'échec de leur enfant les fait se sentir honteux, et ils punissent l'enfant pour les avoir fait se sentir mal. Ils sont jaloux et envieux si quelqu'un favorise ou apprécie leur enfant. À cause de l'envie, ils peuvent aussi devenir violents envers la beauté ou le talent de l'enfant.

Les parents toxiques considèrent leur enfant comme un "objet" sur lequel ils peuvent compter sur le plan émotionnel, physique, pratique et financier.

Il est difficile, ou plutôt impossible, pour l'enfant de plaire ou de satisfaire ce type de parent. Quels que soient leurs efforts, ils sont incapables de leur plaire. L'enfant de tels parents se sent réprimé et opprimé. Ses besoins physiques et émotionnels sont négligés. Souvent, les besoins de l'enfant, même ceux qui sont sincères, sont ressentis comme un fardeau par le parent toxique. Lorsque l'enfant pleure ou réclame des soins et de l'attention, ce parent le rabaisse, le ridiculise, l'ignore ou le punit.

Les parents toxiques ne s'intéressent pas à ce que leur enfant a à dire. Les sentiments et les opinions de l'enfant sont complètement ignorés.

Les parents toxiques créent une grave atmosphère de tension et de peur à la maison. Jouer à des jeux d'esprit avec l'enfant est la seconde nature des parents toxiques. Ils racontent des mensonges, transmettent des messages contradictoires, pour confondre et manipuler l'enfant. Ils intimident leur enfant, mentalement et émotionnellement. L'enfant, étant immature et possédant peu de dons innés pour le raisonnement, la rationalité et la logique, est incapable de remettre en question et de contester les motifs ou le comportement de ses parents. L'enfant ne peut pas oser défier le parent par peur des dures conséquences.

Les parents toxiques adoptent un comportement passif-agressif en ignorant les demandes et les commentaires de l'enfant. Même s'ils promettent quelque chose à l'enfant, ils ne tiennent jamais leur promesse.

Si vous contestez la conduite des parents toxiques, ils peuvent devenir agressifs et violents, ou donner un traitement silencieux en refusant de parler à l'enfant.

Les parents toxiques se présentent comme des victimes et essaient d'amener les autres à les croire et à se ranger de leur côté contre l'enfant.

Les parents toxiques sont toujours en mode "deal". Ils n'acceptent de faire quelque chose pour l'enfant que si celui-ci accepte leurs caprices et leurs fantaisies. Le parent toxique a besoin de se sentir puissant et de contrôler les pensées, les émotions, le langage et le comportement de l'enfant. Il étouffe l'expression émotionnelle authentique de l'enfant, allant jusqu'à lui dire qu'il a tort d'avoir des sentiments.

La culpabilisation et le chantage affectif sont leurs armes favorites pour amener leur enfant à se conformer à eux. Les parents toxiques sont souvent très critiques et scrutent les activités de l'enfant en utilisant le sarcasme, le blâme et les commentaires humiliants. Les parents toxiques respectent rarement les limites personnelles de leur enfant et s'y immiscent. Ils ont eux-mêmes des limites faibles et évitent de prendre des décisions ou de donner des conseils adéquats à leur enfant.

Les parents toxiques jouent le double rôle du martyr et de l'ennemi. À un moment donné, ils diront : " Comment peux-tu me traiter comme ça ? Après tout ce que j'ai fait pour toi ?". D'un autre côté, ils passeront à "Je voudrais que tu ne sois jamais né. Tu as ruiné ma vie.

Les parents toxiques ayant deux enfants ou plus les montent les uns contre les autres. Les deux sont traités différemment, mais pas de manière bénéfique pour l'un ou l'autre.

Les parents toxiques peuvent également abuser de leur enfant physiquement et sexuellement.

Comment faire face à des parents toxiques ?

Regardons la vérité en face. Certains individus sont si dangereux, si manipulateurs et si épuisants que vous feriez mieux de vous en éloigner. Mais, et si ces individus sont vos parents ? Est-il vraiment possible de couper tout contact avec eux ?

Non ! C'est pourquoi deux professionnels de la santé mentale - Justin Shubert, fondateur de Silver Lake Psychotherapy, et Rebekah Tayebi, thérapeute clinique et coach familial, conseillent les méthodes suivantes pour faire face à ce genre de situation.

Déterminer si vos parents sont réellement toxiques

La relation avec tes parents ne peut pas être rose à tout moment. Il y aura des moments de dispute où toi ou les parents ferez des erreurs. Ta mère n'aime pas ta robe ou te pose des questions. Elle peut dire quelque chose de critique qui vous énerve. Elle peut se comporter comme vous ne le souhaitez pas un million de fois, et vous avez envie de faire un trou dans le mur.

Cependant, toutes ces choses comptent pour une mauvaise équation et non pour des parents toxiques.

On parle de toxicité lorsque les besoins du parent prennent le pas sur ceux de l'enfant pendant une période prolongée. Ils ont une extrême difficulté à réguler leurs émotions, voire à les communiquer de la bonne manière. Par conséquent, toute conversation s'enflamme immédiatement. Les choses deviennent également très imprévisibles. Les psychothérapeutes vous conseillent de vous interroger : Avez-vous l'impression de pouvoir respirer en présence de vos parents ? OU êtes-vous constamment étouffé en leur présence parce que vous ne pouvez pas être vous-même et que vous vous sentez contraint de faire ce qu'ils veulent pour leur plaire ?

Comprendre que les limites habituelles sont perturbées par des parents toxiques.

Une chose est évidente dans les systèmes familiaux toxiques. Les enfants de la famille sont à l'écoute des besoins de leurs parents. La relation parent-enfant typique est inversée, et il y a beaucoup de confusion sur les limites à fixer.

Par exemple, un parent peut avoir une relation toxique avec son conjoint. Mais ils parlent et se disputent devant les enfants plutôt que de régler le problème à huis clos. En conséquence, les enfants sont également impliqués dans le discours parental et commencent à prendre le parti de l'un ou l'autre parent.

Les parents toxiques sont tellement absorbés par leurs propres besoins, leurs drames et leurs dépendances que leurs enfants n'apprennent jamais à être eux-mêmes.

Choisissez une phrase de référence pour réorienter la conversation.

Il est très facile pour les enfants de reprendre le comportement dysfonctionnel de leurs parents et de les imiter. C'est pourquoi il est essentiel de repérer les schémas négatifs dans le comportement des parents et, chaque fois que possible, de réorienter la conversation. Vous pouvez le faire en modélisant le type de comportement et de limites que vous souhaitez.

Par exemple, si l'attitude de votre mère devient envahissante, vous pouvez dire : "Maman, je comprends que c'est très difficile pour toi. Mais, je me sens un peu envahie maintenant."

Ainsi, vous validez les sentiments de vos parents et leur dites également ce que vous ressentez de leur part. Vous communiquez que vous

vous sentez escaladé, courbé ou anxieux, et que vous avez besoin d'une pause dans la conversation.

Pratiquez ces réponses à l'avance afin de pouvoir les utiliser comme mantra de sauvetage pour faire face à la situation.

Le parent peut ne pas respecter votre limite, mais il est beaucoup plus sain pour vous de parler comme un disque rayé plutôt que de céder à sa manipulation.

Disposez d'un plan d'action et d'un système de soutien sur lequel vous pouvez compter.

Il est parfois plus sûr et plus sain de rester avec ses amis qu'avec sa famille. Maintenir une distance de sécurité peut vous donner un espace de retraite. Prévoyez un itinéraire d'activités, afin de passer le moins de temps possible avec votre parent toxique.

Cela vous aide à fixer des limites et à décider :

- Combien de jours voulez-vous passer avec eux ?
- Voulez-vous vraiment rester avec eux ou non ?
- Si vous voulez rester avec eux, voulez-vous amener quelqu'un avec vous ?
- Combien de temps êtes-vous prêt à passer avec eux en une jour-née ?
- Avez-vous un plan d'évasion si les choses empirent ?

En pensant à ces choses à l'avance, vous éviterez de tomber dans le vieux cycle des victimes et des regrets.

De plus, soyez clair avec votre système de soutien sur la façon dont vous voulez être soutenu. Au lieu de vous défouler sur un ami proche, préparez vos amis à ce qui pourrait arriver en présence de vos parents. Dites-leur clairement ce que vous attendez d'eux.

Permettez vous de dire "Non"

La plupart des enfants qui grandissent dans un environnement parental toxique abandonnent leurs propres besoins au profit de ceux de leurs parents. Cependant, vous devez vous rappeler qu'il n'y a rien de mal à vous faire une place et à vous y engager.

Rappelez-vous que vos sentiments sont aussi valables que ceux de vos parents, et qu'il est tout à fait logique de vous donner l'espace dont vous avez besoin. Occupez-vous de vos sentiments à ce moment-là, puis reprenez la vie de famille.

Résumé du chapitre

1. Les familles saines prennent leurs décisions sur la base de la négociation, de règles clairement définies et d'une autorité juste. En revanche, lorsque les parents ou les enfants utilisent les émotions comme des menaces pour contrôler le comportement de l'autre, cela crée une situation d'otage à la maison.

2. De nombreux parents ont recours au chantage affectif parce que cela semble être le moyen le plus facile d'obtenir que les enfants obéissent à leurs ordres sans protester. Les parents qui ont recours au chantage affectif sont souvent eux-mêmes en insécurité affective.

3. Le chantage émotionnel chez les enfants réduit leur capacité de décision. Ils seront soit trop dépendants des autres, soit rebelles à l'avenir.

4. Le chantage n'apprend pas à votre enfant à résoudre des problèmes ou à faire des choses parce que c'est dans son intérêt. De plus, il ne modifie que momentanément le comportement de l'enfant.

5. La meilleure façon d'enseigner aux enfants ce qu'il faut faire et comment le faire est de les accompagner dans la tâche ou par votre exemple.

6. Les parents toxiques ont recours au chantage émotionnel parce qu'ils ont vécu le même traumatisme dans leur enfance.

Les signes révélateurs d'un parent toxique sont les suivants :

- Ils sont égocentriques.
- Ils ne peuvent pas accepter votre échec.
- Ils vous envient.
- Vous ne pouvez pas satisfaire/plaire à un parent toxique, même si vous essayez très fort.
- Ils négligent vos besoins et vos sentiments.
- Ils jouent à des jeux d'esprit et peuvent vous insulter.
- Ils vous malmènent, mentalement et émotionnellement.
- Ils peuvent être agressifs et violents envers vous.
- Sont très critiques.
- Pour faire face aux parents toxiques, il faut d'abord déterminer s'ils sont réellement toxiques ou non. Apprenez à dire non à leurs demandes et attentes déraisonnables. Fixez vos limites et faites-les respecter. Ayez des amis pour vous soutenir et sur lesquels vous pouvez compter si les choses tournent mal.

Dans le prochain chapitre, vous apprendrez....

- Le chantage dans les relations.
- Des choses apparemment innocentes qui sont du chantage émotionnel.
- Signes d'alerte du chantage affectif dans les relations amoureuses.
- La vie après les relations toxiques.
- L'amour véritable contre l'attachement.

CHAPITRE CINQ :

Le chantage dans les relations

Des choses apparemment innocentes qui sont du chantage émotionnel.

Pouvez-vous différencier un comportement sain de votre amant d'une manipulation toxique ? Malheureusement, il est facile de prendre la jalousie, la possessivité et d'autres actions malsaines pour de la romance ou de l'amour. Les experts préviennent que de nombreuses choses apparemment innocentes en amour peuvent être du chantage affectif. Parfois, c'est difficile à dire.

Le chantage affectif est l'un des principaux moyens utilisés par un partenaire pour contrôler l'autre en manipulant ses émotions de manière à le forcer à donner ce qu'il veut, même en dehors de sa volonté.

Elle peut prendre de nombreuses formes. L'une de ces formes est le sarcasme. Par exemple, si vous dites à votre partenaire ou si vous lui reprochez d'être trop critique, il vous répondra en disant : "Je suis désolé d'être une si mauvaise personne."

Au lieu d'utiliser cette critique de manière constructive, le partenaire maître chanteur utilise le sarcasme comme une réponse manipulatrice pour invalider les émotions de son partenaire et protéger les siennes.

Selon Kelsey M. Latimer, Ph.D., fondatrice de Hello Goodlife, le chantage affectif ne doit jamais être ignoré. Il doit être pris très au sérieux en tant qu'abus émotionnel, et vous devez immédiatement dire à la personne ce que vous ressentez. De plus, faites intervenir d'autres personnes si vous vous sentez en danger.

Voici des choses apparemment innocentes qui sont en fait du chantage affectif :

Ils veulent tout savoir sur vous immédiatement

C'est bien d'avoir quelqu'un qui veut tout savoir sur vous. Mais ce n'est pas si bien s'il essaie de tout savoir tout de suite et vous pousse au point de vous mettre mal à l'aise.

Par exemple, vous devez être prudent s'il vous pose des questions sur vos finances trop tôt dans la relation. Vous pouvez supposer qu'il se soucie de l'argent et de la stabilité, mais il se peut qu'il ne vous le demande pas pour les bonnes raisons. Surtout s'il vous pousse ou vous fait sentir mal de ne pas partager, c'est du chantage affectif.

Dans une telle situation, il est important de fixer vos limites. Si vous ne vous sentez pas à l'aise pour partager, ne le faites pas. La personne qui vous aime respectera vos limites.

Ils mettent le doigt sur vos défauts

Exprimer honnêtement ses faiblesses est une bonne chose, mais cela ne doit jamais être blessant. Si votre amoureux(se) fait constamment ressortir vos défauts, il s'agit d'un chantage affectif. Bien qu'il/elle puisse les évoquer de manière apparemment inoffensive, cela peut déclencher la peur et le doute dans votre esprit.

Lorsque vous êtes constamment critiqué, vous commencez à croire en ces mots. Vous commencez à vous regarder de haut. Vous devenez victime de chantage affectif et vous vous sentez coincé dans une relation parce que vous avez peur que personne d'autre ne vous aime pour vos défauts.

Lorsque la situation atteint ce stade, il s'agit clairement d'un cas de violence psychologique, et vous ne devriez pas hésiter à mettre fin à une telle relation.

Ils essaient de vous punir après un combat

Il est courant de se disputer avec son partenaire. Mais si, après la dispute, votre partenaire reste dehors pendant des heures sans dire où il est, c'est un signe de violence psychologique. Il vous punit pour le désaccord en vous faisant intentionnellement vous inquiéter ou vous sentir anxieux à son sujet.

Demander de l'espace après les chaleurs, c'est bien. Mais si quelqu'un le fait intentionnellement pour punir son partenaire, il s'agit d'un chantage affectif. Lorsque cela se produit la première fois, abordez votre partenaire calmement et expliquez-lui votre état mental. Si vous êtes dans une relation saine, votre partenaire veillera à ce que cela ne se reproduise pas.

Ils vont vous tester

Une relation saine est une relation équilibrée. Vous n'avez pas besoin d'aller jusqu'à vos extrêmes pour faire plaisir à votre partenaire. Par exemple, si vous avez envie de partir en vacances avec votre partenaire, mais qu'il insiste sur le fait qu'il ne pourra le faire qu'à condition que vous portiez les robes de son choix, c'est du chantage affectif. Cela montre qu'il ne vous accueille pas dans son monde si vous ne vous conformez pas à ses exigences.

C'est un comportement de contrôle qui rend la relation malsaine.

Ils tiennent un compte

Si votre partenaire pratique le chantage affectif, il fera tout son possible pour vous rendre service, mais aucune de ses actions n'est désintéressée. En fait, il ne cessera d'en parler pour vous rappeler les sacrifices qu'il a faits pour vous. Ils se serviront de leurs bonnes actions pour vous faire culpabiliser et avoir ce qu'ils veulent.

Ils se tournent vers vous pour tout

Il est agréable d'avoir besoin des autres, mais si quelqu'un commence à faire des déclarations telles que "Tu es la seule personne sur laquelle je peux compter" ou "Tu es la seule personne dans ma vie", il faut tirer la sonnette d'alarme. Personne ne devrait vous rendre responsable de son bonheur ou vous utiliser comme un outil pour garder ses problèmes à distance.

Ils veulent être tout pour vous

Si vous êtes le monde entier pour le maître chanteur, en contrepartie, il attend la même chose de vous. Ils veulent que vous vous tourniez vers eux pour tout ce dont vous avez besoin. En fait, ils feront tout ce qu'ils peuvent pour y parvenir. Bien que cela semble inoffensif, c'est un piège. Lorsque vous n'avez personne vers qui vous tourner à part eux, ils peuvent facilement vous contrôler.

L'important ici est de rester conscient de ces drapeaux rouges dans les relations. Il est facile de considérer ces choses comme innocentes et de les rendre romantiques. Mais si vous vous trouvez dans une telle situation de manipulation, confrontez votre partenaire et dites-lui ce que vous ressentez. Utilisez des déclarations "je" sans rejeter la faute sur votre partenaire.

Néanmoins, si vous ne parvenez pas à résoudre le problème, envisagez de mettre fin à la relation, car les relations dominées par ces méthodes sont malsaines et épuisantes sur le plan émotionnel.

Six signes avant-coureurs du chantage affectif dans les relations

Savez-vous quand cette relation amoureuse se transforme en chantage affectif ? Faites attention à ces signes :

1. Manipulation de vos décisions et de vos choix en y réagissant négativement.

2. Vous êtes intimidé jusqu'à ce que vous fassiez ce que votre partenaire veut.

3. Ils vous reprochent des choses que vous n'avez pas faites pour que vous vous sentiez coupable et obligé de céder à leurs exigences.

4. Votre partenaire vous accuse de quelque chose que vous n'avez pas fait.

5. Ils jouent les victimes et dramatisent leur souffrance publiquement jusqu'à ce que vous acceptiez ce qu'ils veulent.

6. Menacer de vous faire du mal ou de se faire du mal pour que vous fassiez (ou ne fassiez pas) ce qu'ils veulent.

Les personnes qui utilisent ces techniques pour vous contrôler travaillent souvent par cycles. Parfois, vous aurez l'impression qu'il y a des périodes pendant lesquelles tout est normal. Il n'y a pas de culpabilisation, ni de pression pour faire les choses à leur manière. Cependant, ces personnes sont des individus peu sûrs d'eux. Lorsqu'elles commencent à se sentir hors de contrôle ou mal à l'aise dans une situation, elles commencent à augmenter la pression de la manipulation sur vous.

Si vous êtes victime de ce genre de manipulation de la part de votre partenaire, demandez immédiatement l'aide d'un conseiller. Outre le conseil d'un thérapeute, suivez ces trois étapes cruciales :

1. Fixez des limites claires pour vous-même, et ne laissez pas la mauvaise attitude de votre partenaire vous faire changer d'avis. Y céder ne fait qu'empirer les choses.

2. Si votre partenaire menace de vous faire du mal physiquement, quittez immédiatement les lieux et appelez les autorités. Ne restez pas dans des situations dangereuses simplement parce que vous craignez de perdre vos biens personnels.

3. Faites appel à vos amis, votre famille ou vos proches pour obtenir du soutien.

Cependant, gardez à l'esprit que de nombreuses personnes ont un certain niveau d'insécurité émotionnelle. Et toute personne peu sûre d'elle ne se transforme pas en monstre. Parfois, votre partenaire n'a besoin que d'un simple réconfort de votre part. Mais lorsque les réassurances ne semblent pas suffisantes et que vous vous sentez de plus en plus manipulé par votre partenaire, ce sont les signaux d'alarme de la violence psychologique. Faites donc attention à ces signes d'alerte.

Êtes-vous vraiment amoureux de votre partenaire ?

L'amour est une chose compliquée. Il est facile de confondre attachement et amour. Cependant, voici quelques différences entre l'attachement et le véritable amour qui vous aideront à mieux comprendre vos relations.

L'amour est désintéressé ; l'attachement est égoïste

Quand on est amoureux, on cherche avant tout à rendre son partenaire heureux. Vous pensez toujours à des moyens de faire en sorte que votre partenaire se sente aimé et comblé. Vous ne surveillez pas qui aide le plus, ni ne vous disputez pour savoir qui fera la vaisselle. Vous ne faites pas pression sur votre partenaire et ne cherchez pas à dominer la relation.

À l'inverse, l'attachement vous pousse à vous concentrer sur vous-même, sur la façon dont il peut vous rendre heureux. Vous devenez fortement dépendant de votre partenaire et vous essayez même de le contrôler par peur d'être abandonné. Vous attendez de votre partenaire qu'il améliore votre estime de soi et comble le vide en vous. Vous le rendez responsable de votre bonheur et vous vous sentez frustré s'il ne parvient pas à vous satisfaire.

L'amour libère, l'attachement contrôle

Le véritable amour vous permet d'être vous-même. Si votre partenaire vous aime, il vous acceptera avec vos forces et vos faiblesses, et vous encouragera à être qui vous êtes vraiment. L'amour véritable permet de développer une confiance mutuelle et agit comme un catalyseur pour l'épanouissement personnel des deux personnes concernées. Lorsque votre partenaire vous accepte tel que vous êtes et vous encourage à poursuivre vos rêves, vous ne ressentirez jamais le besoin de contrôler sa vie.

L'attachement, quant à lui, alimente les schémas de contrôle. Vous ou votre partenaire pouvez empêcher l'autre de passer du temps avec ses amis ou le manipuler, sans tenir compte de ses sentiments.

L'amour est une croissance mutuelle ; l'attachement empêche la croissance.

Comme on l'a dit, l'amour développe la confiance mutuelle, qui, à son tour, contribue à l'épanouissement des deux partenaires concernés. Il vous aide tous les deux à devenir la meilleure version de vous-mêmes. En bref, votre partenaire stimule votre croissance, et vous faites de même pour lui.

L'attachement entrave votre croissance et celle de votre partenaire. Comme vous dépendez excessivement de lui pour résoudre vos problèmes et que vous essayez de le contrôler, cela entrave également sa croissance. Il n'est donc pas surprenant que cela rende difficile de s'aimer sainement.

L'amour est éternel, l'attachement est éphémère.

L'amour est éternel. Même si votre partenaire et vous vous séparez, temporairement ou définitivement, il continuera à avoir une place dans votre cœur et vous lui souhaiterez toujours le meilleur pour sa vie.

En revanche, si vous n'étiez attaché qu'à eux, vous leur en voudrez après la rupture. Vous les accuserez de trahison, car vous les considériez comme responsables de votre bonheur.

L'amour vous rend égoïste ; l'attachement renforce l'égo.

Une relation amoureuse réduit votre ego, favorise votre croissance et vous rend moins égoïste et plus aimant. Une telle relation alimente des changements positifs chez les deux partenaires, les encourage à s'ouvrir à leurs faiblesses, à leurs vulnérabilités et à communiquer avec leur cœur.

Par contre, les relations fondées sur l'attachement sont des stimulants de l'ego. L'attachement génère une dépendance à l'égard de votre partenaire, et vous avez l'impression que vous ne pouvez pas être heureux sans lui. Vous dépendez de votre moitié significative pour résoudre vos problèmes ou vous aider à les oublier.

Faire face au chantage affectif dans les relations

Si vous êtes confronté au chantage affectif d'un être cher, vous vous sentirez frustré et piégé. Mais les choses peuvent s'améliorer si vous prenez les mesures suivantes :

Étape 1 : Reconnaître le chantage affectif

Un maître chanteur affectif, même s'il s'agit d'une personne proche de vous, prend le dessus sur vous parce que vous ne reconnaissez pas ses tactiques. En conséquence, vous cédez à ses exigences et vous vous exposez à d'autres manipulations de sa part.

Il est donc essentiel de reconnaître le chantage affectif avant de pouvoir y faire face. Faites attention aux menaces ou aux punitions si vous ne faites pas ce qu'il veut. Les menaces peuvent prendre la forme d'un manque d'affection ou d'un sentiment d'insécurité dans la relation.

Exemple : Ils peuvent dire : "Si tu ne veux pas emménager avec moi dans cette maison, c'est tout à fait normal. Je savais que cette relation n'irait nulle part." Une telle déclaration vous fera ressentir le besoin de précipiter la relation ou de risquer de la perdre.

Remarquez s'ils menacent de se faire du mal si vous ne faites pas ce qu'ils disent.

Exemple : Votre partenaire peut dire : "Je sais que tu ne m'aimes pas ou que tu ne te soucies pas de moi ; sinon, tu ne refuserais pas de me donner de l'argent. Je suis un si mauvais mari. Je ne mérite plus de vivre."

Observez quand l'être aimé essaie de vous faire sentir coupable sans raison. Le maître chanteur peut essayer de vous accuser de lui faire du mal, même si vous n'avez rien fait. Méfiez-vous si cette culpabilité vous pousse à faire des choses pour lui, il peut s'agir d'un chantage affectif.

Exemple : Des déclarations comme "Tu ne fais jamais ce que je veux". ou "Mes amis disent que tu me négliges" peuvent vous faire sentir coupable.

Prenez note des moments où ils essaient de vous faire ressentir un sentiment de devoir. Dans une relation, vous avez une responsabilité envers votre famille, vos amis et votre partenaire. Cependant, si l'être aimé essaie de vous faire accepter un sens du devoir alors que vous ne le faites pas, il essaie de vous manipuler. En procédant ainsi, le maître chanteur essaie de vous convaincre d'assumer un rôle ou une responsabilité qui n'est pas la vôtre.

Exemple : Votre voisine peut vous demander de garder ses enfants gratuitement.

Méfiez-vous de leur stratégie de blâme. Il s'agit d'une forme de manipulation émotionnelle visant à vous faire faire ce qu'il veut. Il vous accusera de choses que vous n'avez pas faites.

Exemple : Votre femme a perdu son emploi à cause de son attitude négligente. Cependant, elle pourrait vous en vouloir en disant : "J'ai perdu mon emploi parce que tu ne m'as jamais acheté de meilleurs vêtements de travail."

Sachez quand votre proche fait passer ses besoins avant les vôtres. Cela montre qu'elle ne se préoccupe que d'elle-même et qu'elle attend donc de vous que vous répondiez à ses besoins.

Exemple : Si votre partenaire vous demande de quitter votre travail pour écouter ses problèmes, mais vous coupe la parole lorsque vous souhaitez vous épancher sur votre situation.

Étape 2 : Fixez vos limites

Ne leur donnez pas ce qu'ils veulent

Dire "oui" aux demandes du manipulateur ne fera que renforcer sa conduite. Même si leur menace semble insupportable, tenez bon et restez ferme. S'il continue à vous pousser, éloignez-vous pour prendre quelques instants pour vous. Demandez du soutien à un ami ou à un parent.

Faites preuve d'empathie envers leur situation, mais ne cédez pas à leurs exigences. S'il menace de vous faire du mal, appelez les services d'urgence. S'il menace de se faire du mal, appelez les secours et restez avec lui. Demandez-lui ce qu'elle ressent en ce moment.

Ne prenez pas leurs commentaires personnellement. Ignorez certaines choses qu'ils disent pour attirer l'attention, en poursuivant votre partie de la conversation comme s'ils n'avaient rien dit.

Dites-leur de clarifier leurs intentions

Cela vous aidera à déterminer toute attitude ou action inappropriée sans les blâmer ou les accuser. Cela les oblige également à exprimer clairement ce qu'ils veulent et vous permet de vous adresser à eux sans vous soucier de leurs menaces émotionnelles.

Indiquez clairement ce que vous acceptez et ce que vous refusez.

Le fait de fixer vos limites et d'en parler aux autres leur donne des indications sur la manière de se comporter avec vous. Dites-leur franchement que vous n'accepterez aucune tactique de manipulation. Au contraire, s'ils veulent quelque chose, ils doivent vous le dire clairement.

Vous pourriez dire : "Je ne t'écouterai pas si tu cries et hurles après moi. Je quitterai la pièce. Cependant, je suis prêt à t'écouter si tu parles d'un ton doux et calme."

Prenez leurs menaces de violence au sérieux

Il est important de prendre leurs menaces de violence au sérieux et d'appeler à l'aide, qu'ils menacent de vous blesser ou de se blesser eux-mêmes. S'il menace de vous faire du mal, retirez-vous immédiatement de la situation et, si nécessaire, appelez la police.

Ne vous tenez pas responsable de leurs sentiments et de leurs actions.

Ces personnes vous blâment pour vous faire sentir coupable et agissent comme si vous étiez responsable de leurs sentiments et de leurs actions. La vérité est qu'ils sont responsables de leurs sentiments, tandis que vous êtes responsable des vôtres.

Par exemple, il peut essayer de vous rendre responsable de sa mauvaise humeur et attendre de vous que vous l'arrangiez. Bien qu'il n'y ait rien de mal à remonter le moral d'une personne, elle ne doit pas vous manipuler pour cela. Votre responsabilité ne devrait pas tourner uniquement autour de cela. Vous pouvez faire preuve d'empathie et lui dire : "Je suis désolé que tu aies eu une mauvaise journée. Je ne peux pas le changer, mais j'aimerais passer une bonne soirée avec vous."

Donnez suite s'ils dépassent vos limites

Tout en fixant vos limites, il est également essentiel de décider des conséquences si quelqu'un les enfreint. Les maîtres chanteurs affectifs tenteront de tester vos règles. Vous devez donc rester ferme et faire ce que vous avez promis de faire s'ils enfreignent vos règles.

Si vous avez dit que vous appelleriez la police s'ils vous menaçaient violemment, faites-le. En agissant ainsi, vous leur faites comprendre que vos règles sont réelles et qu'ils les respecteront. Dans le cas contraire, ni vous ni vos limites ne seront reconnues, et vous ne ferez qu'encourager la manipulation de votre part.

Prenez une pause de la personne si le problème est grave.

Si votre proche continue à faire pression sur vous, votre santé émotionnelle en pâtira. Il est donc préférable de vous protéger et de passer du temps loin d'eux. Cela lui fera également comprendre que vous ne tolérerez pas les manipulations ou les mauvais comportements.

Étape 3 : Confronter la personne

Appelez-les lorsqu'ils vous accusent

Dites-leur que vous ne prendrez pas la responsabilité de leurs actions. Demandez-leur d'accepter la responsabilité de leurs actes et encouragez-les à résoudre leurs problèmes.

Vous pouvez dire : "Ce n'est pas ma faute si tu as oublié ton téléphone ce matin. Je suis désolé que tu aies dû rester sans ton téléphone au bureau aujourd'hui, mais tu dois accepter la responsabilité de tes actes."

Exprimez vos sentiments sur leur comportement

Comme les maîtres chanteurs affectifs sont davantage concentrés sur leurs sentiments, ils peuvent ne pas se rendre compte qu'ils vous font du mal. Il est donc de votre devoir de leur dire comment leurs actions vous affectent, que c'est vous la victime, pas eux.

Adopter un mode de communication non défensif

Si vous les blâmez ou les accusez en retour, ils seront sur la défensive et vous manipuleront davantage. Il sera alors difficile de résoudre le problème. Adoptez donc une manière non défensive de communiquer avec eux. Par exemple :

- Ne refusez pas immédiatement leurs plaintes.
- Prenez la parole à tour de rôle.
- Ne les accusez pas de quoi que ce soit.
- Ne soulignez pas leurs actions pour justifier les vôtres.

Utilisez des déclarations "je".

Lorsque vous lui faites remarquer son comportement, utilisez des formules du type "je" pour mettre l'accent sur ce que vous ressentez plutôt que de le blâmer. Cela réduit le risque qu'il se mette sur la défensive et s'éloigne de la conversation.

Demandez-leur de vous aider à résoudre le problème

Cela leur fait voir que vous êtes leur ami et non un ennemi, et ils peuvent passer de votre côté. Ils se sentent ainsi rassurés de savoir que vous ne les attaquez pas.

Vous pouvez dire : "Je sais que nous avons eu du mal à communiquer l'un avec l'autre. Je veux vraiment avoir une bonne relation avec toi. Penses-tu que nous pouvons travailler ensemble pour résoudre ce problème ?"

Étape 4 : Faire face à un proche manipulateur

Reconnaissez vos déclencheurs émotionnels

Vos proches, en particulier ceux qui vous sont les plus proches, ont une capacité particulière à vous manipuler car ils vous connaissent parfaitement. Ils connaissent les déclencheurs émotionnels qu'ils peuvent utiliser pour se glisser dans votre peau. Ces déclencheurs peuvent être :

- L'amour peut être utilisé pour vous adoucir.
- Colère et apathie.
- Des critiques pour vous faire sentir coupable de ne pas en faire assez pour eux.
- Leur souffrance.
- L'impuissance.
- Explosivité pour que vous ayez peur d'eux.

Écoutez leurs sentiments sans changer d'avis

Parfois, votre proche peut être en réelle détresse. Il est utile d'en parler avec lui et d'écouter ce qu'il ressent. Cependant, vous ne pouvez pas nécessairement lui donner ce qu'il veut. Sinon, vous risquez d'être manipulé.

S'éloigner de leurs crises de colère

Si ses actions sont incontrôlables, par exemple s'il pique une colère ou pleure sans arrêt, prenez une pause. Ils pensent qu'en étant aussi dramatiques, ils peuvent vous faire sentir mal et vous manipuler. Il est important de réaliser à ce moment-là que ce n'est pas vous qui les poussez à se comporter ainsi. Ils le font eux-mêmes.

Donnez-leur le bénéfice du doute lorsqu'ils se comportent bien.

Malheureusement, le chantage affectif peut vous rendre sceptique à l'égard de la personne que vous aimez, et vous commencez à douter de ses intentions, même si elle n'est pas manipulatrice. L'accuser de manipulation alors qu'il ne le fait pas peut nuire à votre relation.

Donnez l'exemple d'un bon comportement

Vous pouvez accidentellement apprendre à votre proche à faire du chantage affectif en faisant de même avec lui, notamment avec les enfants. Au contraire, montrez-leur l'exemple en vous comportant comme vous le souhaiteriez. Ayez une communication saine avec eux, soyez responsable de vos actes et suivez les règles familiales.

Par exemple, n'essayez pas de contrôler votre enfant en disant : "Tu as gâché mon humeur. Tu m'as rendu triste". Ne cassez pas leurs biens si vous vous sentez en colère.

La vie après les relations toxiques

Enfin, si toutes les méthodes pour faire face à une relation toxique ont échoué, vous devez mettre fin à cette relation. Il est naturel de se sentir abattu après cela, et de passer quelques jours à faire son deuil. Cependant, certaines personnes connaissent ce qu'on appelle le syndrome relationnel post-traumatique. Il s'agit d'un syndrome de santé mentale qui survient après avoir subi un traumatisme dans une relation intime. Ces sentiments peuvent vous empêcher de trouver une relation plus saine à l'avenir.

Signes du syndrome relationnel post-traumatique

1. Peur de prendre un autre engagement

Il est normal, et même sain, de prendre du temps, après la rupture d'une mauvaise relation, avant de s'engager dans une nouvelle relation. Si vous souhaitez chercher une autre relation mais que vous n'arrivez pas à vous y résoudre, il se peut que vous soyez encore sous le coup du traumatisme de la dernière relation. Vous doutez de vous et avez une faible estime de vous-même. Dans ce cas, demandez le soutien de vos amis ou même d'un conseiller pour trouver les moyens de surmonter le traumatisme et d'apprendre à faire confiance à nouveau.

2. Sentiment d'indignité ou de manque de confiance en soi

Si vous vous sentez abattu et sans valeur après une rupture, c'est un signe de traumatisme. Ces pensées sont un effet secondaire des mots durs de votre ex qui a pu vous manipuler à l'extrême et éroder votre estime de soi. Bien qu'il soit difficile de s'en défaire, il est possible de se débarrasser de ces pensées avec l'aide d'un thérapeute.

3. Se sentir coupable

Une fois la relation terminée, vous pousserez un soupir de soulagement. Mais après quelques jours, vous serez peut-être entouré de sentiments de culpabilité et de doutes sur vous-même. La relation toxique a créé une telle dépendance en vous qu'il est courant de se demander : "Ai-je fait ce qu'il fallait ?" ou "Était-ce vraiment ma faute ?". À ce stade, de nombreuses personnes se remettent avec leur ex pour faire disparaître ce malaise. Cela peut être bien dans certains cas, mais renouer avec un ex toxique ? Donnez-vous beaucoup de temps pour réfléchir à ce que vous avez vécu dans cette relation, et pour savoir si vous voulez vraiment vous remettre avec lui.

4. Sentiment d'isolement et de solitude

Un autre sentiment qui vous enveloppe après la rupture est le sentiment intense de solitude. Il y a un sentiment général de temps perdu, de jours, de mois et d'années de vie. Cela peut vous mettre dans un état très vulnérable. Il peut également conduire à des relations de rebond alors que vous luttez pour vous libérer de ces émotions négatives.

5. S'engager dans une autre relation malsaine

Si vous ne vous donnez pas le temps de vous remettre de la relation toxique, de traiter votre traumatisme ou d'apprendre les caractéristiques d'une relation saine, vous risquez de tomber immédiatement dans une autre relation tout aussi mauvaise.

6. Difficulté à laisser tomber

Il est courant de se sentir déprimé après une rupture, mais il est d'autant plus difficile de tourner la page après une rupture toxique. Vous pouvez vous concentrer sur des choses que votre ex a dites, essayer de rejouer ces scènes ou vous demander comment les choses auraient pu être différentes.

Il est possible de détourner votre attention de votre ex, de vous concentrer sur vous-même et de remplir votre cerveau de pensées plus saines et positives. Demandez l'aide de vos amis ou d'un thérapeute qualifié qui pourra vous aider à résoudre les problèmes que vous rencontrez pour le laisser partir.

7. Avoir des pensées intrusives

Ce n'est pas grave si vous avez des pensées sur votre ex ou sur ce qui a mal tourné de temps en temps. Mais vérifiez si ces pensées ne vous obsèdent pas. Cela peut vous faire douter de vos choix en matière de relations, et vous aurez du mal à faire confiance au processus de construction d'une relation. Il vous sera difficile de faire confiance à votre instinct sur les autres. Tout cela conduit à la distraction, à des actes impulsifs, à un sommeil perturbé ou à des pleurs et une irritabilité constants. Consulter un thérapeute sera le bon choix pour vous aider à aller de l'avant.

8. Sentiment de méfiance dans les nouvelles relations

Lorsque vous vous lancez dans une nouvelle relation sans vous être débarrassé des blessures du passé, il est courant de s'attendre à ce que ces mauvaises choses se reproduisent. Après avoir quitté une relation toxique, vous vous surprenez souvent à vous méfier de vos amis, de votre famille ou de vos nouvelles relations.

Prendre conscience de cette tendance est la première étape de la guérison. Vous devez être conscient si vous sentez quelque chose de négatif dans les nouvelles relations, mais aussi si vous qualifiez une simple erreur de votre nouveau partenaire de quelque chose de néfaste. Cela peut gâcher votre nouvelle relation.

Parlez-en à votre thérapeute ou à un proche pour vous aider à surmonter les marques du traumatisme et à gérer ces problèmes de confiance.

9. Sentiment d'insécurité

Le traumatisme de la relation toxique passée peut également vous rendre peu sûr de vous, et vous pouvez vous retrouver à vous excuser fréquemment auprès de votre nouveau partenaire. Lorsque vous avez vécu une relation toxique, vous développez des schémas d'adaptation pour limiter les disputes au minimum. La plupart de ces stratégies consistent à s'excuser et à s'excuser pour vos pensées, vos sentiments et vos actions. Cela conditionne votre esprit à croire qu'en vous excusant, vous pouvez contrôler la réaction de votre partenaire. Et vous continuez à faire de même avec le nouveau partenaire pour vous protéger de la blessure subie précédemment.

10. Sentiments d'anxiété

Soyez attentif à tous les signes de stress que vous pouvez avoir, en particulier ceux liés à vos relations. Le syndrome relationnel post-traumatique découle principalement de la peur et de la méfiance dans les relations.

Il peut y avoir de nombreuses autres causes d'anxiété. Ne concluez donc pas trop vite que vous avez vécu une relation toxique ou que vous avez été traumatisé simplement à cause de ce sentiment d'anxiété. Si elle correspond à ce que vous avez vécu dans le passé, elle pourrait probablement en être la cause. Demandez un traitement à un thérapeute si nécessaire.

11. Avoir des flashbacks et des cauchemars

Il est possible d'avoir des flashbacks de moments passés ou de se réveiller en sueur après un mauvais rêve après avoir quitté la relation toxique. Vous pouvez avoir des accès de colère et de tristesse, ou des vagues de doute sur vous-même, et prendre une trop grande part de responsabilité dans ce qui s'est passé.

Comme tout cela n'est pas sain pour vous, il est important de chercher de l'aide et du soutien dès que possible. Cela vous aidera à dépasser le traumatisme et à créer des relations plus saines à l'avenir.

Comment conserver sa grâce après une mauvaise rupture ?

La conséquence la plus grave de la rupture d'une relation toxique est que vous pouvez perdre tout votre calme et essayer de blesser votre ex de la même manière qu'il vous a blessé. Cependant, vous pouvez empêcher que tout cela ne vous arrive ; gérez votre rupture avec grâce en suivant les étapes suivantes.

Rappelez-vous de ne pas être en mode attaque après la rupture. Il est naturel de ressentir le désir de se venger de quelqu'un, mais cela ne fait que créer un cycle d'interactions malveillantes dont il sera difficile de se remettre. Reconnaissez plutôt votre blessure et prenez le temps de vous en remettre.

Admettez vos sentiments négatifs après la rupture et gérez-les sainement plutôt que de les nier derrière un faux masque de force.

N'utilisez jamais votre vulnérabilité pendant cette période pour exercer un chantage émotionnel sur votre ex. Cela ne fera qu'inviter la culpabilité et le ressentiment. Vous devrez prendre vos responsabilités pour vous rétablir et retrouver votre force émotionnelle.

Prenez vos distances avec votre ex pour prendre le temps de vous remettre. Évitez ses endroits préférés, les endroits que vous aimez tous les deux, et rencontrez vos amis communs séparément. Broyer du noir sur votre relation ne fera qu'aggraver votre douleur.

Respectez les secrets de votre ex et ne les révélez pas à vos amis pour vous venger de ce qu'il a fait. N'oubliez pas que vos secrets sont en possession de votre ex-partenaire et qu'il peut faire la même chose avec vous.

N'annoncez pas votre rupture et vos sentiments négatifs sur les médias sociaux. Évitez de poster des chansons tristes et des mises à jour de statut cryptiques sur les médias sociaux. Ne laissez pas votre état intérieur ternir votre image sur les médias sociaux.

Vous pouvez vous sentir coupable et avoir du ressentiment après la rupture. Cependant, ne laissez pas ce ressentiment influencer vos décisions dans le présent et pour l'avenir. En fait, ne vous focalisez pas sur le ressentiment mais sur la guérison de ces blessures.

Trouvez un ami ou un système de soutien où vous pourrez exprimer vos émotions - colère, rage, tristesse, vulnérabilité, etc. Trouvez également une activité pour convertir cette rage en quelque chose de positif. Il peut s'agir d'une activité artistique ou d'une séance de gymnastique.

Évitez les ragots sur votre rupture dans votre groupe social. Ne révélez pas les détails à tout le monde. Gardez les choses confidentielles en ne les révélant qu'à un petit groupe d'amis de confiance.

Après la rupture, il est naturel que votre ex se comporte comme un con, qu'il refuse de vous rendre vos affaires, qu'il dise du mal de vous à ses amis ou qu'il ait d'autres comportements odieux. Contrez son comportement avec calme, gentillesse et dignité.

Résumé du chapitre

1. La jalousie, la possessivité et d'autres sentiments malsains sont souvent pris à tort pour de la romance ou de l'amour.
2. Dans une relation amoureuse, il y a certaines choses qui semblent innocentes mais qui peuvent être du chantage affectif. S'ils veulent tout savoir sur vous immédiatement, s'ils soulignent vos défauts qui n'existent pas, s'ils essaient de vous punir après une dispute, s'ils vous testent ou comptabilisent toutes les bonnes actions qu'ils ont faites pour vous, s'ils se tournent vers vous pour tout, ou s'ils veulent être votre tout.
3. Vous pouvez savoir si vous êtes dans une relation d'amour avec votre partenaire ou si vous êtes simplement attaché. Lorsque vous êtes amoureux, vous réduisez votre ego, vous favorisez la croissance de l'autre, vous êtes aimant et vous n'êtes pas égocentrique.

4. En revanche, si la relation est basée sur l'attachement, elle sera dominée par l'ego. Vous vous concentrerez sur la façon dont votre partenaire peut vous rendre heureux, et vous deviendrez trop dépendant de lui pour résoudre les problèmes de votre vie.

5. Pour faire face au chantage affectif dans les relations, soyez conscient des signes avant-coureurs, fixez vos limites, soyez ferme et, si la situation devient incontrôlable, rompez avec cette relation toxique.

6. Il est naturel de se sentir abattu après avoir mis fin à une relation avec un être cher. Acceptez l'aide d'un thérapeute qualifié pour surmonter les sentiments négatifs, les vulnérabilités, la rage et la peur qui vous enveloppent pendant cette période.

Dans le prochain chapitre, vous apprendrez....

- Qu'est-ce que la codépendance ?
- Les signes que vous êtes dans une relation de codépendance.
- Le lien avec les sociopathes, les psychopathes et les narcissiques.
- Parents codépendants.

CHAPITRE SIX :

Codépendance

Qu'est-ce que la codépendance ?

La codépendance est un état dans lequel vous dépendez d'autres personnes pour votre satisfaction émotionnelle et pour l'accomplissement de vos fonctions quotidiennes et psychologiques, essentielles ou non.

En bref, les personnes codépendantes sont dans le besoin, exigeantes et soumises. Elles ont toujours peur que les autres les abandonnent. Par conséquent, elles s'accrochent à eux et se comportent de manière immature. Les codépendants peuvent aller jusqu'à tous les extrêmes pour sauvegarder leur relation avec leur compagnon. Ils peuvent même se laisser abuser ou maltraiter, mais resteront attachés à leur relation.

Ainsi, en acceptant le rôle de victime, les codépendants contrôlent leurs abuseurs et les manipulent.

Types de codépendance

Il existe 4 types de comportements codépendants basés sur la cause profonde de leur codépendance :

La codépendance pour repousser la peur de l'abandon.

Ces personnes ne supportent pas que leurs amis, leur conjoint ou les membres de leur famille les abandonnent ou qu'ils atteignent une véritable autonomie et indépendance. En conséquence, elles sont collantes, sujettes à la panique, étouffantes et font preuve d'une soumission auto-annihilante.

La codépendance pour faire face à la peur de perdre le contrôle.

Ces personnes feignent d'être dans le besoin et d'être impuissantes, et font en sorte que les gens répondent à leurs besoins, à leurs souhaits et à leurs exigences. Ce sont des "reines du drame", elles refusent de mûrir sur le plan émotionnel et obligent leurs proches à les traiter comme des personnes invalides sur le plan émotionnel et physique. Ces types de co-dépendants utilisent le chantage émotionnel et même les menaces pour s'assurer la présence et la conformité de leurs proches.

Codépendants vicariants

Les codépendants vicariants vivent à travers les autres. Ils sacrifient leurs propres besoins, opinions et exigences au profit des autres, unique-ment pour obtenir leur approbation et les garder dans leur vie pour tou-jours. Également connues sous le nom de narcissiques inversés, ces personnes ont envie d'être dans une relation avec un narcissique, même s'il les maltraite. Elles recherchent activement des relations avec des nar-cissiques et UNIQUEMENT des narcissiques. Elles se sentent vides et malheureuses dans une relation avec tout autre type de personne.

Signes que vous êtes dans une relation de codépendance

Il est parfois difficile de savoir si vous êtes dans une situation de codépendance. Cependant, si vous vous trouvez dans une relation et que vous comptez exclusivement sur elle pour vous sentir mieux ou heureux, vous êtes probablement dans une relation de codépendance. Les senti-ments que vous associez à une telle relation sont en fait de l'engouement plutôt que de l'amour. Ces sentiments sont plus forts que les sentiments normaux associés au fait de voir ou d'entendre votre partenaire. C'est un état d'euphorie.

Une relation de codépendance est comme une dépendance. Elle s'empare de vous bien avant que vous ne vous en rendiez compte. Con-sidérez les points suivants pour savoir si vous êtes dans une relation de codépendance :

- Vous arrive-t-il souvent de vous excuser ou de trouver des excuses pour l'attitude et les actions de votre partenaire en public ou devant des amis ou des parents ?

- Avez-vous peur de parler de vos opinions ou de vos préoccupations devant votre partenaire ?

- La présence de votre partenaire vous donne-t-elle un sentiment de dévalorisation ?

- Votre partenaire vous manque-t-il de respect ?

- Votre partenaire est-il jaloux de vos réalisations ? Essaie-t-il/elle de vous démoraliser, de vous critiquer ou de vous faire sentir mal dans votre peau ?

- Avez-vous l'impression que votre partenaire est trop dépendant de vous et ne peut pas fonctionner sans vous ?

- Votre partenaire menace-t-il(elle) de se faire du mal si vous essayez de quitter la relation ?

- L'attention sexuelle est-elle interprétée par vous comme de l'amour ou de l'affection ?

Si vous avez répondu "oui" à l'une ou à toutes ces questions, vous êtes peut-être dans une relation de codépendance. Cependant, la codépendance est souvent une voie à double sens. Non seulement votre partenaire, mais aussi *vous-même* pouvez être l'auteur d'habitudes codépendantes.

Lorsque vous êtes codépendant, vous souffrez d'une faible estime de vous-même et vous présentez des états psychologiques passifs-agressifs ou contrôlants. Par exemple, au lieu de dire à votre partenaire ce que vous ressentez à propos d'une chose particulière, vous réagissez en l'ignorant ou en vous en prenant à lui. Vous pouvez également réagir de manière excessive à des questions insignifiantes ou utiliser un langage abusif pour contrôler les autres.

8 signes avant-coureurs d'une relation de codépendance

1. Vous commencez à combler les lacunes

Dans une relation de codépendance, une personne commence à assumer l'entière responsabilité de garder le contact. Si l'un des partenaires commence à réduire le temps, l'énergie et les soins qu'il donne, l'autre partenaire commence instinctivement à combler le vide en faisant plus d'efforts pour rester en contact.

2. Désir de "réparer" votre partenaire

Les personnalités codépendantes font plaisir aux gens ; elles s'épanouissent en aidant les autres ou en pensant même à les "réparer".

3. Vous perdez vos limites

Les personnes codépendantes sont trop généreuses. Elles ressentent continuellement le besoin de donner aux autres, même au détriment de leurs propres besoins. Elles se sentent trop responsables des autres ou se soucient trop d'eux. Cependant, dans la compulsion de donner, elles négligent souvent leurs limites et laissent même les autres s'y immiscer.

4. Vous n'avez pas de vie indépendante

Lorsque vous devenez si dépendant de quelqu'un que vous perdez qui vous êtes réellement ou l'essence qui vous rend unique, vous êtes dans le piège d'une relation de codépendance.

5. Vous perdez les contacts avec vos amis et votre famille

Lorsque vous commencez à perdre le contact avec vos proches ou ceux qui sont importants pour vous, c'est le signe de quelque chose de grave. Vous vous concentrez avant tout sur votre partenaire, mais cela ne doit pas être au point de vous isoler des personnes qui étaient auparavant importantes pour vous. Vous devez en être conscient et l'envisager sérieusement ; sinon, vous deviendrez de plus en plus dépendant de votre partenaire. Parfois, si vous décidez que vous n'êtes pas faits l'un pour l'autre, vous chercherez vos anciens amis mais n'en trouverez aucun.

6. Vous devez toujours demander l'approbation

Si vous avez l'impression que vous devez obtenir la permission de votre partenaire pour les choses les plus élémentaires de la vie quotidienne ou que vous ne pouvez pas prendre de décision sans lui, vous êtes très probablement dans une relation de codépendance. Si vous aviez une grande confiance en vous au début de la relation, mais qu'avec le temps, vous avez commencé à douter de vous et à devenir indécis, vous pourriez être dans une relation codépendante abusive.

7. Votre partenaire a des habitudes malsaines

L'un des signes précurseurs d'une relation de codépendance est l'adoption répétée d'habitudes malsaines, comme la consommation excessive d'alcool ou la frénésie alimentaire. L'autre personne se joint à elle ou l'encourage pour ses propres raisons.

Exemple : Sara savait que son petit ami était pré-diabétique et devait arrêter de manger des sucreries. Pourtant, elle ne l'a jamais accepté en raison des bons sentiments que lui procurait l'appréciation de ses recettes par son petit ami. Ainsi, bien qu'elle connaisse la vérité, Sara a continué à promouvoir la mauvaise alimentation de son petit ami afin de se sentir bien.

8. Vous cherchez toujours à vous rassurer

Posez-vous ces questions :

- Est-ce que vous ou votre partenaire avez toujours peur que l'autre personne rompe la relation ?
- L'un d'entre vous a-t-il besoin de l'assurance constante qu'il est aimé ?
- Est-ce que l'un d'entre vous crée des tests pour attirer l'attention de l'autre ?

- L'un d'entre vous flirte-t-il avec des personnes extérieures à la relation pour susciter la jalousie de l'autre, de sorte que, si l'un d'entre vous menace de partir, on peut le supplier de rester ?
- Évitez-vous les conversations directes sur l'état de votre relation ?
- Avez-vous du mal à rester seul ?
- Votre relation est extrêmement tendue, et vous aimez tous deux le drame des ruptures et des retrouvailles ?

Si vous avez répondu "oui" à l'une de ces questions, vous êtes probablement dans une relation de codépendance.

Si votre relation est saine, vous célébrerez les réalisations de l'autre, vous vous respecterez l'un l'autre même si vos opinions diffèrent et vous vous sentirez à l'aise pour exprimer vos pensées l'un envers l'autre. Vous vous sentirez aimés et appréciés, heureux en compagnie de l'autre en public, respectueux de la vie privée de l'autre et confiants l'un envers l'autre.

À l'inverse, si vous êtes dans une relation de codépendance, vous serez jaloux de ses réalisations, vous craindrez de lui faire part de vos sentiments, vous lui refuserez votre affection, vous l'espionnerez et vous éprouverez du ressentiment et des soupçons à son égard.

La codépendance présente certains symptômes communs à la dépendance, comme le déni, une faible estime de soi, l'incapacité à respecter ou à fixer des limites, une communication dysfonctionnelle et des attitudes de contrôle.

Comprendre le lien de codépendance avec les sociopathes, les psychopathes et les narcissiques

À la lecture de ce qui précède, on pourrait presque croire que la codépendance est une maladie. Cependant, il s'agit d'une condition émotionnelle et comportementale qui est stockée dans votre subconscient. Elle affecte votre capacité à avoir une relation saine avec les autres.

Les psychothérapeutes qualifient la codépendance de "dépendance relationnelle". Et, tout comme une dépendance, une relation de codépendance est basée sur l'insécurité, le déni, le contrôle et la manipulation.

Une personne dépendante peut menacer de se faire du mal si son partenaire pense à mettre fin à la relation avec elle, ou utiliser d'autres formes de chantage affectif pour contrôler son partenaire. La personne piégée dans une relation de codépendance, ou celle qui joue un rôle passif, finit souvent par faire de plus en plus d'efforts pour plaire à son partenaire et met de côté ses propres besoins.

Pour comprendre le lien entre la codépendance et les sociopathes, psychopathes et narcissiques, il est important de comprendre ces trois types de personnalités.

Qui est un sociopathe ?

Le terme "sociopathe" est utilisé pour décrire une personne souffrant d'un trouble de la personnalité antisociale. Ces personnes ne peuvent pas comprendre les sentiments d'autrui. Elles enfreignent les règles ou agissent par impulsion, sans se sentir coupables de leurs actes. Les sociopathes utilisent également des "jeux d'esprit" pour contrôler leurs amis, leur famille, leurs collègues et leurs partenaires. Pour qualifier quelqu'un de sociopathe, sa psychologie doit montrer au moins trois de ces sept traits :

1. Aucun respect des normes sociales ou des lois.
2. Dire des mensonges, tromper les autres, utiliser de fausses identités, et utiliser les autres pour un gain personnel.
3. Se comporter sans penser aux conséquences.
4. Montre un comportement agressif et se bagarre avec les autres à chaque occasion.
5. Ne tient pas compte de sa sécurité ou de celle des autres.
6. Ils ne donnent pas suite à leurs responsabilités personnelles ou professionnelles.
7. Ne vous sentez pas coupable de blesser ou de maltraiter les autres.

Qui est un psychopathe ?

Le terme "psychopathe" fait également référence au trouble de la personnalité antisociale. Il est donc souvent utilisé de manière interchangeable avec celui de sociopathe. Les deux descriptions sont utilisées sous le terme générique de trouble de la personnalité antisociale (TPA).

Les signes courants d'un état mental psychopathique comprennent :

1. Comportement socialement irresponsable.
2. Aucun intérêt pour les droits des autres.
3. Incapacité à faire la différence entre le bien et le mal.
4. Difficulté à faire preuve d'empathie envers les autres.
5. Tendance à mentir.
6. Manipuler et blesser les autres.
7. Problèmes récurrents avec les lois sociales.
8. Le mépris de la sécurité et de la responsabilité.

Qu'est-ce que le trouble de la personnalité narcissique ?

Le trouble de la personnalité narcissique est utilisé pour décrire un individu qui est excessivement imbu de lui-même. Il peut être perçu à tort comme de l'amour de soi, mais il ne s'agit pas d'un amour de soi sain. Les personnalités narcissiques ont besoin d'une admiration constante et se considèrent comme meilleures que quiconque.

Elles sont amoureuses de cette image de soi gonflée ou exagérée qui masque souvent de profonds sentiments d'insécurité. Elles font preuve d'un comportement égocentrique, d'un manque d'empathie et de considération pour les autres, et d'un besoin excessif d'admiration. Cette façon de penser et de se comporter se retrouve dans tous les domaines de la vie : travail, amis, famille et relations amoureuses.

Signes et symptômes du trouble de la personnalité narcissique

1. Sens grandiose de l'importance de soi.
2. Ils pensent qu'ils sont meilleurs que tout le monde et qu'ils doivent être reconnus comme tels, même s'ils n'ont rien fait pour le mériter.
3. Ils exagèrent ou mentent sur leurs réalisations et leurs talents.
4. Les personnalités narcissiques vivent dans un monde de rêve, avec des fantasmes d'autoglorification d'un pouvoir, d'un succès, d'une brillance et d'une attractivité illimités.
5. Les narcissiques ont besoin d'une admiration constante pour nourrir leur ego. Ils s'entourent donc de personnes qui alimenteront leur besoin obsessionnel.
6. Ils s'attendent à ce que les faveurs des autres soient leur dû, leur droit de naissance.
7. Ils attendent des autres qu'ils se plient toujours à leurs caprices et à leurs fantaisies.
8. Si vous ne les admirez pas ou ne les félicitez pas, ils considéreront cela comme une trahison.
9. Ils considèrent les personnes qui font partie de leur vie comme des objets destinés à répondre à leurs besoins et ne peuvent éprouver d'empathie pour personne.
10. Ils se sentent menacés par les personnes qui ont confiance en elles, qui sont populaires ou qui les défient de quelque façon que ce soit.
11. Ils ont recours à l'intimidation, aux insultes, aux injures et à la culpabilité pour obliger les autres à se conformer à leurs besoins.

Malgré tous ces défauts, les narcissiques ont souvent une personnalité charmante et magnétique. Il leur est très facile d'attirer les autres en créant une image de soi fantaisiste et flatteuse. Leur confiance apparente et leurs rêves nobles sont souvent assez séduisants pour envoûter n'importe qui. Pourtant, il est sage de se méfier de ces personnes.

Si vous pensez que les personnages narcissiques peuvent combler votre désir de vous sentir plus important, plus vivant, vous vous trompez très probablement. En général, il ne s'agit que d'un fantasme avec 0 % de réalité.

Comment la codépendance est-elle liée aux sociopathes, aux psychopathes et aux personnalités narcissiques ?

Les codépendants n'ont pas une relation saine avec eux-mêmes. Ils ont tendance à faire passer les autres avant eux. Elles dépendent tellement des autres pour leur satisfaction émotionnelle qu'elles mettent de côté leurs propres besoins pour préserver leur relation.

Ainsi, les personnes codépendantes sont des cibles vulnérables pour les personnalités sociopathes, psychopathes et narcissiques. Comme ces personnalités se considèrent comme supérieures à tout le monde, elles utilisent et exploitent les personnes codépendantes sans aucune culpabilité ni remords.

Les codépendants et les sociopathes/psychopathes/narcissiques se retrouvent comme les deux pièces d'un puzzle. Lorsque l'un est extrêmement généreux, et l'autre extrêmement exigeant, ils forment le duo parfait de l'agresseur et de la victime.

Parents codépendants

La codépendance n'existe pas nécessairement entre un petit ami et une petite amie ou un mari et une femme. Elle peut également exister entre un parent et un enfant. La nature soignante des relations parents-enfants rend souvent difficile la détection de la codépendance.

Cependant, voici quelques signes qui pourraient indiquer des parents co-dépendants :

Mentalité de victime chez les parents

Un parent codépendant croit que d'autres personnes, en particulier ses enfants, sont responsables des torts qui leur ont été causés dans la vie, et qu'il attend donc d'eux qu'ils paient la compensation. Ainsi, ils font souvent preuve de tactiques de culpabilisation pour attirer la sympathie de leurs enfants. Au lieu de faire face aux problèmes et aux traumatismes de sa vie et de chercher une solution positive par le biais d'un conseil ou d'une thérapie, le parent codépendant s'accroche à l'enfant et lui demande une compensation.

Par exemple, un père qui n'a pas pu obtenir de meilleurs résultats sportifs peut exiger de son fils qu'il excelle dans le sport et compense ainsi sa perte. Si l'enfant refuse, il utilisera la manipulation et la culpabilité pour l'obliger à s'exécuter.

Le parent codépendant n'a jamais tort

Deux personnes dans une relation ne peuvent pas avoir raison tout le temps. Mais dans une relation codépendante parent-enfant, le parent a toujours raison, du moins le parent le pense. Même lorsque l'enfant devient adulte, le parent refuse d'aborder une discussion avec ouverture et évite ainsi la possibilité d'avoir tort. Au lieu de cela, le parent essaiera d'imposer son point de vue à l'enfant adulte et de le "corriger".

Un tel parent n'écoute jamais les sentiments et les problèmes de l'enfant ; il n'apprend jamais à connaître la personnalité de son enfant, craignant qu'il s'agisse d'un défi à son autorité.

S'il s'avère que le parent codépendant a tort, il ne s'excusera jamais ou, s'il le fait, il ne le fera pas sincèrement. Un parent codépendant veut une domination absolue sur l'enfant, et toute faiblesse de sa part menacera cette domination.

Le parent codépendant est extrêmement émotif

Les pleurs, les cris et le traitement silencieux sont les armes préférées d'un parent codépendant. Lorsqu'il a l'impression de perdre le contrôle d'une situation ou de ne pas avoir le dessus dans une dispute, il a recours aux pleurs, aux cris et à d'autres formes d'intimidation pour retourner la situation en sa faveur.

Si vous leur faites remarquer leurs manières manipulatrices, ils vous accuseront d'être insensible. De plus, si l'enfant pleure ou exprime sa douleur, le parent codépendant s'énerve davantage, affirmant souvent que la détresse de l'enfant n'est pas sincère et qu'il s'agit d'une manipulation.

Le parent codépendant est peu à l'écoute.

Le parent codépendant ne souffre pas d'un trouble de l'audition ; néanmoins, il est un piètre auditeur car il n'écoute jamais/considère l'opinion d'autrui. Parler à un parent codépendant peut donner l'impression de "parler à un mur de briques".

Si l'argument ou la discussion est valable, même si vous présentez des faits irréfutables, le parent codépendant les niera et ne bougera pas de sa position. Il changera le sujet de la discussion pour l'éloigner du point réellement abordé.

Le parent codépendant imite vos mots et vos phrases.

Si un enfant exprime ses sentiments à un parent codépendant, l'adulte les imitera. Par exemple, si l'enfant dit que le parent le contrarie, le parent lui rendra la pareille en disant : "Tu me fais de la peine."

Quelle que soit la préoccupation exprimée par l'enfant, le parent codépendant va la transformer et l'adopter comme sienne. Si on le lui fait remarquer, le parent l'ignorera, se mettra en colère ou agira de façon déconcertante et confuse.

Le parent codépendant a des sautes d'humeur

Le parent codépendant passe rapidement d'une humeur à l'autre pour éviter toute responsabilité et toute culpabilité. Cela se produit surtout lorsque ses tactiques de manipulation ont réussi à obtenir la conformité de l'enfant.

Par exemple, une mère appelle sa fille à l'université et lui reproche de ne pas téléphoner assez souvent. Ses tactiques de manipulation peuvent finir par amener la fille à lui obéir et à téléphoner plus souvent. Une fois que la mère y est parvenue, pour conserver sa victoire et son rôle de victime, elle peut dire : "Non, c'est bon. Tu n'as pas besoin de m'appeler souvent. Tu le feras seulement parce que je te l'ai demandé".

Dans ce cas, la fille sera persuadée non seulement de l'appeler davantage, mais aussi de la rassurer en lui disant qu'elle le fait de son plein gré.

Les parents codépendants veulent contrôler à tout prix.

Le contrôle est l'objectif final recherché par tous les parents codépendants. Ils attendent de leurs enfants de l'amour et de la dévotion pour compenser le manque dans d'autres relations. Souvent, le parent codépendant cherche à obtenir de son enfant l'amour et l'attention qu'il n'a pas reçus de ses parents.

Le parent codépendant cherche à exercer un contrôle même sur l'enfant adulte. S'il devient évident qu'il n'y parviendra pas, il s'ensuit souvent une crise de nerfs. Lorsque l'enfant adulte refuse de donner au parent ce qu'il veut, celui-ci tentera de le contrôler en se culpabilisant, en paraissant fragile, en jouant les victimes ou en utilisant des stratégies agressives.

Le parent codépendant utilise une manipulation subtile

Parmi les exemples de manipulation subtile, citons le traitement silencieux, les commentaires passifs-agressifs, la négation des actes répréhensibles et la projection. Le parent codépendant utilise toutes ces formes de manipulation pour que l'enfant ne sache plus qui est le vrai méchant.

Les parents codépendants sont souvent inconscients de leurs manipulations. Ils croient qu'ils agissent dans l'intérêt de leur enfant. Lorsque vous leur reprochez leur manipulation, ils sont sincèrement et profondément blessés et déconcertés.

Un parent codépendant manipule généralement, non pas parce qu'il *le veut*, mais parce qu'il *le doit*. C'est parce qu'il ne connaît pas d'autre moyen de communiquer avec son enfant adulte. Il manipulera donc les finances, les émotions, la culpabilité ou toute autre méthode imaginable pour maintenir sa relation de codépendance.

Que faire si vous avez un parent codépendant ?

La bonne façon de traiter avec ces parents dépend de la gravité de la situation. Dans certains cas, vous devrez peut-être mettre complètement fin à la relation. Dans d'autres, vous devez établir vos règles, les imposer soigneusement et peut-être chercher un thérapeute familial pour vous aider à maintenir une relation saine avec eux.

Résumé du chapitre

1. La codépendance est la dépendance mentale et émotionnelle à l'égard des autres. Également connue sous le nom de "dépendance relationnelle", elle vous rend exigeant, soumis et vous fait vivre dans la crainte d'être abandonné par l'être aimé.
2. Les codépendants sont des cibles ou des victimes vulnérables de la manipulation émotionnelle parce qu'ils permettent à l'agresseur de les contrôler de peur qu'il ne quitte la relation.

3. Si vous comptez exclusivement sur une relation particulière, qu'il s'agisse de vos parents, de votre conjoint, d'un ami ou d'un amant, pour vous sentir mieux et heureux, vous êtes peut-être dans une relation de codépendance.

4. Les deux partenaires d'une relation de codépendance sont souvent jaloux des réalisations de l'autre, ont peur de parler de leurs sentiments l'un à l'autre ou s'espionnent mutuellement par méfiance.

5. Une relation de codépendance est basée sur l'insécurité, le déni, le contrôle et la manipulation.

6. Les sociopathes ou les psychopathes sont les termes utilisés pour désigner les personnes souffrant d'un trouble de la personnalité antisociale. Ces personnes ne se soucient pas des normes sociales et adoptent un comportement socialement irresponsable sans penser aux conséquences ou aux sentiments et à la sécurité des autres.

7. Les narcissiques ont un ego démesuré et se croient supérieurs à tous les autres. Ils ont besoin des louanges et de l'admiration des autres.

8. Les personnes codépendantes et les sociopathes/psychopathes/narcissiques ont tous deux une relation malsaine avec eux-mêmes. L'une fait passer les autres avant elle, tandis que l'autre se fait passer avant les autres. Les deux s'imbriquent en tant qu'abuseur et victime, tout comme les deux pièces d'un puzzle.

9. La codépendance peut également exister entre un parent et un enfant.

10. Un parent codépendant rend son enfant responsable de son malheur et attend de lui qu'il compense en se pliant à toutes ses exigences.

11. Le parent codépendant pense qu'il a toujours raison et tente d'imposer ses vues à l'enfant. Il utilise les pleurs, les cris ou le traitement silencieux pour prendre l'avantage dans toute dispute.

12. Les parents codépendants écoutent mal et ne prennent jamais en compte les sentiments et les opinions de leurs enfants. Ils présentent également des sautes d'humeur rapides pour éviter toute responsabilité et toute culpabilité.

13. Les parents codépendants souhaitent toujours contrôler leur enfant, et utilisent une manipulation subtile pour y parvenir.

14. Dans les cas bénins de parents codépendants, vous devez fixer vos limites, les imposer fermement et chercher un thérapeute familial pour vous aider à surmonter le problème.

15. Si le problème est insoluble, il est préférable de mettre fin à la relation avec les parents codépendants.

Dans le prochain chapitre, vous apprendrez....

- Comment éviter le chantage émotionnel.
- Comment vaincre le chantage émotionnel.
- Des techniques de communication non défensives pour mettre fin au chantage émotionnel.
- Développer les limites et la résilience mentale.

CHAPITRE SEPT :

Faire face au chantage émotionnel

Le chantage affectif n'est pas une expérience agréable, mais malheureusement, beaucoup d'entre nous y succombent à différentes étapes de leur vie. La vérité est qu'il existe de nombreuses personnes prêtes à s'attaquer à vous et à vous exploiter à leur avantage. Il est essentiel que vous connaissiez le chantage affectif, les tactiques utilisées et les endroits où vous pouvez trouver ces personnalités parasites.

Après avoir discuté de tout cela, nous en arrivons à la partie la plus intéressante et la plus significative. Il s'agit de savoir comment gérer le chantage affectif.

Voici le guide ultime pour faire face au chantage affectif :

Reconnaître les situations de drapeau rouge

Les situations de drapeau rouge pointent absolument, sans aucun doute, vers un chantage émotionnel. Prendre conscience de ces situations est la première étape pour faire face à la menace et la rendre impuissante.

Demandez-vous si vous vous retrouvez à vous excuser pour vos actions même si vous n'aviez pas tort ou si vous n'étiez pas en faute ? Observez si votre partenaire est toujours prêt à accepter un "non" comme réponse. Vous arrive-t-il de céder aux désirs de votre conjoint ou partenaire au détriment des vôtres ? Vous avez peut-être remarqué que c'est toujours vous qui semblez faire les sacrifices et les compromis dans votre relation. Pire encore, votre conjoint ou partenaire vous intimide-t-il ou vous menace-t-il pour que vous vous pliez à ses exigences ?

Connaître la tactique typique du chantage émotionnel

Les personnes qui emploient ces tactiques utilisent la peur>l'obligation>la culpabilité comme leur moyen préféré pour obtenir ce qu'elles veulent.

Dans un premier temps, le maître chanteur essaie de rendre la victime craintive, en colère ou déçue. La cible se sent ainsi obligée de répondre à ses exigences. Si la victime n'obtempère toujours pas, le manipulateur lui insuffle un sentiment de culpabilité pour ne pas avoir respecté les souhaits de l'agresseur.

Tout cela est fait de manière très subtile pour faire appel à la sensibilité de la victime. Ils jouent la manipulation de manière à ce que la victime pense que leurs demandes sont raisonnables et qu'elle devrait les accepter.

Si vous vous sentez victime de cette technique FOG, demandez à un ami proche ou à un parent de vous donner une perspective différente de la relation, et de vous dire ce qu'il voit ou ressent de l'extérieur.

Sachez si vous êtes vulnérable

Les personnes qui ont du mal à dire "non" sont les plus sensibles au chantage affectif. Si vous êtes l'une d'entre elles, permettez-vous d'être à l'aise avec l'idée de refuser. Pensez au ton et aux mots que vous utiliserez pour signifier votre autonomisation et dire "non" à la manipulation des autres à l'avenir.

Comment arrêter le chantage émotionnel ?

1. Il y a des moments où vous devez donner la priorité à vos désirs, besoins et préférences sur ceux de votre partenaire.
2. Défendez votre vérité, vos vues et vos opinions, et devenez plus sûr de vous et plus protecteur.

3. Définissez clairement les limites de ce que vous acceptez et de ce que vous refusez. Les limites ne doivent en aucun cas être dépassées.

4. Réalisez que votre bien-être passe avant tout, même si vous ai-mez profondément votre partenaire. Partagez vos priorités personnelles et faites des compromis en conséquence.

5. Ne cédez pas au chantage émotionnel, cela ne fera qu'empirer la situation.

6. Si votre proche vous menace de violence physique, quittez im-médiatement la situation et alertez les autorités compétentes.

7. Faites appel à vos amis proches ou à votre système de soutien social et demandez l'aide professionnelle d'un thérapeute si né-cessaire.

Faites-vous du chantage affectif à quelqu'un ?

En plus d'être une victime, vous pouvez aussi être un agresseur. Au-cun d'entre nous n'est à l'abri de cette tendance. Observez vos habitudes pour amener les autres à faire ce que vous voulez. Quelle est votre réac-tion lorsque quelqu'un se dispute avec vous ou ne fait pas ce que vous voulez ? Implorez-vous ? Vous punissez ? Punissez-vous en lui refusant de l'amour et de l'affection ? Prenez-vous son opposition comme une me-nace pour votre relation ? Répondez-vous par des remarques telles que "Si tu m'aimais, tu aurais fait ceci et cela" ?

Si vous répondez par l'affirmative à l'une de ces questions, il se peut que vous fassiez chanter les autres, sciemment ou non. Vous devez donc l'admettre et le reconnaître. C'est une façon d'assumer la responsabilité de vos actes et de créer un climat de sécurité et de réparation pour vous-même et pour l'autre personne.

Dites à la personne que vous avez manipulée que vous êtes conscient de vos actes. Mais s'excuser ne suffit pas. Vous devez assurer à la per-sonne que vous êtes prêt à assumer vos actes et à chercher à changer votre façon de vous comporter. Demandez à la personne que vous avez blessée ce dont elle a besoin de votre part pour sentir qu'elle peut vous faire confiance. Trouvez des moyens de résoudre les problèmes ensemble et d'aller de l'avant.

Comment vaincre le chantage émotionnel ?

Tout d'abord, lisez la liste de contrôle suivante pour savoir si vous êtes victime de chantage affectif :

- Vous vous dites que c'est normal de céder.
- Vous pensez que céder est une bonne chose pour calmer l'autre personne.
- Vous avez l'impression que ce que vous voulez est incorrect.
- Vous pensez qu'il vaut mieux céder maintenant ; vous vous opposerez une autre fois.
- Vous pensez qu'il vaut mieux se rendre que d'offenser quelqu'un.
- Vous n'avez pas l'habitude de prendre position.
- Vous donnez votre pouvoir.
- Tu fais ce que les autres veulent, pas ce que tu veux.
- Vous acceptez tout sans protester.
- Vous abandonnez des choses que vous aimez pour apaiser l'autre personne.

Si l'une de ces situations vous interpelle, vous pourriez bien être victime de chantage affectif. Il est donc temps de rassembler votre courage et d'opérer des changements en vous. Prenez votre maturité personnelle et adoptez la position qui vous permettra de ne plus être une victime ; prenez position pour vous-même.

Prenez un moment pour examiner votre passé et voir si cette complaisance est automatique, héritée ou le résultat d'une habitude acquise dans l'enfance. Il peut être difficile et décourageant de ne plus se considérer comme une victime et de changer la dynamique, mais cela en vaut la peine. Demandez de l'aide si nécessaire.

Lorsque vous êtes victime de chantage affectif dans une relation, vous avez encore des choix. Vous pouvez laisser les choses en l'état, travailler à une situation plus saine ou décider que la relation doit prendre fin. Il existe des tactiques, des capacités et des changements de style de vie pour modifier la situation avant de décider de céder ou d'abandonner.

Vous avez besoin de deux choses pour vaincre la personne qui vous fait du chantage émotionnel :

- Apprendre et développer les compétences de la communication non défensive.
- Développez vos limites et votre résilience mentale.

Lorsque vous décidez de vous sortir d'une situation de chantage affectif, il vous faut beaucoup de courage et de volonté pour tolérer le sentiment de déplaire à vos proches. Parfois, cela peut faire remonter des angoisses du passé. Beaucoup de nos peurs sont issues d'expériences passées, même si nous les prenons pour des événements actuels. Nous mélangeons nos vies antérieures avec le présent, et par conséquent, lorsque nous sommes blessés, nous agissons en fonction de notre expérience passée. Nous pouvons et voulons tout faire pour nous protéger des angoisses liées aux réactions des autres.

Mais si vous séparez le présent de votre passé, vous aurez plus de confiance et beaucoup plus de choix quant à la façon dont vous réagissez. Ne vous considérez pas comme faible ou incapable. Votre histoire personnelle ne doit pas continuer à dicter votre présent. Croyez en vous, et ayez la force et la résilience nécessaires pour faire face au changement. Même si vous ressentez de la peur, permettez-vous d'aller de l'avant.

La peur s'accompagne d'un sentiment de culpabilité qui peut être une cause majeure de vos problèmes. Tout comme vous vous autorisez à faire face à la peur, vous pouvez aussi tolérer cette culpabilité ! Votre dignité, votre respect de vous-même et votre santé émotionnelle finiront par vous en remercier.

Examinez de plus près vos peurs et votre culpabilité. Posez-vous les questions suivantes :

- Est-ce que je fais quelque chose de malveillant ?
- Je suis cruel ?
- Ai-je fait quelque chose d'abusif ?
- Ai-je insulté quelqu'un ou voulu l'insulter ?
- Ce que j'ai fait, c'est humilier quelqu'un ?
- Mon comportement est-il insultant ?
- Est-ce que je suis nuisible en faisant cela ?

Si vous répondez honnêtement par "non" à ces questions, vous n'avez rien à vous reprocher. Si votre réponse est "oui", vous devez changer votre comportement. Le changement peut sembler inconfortable au début, mais essayez de voir cet inconfort comme un nouveau départ dans votre relation, comme une voie vers une plus grande maturité.

De nombreuses personnes pensent qu'elles doivent devenir plus fortes avant de pouvoir prendre des mesures constructives pour vaincre le chantage affectif. La vérité est que lorsque vous commencez à adopter un nouvel ensemble de pensées et de comportements, le sentiment de votre force s'installe automatiquement.

Les autres peuvent être surpris par votre changement et réagir de manière négative. Soyez-en conscient, ne le prenez pas personnellement. Ne renoncez pas à modifier votre détermination à ne pas accepter le chantage affectif. Vous ne vous sentirez pas très bien au début, mais ce n'est pas grave.

La tactique de l'agresseur repose sur la confrontation et l'escalade. La victime est poussée de plus en plus bas dans la structure du pouvoir. Lorsque nous sommes émotionnellement liés à quelqu'un et que nous recevons des critiques de sa part, nous avons naturellement tendance à nous mettre sur la défensive. Cependant, la défensive crée une réponse similaire chez l'autre personne. Trouvez des moyens non défensifs de communiquer avec votre maître-chanteur, il ne pourra pas vous atteindre et vous pourrez changer la dynamique.

Retenez ce mantra ! La prochaine fois que quelqu'un vous demande de faire quelque chose qui ne vous plaît pas, la première chose à faire est de vous arrêter. Respirez profondément. Cela vous aidera à sortir de la situation et de toutes les habitudes que vous pourriez avoir de réagir de manière défensive.

Au lieu d'un "Oui" ou d'un "Non" brutal, dites "Je ne suis pas en mesure de prendre la décision pour le moment ; j'ai besoin d'y réfléchir". Cela vous donnera le temps de vous calmer, de rassembler vos forces et de vous connecter à vos pensées sans anxiété ni pression. Lorsque vous êtes en équilibre et que vous pouvez vérifier à la fois votre intellect et vos émotions, vous pouvez prendre une décision saine.

Comment développer les compétences en matière de communication non défensive ?

La communication non défensive est un style de communication qui évite les manœuvres défensives et les luttes de pouvoir qui ont tendance à alimenter une dispute ou un conflit.

L'opposé de la communication non défensive est le "modèle de guerre", qui accroît le conflit parce que l'objectif est de gagner l'argument plutôt que de résoudre le problème. La communication dans le cadre du "modèle de guerre" suscite une réaction défensive qui active la partie émotionnelle de votre cerveau qui contrôle la réaction de "combat ou de fuite". En conséquence, la personne réagit de manière impulsive et non rationnelle. Cela réduit sa capacité à communiquer efficacement.

Lorsque nous sommes sur la défensive, nous nous engageons dans des luttes de pouvoir dans le cadre de la réaction de "fuite ou de combat". Il arrive même que la personne se retire et se rende. Cette vulnérabilité rend la personne susceptible d'être blessée ou attaquée.

Nous avons tous une tendance naturelle à nous mettre sur la défensive pour nous protéger des critiques. Lorsque vous vous mettez sur la défensive en communiquant avec les autres, il est plus difficile pour les personnes qui vous entourent d'écouter ce que vous dites. Il devient également difficile d'entendre leur version des choses.

Vous avez peut-être déjà observé ce phénomène lors de conversations critiques avec votre conjoint, votre patron, votre collègue ou votre ami. Lorsque vous vous mettez sur la défensive, l'autre personne est susceptible de répondre de la même manière. Le résultat est finalement la frustration et l'épuisement, et aucun de vous n'obtient ce qu'il veut.

Pour éviter que cela ne se produise, développez vos compétences en communication non défensive en suivant ces trois étapes :

1. Indiquez votre observation

Pour entamer votre conversation de manière non défensive, évitez de rejeter la responsabilité du problème sur l'autre personne. Veillez à ne pas faire de procès d'intention à l'autre personne. Concentrez-vous plutôt sur ce que vous voyez ou entendez.

Par exemple, au lieu de dire : "Tu n'as pas repassé les vêtements", dites : "Je vois que les vêtements ne sont pas repassés".

Ou au lieu de "Tu es toujours en retard", dites "Il semble que je sois le premier à arriver au bureau".

Lorsque vous utilisez des déclarations "Je", vous semblez moins critique et votre interlocuteur se sent moins sur la défensive par rapport aux déclarations commençant par "Vous".

2. Décrivez vos sentiments

Faites suivre votre observation d'un commentaire sur ce que vous avez ressenti face à ce comportement. Cela aide l'auditeur à mieux comprendre le problème en question. L'expression de vos sentiments ne se limite pas à une réponse en un mot à la question "Que ressentez-vous à propos de telle ou telle chose ?". Vous devez identifier correctement vos sentiments et les décrire en détail afin de mieux communiquer avec votre interlocuteur.

Par exemple, au lieu de dire "Tu me mets en colère", dites "Je me sens frustré et coincé".

3. Demander un comportement spécifique

La partie la plus importante de la conversation non défensive consiste à demander des attitudes et des actions différentes à l'avenir. En faisant une telle demande, vous faites savoir à l'autre personne que vous n'avez aucune rancune ou plainte à son égard. Au contraire, vous souhaitez travailler à une solution constructive au problème.

Par exemple : "J'apprécierais que vous déplaciez ces papiers de la table à manger avant le dîner."

Si vous suivez les étapes ci-dessus avec assiduité, vous pourrez rapidement apprendre les techniques de communication non défensive et faire en sorte que vos conversations soient fructueuses. En étant poli et respectueux dans votre communication, vous jouez le rôle d'une "grande personne".

Ne mettez pas les choses en bouteille. N'attendez pas pour aborder le problème ; sinon, vos émotions refoulées s'intensifieront, et vous ne serez pas en mesure de maintenir une conversation productive.

La communication non défensive demande de la pratique et du temps pour porter ses fruits. Tenez bon, le jeu en vaut la chandelle.

La communication non défensive exige d'une personne qu'elle change son attitude fondamentale. Elle l'oblige à modifier sa façon de poser des questions, de donner un retour d'information, d'exprimer ses sentiments et d'émettre des opinions. Elle peut être amenée à modifier le ton de sa voix, sa formulation et son langage corporel.

Une fois que vous aurez suivi ces étapes de communication non défensive avec persistance, vous vous sentirez plus fort. Le maître-chanteur ne peut pas réussir à vous attaquer ou à vous priver de vos pouvoirs.

Comment se défendre sur le lieu de travail sans être sur la défensive ?

Sur le lieu de travail, tout le monde ne joue pas le jeu de la politique de bureau. Vous trouverez des personnes qui parlent de votre travail d'une manière qui peut avoir un impact négatif sur votre réputation. Une personne peut vous accuser faussement de quelque chose de mal ou s'attribuer le mérite de votre travail. Un malentendu peut s'ensuivre, les gens vous montrant du doigt.

Il est essentiel que vous vous défendiez. Vous ne pouvez pas vous permettre de rester silencieux en attendant que la "vérité" éclate d'elle-même. Vous devez jouer un rôle actif en vous défendant pour construire ou défendre votre réputation.

En plus de se défendre, il est important de savoir comment le faire. Se défendre est une compétence de communication qui demande de la pratique et du temps pour être maîtrisée. Vous devez le faire sans avoir l'air hostile. Si vous utilisez un mode de communication agressif, il sera difficile d'amener les gens à écouter votre version des faits.

Disons que quelque chose s'est produit sur votre lieu de travail. Vous aurez votre perception de ce qui s'est passé, et les autres auront leur vision de ce qui s'est passé. Les deux peuvent ne pas coïncider. Lorsque vous essayez de convaincre les autres de votre perception, vous les attaquez. Vous utiliserez les phrases classiques "Il a dit, elle a dit" et vous aurez l'air sur la défensive. Plus vous insistez sur le fait que vous êtes celui qui dit la vérité, plus cela implique que l'autre personne ment. Vous ne ferez qu'aggraver votre cas. Le but de se défendre est de garder son sang-froid, de montrer aux autres que vous avez confiance en votre travail et qu'ils ne peuvent pas facilement profiter de vous.

Suivez ces 4 conseils pour vous défendre sans paraître brusque et sur la défensive :

1. Restez calme et adoptez un ton posé

C'est difficile à faire lorsque quelqu'un a dit du mal de vous, mais c'est crucial si vous voulez adopter la meilleure approche pour vous défendre. Votre communication devient tranchante et vengeresse lorsque vos émotions dominent votre jugement. Si vous agissez sous le coup de vos émotions, vous aurez l'air sur la défensive et vulnérable, sans atteindre l'objectif de vous défendre de la meilleure façon possible. En revanche, si vous êtes posé, les gens sont plus susceptibles d'écouter ce que vous dites.

2. Communiquer votre point de vue sans blâmer les autres

Lorsque quelqu'un vous accuse d'avoir fait quelque chose de mal, c'est une réaction impulsive de dire : "Non, je ne l'ai pas fait. Ils mentent". Une telle déclaration a tendance à paraître défensive. Sinon, vous pouvez dire quelque chose comme "Je suis surpris par cette nouvelle. Je ne sais pas pourquoi vous pensez que j'ai fait cela, mais je ne suis pas d'accord avec vous". En prenant cette voie, vous concentrez votre conversation sur vos réactions, et les faits pointant vers vous, au lieu de la personne qui vous a accusé.

3. Soyez la personne la plus importante

Parfois, les gens comprennent mal ce qui se passe, et cela entraîne une mauvaise communication. Ils vous pointent du doigt parce qu'ils ne comprennent pas la situation de votre point de vue. Au lieu de les montrer du doigt, soyez la personne la plus importante et répondez en disant : "Il s'agit peut-être d'un malentendu." De cette façon, vous paraîtrez plus généreux et désireux de construire des relations saines sur le lieu de travail.

4. ét étayer votre point de vue par des faits

Vous ne pouvez pas présenter votre cas sans aucun fait pour le prouver. Ne les modifiez pas pour retourner la situation en votre faveur. Présentez simplement les faits qui justifient votre désaccord avec les autres sans les blâmer. Il est également important de savoir quand se défendre. Dans le cadre d'un groupe, si quelqu'un dit que vous avez fait quelque chose que vous n'avez pas fait, il n'est pas toujours conseillé de prendre position avec force sur le champ. Vous pouvez simplement dire que vous êtes surpris par ses accusations et que vous n'êtes pas d'accord. N'oubliez pas qu'il peut s'agir d'un malentendu. Dans ce cas, vous vous êtes quand même défendu devant le groupe, mais sans blâmer la personne et sans entrer dans les détails. Cela montre votre sang-froid et vos capacités de communication, ce qui laissera une bonne impression.

Comment développer la résilience mentale ?

La vie est parfois difficile. Lorsque l'adversité frappe, pouvez-vous vous remettre rapidement ? Vous adaptez-vous ? Ou avez-vous l'impression que vous n'avez pas d'autre choix que de sombrer ? Si c'est le cas, cela signifie que vous n'avez pas naturellement une grande capacité de résilience. Cependant, il ne faut pas s'en inquiéter. Il existe de nombreuses façons d'améliorer votre résilience mentale. Vous pouvez l'apprendre et l'affiner par la pratique, le travail et la discipline.

Notre vie peut être remise en question par différentes circonstances. Il peut s'agir d'un deuil, de la perte de notre emploi ou de la fin d'une relation. Malgré cela, ces défis sont l'occasion de devenir une personne plus forte.

Comment être mentalement fort ?

La force mentale, c'est la capacité de faire face aux situations stressantes, aux problèmes et aux défis de notre vie. Il s'agit des occasions où nous relevons le défi et faisons de notre mieux, même si nous sommes dans des situations difficiles. Il est essentiel de développer sa force mentale pour mener une vie optimale. Tout comme nous faisons de l'exercice et mangeons les bons aliments pour notre santé physique, nous devons également développer nos muscles mentaux en utilisant des outils et des techniques psychologiques.

Une bonne santé mentale nous aide à mener une vie plus heureuse, à avoir de meilleures amitiés et de meilleurs liens sociaux, et fait des merveilles pour notre confiance. Elle nous aide à faire face aux situations difficiles dans lesquelles nous pouvons nous trouver.

Pour avoir une santé mentale stable, il faut y travailler. Cela peut prendre un certain temps avant de voir des résultats, mais c'est possible. De même que l'on constate des gains physiques en faisant régulièrement de l'exercice, la force mentale se construit en développant de bonnes méthodes psychologiques qui améliorent notre esprit et notre mental.

Pour la santé physique, vous devez laisser de côté des choses comme la malbouffe. De même, pour un gain mental, vous devez vous débarrasser d'habitudes malsaines comme l'apitoiement sur soi ou le blâme des autres.

Développer la résilience et la force mentale

L'American Psychological Association définit la résilience mentale comme *"le processus de bonne adaptation face à l'adversité, aux traumatismes, aux tragédies, aux menaces ou même aux sources importantes de stress."*

Dans le même ordre d'idées, la résistance mentale est la capacité à rester fort face à l'adversité, à garder sa concentration et sa détermination, malgré les difficultés rencontrées. Un individu mentalement fort voit l'adversité et les défis comme une opportunité plutôt que comme une menace, et a la confiance et l'approche positive pour les traiter de manière constructive.

Les 4 C de la force mentale

1. Contrôle

Êtes-vous maître de votre vie, y compris de vos émotions et du sens de votre mission ? La mesure dans laquelle vous maîtrisez ces éléments indique votre niveau de résistance mentale. Cette composante de contrôle peut être considérée comme votre estime de soi.

Plus vous vous situez sur l'échelle de contrôle, plus vous êtes à l'aise avec vous-même. Vous pouvez bien contrôler vos émotions, être moins enclin à révéler votre état émotionnel aux autres, et vous serez moins distrait par les attitudes et les sentiments des autres.

Le fait d'être plus bas sur l'échelle de contrôle signifie que vous prenez les situations personnellement et que vous pensez ne rien pouvoir faire contre ce qui s'est passé.

2. Engagement

Il s'agit de la mesure de votre concentration personnelle et de votre fiabilité. Si vous êtes élevé sur l'échelle de l'engagement, vous pouvez fixer efficacement des objectifs et les atteindre de façon constante sans vous laisser distraire. Vous êtes doué pour établir des pratiques et des stratégies qui favorisent le succès.

D'autre part, le fait d'être faible sur l'échelle d'engagement indique votre difficulté à fixer et à prioriser vos objectifs ou à adopter des habitudes indicatrices de réussite. Vous vous laissez aussi facilement distraire par d'autres personnes ou des priorités concurrentes.

Les échelles de contrôle et d'engagement représentent la partie résilience de la force mentale. La capacité à réagir positivement aux revers exige de savoir que l'on a le contrôle de sa vie et que l'on peut changer les choses. Vous devez également vous concentrer et être capable d'établir des habitudes et des objectifs qui vous remettront sur la bonne voie pour atteindre vos buts.

3. Défi

Le défi est la mesure dans laquelle vous êtes motivé et capable de vous adapter. Un score élevé sur l'échelle Challenge signifie que vous êtes déterminé à faire de votre mieux et que vous voyez l'adversité comme une opportunité plutôt que comme une menace. Vous êtes psychologiquement agile et flexible. Si vous êtes faible sur l'échelle de Challenge, cela signifie que vous voyez le changement comme une menace et que vous évitez les situations difficiles par peur de l'échec.

4. Confiance

La confiance est votre capacité à être productif et compétent. C'est la conviction que vous avez en vous-même que vous pouvez influencer les autres. Un niveau de confiance élevé signifie que vous croyez que vous allez réussir à accomplir des tâches, à prendre des revers tout en maintenant et en renforçant votre détermination. Si vous êtes faible sur l'échelle de confiance, cela signifie que vous êtes facilement contrarié par les déceptions et que vous pensez que vous n'êtes pas capable ou que vous n'avez pas la capacité d'influencer les autres.

Les échelles de défi et de confiance représentent la partie Confiance de la force mentale. Elles représentent la capacité d'une personne à identifier et à saisir une opportunité et à considérer les situations comme des occasions à explorer. Si vous avez confiance en vous, vous pouvez facilement interagir avec les autres et vous êtes susceptible de transformer les problèmes en résultats positifs.

Comment développer la résilience ?

La résilience peut être améliorée par la concentration, les bonnes habitudes et le travail acharné. Il existe de nombreuses stratégies pour cela. Cependant, vous devez identifier la méthode qui vous convient le mieux. Votre niveau de résilience mentale ne dépend pas de facteurs aléatoires. Vous pouvez l'améliorer tout au long de votre vie.

Voici donc les différentes stratégies et techniques pour améliorer votre résilience mentale :

1. Développer de nouvelles compétences

L'apprentissage de nouvelles compétences fait partie intégrante du développement de la résilience, car il contribue à renforcer la confiance dans votre capacité à apprendre et à évoluer. Ces qualités intérieures et extérieures peuvent être mises à profit dans les moments difficiles, et elles augmentent également votre estime de soi et votre capacité à résoudre les problèmes. Vous pouvez investir dans l'apprentissage de nouvelles activités grâce à l'apprentissage basé sur les compétences.

De plus, si vous pouvez acquérir de nouvelles compétences dans le cadre d'un groupe, il n'y a rien de tel. Cela vous donne un avantage supplémentaire, celui du soutien social, qui contribue également à renforcer la résilience.

2. Fixer vos objectifs

Développez la capacité à définir ce que vous voulez atteindre, à mesurer les étapes par lesquelles vous y arriverez et à agir en conséquence. Cela vous aidera à développer votre volonté et votre résilience mentale. Ces objectifs peuvent être liés à votre santé physique, votre bien-être émotionnel, votre carrière, vos finances ou votre spiritualité.

Si vous avez des objectifs qui vous obligent à acquérir de nouvelles compétences, cela aura un double avantage, comme par exemple apprendre une nouvelle langue ou apprendre à jouer d'un instrument. Se fixer et travailler à des objectifs qui ont une dimension spirituelle, faire du bénévolat pour des personnes défavorisées, peut être immensément gratifiant et aider à renforcer la résilience. En effet, ces activités permettent de mieux comprendre la vie, ce qui est précieux dans les moments difficiles.

3. Exposition contrôlée

Une exposition contrôlée ou progressive à des situations anxiogènes aide les gens à surmonter leurs peurs beaucoup plus rapidement. Des études montrent que cela peut renforcer la résilience, ainsi que les stratégies d'acquisition de compétences et de fixation d'objectifs.

Par exemple, la prise de parole en public est une compétence utile dans la vie courante, mais elle a aussi tendance à créer de l'anxiété chez de nombreuses personnes. Ces personnes pourraient se fixer des objectifs d'exposition contrôlée pour acquérir la capacité de le faire. Elles pourraient commencer par parler en public devant un petit nombre d'amis. Puis, une fois qu'elles auront acquis une certaine confiance en elles, elles pourront passer à un public plus large.

L'American Psychology Association propose également 11 stratégies pour renforcer la résilience mentale :

1. Effectuez les connexions

Vous pouvez renforcer votre résilience grâce à des liens sains avec votre famille, vos amis et votre communauté. Établir des relations avec des personnes qui sont importantes pour vous et qui vous aideront dans les moments difficiles, tout cela peut être extrêmement utile pour nous remonter le moral et nous encourager à penser qu'il y a de la lumière au bout du tunnel. De même, lorsque vous aidez les autres dans leurs moments difficiles, cela vous aide aussi.

2. Les crises ne sont pas des catastrophes

Même si nous sommes confrontés à des problèmes, il est essentiel de garder à l'esprit que nos réactions sont ce qui nous fait. Si nous faisons face à ce qui se présente à nous et que nous regardons vers l'avenir, nous pouvons avoir confiance que les choses vont s'améliorer. Cette simple foi peut nous faire sentir mieux et nous donner le pouvoir nécessaire pour faire face à la situation.

3. Accepter que le changement est inévitable

La vie est, par nature, sujette à des changements constants. Ce que nous pouvons souhaiter à une période de notre vie peut avoir changé quelques années plus tard. Il se peut que certains objectifs doivent être modifiés. En acceptant les facteurs que vous ne pouvez pas changer, ou qui ne sont pas sous votre contrôle, cela vous permet de vous concentrer sur les sujets que vous pouvez traiter de manière réaliste.

4. Progresser vers vos objectifs

En plus de fixer vos objectifs, il est également important de vous assurer qu'ils sont réalistes. La création de petites étapes réalisables rend vos objectifs atteignables. Essayez d'obtenir des réalisations pratiques et réalistes sur la voie de la réalisation du grand prix. Essayez d'accomplir les choses par petites étapes au lieu d'essayer de tout faire d'un coup.

5. Prendre des mesures décisives

Au lieu de fuir les problèmes ou de rêver qu'ils disparaîtront, prenez la résolution de prendre des mesures décisives pour les résoudre de la meilleure façon possible.

6. Recherchez des occasions de découverte de soi

Les malheurs de la vie créent du stress mais peuvent être une source d'apprentissage et de développement personnel. Découvrir comment faire face à une situation difficile et la surmonter avec succès peut renforcer votre confiance, améliorer votre moral, consolider vos relations et vous enseigner des vérités plus profondes. Vous pouvez révéler vos forces cachées pendant ces périodes difficiles. Parfois, il s'agit d'un voyage qui nous fait apprécier la vie encore plus.

7. Pensez positivement à vous-même

Travailler pour atteindre ses objectifs et améliorer sa confiance en soi permet de prévenir les difficultés et de renforcer la résilience. Avoir une vision positive de soi-même est également au cœur de la résolution des problèmes.

8. Gardez les choses en perspective

Lorsque les choses se compliquent, rappelez-vous que de nombreuses personnes traversent des épreuves similaires dans leur vie. En fin de compte, tout cela fait partie de l'être humain. Ne vous laissez pas convaincre que le problème est pire qu'il ne l'est. Assurez-vous de garder un œil sur l'avenir lorsque les temps semblent difficiles dans le présent.

9. Garder l'espoir

Lorsque vous vous concentrez sur l'aspect négatif de la situation, vous pouvez céder à vos peurs et avoir du mal à savoir quoi faire. Gardez le moral et soyez convaincu que vous pouvez résoudre la difficulté. Cherchez comment vous pouvez y faire face, et vous serez probablement surpris.

10. Prenez soin de vous

Prendre soin de soi est une chose qui ne doit pas être sous-estimée. Cela vous aidera à mieux faire face aux circonstances difficiles et stressantes. Prendre soin de soi, c'est notamment prêter attention à ses sentiments et faire des choses qui vous aident à vous sentir plus heureux et plus satisfait. Les passe-temps, l'exercice physique et les activités créatives sont tous extrêmement utiles.

11. Autres moyens de renforcer la résilience

Ce peut être une excellente idée de suivre un cours de méditation ou de disciplines mentales similaires. De telles techniques sont certainement d'une grande aide pour calmer votre esprit et améliorer ainsi votre résilience.

Stratégies de renforcement de la résilience

Comme nous l'avons déjà dit, la bonne approche pour renforcer la résilience varie selon les personnes. Chaque individu réagit à sa manière aux événements traumatiques et stressants de la vie. Par conséquent, ce qui peut fonctionner pour une personne peut ne pas fonctionner pour une autre.

Voici quelques stratégies courantes à employer pour renforcer la résilience :

Tirez les leçons de votre passé

Examinez vos expériences passées et vos sources de force personnelle pour savoir quelles stratégies de renforcement de la résilience vous conviennent. L'American Psychology Association recommande de vous poser les questions suivantes afin de déterminer comment vous avez réagi à des situations difficiles dans le passé :

1. Quels types d'événements ont été les plus stressants pour vous ?
2. Comment ces événements vous ont-ils affecté ?
3. Cela vous a-t-il aidé de penser à des personnes importantes dans votre vie lorsque vous étiez en détresse ?
4. À qui avez-vous demandé de l'aide pour surmonter un traumatisme ?
5. Qu'avez-vous appris sur vous-même dans les moments difficiles ?
6. Cela vous aide-t-il d'aider quelqu'un d'autre ayant une expérience similaire ?
7. Avez-vous été en mesure de surmonter des obstacles, et si oui, comment ?
8. Qu'est-ce qui vous donne plus d'espoir pour l'avenir ?

Soyez flexible

Être résilient signifie avoir un état d'esprit flexible. Lorsque vous su-bissez des circonstances et des événements stressants dans votre vie, il est nécessaire de maintenir la flexibilité et l'équilibre de la manière sui-vante :

1. Permettez-vous d'éprouver des émotions fortes et sachez quand vous devez les mettre de côté pour continuer à fonctionner.
2. Prenez les mesures nécessaires pour faire face à vos problèmes et répondre aux exigences de la vie quotidienne, mais sachez aussi prendre du recul et vous reposer/se ressourcer.
3. Passez du temps avec vos proches qui vous apportent soutien et encouragement ; prenez soin de vous.
4. Comptez sur les autres, mais sachez aussi quand vous devez compter sur vous-même.

Parfois, le soutien de la famille et des amis ne suffit pas. Sachez quand chercher de l'aide à l'extérieur, par exemple auprès de groupes d'entraide et de soutien communautaire, de livres et de publications, de ressources en ligne ou d'un professionnel de la santé mentale agréé.

Les livres, les publications et les ressources en ligne offrent une mine d'informations qui vous permettent d'entendre ou de lire comment d'autres personnes ont réussi à surmonter des situations difficiles et éprouvantes comme la vôtre. Ce sont des sources précieuses de motiva-tion, d'inspiration et de moyens de gérer le stress et les traumatismes. Toutefois, veillez à toujours vous référer à une source fiable.

Partager vos expériences, vos émotions et vos idées au sein de groupes de soutien peut vous apporter détente et réconfort. Vous aurez ainsi le sentiment qu'il y a quelqu'un sur qui compter dans les moments difficiles.

Si les autres méthodes s'avèrent infructueuses, il est préférable de demander l'aide d'un professionnel de la santé mentale. Parlez à un thérapeute agréé si vous ne parvenez pas à fonctionner dans votre vie quotidienne en raison d'événements douloureux.

Relations résilientes

La résilience est également un aspect essentiel de vos relations. Les relations exigent une attention et un entretien constants, surtout en période d'adversité.

Certaines relations peuvent survivre mieux que d'autres. C'est parce qu'elles favorisent la résilience de l'autre.

Sept caractéristiques des relations hautement résilientes

1. Optimisme actif

L'optimisme, ce n'est pas seulement espérer que les choses s'amélioreront ; c'est plutôt croire qu'elles s'amélioreront et agir en conséquence. L'optimisme dans une relation signifie un accord pour éviter les commentaires critiques, blessants et cyniques, et travailler ensemble pour exploiter le pouvoir de vivre positivement.

2. Honnêteté, intégrité, acceptation de la responsabilité de ses actes et volonté de pardonner.

Lorsque deux personnes engagées dans une relation s'engagent à reconnaître la responsabilité de leurs actes, sont loyales l'une envers l'autre et se pardonnent mutuellement, elles sont susceptibles de cultiver la résilience dans leur relation.

3. Esprit de décision

Il est crucial d'avoir le courage d'agir, même si cela peut provoquer de l'anxiété dans une relation. Une action décisive peut consister à quitter une relation toxique. Un tel esprit de décision peut favoriser votre résilience.

4. Ténacité

La ténacité est la persévérance et la capacité de tenir bon face au découragement, aux revers et aux échecs. N'oubliez pas qu'il y aura toujours des hauts et des bas, des bons moments comme des moments difficiles, dans vos relations. Mais la mesure dans laquelle vous pouvez tenir bon témoigne de votre ténacité.

5. Maîtrise de soi

Dans le contexte des relations, la maîtrise de soi est la capacité de contrôler les impulsions, de résister aux tentations et de retarder la gratification. Il s'agit de qualités souhaitables qui permettent d'éviter les pratiques négatives et de promouvoir des pratiques saines, en particulier dans les moments d'adversité.

6. Communication honnête

Une communication ouverte et honnête entretient le sentiment d'"appartenance" et d'interconnexion dans une relation. Parfois, les conversations les plus difficiles sont les plus importantes à avoir.

7. Présence d'esprit

La présence d'esprit a de nombreuses implications positives pour vous comme pour votre partenaire. Cette conscience conduit à une réflexion calme, sans jugement, et à une communication ouverte entre le couple. Elle permet également une réflexion collaborative et une ouverture à de nouvelles solutions, plutôt que de se blâmer et de se condamner mutuellement.

Comment devenir résilient pour la vie ?

Si vous souhaitez avoir une forte résilience mentale pour le reste de votre vie, commencez à la construire dès maintenant ! Mettez en pratique les stratégies et les conseils présentés ci-dessus avec persévérance ; au fil du temps, vous augmenterez votre capacité à rebondir et à vous adapter à vos difficultés.

Ce qu'il y a de plus fou dans le fait de subir des événements indésirables, c'est que plus vous faites jouer votre résilience, mieux vous pourrez réagir la prochaine fois.

Développer vos limites émotionnelles dans vos relations

La deuxième façon de vaincre le chantage affectif est de fixer vos limites. La question la plus importante qui peut cliquer dans votre esprit en ce moment est, "Pourquoi devrais-je avoir des frontières ? Comment la fixation de limites peut-elle me sauver du chantage affectif ?"

Fixer des limites personnelles saines favorise des relations saines, augmente votre estime de soi et réduit le stress, l'anxiété et la frustration. Les limites vous protègent en définissant clairement ce que vous acceptez et ce que vous refusez dans toute relation.

Les limites comprennent les limites physiques et les limites émotionnelles. Les limites physiques comprennent votre corps, votre espace personnel et votre vie privée. Si quelqu'un se tient trop près de vous, vous touche de manière inappropriée ou feuillette les fichiers de votre téléphone, il viole vos limites physiques.

Les limites émotionnelles comprennent la séparation de vos sentiments de ceux des autres. Prendre la responsabilité des sentiments des autres, les laisser dicter vos sentiments, sacrifier vos besoins pour faire plaisir aux autres, rendre les autres responsables de vos problèmes et prendre une responsabilité excessive pour leurs difficultés sont des violations de vos limites émotionnelles.

Lorsque vous avez des limites fortes, elles protègent votre estime de soi et votre identité en tant qu'individu, ainsi que votre droit de faire des choix dans la vie.

Fixer des frontières n'est pas suffisant si vous ne les protégez pas aussi. Mais, la plupart d'entre nous ont du mal à fixer des limites saines de manière cohérente, en particulier les limites émotionnelles. Il est parfois délicat d'identifier même quand ces frontières sont franchies. La raison en est la peur des conséquences sur nos relations en les fixant.

Les signaux d'alarme en cas de violation de vos limites sont les suivants : malaise, stress, anxiété, ressentiment, peur et culpabilité. Ces sentiments proviennent du sentiment d'être exploité ou de ne pas être apprécié.

Demandez-vous si les affirmations suivantes résonnent en vous :

- Tu ne peux pas prendre tes propres décisions.
- Vous ne pouvez pas demander ce dont vous avez besoin.
- Tu ne peux pas dire non.
- Vous vous sentez critiqué.
- Vous vous sentez responsable des sentiments des autres.
- Vous semblez prendre leurs humeurs.
- Vous vous sentez souvent nerveux, anxieux et inquiet en présence de ces personnes.

Si vos limites sont vagues, voire inexistantes, vous aurez un faible sentiment d'identité personnelle et un sentiment d'impuissance à prendre les décisions de votre vie. En conséquence, vous vous en remettez à votre partenaire pour votre bonheur et votre responsabilité décisionnelle, perdant ainsi des éléments importants de votre identité ; cela crée le risque de devenir codépendant.

L'incapacité à fixer des limites résulte également de la peur de l'abandon dans une relation, de la peur d'être jugé et de la peur de blesser les sentiments d'autrui.

La première étape pour établir de meilleures limites est de savoir quelles sont vos limites. Qui vous êtes, ce dont vous êtes responsable et ce dont vous n'êtes pas responsable. Vous êtes responsable de votre bonheur, de votre comportement, de vos choix et de vos sentiments. Vous ne pouvez pas être tenu responsable du bonheur, du comportement, des choix et des sentiments de quelqu'un d'autre.

Limites émotionnelles et pièges à limites

Les limites émotionnelles relèvent des catégories suivantes : temps, énergie, émotions et valeurs. Cependant, il faut se méfier des pièges des limites dans une relation. Reconnaissez-vous certaines des pensées suivantes, ou des choses que vous avez peut-être dites ?

- Je n'ai pas d'identité propre. Mon identité vient de mon partenaire, et je ferais tout et n'importe quoi pour le rendre heureux.
- Cette relation est meilleure que la précédente.
- Je passe tout mon temps à réaliser les objectifs et les activités de mon partenaire. Je n'ai pas le temps de faire ce que j'ai envie de faire.
- Mon partenaire sera perdu si je ne suis pas là.
- Cette relation s'améliorera si j'y consacre plus de temps.
- La plupart du temps, la relation est excellente, à l'exception de quelques occasions, et cela me suffit.

Comment fixer vos limites émotionnelles ?

Tout d'abord, engagez-vous à donner la priorité à votre identité, vos besoins, vos sentiments et vos objectifs. Les limites émotionnelles saines commencent par la conviction et l'acceptation de votre état actuel. Abandonnez la responsabilité de réparer les autres, d'être responsable du résultat des choix de quelqu'un d'autre, de sauver ou de secourir les autres, de dépendre de leur approbation et de vous changer pour être aimé des autres.

Préparez une liste des limites que vous voulez renforcer. Ne vous contentez pas de les noter, mais visualisez-vous en train de les fixer et de les communiquer avec assurance aux autres. La fixation des limites est un processus. Commencez donc par fixer des limites non menaçantes, faites-en l'expérience, puis passez à des limites plus difficiles.

En voici quelques-unes pour commencer :

- Dites non aux tâches que vous ne voulez pas faire ou que vous n'avez pas le temps de faire.
- Soyez prêt à aider.
- Remerciez les autres sans excuse, sans regret et sans honte.
- Demandez de l'aide si nécessaire.
- Déléguez des tâches à votre partenaire ou aux membres de votre famille.
- Ne vous engagez pas trop. Protégez votre temps.
- Demandez votre espace personnel.
- Exprimez-vous lorsque vous êtes confronté à un comportement qui empiète sur votre espace.
- Honorez votre personne et vos besoins.
- Laissez tomber la culpabilité et la responsabilité pour les autres.
- Partagez vos informations personnelles progressivement et de manière mutuelle.

Lorsque vous fixez vos limites et modifiez la dynamique de la relation, vous risquez de rencontrer une résistance de la part de l'autre personne. Restez sur vos positions et continuez à communiquer vos besoins. La "technique du disque rayé" est utile à ce moment-là. Répétez votre déclaration autant de fois que nécessaire.

Les relations saines sont un équilibre entre ce qui est donné et ce qui est reçu. Dans une relation saine, vous vous sentez calme, en sécurité, soutenu, respecté, soigné et accepté inconditionnellement. Vous êtes libre d'être qui vous êtes et encouragé à être la meilleure version de vous-même.

De même, des limites saines sont aussi un signe de santé émotionnelle, de respect de soi et de force. En fixant vos limites, vous imposez des normes élevées à ceux qui vous entourent. Attendez-vous à être traité de la même façon que vous les traitez. Vous vous retrouverez bientôt entouré de personnes qui vous respectent, se soucient de vous, de vos sentiments, de vos besoins et vous traitent avec gentillesse.

Résumé du chapitre

1. Pour faire face au chantage affectif, vous devez d'abord identifier les situations de drapeau rouge de cette tactique.

2. Si vous vous excusez toujours auprès de votre partenaire, même pour les bonnes actions, si vous ne pouvez pas dire non à votre partenaire, si vous faites toujours des sacrifices ou si vous cédez aux exigences de votre partenaire au détriment des vôtres, vous êtes victime de chantage affectif.

3. Connaître la technique FOG typique ou les tactiques de peur, d'obligation et de culpabilité utilisées par les maîtres chanteurs pour vous manipuler.

4. Si vous avez du mal à dire non à votre partenaire ou dans toute relation, vous êtes vulnérable au chantage affectif. Mettez-vous à l'aise pour refuser les demandes qui ne vont pas dans le sens de vos intérêts.

5. Donnez la priorité à vos besoins, défendez votre vérité, vos points de vue et vos opinions pour mettre fin au chantage affectif.

6. Fixez des limites claires quant aux comportements que vous acceptez et que vous refusez. Assurez-vous que vos limites ne peuvent être dépassées en aucune circonstance.

7. Observez vos actions pour savoir si vous n'employez aucune de ces tactiques pour manipuler les autres. Si c'est le cas, admettez et reconnaissez votre comportement manipulateur, excusez-vous et assurez votre cible que vous êtes prêt à changer vos habitudes. Faites-lui sentir la confiance et la sécurité de votre relation.

8. Pour vaincre le chantage affectif, il faut deux choses : développer des compétences en matière de communication non défensive et développer ses limites émotionnelles et sa résilience mentale.

9. La communication non défensive est la meilleure façon de traiter avec un maître chanteur. C'est une façon d'exprimer vos pensées et vos sentiments aux autres sans vous mettre sur la défensive ou pointer du doigt les autres.

10. Lorsque vous utilisez un mode de communication défensif, l'autre personne est également sur la défensive à son tour. Il lui est alors difficile d'entendre votre version des faits.

11. Vous pouvez communiquer de manière non défensive en faisant part de vos observations sur la situation, en décrivant vos sentiments à l'aide de déclarations "je" et en demandant un comportement différent à l'avenir.

12. Votre force mentale est votre capacité à gérer efficacement les situations stressantes et à donner le meilleur de vous-même.

13. La force mentale peut être développée au fil du temps en choisissant les habitudes de développement personnel.

14. La résilience mentale est le processus qui consiste à bien s'adapter aux adversités de sa vie.

15. La ténacité mentale est la capacité à rester fort face à l'adversité et à garder sa concentration et sa détermination.

16. Le contrôle de vos émotions, l'engagement envers vos objectifs, la capacité à être productif, les capacités et l'adaptation aux adversités de la vie sont des aspects centraux de la force mentale.

17. Votre niveau de résilience mentale n'est pas déterminé à la naissance ; vous pouvez le développer par la volonté, la discipline et le travail.

18. Il existe différentes stratégies et techniques pour renforcer votre résilience mentale. Choisissez celle qui vous convient le mieux.

19. La résilience est également importante pour des relations saines. Les relations qui favorisent la résilience de l'autre ont de meilleures chances de survie que les autres.

LE MOT DE LA FIN

Une relation saine vous aide à évoluer vers une meilleure version de vous-même. Elle vous permet de devenir une personnalité aimable et confiante.

Si vous vous sentez étouffé et contrôlé dans une relation, si vos besoins ne comptent pas ou si vous ne vous sentez pas en sécurité pour exprimer vos pensées et vos sentiments avec cette personne, votre relation s'est transformée en une relation toxique.

La toxicité peut s'insinuer dans les relations les plus chères et les plus proches. Cela peut être entre un parent et un enfant, votre conjoint, votre amant ou un ami proche. La toxicité envahit une relation lorsqu'une personne commence à manipuler l'autre pour qu'elle cède à ses exigences sans reconnaître ni respecter les besoins de l'autre.

La manipulation peut parfois sembler inoffensive, mais il s'agit en fait d'un chantage affectif, d'un abus émotionnel. C'est parce que le maître chanteur affectif utilise vos sentiments de manière négative contre vous pour obtenir ce qu'il veut. En bref, il vous contrôle et contrôle votre comportement afin de satisfaire ses exigences.

Il est essentiel d'être conscient des signes de chantage affectif. Prenez conscience que vous êtes manipulé. Sinon, la personne continuera à vous faire du chantage, et vous vous retrouverez dans une situation de frustration, d'anxiété et de faible estime de soi. Si vous n'êtes pas conscient des signes de chantage affectif, vous ne pouvez pas y faire face ou l'arrêter.

Voici quelques exemples de manipulation utilisés par un maître chanteur émotionnel :

- Des menaces de mettre votre vie en danger.
- Ils vous menacent de se tuer si vous n'obéissez pas à leurs souhaits.

- Vous contrôler en utilisant l'argent.
- Menace de mettre fin à la relation avec vous.
- Vous manipuler pour que vous ressentiez de la compassion pour lui/elle.
- Vous faire sentir coupable.
- Vous démoraliser.
- Vous blesser émotionnellement.
- Vous priver d'amour, d'attention et d'appréciation.
- Vous faire sentir égoïste et inconsidéré.

Le maître-chanteur utilise des techniques astucieuses et secrètes pour vous faire croire que ses exigences sont raisonnables et que vous devez les satisfaire. Cependant, plus vous cédez, plus la situation s'aggrave.

De plus, le maître-chanteur affectif apprend à connaître vos peurs, celles qui sont profondément enracinées comme la peur de l'échec, de l'isolement et de l'humiliation, qu'il utilise contre vous pour faire aboutir ses demandes.

Mais pourquoi certaines personnes ont-elles recours au chantage affectif ?

Le chantage affectif est généralement utilisé comme une arme pour prendre le contrôle des pensées et des sentiments d'une autre personne. Ces personnes sont généralement peu sûres d'elles sur le plan émotionnel, peut-être parce qu'elles ont été victimes d'abus similaires dans leur enfance. En conséquence, elles ne peuvent pas faire la différence entre ce qui est bien et ce qui est mal.

Comme ils ont grandi en étant eux-mêmes manipulés émotionnellement, ils pensent que c'est la bonne façon de demander des choses ou d'obtenir ce qu'ils veulent. Elles pensent à tort qu'en faisant en sorte que les autres se sentent impuissants et vulnérables, elles se sentiront puissantes et bien dans leur peau.

Toute personne qui recourt au chantage affectif souffre d'une faible estime de soi, d'un manque d'empathie et d'une tendance à rendre les autres responsables des problèmes de sa vie.

Cependant, il est important de noter que ce ne sont pas *les "désirs"* qui permettent de qualifier la personne de maître chanteur, mais plutôt la façon dont elle s'y prend pour satisfaire ces *"désirs"*. Si elle vous menace ou reste insensible à vos besoins, le terme "maître chanteur affectif" est justifié.

En effet, il existe 6 étapes progressives de chantage affectif :

1. Dans la première phase, le maître chanteur vous fait part de ses exigences et ajoute une menace émotionnelle.
2. Deuxièmement, vous résistez à la demande du maître chanteur.
3. Comme le maître chanteur ne peut tolérer aucun refus, il fait pression sur vous pour que vous vous exécutiez.
4. Ils réitèrent leur menace en conséquence de votre refus.
5. Affecté par des émotions négatives, vous décidez de céder aux exigences du maître chanteur.
6. Il en résulte un schéma dans lequel le maître-chanteur connaît vos points sensibles et sait comment les pousser pour obtenir ce qu'il veut.

La pression qu'ils exercent sur vous pour que vous vous soumettiez aux règles passe essentiellement par trois tactiques : la peur, l'obligation et la culpabilité, communément appelées la technique FOG.

La plupart d'entre nous ont différents types de peurs, comme la peur de l'isolement, la peur de l'inconnu, l'appréhension de la confrontation, l'inquiétude de l'abandon, la peur des situations délicates, etc. Les maîtres chanteurs affectifs connaissent vos points faibles et savent comment les utiliser pour obtenir ce qu'ils veulent.

Utiliser votre sens de l'obligation pour appuyer sur vos déclencheurs émotionnels et vous manipuler est une autre technique favorite des maîtres chanteurs émotionnels. Ils peuvent vous faire sentir coupable de ne pas tenir vos promesses conformément à vos obligations.

Toutes ces tactiques découlent de la lâcheté. Les maîtres chanteurs affectifs ne peuvent pas tolérer l'échec, la perte, la privation et la frustration. Dès qu'ils éprouvent ces sentiments, ils passent à l'action et ont recours au chantage affectif pour obtenir ce qu'ils veulent et faire disparaître ces sentiments négatifs.

Vous pouvez classer les maîtres chanteurs émotionnels en 4 catégories :

1. Les **punisseurs** qui menacent de vous punir physiquement, par des sanctions financières, ou de mettre fin à la relation avec vous si vous ne faites pas ce qu'ils veulent.
2. Les **autopunisseurs** qui menacent de se faire du mal si vous ne vous conformez pas à leurs souhaits.
3. Les **personnes** qui vous rendent responsable de leur état émotionnel dégradé et attendent de vous que vous fassiez ce qu'elles veulent pour se sentir mieux.
4. Les **tentateurs** qui vous attirent avec une fausse promesse de quelque chose de mieux si vous faites ce qu'ils désirent.

Quelle que soit la tactique utilisée, si vous vous retrouvez à vous excuser pour des choses que vous ne faites pas, ou si vous vous rendez compte que vous êtes le seul à faire des sacrifices dans une relation, ou si l'autre personne insiste pour n'en faire qu'à sa tête, ou si vous avez l'impression d'être menacé pour obéir à ses exigences, vous êtes victime de chantage affectif.

Cependant, il faut être deux pour faire du chantage. Si vous ne cédez pas aux exigences, le chantage affectif ne peut pas se produire. Il se peut que votre besoin de plaire aux gens, la peur de leur colère, l'abandon ou les conflits dans les relations, une compassion et une empathie extrêmes, la tendance à prendre sur vous le fardeau de la vie des autres et une faible estime de soi vous rendent vulnérable à ces individus.

Pour changer cette dynamique et cesser d'être victime de chantage affectif, vous devez d'abord reconnaître les signaux d'alarme du chantage affectif tels qu'ils sont détaillés dans ce livre. Ensuite, engagez-vous à prendre soin de vous. Prenez la résolution de ne pas laisser ce traitement abusif se poursuivre.

Respectez d'abord vos besoins. Détachez-vous des émotions du maître-chanteur et regardez la situation sous un angle différent. Ne soyez pas tenté de céder instantanément aux exigences du maître chanteur. Faites une pause, prenez le temps d'évaluer si vous devez vous conformer ou non, puis prenez votre décision.

Utilisez les stratégies détaillées dans ce livre pour développer votre résilience mentale, et développez les compétences de communication non défensive pour parler au maître chanteur émotionnel.

Enfin, fixez vos limites émotionnelles et exprimez clairement ce que vous acceptez et ce que vous refusez. De cette façon, vous pourrez mettre définitivement fin au chantage affectif dans votre vie.

SOURCES

Galinsky, L. (2018, November 13). The Use of Emotional Blackmail in a Relationship. Retrieved from https://goodmenproject.com/featured-content/remember-that-time-you-wanted-a-relationship-for-all-the-wrong-reasons-wcz/

Doll, K. (2019, June 19). 18+ Ways to Handle Emotional Blackmail (+ Examples & Quotes). Retrieved from https://positivepsychology.com/emotional-blackmail/

Emotional Blackmail. (n.d.). Retrieved from https://www.merriam-webster.com/dictionary/emotional%20blackmail

Understanding Emotional Blackmail. (2019, January 14). Retrieved from https://claritychi.com/emotional-blackmail/

Hammond, C. (2017, October 10). What is Emotional Blackmail. Retrieved from https://pro.psychcentral.com/exhausted-woman/2016/08/what-is-emotional-blackmail/

Emotional Blackmail Law and Legal Definition. (n.d.). Retrieved from https://definitions.uslegal.com/e/emotional-blackmail/

Paler, J. (2019, December 6). The toxic cycle of emotional blackmail and how to stop it. Retrieved from https://hackspirit.com/emotional-blackmail/

Emotional Blackmail and How it Harms our Kids. (2018, August 1). Retrieved from https://exploringyourmind.com/emotional-blackmail-and-how-it-harms-our-kids/

Johnson, R. S. (2018, August 16). Emotional Blackmail: Fear, Obligation and Guilt . Retrieved from https://www.bpdfamily.com/content/emotional-blackmail-fear-obligation-and-guilt-fog

Go your Own Way. (n.d.). *Emotional Blackmail*. Retrieved from http://www.goyourownway.org/GOYOUROWNWAY/DOCUMENTS/EMOTIONAL%20WELLBEING/EMOTIONAL%20BLACKMAIL.pdf

What Is Emotional Blackmail and 5 Personality Types That Use It. (n.d.). Retrieved from https://www.learning-mind.com/emotional-blackmail/

Four Types Of Emotional Blackmail Manipulators Use Against You. (n.d.). Retrieved from https://www.aconsciousrethink.com/9824/emotional-blackmail/

Kreger, R. (n.d.). Fear, Obligation, and Guilt (FOG) in High Conflict Relationships. Retrieved from https://www.bpdcentral.com/blog/?Fear-Obligation-and-Guilt-FOG-in-High-Conflict-Relationships-36

abcClub. (2018, August 15). Emotional Blackmail_ Feeling like in FOG (fear, obligation, guilt). Retrieved from https://www.youtube.com/watch?v=jPXUQnTSyeU

Mayo Clinic Staff. (n.d.). Borderline personality disorder. Retrieved from https://www.mayoclinic.org/diseases-conditions/borderline-personality-disorder/symptoms-causes/syc-20370237

Freedom from the FOG of Emotional Manipulation. (2014, May 23). Retrieved from https://www.borderline-personality-disorder.com/borderline-personality-disorder-research/freedom-from-the-fog-of-emotional-manipulation/

Lancer, D. (2019, July 2). Covert Tactics Manipulators Use to Control and Confuse You. Retrieved from https://www.psychologytoday.com/us/blog/toxic-relationships/201907/covert-tactics-manipulators-use-control-and-confuse-you

Four Signs of Emotional Blackmail. (n.d.). Retrieved from https://www.powerofpositivity.com/4-signs-of-emotional-blackmail/

Lancer, Darlene. (n.d.). COMBAT NARCISSISTS' AND ABUSERS' PRIMARY WEAPON: PROJECTION. Retrieved from https://www.whatiscodependency.com/narcissist-abuse-empaths-projection/

Murrah, J. D. (n.d.). Breaking the Cycle of Emotional Blackmail. Retrieved from https://www.streetdirectory.com/travel_guide/7367/parenting/breaking_the_cycle_of_emotional_blackmail.html

Harley, M. (2017, July 24). What makes a parent toxic? Retrieved from https://lifelabs.psychologies.co.uk/users/3881-maxine-harley/posts/18860-what-makes-a-parent-toxic

Avila, T. (2018, November 2). How to Cope with Toxic Parents Whom you Can't Avoid. Retrieved from https://www.girlboss.com/wellness/toxic-parents

Lancer, D. (2018, August 31). 12 Clues a Relationship with a Parent is Toxic. Retrieved from https://www.psychologytoday.com/intl/blog/toxic-relationships/201808/12-clues-relationship-parent-is-toxic

Fellizar, K. (2019, January 23). 7 Seemingly Innocent Things That Can Actually Be Emotional Blackmail In A Relationship. Retrieved from https://www.bustle.com/p/7-seemingly-innocent-things-that-can-actually-be-emotional-blackmail-in-a-relationship-15866011

Centore, A. (2012, November 16). 6 Warning Signs of Emotional Blackmail: Couples Counseling Tips. Retrieved from https://thriveworks.com/blog/6-warning-signs-of-emotional-blackmail-couples-counseling-tips/

Griffin, T. (2019, December 4). How to Deal with Emotional Blackmail. Retrieved from https://www.wikihow.com/Deal-with-Emotional-Blackmail

Steber, C. (2018, April 18). 11 Signs You Are Experiencing Trauma After A Toxic Relationship. Retrieved from https://www.bustle.com/p/11-signs-you-are-experiencing-trauma-after-a-toxic-relationship-8759486

Dodd, G. (n.d.). How To Maintain Your Grace After A Bad Breakup. Retrieved from https://www.bolde.com/how-maintain-grace-after-bad-breakup/

Meurrisse, T. (n.d.). 5 Differences Between Real Love And Attachment. Retrieved from https://www.lifehack.org/317383/5-differences-between-real-love-and-attachment

Vaknin, S. (n.d.). Codependence and the Dependent Personality Disorder. Retrieved from https://www.healthyplace.com/personality-disorders/malignant-self-love/codependence-and-the-dependent-personality-disorder

Psychological Manipulation in Treating Codependency. (n.d.). Retrieved from https://emotional-intelligence-training.weebly.com/psychological-manipulation-in-treating-codependency.html

Hunter, D. (2019, March 12). How Codependency Affects Recovery. Retrieved from https://www.rehabcenter.net/how-co-dependency-affects-recovery/

Blackmoor, L. (2016, December 16). 8 Signs You May Have a Codependent Parent. Retrieved from https://wehavekids.com/family-relationships/8-Signs-You-May-Have-a-Codependent-Parent

Dodgson, L. (2018, February 13). 8 warning signs you're in a damaging codependent relationship, according to experts. Retrieved from https://www.businessinsider.in/strategy/8-warning-signs-youre-in-a-damaging-codependent-relationship-according-to-experts/articleshow/62904771.cms

Jewell, T. (2018, January 11). Sociopath: Definition, vs Psychopath, Test, Traits. Retrieved from https://www.healthline.com/health/mental-health/sociopath

Lindeberg, S. (2019, January 9). Psychopath: Meaning, Signs, and vs Sociopath. Retrieved from https://www.healthline.com/health/psychopath

Smith, M. (2019, December 6). Narcissistic Personality Disorder. Retrieved from https://www.helpguide.org/articles/mental-disorders/narcissistic-personality-disorder.htm

Happe, M. (n.d.). The Relationship between Narcissism and Codependency. Retrieved from https://www.mentalhelp.net/blogs/the-relationship-between-narcissism-and-codependency/

Ramirez, J. (n.d.). A Guide To Avoiding and Dealing With Emotional Blackmail. Retrieved from https://www.ba-bamail.com/content.aspx?emailid=19234

Sattin, N. (2016, September 7). Defeating Emotional Blackmail and Manipulation with Susan Forward. Retrieved from https://www.neilsattin.com/blog/2016/09/55-defeating-emotional-blackmail-and-manipulation-with-susan-forward/

Perper, R. (2014, January 29). Non-Defensive Communication In 3 Easy Steps. Retrieved from https://therapychanges.com/blog/2014/01/non-defensive-communication-3-easy-steps/

Israel, L. (2011, September 7). Powerful Non-Defensive Communication: A New Way to Communicate. Retrieved from https://www.maritalmediation.com/2011/09/powerful-non-defensive-communication-a-new-way-to-communicate/

Camins, S. (n.d.). Setting Emotional Boundaries in Relationships. Retrieved from https://roadtogrowthcounseling.com/importance-boundaries-relationships/

Han, L. (n.d.). How to Stand Up for Yourself Without Sounding Defensive. Retrieved from https://bemycareercoach.com/soft-skills/stand-up-for-yourself.html

Ribeiro, M. (2019, December 5). How to Become Mentally Strong: 14 Strategies for Building Resilience. Retrieved from https://positivepsychology.com/mentally-strong/

PNL noire

Maîtriser l'art de la programmation neuro-linguistique pour reprendre sa vie en main, obtenir ce que l'on désire ou prendre l'ascendant sur n'importe qui

Emory Green

TABLE DES MATIÈRES

INTRODUCTION

Avez-vous déjà été dans une situation où vous vous êtes senti manipulé ou influencé pour agir, vous comporter ou penser d'une manière spécifique pour des raisons autres que les vôtres ? Peut-être vos amis populaires vous ont-ils persuadé de faire quelque chose avec lequel vous n'étiez pas entièrement d'accord ? Le préposé aux échantillons à l'épicerie a-t-il déjà essayé de vous convaincre d'acheter les aliments qu'il vous proposait de goûter ? Ou encore, que se passe-t-il si un soi-disant employé des services publics essaie de vous persuader d'acheter ses services à un tarif plus avantageux, même si vous n'en avez pas besoin au départ ? Qu'ont-ils fait pour vous convaincre ? Avez-vous consenti ? Étiez-vous même *conscient d'*avoir consenti ?

En réalité, il existe des personnes très persuasives et manipulatrices qui parviennent à utiliser la PNL à leur avantage. Un bon exemple de personnes qui utilisent la PNL avec succès sont les vendeurs ; un représentant d'une compagnie de câble qui vous aurait persuadé d'acheter plus de services dont vous n'aviez pas vraiment besoin. Si le concept de la PNL vous inquiète, si vous vous demandez comment elle fonctionne ou si vous êtes curieux de savoir pourquoi les gens s'intéressent à l'exploitation de son pouvoir, vous êtes au bon endroit. La PNL peut changer votre vie lorsque vous la mettez en pratique, et pour qu'il en soit ainsi, vous devriez explorer les potentiels, les vérités et les controverses des techniques PNL les plus puissantes. Ces techniques sont connues pour transformer des vies, des décisions et la façon dont les gens pensent.

La PNL, une fois maîtrisée, trace une feuille de route dans votre esprit qui peut le modifier pour vous aider à atteindre vos objectifs. Il est essentiel d'accéder à la capacité de contrôler votre esprit et celui des autres pour obtenir des résultats favorables, tout en alignant votre programmation et vos croyances sur le succès. Une fois que vous aurez compris votre propre concept de contrôle et que vous saurez comment appliquer ces puissantes techniques de PNL pour vos propres gains sans culpabilité ni croyances limitatives, vous serez sur la voie de la vie dont vous avez toujours rêvé !

Depuis des dizaines d'années que je travaille dans le domaine de la psychologie des affaires, j'ai observé des modèles de mentalité des plus intelligents et des plus rusés qui n'acceptaient pas le non comme réponse lorsqu'il s'agissait de gagner des affaires et la vie. J'ai été témoin de grands accords d'entreprise entre des dirigeants à la recherche de résultats favorables pour leurs affaires et leur carrière. En tant que psychologue d'entreprise qui établit des feuilles de route pour le succès des personnes, des campagnes politiques et des entreprises, j'applaudis ces personnes à chaque fois. Il est vrai que certains sont prêts à tout pour réussir. C'est pourquoi, plus que la normale, la psychologie des bonnes motivations et du but est nécessaire pour réussir sa vie, ses objectifs et ses entreprises. Je suis également passionné par l'étude du côté moins exploré de la victoire, qui comprend des techniques de manipulation plus sombres, bien que très influentes, pour persuader et toujours obtenir ce que l'on veut.

Cependant, ce livre n'affirme pas ce qui est bien et ce qui est mal ; au contraire, il vous donnera des indications utiles sur le pouvoir et le potentiel de la PNL, afin que vous puissiez l'utiliser efficacement dans votre vie, quelle que soit la manière dont vous envisagez de l'utiliser. Une chose est sûre : les connaissances que vous allez acquérir sur la PNL ne sont pas limitées et visent à aligner vos actions sur les méthodes et techniques connues en psychologie. Cela vous aidera à analyser les gens, à contrôler les situations et à éviter d'être contrôlé par ces mêmes tactiques. Donc, si vous pensez que quelqu'un joue avec votre esprit ou que vous avez tendance à fréquenter des personnes susceptibles de manipuler votre esprit, vous serez certainement mieux équipé après avoir lu ce livre.

Les gens sont impressionnés par les nombreuses situations gagnant-gagnant, les opportunités et les accords commerciaux qui peuvent se produire sans savoir s'ils ont été scellés et sécurisés par des techniques utilisées en PNL. Vous êtes sur le point d'apprendre ces techniques aujourd'hui. J'espère que vous obtiendrez également votre propre changement positif dans la vie après avoir lu ce livre et que vous obtiendrez les résultats que vous souhaitez vraiment dans n'importe quelle situation.

Les sujets et les connaissances abordés dans ce livre sont présentés de manière exhaustive et orientés vers les domaines dans lesquels ces techniques sont considérées comme ayant le meilleur potentiel de réussite. Ce livre est également écrit sans jugement envers ses lecteurs. Respectons pleinement notre capacité humaine à comprendre les vulnérabilités, les flexibilités, les diverses perspectives et les mentalités humaines. En outre, ce livre ne couvre pas les sujets habituels de la PNL, mais les techniques controversées, bien que les plus puissantes, qui ont historiquement trouvé le succès.

Beaucoup d'entre nous ne le savent peut-être pas, mais les techniques de la PNL sont largement utilisées pour influencer les perceptions, les mentalités et les décisions des gens. Elles sont pratiquement omniprésentes dans la vente, les affaires, le lieu de travail, la gestion, le leadership, la politique et même dans les relations sérieuses. En savoir peu à ce sujet équivaut presque à devenir une victime éventuelle du pouvoir qui tombe entre de mauvaises mains. Vous avez le choix entre être contrôlé et avoir le contrôle de chaque situation dans laquelle vous vous trouvez. Il est temps de prendre le pouvoir entre vos mains !

Plus de gens devraient être bien lus, bien conscients et bien informés du pouvoir potentiel de la psychologie, et plus que les manipulateurs enclins à l'utiliser de manière déviante et avec des vues déséquilibrées. La connaissance est la *clé* ! Si vous voulez créer une expérience gagnant-gagnant pour tout le monde, alors vous devriez être le détenteur légitime de ce pouvoir maintenant. Lisez ce livre et utilisez toutes les informations qu'il contient pour créer le monde que vous souhaitez pour vous et tous ceux qui le composent.

Vous appréciez ce livre jusqu'à présent ? N'oubliez pas de vous rendre au bas de ce livre pour découvrir une ressource gratuite de taille réduite, mais précieuse, sur l'hypnose conversationnelle. Ce mini-livre

électronique est le moyen le plus simple d'apprendre à devenir un hypnotiseur conversationnel efficace. Vous êtes curieux de voir les bénéfices
que cela peut apporter à vos conversations quotidiennes ? Obtenez votre
exemplaire dès maintenant ! Cette ressource gratuite n'est disponible que
pour une durée limitée.

Les mystères de la PNL

La PNL aujourd'hui

La **PNL**, ou **programmation neurolinguistique**, a évolué au fil du temps, car de plus en plus de personnes sont témoins de son application dans diverses situations de la vie, qu'elles soient professionnelles, familiales, sociales ou personnelles. La PNL, en tant que science évolutive, peut être utile car elle permet de modifier les pensées, les associations, les comportements et même les émotions des personnes. La PNL peut finalement changer la vie d'une personne, grâce au pouvoir de suggestion, d'influence et de persuasion des techniques utilisées pour l'aider à trouver des façons plus bénéfiques de penser et d'agir. En bref, la PNL peut s'avérer pratique et avantageuse dans n'importe quelle situation, aussi difficile ou difficile soit-elle.

La PNL interprétée

La PNL se compose principalement de trois éléments importants : l'esprit ou le cerveau ; le langage, y compris le verbal et le non-verbal ; et la programmation individuelle. La première partie de la PNL - l'**esprit** ou le **cerveau - suggère** comment différents états d'esprit peuvent affecter le comportement et la communication d'une personne. Par exemple, si mon état d'esprit actuel est calme, je serai plus enclin à communiquer efficacement que si je suis stressé et contrarié. La façon dont je pense et je me sens peut directement affecter la manifestation extérieure de mon fonctionnement et de mon comportement.

La deuxième partie de la PNL est la **composante linguistique** ou le **langage** qu'un individu emploie pour communiquer son état d'esprit et de corps. Cependant, la plupart d'entre nous ne prêtent attention qu'aux mots prononcés plutôt qu'au langage corporel non verbal. En fait, il semblerait que la communication non verbale soit plus révélatrice de l'état d'une personne que les mots prononcés. En effet, s'il peut être facile de choisir des mots lors d'une interaction verbale, le langage corporel non verbal, comme le fait de rougir, peut être davantage une réaction involontaire qu'un choix. En d'autres termes, les réactions et les réponses ne mentent généralement pas, alors que les mots peuvent le faire.

La troisième partie de la PNL est la **programmation**. La programmation peut être décrite comme la manière habituelle d'un individu de réagir, de penser, de ressentir et de supposer. Cependant, survivre en pilote automatique n'est pas toujours bénéfique lorsqu'il s'agit de faire face efficacement à de nouveaux défis et changements. Le changement est la capacité de modifier ou de se transformer en quelque chose de différent, et c'est là que la programmation entre en jeu. En effet, en tant qu'êtres humains, nous avons la capacité de modifier nos habitudes pour qu'elles soient plus bénéfiques à nos buts et objectifs. C'est une meilleure alternative que de suivre des informations périmées qui ne servent plus à rien. La PNL peut, en effet, transformer les gens en êtres humains plus fonctionnels, grâce à l'auto-modification et à l'adaptation.

Vues modernes et controverses de la PNL

Les vues modernes de la PNL suggèrent que la programmation neurolinguistique est applicable à la fois aux entreprises et pour des raisons personnelles. Les entreprises peuvent être améliorées en utilisant intelligemment les techniques de la PNL sur leurs employés, acheteurs et investisseurs, tandis qu'un individu peut améliorer sa situation personnelle en appliquant les techniques de la PNL aux personnes de son entourage. Cependant, les controverses entourant la PNL proviennent de la croyance qu'il s'agit d'une forme de lavage de cerveau, d'hypnose et même de contrôle de l'esprit pour amener les gens à faire ce que l'on veut.

Cela peut suggérer que les gens peuvent également être des victimes inconscientes de la PNL, comme dans la modélisation, le miroir et l'ancrage. Par exemple, lorsqu'une personne compétente dans l'utilisation de la PNL reflète ou modélise votre utilisation de la linguistique et du langage, l'utilisateur de la PNL créera un sentiment de rapport et de confiance, lui permettant ainsi de diriger l'interaction en sa faveur. En outre, l'utilisation de techniques PNL, telles que l'ancrage, peut être tout aussi efficace pour modifier l'expérience subjective. En effet, lorsqu'un utilisateur compétent de la PNL utilise l'ancrage (en touchant physiquement la personne qui ne le sait pas), des états d'esprit spécifiques peuvent se manifester chez cette dernière, la convainquant d'agir à la discrétion de l'utilisateur de la PNL. Cela peut conduire à des résultats positifs ou négatifs, selon l'utilisation de la PNL dans la situation.

Fondements de la PNL

La pratique de la PNL a débuté dans les années 1970 avec ses fondements ancrés dans la psychologie, la linguistique et même la programmation informatique, par le biais de la thérapeute familiale Virginia Satir, du thérapeute Gestalt Fritz Perls et de l'hypnotiseur Milton Erickson. Elle a également été étudiée par un groupe de personnes remarquables, dont le professeur de linguistique John Grinder et l'étudiant en programmation informatique Richard Bandler. Bandler, Grinder et d'autres ont observé que, lorsque des thérapeutes comme Satir, Perls et Erickson utilisaient des modèles de communication particuliers avec leurs clients, ils obtenaient davantage de résultats que les méthodes de thérapie traditionnelles. Par exemple, lorsqu'ils utilisaient le modelage - une démonstration que le praticien PNL valorise le client par l'utilisation de prédicats similaires, comme le langage parlé - l'individu devenait plus enclin à baisser sa garde et à se laisser guider vers des résultats plus bénéfiques.

Les fondements de la PNL reposent sur la capacité à lire un individu à travers des indices verbaux et non verbaux. Les mouvements oculaires, par exemple, peuvent révéler les préférences d'une personne en matière de sentiments, de mots ou d'images lorsqu'elle apprend ou accède à des informations. Cette action permet à l'utilisateur de la PNL de jauger ou d'estimer des éléments tels que la prochaine pensée ou l'état d'esprit de la personne. En outre, les principes de soutien de la PNL comprennent l'établissement d'un rapport, une pleine conscience de ses sens, la pensée des résultats et une flexibilité pour s'adapter au changement en mettant en œuvre de nouvelles façons de faire les choses (Bundrant, 2019). L'utilisateur de la PNL peut alors influencer tout comportement associé, les pensées et même les émotions en utilisant les principes de soutien de la PNL.

Pertinence de la PNL dans le monde réel

La pertinence de la PNL dans le monde réel est qu'elle peut être utilisée pour créer des personnes performantes et des résultats qui profitent non seulement à l'individu, mais aussi à toutes les personnes qui lui sont associées, qu'il s'agisse d'employés, de collègues, d'amis ou de membres de la famille. Par exemple, les entreprises concurrentes peuvent appliquer les techniques de la PNL pour former leurs cadres et leurs superviseurs, qui apprendront ensuite à leurs employés comment réussir grâce à ces pratiques. En fait, la PNL est largement utilisée aujourd'hui parce que, les entreprises devenant plus compétitives en raison de la prévalence d'Internet, les interactions avec les clients sont de plus en plus valorisées. Les interactions avec les clients ont plus d'influence qu'un e-mail impersonnel d'un service de livraison de nourriture en ligne, par exemple. Ce sont les interactions influentes et persuasives entre une entreprise et un client qui peuvent déterminer le sort du succès de l'entreprise. Par conséquent, la pratique de la PNL peut augmenter les résultats positifs pour toutes les parties impliquées grâce au pouvoir de suggestion, de persuasion et d'influence sur l'achat d'un produit ou d'un service.

Le pouvoir de la PNL

La PNL peut changer des vies par la pratique répétée de la reprogrammation des systèmes de croyance, des schémas de pensée et des manifestations extérieures du comportement. Elle peut changer la façon dont vous voyez votre situation actuelle et comment vous réagissez et répondez à celle-ci. La PNL peut modifier l'expérience subjective de la réalité par l'individu, que ce soit pour le meilleur ou pour le pire. Plus précisément, la PNL peut influencer les gens à grande échelle grâce à la puissance des messages subliminaux et à l'injection de significations superposées par le biais de techniques PNL puissantes comme l'hypnose PNL et l'utilisation d'un langage non spécifique pour susciter l'action. Par exemple, la publicité que vous voyez tous les jours peut vous inciter à dépenser plus d'argent que vous ne le feriez habituellement, grâce à certaines des techniques secrètes de la PNL. Cela m'amène bien sûr à me demander si les individus en général se rendent compte de choses telles que le pouvoir du consumérisme, grâce à la programmation neurolinguistique. La PNL peut littéralement changer la direction de votre vie en affectant les personnes qui vous entourent à un niveau plus profond en raison de la présence prévalente de la PNL. Beaucoup de gens utilisent des techniques de la PNL sans s'en rendre compte, comme par exemple l'utilisation d'émojis dans les messageries instantanées pour maintenir une certaine ambiance dans le message.

Formation PNL

Les personnes qui suivent une formation PNL peuvent devenir de meilleurs communicateurs, plus aptes à interpréter les signaux non verbaux, et plus compétents dans la maîtrise des pensées et des sentiments. Les gens suivent également une formation PNL pour réussir, que ce soit sur le plan personnel ou professionnel. En outre, la formation PNL peut corriger des comportements peu utiles chez les individus, comme la dépendance. Elle peut également obtenir des informations des autres en permettant à l'utilisateur de communiquer efficacement grâce aux techniques PNL apprises. La formation PNL est utilisée pour une liste infinie de raisons.

Les niveaux de formation PNL comprennent le praticien PNL, le maître praticien PNL, le formateur PNL et le coach PNL, le praticien PNL étant le niveau d'instruction de base et le coach PNL le niveau de formation le plus élevé. Une fois qu'une personne a acquis avec succès un niveau de formation PNL, elle est autorisée à passer au niveau suivant de compétence PNL. La formation PNL devient successive et plus approfondie au fur et à mesure qu'elle progresse d'un niveau à l'autre.

Plus précisément, le **praticien de la PNL** commence par apprendre les bases de la PNL. En outre, le praticien PNL apprend à appliquer les techniques PNL à des situations quotidiennes. Lorsque le praticien PNL applique les techniques et outils PNL nouvellement appris à sa vie, il peut commencer à apprendre comment la PNL est utile aux autres également.

Le **Maître Praticien PNL** apprend des modèles et des techniques PNL plus avancés, plus détaillés et plus approfondis, tels que la modification des valeurs et des systèmes de croyance qui peuvent mieux s'appliquer au travail, à la famille et à la vie. En outre, le maître praticien PNL apprend également des techniques améliorées de communication, y compris la linguistique quantique, qui est un système de langage qui suggère que le système nerveux humain est alimenté par le discours personnel de l'esprit et les images visuelles créées (Miller, n.d.). En outre, le maître praticien PNL apprend également les **méta-programmes**, qui comprennent des techniques PNL de pointe comme la négociation linguistique. Suivre le cours de maître est essentiel pour changer et s'améliorer dans tous les domaines de la vie.

Le niveau suivant de la formation PNL est celui du **formateur PNL**. À ce stade, le formateur PNL doit avoir maîtrisé toutes les techniques et outils critiques et avancés de la PNL. En outre, le formateur PNL a appris à se présenter avec la plus grande confiance à son auditoire alors qu'il forme avec succès d'autres personnes à l'utilisation de compétences persuasives et influentes à grande échelle. Ces stratégies de formation comprennent la compréhension et l'analyse des processus de groupes, afin qu'ils puissent devenir des orateurs et des présentateurs influents. Une fois que le formateur PNL a maîtrisé ces techniques, il doit être capable de les présenter avec succès à un public.

Le dernier niveau de la formation PNL est celui du **coach PNL**. Le coach PNL est maintenant compétent en matière de PNL et de coaching de vie par le biais du pré-discours, de la collecte d'informations, de la transformation et de l'intégration (International Neuro-Linguistic Programming Center, n.d.). De plus, le coach PNL est flexible et peut alterner entre différents modèles et techniques PNL pendant une session de coaching. Le coach PNL est capable de diriger et de guider le client vers un résultat plus fructueux et bénéfique, ce qui est le but de la PNL.

Exploiter la puissance de la PNL

Parmi les raisons pour lesquelles les gens voudraient exploiter le pouvoir de la PNL, il y a l'autonomisation personnelle et les améliorations dans les affaires. Si un utilisateur de la PNL peut motiver les gens à penser, agir et se comporter d'une certaine manière qui s'aligne sur ses intérêts et ses objectifs, alors il peut contrôler et gérer efficacement les gens pour un gain personnel et professionnel. Cependant, un bon pourcentage d'utilisateurs de la PNL veulent aider les gens à surmonter ce qui les a gênés dans leur vie personnelle, qu'il s'agisse de dépression, de phobies ou de mauvaises habitudes. La PNL a le pouvoir de changer le cours de nos vies en reprogrammant les gens pour qu'ils deviennent des membres plus fonctionnels et efficaces de la société.

Cependant, pour exploiter la puissance de la PNL, l'individu doit non seulement maîtriser les techniques de la PNL, mais aussi se maîtriser lui-même. En d'autres termes, un praticien de la PNL ne peut pas être efficace s'il ne s'entraîne pas, car l'exploitation de la PNL nécessite plus que des mots ; elle exige une action de la part du praticien de la PNL pour une application plus crédible et efficace. Pour ce faire, le langage corporel du praticien PNL doit correspondre aux mots choisis pour transmettre le message au client ; sinon, le client sera moins susceptible de considérer le premier comme convaincant ou crédible, ce qui affectera le résultat de la pratique de la PNL. En d'autres termes, le praticien PNL doit être capable de contrôler et de manipuler sa propre personne avant d'essayer de le faire avec d'autres.

Il semblerait que l'exploitation de la puissance de la PNL ressemble beaucoup à l'exploitation des ressources naturelles d'une personne, comme l'esprit ou le corps, pour les rendre plus efficaces.

Dark NLP

Dans certains cas, les utilisateurs de la PNL emploient les techniques pour contrôler et manipuler les autres et leurs situations à l'avantage des premiers et aux dépens des seconds. Par exemple, une personne ayant des tendances narcissiques peut pénétrer dans l'esprit de sa victime en utilisant les mêmes techniques de PNL qui profitent aux gens, mais de manière plus perturbatrice et plus secrète, par exemple en feignant de s'intéresser à la victime pour obtenir son obéissance et sa soumission à un programme spécifique. En d'autres termes, la **PNL obscure** peut également être utilisée à des fins malveillantes. Entre de mauvaises mains, la PNL obscure peut potentiellement nuire à une population car ces personnes peuvent être programmées pour infliger la destruction au lieu de promouvoir des intentions et des objectifs plus utiles.

Le pouvoir de la PNL de persuader, d'influencer et de manipuler

La PNL peut persuader, influencer et manipuler les gens pour qu'ils pensent, ressentent et se comportent d'une manière non conforme à leurs intérêts. Par exemple, lorsqu'un utilisateur de la PNL prononce des mots au rythme des battements naturels du cœur de son interlocuteur (une technique de contrôle mental), l'esprit du destinataire devient plus influençable (Kumar, 2016) et, par conséquent, se laisse plus facilement influencer par la volonté des autres. Une autre technique de contrôle mental qu'ils pourraient utiliser consiste à utiliser des "**mots chauds**" plus suggestibles parce qu'ils sont liés aux sens préférés que le destinataire utilise le plus. Par exemple, des mots et des phrases tels que "*ressentir cela*", "*entendre cela*" et "*voir cela*" peuvent induire un état d'esprit plus impressionnable.

Autres controverses et critiques sur les dangers de la PNL

L'utilisation de la PNL avec les différentes techniques de manipulation mentale mentionnées dans les sections précédentes est très controversée. L'une des critiques à l'égard de la PNL est qu'elle perturbe la tête du destinataire plus qu'elle n'améliore sa vie. Les utilisateurs de la PNL, comme Richard Bandler, se sont donné pour mission de pénétrer dans les pensées, les sentiments, les perceptions et les croyances de l'autre personne en pratiquant l'art du contrôle mental. Pourtant, les gens remettent en question son authenticité et sa validité, car la PNL a souvent été considérée comme une pseudo-science ou de la magie noire, et non comme un véritable domaine d'étude scientifique. D'autres controverses découlent du fait que, bien que la PNL puisse être considérée comme une pseudo-science, elle est toujours applicable dans la plupart des domaines de la vie, du développement professionnel au développement personnel. Ces affirmations proviennent des résultats obtenus par la PNL. Quoi qu'il en soit, la PNL est encore en pleine évolution et il reste beaucoup à découvrir.

Résumé du chapitre

Dans ce chapitre, vous avez tout appris sur la PNL, ou programmation neurolinguistique, ainsi que sur certains de ses principaux outils et techniques. Vous avez également appris de nombreuses raisons pour lesquelles les gens veulent maîtriser les techniques de la PNL et s'y former. Il est tout aussi important d'assombrir la PNL en raison de son potentiel de contrôle et de manipulation des personnes par le biais du contrôle mental. Pour vous rafraîchir la mémoire, voici quelques points clés de ce chapitre :

- La PNL est la programmation neurolinguistique. L'esprit, le langage et les habitudes de pensée, de sentiment et de comportement (programmation) peuvent modifier l'expérience subjective.
- La PNL peut être utile pour des raisons professionnelles et personnelles, étant donné le pouvoir de suggestion, de persuasion et d'influence.
- Les fondements de la PNL comprennent l'établissement d'un rapport, la pleine conscience de ses sens, la réflexion sur les résultats et la flexibilité pour s'adapter au changement.
- La pertinence de la PNL dans le monde réel est qu'elle peut être utilisée pour créer des personnes performantes et des résultats qui profitent non seulement à l'individu, mais aussi à toutes les personnes qui lui sont associées. Cela peut inclure les employés, les collègues, les amis ou la famille.
- La PNL a le pouvoir de changer des vies grâce à la pratique répétée de la reprogrammation des systèmes de croyance, des schémas de pensée et des manifestations extérieures du comportement.
- Les personnes qui suivent une formation PNL peuvent devenir de meilleurs communicateurs, plus aptes à interpréter les signaux non verbaux et à mieux maîtriser leurs propres sentiments et pensées.
- Les niveaux de formation PNL comprennent le praticien PNL, le maître praticien PNL, le formateur PNL et le coach PNL.

- Les raisons d'exploiter le pouvoir de la PNL comprennent l'auto-nomisation personnelle et l'amélioration de la réussite commerciale.

- La PNL obscure utilise des techniques pour contrôler l'esprit et manipuler l'individu et la situation à son propre avantage - aux dépens du destinataire.

- La PNL peut également persuader, influencer et manipuler les gens pour qu'ils pensent, ressentent et se comportent d'une manière qui n'est pas conforme aux intérêts du destinataire.

- La PNL n'est pas sans controverse ni critique.

Dans le chapitre suivant, vous apprendrez tout sur le franchissement des frontières dangereuses lors de l'utilisation de la PNL.

CHAPITRE DEUX :

Franchir des frontières dangereuses

L'éthique de la PNL

L'utilisation de la PNL est controversée car nombre de ses techniques peuvent être secrètes et manipulatrices pour le destinataire. En effet, la plupart du temps, le destinataire n'est pas conscient d'être manipulé. Par exemple, l'utilisation de la technique du miroir pour obtenir l'assentiment, la confiance et le rapport de l'individu est discutable car elle amène l'individu à penser que l'utilisateur de la PNL lui ressemble, ce qui lui permet de baisser sa garde. Cette tactique et d'autres types de techniques PNL similaires peuvent franchir des limites dangereuses en raison de la possibilité que le destinataire soit ancré par la suite dans un état relativement nuisible ou destructeur. Un résultat encore plus effrayant et alarmant serait la possibilité que la programmation naturelle de l'individu soit reconstruite de manière non naturelle.

Qu'est-ce qui est éthique et qu'est-ce qui ne l'est pas dans l'utilisation de la PNL ?

Il est curieux de se demander si la pratique de la PNL est éthique, étant donné qu'elle a pour but d'influencer et de guider les autres à leur insu et sans dévoiler d'intentions cachées. Cela pourrait être considéré comme un acte de subterfuge, car l'utilisateur de la PNL utilise la tromperie pour atteindre son objectif. Le destinataire peut également être considéré comme étant potentiellement utilisé comme un moyen d'arriver à ses fins. Cette idée est intrinsèquement contraire à l'éthique car le destinataire est moins maître de ses facultés et de ses décisions lorsqu'il est

sous l'influence de la PNL, étant donné qu'il a été "programmé" inconsciemment.

Connaissant ces informations, les personnes qui pratiquent la PNL
devraient être prudentes dans son utilisation et son application, afin de
ne pas nuire au destinataire. Les normes et l'éthique les plus strictes doivent être appliquées, comme les médecins qui promettent de ne pas nuire
à l'individu selon le serment d'Hippocrate. Pratiquer la PNL de manière
éthique, c'est l'utiliser sans avoir l'intention de nuire, de contrôler ou de
désavantager les autres. La boussole morale de chacun, qu'elle soit professionnelle ou personnelle, doit être appliquée pour éviter de maltraiter
le destinataire. En outre, il est plus acceptable de pratiquer la PNL sur
soi-même pour améliorer sa situation que de la pratiquer sur d'autres personnes sans leur consentement ou à leur insu. Les messages subliminaux
et la programmation PNL sont partout - dans les cours d'auto-assistance,
la publicité, les affaires et même la politique.

Les impositions de la PNL sont-elles éthiques ?

La publicité, les affaires et la politique sont tristement célèbres pour
imposer leurs points de vue, leurs pensées et leurs croyances au destinataire. Cependant, une personne qui s'engage professionnellement dans la
pratique de la PNL doit éviter d'imposer ses points de vue, ses valeurs et
ses croyances personnelles à un individu influençable, car ce dernier serait plus susceptible d'adopter ou de souscrire aux points de vue du praticien PNL lorsqu'il a besoin d'un point d'ancrage pour le changement et
un territoire inconnu (InspiritiveNLP, 2008). Par exemple, lorsque mon
fils a été déployé en Afrique par les Marines pendant six mois, j'avais
besoin d'un contexte pour faire face au fait de ne pas savoir si lui ou moi
allions survivre à cette expérience. Je suis allée voir un professionnel
pour y faire face, et ce professionnel n'a pas imposé ses croyances, ses
valeurs ou ses points de vue à ma personne et, en conséquence, je me
suis sentie plus libre d'être moi-même en discutant de mes émotions liées
au déploiement de mon fils.

Cependant, le déploiement des techniques de la PNL est plus éthique si le destinataire est profondément conscient de ce qui se passe et a donné sa permission à l'avance. Cela permet au praticien PNL d'exercer son métier de manière éthique et morale, avec l'intention d'améliorer la situation du client. En raison du pouvoir qui lui est confié, le praticien PNL a la responsabilité de ne pas abuser de la confiance implicite qui lui est accordée. C'est une obligation envers le client pour le praticien PNL d'incarner l'intégrité lorsqu'il s'engage dans la pratique et l'application de la PNL avec le client. Il est clair que des valeurs et des principes moraux similaires doivent également guider la conduite du praticien PNL.

Les présupposés de la PNL

La pratique et l'application de la PNL incluent de nombreux présupposés qui aident à guider, structurer et définir cette science en évolution vers une ligne de travail plus éthiquement acceptée. Par exemple, le présupposé PNL du respect de la vision du monde ou du modèle de l'autre personne implique que le praticien PNL prenne en considération les visions du monde autres que la sienne. Chaque vision du monde ou modèle à partir duquel l'individu opère devrait être aussi valable et valide que le suivant. Il est important de prêter attention à cela car, dans certains cas, le praticien PNL peut développer ses propres idées préconçues sur le client en se basant sur cette vision du monde, ce qui n'est pas éthiquement correct ou juste pour le bénéficiaire.

En effet, il semblerait que le fait d'avoir des notions, des idées ou des présupposés préconçus puisse suggérer une inflexibilité de la part du Praticien PNL, ce qui conduit à un autre présupposé de la pratique de la PNL. Selon Goodman, lorsque les Praticiens PNL deviennent inflexibles dans leur pensée et leur communication avec le client, le rapport n'est pas aussi facile à établir avec ce dernier (2018). Le client peut même devenir résistant aux tentatives du praticien PNL de construire ce rapport. De plus, l'éthique commence à entrer dans la conversation car elle apporte une inégalité évidente dans l'équation. Elle implique que le client doit accepter toutes les communications du praticien PNL, tout en négligeant le fait que le PNL doit écouter les pensées et les idées du client. En bref, la communication et l'interaction doivent aller dans les deux sens entre le client et le praticien PNL car la relation doit établir un lien de compréhension. Malgré ce va-et-vient, les présuppositions peuvent clairement caractériser et typer ce qui peut parfois être un équilibre déjà inégal de pouvoir et d'influence.

Un autre présupposé important de la PNL est que tous les comportements ont des intentions positives parce qu'ils sont les meilleurs choix possibles à ce moment-là, compte tenu de la disponibilité des ressources. En bref, nous faisons du mieux que nous pouvons avec ce que nous avons dans un laps de temps donné. Le comportement est caractérisé comme positif car il y a toujours quelque chose d'utile à gagner (Goodman, 2018). En outre, le comportement n'est jamais fondamentalement " mauvais " pour les raisons susmentionnées ; cependant, il existe une différence entre le positif et ce qui est moralement acceptable, ainsi que ce qui est négatif par rapport à ce qui est considéré comme mauvais. Par exemple, s'il y a quelque chose d'utile à tirer de la pratique de la PNL, cela implique-t-il que la conduite du praticien PNL est toujours positive et moralement acceptable ? Il est clair qu'il y a des présupposés et des hypothèses dans la PNL qui semblent être en désaccord avec sa pratique réelle lorsque les tables sont tournées vers le praticien PNL et sa ligne de travail. Cette idée contredit la véracité de la pratique de la PNL en raison du déséquilibre de pouvoir, de persuasion et d'influence entre le praticien PNL et l'individu.

Malgré cela, le fait d'influencer l'esprit et le corps de l'autre conduit au présupposé de la PNL selon lequel l'un affectera l'autre car ils sont interconnectés. Plus précisément, lorsque nous changeons notre ligne de pensée, notre corps manifeste extérieurement ce qui se passe à l'intérieur de notre esprit. De même, la façon dont nous nous comportons peut également modifier nos sentiments et nos pensées les plus profonds. La **connexion corps-esprit** peut affecter notre expérience subjective de la réalité, ce qui est utile pour la pratique et l'application de la PNL. En effet, si le praticien PNL peut modifier l'état naturel ou la programmation d'une personne après en avoir appris davantage sur leur fonctionnement, l'esprit et le corps peuvent être plus en phase l'un avec l'autre, ce qui est bénéfique pour le client. Le praticien PNL peut également bénéficier de la connexion corps-esprit du client, car le premier peut influencer le client encore plus lorsque l'esprit et le corps de ce dernier sont synchronisés.

Voici quelques autres présupposés de la PNL (Goodman, 2018) :

- Nous sommes toujours en train de communiquer.
- Nous avons déjà toutes les ressources dont nous avons besoin, ou nous pouvons les créer ; par conséquent, il n'existe pas de personnes sans ressources. Il n'existe que des états d'esprit dépourvus de ressources.
- Le système (la personne) ayant le plus de flexibilité (choix) dans son comportement aura le plus d'influence sur le système.
- Les gens fonctionnent parfaitement.
- Acceptez la personne, changez le comportement.
- Il n'y a pas d'échec, seulement un retour d'information.
- Le choix est préférable à l'absence de choix.
- Tous les processus doivent conduire à l'intégration et à la plénitude.
- Si vous voulez comprendre, agissez.

Ces présupposés de la PNL sont très précieux pour l'application de la PNL, car ils permettent également de guider et d'orienter sa mise en œuvre dans le monde réel.

Applications de la PNL

La PNL, en tant que science évolutive, peut être utilisée à des fins diverses. L'un de ces objectifs est l'amélioration de soi pour devenir la meilleure version de soi-même. Par exemple, la PNL peut aider une personne à atteindre un état de santé optimal en la reprogrammant pour qu'elle adopte des habitudes d'exercice et d'alimentation plus saines. Des habitudes moins saines comme le tabagisme pourraient également disparaître sous l'influence persuasive du praticien PNL. Dans le cas où une personne souhaite mieux communiquer avec un être cher, il existe de nombreux cours d'auto-amélioration basés sur la PNL qu'elle peut suivre pour optimiser cette situation, parmi d'autres également.

En outre, la PNL est utilisée à des fins professionnelles et commerciales, par exemple pour enseigner comment devenir un meilleur manager, collègue ou leader grâce aux techniques de la PNL. Par exemple, un manager peut apprendre à mieux communiquer avec ses employés afin d'obtenir une meilleure productivité au travail. D'autre part, un employé pourrait améliorer son état d'esprit afin de comprendre et de travailler plus efficacement avec ses collègues. En bref, la PNL est principalement utilisée pour l'amélioration de la situation professionnelle et personnelle.

Cependant, la PNL est aussi parfois utilisée pour contrôler les gens à grande échelle par le recadrage du contenu/contexte lors de séminaires et de rassemblements. Par exemple, l'individu qui utilise la PNL sur la foule recadre la situation comme étant plus optimale qu'elle ne l'est en réalité, afin de détourner l'attention du grand groupe de personnes de son message réel, qui consiste généralement à leur laver le cerveau ou à les persuader de croire à une idéologie quelconque, comme Hare Krishna. Un autre exemple pourrait être celui d'un grand séminaire d'entreprise sur l'amélioration des relations avec les clients. Dans ce cas, l'utilisateur de la PNL peut endoctriner le groupe pour qu'il accepte sans discussion ses croyances, ses valeurs et ses perceptions. L'une des méthodes utilisées par l'utilisateur de la PNL pour y parvenir est d'induire un état de suggestibilité élevé par le biais de messages superposés et subliminaux, afin de pouvoir recadrer la situation comme plus positive ou optimale.

En termes de **sens superposé** et de **messages subliminaux**, les publicités peuvent également essayer de tromper le consommateur pour qu'il achète leurs produits ou services en utilisant certaines techniques de PNL. Par exemple, l'utilisation d'un langage vague permet à l'annonceur de tromper le consommateur en lui faisant croire qu'il a plus d'options à choisir, car le langage vague permet plus d'interprétations du message de l'annonceur (Evolution Development, 2019). Cela émane du modèle de Milton Erickson, qui utilisait volontairement un langage vague avec ses clients pour laisser plus de place à l'interprétation. C'est ce langage ambigu qui peut faire adhérer le consommateur au produit ou au service, étant donné la supposée liberté de choix présentée. Les praticiens de la PNL peuvent également présenter des choix à leurs clients par le biais d'un langage intentionnel et non spécifique.

La PNL est également utilisée en politique, notamment en période électorale, lorsque les candidats diffusent des publicités destinées aux électeurs. Certains politiciens vont même jusqu'à utiliser des **mots de transe hypnotique** afin que l'électeur soit plus susceptible de ressentir un sentiment de rapport avec le politicien. Par exemple, selon Basu, certains mots sont similaires à un effet de transe ancrée, puisqu'ils ont un impact sur nous avec une signification que nous attribuerions à travers nos pensées, nos sentiments, nos croyances et nos expériences (2015). Lorsqu'un politicien influent répète ces mots au peuple, ce dernier devient alors plus motivé qu'avant. Cela peut également affecter la populace votante en la rendant plus inconsciente des effets des manœuvres politiques.

Les sectes et les manipulateurs utilisent et abusent de la PNL

Les manipulateurs et les sectes utilisent et abusent de la PNL en supprimant le sentiment d'identité et d'autonomie d'un individu par la mise en place d'un programme non déclaré dans le but de contrôler totalement l'esprit, l'obéissance et la soumission. Ce contrôle de l'esprit peut être dangereux pour le bien-être de l'individu car penser ou agir de manière indépendante devient pratiquement impossible. Cette impossibilité découle du fait que l'on apprend à l'individu à *dépendre* des dirigeants de la secte et du groupe pour son sentiment d'identité, de signification et/ou de but. L'individu subit des conséquences néfastes car ce manque d'identité permet une manipulation et un contrôle mental plus faciles grâce à l'hypnose de masse. En d'autres termes, l'application de la PNL et d'autres techniques similaires par une secte destructrice ou un manipulateur n'aide pas l'individu, mais lui nuit au contraire. Ces actions sont contraires à l'éthique et dangereuses.

Il est clair qu'il est possible de franchir des limites dangereuses en pratiquant la PNL. Par exemple, le bénéficiaire peut ne plus être en mesure de fonctionner efficacement dans la vie parce que sa réalité subjective et sa conscience sont devenues moins fonctionnelles. Des mariages peuvent se briser, des pertes d'emploi peuvent survenir, et des conditions psychologiques moins qu'optimales, comme la dépression, peuvent même apparaître après un week-end avec des adeptes de la PNL. Selon Tippet, les groupes sectaires peuvent utiliser l'hypnose de masse pour provoquer un état d'esprit subjectif altéré chez l'individu en inhibant ses facultés et en induisant des réponses émotionnelles (1994). Par exemple, lorsque j'ai suivi la formation de base de l'armée, les sergents instructeurs criaient des ordres à suivre, ce qui induisait une réponse émotionnelle, tentant ainsi de briser la nouvelle recrue pour la soumettre. C'est une technique efficace qui produit l'obéissance et la soumission chez l'individu car, après avoir suivi leurs ordres pendant si longtemps, l'épuisement émotionnel et physique peut entraver l'acuité originale des facultés de la recrue. De telles techniques peuvent être préjudiciables au destinataire car son individualité n'existe plus dans ces circonstances, ayant été envahie par des techniques cultuelles rappelant l'hypnose et la PNL. Par exemple, après avoir été libéré honorablement de l'armée, il m'a fallu un certain temps pour me réhabituer à la vie quotidienne.

Comme nous l'avons vu, la PNL et les techniques similaires peuvent être dangereuses non seulement pour l'individu, mais aussi pour le groupe, c'est pourquoi les techniques PNL doivent être pratiquées et appliquées avec le plus grand soin et la plus grande conscience. Les praticiens de la PNL doivent prendre cette responsabilité à cœur, en raison de la confiance qui a été donnée et parfois suscitée chez le client. Je crois que cette citation résume parfaitement la situation :

Presque tous les hommes peuvent supporter l'adversité, mais si vous voulez tester le caractère d'un homme, donnez-lui du pouvoir.

Abraham Lincoln

Résumé du chapitre

Dans ce chapitre, vous avez appris l'éthique de la pratique de la PNL. Vous avez également appris comment les présupposés de la PNL peuvent aider à guider la pratique, tout en considérant leurs implications éthiques. De plus, vous avez appris comment la PNL a été utilisée dans d'autres domaines que l'auto-assistance. Enfin, nous avons abordé l'importance de considérer comment la PNL peut être utilisée de manière abusive par des organisations telles que les sectes. Pour vous rafraîchir la mémoire, voici quelques-uns des points clés de ce chapitre :

- Les techniques de la PNL peuvent franchir des frontières dangereuses, étant donné leur nature secrète et manipulatrice.
- Pour que la PNL reste éthique, elle doit être utilisée sans l'intention de nuire, de contrôler ou de désavantager les autres.
- Les praticiens de la PNL ne doivent pas imposer leurs valeurs, leurs perceptions et leurs croyances au client.
- Le praticien PNL a la responsabilité de ne pas abuser de la confiance implicite qui lui est accordée pendant une session.
- Les présupposés, comme le respect de l'individu, permettent de guider la pratique de la PNL. Voici quelques autres présupposés (Goodman, 2018) :
  - Il n'y a pas de clients résistants, seulement des communicateurs inflexibles.
  - L'esprit et le corps s'influencent mutuellement car ils sont liés.
  - Nous sommes toujours en train de communiquer.
  - Nous disposons déjà de toutes les ressources dont nous avons besoin, ou nous pouvons les créer ; par conséquent, il n'existe pas de personnes sans ressources, mais seulement des états d'esprit sans ressources.

- o Le système (la personne) ayant le plus de flexibilité (choix) dans son/leur comportement aura le plus d'influence sur le système.
- o Les gens fonctionnent parfaitement.
- o Acceptez la personne, changez le comportement.
- o Il n'y a pas d'échec, seulement un retour d'information.
- o Le choix est préférable à l'absence de choix.
- o Tous les processus doivent conduire à l'intégration et à la plénitude.
- o Si vous voulez comprendre, agissez.
- La PNL est utilisée pour l'amélioration de soi, les affaires, la publicité, la politique, entre autres domaines.
- La PNL peut être utilisée de manière abusive par les manipulateurs et les sectes, qui l'utilisent pour dépasser le sentiment d'identité et d'autonomie d'un individu afin de faciliter la manipulation et le contrôle de l'esprit.

Dans le chapitre suivant, vous découvrirez les principes fondamentaux du contrôle et de la manipulation.

Contrôle et manipulation

Contrôle et manipulation interprétés

Avoir le pouvoir de diriger, de contrôler ou de manipuler habilement les pensées, les sentiments et les comportements des gens n'est pas une mince affaire. Cette manipulation peut affecter ces personnes de manière significative et pendant longtemps, selon le type, la profondeur et la direction du contrôle et de la manipulation utilisés. C'est le contrôle et la manipulation qui peuvent façonner et influencer les vies de manière optimale ou non optimale. Dans ce cas, la personne qui contrôle peut diriger et même déterminer l'expérience subjective et la réalité de la personne contrôlée. En fait, les implications du comportement extérieur, des mots et des actions du contrôleur peuvent affecter directement la personne contrôlée, en raison de l'interprétation et des réactions de cette dernière.

Dans le contexte de la PNL, le contrôle et la manipulation peuvent être assez similaires, le **contrôle** étant le pouvoir de diriger le comportement des gens, tandis que la **manipulation** est l'action de contrôler habilement quelque chose. La principale différence entre le contrôle et la manipulation est qu'avoir le pouvoir de diriger quelque chose (contrôle) n'est pas la même chose que de savoir comment le faire habilement (manipulation). Par exemple, j'ai le pouvoir de programmer mon ordinateur (contrôle) efficacement, mais je ne sais peut-être pas encore comment le faire habilement (manipulation), par manque d'expérience ou de formation. Il semble que le fait de pouvoir manipuler habilement quelque chose, comme un ordinateur, porte la réalité du contrôle à un niveau supérieur.

Avoir le contrôle et être contrôlé

De même, le fait d'être *en contrôle* par rapport au fait d'être *contrôlé* suggère également des réalités subjectives différentes. Plus précisément, le fait d'être en contrôle est un état actif par rapport au fait d'être contrôlé, qui est plus passif. Par exemple, un psychologue compétent contrôle ou dirige activement la séance de thérapie, tandis que le client permet au psychologue de le guider en tant que bénéficiaire de cette expertise. En outre, le fait d'être sous contrôle implique une certaine autonomie, ce qui n'est généralement pas le cas lorsqu'on est contrôlé. Si je laissais les choses m'arriver, je risquerais davantage d'être contrôlé par les autres ; en revanche, si j'agis, je serai davantage en mesure de contrôler ma réaction à ces événements. La différence réside dans la réponse aux stimuli, car l'individu peut réagir ou choisir d'agir à la place.

Évitez d'être contrôlé

Pour éviter d'être contrôlé par un manipulateur, il est important d'avoir un fort sentiment d'identité ou de soi. En effet, la conscience de votre identité vous permet d'être plus en phase avec vos valeurs, vos croyances et vos sentiments. Cette conscience vous permettra ensuite de vous protéger de quelqu'un qui tente de vous imposer ses croyances en utilisant des techniques de manipulation secrètes. Les manipulateurs et autres personnes contrôlantes ne seront pas aussi enclins à profiter et à compromettre votre identité fondamentale lorsque vous vous connaissez et savez ce que vous représentez. Sinon, il est plus facile de profiter de quelqu'un si cette personne n'est pas pleinement consciente de son identité.

Une autre façon d'éviter d'être contrôlé est d'avoir confiance en soi. Un manque de confiance peut conduire à une remise en question de soi, vous amenant ainsi à accorder naturellement aux autres plus de crédibilité qu'ils ne le méritent (Golden, 2016). Le doute de soi qui en résulte permettra aux personnes contrôlantes d'imposer leurs croyances, leurs valeurs et leur programme sur vous beaucoup plus facilement, car vous leur remettez plus de pouvoir. Cela peut conduire à devenir un pion pour le manipulateur, car leur validation de votre valeur personnelle vous donnera un faux sentiment de confiance. Il est également plus sain de commencer par prendre confiance en vous.

Il est également important d'éviter de devenir trop dépendant des autres pour ne pas être contrôlé par eux. Par exemple, si vous dépendez de votre partenaire pour satisfaire tous vos besoins au lieu de prendre soin de vous régulièrement, vous vous exposez à ce que cette personne tente de vous contrôler plus tard. En d'autres termes, lorsque vous négligez de prendre soin de vous et de vos besoins, vous invitez les autres à le faire pour vous par le biais d'interventions potentiellement bien intentionnées, bien que contrôlantes (Bundrant, 2011). Cela peut également conduire à une codépendance malsaine, étant donné le besoin d'être constamment dorloté ; il est donc important d'apprendre à compter sur vous-même, afin d'éviter ce piège.

En outre, il sera plus facile de vous contrôler si vous ne vivez pas dans le présent. En d'autres termes, si vous concentrez toujours votre attention sur des expériences passées, ces expériences finiront par vous contrôler émotionnellement et mentalement, même si vous êtes physiquement dans le présent. Vivre dans le passé peut diminuer vos facultés critiques et votre capacité à fonctionner parce que cette énergie détournera vos réactions et réponses au présent ; vous serez plus fatigué d'essayer de coexister dans les deux réalités et, par conséquent, vous serez plus facile à manipuler et à contrôler.

Contrôle interne

Le fait d'avoir le contrôle est une expérience totalement différente de celle d'être contrôlé, car vous êtes à la place du conducteur et vous pouvez choisir pour vous-même, alors que vous ne laissez pas quelqu'un d'autre faire ces choix pour vous. En outre, le fait d'avoir le contrôle vous permet de diriger et d'améliorer la situation en votre faveur. Par exemple, si je peux contrôler mes réactions au stress grâce à de meilleures techniques d'adaptation, je peux mieux diriger et orienter ma façon de réagir.

Cela permet à l'individu d'exercer une autorité sur sa propre autonomie et d'auto-gérer ses choix. Le contrôle interne s'accompagne généralement d'un objectif - si cet objectif est de perdre du poids, par exemple, l'individu adaptera ses choix et son comportement en conséquence. Si l'objectif est modifié, le comportement est alors modifié pour atteindre ce nouvel objectif.

Contrôle externe

Les applications du contexte de contrôle en ce qui concerne les personnes et les situations suggèrent que les personnes, en général, ne sont pas aussi faciles à contrôler lorsque leurs objectifs changent. Dans ce cas, ils n'auraient plus besoin de se comporter ou d'agir de la même manière pour atteindre cet objectif. Selon Carey, ce que les gens veulent peut changer, ce qui permet aux règles du jeu de changer également (2015). Ainsi, les personnes et leurs situations sont moins susceptibles d'être manipulées et contrôlées car elles n'ont plus besoin d'agir ou de se comporter de la même manière qu'auparavant. Par conséquent, si un changement de comportement, de pensées et de sentiments peut se produire en conséquence, le contrôle n'est plus applicable à la situation.

Pourtant, contrôler et manipuler les gens devient moins difficile lorsque les objectifs principaux ne changent pas ; cependant, le comportement associé à cet objectif doit changer pour qu'il reste efficace. On pourrait penser qu'il y a plus d'une façon d'aller du point A au point B. Par exemple, un individu peut changer et manipuler sa façon de penser tout en atteignant le même objectif en changeant le contexte pour mieux refléter l'objectif et l'état d'esprit. Ainsi, l'objectif principal du contrôle et de la manipulation est le changement lui-même.

Prendre le contrôle du passé, du présent et de l'avenir

Le changement résultant d'une manipulation habile est nécessaire pour prendre le contrôle du passé, du présent et du futur car, sinon, nous pourrions utiliser le passé comme une excuse pour continuer à avoir un mauvais comportement. D'autre part, le fait de penser au présent peut avoir une incidence sur l'avenir. Par exemple, si je continue à manger de la nourriture lorsque je suis émotionnellement bouleversé, je serai moins susceptible de manger sainement dans le présent lorsque je serai confronté à de nouveaux défis émotionnels. Cela peut avoir des conséquences sur mon avenir car, si je deviens dépendant de la nourriture chaque fois que je suis émotionnellement perturbé, je pourrais prendre beaucoup de poids et/ou compromettre ma santé et ma qualité de vie. Par conséquent, répéter les mauvaises habitudes du passé ne sert à rien car elles nous maintiennent ancrés dans ce passé. Si nous pouvons changer ces comportements passés et utiliser des mécanismes d'adaptation plus fonctionnels dans le présent, nos résultats présents et futurs pencheront davantage en notre faveur.

Outre la répétition des comportements passés, les gens ont également tendance à réagir davantage lorsqu'ils font face à des événements passés. Par exemple, si je suis déclenché émotionnellement par un événement bouleversant de mon passé, j'ai moins de chances d'y faire face de manière adéquate dans le présent, car mes émotions seraient écrasantes et réduiraient ma capacité à agir de manière appropriée. Il me serait également plus difficile d'acquérir de nouvelles compétences à utiliser dans le présent lorsqu'un déclencheur se matérialise à nouveau. Il faut un équilibre entre l'action et la réaction pour gérer efficacement le passé, le présent et l'avenir. De même, contrôler et manipuler les actions et les réactions d'une personne peut être bénéfique pour le présent et l'avenir.

Selon Firestone, la réalité de recréer des dynamiques et des environnements similaires de notre passé peut également colorer le présent et le futur (2016). En effet, en tant que personnes, nous avons tendance à favoriser le familier par rapport à l'inconnu ; par exemple, si une personne a grandi dans une grande famille avec de nombreux frères et sœurs, elle peut recréer cette situation en ayant toujours beaucoup de monde autour d'elle, contrairement à l'apprentissage de la vie en solitaire. Recréer la dynamique ou l'environnement familial peut être indésirable, car cela peut entraver la progression de l'individu vers l'âge adulte. En outre, manipuler le présent pour refléter le passé n'est pas toujours révélateur des événements futurs car, bien que les gens aiment penser qu'ils ont le contrôle, la réalité suggère souvent le contraire. Ainsi, le contrôle est une illusion, alors que la manipulation habile est réelle, puisqu'elle produit des résultats tangibles.

Répéter, réagir et recréer le passé suggère un manque de contrôle et un certain niveau de manipulation car, enfants, nous avions peu de contrôle sur l'environnement et la dynamique dans lesquels nous avons grandi. Pourtant, nous avons maintenant plus de contrôle pour orienter notre situation avec habileté, grâce à la différenciation, l'autonomie et l'agence que nous avons acquises à l'âge adulte. Une fois que nous avons établi cela, nous pouvons commencer à contrôler, guider ou manipuler des objectifs importants pour obtenir de meilleurs résultats de manière éthique. En fait, l'expérience de meilleurs résultats suggère que la connotation derrière le contrôle et la manipulation est plus positive que la plupart des gens ne le croient.

Conséquences du déclenchement du subconscient des étrangers

Une fois que l'individu a le pouvoir de contrôler, de guider et de manipuler sa situation davantage en sa faveur, cette personne peut alors également déclencher le subconscient d'étrangers en utilisant des techniques PNL rappelant le contrôle et la manipulation. Par exemple, la manipulation psychologique par le biais de la PNL peut provoquer des problèmes de santé mentale, comme la dépression, dans l'inconscient afin de les soulager. D'autres exemples de déclenchement de l'inconscient d'autrui incluent l'utilisation des techniques et outils PNL suivants (Beale, 2020) :

- Affirmations.
- Amplifier les bons sentiments.
- Changement de croyance selon la PNL.
- Hypnose et méditation PNL.
- Modélisation.

Cette liste n'est pas exhaustive ; la boîte à outils de la PNL permet de manipuler et de contrôler efficacement le client, en se concentrant davantage sur la production de résultats tangibles par rapport aux formes traditionnelles de thérapie. Par exemple, l'utilisation d'affirmations aidera le client à rester sur la bonne voie lorsque son attention s'éloigne de l'objectif principal. Les **affirmations**, comme les déclarations de croyance et de mission, peuvent également rappeler au client sa motivation à agir. En outre, les affirmations utilisées correctement peuvent influencer les mentalités grâce à la répétition et à la réitération. Par conséquent, la manipulation consciente des pensées et des sentiments par le biais des affirmations peut contrôler les événements de la vie réelle pour les destinataires, car elle les aide à remplacer les messages négatifs qu'ils ont pu rencontrer auparavant.

Amplifier les bons sentiments des clients peut également les aider à renforcer leur appréciation de certains événements, en leur permettant de revivre ces bons sentiments dans les moindres détails. Par exemple, si je ferme les yeux et me souviens du jour de la naissance de mon fils, je peux imaginer les images, les sons et les sentiments positifs du moment où il a été placé dans mes bras. Rien n'est comparable au fait de tenir son premier enfant dans ses bras pour la première fois ! Le seul inconvénient est que, finalement, le client doit revenir à la réalité et qu'il peut avoir une réaction moins que positive à ce retour. Les étrangers peuvent bénéficier de l'amplification des bons sentiments, mais que faire si ces techniques sont utilisées à mauvais escient pour contrôler le client de manière malveillante ?

En outre, le **changement de croyance** est une autre technique utile de la PNL qui modifie les croyances pour aider à libérer le comportement. La philosophie est qu'une fois que le destinataire réalise que ses croyances - même les plus fortes - sont relatives et non une vérité scientifique, ces croyances devraient avoir un effet moindre sur son comportement. Ce qui est effrayant, c'est que si le praticien PNL pratiquait le changement de croyance sur un étranger dans la rue, le comportement libéré de cet étranger serait désavantageux pour toutes les personnes impliquées. Dans ce cas, le comportement devient imprévisible lorsque les croyances et les valeurs ne le régissent pas dans une certaine mesure. De plus, si les praticiens de la PNL libéraient les croyances de tout le monde par le biais du changement de croyances de la PNL, de nombreuses personnes feraient simplement ce qu'elles veulent, aussi chaotique soit-il. Comme cela a été dit, ce scénario pourrait provoquer des situations proches de l'anarchie, étant donné le manque de systèmes de croyances, et donc le manque de contrôle en général.

Néanmoins, la pratique de l'hypnose et de la méditation PNL est une autre technique qui peut déclencher le subconscient d'inconnus. Ceci est accompli en induisant un contrôle involontaire de leurs facultés tout en les rendant hautement suggestibles aux influences externes, telles que la voix du praticien PNL. Par exemple, le client peut se détendre davantage lors du rappel d'un événement traumatisant de sa vie si le praticien PNL utilise un ton de voix spécifique. L'hypnose PNL est principalement utilisée pour améliorer les résultats de la thérapie PNL. Cependant, lorsque le subconscient d'un étranger est déclenché par l'hypnose, il pourrait réagir négativement à des influences moins bénéfiques, compromettant ainsi son identité pendant l'hypnose. Une personne sous hypnose PNL peut-elle être responsable d'avoir enfreint la loi ? Qui contrôle réellement la situation pendant l'hypnose ?

Enfin, la technique de **modélisation de la** PNL est également précieuse dans la pratique de la PNL car, en imitant et en copiant les méthodes réussies, il devient plus facile de voir ce qui fonctionne pour l'individu (Beale, 2020). Par exemple, en imitant et en intériorisant l'éthique de travail de ma mère, il me sera plus facile de déterminer quelle éthique de travail me convient dans le cadre d'emplois et de modes de vie spécifiques. Si le client est capable de s'identifier à la réussite d'un autre, il sera plus enclin à vouloir réussir lui aussi. Cependant, le prix à payer pour modeler les techniques de réussite d'un autre est que le bénéficiaire peut perdre une partie de son individualité. La dernière chose que le Praticien PNL souhaite, c'est que le bénéficiaire perde son identité et son autonomie. Par exemple, un bénéficiaire peut perdre le fonctionnement de son subconscient déclenché s'il perd son identité.

Contrôle mental par la PNL : Les trois principes de base

Les techniques PNL susmentionnées peuvent déclencher le subconscient d'inconnus tout en les contrôlant et en les manipulant pour obtenir de meilleurs résultats dans la vie. Selon Lee, les techniques de contrôle mental de la PNL, telles que la modification de votre physiologie, peuvent également affecter votre façon de penser (2020) et de ressentir. Par exemple, si vous voulez respirer la confiance, commencez par contrôler votre langage corporel pour manifester cette confiance à l'extérieur. Ainsi, votre esprit finira par reproduire cette manifestation dans la réalité. Si je veux manifester de l'affection, j'enlace physiquement mon partenaire dans l'espoir que nous puissions tous deux ressentir cette affection dans la réalité. Contrôler et manipuler votre physiologie peut produire ou susciter l'état d'esprit souhaité. Cependant, le revers de la médaille est que l'expression d'un état d'esprit défavorable ne produit généralement pas les résultats escomptés.

La deuxième technique de contrôle mental de la PNL consiste à souligner vocalement des **mots-clés** dans une conversation (Lee, 2020). Cette technique permet de convaincre l'autre personne de faire ce que vous voulez, compte tenu du point sur lequel vous insistez. Par exemple, si vous insistez sur le mot clé "faire" dans "faire la vaisselle", le destinataire de votre ordre sera plus enclin à respecter et à suivre la directive. L'accentuation des mots clés est également un outil publicitaire efficace. Par exemple, le slogan de Nike, "Just do it", met l'accent sur le mot clé "do" pour vous inciter à agir. Les techniques de contrôle mental de la PNL sont omniprésentes dans la société, étant donné leur présence dans presque tout, de la publicité à la politique.

La troisième technique de contrôle mental de la PNL est la **visualisation** (Lee, 2020). La visualisation est puissante car, lorsque vous vous imaginez en train de réaliser quelque chose, vous êtes plus susceptible d'adhérer à cette voie de la réussite que si vous ne l'aviez pas fait. Par exemple, si je me visualise en train de réussir dans mes aspirations professionnelles, il est plus que probable que je triompherai dans mon domaine. La visualisation aide le client à se représenter plus clairement l'objectif, surtout si les repères visuels sont la forme de communication préférée du client. Il est toutefois important de noter que, certaines sociétés étant plus visuelles que d'autres, elles ont tendance à juger de la réussite en fonction des apparences, ce qui n'est ni exact ni représentatif.

Il est clair que le contrôle et la manipulation peuvent prendre de nombreuses formes prévalentes que nous ne reconnaissons même pas, en bien ou en mal. C'est à ce moment-là que l'on doit prendre activement le contrôle de la situation et manipuler le résultat pour le meilleur ; sinon, nous pouvons devenir les victimes passives d'un contrôle mental à grande échelle. Néanmoins, le véritable pouvoir vient de l'individu qui contrôle et manipule son passé et son présent pour s'assurer que l'avenir est meilleur pour tous.

"Ceux qui contrôlent le présent, contrôlent le passé et ceux qui contrôlent le passé contrôlent le futur."

George Orwell

Résumé du chapitre

Dans ce chapitre, vous avez appris les principes fondamentaux du contrôle et de la manipulation. Vous avez également appris à comparer le fait de contrôler et d'être contrôlé. Il est important de se rappeler qu'il faut prendre le contrôle du passé, du présent et du futur pour réussir dans la vie. Cependant, le contrôle et la manipulation ne seraient pas possibles sans des techniques PNL efficaces pour déclencher le subconscient des gens. Enfin, le subconscient des gens peut être contrôlé et manipulé par le contrôle mental de la PNL. Pour vous rafraîchir la mémoire, voici les points clés de ce chapitre :

- La principale différence entre le contrôle et la manipulation est qu'avoir le pouvoir de diriger quelque chose (contrôle) n'est pas la même chose que de savoir comment le faire habilement (manipulation).
- Le contrôle est un état actif par rapport au fait d'être contrôlé, qui est passif.

- Le fait d'être sous contrôle suggère l'existence d'une agence, alors que le fait d'être contrôlé n'en suggère pas.
- Pour éviter d'être contrôlé par une personne manipulatrice, l'individu peut :
  o Avoir un fort sentiment d'identité.
  o Ayez confiance en vous.
  o Évitez d'être trop dépendant.
  o Vivez dans le présent.
- Le fait d'avoir le contrôle permet à l'individu d'exercer une auto-rité sur sa propre autonomie et d'auto-gérer ses choix.
- Les règles du jeu changent lorsque la personne ne veut plus la même chose. Son comportement change pour s'adapter à un ob-jectif différent, ce qui le rend moins susceptible d'être contrôlé.
- Pour prendre le contrôle du passé, du présent et de l'avenir, une personne doit être prête à changer en refusant de le faire :
  o Répéter des comportements passés, non adaptatifs.
  o Réagir plus qu'agir.
  o Recréer les relations et les dynamiques passées dans le pré-sent.
- Le praticien PNL compétent peut déclencher le subconscient des inconnus en pratiquant des techniques PNL de type contrôle et manipulation. Certaines de ces techniques comprennent (Beale, 2020) :
  o Affirmation.
  o Amplifier les bons sentiments.
  o Changement de croyance selon la PNL.
  o Hypnose et méditation PNL.
  o Modélisation.
- Certaines techniques de contrôle de l'esprit de la PNL compren-nent :
  o Changer votre physiologie pour affecter votre façon de penser.
  o Mettre l'accent sur des mots-clés dans une conversation.
  o Visualisation.

Dans le chapitre suivant, vous apprendrez à lire et à contrôler les gens.

CHAPITRE QUATRE :

Lire et contrôler les gens

PNL - Lecture de l'esprit

Lire dans l'esprit d'une personne ne se limite pas à consulter un médium. Il s'agit d'une science contenant des méthodes que les praticiens de la PNL peuvent utiliser pour comprendre *comment* une personne pense, et pas nécessairement *ce qu'*elle pense. Par exemple, un praticien de la PNL peut lire le langage corporel d'une personne pour déterminer son état d'esprit. Lire les gens à travers les positions et les mouvements du corps peut être utile dans les relations personnelles, amicales et professionnelles, car cela nous aide non seulement à mieux communiquer, mais aussi à estimer le prochain mouvement dans cette relation. Par exemple, si je suis frustré(e) par mon partenaire pour une raison quelconque, le fait de froncer les sourcils permet de lui faire part de mes frustrations. En conséquence, le prochain geste de mon partenaire sera généralement de me demander ce qui ne va pas. Cette interaction permet alors de faire avancer la relation. Le fait est que mon partenaire et moi pouvons lire l'autre à tout moment, ce qui se traduit par une relation saine, interdépendante et pleine de vie. Il est clair que lire les gens peut produire des résultats positifs !

PNL - Lecture de l'esprit par le langage corporel et les indices d'accès oculaire

La lecture de pensée PNL par le biais du **langage corporel** et des **indices d'accès oculaire** est utile à la fois pour le praticien PNL et pour le client pendant les sessions, car chaque partie peut bénéficier de l'autre. Par exemple, le praticien PNL peut utiliser le langage corporel du client pour déterminer le meilleur plan d'action de ce dernier beaucoup plus facilement que s'il utilisait simplement d'autres méthodes traditionnelles. De plus, le client bénéficiera également de la lecture, car il apprendra des méthodes d'adaptation plus saines en suivant les conseils du praticien PNL. En fait, il pourrait même sembler que le praticien PNL suit l'exemple *du client* en termes d'état d'esprit subjectif, de langage corporel et d'indices d'accès visuel exprimés par ce dernier. Ces deux références pour la lecture de l'esprit aideraient à indiquer la réalité du client.

En outre, la lecture de l'esprit PNL est une combinaison de la science derrière la lecture et l'interprétation du langage corporel et des indices d'accès oculaire, mais aussi de l'intuition du praticien PNL. La capacité à comprendre quelque chose immédiatement peut conduire à une amélioration des orientations et des conseils pendant la thérapie PNL, car le praticien PNL sera en mesure de répondre rapidement et de manière appropriée au langage corporel du client et aux indices d'accès visuel. Si le praticien PNL peut interpréter avec précision l'état d'esprit du client par le biais de la lecture de pensées PNL, les chances de succès sont plus élevées pour toutes les parties impliquées dans cette pratique évolutive.

Comprendre le langage corporel en PNL

La lecture de l'esprit par le langage corporel et les indices d'accès oculaire est pratiquée dans divers domaines, en plus de la PNL elle-même. Par exemple, les détectives de la police peuvent utiliser l'aptitude à lire le langage corporel pour déterminer si un criminel ment, ou si ce dernier fait des progrès pendant l'interrogatoire. En outre, le langage corporel peut donner aux gens une quantité impressionnante d'informations sur leurs pensées et leurs sentiments actuels. La majorité de ces informations sont non verbales ; selon Bradberry, 55 % de la communication provient du langage corporel, tandis que 38 % proviennent du ton de la voix et seulement 7 % proviennent des mots utilisés pendant une interaction (2017). Il est évident que 55% est une grosse affaire car il peut donner un aperçu de la nature des êtres humains eux-mêmes. Cela est utile pour de nombreuses personnes en position d'influence. Certains le langage corporel qui est plus facile à comprendre comprend (Bradberry, 2017) :

- Bras et jambes croisés.
- Des sourires qui plissent les yeux.
- Copier le langage corporel des autres.
- Posture.
- Les yeux.
- Sourcils levés.
- Mâchoire serrée.

Le langage corporel, comme les bras et les jambes croisés, suggère que la personne s'oppose activement à vos pensées et points de vue, tout en refusant d'y être réceptive. Il est important de noter que, même si l'expression faciale suggère le bonheur par un grand sourire, la personne peut en fait être isolée ou déconnectée des idées de l'autre personne, une situation dans laquelle elle serait fermée physiquement, émotionnellement et mentalement. Les bras et les jambes croisés peuvent également signaler le besoin de se protéger des idées et/ou des sentiments exprimés par l'autre personne.

Une forme de langage corporel qui peut être facilement lue par la pratique de la PNL et qui a été mentionnée brièvement est le sourire d'une personne. Si une personne sourit sincèrement dans une situation donnée, vous verrez ses yeux se plisser pour faire de même. En fait, une personne ne sera pas considérée comme souriant sincèrement si son sourire "n'atteint pas ses yeux", comme le dit le dicton. Le sourire d'une personne est souvent synonyme d'approbation, de plaisir ou d'amusement, sauf lorsqu'elle essaie de cacher quelque chose, comme une douleur émotionnelle ou mentale - dans ce cas, vous pourriez voir un sourire sans plissement des yeux. Si les pattes d'oie ne sont pas visibles aux coins des yeux, cette personne ne *sourit* pas vraiment.

Si quelqu'un copie votre langage corporel, cela suggère que cette personne peut ressentir une connexion avec vous ; elle fait donc preuve d'un effet miroir. Par exemple, si mon ami sourit d'une certaine façon, je peux sourire de la même manière. Ce geste suggère que la relation se passe bien et que je suis heureux de passer du temps avec mon ami. En outre, copier le langage corporel peut inciter l'autre personne à s'ouvrir à vous, en fonction du langage corporel que vous utilisez à ce moment-là. La compréhension de ce concept peut être utile dans la pratique de la PNL.

La posture d'un individu peut également nous dire une multitude de choses, comme si la personne se sent confiante ou fatiguée ; une personne au torse bombé laisse entendre qu'elle a, ou croit avoir, du pouvoir, alors qu'une personne avachie suggère qu'elle se sent moins puissante. Avoir une posture décente est précieux, car une telle posture peut également communiquer le respect des autres. Par exemple, lorsque j'étais en formation de base à l'armée, je devais copier ou refléter la posture des sergents instructeurs pour leur témoigner du respect, à moi et à l'uniforme.

Le mouvement des yeux d'une personne est une autre forme de langage corporel facile à comprendre. Si une personne maintient délibérément un contact visuel avec vous pendant une longue période, elle pourrait très bien vous tromper ou vous mentir. Dans ce cas, les yeux de la personne peuvent ne pas cligner ou ne pas bouger, ce qui suggère que quelque chose ne va pas. Faites toujours attention aux yeux. Notez que la durée moyenne d'un contact visuel est d'environ sept à dix secondes (Bradberry, 2017), donc si quelqu'un maintient un contact visuel plus longtemps et commence à vous mettre mal à l'aise, cette personne pourrait vous mentir ou essayer de vous intimider. Reconnaître ce fait peut être très utile à la pratique de la PNL, car le praticien PNL peut déterminer si le client lui ment. Les mouvements oculaires ou leur absence peuvent communiquer divers états d'esprit subjectifs, entre autres choses.

Les sourcils levés sont également une forme de langage corporel à laquelle il faut prêter attention car ils peuvent communiquer des émotions telles que la peur, l'inquiétude ou la surprise. Par exemple, si mes amis m'organisent une fête d'anniversaire surprise, ma réaction initiale de surprise lorsque j'entre dans la pièce peut devenir évidente lorsque mes sourcils s'élèvent sur mon visage. Cependant, les sourcils levés peuvent également suggérer quelque chose en coulisse, surtout lorsque le sujet de discussion ne devrait pas susciter de surprise, d'inquiétude ou de peur chez la personne qui réagit. En bref, méfiez-vous des sourcils levés.

Enfin, une mâchoire serrée peut communiquer une tension, un stress et une gêne à l'autre personne pendant une interaction. Par exemple, j'ai l'habitude de serrer la mâchoire lorsque je dois faire une prise de sang, car l'idée qu'une aiguille me pique le bras me stresse. Le phlébotomiste qui fait l'opération doit généralement me distraire en me parlant pendant la prise de sang, afin que je puisse me détendre un peu plus et desserrer ma mâchoire. Le langage corporel communique beaucoup d'informations sur l'individu, ce qui facilite le travail du praticien PNL.

Comprendre les indices d'accès oculaire en PNL

La lecture des indices d'accès oculaire du client pendant une session rend également le travail du praticien PNL moins difficile. Les indices oculaires, similaires au langage corporel, peuvent indiquer les pensées du client, ou du moins guider le praticien PNL dans la bonne direction. De plus, les indices oculaires aident le praticien PNL à déterminer à quel système de représentation le client a accès. Pour expliquer, un **système de représentation** inclurait des modalités sensorielles comme le visuel, l'auditif ou le kinesthésique, qui sont ensuite représentées par des méthodes et des modèles qui concernent la façon dont l'esprit stocke et traite l'information. Lorsqu'un individu utilise son esprit pour penser, le praticien PNL peut déterminer quel système de représentation il utilise pour communiquer sa modalité de pensée préférée - le praticien PNL les remarque alors en fonction des mouvements oculaires et des indices. Cependant, cette méthode n'indique pas exactement ce que la personne pense, mais simplement *comment* elle pense. En bref, le praticien PNL peut suivre le style de pensée préféré de l'individu à travers ces mouvements oculaires, ce qui est utile aux processus PNL.

Comme indiqué, les indices d'accès oculaire aident le praticien PNL en indiquant si le client traite les informations avec des éléments visuels tels que des images, des sons et des sentiments. Les images sont générale-ment tout ce que nous pouvons voir dans la réalité ; les sons peuvent inclure le ruissellement de l'eau courante ; et les sentiments peuvent in-clure des émotions heureuses ou contrariées. Le fait de penser de diffé-rentes manières provoque des changements notables dans le corps, et le corps exerce également une influence sur la façon dont un individu pense. Par exemple, la façon dont un individu pense détermine les mou-vements de ses yeux, et ces mouvements peuvent stimuler diverses par-ties du cerveau. Plus précisément, le fait de regarder vers le haut, en termes de mouvements PNL, est associé à la pensée visuelle, tandis que le fait de garder les yeux au même niveau suggère une pensée auditive. En outre, le fait de regarder vers le bas est associé à la pensée kinesthé-sique. Le fait de regarder à droite ou à gauche pendant ces mouvements oculaires de la PNL peut déterminer si l'individu est en train de construire ou de se rappeler des images, des sons ou des sentiments. Les yeux qui se déplacent vers la gauche indiquent la construction de modalités sen-sorielles, tandis que les yeux qui regardent vers la droite indiquent un rappel de modalités sensorielles. Les mouvements oculaires de la PNL peuvent aider le praticien PNL à mieux comprendre la personne et son style de pensée préféré.

Les indices d'accès de la PNL : Visuels, auditifs et kinesthésiques

Chaque système de représentation possède de nombreux indices d'accès en plus des mouvements et positions des yeux. Parmi les autres indices d'accès, citons la position de la tête et les gestes, la respiration, ainsi que le ton, le tempo et la hauteur de la voix de l'individu. Par exemple, les indices d'accès pour un système de représentation visuelle sont les suivants : tête haute, gestes au-dessus des épaules, respiration dans les poumons et voix aiguë avec un rythme de parole élevé. L'accès aux indices d'un système de représentation auditive comprendrait : la tête penchée sur le côté, des gestes au niveau des oreilles, la respiration dans le diaphragme et un rythme de parole et des tons variés. Enfin, les indices d'accès à un système de représentation kinesthésique sont les suivants :

tête baissée, gestes autour du corps, respiration abdominale et discours plus lent avec une voix plus grave. Compte tenu de ces détails sur l'accès aux indices et aux systèmes de représentation, les personnes peuvent déterminer leurs propres systèmes de représentation préférés, ainsi que les systèmes préférés des autres.

Indicateurs de comportement des systèmes de représentation préférés

En outre, il existe des indicateurs de comportement qui permettent de déterminer si le système de représentation préféré d'une personne est visuel, auditif ou kinesthésique. Par exemple, il est évident que je préfère le système de représentation visuel parce que j'ai tendance à être organisé, calme, que j'ai une bonne orthographe et que je peux être très détaillé. Voici quelques autres indicateurs de comportement des personnes visuelles :

- Soigné et ordonné.
- Observateur.
- Orienté vers l'apparence.
- Plus délibéré.
- Sont meilleurs pour mémoriser par image.

Les indicateurs de comportement peuvent également déterminer si une personne préfère le système de représentation auditif ; par exemple, si la personne aime se parler à elle-même, dit des mots lorsqu'elle lit, parle de manière rythmée et aime la musique, alors elle est probablement une personne auditive. Voici quelques autres indicateurs de comportement des personnes auditives :

- Apprenez en écoutant.
- Bavard.
- Utilise une approche phonétique pour l'orthographe.
- Aime lire à haute voix.
- Parlent mieux qu'ils n'écrivent.

En outre, les indicateurs de comportement d'une personne kinesthésique sont que la personne est généralement orientée physiquement, qu'elle apprend en faisant, qu'elle fait beaucoup de gestes et qu'elle réagit physiquement à la situation. Les autres indicateurs de comportement des personnes kinesthésiques sont les suivants :

- Touchez les gens et tenez-vous près d'eux.
- Bougez beaucoup.
- Une réaction physique plus importante.
- Développement précoce des gros muscles.
- Apprendre par la manipulation.

Chaque système de représentation peut aider le praticien PNL à déterminer non seulement comment l'individu pense, mais aussi comment il apprend, converse, épelle, lit, écrit et imagine. Si le praticien PNL est parfaitement conscient de la façon dont le client pense, il sera mieux à même d'influencer, de persuader ou de manipuler le client - et la réalité subjective vécue - pour obtenir un meilleur résultat. Sinon, il sera beaucoup plus difficile d'aider le client à atteindre ses objectifs personnels et professionnels.

Contrôler les gens par le biais de leur système de représentation préféré

Contrôler les gens par le biais de leur système de représentation préféré est accompli par l'application et la pratique des techniques et outils de la PNL qui peuvent améliorer l'état d'esprit du client et modifier sa réalité subjective à des fins plus pratiques et fonctionnelles. Plus précisément, le praticien PNL peut faire correspondre ou refléter les comportements, les mouvements et les paroles du client, tout en basant les actions reflétées sur le système de représentation préféré du client. Cette correspondance entre le système de représentation préféré du client et la manifestation qui en résulte permettra au praticien PNL de mieux accommoder, diriger ou contrôler le client. En effet, lorsque le praticien PNL s'assimile à son client et à son système de représentation préféré, le professionnel peut alors l'améliorer ou le modifier, dans le but d'améliorer les résultats et le succès.

Résumé du chapitre

Dans ce chapitre, vous avez appris à lire et à contrôler les gens. Vous avez appris que la lecture de l'esprit par le langage corporel et les indices d'accès oculaire est utile à l'application de la PNL. Il est également important de se souvenir des différents systèmes de représentation, car ils aideront l'individu et le praticien PNL à communiquer et à se comprendre. Pour vous rafraîchir la mémoire, voici les points clés de ce chapitre :

- Lire l'esprit d'une personne permet au praticien PNL de comprendre comment cette personne pense et ressent.
- Lire les gens nous permet de communiquer plus efficacement.
- La lecture de l'esprit de la PNL par le biais du langage corporel et des indices d'accès oculaire est utile car elle détermine la suite de la thérapie.
- Le langage corporel donne aux gens une quantité impressionnante d'informations sur ce qu'ils pensent et ressentent.
- Le langage corporel peut inclure (Bradberry, 2017) :
  o Bras et jambes croisés.
  o Des sourires qui plissent les yeux.
  o Copier votre langage corporel.
  o Posture.
  o Les yeux.
  o Sourcils levés.
  o Hochement de tête exagéré.
  o Mâchoire serrée.
- Les indices d'accès oculaire peuvent aider à déterminer quel système de représentation est utilisé par le client.
- Les types de systèmes de représentation préférés comprennent les systèmes visuels, auditifs et kinesthésiques.

- Les indicateurs comportementaux des systèmes de représentation préférés comprennent
  o Indicateurs comportementaux visuels :
- Soigné et ordonné.
- Observateur.
- Orienté vers l'apparence.
- Plus délibéré.
- Mémorise par image.
  o Indicateurs comportementaux auditifs :
- Apprend en écoutant.
- Très bavard.
- Utilise une approche phonétique pour l'orthographe.
- Aime lire à haute voix.
- Parle mieux qu'il n'écrit.
  o Indicateurs comportementaux kinesthésiques.
- Touche les gens et se tient près d'eux.
- Il bouge beaucoup.
- Une réaction physique plus importante.
- Développement précoce des gros muscles.
- Apprend par la manipulation.
- Contrôler les gens par le biais d'un système de représentation préféré peut être accompli en appliquant les techniques et les outils de la PNL.

Dans le chapitre suivant, vous apprendrez à entrer dans la tête des gens grâce au langage corporel.

CHAPITRE CINQ

Se mettre dans la tête des gens Grâce au langage corporel

Raisons d'apprendre et de maîtriser la lecture et l'application du langage corporel

Le langage corporel étant un indicateur plus précis de l'état d'esprit d'une personne, car les pensées et les sentiments communiquent et s'expriment plus naturellement à travers lui, apprendre et maîtriser le langage corporel est une compétence précieuse pour discerner les intentions et les motivations des autres. En d'autres termes, les intentions et les motivations des gens deviennent plus claires lorsque vous comprenez les raisons qui se cachent derrière leur langage corporel. Qu'il s'agisse de laisser une impression sur vos collègues de travail ou de communiquer un besoin d'affection, l'apprentissage et la maîtrise du langage corporel vous aideront à obtenir ce que vous voulez dans la vie, car vous maîtrisez les manifestations et les formes d'expression.

Les gens utilisent également le langage corporel pour donner aux autres leurs opinions et leurs jugements, et l'apprentissage et la maîtrise du langage corporel pourraient également être utiles pour cette raison. Certains domaines professionnels peuvent nécessiter l'apprentissage et la maîtrise du langage corporel pour le jugement ou l'évaluation, notamment la psychologie, le droit et même l'éducation. L'impression qu'une personne laisse par son langage corporel peut avoir des conséquences, selon le contexte. Par exemple, une évaluation psychologique peut affecter le médicament prescrit à un patient. À titre d'exemple, selon Radwan, 93 % des impressions que les gens établissent à votre sujet sont déduites du langage corporel, alors que seulement 7 % de cette impression est basée sur les mots que vous utilisez (2017). Malgré tout, n'oubliez pas que la façon dont vous communiquez par les mots a toujours autant de valeur que le langage corporel.

Prendre l'avantage grâce au langage corporel

Utiliser le langage corporel de manière avantageuse peut vous être bénéfique à bien des égards. L'un de ces avantages consiste à l'utiliser à des fins d'attraction. Une personne peut attirer un partenaire potentiel en utilisant son langage corporel ; si cela est fait correctement et avec la bonne quantité de communication, l'arrangement peut éventuellement conduire à l'amour et à l'affection. Certaines personnes peuvent utiliser le langage corporel pour attirer les autres, en leur faisant croire qu'elles les aiment, alors que ce n'est pas le cas. Cela peut être avantageux pour la personne, car elle peut mieux dissimuler ses véritables sentiments, ses intentions et ses motivations à ses amis, si nécessaire, et garder des limites personnelles.

Un autre avantage d'utiliser le langage corporel à votre avantage est de pouvoir induire des états d'esprit spécifiques. C'est ce qu'on appelle l'**effet inverse** car, lorsqu'une personne bouge son corps ou prend une certaine pose, des états d'esprit spécifiques peuvent se matérialiser en elle. Par exemple, si vous vous tenez avec le dos droit et que vous élevez un peu la tête, vous pouvez commencer à éprouver un sentiment de confiance, ce qui vous permet de croire davantage en vos capacités. Un autre exemple de l'effet inverse est le sourire d'une personne. Le sourire de quelqu'un d'autre peut tromper votre cerveau en déclenchant une réaction chimique qui améliore votre humeur, diminue le stress et la pression artérielle, et peut même augmenter votre durée de vie (Spector, 2018). Comme nous l'avons vu à travers ces exemples, il peut être avantageux d'utiliser le langage corporel, car il peut améliorer à la fois votre état d'esprit subjectif et votre bien-être.

Le langage corporel le plus utile à interpréter et à prendre en main

Il existe différents types de langage corporel que nous pouvons interpréter et contrôler pour optimiser nos situations individuelles, en fonction du contexte et de la raison. Par exemple, si la raison est de réaliser plus de ventes, le langage corporel du vendeur doit refléter la confiance lorsqu'il persuade le client d'acheter. Toutefois, si son langage corporel ne reflète pas cette émotion, il peut suivre un cours ou consulter un professionnel du langage corporel, afin d'apprendre à paraître et à se sentir plus confiant et détendu au travail.

L'interprétation du langage corporel n'est cependant pas une science exacte, en partie parce que diverses cultures peuvent avoir attribué des significations différentes au langage corporel. Selon Zhi-Peng, les gestes peuvent être difficiles à interpréter car toute légère variation peut véhiculer un nombre quelconque de significations complètement différentes (2014). Par exemple, la culture américaine a attribué le signe OK (pression du pouce et de l'index ensemble, les trois autres doigts écartés) comme une approbation, alors qu'en France, le même signe suggérerait que l'autre personne est "sans valeur" ou "zéro" (comme indiqué par le cercle créé entre les deux doigts principaux). Un autre exemple de langage corporel ayant une signification différente est le contact visuel : aux États-Unis et au Canada, le contact visuel direct montre la sincérité ou l'intérêt, alors que le même signe visuel au Japon est considéré comme un manque de respect (Zhi-Peng, 2014). Quoi qu'il en soit, le même langage corporel peut également véhiculer des significations communes en termes de mouvements corporels, de gestes, d'expressions faciales et de mouvements oculaires.

Une personne est offensée, mal à l'aise, timide ou sur la défensive.

L'état d'esprit d'une personne peut également être révélé lorsqu'elle est offensée, mal à l'aise, timide ou sur la défensive. De manière plus indicative, la personne qui ressent l'une de ces émotions croise générale- ment les bras et éventuellement les jambes, si la situation est suffisam- ment intense. Si vous remarquez qu'une autre personne est mal à l'aise parce qu'elle se trouve dans un environnement inconnu, peut-être lors d'un grand rassemblement pour le travail, cette personne va probable- ment croiser les bras comme une forme de protection contre cette situa- tion inconnue. C'est pourquoi cette posture est appelée **"posture défensive du langage corporel"**, car elle signale le malaise de la per- sonne à son entourage. C'est presque comme si l'individu croyait qu'en pliant ou en croisant les bras et/ou les jambes, il sera soi-disant plus en sécurité ou protégé de cette influence environnementale.

En outre, la posture défensive du langage corporel s'accompagne gé- néralement d'autres expressions faciales et de mouvements corporels spécifiques. Parmi les expressions faciales et les mouvements corporels exprimés pendant cette période figurent le recul, une micro-agression de colère, une mâchoire serrée et des lèvres pincées. Par exemple, lors- qu'une personne n'aime pas une situation ou une personne inconfortable, elle se retire ou recule. D'autre part, les micro-expressions de colère sont également courantes lorsqu'une personne réagit de manière défensive, en partie parce que ses sourcils s'abaissent et que son nez et sa lèvre supé- rieure se soulèvent, illustrant ainsi son dégoût. Comme nous l'avons mentionné, une autre façon de savoir si une personne est offensée con- siste à serrer fortement la mâchoire. Dans ce mouvement défensif du corps, la personne a la mâchoire avancée et peut serrer les dents, même si vous ne le voyez pas. Les lèvres pincées sont un autre indicateur du malaise et de la tension d'une personne, généralement pour l'empêcher d'exprimer vocalement ce qu'elle ressent et ce qu'elle croit.

Cependant, la situation peut être rectifiée ou contrôlée lorsque la per- sonne assume la responsabilité de l'offense. Vous pouvez l'aider à le faire en lui demandant comment il se sent - cette question peut être accompagnée d'une demande pour savoir s'il se sent offensé et comment la situation peut être rectifiée. Ceci est utile à la PNL car, si le praticien PNL peut sentir l'état d'esprit de l'autre personne, ce professionnel aura plus de facilité à orienter la situation vers une amélioration. Une fois que cela est fait et que les deux parties se sentent à l'aise, elles peuvent alors poursuivre la session PNL.

Quelqu'un évalue ou réfléchit

Lorsqu'une personne tient son menton dans sa main, comme si elle retenait le poids de ses pensées et de ses idées, elle indique qu'elle réfléchit ou évalue une situation. Par exemple, je me retrouve souvent à faire ce geste lorsque j'écris. En outre, une personne qui utilise ce langage corporel pour communiquer suggère qu'elle écoute vos idées et vos pensées tout en les évaluant, mais aussi en se demandant si elles sont suffisamment convaincantes. Vous saurez si vous avez réussi à convaincre quelqu'un s'il hoche la tête en se tenant le menton.

Le langage corporel d'un penseur/évaluateur peut également indiquer si son évaluation est positive ou négative en se basant sur l'utilisation de gestes, tels que le sourire ou les applaudissements. Cependant, il existe d'autres indices positifs moins évidents que l'autre personne peut utiliser, comme se frotter les sourcils ou ajuster ses lunettes - dans le premier cas, c'est presque comme si elle espérait voir l'image positive plus clairement en écartant les poils de ses sourcils (Parvez, 2015). Je sais que j'ai ajusté mes lunettes de nombreuses fois en évaluant quelque chose que je vois plus positivement que négativement.

Il existe également des gestes d'évaluation négative qu'une personne peut utiliser pour signifier sa faible opinion de quelque chose. Parmi les gestes les plus évidents relatifs à l'évaluation négative, citons la fermeture des yeux ou le détournement du regard. Ces gestes indiquent clairement à l'autre personne que vous n'êtes pas tout à fait en faveur des idées qu'elle vous présente. Un autre geste, un peu plus subtil, consiste à se frotter le nez. Les gens font généralement ce geste lorsqu'ils sont en colère, anxieux ou gênés. Il est également intéressant de noter que certaines personnes peuvent se frotter le nez pour satisfaire une inflammation dans cette zone provoquée par une augmentation de la pression sanguine lorsqu'elles mentent - ce phénomène est connu sous le nom d'**effet Pinocchio** (Parvez, 2015). Ce mécanisme biologique est efficace dans la détection du mensonge, ce qui est ensuite utile dans une variété de situations et de carrières associées à la pratique de la PNL.

Quelqu'un est frustré

La frustration peut se manifester extérieurement de plusieurs façons par le biais du langage corporel. Il est facile de la comprendre et de l'interpréter lorsque la personne fait des gestes spécifiques, comme secouer son pied, taper ses mains sur ses genoux, se frotter le visage avec ses doigts, ou même se gratter vigoureusement (Radwan, 2017). Ces mouvements de frustration peuvent, en fait, libérer l'énergie refoulée dans cette personne, surtout lorsqu'il y a une situation sur laquelle elle ne peut pas agir. Pourtant, les formes de frustration les plus évidentes et les plus largement acceptées sont celles où la personne se frotte l'arrière du cou ou se gratte l'arrière de la tête. Se frotter l'arrière du cou lorsqu'on est confronté à des circonstances frustrantes peut aider la personne à se calmer, car elle évacue l'énergie de sa source.

Nous pouvons également détecter la frustration par un langage corporel plus subtil, comme les muscles du visage, les sourcils ou les lèvres d'une personne. Les légers mouvements dans ces zones sont appelés **micro-gestes**. Par exemple, lorsque je me sens stressé ou frustré, les muscles de mon visage peuvent parfois se contracter. Les autres personnes le remarquent à peine, mais un professionnel formé à la reconnaissance du langage corporel et des indices peut le faire. Si quelqu'un observe son ami - quelqu'un qu'il connaît probablement assez intimement - il devrait être capable de détecter ces micro-gestes beaucoup plus facilement que si quelqu'un d'autre le faisait, car il peut mieux reconnaître le comportement de son ami. Il est important d'être capable de détecter les micro-gestes dans votre langage corporel également, avant d'essayer de les juger dans le langage corporel de quelqu'un d'autre ; par exemple, un psychologue serait plus efficace s'il était plus conscient de ses propres micro-gestes avant de juger ceux d'un client.

Quelqu'un est anxieux

Une autre forme de langage corporel que nous pouvons facilement interpréter est l'anxiété. Lorsqu'une personne est anxieuse, elle exprime généralement ce sentiment en gigotant, de différentes manières. Parmi ces signes d'agitation, citons la transpiration, le fait de se ronger les ongles ou de taper constamment des doigts ou des talons sur une table ou sur le sol. Par exemple, lorsque je dois attendre chez le médecin pour un examen, il m'arrive de m'agiter sur mon siège à cause de la nervosité. Je peux aussi bouger rapidement ma jambe gauche de haut en bas pour tenter de dépenser cette énergie nerveuse pendant que j'attends que le médecin appelle mon nom.

En outre, l'expression de l'anxiété peut affecter diverses fonctions motrices, comme la marche ou la course, car cette énergie rend le corps plus rigide plutôt que détendu. À l'origine, nos ancêtres se cachaient des prédateurs en restant rigides et immobiles, afin d'éviter le danger. C'était comme si leur subconscient resserrait leur corps pour éviter d'être reconnu. Cet instinct se manifeste encore de la même manière aujourd'hui. Curieusement, il pourrait être considéré comme une forme de fantôme, la personne essayant de se soustraire à l'observation. Ce langage corporel anxieux peut être dirigé par un praticien de la PNL, le professionnel essayant d'inciter la personne à se calmer et peut-être même à faire des exercices de respiration profonde.

Quelqu'un s'ennuie

Comme nous l'avons vu, le langage corporel d'une personne peut signaler divers états d'esprit, dont l'ennui. L'ennui peut être signalé par le fait qu'une personne a les yeux baissés, semble inattentive, bâille ou s'agite. À titre d'exemple personnel, lorsque je m'ennuie, j'ai tendance à me sentir fatigué, surtout lorsque je suis pris dans une routine quotidienne. Les raisons de l'expression de l'ennui par le langage corporel comprennent à la fois un manque d'intérêt et/ou une volonté d'agir. Par exemple, lorsque les gens s'éternisent sur des sujets tels que la politique, cela peut m'endormir car le sujet ne m'intéresse pas. Il existe de nombreuses raisons pour lesquelles l'ennui peut se manifester.

Le langage de l'ennui s'exprime de plusieurs façons, notamment par la fatigue, la répétition et la distraction. Par exemple, lorsqu'une personne s'ennuie, elle se distrait en s'adonnant à d'autres activités, comme regarder son téléphone portable. De plus, l'individu qui tente de se distraire à cause de l'ennui évitera généralement de regarder la source de l'ennui, qui est peut-être une personne ou un devoir. Certaines activités de distraction sont répétitives, comme le fait de se taper constamment sur les doigts. Enfin, une personne qui s'ennuie regarde parfois dans le vide et a le corps avachi. Cette posture peut indiquer au thérapeute ou au praticien de la PNL qu'il doit changer d'attitude ou modifier le cours de la thérapie.

Quelqu'un est prêt à passer à l'étape suivante

Le langage corporel qui indique qu'une personne est prête à agir peut inclure le pointage, la tension, l'accrochage et le mouvement. Par exemple, si le corps d'une personne est pointé vers une personne d'intérêt - peut-être le praticien PNL - c'est généralement un signe que la personne veut passer à l'étape suivante dans une séquence d'événements. En termes de tension, si une personne est tendue parce qu'elle fait quelque chose hors de sa zone de confort, ses bras peuvent s'agripper à quelque chose ; par exemple, si vous êtes chez le dentiste, vous pouvez vous agripper aux accoudoirs de la chaise pendant que le dentiste travaille sur vos dents, complètement prêt à sortir de cette situation.

Le crochetage est une autre forme de langage corporel qui indique que la personne est prête à agir. Pour cette forme, les mains de la personne s'accrochent légèrement à ses vêtements, généralement une ceinture, et elle le fait pour montrer qu'elle est prête à se déplacer rapidement en cas de besoin. Pour continuer sur le thème du mouvement pour montrer que l'on est prêt, notez que le début ou le premier mouvement prépare toujours le terrain pour d'autres mouvements successifs. Par exemple, j'ai tendance à redresser les vêtements sous mon manteau avant d'aller quelque part, comme au restaurant. Le prochain mouvement que je pourrais faire serait d'attraper mon sac à main en sortant.

Au-delà du langage de préparation mentionné, il existe également diverses raisons pour lesquelles quelqu'un voudrait agir à ce moment-là. Parmi ces raisons, citons le fait que la personne s'en va, qu'elle est prête à acheter, qu'elle poursuit une conversation ou qu'elle est prête à se battre. Si j'indique la direction de la porte, c'est parce que je veux quitter la situation. Une personne peut utiliser un langage de préparation lorsqu'elle est prête à acheter un produit particulier, en montrant ce langage au vendeur lorsqu'il pointe ce produit. Si mon partenaire et moi avons une discussion animée, l'un d'entre nous ou les deux enverront des signaux de préparation à l'autre lorsque nous parlerons ou poursuivrons la conversation. La dernière raison que nous évoquerons ici est celle d'un combat, lorsqu'une personne prépare son corps à se défendre ou à attaquer. En tant que frère ou sœur têtu, je me battais parfois physiquement avec mes autres frères et sœurs.

L'utilisation du langage de l'état de préparation pourrait être bénéfique dans de nombreuses relations, qu'elles soient professionnelles ou personnelles, car cela indique à l'autre partie qu'il faut agir pour que la relation évolue dans un sens positif. Il serait donc temps d'engager la personne à agir si elle est prête.

Quelqu'un ment

Le langage corporel qui révèle qu'une personne ment implique généralement des changements par rapport au comportement habituel de cette personne. Par exemple, si votre ami(e) a l'habitude de croiser votre regard lors d'une conversation, mais qu'un jour il(elle) commence à éviter le contact visuel, cela peut être un indicateur qu'il(elle) vous ment. Lorsqu'une personne ment, son amygdale - la partie du cerveau qui traite les émotions - devient moins réactive. Cette circonstance peut amener la personne à devenir plus habile à mentir, de sorte qu'elle peut recommencer successivement. Cependant, les changements dans le langage corporel peuvent encore les trahir. Selon Jalili, les mouvements du corps, les expressions du visage, le contenu du discours et le ton de la voix peuvent tous révéler un menteur (2019).

Un exemple de langage corporel ou de comportement qui implique qu'une personne ment est le mouvement des mains. Les mains qui font des gestes après une conversation sont des signes révélateurs d'un menteur car, pendant la conversation, le cerveau du menteur est trop occupé à inventer le mensonge et à vérifier si vous le croyez. Par conséquent, les mains peuvent ne pas faire les gestes qu'elles devraient faire pendant la conversation.

Un autre exemple de langage corporel qu'un menteur peut utiliser est le fait de se tortiller ou d'avoir la bougeotte, car la personne devient de plus en plus nerveuse à l'idée de se faire prendre. Les nerfs ou les modifications du système nerveux peuvent provoquer des démangeaisons ou des picotements, ce qui entraîne une plus grande agitation. Ce mouvement excessif du corps n'est pas normal pour quelqu'un qui dit la vérité, à moins que cette personne ait l'habitude de s'agiter beaucoup.

Une personne peut utiliser des expressions faciales impliquant ses yeux, sa bouche ou ses expressions lorsqu'elle ment. Si la personne qui ment au cours d'une conversation détourne souvent le regard, c'est qu'elle essaie de réfléchir à ce qu'elle va inventer ensuite concernant le mensonge qu'elle raconte. D'autre part, si quelqu'un vous fixe directement pendant trop longtemps au cours d'une conversation, cela peut également suggérer que quelque chose ne va pas. Il est important de se rappeler que le comportement de base de la personne est généralement différent de celui qu'elle adopte lorsqu'elle raconte un mensonge. Les mouvements de la bouche ou des lèvres sont également révélateurs d'un mensonge lorsque les lèvres de la personne se retroussent, ce qui suggère qu'elle retient des faits (Jalili, 2019). Le teint de la personne peut également changer si elle dit un mensonge. Cela peut aller de deux façons : il devient blanc comme un fantôme ou il rougit. Le langage corporel peut être assez révélateur, surtout pendant les interrogatoires.

Le contenu du discours peut également changer lorsqu'une personne ment. Par exemple, lorsque quelqu'un dit "Je veux être honnête avec toi", cela implique qu'il a ressenti le besoin de mettre l'accent sur son honnêteté pour compenser un mensonge potentiel. Un autre exemple de changement de discours pendant un mensonge est celui où le menteur cherche les mots pour inventer son mensonge. Dans ce cas, pendant que la personne réfléchit au prochain mot à utiliser, elle peut utiliser des mots de remplissage comme "hum" ou "euh" à de nombreuses reprises pendant son mensonge. En outre, le ton de la voix de la personne peut devenir plus aigu, ce qui indique qu'elle est stressée ou nerveuse lorsqu'elle raconte son mensonge. Ce stress entraîne une rigidification des cordes vocales qui se resserrent. Comme nous l'avons vu ici, l'acte de mentir a clairement son propre langage corporel, ce qui est utile en psychologie comme en droit.

Micro Expressions

Les micro-expressions sont également une forme de langage corporel qui peut indiquer les différents états d'esprit d'un individu et si cette personne ment. Parmi les micro-expressions universelles figurent la peur, la joie, le dégoût, la surprise, la tristesse, la colère et le mépris. Une micro expression est difficile à simuler car il s'agit d'expressions involontaires du visage qui se produisent lorsqu'une émotion particulière est ressentie (Markowitz, 2013). Par exemple, lorsqu'une personne est réellement surprise, elle peut lever les sourcils avec la peau qui s'étire sous le sourcil, voir apparaître des rides sur son front, ouvrir grand les yeux et laisser tomber sa mâchoire.

Ces micro-expressions sur le visage pendant une expérience émotionnelle ne durent pas très longtemps : environ 1/15 à 1/25 de seconde (Babich, 2016). Les locuteurs de vérité et les menteurs afficheront différentes formes de micro-expressions car ces expressions sont involontaires, ce qui en fait des indicateurs plus précis de la pensée authentique. Un praticien de la PNL peut utiliser l'analyse des micro-expressions de son client pour évaluer le véritable état d'esprit de ce dernier et déterminer le prochain plan d'action concernant la vie du client et la session de PNL. De plus, le praticien PNL peut reprogrammer l'individu pour qu'il aille dans la direction d'un résultat plus bénéfique, étant donné l'authenticité des micro-expressions, même si le client ment sur ce qu'il ressent réellement.

Parlez à la main : Poignées de main et gestes de Telltale

Les poignées de main et les gestes sont une autre forme de langage corporel qui peut être interprétée et même contrôlée. Cette forme de langage corps-main peut être très révélatrice d'une personne, car la position de ses mains peut afficher ses intentions. Par exemple, si une personne est sociable, sa poignée de main sera probablement plus ferme qu'une personne plus introvertie, dont la poignée de main sera probablement plus lâche. En outre, une poignée de main peut également être utilisée pour conférer une certaine domination, comme le montre le cas où la personne initie la poignée de main, puis utilise sa main pour guider ou contrôler la vôtre (Muoio, 2014). Parmi les autres formes de poignées de main, on peut citer la poignée de doigt écrasée, la poignée de main à deux mains, la poignée de main moite, la poignée de doigt et la poignée de main sans tasse. La poignée de main à deux mains est sans doute la plus intéressante car elle est généralement utilisée pour révéler la sincérité, l'honnêteté et même l'intimité, surtout lorsque la poignée de main est plus haute que d'habitude. Cependant, cette poignée de main peut toujours être trompeuse, par exemple, lorsque des dirigeants politiques veulent faire semblant d'être amis avec des étrangers, ils peuvent couper la main de l'autre personne dans le but de prendre le contrôle !

Le langage mains-corps comprend également des gestes des mains, comme montrer les paumes ouvertes, pointer quelqu'un du doigt, mettre les doigts devant le visage, se tenir avec les mains derrière le dos et serrer les mains (Muoio, 2014). Lorsque quelqu'un montre les paumes ouvertes, cela peut suggérer l'ouverture - à moins que les paumes ne soient baissées, suggérant plutôt l'autorité. Le fait de pointer du doigt peut suggérer l'agressivité, alors que le fait de placer ses doigts devant son visage donne l'impression de confiance. Dans l'armée, on voit souvent des gens se tenir les mains derrière le dos lorsqu'ils sont "à l'aise" ; cette attitude est généralement utilisée pour montrer le contraire de la supériorité et du pouvoir, ainsi que le respect envers ceux qui ont le pouvoir. Quoi qu'il en soit, serrer les mains indique la frustration.

Les poignées de main deviennent plus mémorables lorsqu'elles sont faites correctement, en fonction du contexte. Il peut s'agir d'une réunion d'affaires ou d'une rencontre sociale, et les poignées de main peuvent laisser une impression durable lors de ces événements. En termes de neurosciences, une poignée de main peut favoriser une atmosphère positive, pleine de bonnes intentions et de motivations. Une poignée de main confiante peut suggérer une communication à un niveau plus profond, une réduction des associations négatives et un intérêt personnel accru (Lee, 2020). Il est évident qu'une bonne poignée de main peut ouvrir la voie à d'autres communications et interactions positives.

Il est important de noter que les gestes des mains peuvent également être porteurs de sens. Par exemple, si vous mettez vos mains dans vos poches, vous montrerez une réticence à parler, alors que des paumes ouvertes peuvent suggérer la sincérité. En outre, une paume tournée vers le bas peut suggérer l'autorité et le pouvoir, tandis qu'une main fermée avec le doigt pointé peut signaler une tentative de soumettre quelqu'un. Par exemple, lorsque vos parents vous donnent une directive, ils peuvent utiliser une main fermée avec un doigt pointé pour vous convaincre effectivement de vous soumettre à leur autorité. Parmi les autres gestes de la main, citons la précision des pouces, la préhension du bout des doigts, la poussée du poing et le hachage de la main. Comme nous l'avons découvert, les gestes de la main peuvent vous en dire long sur une personne et ses intentions.

Langage corporel persuasif

Un langage corporel convaincant peut donner de l'assurance dans toutes sortes de situations, qu'elles soient professionnelles ou personnelles. Parmi les gestes du langage corporel qui reflètent la confiance en soi, citons les mains devant l'estomac, le contact du bout des doigts et la pose de force. Par exemple, je remarque que le météorologue que je regarde à la télévision le matin place toujours ses mains devant son ventre, le bout des doigts se touchant, lorsqu'il donne le bulletin météo du jour. Il semble très confiant, même lorsqu'il dérape sur ses mots. Parmi les autres gestes de confiance du langage corporel, on peut citer (Radwan, 2017) :

- Posture droite.
- Marche avec des pas larges.
- Il ne panique pas.
- Pas d'agitation.
- Moins d'erreurs de langage.
- Un contact visuel correct.
- Pas de gestes fermés.
- Ne pas regarder les autres pour savoir ce qu'il faut faire en ce qui concerne les actions futures.

Il est important de pouvoir lire ces signaux du langage corporel chez soi et chez les autres, car non seulement vous vous sentirez plus confiant et plus séduisant, mais les signaux eux-mêmes convaincront les gens de vous apprécier davantage. Par exemple, si mon partenaire marche à grands pas, cela peut impliquer qu'il n'a pas peur lorsqu'il rencontre des situations inhabituelles. En outre, de nombreuses personnes trouvent que la confiance en soi est sexy.

Les signaux du langage corporel sont également précieux pour les professionnels et les entreprises, en particulier lorsque le vendeur tente de persuader un prospect d'acheter son produit et/ou service. Certains de ces signaux corporels lisibles proviennent des yeux, du visage, des mains, des bras et des pieds. Par exemple, lorsqu'un client potentiel fixe le produit que vous essayez de vendre, c'est peut-être le bon moment pour lui demander s'il a des questions à ce sujet. Si le client sourit et hoche la tête en même temps, votre présentation du produit a probablement été réussie et vous êtes probablement prêt à partir.

En outre, les mains et les bras peuvent également communiquer l'impatience, généralement lorsque la personne tambourine des doigts (Wood, s.d.). Les pieds sont également intéressants à analyser, car ils peuvent indiquer si le prospect est ouvert ou fermé au vendeur, en fonction de la direction dans laquelle ils sont pointés. Si les pieds sont dirigés vers le vendeur, ils sont ouverts aux idées de ce dernier, alors que dans le cas contraire, ils n'apprécient probablement pas les conseils du vendeur. Les signaux du langage corporel tels que ceux-ci peuvent en dire long au vendeur sur la réaction du client à son égard et à l'égard de son produit. Il est donc essentiel d'en apprendre le plus possible sur les différents signaux corporels.

Persuasion et influence en PNL

Le langage corporel devient plus influent et persuasif lorsqu'une personne peut refléter ou correspondre à celui d'une autre personne. Par exemple, lors d'une session de PNL entre un client et le praticien PNL, lire le langage corporel et les signaux de l'autre peut devenir un jeu. Si le client sourit, le praticien PNL fera de même car cela crée un rapport et une confiance lorsque les gens voient que vous leur ressemblez. Ce rapport PNL peut ensuite être guidé et manipulé dans la direction souhaitée par le praticien PNL, qui guide le client avec ses signaux corporels intentionnels.

Dans la pratique de la PNL, la persuasion et l'influence au moyen de techniques et d'outils PNL deviennent possibles en utilisant une technique PNL en particulier : le cadrage. Le cadrage consiste pour le praticien PNL à établir le contexte de la situation en répétant à la personne son contexte original. Il le fait généralement en le reformulant pour indiquer sa propre similitude avec la personne, ce qui permet d'établir un rapport. Après tout, les meilleurs mots à entendre sont ceux que vous venez de dire ! Le cadrage PNL n'est qu'une des nombreuses techniques et outils PNL qui peuvent être très influents et persuasifs lorsqu'ils sont utilisés correctement.

S'il est fait correctement, il est possible de changer l'état d'esprit subjectif d'une personne par le cadrage PNL. Le praticien PNL encadrerait en contrôlant le contexte par l'utilisation de son propre état subjectif, de ses neurones miroirs, de son langage et de son intention (Snyder, 2019). Toutes ces variables contribuent à convaincre le client de s'ancrer auprès du Praticien PNL, ce qui permet d'établir un rapport et une confiance. Une fois que le client a confiance dans le Praticien PNL, il va utiliser le langage pour amplifier son état initial avec des mots déclencheurs. Ces mots déclencheurs peuvent ensuite être utilisés par le praticien en PNL pour amener le client à poursuivre la discussion en ouvrant une mémoire avec des valeurs, des associations et des **points sensibles** émotionnels. Les points sensibles animent le client sur le plan émotionnel et peuvent produire d'autres sentiments qui modifient les filtres perceptifs du client. C'est alors que le client commencera à percevoir le praticien PNL par l'image qu'il vient de créer de lui-même. Comme vous pouvez le constater, le cadrage PNL peut être un outil très puissant de contrôle, de manipulation et de persuasion.

Résumé du chapitre

Dans ce chapitre, vous avez appris pourquoi vous devez apprendre et maîtriser le langage corporel. En outre, vous avez appris comment prendre l'avantage en utilisant le langage corporel, tout en comprenant ses formes les plus importantes, afin de pouvoir les interpréter et les maîtriser. Il est également important de se rappeler ce que nous avons vu sur les micro-expressions, les poignées de main et les gestes, car mieux les comprendre peut vous aider à influencer et à persuader les autres beaucoup plus facilement. En outre, le miroir est une autre technique d'influence et de persuasion pour établir un rapport, en particulier lors du cadrage. Pour vous rafraîchir la mémoire, voici quelques-uns des points clés de ce chapitre :

- Le langage corporel non verbal peut être un indicateur précis de la communication d'une personne.
- Vous pouvez prendre l'avantage dans n'importe quelle situation en utilisant un langage corporel persuasif.
- Bien que l'utilisation générale du langage corporel soit universelle, les différentes cultures peuvent en interpréter certaines formes de manière différente.
- Le langage corporel peut indiquer des sentiments forts.
- L'expression involontaire de micro expressions peut être utile à la pratique de la PNL car le praticien PNL peut alors jauger le véritable état d'esprit du client.
- Les poignées de main et les gestes peuvent révéler le véritable état d'esprit du client.
- Un langage corporel convaincant donne de l'assurance dans toutes sortes de situations, qu'elles soient professionnelles ou personnelles.
- Voici quelques formes de langage corporel persuasif (Radwan, 2017) :
  o Posture droite.
  o Marche avec des pas larges.
  o Il ne panique pas.

- o Pas d'agitation.
- o Moins d'erreurs de langage.
- o Un contact visuel correct.
- o Pas de gestes fermés.
- o Ne pas regarder les autres pour savoir ce qu'il faut faire en matière d'actions.
- Le langage corporel devient plus influent et persuasif lorsqu'il peut être reflété ou adapté au langage corporel de l'autre personne, ce qui peut l'inciter à agir.
- Le cadrage PNL est un outil PNL puissant qu'un praticien PNL peut utiliser pour contrôler, manipuler et persuader un client.

Dans le chapitre suivant, vous apprendrez tout sur le contrôle de la trame NLP.

CHAPITRE SIX

Contrôlez le cadre, Contrôlez le jeu

Interprétation du cadre de la PNL

Le cadrage PNL peut être défini comme les limites qui encapsulent un événement ou une expérience. En d'autres termes, un **cadre** dans la terminologie de la PNL est le modèle mental d'une personne qui filtre ou colore ses perceptions quotidiennes, influençant ses comportements et ses interactions (Catherine, 2014). Dans le cadrage PNL, le modèle mental de la personne peut être changé, modifiant la façon dont elle voit et vit la réalité ; la réalité changerait telle que la personne la vit si un praticien PNL " cadrait " la personne.

La réponse du cerveau au cadrage PNL

Le cadrage de la PNL affecte le cerveau par la restructuration des liens du système limbique entre l'amygdale et l'hippocampe. L'**amygdale** est chargée de gérer vos émotions, tandis que l'**hippocampe** produit et stocke vos souvenirs les plus pertinents. Plus précisément, le **cortex préfrontal** et le **thalamus** interagissent avec l'hippocampe, l'amygdale et le reste du système limbique pour repérer le souvenir le plus approprié à la tentative de cadrage PNL.

Le cadrage PNL modifie une réponse émotionnelle

Ainsi, le cadrage PNL modifie la réponse émotionnelle à ce souvenir spécifique en augmentant ou en diminuant les émotions associées à ce souvenir. Par exemple, le cadrage négatif peut diminuer les émotions de la personne en l'aidant à se détacher de ce souvenir. Ce cadrage négatif accomplirait cette tâche en atténuant ou en inhibant tout lien entre les émotions et ce souvenir. D'autre part, le cadrage positif tente d'amplifier un souvenir normal pour en faire un souvenir plus puissant en faisant appel à l'imagination et aux sens de la personne, en mettant l'accent sur l'augmentation de son impact émotionnel.

Cadrage PNL basé sur les intentions

Le cadrage PNL est basé sur les intentions. Plus précisément, le cadrage de la PNL est basé sur les intentions du praticien PNL et du client lorsqu'ils interagissent au cours d'une séance de PNL, en fonction des raisons pour lesquelles la séance a eu lieu en premier lieu. Par exemple, si le client souhaite avoir une session parce qu'il veut recadrer une expérience qu'il a vécue comme étant plus positive, alors les intentions du praticien PNL seront probablement d'augmenter les associations et les sentiments positifs qu'il a envers cet événement ou ce souvenir. Les raisons de l'amélioration de l'état d'esprit subjectif du client en référence à l'événement ou au souvenir seraient que le client en bénéficie émotionnellement, psychologiquement, et peut-être même physiquement.

Catégories d'intentions dans le cadrage PNL

Il existe également des catégories d'intentions lorsqu'il s'agit d'encadrer la PNL. Certaines de ces catégories comprennent les intentions subconscientes, les intentions conscientes, les intentions prédéfinies, les intentions évolutives et les intentions conditionnelles. Les **intentions subconscientes** sont cachées ou supprimées de la conscience, tandis que les **intentions conscientes** sont des intentions auxquelles nous prêtons une attention particulière, et sont généralement celles qui occupent nos pensées quotidiennes. Par exemple, vous pouvez être "dans la zone" tout en travaillant sur une tâche et ne pas en être conscient, étant donné les intentions subconscientes ; cependant, vous êtes conscient de l'*objectif de* la tâche. Les **intentions préétablies** impliquent généralement des plans, tandis que les **intentions évolutives** se produisent sur le moment. Les **intentions conditionnelles**, chose intéressante, sont utiles si les conditions sont réunies. Comme nous l'avons vu, il existe diverses intentions concurrentes dans la vie et dans la pratique de la PNL.

Définir des cadres forts en PNL

En PNL, il est parfois nécessaire de définir des cadres forts pour atteindre l'objectif global. Cela est dû au fait que de nombreuses variables peuvent affecter la force des intentions du cadre, comme le temps, la flexibilité et la connaissance. Par exemple, un cadre temporel à court terme peut être fort, comme aller chercher des provisions au magasin, alors qu'un cadre temporel à long terme, comme rembourser une dette, peut être plus faible. En outre, la flexibilité joue un rôle car, si vous pouvez travailler dans des cadres secondaires pour atteindre l'objectif du cadre principal, les chances de réussite sont plus élevées que si vous restez inflexible. La connaissance joue également un rôle clé car plus l'individu a de connaissances, plus il a de chances d'atteindre l'objectif global. Les cadres forts exigent également des intentions fortes, même s'il y a de nombreuses variables de force de cadre en cours de route.

Savoir quel cadre PNL adopter

Il est essentiel de déterminer quel cadre PNL adopter en fonction du contexte individuel car le cadre peut affecter le client, la direction, les objectifs et le résultat global de la session PNL. Si le praticien PNL est conscient de l'individu qu'il essaie de persuader, il sera plus facile de choisir le bon cadre. Ces variables personnelles comprennent l'identité de l'individu, ses motivations, la forme d'expression choisie, les micro-expressions, les valeurs et ce qu'il veut vraiment (Snyder, 2019). Une fois cette connaissance obtenue, il devient alors plus facile de convaincre la personne de faire ce que l'on veut. Savoir quel cadre adopter peut également être déterminé en répondant aux questions suivantes :

- Que doit être cette personne pour qu'elle entreprenne les actions que je souhaite ?
- Dans quel état d'esprit subjectif la personne doit-elle se trouver pour vouloir entreprendre ces actions ?
- Quel est l'intérêt pour la personne ?
- Quel est le résultat ?

Si le bon cadre est choisi pour cette personne, elle sera plus encline à s'ouvrir, ce qui aidera à la fois le praticien PNL et le client. Plus précisément, le cadre correct aidera le praticien PNL à obtenir les informations dont il a besoin pour faire avancer la session de thérapie PNL dans la direction souhaitée, et le client bénéficiera du résultat.

Les raisons de créer un cadre solide en PNL

Pour créer un cadre solide, le praticien PNL devra respecter quelques conditions préalables. L'une de ces conditions est une intention forte, qui est nécessaire pour s'assurer de la volonté du client et mener la tâche à bien. Une autre exigence pour un cadre fort est la flexibilité, car il y a parfois plusieurs sous-cadres dans le cadre principal. Si le praticien PNL n'est pas flexible, il sera plus difficile d'atteindre l'objectif principal de la séance de thérapie PNL. L'exigence suivante pour un cadre fort est que le client et le praticien PNL doivent le mettre à l'épreuve pour déterminer sa tolérance et sa force de survie. Par exemple, si mon objectif est de perdre du poids, je dois agir de manière répétée pour y parvenir, surtout si je suis tenté de tomber en panne en m'empiffrant à un buffet. Les cadres forts exigent également de l'individu qu'il ne change pas de cadre et ne le redéfinisse pas, car cela ne ferait que lui faire perdre de vue son objectif initial. En bref, une personne doit tenir bon pour atteindre les objectifs et les buts du cadre.

Exercices de renforcement du cadre de la PNL

Parfois, les cadres de la PNL doivent être renforcés pour devenir et rester forts. Pour accomplir cette tâche, la personne peut suivre quelques exercices de renforcement des cadres. Certains de ces exercices comprennent :

- Évitez les jurons ou les gros mots.
- Respectez une liste de courses.
- Respectez un horaire de sommeil régulier.
- Faites de l'exercice tous les jours.
- Ayez des objectifs de vie concrets.
- Socialisez, mais gardez le score.
- Inclinez les gens à sourire.
- Prenez un cours de théâtre.
- Pratiquer le tai-chi en public.
- Tenez le compte des intentions fixées avant chaque conversation.

Les raisons de certains de ces exercices de renforcement du cadre incluent l'apprentissage de la maîtrise de soi par le respect d'une liste de courses, d'un horaire de sommeil régulier, etc. De plus, le fait d'avoir des objectifs de vie concrets et bien définis peut donner à la personne un but à atteindre. La socialisation aide à développer un meilleur contrôle de l'image au fur et à mesure que la personne interagit avec davantage de personnes, tandis que le fait d'incliner les gens à sourire attire les autres sur le plan émotionnel. Il est également suggéré de suivre des cours de théâtre pour renforcer le contrôle de l'image, car cela permet à la personne d'apprendre à bien "jouer la comédie" tout en utilisant un fort contrôle de l'image. La pratique d'exercices tels que le Tai Chi dans un espace public peut également aider la personne à apprendre à ne plus se soucier de ce que les autres pensent et du fait que les autres la regardent. Enfin, le fait de noter les intentions conversationnelles améliorera le contrôle du cadre parce que la personne s'entraînera à suivre ces intentions.

7 cadres de la PNL et comment les appliquer

Il existe une variété de cadres PNL dans la pratique de la PNL, et certains de ces cadres PNL sont le cadre des résultats, le cadre de l'écologie, le cadre "comme si", le cadre du retour en arrière, le cadre de la pertinence, le cadre du contraste et le cadre ouvert. Le **cadre des résultats**, plus précisément, est un exercice qui vous aidera à découvrir ce que les gens veulent, puis à apprendre les ressources pour acquérir leurs désirs. On l'applique en demandant simplement à la personne ce qu'elle veut. Un autre cadre est le **cadre écologique, qui se** définit comme l'impact d'une action ou d'un événement sur les grands systèmes auxquels nous participons, comme la famille, la communauté et même la planète entière. Le cadre écologique est appliqué en posant des questions sur l'intégrité de l'action souhaitée et sur la manière dont elle affecte l'intégrité des autres et de leurs systèmes respectifs.

D'autre part, le **cadre "comme si"** implique qu'une personne doit faire semblant jusqu'à ce qu'elle y arrive, ce qui permet d'explorer les possibilités et de résoudre les problèmes de manière innovante si la situation était différente. En outre, le **cadre "Backtrack"** est défini comme le retour à un point de référence pour clarifier l'information, afin que la personne puisse aller de l'avant et réorienter la direction de la communication et de l'interaction. Il est appliqué en reformulant ce qui a été dit en utilisant les mots-clés de l'autre personne, ce qui permet de vérifier s'il y a compréhension et accord.

Ensuite, il y a le **cadre de pertinence**, qui maintient la pertinence de la discussion en demandant "en quoi cela est-il pertinent pour le résultat ou l'ordre du jour de cette discussion ?". Le **cadre de contraste** est défini comme la comparaison et le contraste des options et des alternatives pour montrer que l'action doit être prise maintenant. Ce cadre est appliqué en contrastant la situation actuelle avec le résultat souhaité, ce qui permet de mettre en évidence l'action à entreprendre. Enfin, le **cadre ouvert** n'est pas du tout programmé, ce qui permet à la personne de discuter et d'exprimer tout ce dont elle a envie de parler à ce moment précis. Comme nous pouvons le constater, ces cadres peuvent être très utiles et s'appliquer à une variété de contextes pour aider le destinataire à atteindre le résultat souhaité.

Le recadrage en PNL

Recadrer le cadre original de la PNL peut être bénéfique dans certaines circonstances - lorsque le cadre original de la PNL ne s'applique plus au contexte actuel, il doit être restructuré et adapté pour être à nouveau viable pour l'individu et la situation. Selon Hall, le **recadrage** est défini comme le déplacement de nos pensées avec une perspective différente résultant de la reclassification et de la redéfinition du cadre de référence dans une classification ou une catégorie différente (2010). En effet, le recadrage nous permet d'être plus créatifs, car il fournit une nouvelle structure de référence à partir de laquelle nous pouvons voir les choses. Cela peut, à son tour, modifier nos expériences, nos pensées et nos interactions, entre autres choses.

Le recadrage peut s'effectuer de différentes manières, notamment le dé-cadrage, le pré-cadrage, le post-cadrage, le contre-cadrage, le décadrage et le cadrage métaphorique. Le **dé-cadrage** consiste à démonter le sens, tandis que le **pré-cadrage** consiste à reclasser l'idée d'action. En outre, le **post-cadrage** consiste à établir un point de vue préalable en structurant un cadre à l'avance. Le post-cadrage consiste à créer de nouveaux points de vue à partir d'un point de référence futur, de sorte que, lorsque la personne fait référence à une action antérieure, un sens différent se matérialise. En outre, le **contre-cadrage** exige que des contre-exemples soient fournis à la personne et/ou au contexte. Le **décadrage** est défini comme la création d'un nouveau cadre autour de l'idée en s'écartant d'une signification, permettant ainsi à l'autre cadre d'exister. Enfin, le **cadrage métaphorique** consiste à utiliser une histoire ou une métaphore pour cadrer les choses dans une situation similaire. Le recadrage permet à l'individu de s'adapter de manière créative au changement, tandis que la polyvalence mentale de la personne encadre et recadre ses expériences subjectives.

Utiliser le contrôle du cadre pour influencer les gens

Le contrôle du cadre peut être utilisé pour persuader les gens en démontrant la cohérence du comportement par la congruence des gestes du visage, du ton de la voix et du langage corporel, pour finalement amener les gens à vous suivre (Your Charisma Coach, 2020). Par exemple, si j'écoute systématiquement ce que mon partenaire a à dire en me penchant vers lui et en le regardant directement dans les yeux, il sera plus enclin à suivre mes idées ou mes suggestions lorsque j'aurai quelque chose à dire. En bref, mon comportement cohérent est ce qui maintiendra l'intérêt de mon partenaire et il suivra, je l'espère, mon exemple. Le contrôle du cadre est influent car il définit des attentes sociales qui peuvent faire une forte impression sur la personne, tant que vous ne changez pas votre comportement à son égard. Le contrôle du cadre ouvre la voie à d'autres actions et réactions une fois que vous l'avez défini.

La méthode Russell Brand et l'exploitation des mots et des faiblesses d'autrui

Une stratégie intéressante de contrôle du cadre est la méthode Russell Brand. La **méthode Russell Brand** de contrôle du cadre comprend un système de croyance fort, un langage corporel confiant, un état d'esprit clair dans lequel les émotions ne prennent pas le dessus, et la capacité d'exploiter les mots d'une autre personne. De manière plus explicite, un système de croyance fort avec une vision puissante soutiendra les arguments de l'individu, à condition de pratiquer continuellement ce système de croyance. Deuxièmement, un langage corporel confiant influence également le contrôle du cadre, ce qui se manifeste par le fait de montrer sa poitrine, de pratiquer un ton de voix autoritaire, de marcher comme un PDG et d'être conscient de ses gestes et postures corporelles (Iliopoulos, 2015). De plus, un état d'esprit clair dans lequel les émotions ne débordent pas est également important car il permet à l'individu de contrôler le cadre par rapport à sa perte.

Cependant, la capacité à exploiter les mots individuels des autres est également une aide puissante dans la méthode Russell Brand, car cela permet à la personne de retourner la situation sur le messager. Par exemple, si la personne n'est pas affectée par les tentatives de harcèlement des autres, elle suggère une présence plus calme, ce qui lui donne le temps d'évaluer les mots utilisés contre elle. La méthode Russell Brand de contrôle du cadre est efficace pour exploiter les mots et les faiblesses des gens, car la plupart des gens réagissent à la situation au lieu d'agir eux-mêmes.

Reprendre le contrôle de son propre esprit dans Frame Wars

Reprendre le contrôle de votre propre esprit dans les guerres de cadres est nécessaire pour pouvoir manipuler la situation en votre faveur. Cela peut se faire en remettant en question ce qui n'est pas observé et en créant une nouvelle discussion (Basu, 2016). Le fait de contester ce qui n'est pas observé permet à l'individu de faire parler l'autre partie d'une perspective plus large, ce qui lui donne l'occasion de détourner la discussion actuelle. En outre, cet acte interrompt l'autre partie et sa réflexion. En outre, poser des questions peut créer une autre discussion dans laquelle la personne peut amener l'autre partie à s'éloigner de son cadre et de son état d'esprit. En d'autres termes, la deuxième partie de la reprise de contrôle de votre propre esprit dans les guerres de cadres consiste à créer une nouvelle discussion, car cela permet de faire sortir l'autre partie de son propre cadre et de l'amener à considérer et à parler d'autres cadres pertinents. Cette méthode est utile pour mener une conversation en sa faveur.

Résumé du chapitre

Dans ce chapitre, vous avez appris les différents aspects du contrôle du cadre de la PNL. Vous avez appris ce qu'est le cadrage, ainsi que la façon d'établir un cadre solide. Vous avez également appris les sept cadres de la PNL et comment les appliquer, tout en considérant l'art du recadrage lui-même. Il est également important de noter l'utilisation du contrôle du cadre pour influencer les gens, par exemple, la méthode Russell Brand. Enfin, vous avez appris comment reprendre le contrôle de votre propre esprit dans la guerre des cadres. Pour vous rafraîchir la mémoire, voici les points clés de ce chapitre :

- Un cadre est le modèle mental d'une personne qui filtre ses perceptions quotidiennes, ce qui influencerait ensuite les comportements et les interactions de la personne (Catherine, 2014).
- Le cadrage de la PNL affecte le cerveau en restructurant les liens du système limbique entre l'amygdale et l'hippocampe.
- Le cadrage PNL modifie la réponse émotionnelle à un souvenir spécifique en augmentant ou en diminuant les émotions associées à ce souvenir.
- Le cadrage de la PNL est basé sur les intentions.
- Le cadrage de la PNL comporte les catégories d'intentions suivantes :
  o Des intentions subconscientes.
  o Des intentions conscientes.
  o Intentions préétablies.
  o Des intentions évolutives.
  o Intentions conditionnelles.
- Il est parfois nécessaire de fixer des cadres solides pour atteindre l'objectif global.
- Savoir quel cadre adopter en fonction du contexte individuel est essentiel et peut être déterminé en posant des questions :
  o Que doit être cette personne pour qu'elle entreprenne les actions que je souhaite ?
  o Dans quel état d'esprit subjectif la personne doit-elle se trouver pour vouloir entreprendre ces actions ?
  o Quel est l'intérêt pour la personne ?
  o Quel est le résultat ?
- Des exercices de renforcement du cadre sont parfois nécessaires pour renforcer le cadre. Voici quelques exemples d'exercices :
  o Évitez les jurons ou les gros mots.

- o Respectez une liste de courses.
- o Respectez un horaire de sommeil régulier.
- o Faites de l'exercice tous les jours.
- o Ayez des objectifs de vie concrets.
- o Socialisez mais gardez le score.
- o Inclinez les gens à sourire.
- o Prenez un cours de théâtre.
- o Pratiquer le tai-chi en public.
- o Tenez le compte des intentions fixées avant chaque conversation.
- Il existe une variété de cadres de la PNL, dont certains incluent :
  - o Cadre des résultats.
  - o Cadre écologique.
  - o Cadre As If.
  - o Cadre Backtrack.
  - o Cadre de pertinence.
  - o Cadre de contraste.
  - o Cadre ouvert.
- Le recadrage est le déplacement de nos pensées vers une perspective différente résultant de la reclassification et de la redéfinition du cadre de référence dans une classification ou une catégorie différente (Hall, 2010).
- Le contrôle du cadre peut persuader les gens en démontrant la cohérence du comportement par la congruence des gestes du visage, du ton de la voix et du langage corporel, ce qui finit par inciter les gens à vous suivre (Your Charisma Coach, 2020).
- La méthode Russell Brand de contrôle de l'image comprend un système de croyance solide, un langage corporel confiant, un état d'esprit clair dans lequel les émotions ne sont pas envahissantes, et la capacité d'exploiter les mots d'une autre personne.
- Reprendre le contrôle de son propre esprit se fait en défiant l'inobservé et en créant une nouvelle discussion.

Dans le chapitre suivant, vous apprendrez tout sur l'hypnose et la PNL Duo.

CHAPITRE SEPT :

La puissance de l'hypnose et de la PNL

Comment l'hypnose et la PNL fonctionnent ensemble

L'hypnose et la PNL fonctionnent ensemble en influençant l'esprit et les comportements d'un individu à travers son subconscient et sa conscience de manière similaire. Puisque le subconscient peut influencer nos pensées, nos comportements, nos actions, et vice versa, la programmation ou la restructuration de l'esprit par l'hypnose et la PNL devient très efficace. La PNL et l'hypnose utilisent toutes deux le langage corporel et le ton de la voix pour influencer le subconscient de l'individu, dans le but de le mettre dans un état plus suggestif. Dans cet état, l'hypnotiseur ou le praticien de la PNL aura plus de facilité à amener la personne à suivre ses souhaits. En outre, l'efficacité de la PNL augmente si l'individu est hypnotisé, car il devient plus ouvert à l'influence, à la suggestion et aux conseils. De même, si l'individu est reprogrammé par la PNL, son subconscient acquiert également de nouvelles façons de penser et de ressentir les expériences quotidiennes. Il est intéressant de noter que si la PNL programme l'esprit pour discipliner le subconscient afin qu'il réagisse plus efficacement aux événements quotidiens, l'hypnotisme utilise le subconscient de la personne pour influencer son esprit avec un effet similaire. En bref, la PNL influence l'esprit conscient pour contrôler le subconscient, tandis que l'hypnotisme influence le subconscient pour ensuite affecter la partie consciente de notre cerveau. La combinaison de ces deux pratiques est une méthode efficace pour améliorer la vie d'un individu.

Les règles de l'hypnose

Bien que la PNL et l'hypnose soient très similaires dans leurs méthodes et résultats respectifs, l'hypnose a plus de liberté pour influencer l'esprit, étant donné qu'elle est moins scénarisée dans son application et sa pratique. L'hypnose a moins de présupposés caractérisant sa pratique, ce qui lui permet d'avoir plus de latitude pour jouer librement. Malgré tout, l'hypnose a quelques règles importantes qui contribuent à son efficacité. Selon Casale, ces règles sont (2012) :

- N'hypnotisez pas une personne qui souffre d'épilepsie, d'un trouble mental ou qui est autrement perturbée.
- N'essayez pas de construire des changements subconscients.
- Laissez tomber le côté théâtral et ne trompez pas l'individu.
- Évitez les réactions inattendues qui peuvent faire paniquer l'individu en raison de changements environnementaux imprévus. Il est important d'être attentif à cela, car l'individu sera plus sensible à l'environnement.
- Assurez-vous que la personne est libre de toute croyance induite lors de la sortie de transe.
- Veillez à prendre votre temps dans un environnement sûr et contrôlé.
- Traitez l'hypnotisme comme un outil de relaxation, et non comme un gadget de divertissement.

Ces règles pour la pratique de l'hypnose sont nécessaires pour diverses raisons. L'une de ces raisons est de traiter la personne initiée de manière éthique et avec le plus grand respect et la plus grande considération ; traitez-la de la même manière que vous souhaiteriez qu'un autre hypnotiseur ou un praticien de la PNL le fasse pour vous. Une autre raison des règles de l'hypnose est de s'assurer que toutes les parties impliquées sont en sécurité et saines avant, pendant et après la session. Cette assurance est nécessaire pour prévenir tout mauvais traitement envers l'individu, ainsi que tout abus potentiel de la pratique ; sinon, des résultats moins souhaitables pourraient se produire. Les règles de l'hypnose permettent de structurer et de guider son application vers des résultats et des avantages plus éthiques.

Mise en place, amorçage et induction de l'hypnose

Outre les règles de l'hypnose, l'hypnose se distingue également par le réglage, l'amorçage et l'induction de la personne induite par l'hypnotiseur. Cela est nécessaire pour que l'individu soit dans le bon état d'esprit pour subir l'hypnose. Pour initier la séance d'hypnose, le **cadre** lui-même doit être propice à la relaxation, ce qui est fait en s'assurant que l'individu est dans une position confortable, détendue et généralement inclinée, afin qu'il puisse devenir plus calme et paisible. Les hypnotiseurs utiliseront souvent un canapé confortable, par exemple. En outre, il est essentiel que l'hypnotiseur s'assure qu'il n'y a pas d'interruptions inattendues, comme un coup soudain à la porte, car cela pourrait interférer avec l'hypnose et même faire sortir l'intronisé de son état trop rapidement, affectant ainsi la personne inconsciemment. Plus important encore, la personne intronisée doit faire confiance à son hypnotiseur car, dans le cas contraire, la tentative sera moins réussie, étant donné que la personne intronisée sera moins confiante dans la capacité de son hypnotiseur à réaliser efficacement l'acte.

L'amorçage de la personne avant le début de la séance est également important pour la pratique de l'hypnose. Plus précisément, l'**amorçage** est le fait de rendre quelque chose prêt à l'action. En hypnose, cela se fait en déroutant la personne, en la rendant plus suggestible pendant que son cortex préfrontal est trop occupé à essayer de comprendre la confusion (Casale, 2012). C'est un peu comme si vous embrouilliez volontairement un télévendeur pour le distraire et l'empêcher d'essayer de vous vendre quelque chose dont vous n'avez pas vraiment besoin. Par exemple, je peux utiliser une mauvaise grammaire pour déstabiliser une personne ou même lui poser une question absurde. Ce faisant, je choque la personne au point qu'elle peut devenir encore plus influençable, car son cerveau ne sera pas aussi capable de filtrer le message confus ou la suggestion avec raison.

Une fois que le décor a été planté et que la personne est prête, il est temps d'induire l'hypnose. Pour ce faire, l'hypnotiseur demande à la personne de se détendre progressivement, de plus en plus profondément, jusqu'à ce que tout son corps soit dans un état de relaxation totale. Par exemple, l'hypnotiseur peut compter à rebours de dix à zéro, dans le but d'accroître le sentiment de calme et de tranquillité chez la personne. Plus précisément, l'hypnotiseur utilisera la visualisation et l'imagerie en demandant au client d'imaginer qu'il se détend dans un cadre spécifique, tandis que l'hypnotiseur compte calmement à rebours.

L'induction de l'hypnose exige de l'hypnotiseur qu'il utilise une voix calme tout en exprimant des mots et une structure de phrase positifs car, sinon, le sens du message peut être brouillé. Tout dépend de l'individu, de son état d'esprit subjectif et de son expérience, donc s'il devient mal à l'aise pour une raison quelconque, il est temps de mettre fin à la séance en réveillant soigneusement la personne de l'hypnose.

Utilisation de l'hypnose et du langage magique suggestif

L'utilisation de l'hypnose nécessite le pouvoir de suggestion par le langage. Comme nous l'avons vu, le langage peut être influent, et nous apprendrons que ce n'est pas seulement dans *ce qui est* dit, mais dans la *manière de* le dire. En d'autres termes, la façon dont le sens voulu est formulé et caractérisé peut influencer la façon dont le destinataire reçoit ce message. Par exemple, si j'utilise des directives plutôt que des suggestions pour convaincre quelqu'un d'agir, il y aura moins de liberté d'interprétation car la directive est plus spécifique. Demander à quelqu'un de ranger sa chambre est plus spécifique que si je le suggérais indirectement par le biais d'un langage ambigu laissant place à l'interprétation, par exemple en disant "Fais-le". D'un autre côté, suggérer un plan d'action par le biais d'un langage non spécifique peut être plus influent et plus puissant parce qu'il laisse la possibilité de personnaliser le sens voulu, étant donné qu'il y a plus de place pour cette interprétation.

Comme nous venons de le mentionner, la magie du langage suggestif est qu'il laisse beaucoup de place à l'interprétation grâce à son imprécision volontaire. Par exemple, le slogan de Nike "Just Do It" permet à l'individu de prendre ces mots au premier degré et consciemment. En outre, le slogan permet également à la personne de développer une signification inconsciente et spécifique à sa situation et à son contexte du moment (Evolution Development, n.d.). De même, les publicités télévisées sont connues pour être influentes et suggestives avec leur langage vague utilisé pour convaincre une personne d'acheter leur produit ou service.

En conclusion, le langage vague peut être plus suggestif et influent car il cible le subconscient d'une personne, ce qui est utile en hypnose car cela permet à l'hypnotiseur d'implanter des suggestions dans l'esprit de l'intrus. En hypnose, le langage est spécifiquement vague mais volontairement influent, avec des verbes d'action et d'autres mots utilisés de manière suggestive.

Aperçu du modèle Milton

Le **modèle Milton,** issu de l'hypnothérapeute Milton H. Erickson, utilise également le langage suggestif. Erickson utilisait le langage de manière efficace dans sa pratique afin d'obtenir des résultats plus rapides que ceux utilisés dans la thérapie traditionnelle. En exigeant des modèles de langage ambigus mais influents dans sa pratique, le modèle Milton aide le client à déduire sa propre signification de la communication, puis à l'appliquer à son expérience de la réalité. Cette interprétation personnalisée peut ensuite être utile aux objectifs du client car elle guide l'action nécessaire au client pour obtenir des résultats thérapeutiques. En résumé, l'utilisation du modèle de Milton en thérapie, en hypnose ou en PNL est un outil efficace pour susciter l'action de l'individu.

Les dangers de l'hypnose

En parlant de manipulation et de contrôle, les dangers de l'hypnose sont bien réels. En effet, certains hypnotiseurs n'ont pas d'intentions positives, tandis que d'autres manquent simplement de connaissances, ce qui finit par causer des dommages involontaires au destinataire. Selon Tyrrell, le côté sombre de l'hypnose dont les hypnotiseurs éthiques doivent être conscients comprend les éléments suivants (2015) :

- Enlever la volition de la personne intronisée.
- Les intentions douteuses de l'hypnotiseur.
- Construire de faux souvenirs.
- Causant des hallucinations.
- Télépathie non désirée.
- Blesser l'"essence" ou le caractère de l'individu.

Les risques et les dangers associés à l'hypnose justifient que les normes éthiques et morales les plus élevées soient appliquées pour éviter de nuire à l'individu sur le plan psychologique, émotionnel et même physique. Un tel préjudice peut non seulement bouleverser l'individu, mais aussi laisser une trace durable dans son subconscient, affectant ainsi sa vie quotidienne de manière préjudiciable. Si l'hypnotiseur ou l'hypnothérapeute ne fait pas preuve d'intégrité et de compassion, alors la personne intronisée pourrait subir des effets directs sur sa propre vie, comme la perte de sa famille, de son travail ou de sa santé mentale. Il est donc important de pratiquer l'hypnose de manière éthique, afin d'éviter les conséquences négatives pour toutes les personnes concernées.

Résister à l'hypnose

À ce propos, il est parfois nécessaire de développer une résistance à l'hypnose lorsqu'elle est utilisée secrètement sur vous et sans votre permission. Par exemple, le consumérisme implique l'utilisation de publicités hypnotiques omniprésentes recouvertes de messages subliminaux - sans votre permission - pour vous inciter à dépenser votre argent durement gagné pour un produit ou un service spécifique. Savoir se défendre avant qu'une telle situation ne se produise est la meilleure défense dont vous disposez pour vous aider à résister à la tentation de l'hypnose. Voici quelques-unes des meilleures défenses qui peuvent vous aider à contrer et à résister aux effets puissants de l'hypnose (David, 2010) :

- Connaissance et conscience de la manipulation du soi et de la psychologie.
- Reformuler les pensées de l'hypnotiseur pour plus de clarté.
- Refuser de donner des informations vous concernant.
- Repousser les décisions jusqu'à ce que l'expérience soit terminée.
- Ne pas abandonner les intérêts ou les contacts extérieurs.
- Éviter de côtoyer des personnes qui amplifient la culpabilité.
- Avoir au moins un ami critique qui n'a pas peur de douter de la véracité des faits qui lui sont présentés ou qui vous sont présentés.
- Rechercher des informations avant de rejoindre un groupe.

Il est également important de sauvegarder et de protéger vos limites personnelles ; sinon, les hypnotiseurs qui pratiquent l'hypnotisme clandestin de façon non éthique pourraient être en mesure de manipuler vos sentiments, vos pensées et vos comportements une fois qu'ils auront franchi vos défenses. Pour éviter cela, faites respecter vos limites personnelles comme un bouclier protecteur autour de votre personne de toutes les manières possibles. De cette façon, rien de louche ou de douteux ne peut affecter votre intégrité en tant qu'individu. Il est important de noter que certaines de ces techniques de résistance nécessitent de la pratique pour être efficaces contre les hypnotiseurs les plus dissimulés.

Comment les hypnotiseurs brisent la résistance

D'autre part, il existe des moyens pour l'hypnotiseur de briser la résistance du destinataire à ses tentatives d'hypnose. Par exemple, l'hypnotiseur peut isoler la personne de son environnement familier, comme sa famille et ses amis. Cela permet de briser la résistance de la personne, car elle se retrouve en territoire inconnu, ce qui la rend plus sensible aux influences extérieures. Voici d'autres façons dont les hypnotiseurs brisent la résistance (David, 2010) :

- Donner à la personne une acceptation inconditionnelle de la part d'un groupe de personnes faussement amicales.
- Isoler l'individu des idées contradictoires.
- Une fausse figure d'autorité, qui semble avoir des connaissances spéciales et vers laquelle les autres se tournent pour obtenir des conseils.
- Une fausse philosophie qui semble avoir toutes les réponses à vos questions.
- Submerger la personne d'activités qui entraînent une diminution de son autonomie de pensée ou d'action.
- Fournir un faux sentiment de "Nous" contre "Eux".
- Utiliser des techniques hypnotiques secrètes.

Cependant, il est possible de résister aux tentatives de lavage de cerveau des hypnotiseurs si l'individu est préalablement informé de cette pratique. La connaissance est la *clé !* Sinon, si vous ne savez pas ce qui peut vous faire du mal, vous risquez de devenir un outil ou un pion au service des avantages et des objectifs des hypnotiseurs. Dans ce cas, l'ignorance n'est pas synonyme de félicité et, malheureusement, il y a beaucoup plus d'informations connues pour briser la résistance qu'il n'y en a pour la construire. Il est nécessaire de poursuivre les recherches afin de protéger l'individu contre les influences indues, le contrôle et les forces manipulatrices.

Hypnose secrète Signes de transe

En ce qui concerne les forces manipulatrices, l'hypnose secrète comporte de nombreux signes indiquant que l'individu qui ne le sait pas va entrer en transe ou l'est déjà. Par exemple, la dilatation des pupilles suggère que la transe commence à faire effet, car elle montre une relaxation dans le regard de l'individu. Il est important de connaître ces signes, car sinon l'individu peut se laisser entraîner par l'hypnose dans quelque chose qu'il pourrait regretter plus tard. Voici quelques autres signes de transe de l'hypnose secrète (Mask, 2020) :

- Changements dans le pouls.
- Changements dans les habitudes respiratoires.
- Les traits du visage se détendent.
- Attention absorbée.
- Changements dans le réflexe de clignement.
- Les paupières deviennent plus lourdes.
- La personne devient immobile.
- Contractions involontaires des muscles.

Connaître les signes de transe de l'hypnose secrète peut vous aider à vous protéger et à reconnaître si et quand vous entrez en transe. Toute personne qui connaît et peut reconnaître ces signes physiques de transe sera mieux équipée pour résister aux pratiques d'hypnose non éthiques. De plus, l'individu pourra mieux contrôler ses propres réactions à la tentative d'hypnose et réagir de manière appropriée en s'en sortant à temps avant que quelque chose de potentiellement préjudiciable ne se produise. Il est important de se rappeler que les objectifs et les résultats de l'hypnose et de la PNL doivent être constructifs et bénéfiques pour l'individu, et non destructeurs.

Résumé du chapitre

Dans ce chapitre, vous avez appris comment l'hypnose et la PNL peuvent travailler ensemble pour influencer l'esprit, tout en étudiant également comment l'hypnose peut utiliser un langage suggestif pour influencer le subconscient d'une personne. Nous avons passé en revue les dangers de l'hypnose et les raisons pour lesquelles il est parfois vital de résister à la tentative de l'hypnotiseur s'il pratique une hypnose secrète contraire à l'éthique. En outre, vous avez également été informé des différentes façons dont les hypnotiseurs peuvent briser la résistance d'une personne. Il est également important de connaître les signes de transe de l'hypnose secrète pour se protéger d'une influence indue. Pour vous rafraîchir la mémoire, voici les points clés de ce chapitre :

- L'hypnose et la PNL fonctionnent ensemble en influençant l'esprit et les comportements de l'individu par le biais du subconscient et de la conscience.
- Les règles de l'hypnose sont de traiter et d'influencer l'individu vers le résultat souhaité de manière éthique.
- Le réglage, l'amorçage et l'induction de l'hypnose sont essentiels pour les objectifs et les résultats de l'hypnose.
- Le langage vague peut être plus suggestif et influent car il cible le subconscient de l'individu.
- Le modèle Milton a été créé pour susciter l'accord de l'individu en utilisant des modèles de langage ambigus mais influents.
- Les risques et les dangers associés à l'hypnose justifient le respect des normes éthiques et morales les plus strictes afin d'éviter de nuire à l'individu sur le plan psychologique, émotionnel et même physique.
- Il est nécessaire de développer une résistance à l'hypnose lorsqu'elle est utilisée de manière cachée et sans votre permission.
- Voici quelques moyens de contrer et de résister à l'hypnose (David, 2010) :
  - Connaissance et conscience de soi et de la manipulation psychologique.
  - Reformuler les pensées de l'hypnotiseur pour plus de clarté.
  - Refuser de donner des informations vous concernant.
  - Repousser les décisions jusqu'à ce que l'expérience soit terminée.
  - Ne pas abandonner les intérêts ou les contacts extérieurs.
  - Éviter de côtoyer des personnes qui amplifient la culpabilité.
  - Avoir au moins un ami critique qui n'a pas peur de douter de la véracité des faits qui lui sont présentés ou qui vous sont présentés.
  - Recherche d'informations avant de rejoindre le groupe.
- Il est tout aussi important de savoir comment les hypnotiseurs peuvent briser les résistances, car cela peut aider l'individu à éviter de devenir un outil pour tout agenda non déclaré.

- Les façons dont les hypnotiseurs brisent la résistance incluent (David, 2010) :
  - Donner à la personne une acceptation inconditionnelle de la part d'un groupe de personnes faussement amicales.
  - Isoler l'individu des idées contradictoires.
  - Une fausse figure d'autorité qui semble avoir des connaissances spéciales et vers laquelle les autres se tournent pour obtenir des conseils.
  - Une fausse philosophie qui semble avoir toutes les réponses à vos questions.
  - Submerger la personne d'activités, ce qui entraîne une perte d'autonomie de pensée ou d'action.
  - Fournir un faux sentiment de "Nous" contre "Eux".
  - Utiliser des techniques hypnotiques secrètes.
- Connaître les signes de transe de l'hypnose secrète peut aider l'individu à ne pas être influencé de manière contraire à l'éthique et à ne pas participer à quelque chose de louche.
- Les signes de transe de l'hypnose secrète incluent (Mask, 2020) :
  - Dilatation des pupilles.
  - Changements dans le pouls.
  - Changements dans les habitudes respiratoires.
  - Les traits du visage se détendent.
  - Attention absorbée.
  - Changements dans le réflexe de clignement.
  - Les paupières deviennent plus lourdes.
  - Personne qui devient immobile.
  - Contractions involontaires des muscles.

Dans le chapitre suivant, vous découvrirez de puissants modèles de langage basés sur le modèle Milton.

CHAPITRE HUIT

La puissante influence du modèle Milton

Le modèle de Milton interprété

Le modèle Milton est le prototype de la communication hypnotique suggestive basée sur l'utilisation volontairement vague et ambiguë du langage de Milton Erickson, qui active le subconscient du client et en extrait sa propre interprétation du message reçu. Plus précisément, le modèle de Milton est le moyen de communication qui peut influencer le client et son subconscient à agir en déduisant leur propre signification individuelle des mots qui sont apparus au cours d'une séance d'hypnose ou d'hypnothérapie. L'utilisation du modèle de Milton pendant l'hypnose crée un état d'attention focalisée chez le client, ce dernier étant préoccupé par ses tentatives d'interprétation du sens d'un langage non spécifique. Ceci, à son tour, crée un état de suggestibilité accrue chez le client, grâce à l'utilisation du modèle de Milton de "métaphores pour des suggestions artistiquement vagues" (Excellence Assured, n.d.).

Le modèle de Milton peut être décomposé davantage en trois composantes respectives qui aident l'individu à comprendre son processus. Ces trois composantes sont le rapport, la surcharge de l'attention consciente et la communication indirecte (" Méthodes de programmation neurolinguistique ", 2019). Elles fonctionnent toutes ensemble pour induire une transe en entrant en contact avec le subconscient de l'individu. Par exemple, la première composante du **rapport** favorise la réceptivité entre le client et l'hypnotiseur grâce à certaines techniques de la PNL, comme le miroir. Ce rapport est ensuite ce qui permet à l'hypnotiseur d'amener le client à transformer son état d'esprit subjectif, ce qui nous amène ensuite à la deuxième composante du modèle de Milton : la surcharge de l'attention consciente du client.

La **surcharge de l'**attention consciente du client se fait par l'emploi d'un langage volontairement vague et ambigu qui amène l'esprit conscient à essayer de comprendre le sens de ce qui vient d'être dit. Cette action détourne alors efficacement l'attention de l'esprit conscient de la personne. C'est cette diversion qui permet à l'esprit subconscient de prospérer, ce qui conduit à la troisième composante du modèle de Milton, à savoir la communication indirecte.

La **communication indirecte**, en ce sens, permet non seulement d'accéder au subconscient, mais aussi de le diriger vers la pleine conscience grâce au pouvoir de suggestion intégré dans le langage utilisé pendant la séance d'hypnose. En effet, le langage non spécifique permet au client d'en tirer sa propre signification, ce qui explique pourquoi le modèle de Milton fonctionne à merveille. Dans le modèle de Milton, chaque composant respectif aide l'autre à atteindre le succès, spécifiquement pour les changements et les résultats que le client souhaite.

Comme nous l'avons mentionné, le modèle Milton a été influencé par Milton Erickson, qui est considéré comme le père de l'hypnothérapie. Erickson était un praticien de premier plan à son époque, et s'est impliqué dans de nombreuses activités professionnelles liées à sa pratique. Il a notamment fondé l'American Society of Clinical Hypnosis, donné des conférences et des séminaires et dirigé un cabinet privé. Erickson a continué à s'impliquer dans son travail alors qu'il était en train de devenir célèbre pour son succès.

En outre, le modèle de Milton reflète l'utilisation par Erickson d'un langage ambigu pour que le client en extraie le sens le plus approprié à cet individu et à sa situation actuelle. Cela a permis à Erickson de provoquer et d'utiliser la transe d'une personne et d'aider ensuite les gens à surmonter leurs problèmes et à obtenir des résultats concrets. En raison de ce succès, Erickson a été étudié par Richard Bandler et John Grinder, qui ont finalement créé le modèle Milton dans The Patterns of the Hypnotic Techniques by Milton Erickson.

Bien que le modèle de Milton soit basé sur le travail d'Erickson, ce dernier a également dû apprendre de ses collègues de l'époque. Par exemple, Erickson a appris à avoir une haute opinion de l'esprit subconscient du client et à le traiter avec respect en suivant les exemples de ses collègues. Erickson croyait également qu'il y a une intention positive derrière chaque action, et il a fondé cette croyance sur la façon dont les gens font le choix le plus bénéfique possible compte tenu des ressources dont ils disposent. Un autre élément important à noter est qu'Erickson tenait en haute estime la réalité de ses clients. Erickson respectait clairement ses clients, ce qui peut avoir influencé le présupposé général selon lequel il n'y a pas de clients inflexibles - seulement des praticiens inflexibles.

En bref, le modèle Milton a été influencé par l'homme lui-même et est pratiqué en hypnothérapie. Comme Erickson utilisait un langage vague et ambigu avec ses clients pour obtenir les résultats souhaités, il en va de même pour son célèbre modèle. Erickson était le maître dans l'art de "fournir le contexte avec aussi peu de contenu que possible, afin que ses clients puissent ensuite peindre l'image" (NLP World, n.d.). De même, le modèle de Milton garantit que la signification la plus pertinente est obtenue à partir du langage qui encadre le contexte.

Enfin, le modèle de Milton et son langage non spécifique mais suggestif sont si largement utilisés aujourd'hui dans des domaines comme la psychologie, le droit, les affaires et la publicité qu'il est parfois difficile de le remarquer dans la société, en partie parce que nous avons été conditionnés à l'accepter comme une banalité. Par conséquent, la prochaine fois que vous irez au cinéma et que vous regarderez les publicités au préalable, prenez note du langage vague et suggestif utilisé et de la façon dont vous y réagissez. Faites de votre mieux pour ne pas vous laisser influencer par elles.

Les puissants modèles de langage de Milton Model

Les puissants modèles de langage du modèle Milton peuvent structurer, influencer et manipuler les pensées et les comportements par leur seule existence. Lorsque nous utilisons et appliquons ces puissants modèles de langage du modèle Milton dans notre vie quotidienne ou pendant une séance d'hypnose, notre façon de penser commence à changer. Par exemple, selon Elston, le récepteur de ce message structuré commencera à passer à des niveaux de pensée plus élevés plutôt que de simplement détailler le contenu de sa pensée (n.d.). En outre, la relaxation peut être induite lorsque certains modèles de langage y conduisent, et d'autres modèles de langage du Milton Model peuvent aider le client à envisager des possibilités avec une interprétation plus étendue du monde. En d'autres termes, la perspective peut parfois faire toute la différence.

Les modèles de langage du modèle Milton fournissent non seulement cette perspective, mais ils constituent également un langage de changement qui incite le client à agir. Par exemple, le modèle de langage de **cause à effet** suggère qu'une chose en entraîne une autre via "Si...alors". C'est utile pour savoir quand le client doit agir ou penser à l'effet que quelque chose peut provoquer si l'hypnotiseur relie les deux idées dans ce schéma. Voici quelques autres modèles de langage utiles du modèle Milton (Elston, n.d.) :

- **Lecture de l'esprit : prétendre** avoir connaissance des pensées d'une autre personne sans expliquer comment vous avez acquis cette connaissance.
  - "Je sais que vous pensez..."
- **Ambiguïté - Manque** de spécificité.
  - Phonologique : "tu es" et "ton" - même son, sens différent.
- **Perte de performance - Transmission de** jugements de valeur sans identification de la source du jugement.
  - "Marcher, c'est bien."
- **Double Bind - Invite à** choisir, même s'il n'y a pas vraiment de choix.
  - "Tu veux qu'on parle maintenant ou plus tard ?"

- **Présupposition - L'**équivalent linguistique des hypothèses.
  - o "Allez-vous changer de perspective maintenant ou plus tard dans la journée ?"
- **Verbe non spécifié : suggère une** action en faisant allusion à la manière dont elle se déroulera.
  - o "Elle a causé le problème."
- **Quantificateur universel -** généralisations **universelles** sans indice référentiel.
  - o "Tous ; Personne ; Tous ; Tout le monde"
- **Utilisation - Tient** compte de l'ensemble de l'expérience de l'auditeur pour soutenir l'intention de l'orateur.
  - o Peut-être qu'au cours d'une séance, un collègue ouvre accidentellement la porte, le praticien peut dire : "La porte qui s'ouvre est une occasion d'inviter de nouvelles idées dans votre vie."
- **Commandes intégrées :** commande formant une grande partie de la phrase, marquée par des changements de langage corporel que le subconscient de l'auditeur percevra.
  - o "Je ne laisserai pas entendre que le changement est facile."
- **Suppression comparative :** comparaison effectuée sans référence spécifique à ce qui est comparé.
  - o "Vous l'aimerez plus."

Cette liste n'est en aucun cas exhaustive, car il existe de nombreux autres modèles de langage puissants du modèle Milton pour guider la séance d'hypnothérapie. Il est important de noter que, bien que ces puissants modèles de langage puissent être appris consciemment, ils sont pratiqués et se déroulent de manière subconsciente, car le langage lui-même est une activité spontanée et organique. En outre, l'utilisation des modèles de langage du modèle Milton nécessiterait au moins quelques années de pratique pour que l'utilisateur soit à l'aise et puisse les appliquer couramment. Par exemple, Erickson a pratiqué pendant des années pour devenir expert dans la communication avec des centaines de clients et pour affiner ces puissants modèles et techniques de langage. En bref, il est clairement important de pratiquer autant que possible.

Tout comme l'apprentissage d'une nouvelle langue nécessite de la pratique par le biais de la communication et de l'expression écrites et orales, il en va de même pour apprendre à "parler hypnose". Il faut des mois pour écrire les modèles de langage plus de quelques fois par jour, en plus de converser couramment avec les modèles de langage du modèle Milton. Vous ne réussirez que lorsque vous serez capable d'articuler ces puissants modèles de langage avec aisance.

Les modèles linguistiques du modèle de Milton peuvent s'appliquer à presque toutes les situations en raison de l'utilisation d'un langage non spécifique. Ce langage non spécifique comprend notamment des noms et des verbes non spécifiés, des indices référentiels non spécifiés, des verbes et des adverbes non spécifiés. Les noms et verbes non spécifiés obligent le client à faire appel à son imagination pour compléter les détails tels que le *qui* et le *comment*. Ceci est utile lorsque l'orateur devient trop détaillé ou spécifique, ce qui pourrait potentiellement diminuer l'influence et briser le rapport. Deuxièmement, l'utilisation d'indices référentiels non spécifiés, comme le mot "ceci", nous oblige à deviner les détails, en plus de prendre une décision interne sur le sujet de la phrase (Elston). Enfin, l'utilisation de verbes et d'adverbes non spécifiés dans le modèle de langage puissant de Milton nous permet de remplir le contexte avec nos propres expériences et connaissances. Le langage non spécifié est directif et suggestif car il permet au client d'en déduire sa propre signification et ses intentions, ce qui l'influence et le guide encore davantage.

Il est clair que l'utilisation puissante du langage dans le modèle de Milton peut façonner et influencer la direction, les objectifs et le résultat d'une séance d'hypnothérapie, en plus de l'influence directe sur le client. C'est pourquoi il est essentiel de s'exercer à apprendre comment utiliser de manière appropriée le langage puissant du modèle de Milton. Il est également important de ne pas sous-estimer la puissance du langage, même si le langage verbal ne représente qu'une petite partie de la communication. Le langage verbal utilisé en thérapie selon le modèle de Milton fait que les mots comptent tout autant que le langage non verbal que le client et le praticien utilisent pendant leur interaction.

Résumé du chapitre

Dans ce chapitre, vous avez tout appris sur les puissants modèles de langage que le modèle Milton utilise pour diriger, guider et influencer la thérapie et le client. En outre, vous avez appris à connaître le modèle Milton lui-même, ainsi que son créateur, Milton Erickson. Pour vous rafraîchir la mémoire, voici les points clés de ce chapitre :

- Le modèle Milton est le prototype de la communication hypnotique suggestive, basé sur l'utilisation délibérément vague et ambiguë du langage de Milton Erickson, qui activait le subconscient du client et lui faisait extraire sa propre signification et interprétation du message reçu.
- Les trois composantes du modèle de Milton sont le rapport, la surcharge de l'attention consciente et la communication indirecte.
- Le modèle Milton a été influencé par Milton Erickson, qui est considéré comme le père de l'hypnothérapie.
- Les puissants modèles de langage du modèle Milton font évoluer notre pensée vers des niveaux supérieurs, plutôt que de simplement détailler le contenu de notre pensée.
- Parmi les modèles linguistiques puissants du modèle de Milton, on peut citer :
  o Mind Read.
  o Ambiguïté.
  o Lost Performative.
  o Double aveugle.
  o Présupposition.
  o Verbes non spécifiés.
  o Quantificateur universel.
  o Utilisation.
  o Commandes embarquées.
  o Suppression comparative.
- Il faut s'entraîner à apprendre à parler de l'hypnose par le biais de la communication écrite et orale.

- Le langage non spécifié peut être directif et suggestif car il permet au client d'en déduire son propre sens et ses propres intentions, ce qui l'influence et le guide ensuite.

Dans le chapitre suivant, vous découvrirez les conversations hypnotiques.

CHAPITRE NEUF :

Conversations hypnotiques

Le pouvoir des mots

Les mots peuvent être très puissants car ils ont la capacité d'affecter notre état d'esprit subjectif et nos expériences quotidiennes en influençant nos pensées, nos comportements, nos réactions et nos actions. Les mots peuvent même susciter des émotions et évoquer des souvenirs grâce à leurs connotations et à leurs interprétations contextuelles. Les mots ont le pouvoir de nous aider à communiquer et à nous comprendre. En outre, les mots influencent non seulement *ce que* nous pensons, mais aussi *la manière dont* nous pensons, étant donné qu'ils peuvent structurer l'esprit d'une personne par un conditionnement répété. Sans les mots, notre monde et nos expériences seraient bien différents. En bref, les mots sont l'une des plus grandes réussites de l'humanité.

Les mots sont si puissants qu'ils peuvent aussi nous pousser à agir, consciemment ou inconsciemment, grâce à l'utilisation de mots déclencheurs. Les **mots déclencheurs**, au sens large, sont des mots qui peuvent inciter une personne à agir. Par exemple, certains verbes peuvent être considérés comme des mots déclencheurs parce qu'ils font allusion à une action, comme le mot "se souvenir". Lorsque quelqu'un vous demande de vous souvenir de quelque chose, l'action de se rappeler l'expérience ou l'événement passé déclenchera un souvenir. Cela peut ensuite évoquer les émotions qui sont associées à ce souvenir. Les mots déclencheurs sont importants en hypnose car leur utilisation permet d'influencer et de manipuler l'état d'esprit subjectif de l'individu.

Lorsque quelqu'un utilise des mots dans une conversation pour vous inciter à réagir, à répondre ou à agir d'une manière spécifique, il y a hypnose conversationnelle. L'**hypnose conversationnelle** est l'utilisation de mots déclencheurs dans une conversation qui peuvent induire des réactions, des réponses et des actions. Les mots déclencheurs dans une conversation sont connus pour (NLP Training Dubai, n.d.) :

- Activez nos sens.
- Stimulez l'imagination.
- Créez des associations et des amitiés.
- Aidez-nous à visualiser une image spécifique dans notre esprit, en rapport avec les mots.
- Conclure des accords.
- Rapprochez les relations.
- Avoir le pouvoir de distraire.
- Aidez-nous à mettre en corrélation des idées que nous pourrions manquer autrement.

L'hypnose conversationnelle nous permet de communiquer à un niveau profond, ce qui nous aide à devenir plus influents et persuasifs en ciblant l'inconscient à l'aide du langage corporel, des pensées et des mots. L'utilisation de **mots chauds** peut contourner le facteur critique et imprégner l'inconscient de l'individu car ils sont suffisamment puissants sur le plan émotionnel pour induire une réponse ou une réaction forte chez l'auditeur. Par exemple, les politiciens, les orateurs motivateurs et même vos parents peuvent utiliser des mots-clés pour vous inciter à agir. Voici quelques exemples de mots-clés (Mcleod, 2009) :

- Des jurons.
- Jugements de valeur sur soi-même.
- Mots sensoriels.
- Une émotion nommée.
- Des mots de précision.
- Des mots d'action se référant au soi.
- Des jugements de valeur extrêmes sur les autres.

Le pouvoir des mots dans ma propre expérience a été un pouvoir de transformation car, en apprenant comment utiliser et employer des mots spécifiques dans diverses situations, je peux apporter des changements positifs à ma vie. Des changements positifs tels que l'éducation, le mariage et même une carrière, grâce au pouvoir d'influence des mots, ont enrichi mon expérience de la vie elle-même. Tout se résume à la façon dont vous utilisez les mots qui peuvent changer votre vie pour le mieux. En particulier dans les carrières où l'on cherche à influencer les gens, le pouvoir des mots peut déterminer la réussite d'un professionnel.

Mots de pouvoir hypnotique à retenir

Les mots à pouvoir hypnotique sont ceux que nous utilisons tous les jours. Que vous parliez à votre partenaire, que vous envoyiez des messages instantanés à votre mère sur Facebook ou que vous écriviez une lettre à votre correspondant dans un autre pays, les **mots hypnotiques** sont des mots ordinaires qui font partie du langage courant. Ils n'ont vraiment rien d'extraordinaire. Il n'est pas nécessaire d'avoir un diplôme ou une certification pour les utiliser, ni d'être linguiste pour les appliquer. En fait, les mots-clés sont tout simplement banals, mais c'est ce qui les rend si spéciaux. En effet, leur utilisation fréquente dans le langage et la communication signifie qu'ils sont plus largement acceptés et moins contestés par les gens, ce qui signifie moins de résistance à leur utilisation. Par conséquent, ce qui fait des mots courants des mots forts, ce n'est pas nécessairement ce que vous dites, mais la manière dont vous les dites.

Comme je l'ai mentionné dans le chapitre précédent, les mots de pouvoir ou mots de pouvoir hypnotiques sont capables d'induire une action. Certaines de ces actions peuvent inclure : l'activation de nos sens, la stimulation de notre imagination, ou la corrélation des idées. Il est étonnant de constater que tant de choses peuvent se produire à partir de mots-clés quotidiens comme le mot "parce que" ; par exemple, *parce que j'ai bu beaucoup de café, je suis capable de travailler plus efficacement.* Plus précisément, le mot "parce que" peut aider à corréler les idées et à les rendre plus fluides. Cela peut être très utile dans le cadre de l'hypnose conversationnelle, car cela aide également le client à comprendre la relation de cause à effet, en plus de créer des associations utiles.

Un autre mot hypnotique puissant est le mot "et". Le mot "et" peut aider les idées et les pensées à se construire les unes sur les autres, peignant une image plus détaillée pour le client. En lisant ce chapitre, vous allez acquérir de nouvelles connaissances *et* compétences. Le mot "et" est une conjonction utile qui joint les idées et les phrases, ce qui peut aider le client à coordonner les choses dans une relation, établissant l'harmonie et l'efficacité (Lexico, 2020). Cela est utile à l'hypnose conversationnelle et à la vie de tous les jours, car le mot permet d'obtenir l'accord et la concorde de l'individu.

En outre, le mot de pouvoir hypnotique "as" est une autre conjonction utilisée pour relier les idées. Par exemple, *je vais faire des pauses pendant que je travaille*. Ce mot est utile à l'hypnose conversationnelle car il permet d'induire une action, ce qui peut influencer les réponses appropriées. Par exemple, en écoutant le bruit de la pluie tombant sur le sol, vous pouvez vous détendre plus profondément.

Le mot "imaginer" est un autre mot hypnotique puissant car il stimule l'esprit de l'individu à visualiser un scénario. Par exemple, imaginez-vous en train de réussir après avoir lu ce livre. Même le groupe de musique rock and roll The Beatles a écrit un chef-d'œuvre intitulé "Imagine". Ce mot permet également à l'individu d'éprouver les sentiments ou les pensées qu'il souhaite avoir.

"Ce qui signifie" est une phrase de pouvoir efficace à utiliser en hypnose conversationnelle, car elle est utilisée pour expliquer ou définir quelque chose plus en détail au client. Par exemple, *je vais acheter d'autres perles, ce qui signifie que je vais faire un bracelet avec*. L'expression "ce qui signifie" détermine le caractère du nom qui la précède et démontre la quantité, la possession ou la proximité du locuteur (Your Dictionary, n.d.). Ceci est clairement utile dans l'hypnose conversationnelle car l'individu sera capable de comprendre davantage ce que l'hypnotiseur veut dire en étant plus spécifique dans la deuxième clause.

L'hypnose conversationnelle a beaucoup plus de mots pour induire une réaction, une action, des pensées et des comportements. Voici quelques autres mots de pouvoir hypnotique à utiliser (Ledochowski, 2019) :

- Fais semblant.
- La suite.
- Chaque fois.
- Comment c'est quand
- Supposé.
- Rappelez-vous.
- Que se passerait-il si.
- Trouvez-vous.
- Réalisez.
- Tôt ou tard.

Les mots hypnotiques puissants stimulent l'inconscient et induisent une action quelconque, étant donné leur puissante influence à travers non seulement ce qui est dit, mais aussi la manière dont c'est dit. En outre, les mots hypnotiques puissants peuvent encadrer le contexte pour l'individu, ce qui peut aider à guider et à diriger ses pensées, ses sentiments, ses actions et ses comportements. Ceci est utile à l'hypnotiseur, qui peut alors manipuler et contrôler le client et le résultat de la séance d'hypnose.

Êtes-vous un hypnotiseur conversationnel ?

Les hypnotiseurs conversationnels sont des experts pour influencer toutes les personnes qu'ils rencontrent. Ils savent comment vous amener à faire ce qu'ils veulent car ils sont persuasifs grâce à leurs techniques de contrôle et de manipulation. Leurs compétences peuvent bien travailler sur votre inconscient, vos pensées, vos sentiments et même vos comportements. En bref, les hypnotiseurs conversationnels savent comment vous convaincre d'acquiescer à la volonté et au programme des autres parce qu'ils utilisent leurs dons naturels d'influenceurs. Cependant, même l'hypnotiseur conversationnel le plus compétent a dû apprendre à maîtriser des compétences spécifiques pour vous convaincre. Par exemple, l'un des éléments cruciaux de la persuasion est d'avoir le bon état d'esprit, ce qui peut faire toute la différence pour déterminer si la situation est propice à l'influence pour commencer.

Un autre aspect crucial de la réussite des hypnotiseurs conversationnels est leur capacité à utiliser des mots-clés influents, car ils peuvent donner à votre présentation la puissance et l'énergie dont elle a besoin pour avoir un impact. Les bons mots peuvent déterminer si et comment votre auditeur réagira au message reçu. Par exemple, des mots comme imaginer, réaliser et se souvenir peuvent déclencher une séquence d'événements qui mettront le subconscient en action. Pour ce faire, ces mots pénètrent dans la région de l'esprit la plus susceptible de réagir à ces mots et à leurs connotations.

Le troisième élément crucial d'un hypnotiseur conversationnel est de montrer la congruence entre votre langage corporel, vos mots et vos pensées. C'est important car l'auditeur vous trouvera plus crédible et plus crédible si votre langage corporel verbal et non verbal correspond. En d'autres termes, vos paroles et vos actions doivent être synchronisées ; sinon, le récepteur de votre message sera moins susceptible d'adhérer à ce dont vous essayez de le convaincre. Vous ne pouvez pas faire une chose et en dire une autre.

Un hypnotiseur conversationnel dispose de nombreux outils et techniques dans son arsenal qui peuvent faire ou défaire l'affaire. Voici quelques-unes de ces techniques :

- Travailler sur votre attitude.
- Être cohérent dans ce que vous dites et faites.
- Établir un rapport avec l'individu.
- Suivre la formule ABS.
  - Absorber l'attention.
  - Contourner le facteur critique.
  - Stimuler l'esprit inconscient.
- Captiver l'individu avec des histoires intéressantes.
- Utiliser des ponts linguistiques (comme et) et des mots-clés.

- L'utilisation de thèmes hypnotiques pour créer l'ambiance.
- Enflammer les choses en utilisant des mots chauds (ou des mots émotifs).
- Apprendre à reconnaître les signaux de transe (Ledochowski, 2019) :
  - Visage détendu.
  - Dilatation de la pupille.
  - Changements respiratoires.
  - Des paupières lourdes.
  - Manque de mouvement.

Pour que ces outils et techniques fonctionnent, il est important d'établir une connexion avec l'individu, sinon l'hypnose risque de ne pas être aussi efficace, étant donné le manque d'association avec le destinataire. Lorsque cette connexion est établie, l'hypnotiseur conversationnel peut alors employer encore plus d'outils du métier pour influencer et persuader l'autre personne dans la conversation. Ces outils comprennent (Radwan, 2017) :

- **Interruption des schémas - Interruption des** schémas réguliers pour programmer l'esprit de la personne.
- **L'effet Zeigarnik - Raconter à** quelqu'un une histoire incomplète pour engager l'esprit conscient avec des commandes hypnotiques jusqu'à ce que le reste de l'histoire soit raconté.
- **Mots négatifs - L'**utilisation de mots négatifs pour déclencher l'action inverse.
- **Ambiguïté - L'**utilisation de mots ambigus pour pousser le subconscient à l'action.
- **Mots clés hypnotiques : ils programment** le subconscient.

Un hypnotiseur conversationnel a certainement de nombreux outils dans son arsenal qu'il peut utiliser pour influencer et persuader ; cependant, l'outil le plus important est les mots utilisés pour transmettre le message. Les mots peuvent ajouter de la profondeur, du sens et du contexte au message, ainsi que définir le contexte et la façon dont il est perçu par l'auditeur. Puisque les mots ont tant de pouvoir et d'influence, il est important de les utiliser avec soin car ils peuvent affecter l'individu à de nombreux niveaux. En bref, les mots font plus qu'influencer ; ils colorent le langage avec lequel nous vivons nos vies.

Résumé du chapitre

Dans ce chapitre, vous avez tout appris sur le pouvoir des mots, leur influence et leur utilisation dans l'hypnose conversationnelle. Vous avez également appris que la façon dont quelque chose est exprimé par les mots est aussi importante et précieuse que ce qui est exprimé par ces mots. En outre, vous avez appris des mots hypnotiques puissants qui peuvent influencer et diriger les pensées, les sentiments, les actions et les comportements d'une personne. Rappelez-vous que l'hypnose conversationnelle peut contrôler et manipuler votre inconscient pour qu'il agisse en fonction de la volonté et du programme de l'hypnotiseur conversationnel. L'hypnotiseur conversationnel est un facteur important qui explique pourquoi nous devons utiliser les mots avec précaution. Pour vous rafraîchir la mémoire, voici les points clés de ce chapitre :

- Les mots ont le pouvoir d'affecter notre état d'esprit subjectif et nos expériences quotidiennes en influençant nos pensées, nos comportements, nos réactions et nos actions.
- Les mots déclencheurs peuvent inciter le subconscient à agir en provoquant des réactions et des réponses à ce qui est dit.
- Les mots de pouvoir hypnotiques peuvent définir le contexte pour l'individu, qui peut ensuite guider et diriger ses pensées, ses sentiments, ses actions et ses comportements.
- L'outil le plus important d'un hypnotiseur conversationnel est les mots utilisés pour transmettre son message, car ils ajoutent de la profondeur, du sens et du contexte à ce qui est dit.

Dans le chapitre suivant, vous découvrirez les techniques d'ancrage de la PNL.

CHAPITRE DIX :

Techniques d'ancrage persuasives de la PNL

Ancrage interprété

L'ancrage est une technique PNL utile que le praticien PNL peut utiliser pendant une session pour induire un état d'esprit, une émotion ou un sentiment spécifique chez le client. Avec l'ancrage, il utilise un toucher, un mot ou un mouvement particulier pour permettre au client de se souvenir du sentiment désiré maintenant et plus tard. Une autre façon de voir l'ancrage PNL est qu'il est similaire à la mise en signet d'un site Web spécifique ou d'un endroit dans un livre pour y revenir plus tard. La seule différence est qu'au lieu d'utiliser le navigateur ou la page web pour identifier la destination souhaitée, le praticien PNL utilise des mots et le toucher pour signifier le résultat souhaité, que ce soit un sentiment ou un état d'esprit. En bref, l'ancrage PNL est similaire à l'ancrage dans un sentiment ou un état d'esprit désiré en l'associant à quelque chose dans l'environnement externe, comme un toucher, un objet ou un mot, afin que la personne puisse le ressentir à nouveau.

Définir l'ancrage

L'**ancrage PNL** est plus distinctement défini par Mind Tools comme "le processus de liaison d'une réponse interne avec un déclencheur externe ou interne, de sorte que la réponse peut être convoquée rapidement [à nouveau plus tard]" (2019). C'est presque comme si un magicien pouvait faire apparaître un état d'esprit souhaité en claquant des doigts. En réalité, l'ancrage est utile à la pratique de la PNL car il peut mettre la personne dans le bon état d'esprit pour subir des techniques PNL encore plus thérapeutiques. Par conséquent, l'ancrage aiderait la personne à atteindre ses objectifs initiaux et les résultats souhaités. L'ancrage PNL est propice à la mise en place du contexte lors d'une session PNL et à la persuasion de l'individu à entreprendre une action particulière. Si je devais utiliser cette technique sur moi-même, je pourrais ancrer le sentiment de calme à l'action de prendre une profonde respiration, ce qui me rendrait plus susceptible de me rappeler ce sentiment après avoir pris une profonde respiration lorsque je suis tendu. Comme vous pouvez le constater, l'ancrage PNL peut être très utile dans de nombreuses situations et contextes.

Contexte et histoire de l'ancrage PNL

L'ancrage PNL a un passé et une histoire intéressants. Le développement de l'ancrage PNL est comparé à la célèbre expérience d'Ivan Pavlov sur le conditionnement classique, dans laquelle il a conditionné des chiens à saliver lorsqu'ils entendaient le son d'une cloche. Plus précisément, si l'on induit constamment une réponse comportementale avec un stimulus conditionné alors qu'un autre stimulus (neutre/non conditionné) est présent, la réponse et le stimulus non conditionné finiront par être corrélés, créant ainsi un stimulus conditionné. Après un certain temps, la réponse comportementale ne nécessitera plus le stimulus conditionné d'origine pour que le nouveau stimulus provoque cette réponse comportementale. Pour en revenir à l'expérience principale de l'origine, les chiens de Pavlov ont été conditionnés de manière classique pour s'attendre à recevoir de la nourriture après avoir entendu la sonnerie d'une cloche, et ils ont finalement commencé à saliver chaque fois qu'ils entendaient la cloche. De même, une personne suivant une thérapie PNL peut être conditionnée de manière classique à donner une réaction comportementale lorsqu'un stimulus se matérialise, comme un toucher, un mot ou un mouvement. Après un certain temps, l'individu associera ce toucher, ce mot ou ce mouvement à l'état d'esprit souhaité sans l'aide du praticien PNL. L'ancrage PNL est une forme subtile de conditionnement classique, dans lequel les réactions ou les réponses deviennent automatiques et réflexes après un certain temps.

Cette réponse automatique conditionnée via l'ancrage a été mentionnée pour la première fois dans le livre de Bandler et Grinder intitulé *Frogs into Princes* (1979). Ce livre est essentiellement un mode d'emploi décrivant les techniques d'ancrage et la manière dont elles peuvent apporter des changements positifs dans nos vies. Le livre est basé sur l'utilisation magistrale de l'ancrage par Milton Erickson, en particulier avec le système auditif, pour améliorer la vie de ses clients. Erickson utilisait son timbre vocal pour induire des transes chez ses clients et créer des changements humains de manière innovante. On pourrait dire qu'Erickson est aussi le père de l'ancrage, bien que Pavlov ait pu l'influencer dans une certaine mesure.

La pertinence de l'ancrage dans la vie quotidienne et le marketing

La pertinence de l'ancrage PNL aujourd'hui est qu'il apparaît constamment dans nos vies quotidiennes et à travers tous les aspects, comme dans les domaines de la carrière marketing. Une des façons dont l'ancrage PNL est utile est qu'il peut nous conditionner à répondre de manière plus appropriée à une situation, un événement ou un stimulus dans nos vies. Par exemple, si vous avez l'habitude de répondre à la faim en attrapant la malbouffe la plus pratique que vous pouvez trouver, essayez de vous ancrer pour répondre à la faim de manière plus appropriée en ayant déjà des en-cas plus sains à portée de main. Au début, il peut être difficile de s'entraîner ou de se conditionner à réagir de manière plus saine à des situations ou des événements stimulants, mais avec suffisamment de temps et de pratique, l'ancrage peut améliorer votre vie en vous donnant des moyens plus sains de faire face et de gérer toute situation.

L'ancrage PNL est également utile dans le domaine du marketing, car les produits et services peuvent être commercialisés par le biais de stimuli qui rappellent un comportement et leur produit ou service. Par exemple, les arcs dorés de McDonald's pourraient vous inciter à manger un de leurs cheeseburgers, en raison de la présence des arcs dorés qui vous rappellent leurs produits et le comportement de manger. McDonald's a vendu ses produits à de nombreuses reprises avec ce logo. Un autre exemple serait l'utilisation du personnage de Mayhem dans les publicités d'Allstate diffusées à la télévision. Pour expliquer, le comportement imprudent de Mayhem dans les publicités Allstate est le stimulus qui vous donne envie d'acheter une assurance Allstate, "pour que vous puissiez être mieux protégé comme moi". L'ancrage du comportement imprudent à un personnage comme Mayhem nous rappelle la nécessité de l'assurance, étant donné l'association de Mayhem à Allstate et au comportement humain. En conséquence, l'assurance Allstate a encore mieux réussi à vendre ses produits aux consommateurs. En conclusion, l'ancrage peut être utilisé dans une variété de contextes et pour une variété de raisons.

Réaction du cerveau à l'ancrage

Selon une étude réalisée à l'université Rutgers, le processus d'ancrage dans notre cerveau peut être décrit comme suit :

L'engagement des régions corticales précédemment liées aux fonctions de régulation émotionnelle peut être significatif pour renforcer ou maintenir les sentiments agréables pendant la réminiscence positive, atténuant ainsi la réponse physiologique au stress. Par conséquent, le rappel de souvenirs heureux suscite des sentiments positifs et améliore le bien-être, ce qui suggère une fonction adaptative potentielle dans l'utilisation de cette stratégie pour faire face au stress.

(James, 2017)

En d'autres termes, ce qui se passe dans le cerveau pendant l'ancrage est un processus par lequel le cerveau contourne le stress en utilisant des pensées et des souvenirs positifs pour susciter des sentiments positifs. Cela peut également être dû au fait que les parties émotionnelles et mémorielles du cerveau sont très proches les unes des autres via l'hippocampe et l'amygdale. La neuroscience de l'ancrage est très instructive et permet aux praticiens de la PNL et aux gens ordinaires de transformer efficacement le stress en associations et résultats plus positifs.

Étapes des techniques d'ancrage de la PNL

Des résultats positifs peuvent être obtenus avec les techniques d'ancrage de la PNL car elles induisent un état d'esprit positif chez l'individu. De plus, la technique d'ancrage classique de la PNL n'est pas vraiment difficile, et n'importe qui, du commun des mortels au vendeur en passant par le praticien PNL qualifié, devrait être capable de la réaliser. Cependant, l'ancrage PNL doit être effectué avec le plus grand soin, la plus grande considération et le plus grand respect pour l'individu, comme pour l'hypnose. La personne peut être ancrée en suivant quelques étapes simples :

- **Première étape - Observer** l'état d'esprit qui s'installe chez l'individu.
- **Deuxième étape - Établissez** l'ancre en appliquant le toucher sur une partie du corps de la personne, comme le bras.
- **Troisième étape - Le praticien** maintient l'ancrage aussi longtemps que l'état atteint son point culminant, généralement 20 à 30 secondes.
- **Quatrième étape - Le praticien** teste l'ancre en appliquant le même toucher à la même partie du corps, de la même manière que précédemment.
- **Sixième étape : observez** le client pour voir si le même état se produit lorsque le toucher est appliqué.

La pratique de l'ancrage PNL peut être très efficace pour provoquer un changement chez l'individu, car elle lui permet de développer des mécanismes d'adaptation améliorés et des ressources internes pour faire face aux événements et situations externes. Par exemple, une petite tape dans le dos peut susciter un état d'esprit positif qui m'aide à faire face plus efficacement aux situations difficiles. J'ai appris à associer une tape dans le dos à un état d'esprit positif et à des mécanismes d'adaptation grâce à l'ancrage PNL.

Quand utiliser l'ancrage PNL

L'ancrage est souvent utilisé lorsque l'individu veut attirer, séduire, tenter ou autrement amener une personne à un état d'esprit ou une action spécifique qui conviendrait à son programme. Par exemple, si je voulais vous inciter à acheter un de mes bracelets en perles, je vous demanderais de me raconter un souvenir heureux. Pendant que vous vous souvenez de ce souvenir, j'utiliserais un geste ou un toucher particulier pour vous ancrer ou vous ancrer dans ce souvenir heureux et les émotions qui y sont associées. Ainsi, vous serez plus enclin à acheter mes bijoux en perles, car des sentiments heureux sont associés au geste et à ma personne. Par conséquent, vous associerez ces sentiments heureux à votre présence auprès de moi maintenant, en raison du transfert de ces sentiments de votre personne à la mienne. C'est une ruse qui peut escroquer à l'individu les sentiments heureux associés au souvenir, à moins qu'il ne les associe à l'individu qui fait l'ancrage.

Processus d'ancrage de la PNL

Le processus d'ancrage peut sembler assez simple, mais il y a une science pour le faire correctement. Par exemple, l'individu doit accéder complètement à l'état d'esprit avec clarté, sinon l'ancrage devient moins efficace. En outre, le praticien PNL doit observer attentivement son client pour remarquer le moment où cet état d'esprit est le plus fort, sinon l'ancrage ne fonctionnera pas. L'ancrage peut échouer s'il y a moins d'émotion ou un manque d'état d'esprit auquel l'associer. La troisième étape du processus d'ancrage exige du praticien PNL qu'il rompe l'état en retirant le toucher ou le mot. Cela doit être fait avec précaution car la personne qui sort de cet état spécifique peut être un peu désorientée. La dernière étape, mais non la moindre, est la quatrième étape du processus d'ancrage, qui consiste à tirer sur l'ancre pour la tester. Cela signifie que le praticien PNL doit utiliser le même toucher ou mot pour initier l'état d'esprit à nouveau pour voir si cela fonctionne. Le praticien PNL doit être parfait lorsqu'il teste l'ancre, sinon l'individu n'aura pas l'impression qu'elle est naturelle. Rappelez-vous que les quatre étapes du processus d'ancrage sont les suivantes :

- Amenez l'individu à accéder à l'état d'esprit.
- Fournir un point d'ancrage en tant que sommet de l'État.
- Brisez cet état en vous désengageant.
- Testez à nouveau l'ancre pour voir si elle fonctionne.

Le processus d'ancrage est une opération délicate car des nuances dans le langage corporel, le ton de la voix et même le comportement peuvent perturber la tentative d'ancrage. C'est pourquoi le processus d'ancrage nécessite une congruence dans le langage corporel du praticien PNL. Les associations et les connexions établies à partir de l'ancrage en dépendent, car le praticien PNL peut alors paraître plus crédible aux yeux de l'individu.

Les différentes formes d'ancrage en PNL

Les différentes formes d'ancrage sont uniques et spécifiques à chaque situation individuelle. Par exemple, l'**empilement d'une ancre** est le cas où le praticien PNL demande à la personne d'accéder à de nombreuses expériences différentes qui suscitent le même état d'esprit, afin que le coach PNL puisse ancrer les expériences au même endroit (Carroll, 2013). Cette stratégie est utile car elle aide le client à apprendre à gérer efficacement ces expériences en les liant toutes ensemble. Cette technique pourrait aussi bien fonctionner pour gérer les expériences négatives.

Une autre forme d'ancrage est l'effondrement des ancres. Le coach PNL aide le client à acquérir un état de ressource alors qu'il n'en avait pas auparavant, en raison d'un contexte dans lequel le client n'avait pas de choix. Ceci est réalisé en ancrant l'état d'esprit sans ressources à un endroit particulier, tandis que l'état de ressources est ancré à un endroit différent. Il est utile d'avoir deux ancres différentes représentant divers états sur différents côtés du corps, car il sera plus facile de transformer l'état sans ressources en état avec ressources. Pour ce faire, il suffit de déclencher les deux ancres indépendantes en même temps, puis de relâcher l'ancre sans ressources avant l'ancre avec ressources. Le coach PNL peut alors tester la force de l'ancre pleine de ressources en la déclenchant. Si la réponse est la même qu'avant, lorsque l'ancre pleine de ressources a été lancée, alors le coach PNL a réussi à créer un état plein de ressources pour le client.

La troisième forme d'ancrage est le chaînage d'ancres. L'**enchaînement des ancres** se produit lorsque l'état sans ressources est trop grand pour être effondré, ce qui rend nécessaire la création d'un état intermédiaire semblable à un pont entre l'état de départ et l'état d'arrivée. Si les ancres sont enchaînées correctement, l'une d'entre elles mènera à la suivante lorsqu'elle sera activée, permettant ainsi au client de construire un pont ou un lien entre différents états. Cela est utile au client car cela peut conduire l'individu à l'état désiré, en particulier lorsque les états sont très différents les uns des autres.

Une autre forme d'ancrage est l'ancrage glissant. Les **ancres coulissantes** sont nécessaires lorsque le praticien ou le coach PNL doit calibrer l'intensité de l'état de l'individu sans les empiler ; la méthode qui a été décrite précédemment. Par exemple, une ancre coulissante dépendra du point de contact du praticien PNL, correspondant à l'intensité de l'état d'esprit de la personne. Ceci est utile à l'individu car les sentiments forts ou accablants peuvent être contrôlés ou manipulés jusqu'à la force désirée par le client.

Enfin, les ancres spatiales. Les **ancres spatiales** peuvent être manipulées ou contrôlées sans le toucher ; le praticien PNL ou le coach le fait dans l'espace. Par exemple, pour imiter ou représenter l'empilement des ancres, le praticien PNL accède à l'état de ressource de manière répétée en entrant physiquement dans l'espace d'ancrage désigné. Parfois, cela peut aider le client à voir une représentation physique pour comprendre le processus d'ancrage lui-même.

Techniques d'ancrage de la PNL dans la vente

Les techniques d'ancrage dans la vente évoquent des réponses spécifiques, qui conduisent ensuite à la conclusion de la vente au moyen d'un ancrage ou d'un déclencheur, produisant une réponse chez l'individu. Cette ancre ou ce déclencheur peut être un mot spécifique ou un toucher qui persuade l'individu d'acheter votre produit ou service. Par exemple, si j'utilise le fait de vous serrer la main pour me présenter lorsque je vends des biscuits de scouts, je peux vous inciter à les acheter avec un sourire et une conversation persuasive. En outre, certaines techniques d'ancrage plus spécifiques à la vente incluent l'utilisation d'ancres spatiales, l'élicitation de l'état d'ancrage, la chaîne d'ancrage et l'ancrage du prix.

La première technique de vente par ancrage utilise des actions et des gestes physiques pour évoquer des réponses émotionnelles et surmonter les objections. Par exemple, je pourrais pénétrer dans votre espace personnel et vous sourire pendant que j'essaie de vous vendre mon produit. En fait, l'utilisation d'**ancrages spatiaux** pour surmonter les objections à la vente me rappelle les vendeurs du centre commercial qui tentent d'envahir votre espace personnel pour vous vendre un produit. En effet, lorsque vous essayez de passer devant eux, ils commencent parfois par envahir votre espace personnel pour vous donner un échantillon de ce qu'ils essaient de vendre ; ils peuvent essayer de vous vaporiser un parfum ou une eau de Cologne pour vous faire surmonter vos objections à l'achat, par exemple.

La deuxième technique de vente par ancrage, l'**élicitation d'état**, relie un objet physique à un état émotionnel. Par exemple, je pourrais relier la télécommande à l'intérêt que je porte à regarder mes émissions préférées à la télévision. En reliant la télécommande à l'excitation de regarder Star Trek, je peux évoquer cet état émotionnel en présentant simplement la télécommande. Un autre exemple est l'utilisation de ma tasse à café au travail, car je peux la relier au sentiment de productivité (étant donné la caféine). En voyant simplement la tasse de café, un sentiment de productivité résonne en moi et je travaille plus efficacement.

La troisième technique de vente par ancrage est l'utilisation d'une **chaîne d'ancrage**, qui consiste à faire passer un public d'un état à un autre en utilisant des ancres spatiales. Par exemple, je pourrais associer des états émotionnels à des ancres spatiales et passer de l'une à l'autre lorsque je souhaite que mon public change d'état d'esprit. Un pas vers la droite pourrait indiquer la compréhension, tandis qu'un pas vers la gauche pourrait indiquer l'accord.

La quatrième technique de vente par ancrage est l'**ancrage par le prix**, qui consiste à comparer le prix d'un produit à celui d'un autre, plus cher, pour vous convaincre d'acheter le produit le plus cher. Par exemple, "Les ordinateurs portables similaires se vendent à 300, 400, voire 500 dollars ! Mais vous pouvez obtenir cet ordinateur portable pour seulement 199,99 $!" Les consommateurs penseront qu'ils font une bonne affaire parce que le prix est ancré plus haut que le prix de vente. En conclusion, les techniques de vente par ancrage peuvent être très efficaces pour vous inciter à acheter un produit ou un service vendu.

L'art de l'ancrage et du contrôle mental

L'ancrage et le contrôle de l'esprit nécessitent l'utilisation de modèles linguistiques pour agir comme des déclencheurs ou des ancres qui influencent et contrôlent nos réponses, ce qui nous incite également à faire des choses à notre insu, sans notre consentement ou notre conscience. Cela est dû en partie au fait que ces ancrages linguistiques ont été conditionnés dans notre esprit dès la naissance, ce qui rend difficile pour l'individu moyen de les discerner et d'identifier les réactions qu'ils provoquent. Par exemple, le mot "non" peut servir d'ancre ou de déclencheur d'expériences, d'associations et d'états d'esprit négatifs. Quoi qu'il en soit, le contrôle de l'esprit par l'ancrage de modèles linguistiques peut également influencer notre vie de manière bénéfique.

L'ancrage utilisé pour attirer les femmes

Attirer une femme grâce à l'ancrage peut être une entreprise nuancée, qui dépend de certaines variables telles que la personnalité, l'état d'esprit, le contexte, la compatibilité et le fait que vous lui plaisiez ou non au départ. En fait, l'utilisation de l'ancrage pour attirer une femme ne fonctionnera pas si aucune de ces variables n'est en place. S'il existe une attirance mutuelle, alors l'ancrage aura plus de chances de réussir dans ce domaine. Les deux types d'ancrage les plus utilisés pour attirer et garder une femme sont l'ancrage émotionnel et l'ancrage des attentes. Nous en parlerons plus en détail dans les sections suivantes.

On parle d'**ancrage émotionnel** lorsqu'une femme est conditionnée à ressentir des émotions spécifiques relatives à vous, à un objet ou à une situation. En d'autres termes, l'ancrage émotionnel est lorsque la femme associe les émotions qu'elle ressent à vous chaque fois qu'elle est en votre présence (Amante, 2020). Par exemple, si une femme vous rencontre lors d'un festival, alors elle commencera probablement à associer avec vous les sentiments d'excitation qu'elle a eus lorsqu'elle vous a rencontré dans ce contexte spécifique. En revanche, si une femme vous rencontre à la bibliothèque pendant la journée, elle pourrait associer à vous des sentiments plus calmes. Savoir cela peut être utile pour fixer un rendez-vous avec elle, car elle sera plus encline à vouloir vous revoir si l'ancre correspond.

Comme mentionné, le deuxième type d'ancrage utilisé pour attirer une femme est l'ancrage d'attente. L'**ancrage des attentes** consiste à ancrer en vous une attente, de sorte que la femme puisse s'y attendre ou l'associer à vous. Par exemple, si vous lui dites : "Nous devrions prendre un café un jour", elle s'attendra probablement à un rendez-vous avec vous dans un avenir proche. En outre, il est normal d'augmenter ou de diminuer les attentes en fonction de la situation. L'ancrage des attentes peut déterminer le cours d'une relation car "toute attente que vous ancrez chez elle est ce qu'elle va attendre de vous" (Amante, 2020). En conclusion, vous pouvez utiliser l'art de l'ancrage pour attirer une femme, si les conditions sont réunies.

Ancrage utilisé dans les ventes

Pour utiliser l'ancrage dans la vente, le vendeur doit entreprendre quelques actions pour conclure l'affaire. Ces actions peuvent faire en sorte que les ancrages choisis travaillent pour le vendeur (Woodley, n.d.) :

- Convaincre l'individu de ressentir l'émotion appropriée.
- Assister l'individu dans cette émotion, peut-être en l'amplifiant.
- Attacher un point d'ancrage - comme un lieu, un ton de voix ou un mouvement - à l'émotion.
- Orienter la conversation loin du sujet principal vers d'autres sujets.
- Utiliser l'ancre au bon moment pour recréer l'expérience émotionnelle que vous souhaitez faire vivre à votre client.

L'ancrage utilisé dans la vente peut être efficace car il lie les émotions à l'ancre spécifique, qui persuade ensuite l'individu et l'amène à conclure l'affaire. C'est évidemment bon pour les affaires. C'est la pratique de l'ancrage dans la vente qui détermine si une entreprise prospère ou survit simplement.

Résumé du chapitre

Dans ce chapitre, vous avez tout appris sur l'ancrage. Vous avez appris sa définition, son histoire et sa pertinence dans la vie quotidienne et le marketing. En outre, vous avez appris comment et quand utiliser l'ancrage PNL. Il est également important de noter le processus d'ancrage lui-même, ainsi que ses différents formats. Enfin, vous avez appris l'art de l'ancrage et du contrôle mental via ses applications pour attirer les femmes et augmenter les ventes. Pour vous rafraîchir la mémoire, voici les points clés de ce chapitre :

- L'ancrage PNL est similaire à l'ancrage d'un sentiment ou d'un état d'esprit souhaité en l'associant à quelque chose dans l'environnement externe, comme un toucher, un objet ou un mot, afin que vous puissiez le ressentir à nouveau.

- L'ancrage PNL est similaire au conditionnement classique.

- L'ancrage PNL est utile au marketing car les produits peuvent être commercialisés par l'utilisation d'un stimulus pour rappeler un comportement associé à ce stimulus et au produit ou service.

- L'ancrage PNL peut être efficace pour susciter le changement chez un individu car il permet à la personne de développer des mécanismes d'adaptation améliorés et les ressources internes pour faire face aux événements et situations externes.

- L'ancrage est souvent utilisé lorsque l'individu veut attirer, séduire ou tenter quelqu'un dans un état d'esprit ou une action spécifique qui convient à son programme.

- Les quatre étapes du processus d'ancrage sont les suivantes :
  o Amenez l'individu à accéder à cet état d'esprit.
  o Fournir un point d'ancrage en tant que sommet de l'État.
  o Désengagez pour briser cet état.
  o Testez à nouveau l'ancre pour voir si elle fonctionne.

- Les différentes formes d'ancrage comprennent :
  o Ancrages superposés.
  o Ancres qui s'effondrent.
  o Chaîner les ancres.
  o Ancres coulissantes.
  o Ancres spatiales.

- L'utilisation de l'ancrage émotionnel et des attentes peut aider à attirer les femmes.

- L'ancrage utilisé dans la vente est efficace parce qu'il lie les émotions à l'ancre spécifique, qui persuade et conduit ensuite l'individu à conclure l'affaire.

- Les techniques d'ancrage dans la vente évoquent des réponses spécifiques, qui conduisent ensuite à la conclusion de la vente par le biais d'un ancrage ou d'un déclencheur, produisant une réponse chez l'individu.

- Les quatre techniques de vente d'ancrage sont :
  - o Ancres spatiales.
  - o Élicitation de l'état d'ancrage.
  - o Ancres de chaîne.
  - o L'ancrage des prix.
- L'ancrage dans les ventes implique :
  - o Convaincre l'individu de ressentir l'émotion appropriée.
  - o Assister l'individu dans cette émotion, peut-être en l'amplifiant.
  - o Attacher un point d'ancrage, comme un lieu, un ton de voix ou un mouvement, à l'émotion.
  - o Orienter la conversation loin du sujet principal vers d'autres sujets.
  - o Utiliser l'ancre au bon moment pour recréer l'expérience émotionnelle que vous souhaitez faire vivre à votre client.

Dans le chapitre bonus, vous découvrirez d'autres techniques de PNL que tout le monde peut utiliser.

CHAPITRE ONZE

Chapitre bonus - Plus de techniques PNL suggestives

La PNL pour les entreprises

L'introduction de la PNL dans de nombreuses entreprises a créé un degré de réussite plus élevé car elle apprend aux hommes d'affaires à devenir de meilleurs communicateurs, apportant ainsi plus de clients, de ventes et de bénéfices. La pratique de la PNL dans les entreprises permet à l'entreprise elle-même de prospérer car la productivité augmente lorsque les gens peuvent communiquer plus efficacement. En outre, le fait de pouvoir communiquer plus efficacement permet de transmettre le message de la marque avec plus d'emphase aux prospects potentiels.

Selon Lenka Lutonska, la PNL est comme un " mode opératoire normalisé pour l'esprit, permettant une communication progressive, qui fournit des applications dans le leadership, le marketing et les ventes " (Barratt, 2019). Cette communication progressive peut alors conduire les entreprises prospères à connaître des rendements supérieurs à la plupart. En d'autres termes, il est payant d'apprendre à devenir un communicateur plus efficace, ce qui est nécessaire sur le marché des affaires d'aujourd'hui, en raison de la concurrence accrue, de l'informativité d'Internet, de la communication en ligne et de la publicité.

Les trois meilleures astuces PNL faciles à mettre en œuvre dans une entreprise

Une communication efficace commence par l'apprentissage de quelques solutions de communication simples qui peuvent transformer votre entreprise en une entreprise plus prospère à terme. Ces solutions et compétences impliquent d'apprendre à s'exprimer de la même manière que votre client, de voir les choses d'un point de vue différent et de revoir vos croyances pour examiner leur pertinence par rapport à la situation. La première compétence, qui consiste à apprendre à adopter le même langage que votre client, est très utile car le client se sentira non seulement mieux compris, mais aussi plus disposé à acquiescer à vos demandes commerciales. Une fois que vous connaissez le système de représentation préféré du client, parlez et articulez de la même manière. Par exemple, si votre client s'exprime de manière plus visuelle, essayez d'utiliser des diagrammes pour faire passer votre message.

La deuxième compétence, qui consiste à voir les choses d'un point de vue différent, est utile aux entreprises, car elle permet au professionnel de se détacher de la situation, car il est plus objectif de voir la situation telle qu'elle est. Par exemple, lorsque le professionnel qui fait une présentation peut voir les choses du point de vue de l'auditoire, l'homme d'affaires a plus de chances de se placer dans l'état d'esprit d'un observateur objectif. Cela peut alors permettre d'améliorer les lancements de produits, les conversations de vente et même les présentations.

La troisième compétence, qui consiste à passer en revue vos croyances et à examiner leur pertinence, est également importante car elle permet à l'homme d'affaires de surmonter ses hypothèses limitées en identifiant d'abord la croyance pour la déconstruire. Dans le cas contraire, les croyances et hypothèses limitatives peuvent affecter négativement notre bien-être et, par conséquent, nos performances en affaires et dans d'autres domaines de la vie. Cela nécessite encore plus de techniques PNL pour aider à changer ces croyances en quelque chose de plus constructif et bénéfique. Il est clair qu'une communication efficace avec ces trois solutions aidera votre entreprise à devenir plus performante.

Modèle de langage pour contourner l'objection

L'utilisation de modèles de langage spécifiques pour contourner la résistance, en particulier dans le domaine de la vente, est incroyablement utile pour réussir dans toute entreprise. L'astuce consiste à comprendre la motivation derrière l'objection, le choix ou l'action ; plus précisément, si vous pouvez comprendre les croyances de l'individu qui l'amènent à penser, parler ou agir d'une manière spécifique, vous pouvez alors comprendre ce qu'il dit dans une conversation, et même l'inverser si nécessaire. Par exemple, si April, la vendeuse, essaie de vendre son produit et qu'elle entend une objection de la part de l'acheteur potentiel, elle essaiera simplement de découvrir la motivation derrière l'objection en s'interrogeant sur les croyances de l'acheteur potentiel qui l'amènent à penser, parler ou agir de cette façon. Il est clairement utile d'apprendre le motif ou la vérité sous-jacente du commentaire, du comportement ou de la croyance.

En outre, reconnaître cet aspect peut vous permettre de présenter l'information différemment en la reformulant pour l'adapter à la motivation de l'objection. Par exemple, au lieu d'avoir l'air de vous confronter en sautant directement à la question, essayez de reformuler la question ou la phrase de manière non menaçante et vérifiez à nouveau votre compréhension. Vous pouvez vous demander : "Puis-je vérifier que j'ai bien compris ?", puis entrer dans le vif du sujet, peut-être en faisant une comparaison suggérant qu'il serait moins difficile de changer la situation que de la laisser inchangée, compte tenu des conséquences. Cela permet également à l'homme d'affaires de vérifier sa solution par rapport à ce qu'il pense que le client potentiel fait ou ne fait pas.

La PNL dans la construction des relations

L'utilisation de la PNL dans la construction et le maintien des relations est précieuse et bénéfique pour les personnes impliquées car elle peut les aider à mieux communiquer et se comprendre. Lorsque les personnes dans une relation communiquent et se comprennent mieux, la relation elle-même s'améliore car la qualité de la connexion et des interactions augmente considérablement. C'est là que la PNL entre en jeu, car elle vous donnera un aperçu et des connaissances sur la façon dont l'esprit humain et le comportement qui en résulte fonctionnent pour s'affecter mutuellement. En d'autres termes, les techniques de la PNL peuvent faciliter la façon dont nous pensons, ressentons, réagissons, répondons et agissons dans les relations, ce qui peut ensuite contribuer à améliorer la communication au sein de celles-ci tout en les aidant à fonctionner plus harmonieusement.

Les techniques de la PNL permettent de construire et d'entretenir des relations, notamment en choisissant le bon partenaire, en écoutant votre partenaire, en établissant un rapport et en libérant votre passion ou vos émotions. Par exemple, choisir le bon partenaire pour vous-même devient plus facile lorsque vous avez conscience de votre propre carte interne et de votre système de représentation préféré, car la connaissance de soi peut vous aider à décider si la carte interne et le système de représentation préféré d'une autre personne sont compatibles avec les vôtres.

Il est très important d'écouter votre partenaire et d'entendre ce qu'il a à dire. Si vous écoutez ouvertement votre partenaire sans le juger, il peut se sentir mieux compris et validé, simplement parce que vous lui avez accordé votre attention et votre temps. Prendre le temps d'écouter peut aider la relation de diverses manières, car vous serez mieux à même de discerner le sens voulu du message, ce qui facilitera ensuite la relation.

La technique de la PNL consistant à établir un rapport avec le client est également utile pour établir et maintenir d'autres relations. En effet, elle permet d'obtenir la confiance, le soutien et l'assurance des personnes dans la relation, qu'elle soit romantique, platonique ou familiale. En outre, établir un rapport avec votre partenaire peut montrer que vous vous intéressez à lui, ce qui peut ensuite conduire à une relation plus profonde. Il est également important de noter que, puisque l'établissement d'un rapport suscite la confiance entre les personnes dans une relation, les murs ou les frontières personnelles peuvent disparaître, ce qui permet aux gens d'être eux-mêmes dans la relation.

Enfin, l'utilisation des techniques PNL dans les relations personnelles peut aider à les construire et à les maintenir en apprenant aux personnes dans la relation à libérer leurs émotions et leurs passions de
manière sûre et saine. Par exemple, la technique de la PNL consistant à
libérer une ancre kinesthésique peut maintenir une relation passionnante
et rappeler aux personnes dans la relation à quel point elles sont prises
en charge, appréciées et aimées.

Attirer un homme avec la PNL

Attirer un homme par l'utilisation de la PNL revient à l'entraîner à
vous répondre de manière appropriée. Cette période d'entraînement peut
impliquer l'amélioration des compétences en matière de communication
et de séduction en utilisant des techniques de la PNL, telles que le miroir,
afin d'accroître le rapport avec lui. Une autre technique de PNL qui peut
attirer et séduire un homme consiste à lui parler délibérément de manière
lente et rythmée, ce qui l'inciterait à écouter ce que vous avez à dire.
Cette stratégie fonctionne car l'utilisation du ton de votre voix peut créer
l'ambiance nécessaire à l'interaction. Certaines techniques PNL plus subtiles pour attirer un homme consistent également à faire correspondre vos
sentiments aux siens lorsqu'il les exprime dans une conversation ou
autre. Par exemple, s'il dit qu'il est heureux parce que c'est vendredi, vous
pouvez sourire et dire quelque chose comme "La fin de la semaine de
travail me rend heureuse aussi". L'ancrage est particulièrement précieux
pour attirer un homme car, grâce à cette technique, vous pouvez l'amener
à associer tout sentiment positif qu'il éprouve à votre présence, qu'il
s'agisse d'un toucher, d'un regard ou d'un mot. En conclusion, attirer un
homme en utilisant les techniques de la PNL peut être très efficace pour
gagner son cœur.

NLP VAKOG Code du cerveau dans une relation amoureuse

La PNL peut aider les relations à s'épanouir et à prospérer car sa pratique est efficace pour amener les gens à se comprendre à un niveau plus profond, ce qui favorise ensuite les sentiments, les réactions, les réponses et les actions qui en découlent. La PNL peut également contribuer à faciliter les relations en comprenant votre propre système de représentation ou modalité sensorielle préférée et celle de votre partenaire lorsqu'ils communiquent avec vous. Par exemple, si votre partenaire utilise principalement un système visuel, il aura besoin de *voir* votre expression d'amour. Si vous êtes une personne à l'esprit kinesthésique, vous aurez besoin de *ressentir* l'amour pour le croire. Ces différentes modalités sensorielles peuvent être décrites en PNL comme " **le code du cerveau, V-A-K-O-G (visuel-auditif-kinesthésique-olfactif-gustatif)** " (Moghazy, 2018). Il est pertinent de connaître ce code car le fait de connaître ces modalités sensorielles peut vous aider à vous jumeler avec un individu qui a la même modalité sensorielle préférée, ou du moins qui est complémentaire. De même, le **modèle VAK de la PNL** représente les trois modalités de communication interpersonnelle dans lesquelles nous communiquons le langage de l'amour (Bundrant, s.d.). Le fait de savoir quelle modalité de communication interpersonnelle vous et votre partenaire préférez chacun peut contribuer à l'épanouissement de votre relation.

Libérer le pouvoir du subconscient dans les techniques de la PNL

Utiliser le pouvoir du subconscient en tangente avec les techniques de la PNL est essentiel car notre subconscient influence, manipule et contrôle tous les aspects de notre vie, des émotions aux pensées, en passant par les comportements. En outre, le subconscient agit comme un locus de contrôle qui guide votre esprit conscient, ce dernier communiquant ensuite en retour au subconscient. Bien que la communication soit bidirectionnelle, nous avons besoin de la partie consciente de l'esprit pour influencer la partie subconsciente, car elle vous aidera à influencer votre vie pour qu'elle aille dans le sens de vos objectifs.

Une façon d'influencer le subconscient pour qu'il améliore la vie est de purger le discours négatif sur soi et la peur ; vous pouvez accomplir cette tâche en utilisant les techniques du contre-pied ou du bouton de suppression. Selon Mayer, il est possible de **contrer** une pensée négative en la remplaçant par une pensée positive, ce qui aidera votre esprit à faire des associations positives plutôt que négatives (2018). En outre, la **technique du bouton de suppression** consiste à visualiser que vous appuyez sur un bouton de suppression dans votre esprit pour détruire la pensée négative. Ces deux techniques sont efficaces pour influencer le subconscient.

Une autre façon d'inciter le subconscient à être plus actif est d'apprendre à exploiter et à stimuler votre désir afin de l'utiliser pour réaliser vos rêves. Pour ce faire, vous pouvez utiliser la technique du brûlage de pont, les petites victoires ou la barre de progression, et les techniques de motivation. La **technique du "brûlage de pont"** est extrêmement utile car, en brûlant figurativement les ponts dans votre esprit, vous démantelez les ports sûrs et prévisibles à chaque extrémité du pont, ce qui vous conduit dans une seule direction : vers l'avant. La **technique des petites victoires** ou de la **barre de progression** permet à l'individu de suivre les petites victoires à la lumière d'objectifs plus importants, ce qui peut rendre votre processus motivant pour vous, surtout si vous pouvez voir la vue d'ensemble. La dernière **technique**, mais non la moindre, est la **technique de la motivation**, qui vous fait découvrir ce qui vous motive et peut vous donner l'énergie nécessaire pour travailler vers votre objectif (Mayer, 2018).

Le déblocage du subconscient est plus facile lorsque vous pouvez visualiser ou imaginer le résultat de l'objectif à l'avance. En effet, cela vous met dans l'état d'esprit de l'avoir déjà atteint, ce qui peut ensuite être efficace pour cultiver le désir de le faire en temps réel. Imaginez-vous en train de réussir, puis posez-vous les questions suivantes :

- Qu'est-ce que je fais ?

- Qu'est-ce que je porte ?
- Qu'est-ce que je dis et ressens ?
- Comment dois-je agir ?

Imaginer cette réalité vous guidera vers le résultat souhaité.

Certaines techniques supplémentaires pour débloquer le subconscient afin de réaliser vos rêves sont les **autosuggestions**, qui sont un moyen " d'introduire des pensées dans le subconscient " (Mayer, 2018). Prenons par exemple la technique du mantra et celle de la lecture à voix haute. La puissante **technique du mantra**, qui consiste à vocaliser ou à penser de manière répétée à un mantra positif comme " Je peux faire plus que ce que je pense ", est utile pour atteindre vos objectifs car plus vous le répétez, plus vous y croirez. Le pouvoir des mantras consiste à répéter vos objectifs, ce qui est excellent pour convaincre votre esprit. De même, en énonçant et en vocalisant vos objectifs plusieurs fois par jour, en les lisant à haute voix, vous renforcez votre désir d'atteindre l'objectif et le résultat souhaité. Plus il y a de techniques pour libérer le pouvoir du subconscient, mieux c'est !

Le pouvoir de l'autosuggestion dans la PNL

L'**autosuggestion** est une technique puissante de la PNL qui débloque le subconscient en amenant la personne à se présenter à elle-même les pensées dont elle a besoin pour atteindre ses objectifs. Nous le faisons tout le temps ; par exemple, je peux me dire que je dois me concentrer davantage sur la tâche à accomplir et, en retour, ma concentration augmentera. Une autre autosuggestion pourrait être de sourire davantage en vous disant de sourire à toutes les personnes que vous rencontrez. Les autosuggestions sont efficaces pour susciter l'état d'esprit désiré, de sorte que vous puissiez éventuellement atteindre votre objectif.

D'autres techniques d'autosuggestion sont celles que j'ai déjà mentionnées, notamment l'utilisation de la répétition et de la visualisation pour puiser dans votre programmation subconsciente auto-administrée. Une autre technique est l'utilisation d'affirmations. Les affirmations ou le discours positif utilisent le présent et sont formulées à la première personne pour permettre à l'individu de reprogrammer son esprit afin de penser de manière plus positive, ce qui peut ensuite guider son comportement dans des directions plus positives. Cette forme d'autosuggestion est évidemment bénéfique car l'état d'esprit de l'individu détermine son comportement et ses pensées, influençant ainsi sa vie.

L'autosuggestion peut être une forme puissante d'auto-hypnose si elle est utilisée correctement. Pour utiliser cette technique, il est d'abord important d'identifier ce que vous voulez changer, ce qui vous motivera et vous donnera un objectif à atteindre. La deuxième étape pour pratiquer l'autosuggestion consiste à vous détendre, car cela vous permettra d'être plus ouvert à la suggestion, en particulier à l'autosuggestion. La troisième étape consiste à croire en vous, car cela vous guidera vers des pensées et des résultats positifs, plutôt que l'inverse. La quatrième étape consiste à ressentir simplement vos émotions, car leur force influencera votre subconscient de manière bénéfique. La cinquième étape pour s'engager dans l'autosuggestion est de penser positivement, car cela amènera votre subconscient à répondre par des commandes positives auto-administrées. En d'autres termes, vous pensez, donc vous êtes. La sixième et dernière étape consiste à pratiquer constamment l'autosuggestion chaque fois que vous le pouvez, jusqu'à ce que vous ne fassiez plus qu'un avec elle. En conclusion, l'autosuggestion est une excellente technique pour reprogrammer votre esprit par l'auto-hypnose et créer des changements positifs.

Voici quelques autres formes d'autosuggestion (Wise Goals, n.d.) :

- Créez vos propres déclarations accrocheuses pour vous encourager à changer.
- Changer un mot dans l'autosuggestion pour le rendre plus gentil.
- Jouer au détective peut aider à faire la différence entre une opinion et un fait.
- Utiliser des souvenirs pour se remémorer le passé, créer des émotions positives et favoriser le changement.

L'autosuggestion peut vous aider à mettre en œuvre un état d'esprit de fixation d'objectifs car elle peut recadrer votre pensée en créant un état d'esprit ou un contexte différent à partir duquel vous pouvez travailler. Cela aidera finalement l'individu à se soutenir et à soutenir l'effort pour créer un changement positif. Un autre conseil important à retenir est que le discours intérieur positif améliorera vos performances lorsque vous vous efforcerez d'atteindre l'objectif et les résultats souhaités. En d'autres termes, vous serez motivé à faire de votre mieux pour atteindre vos objectifs. Le troisième conseil à retenir concernant l'autosuggestion est que la visualisation de l'objectif vous aidera à l'imaginer, ce qui en attirera la réalité dans votre vie (Sukhia, s.d.). Si vous pouvez le voir, vous pouvez y croire ! Il est également important de noter que les personnes puissantes ont le pouvoir d'apporter des changements positifs.

Réaligner le sens du vrai pouvoir en PNL pour un réel succès

Réaligner un sens du vrai pouvoir en PNL pour un réel succès implique d'amorcer l'esprit à considérer le meilleur de ce que la vie a à offrir en utilisant des motifs purs tels que l'amour, la compassion et l'empathie. D'autre part, l'utilisation de motifs égoïstes, comme le gain matériel, comme rationalisation pour la pratique de la PNL peut finalement perturber les lois naturelles de l'univers en créant un déséquilibre des ressources et du pouvoir. Cela ne servira qu'à affecter les mêmes intentions et motivations que vous émettez ; par conséquent, pour créer un véritable changement, nous devons incarner et personnifier des valeurs positives, telles que l'intégrité, afin de faire une réelle différence.

Résumé du chapitre

Dans ce chapitre, vous avez tout appris sur d'autres techniques de la PNL qui peuvent être appliquées et pratiquées dans une variété de situations et de contextes. Par exemple, la pratique et l'application des techniques de la PNL peuvent être utiles dans les affaires, les relations personnelles, et même pour vous-même. Pour vous rafraîchir la mémoire, voici les points clés de ce chapitre :

- La PNL dans les entreprises peut être source de succès car elle enseigne aux gens comment devenir de meilleurs communicateurs, ce qui permet d'attirer plus de clients, de ventes et de profits.
- Les trois principales astuces de communication dans le monde des affaires via la PNL sont les suivantes :
  - Parler la même langue que votre client.
  - Voir les choses sous un angle différent.
  - Examiner vos croyances.
- Voici quelques modèles de langage pour contourner les objections lors du marketing ou de la vente d'un produit :
  - Apprenez et comprenez le motif ou la vérité qui sous-tend le commentaire, le comportement ou la croyance.
  - Présentez l'information différemment en la reformulant pour l'adapter à la motivation de l'objection, du choix ou de l'action.
  - Vérifiez votre compréhension en reformulant la phrase, l'expression ou le problème de manière non menaçante.
  - Faites une comparaison suggérant que changer la situation, au lieu de rester la même, serait moins difficile, étant donné les conséquences de rester la même selon l'objection.
- Les techniques de la PNL facilitent la façon dont nous pensons, ressentons et agissons dans les relations, ce qui peut contribuer à leur bon déroulement et améliorer la communication.
- Les techniques de la PNL aident à construire et à entretenir des relations :
  - Choisir le bon partenaire.
  - Écoutez votre partenaire.
  - Établir un rapport.
  - Libérer votre passion ou vos émotions.

- Attirer un homme grâce à la PNL revient à l'entraîner à vous répondre de manière appropriée via des techniques telles que le miroir.
- La PNL permet de faciliter les relations en comprenant le système de représentation ou la modalité sensorielle que vous et votre partenaire préférez lorsqu'ils communiquent avec vous.
- Comprendre le VAKOG (Visual-Auditory-Kinesthetic-Olfactory-Gustatory) peut aider votre vie amoureuse en vous aidant à comprendre quelle modalité sensorielle vous et votre partenaire préférez.
- Libérer le pouvoir du subconscient avec les techniques de la PNL est essentiel car le subconscient influence, manipule et contrôle tous les aspects de votre vie, des émotions aux pensées, en passant par les comportements.
- Les techniques de la PNL permettant de libérer le pouvoir du subconscient sont les suivantes :
  - Éliminer le discours négatif sur soi et la peur en utilisant les techniques de neutralisation ou de suppression.
  - L'exploitation et l'encouragement de votre désir de réaliser vos rêves se font par l'utilisation de la méthode du pont, des petites victoires ou de la barre de progression, et des techniques de motivation.
  - Visualiser ou imaginer le résultat de votre objectif à l'avance peut l'aider à devenir une réalité.
  - Les autosuggestions introduisent des pensées dans le subconscient :
    - Répétition.
    - Visualisation.
    - Créer vos propres déclarations accrocheuses.
    - Changer un mot dans l'autosuggestion pour le rendre plus gentil.
    - Jouer les détectives pour différencier les opinions des faits.
    - L'utilisation de souvenirs pour créer des émotions positives qui peuvent entraîner des changements positifs.

- L'autosuggestion aide à mettre en œuvre un état d'esprit de fixation d'objectifs car elle peut recadrer votre pensée en créant un état d'esprit ou un contexte différent à partir duquel vous pouvez travailler à la réalisation de vos objectifs et de vos rêves.
- Le réalignement d'un sens du vrai pouvoir dans la PNL pour un réel succès implique d'amorcer l'esprit à considérer le meilleur de ce que la vie a à offrir ; cela se fait en utilisant des motifs purs tels que l'amour, la compassion et l'empathie.

LE MOT DE LA FIN

Bien que l'utilisation de la PNL soit controversée, elle est également bénéfique pour toute personne qui décide de l'appliquer à sa situation. La PNL, ou programmation neurolinguistique, peut être utile dans les relations, les affaires et les personnes car sa pratique et son application peuvent créer des résultats positifs, quel que soit le contexte. Certaines influences environnementales peuvent affecter la pratique de la PNL, comme la rationalisation de son utilisation pour le gain personnel et le pouvoir. Malgré cela, la PNL peut nous aider à nous adapter efficacement aux nombreux environnements ou contextes dans lesquels nous nous trouvons en reprogrammant l'esprit pour qu'il se développe, progresse et évolue vers un instrument plus fonctionnel, grâce au pouvoir de suggestion, d'influence et de persuasion. En bref, la PNL est utile parce qu'elle peut changer notre façon de penser, de percevoir, de réagir et de répondre aux défis de la vie.

L'utilisation et la pratique conscientes de la PNL peuvent vous redonner le pouvoir en vous aidant à contrôler votre esprit et à obtenir des résultats favorables. En outre, la PNL peut vous aider à aligner vos programmes et vos croyances sur votre propre succès, et non contre lui. Par exemple, la pratique de l'auto-hypnose permet aux gens d'introduire des pensées constructives dans l'inconscient en utilisant des techniques spécifiques de la PNL, comme l'autosuggestion et l'ancrage. D'autres techniques de la PNL, comme les mots de pouvoir hypnotiques, peuvent stimuler le subconscient en induisant des réactions qui peuvent influencer directement nos pensées, nos comportements et nos sentiments. Il est également important de noter que la PNL encadre en raison de sa capacité à transformer l'esprit d'une personne en restructurant les liens du système limbique entre l'amygdale et l'hippocampe, modifiant ainsi également la réalité de la personne.

La science évolutive de la PNL s'avère utile dans des domaines tels que la psychologie, car elle produit des résultats tangibles avec la façon dont elle peut influencer, manipuler et contrôler les gens. Par exemple, selon Zaharia, Reiner et Schutz, dans une étude qui " a mesuré le niveau d'anxiété chez cinquante participants souffrant de claustrophobie, les scores d'anxiété ont significativement diminué après les sessions de PNL pendant l'examen IRM " (2015). Il est clair que la PNL produit des résultats efficaces et précieux dans une variété de contextes et de situations.

La puissance réelle de la PNL est évidente dans les sujets et les connaissances présentés tout au long de ce livre. Nous avons examiné comment elle peut être appliquée dans des applications et des exemples du monde réel. En faisant la lumière sur le sujet et la pratique de la PNL, vous êtes maintenant plus informé et prêt à agir vous-même pour améliorer votre vie, et celle de ceux qui vous sont chers. C'est à vous de décider de la manière dont vous utiliserez et appliquerez ces informations, mais j'opterais pour la prudence car la programmation mentale est une affaire sérieuse qui peut aussi potentiellement blesser, au-delà de ses propriétés curatives. Par exemple, les nombreux cultes qui profitent de l'individu par la manipulation et le subterfuge.

L'étude et la pratique des techniques de PNL présentées dans ce livre vous permettront de prendre le contrôle de votre propre vie tout en apprenant à exploiter la puissance de votre subconscient. Cela vous permettra d'influencer et de guider vos pensées, vos sentiments et vos comportements de manière plus constructive et avec plus de succès. En prenant le contrôle de votre propre esprit, les personnes aux intentions plus malveillantes seront moins susceptibles de vous manipuler et de vous contrôler également.

Le potentiel de la PNL pour améliorer les vies est illimité et sans limites. C'est en partie parce que la PNL est polyvalente et s'adapte à une variété de situations, de contextes et de personnes. En outre, la PNL elle-même est plus ouverte et moins structurée, ce qui permet des opportunités plus autodirigées, comme vous apprendre à penser de manière plus positive. Ce sont ces opportunités autodirigées qui vous permettent de prendre le contrôle de votre destin en choisissant de manipuler votre esprit et les manifestations extérieures de celui-ci. Une fois que vous avez fait ce choix, la PNL n'est plus un outil de manipulation, mais un moyen utile pour changer le cours de votre vie.

Votre vie changera une fois que vous serez plus ouvert à ses opportunités via la PNL, car vous comprenez maintenant que ce que vous faites affecte votre esprit, et que votre esprit affecte ce que vous faites. La nature bidirectionnelle et interdépendante de cette relation vous permet de vous concentrer en pleine conscience sur le présent et d'apprendre à prendre de meilleures décisions par la suite.

La PNL est un puissant outil de changement qui peut créer des réalités positives en induisant de nouvelles méthodes plus efficaces pour vous adapter et vous acclimater à votre environnement et aux événements. En changeant le contexte par la reprogrammation de votre esprit, vous pouvez changer l'image. Une perspective différente permet à nos pensées, nos comportements et nos sentiments d'évoluer vers une direction plus positive, au profit de nos objectifs et de la réalisation de nos rêves. C'est ce changement qui aide la PNL à guider sa réception en reprogrammant l'esprit pour qu'il réponde de manière plus appropriée à l'image elle-même.

Si vous voulez être un agent du changement, alors la PNL est le catalyseur pour y parvenir. Tout ce qu'il faut, c'est un peu d'intégrité, de compassion et d'empathie pour vous et pour tous ceux qui vous entourent. Cependant, pour faire face au changement de manière efficace, vous devez d'abord être ouvert au changement, et c'est là que la PNL peut vous offrir des outils pour y parvenir. Être ouvert à la suggestion, au changement et à l'influence peut grandement améliorer la trajectoire de votre vie ; une trajectoire dans laquelle vous n'êtes plus une victime des circonstances, mais un agent de changement habilité.

RESSOURCES

Amante, C. (n.d.). How to use anchoring to mesmerize women. *Girls Chase*. https://www.girlschase.com/content/how-use-anchoring-mesmerize-women

Anchoring. (2019). *NLP World*. https://www.nlpworld.co.uk/nlp-glossary/a/anchoring/

Anchoring: NLP technique (n.d.). *NLP Secrets*. https://www.nlp-secrets.com/nlp-technique-anchoring.php

Andriessen, E. (2010). The philosophy and ethics of neuro linguistic programming. *The Princeton Tri-State Center for NLP*. https://nlpprinceton.com/the-philosophy-and-ethics-of-neuro-linguistic-programming-nlp/

Babich, N. (2016). How to detect lies: Micro expressions. *Medium*. https://medium.com/@101/how-to-detect-lies-microexpressions-b17ae1b1181e

Bandler, R. (2009). Messing with your head: Does the man behind neuro-linguistic programming want to change your life - Or control your mind? *Independent*. https://www.independent.co.uk/life-style/health-and-families/healthy-living/messing-with-your-head-does-the-man-behind-neuro-linguistic-programming-want-to-change-your-life-1774383.html

Barratt, B. (2019). 3 basic NLP techniques to bring more success to your business. *Forbes*. https://www.forbes.com/sites/biancabarratt/2019/07/11/3-basic-nlp-techniques-to-bring-more-success-to-your-business/#17fd0b063078

Bass, M. (n.d.). 5 powerful auto suggestion techniques to take control of your life. *Mind to Succeed*. https://www.mindtosucceed.com/auto-suggestion-techniques.html

Basu, R. (2016). Frame control, stealing your mind back. *The NLP company*. http://www.thenlpcompany.com/case-study/stealing-your-mind-back/

Beale, M. (2020). NLP techniques: 85+ essential neuro linguistic programming techniques. *NLP Techniques: Neuro-Linguistic Programming Techniques*. https://www.nlp-techniques.org

Body language secret: How to spot a bored person. (n.d.). *Mentalizer Education*. https://mentalizer.com/body-language-secret-how-to-spot-a-bored-person.html

Bored body language. (n.d.) *Changing Minds*. http://changingminds.org/techniques/body/bored_body.htm

Bradberry, T. (2017). 8 ways to read someone's body language. *Inc.* https://www.inc.com/travis-bradberry/8-great-tricks-for-reading-peoples-body-language.html

Bundrant, H. (n.d.). What is neuro-linguistic programming - NLP - And why learn it? *iNLP*. https://inlpcenter.org/what-is-neuro-linguistic-programming-nlp

Bundrant, M. (n.d.). Controlling people: Nine subtle ways you give others too much power. *iNLP*. https://inlpcenter.org/everyone-tries-to-control-me/

Bundrant, M. (n.d.). Love languages of NLP - Using VAK to increase awareness. *iNLP.* https://inlpcenter.org/love-languages/

Bundrant, M. (n.d.). NLP eye movements: Can you tell when someone is lying? *iNLP.* https://inlpcenter.org/chunk/coaching-exercise-eye-accessing-cues-business-making-decisions-solving-problems-2/

Campbell, S. (2017). How to use autosuggestion effectively, the definitive guide. *Unstoppable Rise.* https://www.unstoppablerise.com/autosuggestion-guide/

Carey, D. (2017). Anchoring sales techniques. https://smallbusiness.chron.com/anchoring-sales-techniques-21435.html

Carey, T. (2015, August 23). The secret to controlling other people.. https://www.psychologytoday.com/us/blog/in-control/201508/the-secret-controlling-other-people

Carroll, M. (2013). NLP anchoring. https://www.nlpacademy.co.uk/articles/view/nlp_anchoring/.

Casale, P. (2012). NLP secrets. https://www.nlp-secrets.com/nlp-secrets-downloads/NLP Secrets.pdf

catherine. (2014, October 9). Introducing frames. *Mind Training Systems.* https://www.mindtrainingsystems.com/content/introducing-frames

Coordinate. (n.d.). In *Lexico.* Retrieved February 18, 2020 from https://www.lexico.com/en/definition/coordinate

Ellerton, R. (2008). Meta-model of Milton-model. http://asbi.weebly.com/uploads/4/4/7/7/4477114/ebook-milton-model-summary.pdf.

Ellerton, R. W. (2012). *Win-win influence: How to enhance your personal and business relationships.* Renewal Technologies Inc.

Elston, T. (2018). NLP training – The Milton model – Language for change. https://www.nlpworld.co.uk/nlp-training-the-milton-model-language-for-change/

Eng, D. (Ed.). (n.d.). Use NLP to attract a man. https://visihow.com/Use_NLP_to_Attract_a_Man

Eye accessing cues. (2019). *NLP World.* https://www.nlpworld.co.uk/nlp-glossary/e/eye-accessing-cues/

Firestone, L. (2016). Is your past controlling your life? *Psychology Today.* https://www.psychologytoday.com/intl/blog/compassion-matters/201611/is-your-past-controlling-your-life

Frame control: The big secret to starting fun conversations. (n.d.). *Your Charisma Coach.* http://www.yourcharismacoach.com/vault/frame-control-the-big-secret-to-starting-fun-conversations/

Frank, M. (2019). 25 secrets of influence and persuasion. *Life Lessons.* https://lifelessons.co/personal-development/nlpinfluencepersuasion/

Goldrick, L. (2013). Are covert manipulation techniques ethical? *Common Sense Ethics.* https://www.commonsenseethics.com/blog/immorality-of-covert-manipulation-techniques

Golden, B. (2017). Being controlled provokes anger. So does feeling controlled. *Psychology Today*. https://www.psychologytoday.com/intl/blog/overcoming-destructive-anger/201706/being-controlled-provokes-anger-so-does-feeling-controlled

Goodman, M. (2018). NLP practitioner notes. https://vadea.viaafrika.com/wp-content/uploads/2017/10/NLP-Practitioner-Training-Notes-MD-Goodman.pdf

Grinder, J. & St. Clair, C. B. (n.d.). Is the NLP "Eye Accessing Cues" model really valid? *Bradbury AC*. http://www.bradburyac.mistral.co.uk/nlpfax09.htm

Hall, M. (2010). The magic you can perform with reframing. *Neuro-Semantics: International Society of Neuro-Semantics*. https://www.neurosemantics.com/the-magic-you-can-perform-with-reframing/

Hartmann, T. (2018). NLP and the power of persuasion - Neuro-linguistic programming [Video file]. *YouTube*. https://www.youtube.com/watch?v=sPC2DKswfs0

Henger, K., & Byrne, L. (2019). How to tell if you've offended someone and what you can do to win them over again. *Now to Love*. https://www.nowtolove.co.nz/lifestyle/sex-relationships/body-language-how-to-tell-if-youve-offended-someone-win-them-over-again-suzanne-masefield-39815

Home. (n.d.). *Psychoheresy Aware*. https://www.psychoheresy-aware.org/nlp-ph.html

How the conscious and subconscious mind work together. (2015). *Mercury*. http://www.ilanelanzen.com/mind/how-the-conscious-and-subconscious-mind-work-together/

How you can read people's minds (But not in the way you think). (2017). *Daily NLP*. https://dailynlp.com/how-you-can-read-peoples-minds-but-not-in-the-way-you-think/

Hutton, G. (2017). Frame control exercises. *Mind Persuasion*. https://mindpersuasion.com/frame-control-exercises/

Hutton, G. (2018, June 6). Milton model. *Mind Persuasion*. https://mindpersuasion.com/milton-model/

Iliopoulos, A. (2015). The Russell Brand method - An impressive frame control strategy. *The Quintessential Mind*. https://thequintessentialmind.com/the-russel-brand-method/

InspiritiveNLP. (2008). John Grinder discusses what's ethical in NLP [Video file]. https://www.youtube.com/watch?v=3pFTMdq0v6Y

Jalili, C. (2019, August 21). How to tell if someone is lying to you, according to experts. *Time*. https://time.com/5443204/signs-lying-body-language-experts/

James, G. (2017, May 23). How to instantly reduce stress, according to brain scans. *Inc*. https://www.inc.com/geoffrey-james/how-to-instantly-reduce-stress-according-to-science.html

Laborde, G. (2008). Resist hypnosis and hypnotic conversations. *Influence Integrity*. https://influence-integrity.blogspot.com/2008/04/resist-hypnosis-and-hypnotic.html

Lawson, C. (2019, January 8). How to seamlessly break down someone's resistance during hypnosis with the non-awareness set. *Hypnosis Training Academy.* https://hypnosistrainingacademy.com/break-down-resistance-during-hypnosis/

Ledochowski, I. (2019, October 10). 15 incredibly effective hypnotic power words to ethically influence others - 2nd edition *Hypnosis Training Academy.* https://hypnosistrainingacademy.com/3-surefire-power-words-to-gain-power-and-influence-people-fast/

Ledochowski, I. (2019, January 8). 9 essential skills you must master before becoming a seriously skilled conversational hypnotist - 2nd edition. *Hypnosis Training Academy.* https://hypnosistrainingacademy.com/becoming-a-great-conversational-hypnotis

Lee, B. (2017, August 15). A weak handshake is worse than no handshake. *Lifehack.* https://www.lifehack.org/620939/body-language-deliver-memorable-handshake

Lips body language. (n.d.). *Changing Minds.* http://changingminds.org/techniques/body/parts_body_language/lips_body_language.htm

Louv, J. (2017). 10 ways to protect yourself from NLP mind control. *Ultra Culture.* https://ultraculture.org/blog/2014/01/16/nlp-10-ways-protect-mind-control

Martin. (2018). Using specifically vague language in your advertising. *Evolution.* https://www.evolution-development.com/specifically-vague-language-and-marketing/

Mask, T. (2019). 10 trance signals in covert hypnosis. *Hypnosis Unlocked.* https://www.hypnosisunlocked.com/10-trance-signals-in-covert-hypnosis/

Matsumoto, D., & Hwang, H. C. (2018). Microexpressions differentiate truths from liees about future malicious intent. *Frontiers in Psychology.* https://www.frontiersin.org/articles/10.3389/fpsyg.2018.02545/full

Mayer, G. (2018). Subconscious mind - How to unlock and use its power. *Thrive Global.* https://thriveglobal.com/stories/subconscious-mind-how-to-unlock-and-use-its-power/

Mcleod, A. (2015). Hot words & hot language. *Angus Mcleod.* https://angusmcleod.com/hot-words-hot-language

Methods of neuro-linguistic programming. (2019). In *Wikipedia.* https://en.wikipedia.org/wiki/Methods_of_neuro-linguistic_programming#Milton_model

Milton Model. (2018). *NLP World.* https://www.nlpworld.co.uk/nlp-glossary/m/milton-model/

Mind Tools Co. (2019). NLP eye accessing cues. *Mind Tools.* https://www.mindtools.co.th/personal-development/neuro-linguistic-programming/nlp-eye-accessing-cues/

Mind Tools Co. (2019, September 24). NLP anchoring - Feeling good for no reason. *Mind Tools.* https://www.mindtools.co.th/personal-development/neuro-linguistic-programming/nlp-anchoring/

MindVale. (2016). NLP hypnosis: how do NLP and hypnosis work together? *Medium.*
https://medium.com/@mindvale/nlp-hypnosis-how-do-nlp-and-hypnosis-work-together-36e399aa5897

Moghazy, E. (2018). Understanding NLP for healthy relationships. *Marriage.com.*
https://www.marriage.com/advice/mental-health/understanding-nlp-for-healthy-relationships/

Morris, M. (2017). What is NLP and how do I use it to create success? *Matt Morris.*
https://www.mattmorris.com/what-is-nlp/

Muoio, D. (n.d.). Body talk: Talk to the hand – The body language of handshakes and hand gestures. *Arch Profile.*
http://blog.archprofile.com/archinsights/body_language_handshakes_gestures

Newman, S. (2018). Why anyone would want to control you. *Psych Central.*
https://psychcentral.com/blog/why-anyone-would-want-to-control-you/

NLP Dynamics. (n.d.). Eye accessing cues exercise. *NLP Dynamics.*
http://www.distancelearning.academy/wp-content/uploads/2015/02/Eye-Accessing-Cues-Exercises.pdf

NLP Milton Model. (2019, May 17). *Excellence Assured.*
https://excellenceassured.com/nlp-training/nlp-certification/milton-model

NLP skills: Reading eye accessing cues. (2019). *Daily NLP.* https://dailynlp.com/eye-accessing-cues/

NLP technique: Framing. (n.d.). *NLP Secrets.* https://www.nlp-secrets.com/nlp-technique-framing.php

NLP technique - Positive framing. (n.d.). *NLP Secrets.* https://www.nlp-secrets.com/nlp-technique-positive-framing.php

NLP technique: The history of NLP. (n.d.).
http://www2.vobs.at/ludescher/Grammar/nlp_techniques.htm

NLP today. (n.d.). *NLP School.* https://www.nlpschool.com/what-is-nlp/nlp-today/

NLP values, trance words and politics (2015). *The NLP Company.*
https://www.thenlpcompany.com/mind-control/nlp-values-and-politics/

Non verbal communication. (n.d.). *Maximum Advantage.*
http://www.maximumadvantage.com/nonverbal-communication/non-verbal-communication-how-to-know-if-someone-is-bored.html

Palokaj, M. (2018). 23 body language tricks that make you instantly likeable. *Lifehack.*
https://www.lifehack.org/316057/23-body-language-tricks-that-make-you-instantly-likeable

Parvez, H. (2015, May 14). Body language: Positive and negative evaluation gestures.
Psych Mechanics. https://www.psychmechanics.com/positive-and-negative-evaluation/

Quantum-linguistics. (n.d.). *Neurochromatics.*
https://www.neurochromatics.com/quantum-linguistics/

Radwan, F. (n.d.). Body language: In state of anxiousness. *2 Know Myself.*
https://www.2knowmyself.com/body_language/body_language_anxious

Radwan, F. (n.d.). Body language: In state of unease, shyness, and defensiveness. *2 Know Myself.* https://www.2knowmyself.com/body_language/body_language_defensive_positio n

Radwan, F. (n.d.). Body language and micro gestures. *2 Know Myself.* https://www.2knowmyself.com/Body_language/body_language/micro_gestures

Radwan, F. (n.d.). Body Language & thinking. *2 Know Myself.* https://www.2knowmyself.com/body_language/body_language_evaluation

Radwan, F. (n.d.). 5 ways to hypnotize someone during a conversation. *2 Know Myself.* https://www.2knowmyself.com/5_ways_to_hypnotize_someone_during_a_conver sation

Radwan, F. (n.d.). Reading body language. *2 Know Myself.* https://www.2knowmyself.com/body_language/body_language_main

Radwan, F. A. R. O. (n.d.). Using body language to your advantage. *2 Know Myself.* https://www.2knowmyself.com/body_language/body_language_reverse

Radwan, M. F. (n.d.). How to convince someone to believe in anything. *2 Know Myself.* https://www.2knowmyself.com/Psychology_convincing_someone/Convincing_so meone_to_Believe_in_anything

Radwan, F. (n.d.). How to read people's minds (Learn how to read people). *2 Know Myself.* https://www.2knowmyself.com/body_language/Mind_Reading/knowing_what_ot her_people_are_thinking_of

Ready body language. (n.d.). *Changing Minds.* http://changingminds.org/techniques/body/ready_body.htm

Self-hypnosis and hypnotherapy. (n.d.). *Skills You Need.com.* https://www.skillsyouneed.com/ps/self-hypnosis.html

7 most effective mind control techniques tips in NLP. (n.d.). https://www.mindorbs.com/article/7-most-effective-mind-control-techniques-tips-nlp

Sewdayal, Y. (2019). Controlling behavior: Signs, causes, and what to do about it. *Supportiv.* Behavior: Signs, Causes, and What To Do About It. https://www.supportiv.com/relationships/controlling-behavior-signs-causes-what-to-do

Smith, A. (2018). Introduction to NLP anchoring 8: Chaining anchors. https://nlppod.com/nlp-anchoring-chaining-anchors/

Smith, A. (2016). Framing and some commonly used frames in NLP. *Practical NLP Podcast.* https://nlppod.com/framing-commonly-used-frames-nlp/

Snyder, D. (2010). Anti-mind control - Building resistance to unethical persuasion and black hypnosis. *NLP Power.* https://www.nlppower.com/2010/07/04/anti-mind-control-building-resistance-to-unethical-persuasion-2/

Spector, N. (2018). Smiling can trick your brain into happiness - And boost your health. *NBC News*. https://www.nbcnews.com/better/health/smiling-can-trick-your-brain-happiness-boost-your-health-ncna822591

Steber, C. (2017). 11 subtle signs someone may be uncomfortable around you. *Bustle*. https://www.bustle.com/p/11-subtle-signs-someone-may-be-uncomfortable-around-you-7662695

Sukhia, R. (2019). Goal setting mindset: The power of autosuggestion and visualization. *Build Business Results*. https://buildbusinessresults.com/goal-setting-mindset-the-power-of-autosuggestion-and-visualization/

Sum, Y. (2004). The magic of suggestive language. *Dr. Yvonne Sum*. http://www.dryvonnesum.com/pdf/The_Magic_of_Suggestive_Language-NLP.pdf

Sweet, M. (2017). 015 - Learning frames of NLP - And how to apply them. *Mike Sweet*. https://www.mikesweet.co.uk/015-learning-frames-nlp/

The body language of confidence. (n.d.). *2 Know Myself*. https://www.2knowmyself.com/body_language/body_language_self_confidence

The definitive guide to reading microexpressions (facial expressions). (n.d.). *Science of People*. https://www.scienceofpeople.com/microexpressions/

The hypnotic power of words. (2019). *NLP Training Dubai*. https://www.nlptrainingdubai.com/the-hypnotic-power-of-words/

The power of NLP. (2018). *Glomacs*. https://glomacs.com/articles/the-power-of-nlp

Thomas, A. (2019). NLP in Relationships. *Anil Thomas*. from https://www.ttgls.in/nlp-relationships/

Tippet, G. (1994). Inside the cults of mind control. *Cult Education*. https://culteducation.com/information/8530-inside-the-cults-of-mind-control.html

Tosey, P., & Mathison, J. (1970). NLP and ethics - Outcome, ecology and integrity. *Neuro-Linguistic Programming*, 144-160. https://doi.org/10.1057/9780230248311_12

Tyrrell, I. (2018). The uses and abuses of hypnosis. *Human Givens Institute*. https://www.hgi.org.uk/resources/delve-our-extensive-library/ethics/uses-and-abuses-hypnosis

Use autosuggestion techniques to create changes faster. (n.d.). *Wise Goals*. https://www.wisegoals.com/autosuggestion-techniques.html

Waude, A. (2016). Emotion and memory: How do your emotions affect your ability to remember information and recall past memories? *Psychologist World*. https://www.psychologistworld.com/emotion/emotion-memory-psychology

Westside Toastmasters. (n.d.). The social leverage in active hand gestures. *Westside Toastmasters*. https://westsidetoastmasters.com/resources/book_of_body_language/chap2.html

What is covert hypnosis? Discover the 4 stage covert hypnosis formula. (n.d.). *Rebel Magic*. https://rebelmagic.com/covert-hypnosis/

Wilcox, D. G. (2011). NLP, mind control, and the arrogance and downfall of power. *Ezine Articles*. https://ezinearticles.com/?id=6036132&NLP,-Mind-Control,-and-the-Arrogance-and-Downfall-of-Power=

Woodley, G. (n.d.). Anchoring in sales. *Selling and Persuasion Techniques*. https://www.sellingandpersuasiontechniques.com/anchoring-in-sales.html

Wright, S., & Basu, R. (2014). Hypnotic language patterns to bypass resistance. *The NLP Company*. https://www.thenlpcompany.com/case-study/hypnotic-language-patterns-to-bypass-resistance/

Your definitive guide to neuro linguistic programming. (2017). *Inner High Living*. https://innerhighliving.com/neurolinguistic-programming-guide/

Teaching determiners in articles. (2017, August 11). *Your Dictionary*. https://education.yourdictionary.com/for-teachers/teaching-articles-and-determiners.html

Zaharia, C., Reiner, M., & Schütz, P. (2015). Evidence-based neuro linguistic psychotherapy: A meta-analysis. *Psychiatria Danubina, 27*(4), 355-363. https://www.ncbi.nlm.nih.gov/pubmed/26609647

Zhi-peng, R. (2014). Body language in different cultures. *David Publisher*. http://www.davidpublisher.com/Public/uploads/Contribute/550928be54286.pdf

Jeux de gaslighting

Le pouvoir de manipuler l'esprit humain et le plier à la volonté d'un autre.

Emory Green

TABLE DES MATIERES

INTRODUCTION

Nous sommes tous animés par des désirs et des envies et nous avons tous un besoin inné de contrôler certains aspects de notre vie et de celle des gens qui nous entourent. Nous voulons que les gens nous aiment d'une certaine façon, nous parlent d'une manière particulière et nous traitent avec respect. Et il n'y a absolument rien de mal à cela. Mais qu'en est-il si, hypothétiquement, vous ou l'autre personne dans la relation contrôlez toujours le résultat de vos interactions en étant manipulateur et en utilisant des mots et des actions qui poussent l'autre partie à répondre d'une manière qui lui est uniquement bénéfique ? Est-ce que cela fait d'eux des égoïstes ou des manipulateurs ?

Dans ce livre, je vais exposer la différence entre les tendances égoïstes et naturellement manipulatrices du narcissisme et le gaslighting. Le gaslighting est une forme très spécifique de manipulation dans laquelle chacun d'entre nous peut tomber, que ce soit en tant qu'auteur ou en tant que victime. Non seulement je définirai ce qu'est le gaslighting, mais je donnerai également des exemples réels de gaslighting et de la façon dont il se produit dans divers aspects de nos vies. En lisant ce livre, vous serez en mesure d'identifier les différentes techniques et tactiques utilisées par les auteurs de gaslighting ou de commencer à les remarquer dans votre comportement si vous en êtes un. L'amour que nous portons aux autres et l'opinion que nous avons de nous-mêmes peuvent masquer la vérité sur les comportements de gaslighting, mais ce livre met les intentions à nu.

En tant qu'auteur et que personne travaillant avec des personnes très ambitieuses et dynamiques, j'ai constaté que chacun d'entre nous a la capacité d'utiliser le gaslight, mais à des degrés divers. La différence entre nous tous est que certaines personnes accueillent favorablement cette tendance à la manipulation et au contrôle, tant que cela leur profite, tandis que le reste d'entre nous s'abstient d'être manipulateur par égard pour l'autre personne. La triste vérité est que le gaslighting est devenu un mode de vie et que ses effets se font sentir dans toute la société, de la politique aux relations de travail en passant, bien sûr, par les relations personnelles. Il s'agit d'un comportement appris qui peut être acquis dès l'enfance, surtout si vous avez été victime de gaslighting ou si vous avez vu un membre de la famille, comme un parent ou un frère ou une sœur, en être victime.

La manipulation peut changer notre façon d'être parent, de travailler, de jouer et de nous socialiser. Elle peut et va affecter nos relations avec les membres du sexe opposé et nous priver du pouvoir qui nous permet de prendre des décisions éclairées et bénéfiques sur nos vies. Imaginez un instant qu'une mère soit victime de gaslighting. Elle remettra non seulement en question sa réalité, mais aussi ses décisions, ce qui affectera directement ses enfants et son conjoint, créant ainsi un environnement familial malsain. Remplacez maintenant cette mère par vous-même et vous verrez que le gaslighting a un effet sur tout le monde autour de la personne affectée, car il s'agit d'une forme insidieuse d'abus. Elle peut s'installer progressivement sur une longue période sans que personne ne s'en aperçoive, causant dans certains cas des dommages irréparables.

Votre vie peut être radicalement changée par les choses que vous ignorez et le gaslighting dans votre vie peut être apparent ou caché sous le couvert de l'amour et de la défense de vos intérêts. Vous n'êtes peut-être pas victime de gaslighting dans vos relations, mais vous connaissez peut-être quelqu'un qui l'est. Ou peut-être avez-vous entendu parler de quelqu'un qui l'est. Ou peut-être avez-vous déjà été en contact avec une personne qui pratique le gaslighting. Avec le gaslighting, on a souvent le sentiment que quelque chose ne va pas ou que l'on vous pousse à accepter quelque chose qui ne correspond pas à votre perception. Souvent, les allumeurs de gaz sont des personnes en qui nous avons confiance, de sorte que vous ne croyez pas qu'elles puissent vous manipuler. Mais si vous comprenez ce qu'est le gaslighting, comment il est pratiqué et ce qu'il vise à accomplir, vous avez plus de chances de remettre en question la manipulation avant qu'elle n'aille trop loin. On peut affirmer sans risque de se tromper que le fait de mettre fin à toute forme de gaslighting dans votre vie ou dans celle de votre entourage peut sauver une vie.

L'apprentissage du gaslighting est un excellent point de départ pour vous aider à étouffer dans l'œuf de telles relations avant qu'elles ne deviennent toxiques et destructrices. Tous les aspects du gaslighting que vous devez connaître sont dans ce livre et vous pouvez l'utiliser comme guide pour manœuvrer ce champ de mines de violence émotionnelle qui est devenu une partie insidieuse de notre culture et de notre société. Mais que faites-vous lorsque vous identifiez le gaslighting en vous-même ou chez les autres autour de vous ? Travailler sur le changement est la partie la plus difficile qu'un gaslighter doit embrasser. Si c'est votre cas, laissez ce livre vous aider à devenir un leader, un ami, un compagnon ou un partenaire qui voit au-delà de sa propre intention pour le bien de tous ceux qui l'entourent. Ce livre vous aidera à comprendre l'impact réel du pouvoir sur les gens. Vous devez vous procurer ce livre si vous n'avez plus l'intention de vous laisser mener en bateau.

Cette citation d'Albert Camus résume parfaitement le problème du gaslighting : "Rien n'est plus méprisable que le respect fondé sur la peur." Et puis-je ajouter à cela, la manipulation.

Vous appréciez ce livre jusqu'à présent ? N'oubliez pas de vous rendre au bas de ce livre pour découvrir une ressource gratuite de taille réduite, mais précieuse, sur l'hypnose conversationnelle. Ce mini-livre électronique est le moyen le plus simple d'apprendre à devenir un hypnotiseur conversationnel efficace. Vous êtes curieux de voir les bénéfices que cela peut apporter à vos conversations quotidiennes ? Obtenez votre exemplaire dès maintenant ! Cette ressource gratuite n'est disponible que pour une durée limitée.

CHAPITRE UNE :

Gaslighting 101

Qu'est-ce que le gaslighting ?

Le gaslighting est une forme infâme de manipulation psychologique d'un individu qui le fait douter de sa santé mentale, de sa vérité, de ses croyances, de son jugement, de sa perception, de ses valeurs et même de ses souvenirs. L'objectif principal du gaslighting est d'amener la personne à avoir une mauvaise estime d'elle-même et/ou de gagner du pouvoir sur elle. Le gaslighting se produit progressivement dans une relation et les actions peuvent sembler inoffensives au début.

Les Gaslighters utilisent certains termes très spécifiques pour semer la confusion et brouiller les pistes, de sorte que la perception des événements par la victime semble peu fiable, voire fictive. Ils peuvent dire quelque chose comme "Je ne sais pas de quoi tu parles" ou "Ça ne s'est pas passé comme ça, tu inventes n'importe quoi" ou "Tu es juste émotive". Utilisée assez fréquemment sur une longue période, la victime commence à douter de sa mémoire, à s'embrouiller dans les événements les plus évidents de sa vie et à compter de plus en plus sur l'agresseur pour corroborer sa réalité.

Le Gaslighting a été une arme utilisée par de nombreux abuseurs qui préfèrent utiliser la violence émotionnelle sur leurs victimes afin que leurs actions ne soient pas facilement perceptibles par les autres. Cela leur permet de maintenir leur pouvoir sur leurs victimes pendant une période plus longue. Le résultat typique du gaslighting est de vivre avec une dissonance cognitive, ce qui signifie que la victime a deux points de vue différents en même temps qui sont en contradiction l'un avec l'autre. Par exemple, elle peut reconnaître que l'agresseur n'est pas honnête ou

571

qu'il l'induit intentionnellement en erreur. Mais elle a tellement d'amour pour lui qu'elle est prête à se dire qu'elle doit avoir tort au sujet de l'autre personne. Par conséquent, ils continuent à permettre l'abus de l'autre personne, ce qui finit par amoindrir leurs capacités cognitives.

Histoire du gaslighting

La terminologie "gaslighting" provient de la pièce de théâtre de 1938, Gaslight, également connue sous le nom de Angel Street, aux États-Unis. La pièce, qui a ensuite été adaptée au cinéma en 1940 et 1944, raconte l'histoire d'une femme, Bella Manningham, que son mari, Jack Manningham, manipule en lui faisant croire qu'elle est folle. Le mari tamisait et allumait littéralement les lumières de leur maison et faisait comme si rien ne se passait afin de faire douter sa femme de sa santé mentale. Cette pièce est une parfaite représentation d'une relation désolante dans laquelle l'une des parties tente de saper le sens de la réalité de l'autre et, ce faisant, lui cause un préjudice mental. Si l'on en croit cette pièce, le gaslighting est une technique utilisée depuis longtemps par les agresseurs.

Si l'on considère que cette pièce n'est qu'un mélodrame pastiche de plus, sa reprise par divers auteurs au fil des ans a montré que le sujet est toujours d'actualité, d'autant plus que les techniques et tactiques utilisées dans le gaslighting sont devenues plus sophistiquées. Dans la pièce, Jack Manningham isole également sa femme de son système de soutien afin de se faire le seul interprète de sa réalité. Malheureusement, dans la pièce, son stratagème fonctionne et elle devient dépendante de lui pour discerner et traduire les situations de sa vie, tout en sombrant davantage dans le désespoir.

Exemples de gaslighting aujourd'hui

L'effet de gaslighting est apparu dans des décennies d'études sur la psychanalyse et il s'est également manifesté dans différentes émissions de télévision au fil des ans. L'une des personnalités considérées comme le gaslighter le plus prolifique des temps modernes est, malheureusement, le président des États-Unis, Donald Trump. Le terme "gaslighting" peut être associé à tout ce qui est rendu suffisamment surréaliste pour que vous remettiez en question votre perception de la réalité. Il y a eu un certain nombre de cas de gaslighting associés au président des États-Unis, où il a essayé de faire en sorte que ses adversaires semblent déséquilibrés pour avoir remis en question ses actions et celles de ses proches. En voici quelques exemples :

Brett Kavanaugh et le Dr. Christine Blasey Ford

Lors de l'audience de confirmation de Brett Kavanaugh, le président Donald Trump a qualifié d'inventées et de canulares les accusations du Dr Christine Blasey Ford selon lesquelles Kavanaugh l'avait agressée sexuellement au lycée. Les remarques suivantes du président ont créé une atmosphère où la réalité de la victime était remise en question et sa mémoire contestée, simplement parce que du temps s'était écoulé après les faits.

Le président a fait remarquer : "Le public américain a vu cette mascarade, a vu cette malhonnêteté des démocrates. Et lorsque vous mentionnez la mise en accusation [sic] d'un juge de la Cour suprême des États-Unis qui est un érudit de haut niveau, un étudiant de haut niveau, un intellectuel de haut niveau, et qui n'a rien fait de mal, il n'y a aucune corroboration d'aucune sorte. Tout a été inventé, tout a été fabriqué. Et c'est une honte. Et je pense que cela va vraiment vous montrer quelque chose le 6 novembre."

D'une manière ou d'une autre, l'intelligence perçue de Brett Kavanaugh a suffi à falsifier tout ce que le Dr Ford a dit et a remis en question la validité de sa version des faits.

Donald Trump et Hilary Clinton

En tant que femme dans la course à la présidence, Hilary Clinton a été confrontée à un grand nombre de questions et à un examen minutieux de sa position sur les problèmes des femmes. Mais lorsque la candidate à la présidence a abordé des questions concernant les femmes ou a défendu les droits des femmes, le candidat de l'époque, Donald Trump, l'a accusée de jouer la "carte de la femme".

Pendant la campagne, Trump n'a cessé d'insinuer que Clinton n'avait aucune chance de gagner si elle ne jouait pas la carte de la femme. Cet argument visait non seulement à invalider les questions sur lesquelles Clinton se concentrait lorsqu'il s'agissait des femmes, mais aussi à la faire passer pour une candidate plus faible qui n'avait rien à offrir au peuple américain à part son sexe. Et ce, en dépit du fait que Mme Clinton a servi dans l'administration précédente et a même été élue fonctionnaire la plus populaire de son espèce, devant le président Obama et le vice-président Joe Biden.

Dans l'un de ses rassemblements à Spokane Washington, Trump a affirmé que Clinton l'a accusé d'élever la voix lorsqu'il s'adresse aux femmes. "Elle va - avez-vous entendu que Donald Trump élève la voix en parlant aux femmes. Oh, je suis désolé, je suis désolé. Je veux dire que tous les hommes - nous sommes terrifiés de parler aux femmes désormais - nous pouvons élever la voix."

Cette déclaration dépeint Clinton comme une adversaire qui cherche à restreindre les libertés des hommes et des policiers dans leur façon de se comporter avec les femmes. Elle est destinée à faire craindre aux hommes que les femmes ne se liguent contre eux avec l'aide d'Hilary Clinton. L'éclairage de Clinton a très bien fonctionné auprès de certains électeurs, qui se sont laissés convaincre par le portrait qu'il a dressé d'elle comme le début de la fin de l'ordre naturel des choses tel qu'ils le connaissaient. Il a joué sur leur ressentiment et leurs préjugés sexistes, en particulier dans les foyers où la femme gagne plus d'argent que l'homme.

L'incivilité de Donald Trump lorsqu'il parlait de Clinton et le fait qu'il l'accusait constamment de jouer la carte de la femme avaient pour but de diminuer sa valeur en tant que leader aux yeux des électeurs et, malheureusement, de nombreux électeurs se sont laissés prendre à cet argument. Dans ce cas, Donald Trump a réussi à éclairer le peuple américain et Hilary Clinton. Il a effectivement changé la perception de la réalité pour les électeurs, en leur donnant l'impression qu'il était la seule solution pour maintenir les choses dans leur "ordre naturel". Il a également réussi à faire passer Clinton pour une candidate indigne parce qu'elle se préoccupait de questions telles que la garde des enfants et l'égalité des salaires pour les femmes. Cette tactique avait en fait pour but de garder Clinton silencieuse sur les questions féminines, car Trump n'avait pas l'impression de les maîtriser et il ne pouvait pas essayer de se faire l'avocat des femmes si tard dans la partie, après sa cassette Access Hollywood.

En tant que gaslighter, dans ce cas, Donald Trump a essayé de faire taire les arguments de Clinton en décrivant ses normes et ses opinions comme oppressives et déraisonnables.

Kellie Sutton et Steven Gane

Kellie Sutton n'était pas une personne célèbre, mais une mère de trois enfants âgée de 30 ans qui vivait avec un petit ami tyrannique, Steven Gane. Mais dans une affaire historique qui a puni les auteurs de "gaslighting", Steven Gane a été condamné à une peine de quatre ans et trois mois. Il a également été frappé d'une ordonnance de comportement criminel qui durera 10 ans à partir de 2018. Cette ordonnance oblige Gane à informer la police de toute relation sexuelle qu'il entretient pendant plus de 14 jours. La notification doit être faite dans les 21 jours suivant le début de la relation.

Dans cette affaire, Steven Gane a été reconnu coupable d'avoir utilisé un comportement coercitif et contrôlant dans le cadre d'une relation intime, d'avoir agressé la victime en la battant et d'avoir commis des voies de fait entraînant des lésions corporelles réelles. Selon le juge de l'affaire,

Phillip Grey, l'agresseur s'est immiscé dans l'affection et le foyer de la victime, puis a cherché à la contrôler et à la dominer. Le juge a déclaré que Gane l'a traitée comme un ticket de repas qu'il devait contrôler, qu'il l'a traitée comme une possession, qu'il l'a battue, qu'il l'a punie et qu'il a brisé son esprit. Il a ajouté : "Ses textos et ses messages Facebook montrent le mépris et l'hostilité avec lesquels vous la traitiez. Vous considérez les femmes comme des objets que vous souhaitez utiliser. Vous avez même fait référence à Mlle Sutton en termes abusifs et grossiers après sa mort. Votre comportement a poussé Mlle Sutton à mettre fin à ses jours. Elle a menacé de se tuer et vous lui avez dit de faire une faveur à tout le monde et d'aller de l'avant et de le faire".

Gane a admis qu'il était un homme jaloux et que ses actions de gaslighting avaient pour but d'exercer un contrôle sur son amant. Selon la mère de Kellie Sutton, Pamela Taylor, elle était une personne pétillante, heureuse, drôle, affectueuse et attentionnée. Cependant, elle a changé après avoir eu une relation avec Gane et est devenue renfermée et anxieuse.

C'est la première fois qu'une condamnation est prononcée pour un délit de gaslighting à la suite du décès d'une victime. Au Royaume-Uni, la législation sur la coercition et le contrôle est entrée en vigueur en 2015 et la police a salué cette avancée comme une étape importante. Cette législation est un article de la loi sur les crimes graves de 2015.

Gane et Sutton n'ont été ensemble que cinq mois. Dans un comportement typique de gaslighter, il s'est mis dans les bonnes grâces de sa victime en emménageant chez elle, en faisant tout ce qu'elle voulait faire à la maison et en lui achetant des choses. C'était un stratagème pour qu'elle devienne dépendante de lui. Au fil du temps, il l'a éloignée de sa famille et de ses amis et a commencé à la contrôler davantage, allant jusqu'à la battre lorsqu'elle sortait sans lui dire où elle allait. La victime a caché la réalité à sa famille et même lorsqu'elle a fini par s'enlever la vie, ils n'étaient pas au courant de l'éclairage gazeux qui se déroulait dans sa vie.

Steven Gane a fait preuve d'un comportement typique de gaslighting en contrôlant et en contraignant son partenaire. Mais dans son cas, il s'agissait d'une combinaison mortelle d'abus émotionnels et physiques. Selon ses amis, il a vu la vulnérabilité de cette mère célibataire de trois enfants et en a profité. Les Gaslighters chercheront toujours une faiblesse et l'exploiteront à leur avantage.

La Russie bombarde les Américains

Depuis l'élection de 2016, les Américains ont été gazés par la machine de propagande russe qui cherche à écarter la perception que la Russie a manipulé l'électorat américain et a changé le cours de la politique américaine, comme si c'était le fruit de leur imagination. Des agents russes ont piraté la campagne de Clinton, ainsi que le Comité national démocrate et le Comité de campagne du Congrès démocrate, dans le but de divulguer des informations sensibles de la campagne. Ils ont également diffusé de la propagande sur Clinton sur Twitter, Facebook et Instagram et ont même organisé des rassemblements de campagne en Pennsylvanie et en Floride. Toutes ces informations sont corroborées par la communauté du renseignement des États-Unis.

Cependant, lorsqu'il a été interrogé sur leur ingérence dans les élections américaines, le président russe Vladimir Poutine a tout nié et a plutôt pointé un doigt confus vers leur voisin, l'Ukraine. Dans le comportement de déviation typique d'un gaslighter, le président russe a fait semblant de ne pas savoir ou comprendre que ses agents, en utilisant des cyber tactiques, ont introduit de faux récits dans l'élection américaine de 2016 qui ont favorisé Donald Trump et causé des dommages à la campagne Clinton.

La principale raison de cette manipulation était d'assurer l'élection d'un candidat qu'ils pouvaient manipuler pour l'amener à la plus haute fonction et exercer un pouvoir sur lui. Clinton a été dure envers la Russie et a soutenu les sanctions en place contre le pays pour leurs actions en Ukraine. Lorsqu'elle a été découverte, la Russie a pointé du doigt un autre pays et a également lancé une campagne visant à discréditer les services de renseignement américains, en utilisant leur propre président, rien de moins.

L'avocat spécial américain Robert Muller a découvert des preuves d'une opération menée par le Kremlin pour interférer avec les élections. Il a également découvert que 12 agents du renseignement russe ont infiltré des courriels démocratiques et utilisé de faux comptes de médias sociaux afin de diffuser des récits qui divisent. En 2017, 56 % des Américains pensaient que la Russie avait interféré dans les élections, mais cela signifie également que 44 % ne le pensaient pas. C'est un pourcentage énorme et cela représente un grand nombre de personnes dont la perception de la réalité a été perturbée par des déclarations comme celles-ci de Poutine et de Donald Trump.

M. Poutine a déclaré : "Nous n'avons et n'avons jamais eu aucun projet d'ingérence dans la politique intérieure des États-Unis." Mais, selon Poutine, leur gouvernement ne peut pas empêcher les citoyens privés d'exprimer leurs opinions en ligne sur la politique américaine et ses développements. "Comment pouvons-nous leur interdire de le faire ? Avez-vous une telle interdiction en ce qui concerne la Russie ?"

Trump : "Je ne crois pas qu'ils aient interféré." Dans un autre cas, il a déclaré : "Sachant quelque chose sur le piratage informatique, si vous ne prenez pas le pirate sur le fait, il est très difficile de dire qui a fait le piratage. Cela étant dit, je penche pour la Russie. Ça aurait pu être la Chine, ça aurait pu être beaucoup de groupes différents."

En jetant des doutes sur la validité des affirmations, comme l'ont fait les deux présidents, et en tant que personnes haut placées ayant beaucoup d'influence, les deux dirigeants ont incité le peuple américain à penser que sa perception de la réalité n'était pas exacte. Remarquez que non seulement ils ont nié l'action, mais qu'ils ont également désigné d'autres auteurs potentiels. Cela leur a permis de proposer un récit alternatif à ceux qui pensaient que le piratage avait eu lieu. Ils ont tous deux compris que les faits indiquaient un piratage. Cependant, il est tout aussi important de détourner la responsabilité de la Russie que de nier les faits. Cette tactique consistant à brouiller les pistes fonctionne très bien pour les responsables de l'éclairage gazeux, car leurs victimes ont souvent du mal à trouver des motifs pour que les accusations tiennent la route.

Charles Manson et la famille Manson

Charles Manson était un gaslighter prolifique qui a poussé la tactique du gaslighting à un niveau supérieur en influençant des personnes bien éduquées pour qu'elles laissent leur vie derrière elles. Il les lâchait ensuite dans le monde pour qu'elles commettent des meurtres pour lui. Comme la plupart des allumeurs de gaz, Manson se présentait comme le prochain sauveur du monde et le reste du monde comme des inadaptés et des flagorneurs. La plupart des gens pensaient que Manson recrutait des tueurs en série adolescents. En fait, il répondait aux besoins de jeunes femmes vulnérables et, en fonction de leur vulnérabilité, il exploitait leur besoin spécifique.

Par exemple, si une jeune femme cherchait un guide spirituel, il le lui offrirait sous sa forme déformée. Si elle avait besoin d'une figure paternelle, il agirait de manière à ce qu'elle trouve en lui un réconfort paternel. Non seulement cela les rendait extrêmement dépendants de lui, mais en les faisant entrer dans la vie des autres, il leur donnait une famille et un lien qui manquait à la plupart. Il a même appelé sa secte la "famille Manson".

Manson a fait d'eux une partie de sa vie et, pendant la première année de 1968, il y a eu un profond sentiment de famille, d'affection et d'épanouissement entre eux tous. Malheureusement, les années passées avec Manson se sont déroulées dans un brouillard de drogues, si bien que les personnes de la secte se souviennent différemment des événements. La chronologie de l'histoire de Manson s'étend sur deux ans et, à la mi-1969, Manson a commencé à ordonner aux membres de sa famille de tuer des gens pour lui. La première victime était un ami de la famille Manson du nom de Gary Hinman, qui a été tué par des membres de la famille parce qu'il n'avait pas donné d'argent à Manson. La personne suivante sur sa liste de cibles était Roman Polanski, un célèbre réalisateur de films, et sa femme en a été la malheureuse victime. La maison de Roman Polanski était visée parce qu'un producteur de musique qui avait rejeté Manson y vivait auparavant.

Après avoir manipulé les membres de sa famille pour qu'ils le considèrent comme leur messie, il a avancé ce qu'on appelle la théorie du Helter-Skelter. Selon cette théorie, les Afro-Américains et les Blancs se livreraient à une guerre raciale qui ferait des milliers de victimes. Manson prévoyait que la famille disparaisse dans des grottes pour en ressortir lorsque la guerre serait terminée, afin de régner sur le monde. Mais lorsque sa carrière musicale a fait un flop, il a dit à ses membres qu'ils devaient eux-mêmes se mettre à l'abri en commettant des crimes dans des quartiers huppés. Il s'agissait de montrer à la communauté afro-américaine comment exercer la violence. Cependant, il est clair que les meurtres étaient pour Manson des meurtres de vengeance contre des personnes qui ne l'avaient pas aidé à faire avancer sa carrière musicale.

Les hommes et les femmes utilisés par Manson s'en remettaient tous complètement à lui pour leur compréhension de la réalité telle qu'il la traduisait. À leurs yeux, il n'était pas un agresseur. Ils voyaient plutôt un leader charismatique et inspirant, doté d'une vision et d'un objectif visant à transformer leur vie et l'humanité pour le mieux. Ce trait de caractère est connu sous le nom de biais d'optimisme, dans lequel les victimes voient le bon côté des choses, même lorsque le comportement de l'agresseur présente des divergences évidentes. Le biais d'optimisme existe en chacun de nous, mais il devient plus prononcé chez les victimes de gaslighting.

Adam et Rosie de Love Island

En 2018, des participants à l'émission Love Island, Adam et Rosie, ont montré comment le gaslighting peut devenir une partie de la vie amoureuse. Les téléspectateurs étaient préoccupés par la façon dont Adam a utilisé des tactiques de gaslighting très typiques sur sa partenaire de l'époque, Rosie, en lui faisant croire qu'elle était la raison pour laquelle il poursuivait la nouvelle fille de l'émission. Adam a dit à Rosie qu'il la larguait parce qu'elle se comportait comme une enfant. Il n'a pas assumé la responsabilité de ses actes et a rejeté la faute sur Rosie, lui donnant ainsi l'impression d'être responsable de son mauvais comportement.

En banalisant la réaction de sa partenaire sur la base de ses actions, Adam a fait preuve d'un comportement de gaslighting. Et, apparemment, lorsqu'il était dans une relation avec une autre participante du nom de Kendall, il a également utilisé des tactiques de gaslighting sur elle. Par exemple, il lui disait : "Je n'ai rien fait pour que tu penses que je choisirais quelqu'un d'autre." Et ce, malgré le fait qu'il avait une relation avec Rosie à ce moment-là. Et le fait qu'il ait fait preuve d'un comportement de gaslighting avec Kendall et avec Rosie chaque fois qu'il s'intéressait à quelqu'un de nouveau, montre un schéma dans son comportement.

Le Gaslighting a été vu dans l'émission avec d'autres participants, comme Joe Garratt. Garratt a fait croire à sa partenaire Lucie Donlan que quelque chose n'allait pas chez elle parce qu'elle était amie avec les participants masculins de l'émission, en particulier le rival de Joe. Il lui a dit : "Je ne suis pas content de ça. C'est étrange. Je pense qu'il est temps pour toi de te rapprocher des filles". Joe a été très critiqué pour son harcèlement de Lucie et a été éliminé de l'émission. Mais plus important encore, il a dû être emmené dans une maison sécurisée en conséquence.

Lorsque des sentiments intimes sont en jeu, le gaslighting peut être la porte d'entrée d'une relation abusive et se transformer rapidement en violence physique. La victime est susceptible de rester dans une relation malsaine parce qu'elle s'est habituée à la nature de la relation. Avec le temps, le comportement abusif se poursuit et s'intensifie.

CHAPITRE DEUX

L'histoire d'un allumeur de gaz

Le narcissisme est au cœur du comportement de gaslighting. Dans chacun des exemples que j'ai donnés dans le chapitre précédent, les auteurs du gaslighting se sentent supérieurs à la victime et pensent que cette dernière ne devrait avoir d'égards que pour eux. Comme ils n'y parviennent pas naturellement, ils ont recours à un comportement coercitif et manipulateur pour éroder la confiance de la victime et l'amener à remettre en question sa perception et son jugement. Cela place effectivement la victime dans une position vulnérable, que le chasseur de gaz peut ensuite exploiter en se faisant passer pour la personne la plus importante pour la victime.

Dans la tête d'un allumeur de gaz

En traitant avec un gaslighter, vous découvrirez qu'il y a ceux qui comprennent ce qu'ils font et ceux qui ne sont même pas conscients de leurs actions. Des allumeurs de gaz célèbres, comme Charles Manson, ne se sont pas lancés par hasard dans le recrutement et la manipulation de jeunes femmes. Manson a suivi un cours basé sur le livre de Dale Carnegie "How to Win Friends and Influence People". Les tactiques de manipulation qu'il utilisait sur ses adeptes ont été apprises dans ce livre. Ce livre n'a pas été écrit dans l'optique d'une manipulation infâme. En fait, certains des plus grands esprits du monde, comme Warren Buffet, ont également bénéficié des enseignements de ce livre. Mais Manson a appliqué les techniques d'une manière diabolique pour répondre à ses propres besoins.

Il s'agit d'un exemple classique d'un gaslighter qui a intentionnelle-ment appris à manipuler les gens, a appliqué les tactiques apprises et les a utilisées pour son propre compte. Certains gaslighters sont conscients de leur comportement et ciblent délibérément des personnes vulnérables qu'ils peuvent facilement contrôler.

À l'opposé, le gaslighter n'est pas vraiment conscient de ses actions. C'est particulièrement vrai pour les personnalités autoritaires qui ont ten-dance à penser en termes absolus. Pour elles, les choses sont noires ou blanches, et l'autre personne fait ce qu'elles disent ou ne le fait pas. Ces personnes sont les plus difficiles à aider car elles n'identifient pas elles-mêmes leur problème. Le résultat est cependant le même pour les deux types d'allumeurs de gaz, qu'ils soient conscients ou non : ils sont récom-pensés lorsque leur victime devient complètement dépendante d'eux. Ils veulent tous deux contrôler les pensées de leur victime, qu'ils aient l'im-pression de le faire pour son bien ou pour leur propre bénéfice.

La personnalité du gaslighter

La personnalité du gaslighter se rencontre généralement chez les per-sonnes qui ont deux problèmes contradictoires en jeu en leur sein. Elles ont des problèmes d'estime de soi et de valeur personnelle et la seule façon pour elles de se sentir en contrôle est de manipuler les gens et les situations autour d'elles en leur faveur. Mais elles ont aussi un sens exa-géré de l'importance. Cela leur donne l'impression d'être responsables de leur propre vie et d'avoir beaucoup de droits. Le chasseur de gaz peut être soit un magouilleur et un maître dans l'art de déformer les faits, soit une figure d'autorité autoritaire qui n'aime pas être remise en question et ne voit les choses qu'à travers son prisme personnel.

Le narcissisme joue un rôle important dans le comportement de ga-slighting car il aide le gaslighter à masquer son insécurité. Le narcissisme est un trouble de la personnalité dans lequel une personne a un sens exa-géré de sa propre valeur et de son importance. Elle a également un besoin insatiable et profondément ancré d'admiration et d'attention, ainsi qu'un manque total d'empathie pour les autres. À la moindre critique, une personne narcissique perd son masque de confiance en soi, ce qui peut parfois entraîner des actes de violence car son côté peu sûr est soudainement exposé. Pour ces personnes, toute action de la victime, comme la remise en question d'une décision ou même une demande de clarification, peut être considérée comme une critique, ce qui les pousse à s'en prendre à la victime.

Par exemple, si une femme demande à son mari de parler de la façon dont il dépense le revenu familial, il peut avoir l'impression qu'elle met en doute sa capacité à prendre de bonnes décisions. En tant que narcissique, il prendra cela comme une insulte et pourra devenir violent à cet instant. Il est très facile pour une personne souffrant d'un trouble de la personnalité narcissique de devenir un chasseur de gaz à cause de son sens du droit et de son souci d'être admiré. D'un autre côté, une personne souffrant d'un trouble de la personnalité de type gaslighter présente également des comportements tels que le repli sur soi et l'humeur changeante lorsque les choses ne vont pas dans son sens. En outre, elle éprouve des difficultés à s'adapter à tout changement dans son environnement. Elles éprouvent aussi secrètement des sentiments de honte et d'insécurité à l'égard de certains aspects de leur vie. Certains gaslighters peuvent également souffrir de dépression, ce qui les rend plus susceptibles d'abuser de l'alcool et des drogues.

En définitive, la personnalité du gaslighter a un besoin persistant, dans le cadre de son comportement, de contrôler les autres autour d'elle par tous les moyens nécessaires.

Pourquoi ils le font

La principale raison pour laquelle les auteurs de gaslight se donnent autant de mal pour contrôler les gens est le pouvoir qu'ils en retirent. Le besoin de domination les aide à se sentir bien dans leur peau, car ils sont déjà aux prises avec des sentiments d'insécurité et de faible estime de soi. Le gaslighter peut essayer de faire croire que ses actions sont bénéfiques pour la victime, mais en fait, elles le sont pour son propre bénéfice.

Il arrive que des personnes utilisent le gazage d'un proche pour dissimuler un méfait, comme une liaison ou la consommation de drogue. Dans une telle situation, le gaslighter n'est pas un narcissique typique. Au contraire, parce qu'il a peur des répercussions de son comportement, il va amener l'autre personne à remettre en question sa réalité pour se protéger. Ce qu'il faut savoir, c'est que, quelle que soit la raison pour laquelle une personne fait du gaslighting, sa seule intention est de s'enrichir aux dépens de l'autre personne.

Les auteurs de gaslighting aiment aussi utiliser ces techniques pour se sentir en sécurité, surtout s'ils ont grandi avec un certain niveau d'insécurité dans leur environnement. Le gaslighting étant un comportement appris, l'agresseur l'utilise comme un réflexe de protection pour protéger ses sentiments et l'aider à se sentir maître de sa vie. Ce comportement acquis provient de son environnement et, lorsqu'il constate qu'il fonctionne, il l'essaie sur sa première victime. S'il réussit à manipuler les personnes de son entourage, cela devient une stratégie cognitive de survie.

Confessions de gaslighter

Il est essentiel de comprendre que les auteurs de gaslight sont aussi des êtres humains, malgré leur comportement. Ils ont besoin de se protéger et d'être acceptés, ce qu'ils pensent sincèrement que leurs actions leur apportent. C'est à cause de ce besoin d'acceptation et d'appartenance que les gaslighters peuvent continuer à gazer leurs proches, même s'ils voient leur souffrance. Ils peuvent avoir peur de se retrouver seuls ou d'avoir l'air d'un perdant. Par conséquent, leur instinct de conservation prend le pas sur tout sentiment de culpabilité ou d'empathie.

En tant qu'auteur ayant écouté de nombreuses histoires sur le gaslighting, tant de la part de victimes que d'agresseurs, j'ai entendu des histoires déchirantes qui laissent des hommes et des femmes parfaitement fonctionnels avec des peurs et des angoisses débilitantes pendant une longue période et, dans certains cas, même pour le reste de leur vie. L'une de ces histoires, que j'ai trouvée dans BBC Stories, concerne un avocat canadien du nom de Greg et plusieurs femmes qu'il a gazées au cours de leurs relations.

Au cours de la thérapie, Greg a réalisé qu'il était un gaslighter et, après un examen plus approfondi, il a relié le début de son comportement à une relation qu'il a eue à l'âge de 21 ans. Greg s'est avoué gaslighter en série, avec 11 relations à son actif, et a utilisé des techniques de gaslighting sur chacune des femmes. À l'âge de 28 ans, il a reconnu le modèle de gaslighting dans ses relations et il s'est exprimé afin d'aider les femmes à identifier les signes révélateurs d'un gaslighter.

Sa première relation en tant qu'étudiant en droit a été avec une étudiante en maîtrise du nom de Paula. Il était infidèle et avait plusieurs liaisons dans son dos, mais elle était assez intelligente pour savoir ce qu'il faisait. Greg ne voulait pas rompre avec elle, mais il ne voulait pas non plus renoncer à ses autres amants. Il a donc eu recours à l'incitation à la tromper pour qu'elle ne sache pas ce qu'il faisait.

Il a notamment créé une réalité alternative en l'amenant à s'interroger sur sa relation avec les médias sociaux. Il a commencé à prétendre qu'elle était obsédée par les médias sociaux. Pour rendre ses déclarations plus acceptables pour l'intelligence de Paula, il a commencé par faire une blague sur le fait qu'elle était folle des médias sociaux. Greg laissait une empreinte de son infidélité sur les médias sociaux. Avec le temps, il a commencé à utiliser un langage dégradant lorsqu'elle soulevait des questions sur son utilisation des médias sociaux, lui donnant l'impression qu'elle était simplement dramatique et paranoïaque à propos de ce qu'elle voyait. Il agissait comme si c'était une blague, chaque fois qu'elle le confrontait.

Le gaslighting constant a fait que Paula a commencé à douter de ce qu'elle voyait, croyant qu'elle réagissait de manière excessive et qu'elle n'affrontait pas les situations compromettantes par peur d'être trop dramatique. Elle s'est donc excusée d'avoir douté de lui et a promis de passer moins de temps sur les médias sociaux. Cela a donné à Greg la liberté de continuer à mener son style de vie. Il était au début du schéma compor-

temental du gaslighting, dans lequel on utilise le mensonge et l'exagération pour offrir un récit alternatif. L'extrémité du spectre implique le recours à des moyens de contrôle, de coercition, de manipulation et parfois
même physiques pour dominer l'autre personne.

Selon Greg, bien que Paula soit féministe et bien éduquée, elle a cru
le récit qu'il lui a fait, selon lequel les autres femmes étaient des men-
teuses et des personnes à qui on ne pouvait pas faire confiance. Par conséquent, elle en voulait aux autres femmes et même lorsqu'elle les
rencontrait et découvrait qu'elles étaient de bonnes personnes, la version
de Greg l'emportait toujours. Avec cette tactique de gaslighting, Greg
l'isolait efficacement des autres personnes qui pouvaient lui dire la vérité,
tout en alimentant son anxiété à propos de ce qu'elle voyait sur les médias
sociaux.

Greg a choisi le type de femme que la plupart des gens supposent ne
pas être affectée par la violence psychologique. Il a dit avoir ciblé des
femmes intelligentes et ayant réussi dans la vie, qui sont en fait encore
plus réceptives à la violence psychologique que leurs homologues moins
performantes. Ces femmes ont tendance à être consciencieuses et à faire
ce qui est juste, ce qui les rend dignes de confiance et prêtes à faire confiance aux autres plus facilement. Elles sont également agréables et empathiques à l'excès. Ce sont généralement ces qualités qui leur ont permis
de réussir dans leur carrière, mais elles peuvent être exploitées, ce qui les
rend vulnérables au gaslighting.

Selon Greg, de nombreux agresseurs abordent les relations avec une
liste de contrôle ou un plan de ce qu'ils peuvent cibler pour rendre la
personne plus vulnérable. Il dit que ses victimes sont toutes venues avec
une idée de ce à quoi elles pensaient qu'une relation réussie devait ressembler, souvent des représentations tirées de films et de contes de fées.
Il explique ensuite qu'en tant qu'allumeur de gaz, vous regardez ce récit
que la victime veut que la relation suive et vous vous mettez à l'élaborer,
mais pour répondre à vos propres besoins. Vous commencez alors à faire
des choses pendant un certain temps qui soutiennent le récit auquel vous
voulez que la victime adhère.

Greg affirme que, bien qu'il n'ait pas été physiquement violent ou agressif avec l'une de ces femmes, avec le recul, il comprend que les dommages qu'il a causés étaient psychologiques. Il conseille aux femmes qui constatent des signes de gaslighting dans leur relation d'en parler à leurs amis masculins. Il explique que les amis masculins sont susceptibles de remarquer un comportement de gaslighting chez d'autres hommes et d'être brutalement honnêtes avec leurs amies. Les amies, en revanche, se laissent facilement intimider et sont susceptibles de dire à la victime ce qu'elle veut entendre. En fait, il se méfiait des amis masculins de son ex-petite amie parce qu'il savait qu'ils pouvaient voir clair dans ses tactiques.

En tant qu'homme, parler du gaslighting est presque tabou, car la plupart des gens pensent qu'un homme ne peut pas être maltraité par sa partenaire, surtout s'il s'agit d'une femme. De nombreux hommes subissent le gaslighting de la part de leur femme ou de leur petite amie pendant des années avant de pouvoir se résoudre à accepter ce qui se passe. Cela montre que le gaslighting ne se limite pas aux femmes, qui en sont les seules victimes.

Dans la même série de la BBC, je suis tombé sur l'histoire d'un Américain dont la femme le gazait, le traumatisant pendant de nombreuses années. S'il faisait des projets avec ses amis, elle soulevait une dispute, l'empêchait de sortir et feignait ensuite de ne pas se souvenir qu'il était censé rencontrer ses amis. Elle appelait son travail et faisait comme si quelque chose n'allait pas à la maison et, lorsqu'il rentrait, elle l'accusait d'avoir réagi de manière excessive, comme si elle n'avait pas donné l'impression que c'était grave. Au final, il a perdu son emploi à cause de ces incidences.

Elle accrochait une photo et lorsqu'il la complimentait, elle prétendait qu'elle était accrochée depuis plus de deux semaines et qu'elle ne pouvait pas croire à sa stupidité de ne pas l'avoir remarquée. Il a commencé à douter de ses souvenirs à cause de ce genre de choses, car il ne se souvenait pas de l'avoir vu auparavant.

Malheureusement, l'aide apportée aux hommes dans les relations violentes est bien moindre que celle apportée aux femmes. On attend des hommes qu'ils mettent un terme à la violence. Mais la vérité est que le gaslighting concerne tous les sexes et que ses effets sont tout aussi dévastateurs.

Êtes-vous un allumeur de gaz ?

Si vous avez des doutes sur le fait que vous êtes un allumeur de gaz, cette simple question peut être le premier point de départ :

Est-ce que vous rabaissez votre partenaire, votre enfant ou toute autre personne qui vous est proche, attendez sa réponse, puis l'attaquez, en lui donnant l'impression d'être incapable de faire un bon jugement ? Vous pouvez penser que leur jugement était erroné sur un sujet particulier. Cependant, si vous en faites une habitude constante, où vous faites douter l'autre personne de sa capacité à prendre de bonnes décisions, vous êtes un gazeur. Le chasseur de gaz inconscient peut penser qu'il est simplement raisonnable ou honnête. Ces personnes croient qu'il faut être brutalement honnête, mais elles ne font qu'être brutales dans leur contrôle de l'autre personne. Ils peuvent vous dire qu'ils sont rationnels et calmes et qu'ils n'aiment pas les expressions d'anxiété. Vous pouvez vous attendre à ce qu'elles disent des choses comme "Vous êtes trop sensible" parce qu'elles se sentent justifiées de dire tout ce qu'elles veulent à leur manière abrasive.

Le gaslighter conscient, quant à lui, est très méthodique dans sa façon de préparer ses victimes à la chute. Il commencera par être très gentil ou serviable et gagnera la confiance de l'autre personne. Au début, leurs coups de gueule prennent la forme de blagues ou d'un sentiment de culpabilité. L'escalade progressive vers une domination et un harcèlement moral à part entière prend des mois, voire des années.

Une autre question à se poser est la suivante : "Vous arrive-t-il d'utiliser des phrases qui amènent la personne à se poser des questions ? Par exemple, les traitez-vous de fous ? Ou que ses amis ou sa famille sont fous ? En lui donnant l'impression qu'elle est irrationnelle dans ses pensées, ses opinions, son choix d'amis ou même ses loisirs, vous l'éclairez.

Pour un allumeur de gaz, chaque acte de contrôle, de coercition et de domination sur sa victime est un voyage de pouvoir et cela peut devenir une dépendance. C'est pourquoi il utilisera les moindres actions de sa victime pour lui donner l'impression qu'elle n'agit pas rationnellement.

La dernière question à vous poser est la suivante : "Est-ce que vous vous sentez peu sûr de vous et trouvez du réconfort à faire en sorte que l'autre personne se remette en question ?" Avec cette question, il est important de chercher à savoir si vous êtes simplement un agresseur émotionnel qui aime avoir le contrôle sur ce que ressent votre partenaire ou un gaslighter qui veut aller plus loin et le discréditer en faisant en sorte que la personne s'interroge sur sa santé mentale.

Trois types d'allumeurs de gaz

Au fil des ans, les psychanalystes ont identifié trois types d'allumeurs de gaz en fonction de leur comportement. Des personnalités respectées dans ce domaine, comme le Dr Robin Stern, directeur associé du Yale Center for Emotional Intelligence, ont mis plus de deux décennies et demie à découvrir les effets de ces allumeurs de gaz et leurs tactiques spécifiques sur leurs victimes. Voici ce que vous devez savoir sur ces trois types :

L'allumeur de gaz glamour

Le Gaslighter de charme commence toujours par se présenter comme un gentleman, ce qui a pour but de faire chavirer sa victime. Si c'est une femme, elle sera élégante et charmante, parfois même délicate et délicate dans ses actions. Elle peut agir comme une demoiselle en détresse, ayant besoin des attributs masculins de sa victime pour venir à son secours. Le chasseur de gaz glamour masculin achètera des cadeaux coûteux et emmènera sa victime dans les meilleurs restaurants, lui donnant ainsi l'impression d'être le centre de son monde.

Il ne s'en prend pas seulement à elle, mais aussi à ses proches, de ses amis à sa famille, faisant d'elle l'envie de tous les membres de son entourage. Mais par de petits moyens, il commence à la contrôler. Au début, il peut s'agir de programmer des activités ensemble qui coïncident avec les projets qu'elle a faits avec sa famille ou ses amis. Cela l'oblige à le choisir plutôt qu'eux. Il fera des remarques subtiles du genre : "Je suppose que passer du temps avec moi n'est pas aussi important pour toi que pour moi". Certains peuvent essayer d'instiller la peur de la rupture en disant : "Ce n'est pas grave. Va traîner avec tes amis. Je vais prendre untel ou untel... mais pour tout te dire... il y avait quelque chose entre nous avant que je te rencontre et elle me tient toujours en haleine." L'objectif est d'insécuriser la victime et de la rendre suffisamment jalouse pour qu'elle abandonne ses projets pour les siens.

Dans le même scénario, la femme Glamour Gaslighter peut s'habiller de manière provocante pour sortir après avoir découvert que l'homme a prévu de sortir avec ses amis. Elle lui fera savoir qu'elle sort avec un ancien petit ami ou un collègue de travail, en lui faisant comprendre que son compagnon a des sentiments pour elle. Le but de ses actions est de le rendre suffisamment jaloux pour qu'il abandonne ses projets. Soudain, elle lui en veut d'avoir réagi de manière excessive et de l'avoir fait culpabiliser parce qu'elle voulait sortir pour passer du bon temps. Elle lui reproche d'être manipulateur et il est obligé de l'apaiser et de lui assurer que ce n'était pas son intention, tout en se demandant s'il a réagi de manière excessive et s'il l'a poussée à changer ses plans pour lui.

L'homme Glamour Gaslighter se mettra brusquement en colère contre sa partenaire pour la moindre petite chose, comme rire d'une blague de son ami, vouloir payer quelque chose lorsqu'ils sont ensemble ou même faire un câlin à un ami masculin. Les accusations vont de la tentative de le ridiculiser en public au fait de ne pas se comporter comme une bonne petite amie. Bien sûr, la femme n'est pas sûre de ce qu'elle a fait de mal et plus elle essaie d'argumenter, plus elle semble le contrarier. Pour ramener la paix dans leur relation, elle va immédiatement essayer d'arranger les choses entre eux en s'excusant et en promettant d'être plus attentionnée. Après tout, c'est un homme bon et elle l'a juste mis en colère par ses actions.

Ce schéma se poursuit et l'amour originel revient par intermittence, mais la plupart du temps, le gaslighter contrôle son partenaire par ses actions et ses paroles.

L'intimidateur Le gazeur

Ce type de gaslighter est une brute, qui utilise l'agression et même la domination physique pour arriver à ses fins. Le chasseur de gaz intimidateur est généralement un homme, car il a la force physique nécessaire pour obliger sa victime à faire ce qu'il veut ou à recourir à la violence. Avec l'Intimidateur, il n'y a pas de références subtiles à ce qu'il veut. Il est plutôt violent et se montre agressif en public,

Ces personnes ont tendance à bouder, à garder le silence, à proférer des menaces et à jouer sur les peurs les plus profondes de leur partenaire pour obtenir ce qu'elles veulent. Par exemple, ils menacent d'emmener les enfants parce que leur partenaire les a sortis de la maison sans sa permission. Si la peur la plus profonde du partenaire est d'échouer en tant que parent, il utilisera cette peur en disant quelque chose comme : "Tu agis exactement comme ta mère et tu sais comment elle était. Je ne pense pas que tu sois une bonne mère pour mes enfants et je vais te les enlever". La victime, en désespoir de cause, promet de lui demander la permission de sortir les enfants. Elle va commencer à croire que ses compétences parentales ne sont pas à la hauteur, ce qui provoque son anxiété.

L'Intimidateur Gaslighter intimidera continuellement la victime, même en présence d'autres personnes, la rabaissant souvent en public.

Le bonhomme gazetier

Ce gaslighter est aimé par la famille de la victime et ses amis lui disent qu'elle a de la chance et qu'elle ne retrouvera pas quelqu'un comme lui. Il se comporte comme un homme ou une femme formidable en public, traitant son partenaire avec respect et affection, mais derrière des portes closes, la façade tombe et il devient vicieux. Le problème avec ce type de gaslighter est que ses actions en public discréditent toute tentative de la victime de brosser un tableau différent. Le bon chasseur de gaz s'appuie sur la perception publique pour garder ses actions cachées. Les victimes ont généralement peur ou honte de dénoncer le chasseur de gaz et, de ce fait, l'agresseur peut s'en tirer avec des années d'abus sans que personne ne sache ce qui se passe.

Par exemple, un Gaslighter Bon Gars peut être en train de prendre un repas avec sa petite amie et celle-ci voit un ami masculin. Celui-ci s'approche de leur table et elle se lève pour le serrer dans ses bras. Contrairement à l'Intimidateur, qui peut se mettre en colère à la suite de ce geste et se montrer agressif envers sa partenaire en public, le Bon Gars tendra la main, se présentera, invitera l'ami à se joindre à eux et se montrera charmant et même amical. Cependant, à l'intérieur de lui, il bouillonne et ni la petite amie ni l'ami ne le savent. À la première occasion, derrière des portes closes, il l'accusera de flirter avec cet homme, d'avoir une liaison et de le ridiculiser. Pourquoi ? À cause de la façon dont ils se sont embrassés ou dont ils se sont regardés. Il lui fait promettre de ne plus revoir son ami.

La victime commence à croire qu'elle s'est peut-être attardée sur l'accolade ou qu'elle était peut-être trop attentive lorsque son ami parlait. Elle s'excuse et promet de ne plus avoir d'interaction avec cet ami. Il se peut même qu'elle cesse complètement d'étreindre ses amis masculins à cause de cela.

CHAPITRE TROIS

Danser avec le diable

Voir les signes

Être amoureux peut être formidable, mais l'important est de ne pas se perdre dans le processus d'amour de l'autre. Les signes du gaslighting sont clairement visibles si l'on sait ce qu'il faut rechercher. Vous pouvez rechercher ces signes dans tous les types de relations, qu'elles soient intimes, familiales, professionnelles ou même amicales.

Des signes subtils de gaslighting que vous ne remarquez même pas.

Comme je l'ai mentionné précédemment, le gaslighting est une forme graduelle et, dans la plupart des cas, subtile d'abus émotionnel qui peut se dérouler sur des années, laissant la victime complètement désorientée en raison de l'érosion de son sens de la réalité. Voici quelques-unes des techniques utilisées par les auteurs de gaslighting :

Mensonges flagrants

Le Gaslighting est basé sur des mensonges flagrants racontés par l'agresseur à la victime pour la déstabiliser. En introduisant un énorme mensonge délibéré, l'agresseur prépare le terrain pour démolir la perception de la réalité de la victime. En général, la victime sait qu'on lui ment, mais comme le mensonge est dit sans détour et que l'agresseur s'en tient à ses faits alternatifs, le sens de la réalité de la victime est ébranlé et elle commence à douter de sa propre version des faits. Un mensonge après l'autre va bientôt éroder le sens de la réalité de la victime, la rendant dépendante de l'agresseur pour la "bonne" réalité.

Le mensonge est l'un des comportements clés du gaslighting. Nous pouvons même affirmer avec certitude que pour qu'il y ait éclairage gazeux, l'agresseur doit utiliser des mensonges flagrants.

Contrer

Cette technique consiste pour l'agresseur à dire à la victime qu'elle se souvient mal de quelque chose. Cela se produit généralement lorsque la victime et l'agresseur ont vécu le même événement ou que la victime a vu quelque chose que l'agresseur a fait et qui ne correspond pas à ses attentes vis-à-vis de son partenaire. En général, ce qui s'est passé n'est pas un événement agréable.

L'agresseur essaiera généralement de saper la crédibilité du souvenir que la victime a de l'événement. Pour ce faire, il va contrer sa version des faits en fournissant un récit alternatif. Avec cette technique, il y a un semblant de subtilité, c'est-à-dire que la description générale de l'expérience sera similaire dans une large mesure, mais les aspects qui dépeignent l'agresseur sous un mauvais jour seront omis ou modifiés pour être favorables. Par exemple, une femme voit son mari dîner avec une autre femme alors qu'il lui a dit qu'il serait à une réunion d'affaires ce soir-là. Lorsqu'elle le confronte, il reconnaît qu'il dîne avec une femme, mais il s'agit de la cliente qu'il rencontre et ce qui semble être une conversation intime n'est qu'une attention de sa part, car l'affaire est cruciale pour l'entreprise.

Banalisation de

Les Gaslighters aiment banaliser les questions qui importent à la victime. Cette méthode est efficace pour donner à la victime l'impression que son opinion ou sa perception est sans importance. Cela fonctionne extrêmement bien, laissant la victime avec une faible estime de soi et une faible valeur personnelle. Il est plus facile d'isoler une personne qui se sent indigne, car elle croit déjà qu'elle ne compte pas et qu'elle ne manquera à personne.

Lorsqu'ils ne banalisent pas les choses, ils font généralement semblant de ne pas comprendre pourquoi le problème est important pour la victime. Par exemple, si une personne fait pression sur une autre au sujet de ses finances, chaque fois que cette dernière lui posera des questions à ce sujet, l'agresseur dira quelque chose du genre "Je ne sais pas pourquoi tu t'inquiètes de mes dépenses alors que je t'ai dit que nous étions financièrement stables". Ou encore : "Pourquoi me questionnes-tu sur l'argent alors que tu sais à quel point tu es mauvais en matière de finances."

Discréditer

Discréditer la victime est un stratagème tout droit sorti du livre de jeu du gaslighter. Cette tactique consiste à convaincre les personnes qui vous entourent que vous êtes instable et fou. Les allumeurs de gaz de type "bon gars" et les allumeurs de gaz de type "glamour" sont très doués pour convaincre les proches de la victime qu'ils sont un bon parti pour leur partenaire. C'est l'une des raisons pour lesquelles les victimes de gaslighting peuvent ne pas vouloir parler à leurs proches de ce qui se passe derrière des portes closes.

Parfois, même les parents et les frères et sœurs sont tellement aveuglés par le charme de l'agresseur qu'ils ne remarquent pas la douleur et la souffrance de leurs propres proches. Dans certains cas, le système de soutien de la victime est si complètement dépassé par l'agresseur que les personnes du système de soutien commencent également à faire de la lumière sur la victime.

Stonewalling

L'agresseur ferme complètement la porte à sa victime en ne l'engageant pas dans une conversation ou en refusant de l'écouter. Il peut aussi changer de sujet pour ne pas avoir à aborder la question que son partenaire tente de soulever. En général, cette tactique permet à l'agresseur de jouer le rôle de la victime et de lui faire porter la responsabilité du désaccord.

Par exemple, si un homme demande à sa femme victime de gaslighting où elle était et pourquoi elle n'est pas rentrée à la maison hier soir, la femme peut refuser de répondre ou de l'écouter et sortir de la pièce. Lorsqu'elle revient dans la pièce, elle lui parle du dîner qu'elle a organisé pour lui et ses amis. Si l'homme essaie de ramener la conversation sur le fait qu'elle est restée dehors toute la nuit, elle le culpabilisera de ne pas apprécier les efforts qu'elle fait pour passer un bon moment avec lui et leurs amis. Elle dira probablement quelque chose comme : "Je n'arrive pas à croire que tu sois si égoïste, que tu n'apprécies même pas mes efforts pour ce dîner. Au lieu de cela, tu veux me faire sentir coupable de sortir m'amuser avec mes amis. Je suis sûre de t'avoir parlé d'hier soir il y a quelques jours, mais maintenant tu prétends ne pas t'en souvenir."

L'homme se sentira en conflit parce qu'elle fait clairement quelque chose de gentil pour lui en ce qui concerne le dîner. Il se demandera également s'il a oublié ou s'il ne s'est pas concentré lorsqu'elle a mentionné le dîner alors qu'elle a dit l'avoir fait.

Recadrage

Les auteurs de gaslight sont très doués pour déformer les pensées et les expériences de la victime en faveur de leur récit. Cela contribue à ce que la victime remette en question sa réalité et se fie à la perspective de l'agresseur. Revenons à l'exemple de la femme qui a vu son partenaire dîner avec une autre femme. Lorsqu'il est confronté à cette situation, l'homme peut essayer de recadrer l'expérience et de déformer les pensées de la femme en disant quelque chose comme : "Nous étions tous les deux là et j'étais effectivement en train de dîner avec elle. Mais vous n'êtes certainement pas en train de suggérer que nous ne devrions pas interagir avec d'autres femmes ou d'autres hommes simplement parce que nous nous voyons ? Je ne te ferais pas ça."

Bien entendu, la femme s'empresse de préciser qu'elle n'est pas opposée à ce qu'il ait des interactions avec des femmes, puis elle se demande si elle n'a pas trop interprété ce qu'elle a vu. Il a réussi à déformer ses pensées et à donner l'impression qu'elle sous-entend qu'elle ne veut pas qu'il ait d'interactions avec d'autres femmes. Comme elle dit qu'il est libre de parler à d'autres femmes, il en profitera tout en lui rappelant qu'elle a dit qu'elle était d'accord pour qu'il ait des amies.

Fausse compassion

C'est une tactique très populaire, surtout dans les premiers temps de l'éclairage gazeux dans une relation. Comme la victime n'est pas encore sous l'emprise de l'agresseur, celui-ci va essayer de prétendre que tout ce qu'il fait est pour le bien-être de la victime. Cette tactique permet à l'agresseur de s'attirer les faveurs de la victime et de gagner sa confiance. Avec le temps, il commencera à dire à la victime ce qu'elle doit faire, sous prétexte de la protéger ou d'avoir ses intérêts à cœur.

Au début, l'agresseur commencera par dire : "Je ne veux pas te dire ce que tu dois faire, mais je tiens beaucoup à toi et je veux juste m'assurer que tu vas bien. Si tu veux mon avis, tu ferais mieux de ne pas être amie avec X." Au fur et à mesure que la relation progresse et que la victime peut être contrôlée, cette phrase se transforme en : "Je t'ai toujours dit de mettre un terme à cette amitié parce que je ne fais que veiller sur toi. Mais tu penses que j'essaie de te contrôler. Maintenant, regarde, elle se met entre nous." La fausse compassion est une tactique mortelle qui est utilisée pour isoler la victime de ses amis et de sa famille.

Signes d'avertissement faciles à repérer indiquant que vous êtes manipulé par un gaslighter.

Vous avez la preuve de quelque chose mais ils continuent à le nier :

Les personnes qui pratiquent le gaslighting cherchent à modifier votre réalité. Ainsi, même si vous avez la preuve de ce qu'elles ont dit, elles le nieront et vous accuseront même d'essayer de modifier leur réalité. Il peut être très crédible dans son déni et prétendre qu'il ne sait pas de quoi vous parlez, à tel point que vous commencez à vous demander si vous n'avez pas tort.

Ils utilisent vos peurs, vos échecs et vos doutes comme des munitions :

Lorsque votre partenaire utilise des aspects négatifs et parfois même positifs de votre vie pour vous manipuler, il s'agit d'une relation de gaslighting. Par exemple, il sait combien une promotion, votre famille, vos enfants ou votre carrière sont importants pour vous et il s'en sert pour vous manipuler. Elle vous dira à quel point vous êtes indigne parce que vous n'avez pas obtenu cette promotion ou que votre carrière ne progresse pas, etc.

Dans la plupart des cas, les allumeurs de gaz utilisent les choses les plus intimes que vous partagez avec eux pour vous faire sentir indigne. Ce sont les premières choses qu'ils attaqueront pour vous contrôler et contrôler votre réaction.

Ils mentent constamment

Il mentira à propos de tout, généralement un mensonge par-ci par-là pour appuyer son récit ou miner votre crédibilité auprès de vous-même et des autres. Ces mensonges usent la victime et, au bout d'un certain temps, il semble que seul l'agresseur voit les choses clairement dans la relation.

Ils utilisent occasionnellement le renforcement positif

"Tu vois, ce n'est pas mal du tout. Tu l'as très bien fait parce que tu as écouté ce que j'ai dit. Bon travail, chérie." L'utilisation du renforcement positif déstabilise la victime, qui voit l'homme, la femme, le parent ou le partenaire qu'elle a connu. Elle a alors l'impression que l'agresseur n'est pas si mauvais. Tant que la victime fait ce qu'on lui dit, tout ira bien.

En regardant de près l'action qui a provoqué le renforcement positif, vous remarquerez qu'elle sert l'agresseur.

Ils projettent leurs défauts sur leur victime

Le chasseur de gaz est souvent aux prises avec des problèmes peu recommandables, comme l'infidélité, la toxicomanie et la violence, entre autres. Ainsi, pour détourner l'attention de son propre comportement, il le projette sur sa victime. Par exemple, s'il est infidèle, il accusera la victime de l'être afin de détourner l'attention de sa propre infidélité.

Ils disent aux autres que leur victime n'est pas stable

Vous dénigrer auprès des autres est une tactique qu'un gaslighter utilisera pour obtenir un soutien pour ses actions. S'il dit à votre ami commun que vous avez mauvais caractère, la prochaine fois que vous réagirez à quelque chose qu'il dira en public en présence de cet ami commun, cela renforcera les paroles du chasseur de gaz et vous passerez pour celui qui a un problème. Très vite, le chasseur de gaz vous dira que même l'ami commun est d'accord pour dire que vous avez un problème. Cela ne veut pas dire que l'autre personne a dit cela (rappelez-vous que les gaslighters sont des menteurs éhontés), mais vous êtes amené à croire que les autres vous considèrent également comme un problème.

Les Gaslighters savent que la confusion est le meilleur moyen de désorienter leur victime et de la garder dans leurs griffes. Par conséquent, ils sont très stratégiques pour semer la confusion dans leur relation, tout en ayant le dessus avec les informations correctes. Pour atteindre un bon niveau de confusion, ils dépeignent toutes les personnes liées à la victime comme des menteurs, de sorte que la victime se fie toujours à eux pour obtenir la vérité.

Il est essentiel de connaître les techniques de gaslighting, afin de pouvoir commencer à les identifier si elles se produisent dans votre relation.

Questions à se poser pour évaluer si vous avez un allumeur de gaz dans votre vie

Comme nous l'avons mentionné plus haut, une relation de gaslighting est parsemée de confusion constante et de troubles émotionnels. En effet, ce que vous voyez et ce que vous entendez de votre proche alimente deux réalités très différentes. Vous avez besoin d'un moyen efficace et effectif pour pouvoir dire si vous êtes dans une relation avec un gaslighter. L'introspection est importante, mais n'oubliez pas de regarder également le comportement de l'autre personne. Voici quelques questions pour vous aider à démarrer :

- Vous vous demandez souvent si vous n'êtes pas trop sensible à cause de ce que dit votre partenaire ? Pourtant, vous n'avez pas ce problème avec d'autres personnes ?
- Votre définition personnelle de vous-même est-elle une chose que vous avez identifiée ou qui vous a été signalée par votre partenaire ?
- Vous sentez-vous confus, même en ce qui concerne les informations les plus élémentaires ou la chronologie des événements ?
- Avez-vous tendance à vous remettre en question depuis que vous êtes dans cette relation ? Au point d'étouffer vos opinions parce que vous n'êtes pas sûr de vous ?
- Vous excusez-vous toujours auprès de l'autre personne, même si vous n'avez rien fait qui mérite des excuses ?
- Vous vous considérez chanceux d'avoir l'autre personne, mais vous êtes toujours malheureux et vous n'arrivez pas à savoir pourquoi ?
- Êtes-vous l'excuseur en chef des actions de l'autre personne ?
- Menez-vous une double vie à cause de leurs actions pour éviter les critiques ? Par exemple, faites-vous semblant de vivre votre vie de rêve avec le Gaslighter Glamour juste pour sauver les apparences auprès de vos amis, de vos collègues et des membres de votre famille ?

- Remettez-vous en question votre valeur dans votre relation ou au travail ?
- Avez-vous l'impression que vous ne pouvez rien faire correctement ?
- Vous avez l'impression que quelque chose ne va pas dans votre relation, mais vous n'arrivez pas à savoir ce que c'est ?
- Mentez-vous à votre partenaire pour éviter les réponses sarcastiques, les dénigrements et pour maintenir la paix dans votre relation ?

Vous remarquerez que toutes ces questions ont tendance à tourner autour de votre réalité, de vos instincts, de votre santé mentale et de vos sentiments. Elles vous indiquent si vous vous êtes perdu au profit de votre partenaire. Notez également que ces questions sont très spécifiques à votre bien-être mental.

Pourquoi les victimes choisissent-elles encore de rester ?

Le Gaslighting est une réalité très douloureuse à accepter. Accepter que la personne en qui vous avez confiance, que vous aimez et avec qui vous avez partagé des moments intimes essaie de vous faire perdre votre stabilité mentale n'est pas quelque chose que l'on veut entendre. Dans la plupart des cas, les auteurs de gaslighting ont vu les signes mentionnés ci-dessus ou ont été avertis par des amis et des membres de leur famille, voire par le partenaire précédent de l'agresseur.

La victime doit comprendre que ce n'est pas sa faute et que l'éclairage gazeux est le reflet de l'agresseur. Comme le dit Wayne Dyer, auteur de livres d'auto-assistance, "La façon dont les gens vous traitent est leur karma. La façon dont vous réagissez est la vôtre". Les victimes de gaslighting peuvent choisir de rester dans la relation pour plusieurs raisons, notamment :

Attentes sociétales

Même si nous vivons dans une société où les hommes et les femmes redéfinissent leur mode de vie en vivant seuls ou en ayant des relations ouvertes, la majorité de la population reste attachée au sens traditionnel d'une relation. Cela signifie qu'il est toujours important pour de nombreuses personnes d'être dans une relation monogame, de partager les biens, les enfants et la compagnie pour le reste de leur vie.

En raison de ces attentes sociétales, il est difficile pour de nombreuses victimes de s'éloigner des relations de gaslighting, car elles ont peur de perdre leur statut dans la société. Elles ont également peur de perdre le sentiment d'être aimées et attachées à une personne à laquelle elles tiennent, malgré le fait qu'il n'y ait pas d'amour. Dans certaines cultures, la peur de la stigmatisation du divorce est plus grande que la peur de vivre avec un partenaire violent.

Cela n'aide pas non plus lorsque la société promeut une mentalité de cavalier ou de mort. Même dans les chansons d'amour ou les films romantiques, la femme, en particulier, s'appelle "la nana qui monte ou qui meurt". Cette mentalité n'est généralement pas attendue des hommes dans la société. C'est une femme qui restera aux côtés de son homme dans toutes les situations.

Normalisation de l'abus

Si la victime vit depuis longtemps dans une relation abusive, elle peut commencer à normaliser son comportement. L'éclairage gazeux étant une forme insidieuse et progressive de violence, la victime peut lentement et sans le savoir normaliser le comportement de son partenaire en le rationalisant. Prenons l'exemple d'un agresseur qui utilise la technique de la fausse compassion, dans laquelle il dit à sa victime qu'il ne cherche qu'à la protéger ou à faire quelque chose pour son bien. La victime en vient à associer le comportement nuisible, comme l'isolement ou même la violence physique, à l'amour et à l'attention. Il lui est alors difficile de demander de l'aide, car elle ne voit plus rien de mal dans ce que fait son partenaire.

Danger physique

Les auteurs de gaslight sont capables d'aller jusqu'au bout pour garder leur victime ou garder leur comportement secret. La perte de pouvoir sur leur victime renforce les sentiments d'insécurité et de faible estime de soi du gaslighter. Il est probable qu'il veuille préserver son statut dans l'environnement abusif et dans la société. En conséquence, il peut devenir physiquement violent avec sa victime et peut même aller jusqu'à la tuer.

Dans certains cas, le gaslighter menacera de se faire du mal si la victime s'en va, faisant peser sur elle le poids de son bien-être. Qui veut être responsable de la mort d'un autre être humain, surtout quand on est déjà vulnérable et épuisé soi-même ? Les statistiques des organisations de lutte contre l'environnement domestique montrent que les femmes sont jusqu'à 70 fois plus susceptibles d'être tuées dans les semaines qui suivent leur départ d'une relation violente. Ainsi, lorsqu'une femme quitte une relation, elle doit créer un plan de sécurité pour se mettre hors de portée de l'agresseur.

Perte de l'estime de soi

Au fil du temps, les actions du chasseur de gaz vont éroder l'estime de soi et la valeur personnelle de la victime. Elle a l'impression de n'être bonne à rien ou pour rien. En érodant l'estime de soi de la victime, l'agresseur la rend dépendante de lui pour définir qui elle est. Et comme, dans de nombreuses relations de gaslighting, l'agresseur fait croire à la victime que personne ne l'aimera parce qu'elle est une marchandise endommagée, la personne gazée continuera à rester.

De plus, il est difficile d'échapper au schéma de contrôle qui s'est installé au fil des ans et qui est devenu une partie intégrante de la vie de la victime. C'est l'une des raisons pour lesquelles une victime retournera probablement vers son agresseur lorsqu'il l'implorera de revenir. Les statistiques montrent qu'une personne vivant une relation abusive essaiera de la quitter jusqu'à sept fois avant de la quitter définitivement.

La phase de lune de miel du maquillage

De temps en temps, dans une relation de gaslighting, la victime aperçoit la personne dont elle est tombée amoureuse, généralement lors d'excuses après une situation abusive. C'est le cycle typique de l'abus et il vise à amener la victime à baisser sa garde et à minimiser l'incident abusif. La lune de miel est cependant de courte durée, car l'agresseur doit garder le contrôle de la victime et, pour ce faire, il doit la maintenir dans un état d'abattement.

Pendant la période de lune de miel du maquillage, l'agresseur est particulièrement attentif aux besoins de la victime. Il lui achète des cadeaux, l'aide dans ses tâches ménagères et lui témoigne son amour et son affection. Mais il reste fidèle à son comportement d'éclairage gazeux en faisant reconnaître à la victime qu'elle a de la chance de l'avoir dans sa vie et que tout serait comme ça tous les jours si seulement elle se comportait bien.

Rappelez-vous que le modèle de comportement d'un allumeur de gaz comprend le fait de se mettre dans les bonnes grâces de sa victime afin qu'elle soit aveuglée par des actions d'amour.

Espérer mieux

La victime vit toujours avec l'espoir que l'autre personne changera. C'est l'une des principales raisons pour lesquelles elle trouve des excuses à l'agresseur. Elle croit que si les choses s'améliorent pour l'agresseur, elles s'amélioreront en général. Cela est particulièrement vrai pour les personnes qui ont des difficultés financières ou qui traversent une situation qui bouleverse leur vie, comme une maladie, la perte d'un être cher ou un SSPT. De plus, en raison de leur amour, ils se sentent coupables de laisser l'autre personne au moment où elle est le plus vulnérable.

Religion

Les victimes qui sont profondément religieuses auront du mal à partir car cela va à l'encontre de leurs croyances et de leurs valeurs religieuses. Dans les religions où la séparation ou la révélation d'un abus peut conduire à l'ostracisme, la victime restera probablement dans la relation et pourra même contraindre son entourage qui est au courant de l'abus (comme les enfants) à garder le silence.

Actifs partagés

Le fait d'avoir des enfants, des biens et des finances en commun rend plus difficile la décision de partir. Dans les cas où des enfants sont impliqués, l'agresseur peut, avec le temps, créer un récit pour les enfants qui le favorise. La victime a donc peur de perdre l'affection des enfants si elle quitte la relation. La peur de perdre la stabilité financière, surtout si l'agresseur est mieux loti financièrement, est une raison majeure pour laquelle les victimes restent. Dans les amitiés où se produit le gaslighting, la victime a peur de perdre les amis communs qu'elle a avec le gaslighter. S'ils vivent ensemble, cela peut aussi être une raison de rester dans l'amitié abusive.

Les empathes sont les partenaires parfaits pour les "gaslighters".

Dans le chapitre précédent, j'ai mis en lumière l'histoire de Greg, qui avait un type de femmes qu'il choisissait et sur lesquelles ses tactiques de gaslighting fonctionnaient toujours. Il s'agissait de femmes qui étaient dignes de confiance et empathiques envers les autres. Ces personnes sont connues sous le nom d'empathes et leur disposition naturelle en fait une cible de choix pour les gaslighters.

Les empathes sont définis comme des personnes ayant une conscience élevée de leurs émotions et de celles des autres personnes qui les entourent. Elles sont tellement en phase avec ces émotions qu'elles ont une conscience aiguë des autres dans leur espace, de leur état, de leurs besoins et de leurs difficultés. Ne confondez pas les empathes avec les personnes très sensibles (Highly Sensitive People, HSP), qui ont tendance à être principalement introverties. Les empathes peuvent être soit extravertis, soit introvertis. Si les empathes, comme les PSH, ont tendance à vouloir une vie intérieure profonde et enrichissante et ont un fort désir d'aider les autres, ils vont plus loin en s'immergeant dans les circonstances et les expériences des autres dans le but de trouver des moyens d'aider. Elles vont intérioriser la douleur et l'inconfort de quelqu'un d'autre, en les ressentant aussi étroitement que les leurs.

Les empathes sont tout le contraire des narcissiques. Sur le spectre de la sensibilité, les narcissiques, les sociopathes et les psychopathes se situent à l'extrémité inférieure du spectre, les personnes très sensibles se situent au milieu du spectre et les empathes se situent à l'extrémité supérieure du spectre. Les narcissiques sont attirés par la nature et la disposition des empathes, car ils dégagent la confiance, la sécurité et l'amour qui leur font si manifestement défaut. Contrôler de tels pouvoirs et capacités est séduisant pour quelqu'un qui ne se sent pas au même niveau ou pas du tout. Il s'agit en fait d'une relation parasitaire, où l'agresseur se nourrit de la bonté de sa victime, l'épuise tout en gonflant son ego.

Les empathes doivent comprendre leurs réactions à la peur, aux menaces, au stress et à l'incertitude pour pouvoir développer une manière saine de réagir au gaslighting. La réaction typique d'un empathe dans une relation de gaslighting est d'essayer d'arranger la situation, plutôt que de quitter l'agresseur. Il essaiera de se diminuer, en pensant qu'il se concentre sur la situation dans son ensemble. Parce qu'elles sont tellement en phase avec les sentiments des autres, elles sont prêtes à faire tout le travail pour que les choses fonctionnent et les narcissiques utilisent cette qualité pour les faire culpabiliser lorsque les choses ne vont pas comme ils le souhaitent.

Il est très important que les empathes comprennent que leur rôle dans la relation n'est pas de rendre le narcissique entier et heureux. C'est la responsabilité du narcissique envers lui-même. Vous pouvez être la personne la plus gentille, la plus serviable et la plus patiente de sa vie, mais il ne changera pas pour vous. Il ne peut changer que pour lui-même et vous devez le laisser faire. Le don de la sensibilité est le premier à être exploité par le chasseur de gaz, c'est pourquoi la victime se demande toujours : "Suis-je trop sensible ?".

Les empathes présentent quelques caractéristiques distinctes. Lisez-les ci-dessous pour vous aider à identifier si vous en êtes un :

Vous intériorisez les émotions des autres

C'est la caractéristique principale et classique d'un empathe qui a tendance à absorber les émotions des autres. Cette capacité à capter les émotions d'autrui fait depuis longtemps l'objet d'un débat. Il en ressort que les personnes ayant un niveau élevé d'empathie ont des neurones miroirs extrêmement actifs. Il s'agit de la partie du cerveau qui est capable de lire les signaux émotionnels des personnes qui vous entourent, vous indiquant ce qu'elles ressentent. C'est ce qui vous permet de discerner la joie, la tristesse, la colère ou l'anxiété d'une autre personne. Les empathes sont capables de repérer les signaux émotionnels des autres, comme des yeux qui louchent pour montrer l'anxiété, une bouche qui se ferme ou un changement de ton, ce qui les aide à percevoir ce que l'autre personne ressent.

La profondeur de leurs sentiments est si forte que les événements catastrophiques vus à la télévision ou entendus à la radio peuvent leur causer une grande détresse. S'ils ont vécu un tel événement dans leur passé, cela peut même les handicaper. Les personnes qui vont déposer des fleurs, allumer des bougies ou organiser des veillées sur les lieux d'attentats terroristes ou d'autres tragédies sont des exemples d'empathes dans de telles situations. Ces événements touchent tellement les empathes qu'ils se rendent à l'endroit où ils peuvent se sentir le plus proche des victimes et de leurs familles et faire un geste d'amour et d'attention.

Vous allez par les vibrations

L'ambiance qui règne dans une pièce ou qui émane d'autres personnes est importante pour vous. Vous pouvez vous faire un ami ou non, en fonction de l'ambiance qu'il dégage. Malheureusement, les narcissiques sont très doués pour être prétentieux et leur vibration d'origine peut être trompeuse. Les empathes aiment généralement la nature et le jardinage car ils éprouvent un sentiment de paix et sont dynamisés dans cet environnement. À l'inverse, une atmosphère de conflit, de chaos et de violence sape rapidement l'énergie d'un empathe et peut provoquer son repli sur soi.

Si vous reprenez l'histoire de Kellie Sutton au premier chapitre, vous remarquerez qu'elle était décrite comme heureuse, amusante et dynamique par ses amis et sa famille jusqu'à ce qu'elle entre dans une relation avec Gane. Son environnement l'a fait changer complètement et s'est tellement replié sur lui-même que cela était évident pour ceux qui la connaissaient bien. Les empathes sont incapables de s'épanouir dans des environnements nauséabonds.

Vous comprenez

C'est la raison pour laquelle les gens se tournent vers vous pour obtenir des conseils. Vous avez la tête froide et vous êtes très perspicace. Pour cette raison, les gens sont attirés par vous, y compris certains personnages méchants qui pourraient vouloir profiter de vous. Les empathes sont également d'excellents auditeurs car ils peuvent se mettre à la place de l'autre et ressentir ses émotions.

Vous aimez les êtres vivants

Les empathes aiment la vie et les créatures vivantes les rendent heureux, c'est pourquoi la plupart des empathes ont un animal de compagnie, sont parents ou participent à un effort de conservation d'une sorte ou d'une autre, que ce soit pour la flore ou la faune. Leurs réactions à l'une ou l'autre de ces situations peuvent sembler exagérées à d'autres personnes, mais pour l'empathe, ces créatures et ces plantes *devraient* susciter une telle réaction. Les sentiments d'un empathe sont toujours exacerbés par rapport aux autres personnes. Il est logique que les empathes soient attirés par les carrières dans le domaine des soins, comme les soins infirmiers, les soins aux personnes âgées et d'autres professions de soins.

Vous pouvez être facilement submergé

Comme nous l'avons mentionné, les sentiments des empathes sont très prononcés, donc lorsqu'ils ressentent à la fois des émotions positives et négatives, ils sont susceptibles d'être submergés. C'est peut-être la raison principale pour laquelle le chasseur de gaz peut finalement abattre les murs d'empathie de la victime, car l'empathe peut ressentir la colère, l'irritation et les humeurs négatives émanant de son agresseur. Cela les pousse à vouloir se changer, à se conformer, à accepter une autre vérité et même à accepter la violence pour améliorer la relation.

Vous pouvez détecter les mensonges

Les empathes sont capables de reconnaître les mensonges grâce aux signaux émotionnels subtils du menteur. Ainsi, lorsqu'un empathe se fait mentir par un gaslighter, il ne peut pas facilement accepter que quelqu'un dise qu'il l'aime mais lui mente de manière flagrante. Ils rationalisent le mensonge flagrant en remettant en question leur propre réalité ou perception des événements, surtout lorsque le chasseur de gaz les oriente dans cette direction en disant des choses comme "Ce n'est pas comme ça que je m'en souviens".

Vous avez un effet calmant sur les gens

Votre voix et votre comportement sont apaisants et amènent les personnes qui vous entourent à se calmer ou à envisager une situation de manière rationnelle. Vous remarquerez que vos amis vous recherchent dans les moments d'agitation de leur vie parce qu'ils ont l'impression que vous êtes l'ami qui a la tête froide. Dans le même ordre d'idées, vous ne pouvez pas voir quelqu'un qui souffre et le laisser malheureux. Cela peut être gênant pour vous, mais vous serez là pour votre ami jusqu'à ce qu'il aille mieux.

CHAPITRE QUATRE :

Gaslighting dans les relations intimes

La vie avec le charmant allumeur de gaz - L'horrible vérité

Les histoires d'amour des contes de fées ont donné à la plupart des gens un faux sentiment de romance, qui se brise lorsqu'ils commencent à avoir des relations et trouvent des grenouilles au lieu de leur prince charmant. Mais Alexa est réaliste et elle n'a jamais été cette fille qui attend le prince charmant ou qui est prête à se laisser séduire. En fait, lorsque ses amis la décrivent, ils s'accordent tous à dire qu'elle est pragmatique, même si elle est aussi l'une des personnes les plus attentionnées, aimantes, serviables et réfléchies de leur cercle d'amis.

Mais lorsque Nicholas entre dans sa vie, il semble déterminé à lui montrer que la vie de conte de fées existe et qu'il est son prince charmant. Il l'invite à dîner, l'emmène dans des endroits exotiques pour ses vacances, lui offre des cadeaux coûteux, est un gentleman pour elle et un amour pour sa mère. Il était son plus grand soutien lorsqu'il s'agissait de sa carrière de chirurgien esthétique. Elle a été agréablement surprise après une série d'hommes infidèles dans sa vie. Ses amies étaient heureuses pour elle et sa mère était enfin ravie de la voir sortir et s'épanouir, ce qui rendait les écarts qu'elle commençait à remarquer juste après leur mariage difficiles à partager avec elles.

Comme elle avait son propre cabinet de chirurgie esthétique, avec une petite équipe et un associé, elle pouvait voyager avec Nicholas lors de ses réunions d'affaires dans le monde entier. De plus, il aime l'avoir à ses côtés. Il était perdu sans elle et ne pouvait pas se concentrer lorsqu'il était loin d'elle. Nicholas est un homme riche et il commence à lui laisser entendre qu'elle n'a pas besoin de travailler. Il veut une famille et de la stabilité, alors il lui suggère de démissionner pour qu'ils puissent fonder une famille.

Elle a refusé, bien sûr, et c'est la première fois qu'elle a vu l'autre côté de Nicholas. Ils avaient cette discussion pour la énième fois et elle expliquait une fois de plus pourquoi elle ne pouvait pas abandonner sa carrière. Soudain, il jette son verre de scotch à travers la pièce et, les yeux brillants, se tourne vers elle et lui dit : "Tu n'es rien sans moi ! Tu crois que Tabitha (son associée au cabinet) te veut à la clinique ? Elle sait que tu n'es pas si bon que ça et qu'elle peut se passer de toi !".

Alexa a d'abord été choquée, puis elle a commencé à sentir sa colère monter en elle. "C'est un mensonge", a-t-elle dit doucement. Tabitha était sa meilleure amie depuis plus de 15 ans, depuis le lycée, et elles avaient construit le cabinet ensemble, en partant de zéro, il y a 10 ans. Nicholas se lève brusquement du canapé et, changeant de tactique, laisse ses yeux se remplir de larmes avant de dire d'un ton blessé : "Je ne fais cela que pour ton bien. J'ai travaillé dur, pour que la femme que j'aime puisse avoir tout le luxe de la vie et tu refuses continuellement mon geste d'amour, comme si cela ne signifiait rien pour toi. Pourquoi es-tu si cruel avec moi ?" Sur ce, il est sorti en trombe de la maison et elle l'a entendu monter dans sa voiture et partir.

Alexa ne savait pas trop quoi ressentir. Elle était sous le choc de son attaque, de ses remarques désobligeantes sur son travail et de la référence à sa meilleure amie, qui pensait qu'elle n'était pas assez bonne. Est-ce que Tabitha lui a dit quelque chose ? Tabitha ne l'aimait pas depuis le début, mais a semblé cesser d'attaquer son caractère après sa demande en mariage, donc elle a supposé que son amie avait fini par apprécier son mari. Mais pourquoi avoir dit qu'elle était cruelle avec lui ? Elle se sentait mal qu'il pense qu'elle n'appréciait pas le style de vie qu'il lui offrait, mais elle pouvait sûrement être reconnaissante et travailler en même temps ? Soupirant, elle débarrasse le verre brisé qu'il a jeté à travers la pièce et s'installe sur le canapé pour l'attendre et arranger les choses. Il avait peut-être réagi de manière excessive, mais il venait d'un lieu d'amour.

Il était 5 heures du matin quand Nicholas est rentré dans la maison et, quand elle s'est réveillée pour lui demander s'il allait bien et où il était allé, il est passé devant elle. Le traitement silencieux se poursuit pendant quatre jours et, même lorsqu'elle s'excuse, il fait comme s'il ne l'avait pas entendue. Après plusieurs jours d'excuses et de supplications, il a finalement recommencé à lui parler. Mais à chaque fois, il lui disait qu'elle devait quitter son travail. Les commentaires allaient de "Regarde comme tu es fatiguée tous les jours, juste à cause de ce cabinet" à "Nous pourrions être tellement plus heureux si seulement tu quittais ton travail et passais plus de temps avec moi". Parfois, elle le trouvait devant son bureau en train de l'attendre et il lui disait qu'il se sentait seul dans la maison sans elle. Il insistait pour qu'elle l'accompagne à ses réunions d'affaires, où qu'il aille, réduisant ainsi le temps qu'elle passait à son cabinet. Lorsqu'elle lui en a parlé, il lui a répondu : "Je vois bien que ta priorité dans cette relation est ton travail et pas nous. Nous pourrions être formidables, mais tu nous gâches tout en t'accrochant à ce travail."

Alexa a aussi parlé à Tabitha des commentaires qu'il avait fait sur elle, mais Tabitha n'avait pas parlé à Nicholas depuis des mois. En fait, la dernière fois qu'elles se sont parlées, c'était le soir des fiançailles d'Alexa, lorsqu'elle l'a félicité, lui et Alexa. Selon Tabitha, son opinion sur Nicholas n'a pas changé, mais elle respecte la décision d'Alexa et leur amitié, c'est pourquoi elle s'est retirée.

Six mois après le début du mariage, Nicholas a offert à Alexa une voiture personnalisée, haut de gamme, qu'il a garée devant son lieu de travail en attendant de la surprendre. Alexa sort de son bureau en riant avec Tim, l'infirmier en chef de la clinique et, en voyant son mari, s'approche pour lui dire bonjour. Au lieu d'être un homme heureux lui souhaitant un bon anniversaire et lui remettant les clés de la voiture, il lui a à peine souri et lui a jeté les clés de la voiture. Il est resté dans les parages pour voir ses amis et collègues s'extasier devant la voiture et s'exclamer qu'elle avait de la chance.

Sur le chemin du retour pour préparer la fête d'anniversaire qu'il organisait pour elle, elle s'extasiait devant la voiture, mais il ne disait presque rien. Inquiète, elle lui demande ce qui ne va pas et il répond en l'accusant d'être infidèle. Choquée par cette allégation, elle lui a demandé de quoi il parlait et il lui a demandé qui était Tim et comment ils se connaissaient. Lorsqu'elle a répondu qu'il était l'infirmier en chef de sa clinique, il a commencé à la traiter de tous les noms, insinuant qu'ils avaient une liaison et que c'était pour cela qu'elle ne voulait pas quitter son travail. Stupéfaite, elle est restée assise tranquillement sur son siège pendant le reste du chemin du retour.

Elles se sont préparées pour la fête et sont parties ensemble sans un seul mot entre elles. À la fête, Alexa a eu du mal à faire comme si tout allait bien, surtout parce que Tim était là et qu'il était un gaffeur. Lorsqu'elle recevait des cadeaux, elle pouvait à peine croiser le regard de Tim et son étreinte était raide lorsqu'il lui tendait son cadeau. En marmonnant ses remerciements, elle est passée au cadeau suivant, laissant Tim avec un froncement de sourcils. Elle l'entendait demander à Tabitha si elle allait bien. Elle a vu sa mère et s'est précipitée vers elle avec joie, l'embrassant chaleureusement et lui proposant de prendre son manteau. Sa mère a dit discrètement qu'elle voulait la voir en privé pendant une minute. Se demandant ce qui se passait, elle a suivi sa mère à l'extérieur. "Hey maman, c'est super de te voir. Tu vas bien ?" Sa mère n'était pas du genre à mâcher ses mots, alors elle est allée droit au but. "Nicholas dit que tu ne veux pas avoir de famille. Qu'est-ce qui se passe ? Je croyais que c'était ce que tu avais toujours voulu... un mari... des enfants et une maison ?" "Incroyable", murmure Alexa dans son souffle. "Maman, Nicholas veut que je quitte mon travail et que je reste à la maison ou que je voyage avec lui. Tu sais combien j'ai travaillé dur pour obtenir cette clinique avec Tabitha. Je ne peux pas faire ça ! Mais je n'ai jamais dit que je ne voulais pas de famille. Pourquoi dois-je choisir ? Pourquoi je ne peux pas avoir les deux ?" "Il m'a dit que vous refusiez de quitter le cabinet et je dois dire que je suis d'accord avec lui. Il a tout ce dont vous avez besoin et il est un excellent pourvoyeur. Il est financièrement stable pour vous deux, alors pourquoi ne pas suivre son exemple ?"

Stupéfaite, Alexa fixe sa mère. La femme plus âgée commence à s'agiter sous son regard et se racle rapidement la gorge pour ajouter :

"Chérie, je veux que tu sois heureuse et tu n'auras personne de mieux que Nicholas. Il t'adore et veut juste te rendre heureuse. Je pense qu'il a raison quand il dit que tu es paranoïaque à propos de ton indépendance. S'il te plaît, reconsidère ta décision, parce qu'il est vraiment blessé par cette histoire." Alexa s'est sentie dégonflée et la joie de son anniversaire s'est évaporée d'elle. Debout dans l'air chaud de la nuit, elle a commencé à sentir des murs invisibles se refermer sur elle.

Le trajet du retour est tendu et elle se souvient de l'expression du visage de Tabitha quand elle lui a fait part de sa situation pendant la fête. Son amie avait l'air horrifiée, pas seulement à l'idée qu'Alexa abandonne le cabinet, mais aussi par le soutien que Nicholas attendait de sa mère. Lorsqu'elles arrivent dans la maison, Alexa se dirige vers la chambre quand Nicholas, apaisé, lui dit : "Lexie, ma chérie, je suis désolé de t'avoir accusée d'avoir une liaison avec Tim. C'est juste que je ne comprends pas pourquoi tu es si têtue pour me laisser prendre soin de toi. S'il te plaît, donne une chance à ma proposition et je te promets que tu ne le regretteras pas."

"Tu as parlé à maman de nous... de ça ?" Alexa lui a demandé. Flagrant, il a répondu, "Oui, je l'ai fait. J'étais désespéré et je pensais qu'elle pourrait m'aider à te parler. Ta mère sait ce que j'essaie de faire ici. Si j'étais toi, je l'écouterais. Tu sais qu'elle ne te tromperait jamais." Alexa a senti la lutte s'épuiser en elle et elle s'est retournée pour partir. Elle s'est couchée et a sombré dans un sommeil perturbé, interrompu par de forts sanglots. En se réveillant, elle est surprise de trouver Nicholas recroquevillé en position fœtale au pied de leur lit, sanglotant bruyamment et promettant de se tuer si jamais elle cessait de l'aimer. "Pourquoi ne veux-tu pas me rendre heureuse ? Viens et sois avec moi ou je te jure que je vais aller au bureau et ne pas revenir un jour. Promets-moi maintenant. Promets-moi que tu vas quitter ce travail et rester avec moi."

Malgré sa terreur face à ce qu'elle voyait, Alexa a calmé Nicholas en l'apaisant et en lui promettant qu'elle arrêterait à la fin du mois, après avoir mis ses affaires en ordre. Il retourne au lit et la serre contre lui pour le reste de la nuit, comme s'il s'accrochait à elle pour sauver sa vie. Le lendemain, il semblait de meilleure humeur et était plus aimable et jovial. Alexa commence à penser qu'elle devrait peut-être abandonner la pratique pour laisser la paix régner et éviter des épisodes comme celui de la nuit dernière.

Deux mois plus tard, épuisée par les montagnes russes d'émotions, Alexa a finalement démissionné et vendu sa part du cabinet à Tabitha.

Lors de son dernier jour de travail, elle peut à peine s'empêcher de pleurer en pensant à ce qu'elle abandonne. En rentrant chez elle, elle prépare le dîner et informe Nicholas qu'elle est libérée de ses obligations professionnelles, comme il le souhaitait. Elle lui dit qu'elle ne voulait pas qu'il se sente ou réagisse comme il l'a fait le soir de sa fête d'anniversaire, où il a menacé de s'enlever la vie à cause de ses décisions. Immédiatement, Nicholas a répondu : "Ce n'est pas ce que j'ai dit." "Pardon ?" dit Alexa. "Je n'ai jamais dit que j'allais mettre fin à mes jours. Tu dois avoir un mauvais souvenir. J'ai dit que tu devrais promettre de ne pas me quitter, mais je ne suis pas suicidaire. Peut-être que c'est votre truc." dit Nicholas.

Alexa était assise, les sourcils froncés, se repassant la scène de son anniversaire, du cadeau en voiture à la fête et aux gros sanglots de la nuit, et elle aurait pu jurer qu'il avait dit qu'il allait se tuer. C'est pour cela qu'elle était si inquiète au départ et ce qui l'a poussée à sauter le pas et à quitter son travail. Nicholas mâchait sa nourriture et secouait la tête en disant : "Tu es folle. Ta paranoïa devient incontrôlable." Quand elle a insisté pour dire qu'il avait dit ces mots, il lui a ordonné d'arrêter d'essayer de le faire passer pour un fou. Il a insisté sur le fait que c'était elle qui était folle en l'accusant de vouloir se tuer. Alexa a laissé tomber, mais elle se demandait s'il avait raison.

Au cours des trois mois qui suivent son départ, Nicholas se replie sur lui-même et lorsqu'il lui parle, c'est pour lui donner des instructions plutôt que pour lui parler. Il lui donne des instructions sur ce qu'elle doit porter, comment elle doit se coiffer et même à qui elle doit parler. Il coupe toute communication dans la maison, de sorte qu'elle ne peut pas appeler et que personne ne peut le faire non plus. Lorsqu'elle lui a demandé pourquoi il avait fait cela, il a d'abord prétendu qu'il n'y avait aucun problème avec le téléphone et qu'elle était paranoïaque. Ensuite, il a prétendu que la compagnie de téléphone avait un problème et qu'il allait s'en occuper. Lorsqu'elle s'est finalement renseignée auprès de la compagnie et a découvert que leur ligne ne fonctionnait plus parce qu'il avait arrêté le service, elle l'a confronté et il a prétendu l'avoir fait pour son bien. Il savait qu'elle parlait à Tabitha tous les jours et que cela ne l'aidait pas à tourner la page de son précédent emploi et à se concentrer sur la fondation d'une famille.

La mère d'Alexa est venue dîner à la maison un soir et a remarqué qu'elle avait l'air frêle et pâle. "Est-ce que tout va bien Lexie ?" Alexa a décidé de s'ouvrir à sa mère et de lui expliquer comment Nicholas avait changé. Il était plus contrôlant et ne voulait même pas qu'elle aille faire les courses seule. "Il m'a demandé d'arrêter d'aller au yoga et il contrôle même ce que je mange. Tabitha et les filles ne sont pas les bienvenues ici et maman, je crois que je deviens folle parce que je jure qu'il va dire quelque chose et ensuite nier l'avoir dit." Pendant qu'elles parlaient, Nicholas est entré dans la pièce en regardant directement sa femme d'un regard glacial. Mais, quand il se tourne vers sa belle-mère, il lui adresse un sourire affectueux et chaleureux et la serre longuement dans ses bras.

"Salut maman", a-t-il dit. "Tu as l'air en forme." Se préparant une assiette, il a dit : "Écoute, je te répète que Lexie est paranoïaque. Maintenant elle pense que je ne veux pas qu'elle ait d'amis. Pourquoi est-ce que je voudrais ça ?" Alexa a baissé son regard quand il l'a regardé et puis elle a regardé sa mère. Sa mère la regardait bizarrement et brusquement elle lui a demandé de l'aider à servir le dessert qu'elle avait apporté pour le dîner. Dans la cuisine, la mère d'Alexa lui demande directement : "Est-ce que Nicholas t'a déjà frappée ?" "Nooon maman, ce n'est pas physique, c'est juste... je ne peux pas l'expliquer", dit Alexa.

"Eh bien, peut-être que tu lis juste beaucoup plus dans ses actions que tu ne devrais, maintenant que tu es plus à la maison. Comme il l'a dit... pourquoi t'empêcherait-il de voir tes amis ? C'est le mariage, chérie. Vous avez juste besoin de vous comprendre."

Alexa essaie de comprendre son mari, mais plus elle essaie, plus elle ne comprend pas son comportement. Après deux ans de mariage, ils n'ont toujours pas d'enfants car Nicholas dit qu'il veut que tout soit parfait. Lorsqu'elle l'interroge à ce sujet, il répond : "On peut tomber enceinte tout de suite si tu veux, mais avec ta paranoïa, je ne pense pas que tu ferais une bonne mère". Le jour de son anniversaire, il a boudé et quand elle lui a demandé pourquoi il était en colère, il s'est plaint de son cadeau. "Tu me fais les cadeaux les moins chers, ce qui me dit que tu ne m'aimes pas autant que je t'aime. Si c'était le cas, tu investirais dans moi et dans mon bonheur. On pourrait être bien ensemble, mais tu ne fais que tout gâcher."

Il ne l'emmène plus dans ses voyages d'affaires parce qu'elle ne se comporte pas bien et qu'elle est une source d'embarras pour lui. Une fois, au cours d'un dîner avec certains de ses partenaires commerciaux, elle engage la conversation avec un membre important de la délégation commerciale et celui-ci complimente Nicholas pour avoir une femme aussi intelligente et charmante. Immédiatement, il la prend à part et lui dit d'arrêter de le mettre en valeur. Sur le chemin du retour, il explose en disant : "Voilà exactement pourquoi je ne t'emmène plus nulle part. Tu n'as qu'à te donner en spectacle et me faire mal paraître. Tu penses qu'il a cru que tu étais intelligent ? Il était juste poli. Je ne peux pas avoir d'enfants avec quelqu'un comme toi." Alexa était maintenant habituée à ce genre d'accès de colère, elle n'a pas bronché. Au lieu de cela, elle a promis d'être une meilleure épouse, plus calme. A la maison, elle s'est déshabillée et a mis son pyjama, se disant qu'elle était si fatiguée et seule.

Le lendemain, elle informe son mari qu'elle doit aller chez le coiffeur. C'était l'une des choses qu'elle attendait avec impatience, même s'il avait commencé à insister pour que son coiffeur vienne à la maison. Au salon de coiffure, elle croise Tabitha, qu'elle n'avait pas vue depuis près de dix mois. En voyant son amie, les larmes ont commencé à couler sur son visage. Tabitha est choquée de voir à quel point son amie semble abattue. Elle a insisté pour avoir un long déjeuner. Tout en poussant sa nourriture dans son assiette, Alexa raconte à son amie tout ce qui s'est passé. Comme Nicholas lui a confisqué son téléphone et lui a donné un téléphone avec son numéro et ceux de quelques amis, elle ne peut contacter personne.

Alexa a dit qu'elle avait peur de perdre la tête, au milieu de sanglots déchirants. Tabitha a traversé la rue pour lui acheter un téléphone et le lui a donné pour qu'elle le cache. "Si tu as besoin de moi pour quoi que ce soit, appelle-moi et je viendrai, peu importe l'heure de la journée. Garde ça en sécurité, Alexa, c'est ta ligne de vie." Elles sont retournées au salon et se sont fait coiffer et, pendant ce temps, Tabitha pouvait voir des aperçus fugaces de son amie vibrante quand elle souriait. "Pourquoi caches-tu ton sourire derrière ta main ? Tu ne faisais pas ça avant", demande Tabitha. Le voile de la tristesse est immédiatement descendu sur le visage de son amie. "Nicholas n'aime pas mon sourire à cause de mes dents de travers." Quelles dents de travers ? Tes dents sont parfaites, elles l'ont toujours été." À ce moment-là, Tabitha a compris ce que son amie était en train de vivre. Elle se faisait gazer et elle ne s'en rendait même pas compte ! Si elle ne faisait pas quelque chose, la vie d'Alexa serait détruite. Mais que peut-elle faire ?

En se séparant, Tabitha a dit une courte prière pour que son ami soit en sécurité.

En arrivant chez elle, Alexa a été confrontée à un Nicholas furieux. "J'ai appelé le salon pour te parler puisque tu as commodément laissé ton téléphone derrière toi et ils ont dit que tu étais parti avec une autre femme. Qui est-elle ? Ou est-elle un leurre pour que tu puisses rencontrer ton amant ? Je savais que tu ne valais rien et c'est pourquoi je ne peux pas avoir d'enfants avec toi." Alexa a essayé d'expliquer que c'était Tabitha. "Ohhhh Tabitha ! C'est elle qui est venue te chercher pour que tu ailles voir Tim ?" Alexa était tellement épuisée et vidée qu'elle s'est simplement effondrée en larmes et l'a laissé continuer à fulminer et à lui lancer des injures. Quand ça a été trop, elle a couru dans la salle de bain et s'est enfermée à l'intérieur. Elle commençait à peine à se ressaisir quand elle a entendu le bruit d'un appareil électrique à la porte. Ne sachant pas trop ce qui se passait, elle a décidé de se laver le visage avant de sortir. Soudain, elle a vu la porte vaciller sur ses charnières. Il était en train d'enlever la porte par les charnières pour l'atteindre ! Elle était terrifiée de voir la porte démontée et était sûre qu'elle mourrait là aujourd'hui s'il l'atteignait. Au lieu de cela, il a calmement placé la porte sur le côté après l'avoir enlevée et lui a dit : "Je ne veux pas qu'il y ait de barrière entre nous. C'est moi qui te montre que je t'aime."

Cette nuit-là, elle sombra dans le sommeil, encore perturbée par les événements de la journée, avant d'être réveillée par un bruit de verre brisé. Elle pensait que c'était un cambrioleur, alors elle a cherché Nicholas mais il n'était pas au lit. Descendant les escaliers sur la pointe des pieds, elle a murmuré à voix haute, "Nicholas !" Puis, elle a remarqué que la porte du bureau était ouverte. Elle s'y précipite et trouve Nicholas allongé en tas, un verre de scotch brisé à proximité et des pilules sur sa table et sur le sol. Elle a crié et appelé le 911. C'était la troisième fois qu'il faisait ça. Nicholas a été emmené d'urgence à l'hôpital et son estomac a été vidé. Lorsqu'elle va le voir, il la regarde d'un air maussade et lui dit : " Regarde ce que tu m'as fait faire. Je ne peux pas te perdre. Et s'il y a quelqu'un d'autre, je ne te laisserai jamais être heureuse. Si je ne peux pas t'avoir, je ne te laisserai pas avoir la paix sans moi, même si cela signifie que je dois mourir et revenir te hanter."

Alors qu'Alexa se tenait là à le regarder, elle a été frappée par l'impuissance qui l'avait envahie. L'infirmière est entrée et l'a informée que les heures de visite étaient terminées. Elle s'est penchée sur lui et a embrassé son front. "A bientôt, Nicholas." "Viens plus tôt demain, comme ça on pourra passer plus de temps ensemble", a-t-il dit. En sortant, elle attrape un téléphone dans son sac et compose le seul numéro qu'il contient. "Tabitha, viens m'aider à emballer mes affaires."

Alexa a obtenu une ordonnance restrictive contre Nicholas et a demandé le divorce. Elle s'est installée dans un endroit où Nicholas ne pouvait pas la retrouver, en utilisant l'argent de la vente de sa part de la clinique à Tabitha. Aux dernières nouvelles, Nicholas était jugé pour violence domestique. En repensant aux trois ans qu'elle a donné à cet homme, elle se demande ce qui se serait passé si elle n'était pas partie. Serait-elle vivante ou morte ? Dieu merci, elle n'a pas eu à le découvrir. La mère d'Alexa s'est approchée de Nicholas un jour sur le parking d'une épicerie locale et lui a donné une claque retentissante sur le visage. "Ça, c'est pour avoir brisé la chose la plus précieuse de ma vie."

Les 7 étapes du gaslighting dans une relation

Le Gaslighting est une forme persistante d'abus qui ne s'arrête pas et qui est progressivement infligé à la victime. Lorsqu'il est vécu sous une forme légère, il y a un changement subtil de pouvoir dans lequel la victime est toujours soumise à l'agresseur.

Lorsqu'une personne subit un éclairage gazeux grave, elle peut devenir complètement désorientée de la réalité et être complètement contrôlée par l'agresseur. Les dirigeants de sectes sont connus pour utiliser l'éclairage gazeux sévère, qui implique de lourdes tactiques de contrôle mental pour amener leurs membres à commettre des actes tragiques, comme se tuer ou même tuer d'autres personnes, comme dans le cas de Charles Manson et de la famille Manson.

Le gaslighting se déroule en sept étapes. Chacune s'appuie sur la précédente et fait monter le niveau de manipulation d'un cran.

Étape 1 : Exagérer et mentir

J'ai établi que le gaslighting est construit sur une fondation de mensonges. Comme je l'ai dit, sans mensonges, il est impossible de faire du gaslighting. Mais pour être efficace, le mensonge doit être un peu exagéré. L'exagération est destinée à établir des faits différents qui hypnotisent la victime en lui donnant l'impression que l'histoire comporte trop de détails pour être un mensonge. Plus l'embellissement est important, plus l'histoire est crédible.

Les allumeurs de gaz sont passés maîtres dans l'art d'embellir et de créer un nouveau récit autour d'une histoire. Par exemple, vous avez peut-être tous les deux rencontré un de vos amis du sexe opposé et l'interaction a été publique, mais après coup, le gaslighter va embellir la façon dont l'interaction s'est déroulée, afin d'appuyer son récit. Si c'est un ami qui vous a touché l'épaule en vous parlant, le gaslighter déclarera qu'il flirtait avec vous et que vous n'avez rien remarqué, mais il peut dire ce que l'ami essayait de faire. Une simple et innocente rencontre passera d'une interaction amusante à quelque chose d'infâme, soutenue par l'exagération du gaslighter. La victime se demande alors si elle n'a pas manqué quelque chose et remercie le chasseur de gaz de veiller à son bien-être.

Il mentira également à votre sujet à d'autres personnes dans le but de vous discréditer. Par exemple, un patron qui pratique le gaslighting mentira sur vos performances et vous accusera même des erreurs commises dans l'entreprise, même si vous n'avez rien à voir avec le département responsable. Les faits et les preuves peuvent prouver le contraire, mais cela ne signifie pas qu'il n'essaiera pas de vous piéger, juste pour vous discréditer.

Les mensonges sont destinés à briser le seuil de vérité de la victime et à la mettre sur la défensive. Pendant cette phase, vous pouvez vous attendre à entendre des phrases comme :

"Votre département est un gaspillage de ressources parce que vous ne faites rien. Comment justifiez-vous votre salaire ?"

"Tu ne connaîtrais pas la vérité si elle te frappait en plein visage. Tu ne peux même pas te souvenir des détails les plus basiques de l'information, donc je dois continuer à te diriger correctement."

Étape 2 : Répétition

Donald Trump est connu comme le "Gaslighter en chef" et l'une de ses tactiques favorites consiste à répéter des faussetés jusqu'à ce que sa base et d'autres personnes commencent à croire que ses paroles sont vraies. Par exemple, lors d'un de ses rassemblements, il a désigné les membres de la presse qui couvraient l'événement et les a traités de "fake news". La foule s'est mise à huer la presse. Le président des États-Unis a traité les médias de "fake news", ce que croit sa base. Des médias autrefois très respectés, comme CNN et la BBC, ont perdu toute crédibilité auprès de certains membres du public.

Mais ces organes de presse sont-ils vraiment des fake news ? Leurs reportages prouvent que leurs informations sont vérifiées et que leurs sources sont crédibles. En fait, des médias comme CNN ont vérifié les faits concernant certains des mensonges et exagérations flagrants du président, ce qui prouve que la source des fake news est en fait Donald Trump. Mais il a répété cette phrase tant de fois et l'a utilisée pour discréditer les sources d'information crédibles et, ce faisant, a établi un modèle qui est maintenant utilisé par les dictateurs du monde entier. Les dictateurs appellent désormais toute nouvelle défavorable une "fake news".

C'est l'exemple parfait de ce qui se passe quand les gaslighters répètent certaines phrases. Elles deviennent l'alternative à la vérité, mais elles sont acceptées par beaucoup comme la vraie vérité. Dans les relations intimes, le gaslighter utilise des mots comme "fou", "paranoïaque", "malade", "instable" et "dément" pour décrire sa victime en public, ce qui peut amener les amis, la famille et même les connaissances à regarder le "gaslightee" à travers ces lentilles.

La répétition des mensonges permet au gaslighter de dominer la conversation et de maintenir la victime sur la défensive en permanence, ce qui la fait paraître instable, même à ses propres yeux. Certaines victimes se retireront complètement des conversations, afin d'éviter que leur partenaire ne les dépeigne de cette manière, mais l'agresseur utilisera toujours leur silence pour montrer que leur état se détériore. Vous ne pouvez pas gagner avec un allumeur de gaz.

Étape 3 : Escalade

L'escalade se produit généralement dans une relation de gaslighting lorsque le gaslighter est mis au défi, ce qui l'amène à élever la barre. On remarque alors que le gaslighter devient violent, agressif ou menaçant envers son entourage. Il ou elle se concentrera sur les personnes auxquelles la victime accorde le plus d'importance, comme ses enfants ou ses parents âgés, menaçant de leur faire du mal ou de leur enlever leurs enfants.

Le fait de dénoncer les mensonges d'un allumeur de gaz le fait se sentir vulnérable, ce qui l'incite à vouloir reprendre le contrôle. Pour ce faire, il doit trouver quelque chose qui lui permettra de renforcer son contrôle sur la victime, et il se concentre donc sur les choses que la victime aime. Vous pouvez vous attendre à entendre des phrases comme :

"Tu sais, cette paranoïa est la raison pour laquelle je pense que les enfants sont en danger autour de toi. Qui sait ce que tu vas leur dire. Je vais t'enlever les enfants parce que tu es un danger pour eux." Ou bien,

"Tes parents sont mieux sans toi puisque tu deviens de plus en plus fou. Je les placerai dans un foyer et je m'assurerai que tu ne leur causes plus jamais une telle détresse. Ils savent aussi que tu es fou. Imaginez ce que cela leur fait. Tu es une fille/fils horrible."

Rappelez-vous que les auteurs de gaslighting ne jouent pas franc jeu, et qu'ils n'ont donc aucune honte à utiliser des tactiques sournoises sur leurs victimes. L'escalade vise à effrayer la victime et à lui faire comprendre qu'elle n'a aucun recours. Elle crée un sentiment d'impuissance et d'anxiété constante. C'est l'une des raisons pour lesquelles une victime reste dans la relation pendant des années. Elle croit sincèrement qu'elle protège ses proches en restant avec le gaslighter et en lui obéissant. Ne faites pas de vagues et tout ira bien.

Ils peuvent également devenir agressifs et abusifs dans leurs actions envers la victime. Les violences physiques ne sont pas rares dans les relations de gaslighting.

Étape 4 : épuiser la victime

Epuiser la victime est une véritable stratégie utilisée par les gaslighters. Dans l'histoire d'Alex et Nicholas, ce dernier se plaignait constamment du travail de sa femme et utilisait même sa belle-mère pour "faire entendre raison" à sa femme. Lorsqu'elle est restée inflexible, il a menacé de se suicider, lui a infligé un traitement silencieux et lui a fait subir un chantage émotionnel pour la soumettre.

En étant constamment sur l'offensive, le gaslighter maintient sa victime sur la défensive, ce qui peut être un état épuisant, surtout avec une personne que vous aimez. La fatigue du combat s'installe rapidement et la victime ne veut pas être constamment en désaccord avec l'autre personne.

Le chasseur de gaz peut également épuiser la victime en attaquant constamment ses réactions aux situations ou sa perception des événements. Finalement, la victime commence à accepter le récit de son agresseur parce qu'elle se résigne à son sort et est remplie de pessimisme quant à l'avenir. N'oubliez pas que l'objectif du chasseur de gaz est de briser sa victime et de la réduire à néant, ce qui ne peut se faire qu'en l'épuisant par la négativité.

Étape 5 : Encourager une relation de codépendance

Le chasseur de gaz a besoin que sa victime devienne dépendante de lui, il favorise donc une relation dans laquelle la victime se tourne vers l'agresseur pour vérifier la réalité qu'elle vit. Pour créer une relation de codépendance, l'agresseur crée des situations d'insécurité, d'incertitude et d'anxiété constantes chez sa victime. Il fait miroiter certaines choses à sa victime, comme fonder une famille, l'amour, la sécurité ou même la sécurité financière, ce qui met la victime sur des ficelles pour qu'elle soit jouée comme une marionnette chaque fois que l'abuseur en a envie. Vous entendrez des phrases comme les suivantes à ce stade :

"Je vois que tu essaies de bien te comporter, alors je ne te retirerai pas les enfants. Mais tu dois me promettre que tu seras sage car tu sais que j'ai le pouvoir de te les enlever."

"Je t'ai dit que tes amis sont juste jaloux de nous. Tu vois comment ils veulent faire des projets le jour où j'ai prévu notre soirée. Tu es mieux sans amis comme ça. Juste toi et moi bébé, nous sommes assez pour l'autre. On n'a besoin de personne d'autre."

Pour que la codépendance prenne racine, la victime doit être marginalisée par rapport aux personnes qui pourraient lui montrer la véritable définition de l'amour et de l'attention. Le fait d'exposer la victime à des personnes qui l'aiment va à l'encontre de ce que le chasseur de gaz essaie d'obtenir. La victime doit être amenée à croire que l'agresseur est la seule personne qui a ses intérêts à cœur. La relation de codépendance est fondée sur la peur et le mensonge et permet à l'agresseur d'être le partenaire dominant dans la relation.

Le chasseur de gaz aime jouer les sauveurs pour la victime dans la relation, en donnant à l'autre personne l'impression qu'elle est le seul endroit sûr pour la victime. Toute relation codépendante est empreinte de doute et d'anxiété, sans parler de la confusion, et celle-ci n'est pas différente. Malheureusement, une seule personne dans la relation se sent de cette façon.

Étape 6 : Faux espoir

C'est à ce moment-là que la manipulation joue à plein. Le chasseur de gaz crée un scénario dans lequel il donne à la victime un faux espoir que les choses vont revenir à l'amour initial qu'ils partageaient ou à la stabilité qui existait au début de leur relation. La phase de faux espoir consiste à traiter la victime avec gentillesse et à agir comme si l'agresseur se souciait vraiment d'elle. Des dîners intimes, des cadeaux et même des traitements doux sont offerts à la victime. Mais, tout aussi soudainement que la gentillesse et la romance sont revenues, elles seront brusquement retirées.

L'agresseur donne de faux espoirs à sa victime pour la déstabiliser et lui rappeler qu'elle peut être aimée ou rejetée aussi facilement qu'elle peut être aimée. Pendant la période de faux espoir, qui peut durer un jour, deux jours ou même une semaine, l'agresseur construit la victime dans le seul but de la détruire de façon si destructrice qu'elle en sera paralysée.

C'est peut-être l'un des aspects les plus toxiques de l'éclairage gazeux, car l'agresseur inflige intentionnellement des tortures et des tourments psychologiques. Non seulement il sait ce qu'il fait en donnant de faux espoirs, mais il essaie de faire en sorte que la victime se sente coupable lorsqu'il la démolit. À ce stade, vous entendrez des phrases comme :

"Regarde ce que tu as fait. C'est ta faute si nous ne sommes pas heureux. Tu vois à quel point j'essaie de nous faire travailler et puis tu t'en vas et tu essaies de m'humilier en public."

"Qu'est-ce qui ne va pas chez toi ? Pourquoi ne comprends-tu pas ce que j'essaie de faire pour nous ? Si ça ne marche pas, c'est de ta faute, car Dieu sait que j'essaie."

"Pourquoi es-tu habillé comme ça ? Tu veux que je sorte avec toi habillée comme ça ? C'est ça. Il est clair que tu n'apprécies pas ce que j'essaie de faire ici pour toi, alors remonte te changer. Nous ne sortons plus ensemble."

Tous les appels de la victime pour rectifier la situation tombent dans l'oreille d'un sourd et l'agresseur reprend le contrôle, tandis que la victime s'en veut d'avoir ruiné ses chances de retrouver son amour originel.

Cette tactique est utilisée par le chasseur de gaz chaque fois qu'il voit que la victime ne réagit pas à son jeu de contrôle mental ou qu'elle montre des signes de résistance au comportement de l'agresseur. Il s'agit d'une tactique très efficace pour rappeler à la victime qui est le patron.

Étape 7 : La domination

Le but ultime du gaslighter est d'obtenir la domination et le contrôle de la victime. Il le fait afin de profiter de l'autre personne et, dans certains cas, d'avoir accès à ses objets de valeur.

La domination est obtenue par un flux constant et cohérent de mensonges et de jeux d'esprit, y compris la coercition. L'agresseur s'efforce de maintenir la victime dans un état constant de peur et de doute, c'est pourquoi il l'isolera de ses amis et de sa famille, qui pourraient lui donner une perspective et renforcer sa raison. La domination permet à l'agresseur d'exploiter la victime à volonté et sans aucune répercussion.

La tactique du bombardement d'amour

Le bombardement d'amour consiste pour le gaslighter à faire des démonstrations d'affection exagérées à sa victime afin de la manipuler émotionnellement. Outre le gaslighter intimidateur, le gaslighter glamour et le gaslighter gentil utilisent généralement cette tactique. Elle survient au début de la relation, lorsque le chasseur de gaz manipule la réponse de la victime en lui achetant des cadeaux somptueux et en l'emmenant dans des endroits coûteux pour dîner ou en vacances. Certains signes indiquent que vous êtes victime d'une bombe d'amour au début de la relation, par exemple

Dire ce que vous voulez entendre

Nous avons tous des insécurités et lorsque nous les partageons avec un expert en bombardement d'amour, comme un gaslighter, il vous dira systématiquement ce qu'il pense que vous voulez entendre afin de gonfler votre ego ou de gagner votre affection. Par exemple, vous détestez peut-être l'aspect de votre nez (nous avons tous des parties de notre corps que nous n'aimons pas). Le chasseur de gaz vous dira constamment que votre nez est la partie de votre corps qu'il préfère et que, non, il n'a pas l'air d'un faucon - il a l'air royal. Il n'y a pas de véritable honnêteté dans leurs compliments, ils servent plutôt à vous manipuler.

Affirmer que vous pourriez faire mieux

Méfiez-vous du partenaire qui vous dit constamment que vous pourriez faire mieux, car il y a une insécurité sous-jacente en lui. Dans le cas d'un gaslighter, il essaie de gagner votre sympathie et veut donner l'impression qu'il se sent privilégié et humble que vous l'ayez choisi. Au fond, il s'agit d'une tactique de manipulation.

Ils peuvent également commencer à critiquer vos amis, votre choix de carrière, vos collègues et même les membres de votre famille, en disant que vous pourriez faire mieux. Il s'agit d'un stratagème visant à vous isoler des personnes qui vous aiment, afin de renforcer leur manipulation. Si votre partenaire, au début de la relation, commence à suggérer que vos amis ou votre famille n'ont pas votre intérêt à cœur mais que c'est lui qui l'a, il essaie de vous séparer de votre système de soutien. Ces affirmations sont généralement suivies d'un cadeau somptueux ou d'une escapade coûteuse, pour donner l'impression qu'il se soucie de vous.

Ils offrent des cadeaux coûteux

Recevoir des cadeaux coûteux de la part d'un partenaire potentiel au début d'une relation n'est pas un signal d'alarme en soi. Mais certains signes indiquent qu'il s'agit d'une tactique de bombardement amoureux, en particulier si la personne qui offre le cadeau met un point d'honneur à vous dire combien il coûte. Non seulement il cherche à vous impressionner, mais il veut vous faire sentir coupable s'il n'obtient pas ce qu'il veut. Après tout, ils ont dépensé tout cet argent pour vous et tout ce qu'ils demandent, c'est votre amour et votre affection.

Pour le chasseur de gaz, vous dire combien il a dépensé pour vous est un moyen de quantifier son investissement en vous et d'estimer votre valeur en tant que personne.

Ils font de nombreux compliments

Les Gaslighters savent que leurs victimes veulent des compliments. Rappelez-vous, ils savent ce que vous voulez entendre et ils utilisent les compliments pour vous conditionner. Leurs compliments servent à vous manipuler pour que vous soyez ce qu'ils veulent que vous soyez. Avec le temps, leurs compliments vous façonnent. Par exemple, si le chasseur de gaz vous dit que les robes noires vous vont bien, vous allez probablement commencer à porter plus de robes noires afin d'être toujours belle à ses yeux. S'il vous dit que vous n'avez pas besoin de maquillage parce que votre peau est impeccable, vous cesserez probablement de vous maquiller pour lui faire plaisir. Cela vous conditionne pour faire de vous la personne qu'ils veulent avoir à l'avenir.

Manifestations publiques d'affection

Pendant la phase de bombardement amoureux, le gaslighter adore les démonstrations publiques d'affection. Il vous touchera, vous embrassera et montrera un langage corporel chaleureux devant vos proches. Il veut ainsi prouver à tout le monde que vous êtes bien ensemble et que vous lui plaisez. Cela vous donne l'impression d'être l'offenseur lorsque vous essayez de vous éloigner de cette personne. La plupart des victimes se laissent également séduire par le PDA et croient que cela vient d'un endroit authentique.

En retour, ils attendent de vous que vous leur rendiez leur affection en étant obéissant et en écoutant ce qu'ils disent. Lorsqu'ils veulent vous voir, ils attendent de vous que vous laissiez tout tomber et que vous vous présentiez. Si vous n'êtes pas disponible, ils le prennent comme un rejet et ont généralement une réaction extrême à cela. Cela introduit un schéma de réactions extrêmes, d'attentes ingérables et de cette impression de marcher sur des œufs.

CHAPITRE CINQ

Gaslighting dans la famille

Quand les parents sont des "gaslighters", des vies sont perdues.

Suzie et sa mère étaient proches. Elles sortaient toujours ensemble avec du pop-corn quand elle était petite et regardaient leurs films préférés. Elles parlaient des garçons qu'elle aimait quand elle était adolescente et se téléphonaient tous les jours de la semaine quand elle allait à l'université. Sa mère était une mère célibataire et elle était chaleureuse, amusante, amicale et belle. Elle ne parlait jamais non plus à sa propre mère, qui vivait dans un autre quartier mais dans la même ville.

En grandissant, la mère de Suzie refusait de prendre les appels téléphoniques de sa grand-mère et Suzie n'a rencontré et parlé à la vieille dame que deux ou trois fois dans sa vie. Elle a découvert que sa mère avait un frère qui s'est suicidé à l'adolescence. En grandissant, elle a découvert que sa mère rendait sa grand-mère responsable de sa mort. Un jour, au cours d'un dîner chez sa mère, elle a abordé le sujet de sa grand-mère, demandant de ses nouvelles et pourquoi sa mère ne parlait jamais d'elle.

"Je savais que ce jour viendrait", a dit la mère de Suzie. "Prends cette bouteille de vin et retrouve-moi dans le salon. Je vais aller chercher des photos. Il est temps que tu rencontres ton oncle et ta grand-mère." Dans le salon, la mère de Suzie regarde la photo d'un jeune homme qui lui ressemble et qui lui tient la main. Sur la photo, la maman de Suzie sourit au jeune homme, qui la regarde en souriant. "C'est ton oncle, Tyler. Il était si intelligent, gentil et drôle. Après toi, c'était ma personne préférée dans le monde entier. Il s'est suicidé quand j'avais 13 ans." C'était la première fois que la mère de Suzie parlait de la mort de son frère.

"Ma mère était une menteuse pathologique et méchante comme un serpent à sonnette et Tyler était sa victime de choix. Il était trop sensible et elle l'a détruit jour après jour jusqu'à ce qu'il ne puisse plus le supporter. Elle lui mentait à propos de tout et elle mentait aussi à son sujet. Elle lui a dit que sa petite amie le trompait avec son meilleur ami et quand il a confronté la fille, il a découvert que ce n'était pas vrai. Ils ont rompu et quand mon frère a confronté ma mère, elle a prétendu qu'elle n'avait pas dit ça et qu'il avait dû mal l'entendre. Elle lui a toujours dit qu'il n'avait besoin que d'elle."

"Mon frère en a parlé à notre grand-père, qui a demandé à ma mère. Ma mère a dit que mon frère avait inventé toute cette histoire de tromperie et qu'il lui en voulait maintenant. Elle a dit cela en présence de son frère et a même ajouté : "Tu sais comment il est". "Un jour, nous faisions des courses à l'épicerie et ma mère a glissé de l'eye-liner dans le sac à dos de mon frère. Il a été arrêté par la sécurité du magasin et ma mère l'a accusé de l'avoir volé pour une de ses copines. Mon frère a nié et elle a refusé de le faire sortir de prison ce soir-là, disant qu'il devait apprendre sa leçon. Je sais que c'était elle parce que je l'ai vue faire, mais j'avais trop peur pour le dire à qui que ce soit. Mon grand-père a entendu parler de l'incident et a interrogé mon frère à ce sujet. Ma mère est intervenue dans la conversation en disant que mon frère était un menteur et en ajoutant : "Tu sais comment il est".

Très vite, mon grand-père a commencé à considérer mon frère comme un fauteur de troubles et mon frère était tellement désorienté par ce qui se passait qu'il a commencé à se replier sur lui-même. Ma mère a souvent traité mon frère de menteur, de voleur, de bon à rien, d'idiot... la liste était sans fin. Mon frère a cessé de fréquenter ses amis parce qu'elle appelait les parents de ses amis pour leur dire qu'il avait une mauvaise influence et qu'il se droguait et volait. À l'école, personne ne voulait s'approcher de mon frère et il a commencé à être victime de brimades, très graves. Il n'en a jamais parlé à ma mère, mais il a essayé d'en parler à mon grand-père. Grand-père a appelé maman et lui a dit d'aller à l'école pour découvrir ce qui se passait. Ma mère lui a dit de ne pas s'inquiéter parce que mon frère cherchait juste à attirer l'attention.

Deux semaines plus tard, mon frère s'est ouvert les veines dans les toilettes de l'école. Dans son sac, il y avait une collection de notes d'une des brutes de l'école lui disant de se tuer. La note disait que personne ne voulait de lui, pas même sa propre mère. Mon frère n'a jamais compris pourquoi maman le détestait autant. Ma mère a perdu ma garde au profit de mon père qui s'est occupé de moi et je ne lui ai pas parlé depuis l'enterrement de mon frère. Elle a pleuré à l'enterrement de mon frère, jurant de découvrir ce qui était arrivé à son garçon. Mais c'était juste pour le spectacle. Je ne t'ai jamais laissé t'approcher d'elle parce que c'est un maître dans l'art d'allumer des gaz. Je suis reconnaissante d'être allée vivre avec mon père parce que je pense qu'elle m'aurait fait la même chose."

Les choses toxiques que peuvent faire les parents qui exploitent les gaz.

Ils dictent vos goûts et vos dégoûts

Cela signifie qu'ils disent à l'enfant ce qu'il aime ou n'aime pas. Ils disent des choses comme : "Comment ça, tu n'aimes pas le baseball ?" Ou encore : "Nous sommes une famille de mangeurs de viande. Il n'y a pas de place pour les végétariens dans cette maison". Par conséquent, ils imposent leurs préférences à l'enfant.

Ils ignorent vos sentiments

"Arrête de pleurer !" Ou encore : "Ne pleure pas comme un bébé parce que tu as été frappé pendant un match !". Ce sont quelques-unes des phrases que les parents utilisent pour rejeter les sentiments tristes ou malheureux. Cela conditionne l'enfant à ne pas ressentir ou montrer ses émotions, même lorsqu'il a mal. Finalement, l'enfant apprend à reporter sa douleur sur quelque chose ou quelqu'un d'autre.

Ils minimisent vos réalisations

Les familles toxiques se caractérisent par des tactiques d'intimidation dans lesquelles la victime est rabaissée et ses réalisations ne sont pas validées. Par exemple, si l'enfant est excellent sur le plan scolaire, le père peut lui dire : "Les livres ne comptent pas dans ce monde si tu ne sais pas prendre soin de toi". Ou encore : "Je me fiche des bonnes notes, si tu ne sais pas jouer au ballon, tu n'es pas un homme". Ils se moqueront également de vos réalisations, les qualifiant de stupides et de perte de temps.

Ils vous étiquetteront

On peut vous traiter d'idiot, de paranoïaque ou de personne ayant une imagination débordante. Ces étiquettes sont faciles à apposer sur les enfants car on sait que les enfants ont des amis imaginaires ou jouent la plupart du temps. Mais dans une situation de gaslighting à la maison, elles visent à mettre en doute la réalité de l'enfant.

Si l'enfant dénonce le comportement du chasseur de gaz, le parent le qualifiera de grossier, d'indiscipliné ou de fauteur de troubles, afin de se sentir mieux.

Gaslighting des enfants

Le gaslighting est un phénomène courant dans les familles dysfonctionnelles et le gaslighter est généralement la mère ou le père de l'enfant. Le gaslighting est de nature insidieuse pour quiconque, mais chez les enfants, il est particulièrement dévastateur car le cycle de l'abus émotionnel peut se poursuivre même à l'âge adulte. Les enfants auront également tendance à choisir des personnes qui pratiquent le gaslighting comme partenaires de vie.

Les enfants coincés avec des parents qui pratiquent le gaslighting perdent généralement leur confiance et ont tendance à avoir peu ou pas d'intégrité, sans que ce soit de leur faute. Lorsque l'enfant perçoit le parent comme l'ennemi, c'est particulièrement traumatisant.

4 types de gaslighting dans l'enfance et leurs effets

Même le parent le mieux intentionné peut être un allumeur de gaz sans le savoir. Si vous donnez à votre enfant des informations contradictoires qui contredisent consciencieusement la réalité qu'il a vue, vous l'avez allumé. Par exemple, votre fille ou votre fils vous surprend en train de manger un morceau de chocolat alors que vous avez dit toute la semaine que vous étiez au régime et que vous n'aviez plus de sucreries. Lorsqu'ils vous demandent ce que vous mangez et que vous ne dites rien après avoir avalé le chocolat à la hâte, vous avez gazé votre enfant.

Certains parents aiment les appeler des mensonges blancs, mais ils sont dangereux car ils créent un précédent de réalités alternatives. Si vous le faites fréquemment, votre enfant peut être conditionné à un sens de la perception biaisé.

Quatre types de gaslighting dans l'enfance

L'éclairage à double tranchant

Ce type de parental gaslighting a été identifié pour la première fois en 1965 et il a été associé à la schizophrénie et à un trouble de la personnalité. L'exemple parfait du double éclairage est celui d'un parent qui dit à son enfant qu'il l'aime et peut même parfois l'étouffer dans son amour et qui, l'instant d'après, le rejette froidement ou lui inflige un châtiment corporel.

Le message est très confus pour l'enfant, qui se sent aimé une minute et indésirable la suivante. L'effet d'un tel éclairage est que l'enfant grandit sans être sûr de sa validité et qu'il remet toujours en question ce que les autres lui disent. Des questions comme "Suis-je digne ou non ?" les tourmentent toujours, en particulier dans leurs relations, qu'il s'agisse de leurs partenaires de vie, de leurs amis ou même de leur travail.

Gaslighting axé sur les apparences

Dans ce type d'éclairage, on attend de l'enfant qu'il maintienne le statut de la famille en donnant l'impression que tout est parfait, même si ce n'est pas le cas. Vous constaterez que les victimes d'abus sexuels commis par un membre de la famille ont été exposées à ce type d'éclairage. Les parents axés sur la réussite ont également tendance à se livrer à ce type de gaslighting.

Ce type de gaslighting rend difficile pour l'enfant d'accepter les faiblesses humaines chez lui et chez les autres, en grandissant. Il lui est également difficile d'accepter les autres par peur d'être vulnérable. Le message du gaslighting axé sur l'apparence est que nous devons paraître parfaits et que ce qui se passe dans la famille reste dans la famille. Votre douleur et votre réalité n'ont pas d'importance.

Le gaslighting imprévisible

Dans ce type de gaslighting, l'enfant ne sait pas comment le parent va réagir à une situation. Dans certains cas, il est confronté à une rage incontrôlable et, dans d'autres, le parent est lucide, voire doux et compréhensif. Les parents qui sont maniaco-dépressifs ou qui ont des antécédents de toxicomanie sont les plus susceptibles de se livrer à ce type de gaslighting.

Le message adressé à l'enfant dans ce type de gaslighting est que vous ne pouvez jamais être stable. Tout peut vous arriver à tout moment. En conséquence, l'enfant n'est pas capable de lire le caractère et les intentions des gens lorsqu'il grandit. Il risque donc de se retrouver avec un agresseur similaire comme partenaire de vie.

Négligence émotionnelle gaslighting

Ce type de gaslighting consiste à négliger émotionnellement l'enfant, bien que ses besoins physiques soient satisfaits. Le parent attaque l'enfant parce qu'il montre des émotions la plupart du temps, en disant des choses comme "Ne t'avise pas de pleurer", "Reprends-toi" ou "Je n'ai pas de temps pour les personnes sensibles".

Le message transmis à l'enfant est que ses émotions ne sont pas pertinentes et qu'il ne doit les partager avec personne d'autre. Ces enfants grandissent en sentant qu'ils manquent d'un certain aspect d'eux-mêmes et chercheront des personnes, comme les allumeurs de gaz, qui combleront ce côté d'eux.

CHAPITRE SIX :

Gaslighting sur le lieu de travail

Comment travailler avec un gaslighter a failli faire dérailler ma carrière.

Macy travaillait depuis plus de deux ans dans l'un des principaux hôtels de Dubaï en tant qu'agent de réception. Son travail était exceptionnel et professionnel, ce qui était prouvé par les interactions avec les clients et les éloges de la direction de l'hôtel. Au début de sa troisième année dans le même rôle, un nouveau directeur d'hôtel est embauché. La patronne n'a pas du tout apprécié Macy et, dès leur première rencontre, elle s'est montrée brusque et courte avec elle.

Pensant qu'elle avait peut-être fait quelque chose qui l'avait offensée, Macy a entrepris d'arranger les choses. Elle a demandé à s'asseoir avec elle et a abordé le sujet en lui demandant si la nouvelle responsable avait vu quelque chose dans son travail que Macy devait améliorer. La responsable se lance dans une litanie de choses qu'elle a remarquées chez Macy et qu'elle devrait changer, mais aucune n'est basée sur son travail, il s'agit plutôt de problèmes personnels. "Je n'aime pas la façon dont vous vous coiffez. Etes-vous une blonde naturelle ?" "Oui, je le suis" "Vous êtes sûre ? Parce qu'on dirait que vous avez décoloré vos cheveux. Je n'ai rien contre les blondes. C'est juste qu'on dirait que vous essayez de vous démarquer et d'être plus remarquée. Je pense que ce n'est pas professionnel." "Je vous assure que je suis une blonde naturelle et que ma couleur de cheveux n'est pas un stratagème pour attirer davantage l'attention sur moi", a répondu Macy. "Êtes-vous mariée ?" demande le manager. "Pas encore", a répondu Macy. "Mmmhhhh." dit le manager, comme si tout cela avait un sens maintenant.

Sur ce, Macy est renvoyée. Elle est partie en se demandant si sa couleur de cheveux attirait davantage l'attention et si c'était ce qu'elle cherchait à faire.

Environ trois semaines plus tard, un collègue du bureau de la comptabilité arrête Macy dans le couloir pour lui demander ce qui ne va pas dans son dossier. "Rien, pour autant que je sache", répond Macy. "Pourquoi cette question ?" "Eh bien, le directeur de l'hôtel a demandé tous vos papiers datant de six mois", dit le collègue. "Pourquoi ?" demande Macy. "Je ne sais pas pourquoi, mais elle a demandé spécifiquement vos papiers et ceux de personne d'autre", a répondu l'autre employé. Cet après-midi-là, elle a été convoquée dans le bureau du directeur et a trouvé ses papiers soigneusement placés dans une pile à côté du directeur.

J'ai parcouru votre travail et je dois dire que je suis choquée que vous ayez tenu aussi longtemps ici", commence-t-elle. Vos documents sont bâclés, vous n'avez pas joint les bordereaux de paiement des clients et je ne vois pas les signatures correspondantes sur les bordereaux de carte de crédit. Comment justifiez-vous votre salaire ? Pensez-vous que vous êtes ici juste pour faire bonne figure ?" Stupéfaite, Macy a finalement trouvé sa voix pour dire "Désolé, je suis un peu confus ici. Personne dans le département des comptes n'a soulevé de questions avec moi, donc je ne suis pas sûre de ce que j'ai manqué de faire ici. Puis-je voir un exemple de la paperasse incomplète ?" "Vous pensez que j'invente tout ça ?" demande le directeur. "J'ai des tonnes de preuves ici. Le service comptable ne vous trouve pas non plus compétent. Ils sont tous d'accord avec moi pour dire que votre travail est de mauvaise qualité. Je vous mets à l'essai pendant six mois, le temps de revoir votre travail. Et, puis-je vous suggérer d'envisager une couleur plus foncée pour vos cheveux afin de vous rendre moins visible."

Macy est sortie en titubant du bureau du directeur et s'est rendue aux toilettes pour se laver le visage. "Que se passe-t-il ?", s'est-elle demandée. Elle est à la réception depuis plus longtemps que quiconque et son travail a toujours été digne d'éloges. Le service comptable croyait-il vraiment que son travail était bâclé ? Pourquoi personne n'a rien dit ? Peut-être qu'elle était devenue complaisante et ne donnait pas le meilleur d'elle-même ces derniers temps. Elle s'assurerait que son travail est impeccable.

Pendant les mois qui ont suivi, elle a enduré les critiques constantes, les comparaisons et même les brimades subtiles du manager. Aussi, lorsqu'un poste s'est libéré dans une autre branche, elle a postulé, juste pour ne plus être sous la coupe de son patron actuel. Le directeur en a entendu parler et a appelé le responsable du recrutement pour le "mettre en garde" contre l'offre du poste à Macy. Mais comme Macy était l'une des dernières personnes à avoir été interviewées, le responsable du recrutement lui a tout de même fixé un entretien final. Macy s'étant révélée être la meilleure candidate, le recruteur décide d'avoir une conversation franche avec elle sur sa "réputation".

Macy, je suis très impressionné. Vous êtes clairement la meilleure personne pour ce travail, mais j'ai quelques inquiétudes. Pour commencer, votre patron m'a contacté et m'a fait part de certaines inquiétudes concernant votre travail. J'ai donc demandé au bureau de la comptabilité de me faire part de vos documents et, honnêtement, je n'ai rien trouvé à redire à votre travail. Quelques erreurs ici et là, mais rien d'aussi important que ce que le directeur de l'hôtel a essayé de laisser entendre. Parlez-moi de votre relation avec le directeur de l'hôtel de votre branche." Macy a décidé d'être honnête avec le recruteur au sujet de la relation avec son patron.

"Je ne suis certainement pas surpris d'entendre cela. Cette responsable est devenue une gazeuse notoire, surtout avec le personnel féminin dont elle se sent menacée. J'aimerais vous proposer le poste et j'aimerais également que vous fassiez part de votre expérience au directeur des ressources humaines." Il s'est avéré que cette directrice faisait de l'exploitation gazeuse de ses employés depuis des années et que la plupart des gens avaient trop peur de perdre leur emploi pour dénoncer ses agissements. La recruteuse était l'une de ses victimes et elle avait décidé que trop c'était trop.

Comment identifier le gaslighting au travail

Le gaslighting au travail peut être plus subtil car l'agresseur est plus conscient de son environnement. Il s'agit généralement d'un point d'autorité ou d'un pair de l'agresseur, mais le personnel subalterne peut également être un excellent agent de harcèlement moral, surtout s'il est ambitieux et qu'il vise un poste où la concurrence est rude. Vous pouvez savoir que vous êtes victime de gaslighting au travail lorsque vous observez des signes révélateurs tels que :

- Le chasseur de gaz répand de fausses informations sur vous.
- Vous êtes le sujet de ragots et de mensonges flagrants répandus par une personne spécifique.
- Le gaslighter est très charmant et plein d'esprit avec vous.
- Ils essaient d'obtenir votre contribution, puis déforment vos paroles et les utilisent contre vous.
- Le gaslighter vous discrédite, vous donnant l'impression que vous n'êtes pas digne.
- Ils font des commentaires passifs-agressifs sur vous sous couvert de plaisanteries ou d'amitié.

Comment les tactiques courantes de gaslighting sont utilisées au travail

Contrer

Cette tactique consiste pour le gaslighter à remettre en question votre mémoire des événements, en particulier ceux qui se sont produits lorsque vous étiez ensemble. Par exemple, si vous partagez des clients et que vous avez participé à une réunion ensemble, il peut remettre en question vos notes et laisser entendre que ce que vous avez écrit était inexact, pour ensuite rédiger un rapport reprenant la même version des faits. Lorsqu'on le confronte, il nie ouvertement avoir changé la version des faits, prétendant que vous avez mal compris ce qu'il a dit.

Retenue à la source

Le collègue ou le supérieur retient des informations pertinentes pour votre travail, ce qui vous empêche d'être efficace dans votre travail. Il refuse également de vous féliciter, même lorsque cela est nécessaire, en vous disant des phrases telles que "C'est ce que vous êtes payé pour faire. Il n'y a rien de spécial dans ce que vous réalisez".

Banalisation de

Si vous concluez une affaire ou obtenez une promotion, ils trouvent le moyen de banaliser cette réussite. Ils peuvent dire : "C'est une réussite mineure. À ton âge, j'étais en bonne voie pour devenir directeur général de l'entreprise". Cela amène la victime à penser que ses idées, sa contribution ou ses réalisations ne sont pas importantes.

Mentir

Les Gaslighters au travail mentent afin de dépeindre leur victime sous un mauvais jour. Cela fonctionne à leur avantage car cela jette le doute sur les compétences de leur victime. Cela plonge également la victime dans un état d'anxiété et de doute de soi.

Détourner

Le gaslighter détournera l'attention du sujet du travail pour se concentrer sur la vie émotionnelle ou privée de la victime. Par exemple, le manager de Macy a détourné l'attention de l'objectif de la réunion, qui était que Macy cherche à obtenir un retour sur son travail, pour critiquer l'apparence et le style de Macy.

Phrases que les allumeurs de gaz utilisent sur le lieu de travail.

Les éléments suivants sont courants dans une relation professionnelle de type gaslighting :

- Vous devez vous concentrer.
- Tu ne te souviens pas qu'on en a discuté hier ?
- Je dois toujours me répéter parce que tu ne peux pas te souvenir des choses.
- Si vous pouviez apprendre à écouter, nous n'aurions pas ce problème.
- Tu es trop sensible.
- Arrêtez d'être paranoïaque/irrationnel.
- Tu es trop émotive.
- Tu lis trop dans mes commentaires. J'essaie simplement d'aider.
- Tu entends ce que tu viens de dire ? Qu'est-ce que cela dit de vous ?
- Vous avez un problème à la maison ? Vous êtes toujours en retard sur les choses.
- Je n'ai ce genre de problèmes qu'avec toi.
- Tu as besoin d'apprendre à prendre une blague. Tu es trop sensible.
- Je te rappelle toujours des choses parce que tu es mal organisé.
- Je suis dur avec toi parce que je t'aime bien.

Le patron gaslighting et ses tactiques

Ils disent du mal de vous

Le patron qui pratique le gaslighting trouvera le moyen de vous dénigrer auprès des autres cadres de l'entreprise et de vos pairs. Il s'agit d'une tactique visant à vous faire perdre toute crédibilité auprès des autres membres de l'entreprise, de sorte que lorsque vous vous plaignez, vous n'avez pas d'oreille attentive ni de soutien. Ils vont également mentir de manière flagrante à votre sujet.

Ils déplacent les délais

Un patron qui allume ses subalternes leur impose des exigences déraisonnables dont il sait qu'elles donneront une mauvaise image de l'employé. Par exemple, il repousse une échéance, sachant qu'il sera impossible de produire le travail dans le nouveau délai. Et si on leur demande pourquoi ils ont déplacé l'échéance, ils peuvent nier l'avoir fait.

Ils font des commentaires insultants

Cette tactique relève de la technique de détournement de l'éclairage gazeux. Il dira quelque chose de sournois, comme faire un commentaire raciste déguisé en blague. Si vous l'interpellez à ce sujet, il prétendra que vous êtes trop sensible. Il le dira devant les gens et, lorsqu'il sera confronté à des réactions négatives, il prétendra que vous avez mal compris son commentaire ou que tout le monde le dit.

Ils vous excluent

Vous êtes la seule personne à manquer les courriels importants de l'équipe par accident, ce qui a un impact sur la façon dont vous faites votre travail. À l'extrême, le patron peut même s'attribuer le mérite de vos idées ou de votre travail et vous exclure de la reconnaissance de votre travail. Lorsque vous le confrontez, il vous dira qu'il n'y a pas d'effort individuel et que c'est toujours un effort d'équipe.

CHAPITRE SEPT :

Gaslighting dans les amitiés

Une amitié toxique cachée au grand jour

Mike et Sam étaient amis depuis qu'ils étaient au collège. Tous les jours après l'école, ils passaient des heures dans la cabane de Mike, à faire leurs devoirs, à jouer aux jeux vidéo et aux dames. Ils étaient là pour les premiers baisers de l'autre et ils parlaient de tous leurs béguins. Rien ne pouvait les séparer.

Ils se sont inscrits dans des universités différentes et c'est ainsi qu'ils se sont séparés. Bien que les deux amis se soient rendus visite, leurs visites sont devenues de plus en plus espacées. Trois ans après l'obtention de leur diplôme, les deux amis se sont retrouvés dans la même ville et se sont croisés lors d'une course au café le matin. Mike pensait que la personne qui le précédait dans la file d'attente lui était familière, alors il a passé sa tête au fond de la file pour voir si c'était la personne qu'il pensait être. Et bien sûr, c'était Sam.

Mike quitta la file d'attente et suivit son ami d'enfance alors qu'il sortait du café, l'entourant de ses bras et grondant : "Donne-moi ton café, doucement et lentement". Alarmé, Sam se retourna, prêt à frapper son agresseur potentiel, mais il fut accueilli par le large sourire de son ami. "Ohhh...Mikey ! Oh mon Dieu ! Quoi... Ça fait combien de temps ?" "Trop longtemps, mon frère ! Je ne t'ai pas vu depuis plus de cinq ans. Comment vas-tu ?" répondit Mike. "Je vais bien, mec - je prends juste mon café du matin en allant au travail. J'ai une petite startup technologique, qui développe des applications médicales pour aider les patients à atteindre les soignants plus rapidement. Comment va ton cabinet ?" dit Sam.

"Vous connaissez la loi. Tout le monde déteste les avocats, mais ils aiment bien nous occuper. Comment vont Charlene et les enfants ?" demande Mike. "Tout le monde va bien. Nous serions ravis de vous inviter à dîner. En fait, venez ce samedi, je suis sûr que Charlene ne m'en voudra pas de faire des plans." Sam répond : "C'est une bonne idée ! Voici ma carte de visite. Si vous changez d'avis, faites-le moi savoir", dit Mike.

Les deux amis ont ravivé leur amitié et ont commencé à se voir plus souvent. Pendant leurs sorties, Mike faisait toujours des blagues sournoises sur la course de Sam et son combat pour perdre du poids. Cela commençait par des phrases comme "Pose la fourchette, sinon tu vas redevenir connu sous le nom de "Sam la Bulle"". Et ce malgré le fait que Sam était maigre et en pleine forme. En fait, Mike était le plus grassouillet des deux, mais ses références concernaient les brimades et les moqueries que Sam avait subies au collège à cause de son poids.

Au cours d'une de leurs conversations, il a dit : "Tu sais, ta femme est une vraie maman. Elle adore s'occuper des autres et a une grande présence dans la maison." Choqué, Sam regarde son ami et lui demande : "Qu'est-ce que tu viens de dire ?" "Tu sais, elle a ce caractère nourricier qui est inhérent aux femmes noires. Je suis sûr qu'elle prend très bien soin de toi. Il suffit de te regarder. C'est un compliment, mon frère ! Tu sais que je dis ça parce que j'aime Charlene", répond Mike. Pendant le reste de la soirée, Sam est resté calme et lorsqu'il a raccompagné son ami, son accolade n'était pas très chaleureuse. Devait-il dire à Charlene ce que Mike avait dit ? Elle allait perdre la tête et le confronter. Peut-être que Mike lui faisait un compliment de la meilleure façon qu'il connaisse, mais pourquoi utiliser l'argot d'un maître d'esclaves. Il avait connu Mike toute sa vie et l'homme n'avait pas une once de méchanceté dans son corps. Il ramena cela à l'ignorance de son ami et décida que la prochaine fois qu'ils sortiraient ensemble, il l'éduquerait.

Les deux amis jouaient souvent au golf et, les jours où ils jouaient ensemble, Mike avait la mauvaise habitude de compter le nombre de Noirs par rapport au nombre de Blancs sur le parcours. "De plus en plus de Noirs jouent au golf de nos jours, je suppose. Après Tiger Woods, vous avez tous pensé que vous pouviez le faire. Mais vous savez, la seule raison pour laquelle il a pu franchir la porte, c'est parce qu'il avait une femme blanche et blonde. C'est l'ascension de tout homme noir."

"Mais de quoi tu parles ?" a explosé Sam. "Premièrement, Tiger Woods est le plus grand joueur de golf de tous les temps. Deuxièmement, mon peuple n'a pas besoin d'être encouragé par un homme ou une femme blanche. Qu'est-ce qui t'arrive avec ces commentaires racistes ?" S'éloignant de Mike, Sam a remis son club dans le sac, l'a porté sur son épaule et s'est dirigé vers le chariot de golf. Mike rattrapa Sam et dit : "Pourquoi es-tu si sensible ? Je ne parle pas de toi. Je te respecte et je pensais pouvoir être moi-même avec toi. Pourquoi es-tu si émotive à ce sujet ? Nous sommes amis et nous pouvons parler librement entre nous. Tu agis comme une folle."

Le trajet hors du parcours a été laconique et les deux hommes se sont quittés sans rien dire. Quand Sam est rentré chez lui, sa femme lui a demandé ce qui s'était passé entre lui et Mike. "Comment as-tu su que quelque chose s'était passé ?" a-t-il demandé. "Eh bien, Mike m'a appelé pour me dire que tu étais bizarre, paranoïaque même. Tu t'es emporté contre lui parce qu'il avait fait l'éloge de Tiger Woods et qu'il avait dit qu'il y avait plus de Noirs sur le parcours, ce qu'il trouvait génial", explique Charlene. Sam laisse échapper un gros soupir et demande à sa femme de s'asseoir. "Mike a fait des commentaires très inquiétants sur les Noirs. Il me dénigre à propos de mon poids et, lorsque je le confronte à ce sujet, il dit que je réagis de manière excessive, que je suis trop sensible ou que je suis folle. Je sais ce qu'il dit et ce n'est pas bien."

"Je ne voulais pas te dire ça, mais Mike est venu sur mon lieu de travail l'autre jour et il a dit qu'il était inquiet de la façon dont tu te comportais. Il a dit que tu regardais d'autres femmes lorsque vous étiez ensemble et que tu avais même abordé une femme pour lui demander son numéro. Il m'a demandé de ne pas te le dire, afin qu'il puisse trouver des preuves pour moi. Je ne te l'ai pas dit parce que j'étais honnêtement choquée et cela fait deux jours que je réfléchis à ce que je dois faire de cette information. Mais d'après ce que tu m'as dit, je pense que Mike t'exploite."

Stupéfait, Sam est resté assis en silence pendant un moment, regardant droit devant lui. Soudain, il a dit : "Appelons-le. S'il essaie de nous mettre ça sur le dos, nous saurons qu'il nous manipule. Ou, au moins moi." Ils ont appelé Mike, qui a décroché et a dit, "Hey mon pote. Tu vas bien maintenant ? Tu as réagi de façon excessive là-bas. J'étais inquiet pour toi."

"Avez-vous dit à ma femme que je regardais d'autres femmes et que j'ai demandé à quelqu'un son numéro de téléphone ?" A demandé Sam, calmement. "Quoi... Je... De quoi parlez-vous ? Je n'ai jamais dit ça. Charl..." Mike bafouille avant d'être interrompu par Charlene. "Mike, es-tu en train de dire que je mens sur le fait que tu es venu à mon bureau il y a deux jours pour me dire que tu étais préoccupé par le fait que Sam regardait d'autres femmes et qu'il avait même sollicité le numéro de l'une d'entre elles ?". Charlene a demandé. "Charlene... chérie... tu as dû mal comprendre ce que j'ai dit. Je n'ai jamais dit cela. Ce que j'essayais de te dire, c'est que tu devrais faire attention à bien t'occuper de mon ami parce qu'il y a beaucoup de femmes dehors qui voudraient un homme comme ça. Rappelez-vous, je vous ai même dit que je vous obtiendrais la preuve du nombre de femmes qui le veulent."

Charlene et Sam se regardèrent en silence, tandis que Mike continuait à mentir. "Les gars...les gars...vous êtes là ? Ecoutez, c'est un énorme malentendu. Je peux venir tout de suite et nous pouvons éclaircir tout ça. Je suis en chemin. J'apporte du vin, on peut régler ça et passer une bonne soirée", dit Mike.

"Ne t'approche plus jamais de moi ou de ma famille. Si je te vois ou si j'entends que tu t'es approché de ma femme ou de mes enfants, j'obtiendrai une ordonnance restrictive contre toi." Mike a commencé à sangloter de l'autre côté de la ligne. "Ne fais pas ça, mon frère. On peut régler ça. Je n'ai que de l'amour pour toi et tes enfants. Charlene ment, mec. Tu reviendras vers moi un jour quand elle te larguera et prendra tes enfants. Je sais, je sais."

Sam a replacé le téléphone et a appelé ses fils en bas. "Trey, Tyler, nous devons vous dire quelque chose. Oncle Mike n'est plus le bienvenu ici et vous ne devez plus rien avoir à faire avec lui. D'accord ?" "Bien sûr, papa", dit Trey. "Je ne lui faisais pas confiance de toute façon. Il a dit à Tyler que maman et toi vous vous disputiez tellement qu'il était là pour s'assurer que vous ne divorceriez pas. Il a demandé à Tyler de lui raconter tout ce qui se passait à la maison, pour qu'il puisse vous aider. Quand Tyler me l'a dit, je lui ai dit que c'était un mensonge, mais que nous avions peur de te le dire parce qu'il était ton ami."

Il s'est avéré que la femme de Mike l'avait quitté et avait emmené ses deux filles avec elle à cause de son comportement de gaslighting. Il a pris cette habitude à l'université et l'a utilisée sur plusieurs femmes qu'il a fréquentées et sur certains de ses amis.

Signes d'une amitié toxique

Il est très important de discerner quand une amitié est devenue toxique. Dans certains cas, l'amitié est toxique dès le début et dans d'autres cas, elle le devient progressivement avec le temps. Les signes indiquant qu'une amitié est devenue toxique sont les suivants :

Vous rabaisser

Un ami toxique qui pratique le gaslighting est plus soucieux d'avoir raison et de vous contrôler que de défendre vos intérêts. Dans une amitié saine, les commentaires que tu reçois sont positifs et édifiants, et te motivent même. Les corrections sont faites par amour, et non par méchanceté. Dans une amitié toxique, l'"ami" joue sur vos insécurités et les renforce même afin de vous dominer.

Exercer un contrôle

En parlant de vous dominer, une amitié toxique fait pencher la balance en faveur d'une seule personne. L'ami toxique vous dicte où vous allez, ce que vous faites, et influence même votre façon de vous habiller ou de lui parler. En exerçant un contrôle sur vous, il vous enlève effectivement le pouvoir de faire vos propres choix et se donne le contrôle de ces choix.

Blame

Nous commettons tous des erreurs, mais lorsque la personne qui vous contrôle fait porter le problème sur vous et essaie de se disculper, en vous laissant la responsabilité, vous êtes dans une amitié toxique. Les amis toxiques n'assument pas la responsabilité de leurs actes s'ils ont des conséquences négatives. Vous serez blâmé pour le moindre problème qui survient lorsque vous êtes en leur présence.

Chantage émotionnel

Cette tactique consiste à refuser le soutien ou l'affection à la victime dans des circonstances où elle en a besoin. Les amis toxiques donnent leur amour sous condition et leur amour est uniquement basé sur ce que vous pouvez leur donner. Si vous n'êtes pas disponible pour eux, ils ne vous rappelleront pas, ne décrocheront pas vos appels et ne répondront pas à vos textos. Ils veulent vous donner une leçon en n'étant pas disponibles pour vous.

Humiliation

Les amis aiment se taquiner et les taquineries font partie intégrante de l'amitié, mais les amis toxiques vont encore plus loin en les humiliant délibérément. Ils vont même rire aux dépens de la victime. Si un ami raconte constamment des blagues cruelles sur vous ou rit à vos dépens, il abuse de votre amitié. Si vous avez soulevé ce problème avec votre ami et qu'il vous dit que vous n'avez pas le sens de l'humour, ce n'est pas un bon ami.

Imprévisibilité

Une incohérence dans la personnalité de votre ami qui le rend imprévisible doit être un signal d'alarme. S'il agit de la sorte plus souvent qu'à son tour, il risque de créer un environnement toxique pour votre amitié. Dans ce type d'amitié, vous n'êtes jamais en mesure de vous détendre complètement.

Phrases communes de gaslighting que les amis toxiques disent :

- Tu es trop sensible.
- Si tu étais un bon ami, tu remarquerais...
- Je suis comme ça avec tout le monde, pas seulement avec toi,
- Je plaisantais.
- Vous n'avez aucun sens de l'humour.
- C'est bien d'apprendre à rire de soi.
- Que feriez-vous sans moi ?
- Je peux te critiquer parce que nous sommes amis.
- Tu sais que tu n'es pas sûr de toi en ce moment.
- Ce n'est pas grave.
- C'est ta faute si notre amitié n'est pas meilleure.

CHAPITRE HUIT

Le langage et la culture d'une société de Gaslighting

La culture du gaslighting aujourd'hui

La culture dans laquelle nous vivons est très prompte à juger toute personne dont la réalité ne correspond pas à ce qu'elle croit devoir être une réalité. Par exemple, à l'ère de Trump, toute personne qui ne souscrit pas à l'idée de "Making America Great Again" est mal informée ou pire. Les libéraux sont des fous, les conservateurs sont trop coincés, et tous ceux qui se situent entre les deux n'ont pas les reins assez solides pour soutenir le "cheval gagnant". Voici quelques façons dont le discours américain actuel a contribué à la culture du gaslighting :

Ignorer les minorités

Le gaslighting est plus répandu dans la culture actuelle parce que nous avons marginalisé de nombreuses personnes dont les identités ou les pratiques ne correspondent pas à la définition étroite de ce que nous avons normalisé dans la société. Qu'il s'agisse de la communauté LGBTQ, de différents groupes religieux, de races ou d'idéologies politiques, nous avons exposé des personnes au gaslighting en niant que leurs droits et libertés sont aussi importants que ceux des autres.

Ces dénis ont déstabilisé des communautés entières, qui à leur tour déstabilisent la nation entière. En conséquence, un leadership biaisé, comme celui de Donald Trump et Vladimir Poutine, a pris pied et leurs mensonges et tromperies sont désormais considérés comme la vérité.

Étiqueter les gens

La culture d'aujourd'hui est axée sur les étiquettes. Vous êtes soit un échec, soit une réussite, selon l'endroit où vous vivez, les personnes avec qui vous vivez et votre degré d'indépendance vis-à-vis de votre famille. Cela a conduit les gens à perdre leurs systèmes de soutien, comme leurs parents et leurs frères et sœurs, parce qu'ils veulent avoir l'air de réussir. Inévitablement, lorsqu'ils tombent entre les mains des "gaslighters", ils sont facilement isolés de leur famille, ce qui les rend complètement vulnérables. Ces étiquettes sont utilisées pour mesurer la valeur d'une personne, mais elles servent de point d'appui à un comportement émotionnel néfaste.

Refuser le mérite là où il est dû

La culture d'aujourd'hui s'accommode très bien de l'appropriation culturelle sans comprendre que non seulement les appropriateurs s'attribuent le mérite de ce qu'ils n'ont pas créé, mais qu'ils refusent aussi aux véritables créateurs le mérite qui leur revient. Cette pratique laisse les communautés qui ont créé la tendance à l'origine sans pouvoir. Elle efface et banalise le traumatisme humain historique associé à l'esclavage et à la colonisation. En niant la culture et en encourageant l'appropriation, vous éclairez toute une communauté. Il est alors facile d'exposer les individus de cette communauté à une nouvelle forme systématique d'oppression.

Recréer le passé

Cela signifie nourrir la génération actuelle de mensonges sur ce qui s'est passé dans le passé. Les "gaslighters" essaieront d'effacer les injustices historiques en modifiant le récit pour favoriser le leur. Par exemple, le remaniement de la façon dont les Noirs organisaient les sit-ins et les espaces sécurisés a eu un impact direct sur la réception de la protestation pacifique à genoux de Colin Kapernick contre le meurtre de jeunes hommes noirs. Si l'on ajoute à ce remaniement les propos de ceux qui font de l'éclairage gazeux comme le président Donald Trump, la société se désensibilise au passé et considère désormais la protestation comme le problème.

L'avenir de la société du gaslighting

À l'avenir, le gaslighting se concentrera sur nos enfants et nous leur enverrons le signal que jouer avec la santé mentale d'une autre personne est une manière acceptable d'interagir avec elle. Les cas d'intimidation, où l'intimidateur encourage même la victime à se suicider, sont en augmentation et l'intimidateur a généralement des tendances narcissiques. Ils pensent qu'ils sont en quelque sorte meilleurs que leurs victimes.

Pour déstabiliser cette trajectoire néfaste dans les interactions humaines, nous devons commencer à avoir des conversations avec nos enfants sur le gaslighting, ce qui se passe quand vous êtes gaslitté, comment l'éviter et le surmonter dans les relations et les amitiés.

Afin de lutter contre le gaslighting, nous devons exiger mieux de nos dirigeants et de ceux qui nous entourent. Il ne faut pas que les choses se passent comme si de rien n'était lorsque le président ment ou allume un individu.

Gaslighting et médias sociaux

Le gaslighting dans les médias sociaux est connu sous le nom de cloutlighting. Les médias sociaux sont devenus un lieu d'affaires et d'interactions personnelles, mais ils peuvent aussi être un lieu où l'on trouve la forme la plus infâme de gaslighting. Ils permettent au gaslighter de disposer d'un public plus large pour discréditer sa victime et peuvent même attirer d'autres gaslighters dans la partie de gaslighting, avec la victime comme cible principale.

Prenez, par exemple, un groupe d'amis dont l'un d'entre eux est un gaslighter. Elle organise des événements et exclut sa victime du gaslighting, puis publie des photos d'elle avec les autres amis sur les médias sociaux, sachant que la victime les verra. Si la victime demande pourquoi elle a été exclue, le gaslighter la fait passer pour une mauvaise personne devant les autres amis, la discréditant ainsi. Si elle ne demande rien, elle se demande constamment ce qu'elle a fait de mal pour être exclue de l'événement. Dans un tel scénario, il est très facile pour le gaslighter d'impliquer les autres amis et de les rendre complices du gaslighting. Très vite, la détresse de la victime devient une source de divertissement pour le reste du groupe, qui ne sait pas ce qui se passe en coulisse entre la victime et le gaslighter.

Le cloutage consiste à exploiter la victime sur les médias sociaux pour choquer et même parfois divertir les autres. Avez-vous déjà vu la vidéo d'un homme ou d'une femme qui semble réagir de manière excessive à une situation apparemment normale et qui semble drôle au détriment de la personne dans la vidéo ? Imaginez un instant que la personne se trouve dans une relation abusive et qu'elle vient de se faire gazer. L'agresseur l'enregistre et le met en ligne. Vous venez de voir une victime de cloutage. L'agresseur cherche à obtenir la sympathie des spectateurs de la vidéo et à dépeindre la victime sous un mauvais jour. Votre commentaire désagréable sur la victime est utilisé par l'agresseur pour renforcer la violence psychologique en cours.

Des phrases familières et quotidiennes que les gens utilisent pour faire pression sur les autres :

- Vous prenez les choses trop à cœur.
- Tu ne sais pas prendre une blague.
- Tu es trop sensible.
- Nous avons parlé de ça, tu ne te souviens pas ?
- Je dois me répéter ?
- Tu ne penses pas que tu réagis de façon excessive ?
- Vous aimez sauter aux mauvaises conclusions.
- Vous vous entendez ?
- Arrêtez de prendre les choses si sérieusement.
- Pourquoi es-tu contrarié par une blague ?

Phrases néfastes que les auteurs de gaslight vicieux utilisent pour désarmer les gens :

Vous imaginez des choses.

Cette phrase est censée vous faire douter de votre perception de ce que vous avez vécu. Une fois que vous commencez à douter de vous-même, le chasseur de gaz commence à prendre le contrôle.

C'était une blague.

L'utilisation de cette phrase vous donne l'impression d'être déficient en humour et vous ne devez pas lire dans ce que dit le gaslighter. Même si le gaslighter dit que vous devez prendre la blague au pied de la lettre, il veut en fait que vous intériorisiez le sens de la blague et que vous commenciez à douter de vous-même.

Tu réagis toujours de façon excessive. Tu es trop sensible.

Cette phrase donne l'impression que votre réaction face au gaslighter est défectueuse. La réaction correcte est celle qu'ils vous demandent, c'est-à-dire de ne pas être trop sensible.

Tu dois te détendre ou laisser tomber.

Il s'agit d'une phrase très méprisante qui est censée banaliser vos sentiments et les rendre insignifiants. Elle est utilisée en public pour dévaloriser votre valeur dans les cercles sociaux.

Tu es fou.

Cette phrase est populaire car elle présente la victime comme instable et suscite en même temps la sympathie de l'agresseur.

CHAPITRE NEUF :

Les effets à long terme du Gaslighting

Comment les victimes se sentent et leur état d'esprit pendant le processus de gaslighting.

La vérité toute simple qui se cache derrière le sentiment de la victime de l'éclairage gazeux est une perte de valeur. Elles ont tendance à se sentir complètement dévalorisées et indignes de leur agresseur, ce qui est exactement ce que ce dernier veut qu'elles ressentent. Le cycle de l'état d'esprit d'une victime de gaslighting, tel qu'il se présente, comprend :

Incrédulité

En général, la victime n'arrive pas à croire que l'agresseur a changé. Elle commence à penser qu'elle doit en faire plus pour rétablir l'équilibre sain qui existait auparavant. Dès le début de l'éclairage gazeux, elle trouvera des excuses à l'agresseur, croyant qu'il ne s'agit que d'une bosse dans la relation.

Défense

Plus l'agresseur s'en prend à la victime, plus il essaie de la briser, mais au début, il reste encore de la combativité chez la victime. À ce stade, elle repoussera les attaques, car l'éclairage gazeux ne l'a pas encore complètement envahie.

Dépression

Cette phase suit rapidement la phase de défense, car la victime peut avoir l'impression qu'elle n'est pas capable de supporter les abus et les rabaissements constants. À ce stade, elle a l'impression de faire constamment de mauvaises choses et que son espace personnel est constamment malmené, si bien qu'elle sombre progressivement dans la dépression.

Sortir de la dépression est difficile et c'est à ce stade que le chasseur de gaz commence à gagner. À ce stade, l'agresseur ne peut pas se permettre de relâcher son tourment psychologique, il isolera donc la personne afin d'avoir un accès incontesté à elle.

Effets généraux et impact profond du gaslighting

Il existe plusieurs effets généraux du gaslighting à rechercher chez vous ou chez votre proche si vous suspectez un gaslighting :

Remise en question

Les remises en question sont le résultat direct de l'érosion de la confiance, car l'agresseur donne à la victime l'impression que son jugement est erroné sur tout. Elle se demande constamment si ce qu'elle a vu était réel, ou si elle a pris la bonne décision.

Peur

Une aura générale de peur entoure la victime du gaslighting. Elles ont constamment peur de contrarier leur agresseur, de tout perdre, que personne ne les croie et de tout recommencer.

S'excuser constamment

L'agresseur met toujours la victime en mode défensif, de sorte qu'elle s'excuse constamment pour ses "défauts" qui brisent la relation. La victime peut même commencer à s'excuser de son existence, ce qui signifie qu'elle est très fragile mentalement et qu'elle pourrait se faire du mal.

Dépression

Il est courant pour les victimes de gaslighting de devenir déprimées et mélancoliques. Rien ne les sort de leur brouillard de tristesse et elles acceptent constamment les abus et les dénigrements du gaslighter comme une récompense méritée.

Informations sur les retenues à la source

Les victimes sont généralement conditionnées à ne pas divulguer d'informations parce que l'agresseur essaie de monter tout le monde contre elles. Si elles ne trouvent pas de soutien auprès de la première personne à qui elles en parlent, elles ne se sentiront peut-être jamais capables d'en parler à quelqu'un d'autre. De plus, une grande honte est toujours associée à toutes les formes d'abus et les victimes sont généralement celles qui en ont le plus honte.

Indécision

La victime aura du mal à prendre les décisions les plus simples et cherchera à ce que quelqu'un les prenne pour elle. Cela est dû au fait qu'elle dépend de son agresseur pour prendre toutes les décisions. S'il n'est pas présent, la victime peut devenir complètement incapable de prendre la décision la plus élémentaire.

Culpabilité

Certaines victimes se sentent coupables de dire à quel point leur agresseur est mauvais alors qu'il a été si bon dans le passé. Les amis et la famille peuvent avoir l'impression d'être ingrats ou d'être des chercheurs d'or.

Traumatismes et symptômes émotionnels

Il est important de reconnaître que les victimes de gaslighting ont été si profondément traumatisées qu'il faudra des années pour réparer les dégâts, si tant est qu'ils puissent être réparés. La majorité des victimes présentent ces symptômes de traumatisme, qui peuvent être contrés à temps s'ils sont identifiés suffisamment tôt :

- Hypervigilance (anticipation d'un traumatisme supplémentaire).
- Flashbacks d'événements douloureux, qui surviennent à toute heure du jour ou de la nuit.
- Une anxiété accrue.
- Des sautes d'humeur imprévisibles.
- Confusion mentale.
- Souvenirs intrusifs.

Il s'agit de symptômes fondamentaux qui ont mis des années à se développer et qui peuvent être gérés, mais qui ne disparaissent jamais vraiment.

Dissonance cognitive

Comme je l'ai dit précédemment, la dissonance cognitive est l'état d'esprit dans lequel une personne a deux croyances différentes et l'une va à l'encontre de l'autre, en raison d'un stress psychologique. Les victimes de gaslighting croient que leur survie dépend de leur agresseur et qu'il est acceptable que le gaslighter se comporte comme il le fait. La colère et la haine manifestées par l'agresseur sont dues au fait qu'il les aime et qu'il les protège contre eux-mêmes.

Par exemple, une femme dans une relation abusive déteste la douleur et les abus, mais elle a encore plus peur de ce qu'elle devra affronter sans lui. Après tout, il l'aime. Elle est prête à mourir plutôt que d'affronter la vie sans son agresseur, et elle défend donc son comportement auprès de sa famille et de ses amis. Dans le gaslighting, la victime essaie de mettre en sourdine sa dissonance cognitive pour survivre au conflit interne qu'elle ressent. Cela l'aide à gérer son anxiété primitive découlant de la situation dans laquelle elle se trouve.

Malheureusement, pendant cette période, elles se persuadent que les choses ne vont pas si mal et que lorsque l'agresseur leur témoigne un peu de gentillesse, elles croient que les choses vont s'améliorer. Pour les victimes de l'éclairage gazeux, la dissonance cognitive devient une béquille sur laquelle elles s'appuient pour survivre à leur enfer.

Comment le gaslighting dans les relations toxiques fonctionne pour éroder la réalité et le sens de soi.

Le chasseur de gaz a toujours une longueur d'avance sur sa victime dans son jeu, ce qui signifie qu'il a déjà planifié l'utilisation de ces trois étapes pour éroder la réalité et le sens de soi de sa victime :

La phase d'idéalisation

À ce stade, le gaslighter se met en avant, manipulant efficacement la victime pour qu'elle lui fasse confiance. La victime ne peut rien faire de mal selon le narcissique, qui lui prodiguera attention et affection. Il fait croire à la victime qu'elle est dans une relation amoureuse et l'incite à baisser sa garde.

La phase de dévaluation

Pendant cette phase, le gaslighter devient froid et calculateur envers sa victime. Elle ne peut rien faire de bien et est constamment assaillie de critiques à la place de l'amour. Cela plonge la victime dans la dépression et elle essaie de plus en plus de rendre son agresseur heureux, sans succès. Elle commence à se sentir indigne et à avoir l'impression d'échouer. Cette étape est extrêmement dévastatrice car elle peut facilement tracer le modèle des relations futures.

L'étape de la mise au rebut

C'est la période pendant laquelle l'agresseur cherche à se débarrasser de sa victime. Il peut la quitter, la faire interner pour instabilité mentale ou même la faire tuer. Le plus important est de s'en débarrasser. Plus la victime essaie de s'accrocher à la relation, plus l'agresseur devient puissant et cruel. Le chasseur de gaz fera toujours miroiter la possibilité de se débarrasser de sa victime pour qu'elle s'accroche encore plus.

CHAPITRE DIX :

Preuve de Gaslighting

Techniques courantes d'éclairage par le gaz que vous devez connaître pour le moment où elles vous touchent.

Mensonges et déni

La seule chose que nous avons pleinement établie est qu'un allumeur de gaz est un menteur. Il est prêt à mentir de manière flagrante sur tout et n'importe quoi. Le schéma de mensonges est utilisé pour conditionner sa victime et s'imposer comme son point d'autorité.

Projection

Le gaslighting se caractérise par le fait que l'agresseur projette ses propres échecs et insécurités sur la victime. S'il est négligent, il reprochera à la victime d'être négligente. S'il a du mal à respecter l'heure, il reprochera à la victime d'être constamment en retard alors qu'elle a deux minutes de retard. S'ils trichent, ils accuseront leur victime de tricher pour couvrir leurs actions.

Détourner

Le chasseur de gaz détournera la conversation en changeant complètement de sujet et en refusant de reconnaître les préoccupations de sa victime. Parfois, il refuse complètement d'écouter ou de répondre aux questions soulevées par la victime.

Incongruence

Cela signifie qu'ils ne pensent pas ce qu'ils disent. Les mots venant d'un gaslighter peuvent ne pas correspondre à ses actions. Il dira "je t'aime", suivi d'actions peu aimantes, comme le traitement silencieux, les regards froids ou la bouderie.

Contrer

Remettre en question les souvenirs et la réalité de la victime est un jeu pour le chasseur de gaz et il jouera le jeu aussi longtemps que vous serez ensemble. Il adore que vous deviez compter sur lui pour obtenir des informations.

Isolation

Lorsque vous remarquez que votre partenaire potentiel essaie de creuser un fossé entre vous et vos proches, il est temps de vous demander pourquoi. L'isolement est la clé de l'efficacité du gaslighting car il laisse la victime vulnérable aux attaques de l'agresseur sans aucun système de soutien.

Les 5 étapes du gaslighting : Apprenez comment ils s'y prennent

1. Ils utilisent votre peur contre vous

Vous avez laissé entrer le chasseur de gaz et il est maintenant proche de vous et en confiance. Vous vous confiez à lui et, au lieu de vous protéger, il utilise vos peurs contre vous. Par exemple, pendant longtemps, les Américains n'ont cessé de dénoncer l'État profond et le marécage de Washington. Donald Trump a utilisé ces peurs et ces préoccupations pour gazer le peuple américain et chaque fois qu'il est pris à partie, il dit que l'État profond est après lui parce qu'il travaille pour les Américains.

2. Ils agissent comme s'ils en savaient plus sur vous que quiconque.

Chaque fois que vous vous disputez avec un allumeur de gaz, il utilisera quelque chose de négatif à propos de vos défauts contre vous. Par
exemple, si vous n'êtes pas doué pour les finances, il dira : "Tu sais que
je te connais mieux que quiconque. Tu ne sais pas gérer l'argent. Tu es
horrible en matière de finances. C'est pourquoi je suis là pour m'occuper
de ce genre de choses."

3. Ils normalisent le manque de respect

Pendant la phase où l'agresseur essaie de dévaloriser la victime, il
normalisera le manque de respect chaque fois qu'elle le dénoncera. Par
exemple, l'homme dira des choses comme : "Tu t'entends ? Tu as l'air
folle." Et la femme réplique en disant : "Ne me traite pas de folle." "Bébé,
apprends à prendre une blague. Je plaisantais", répond l'homme. Très
vite, il la traitera de folle et elle l'acceptera parce qu'il ne fait que plaisanter et qu'elle est sensible.

4. Ils remettent en question votre engagement

En mettant en doute votre engagement, ils jettent des doutes sur la
stabilité de la relation. Par exemple, il exigera quelque chose qu'il sait
que vous ne pouvez pas faire, comme dépenser toutes vos économies
pour son projet, et si vous ne le faites pas, il sera extrêmement triste et
menacera même de mettre fin à la relation ou de se faire du mal.

5. Ils investissent dans des affirmations négatives

Ils vous font douter de vous-même en utilisant des déclarations négatives comme des vérités absolues à votre sujet. Par exemple, l'agresseur dira à sa victime : "Je ne sais pas comment ils ont fait pour ne pas
te renvoyer de ce travail. Tu peux à peine gérer ta charge de travail. Tu
n'as pas ce qu'il faut".

Des réponses simples pour enfumer un gaslighter qui les obtient à chaque fois

Utilisez le regard fixe

Regardez la personne qui a fait le commentaire pendant un long moment, pour recueillir sa réaction. Le silence gênant qui s'installe suffit généralement à la pousser à s'excuser ou à la mettre dans l'embarras. Essayez et voyez la honte s'emparer de votre interlocuteur. Le regard fixe est un excellent moyen d'exprimer votre incrédulité à l'égard de ce que dit le gaslighter, chaque fois que vous doutez de son histoire.

Rappelez-vous chaque erreur

Un chasseur de gaz se souvient méticuleusement des erreurs de sa victime, alors assurez-vous de vous souvenir des leurs. S'il se trompe sur une histoire qu'il vous a racontée, assurez-vous de le rappeler à l'ordre.

Les mal comprendre intentionnellement

Vous pouvez voir que le chasseur de gaz essaie de vous faire avaler une histoire bidon et de vous mentir de manière flagrante. Ne vous laissez pas influencer. Faites plutôt comme si vous ne compreniez pas. Par exemple, dites quelque chose comme : "Je ne peux pas comprendre que nous ayons vu la même chose et que vous et moi en ayons des versions différentes. C'est intéressant de voir comment fonctionne le cerveau humain. Je sais ce que j'ai vu et je suis sûr que vous savez ce que vous avez vu. Je ne peux pas vous faire changer d'avis et vous ne pouvez pas non plus changer le mien. Soyons d'accord sur notre désaccord."

Faites quelques contre-mesures de votre côté

Vous avez dit que vous avez tiré la chasse d'eau et il dit que vous ne l'avez pas fait. Mais vous vous êtes enregistré en train de chanter pendant que vous utilisiez les toilettes. Fournissez les preuves et contrecarrez ses mensonges. S'il dit qu'il vous a envoyé un SMS pour annuler des plans et que vous savez qu'il ne l'a pas fait, demandez-lui de vous montrer le SMS. Il saura ainsi que vous avez compris son jeu. Si une chose vous tient à cœur et que le chasseur de gaz essaie de la banaliser, dites-lui immédiatement ce qu'il en est.

Réponses rapides pour les scripts de gaslighting.

Gaspilleur : "Je n'ai pas dit ça."
Retour en arrière : "Tu l'as fait et à partir de maintenant je vais commencer à enregistrer nos conversations, comme ça tu ne pourras pas nier tes propres paroles."

Gaslighter : "J'ai hâte de dîner ce vendredi. Merci pour l'invitation."
Retour en arrière : "Je ne t'ai pas invité à dîner. Je t'ai dit que j'avais un cours de soul cycling avec mes amis."

Gaslighter : "Je n'ai jamais confirmé cette date"
Retour en arrière : "Oui, vous l'avez fait. Voici votre texte confirmant la date."

Gaslighter : "Mais vous avez dit que vous m'aideriez à payer tout ça. Comment suis-je censé le payer ?"
Retour en arrière : "Je ne sais pas. Je n'ai jamais dit que je t'aiderais à payer tes vêtements. Je t'ai dit que j'avais peut-être de l'argent et que si je pouvais, je le ferais. Ce n'est pas ma responsabilité."

Gaslighter : "Ne sois pas si sensible."
Retour en arrière : "C'est irrespectueux. Je ne te dis pas comment te sentir ou agir, alors ne me dis pas comment me sentir."

Gaspilleur : "Vous n'avez pas le droit de plaisanter ?"
Retour en arrière : "Qu'est-ce qui était drôle dans tout ça ? La partie où tu t'es moqué de moi en public ou celle où tu as parlé à tout le monde de mes affaires personnelles ?"

Gaspilleur : "Je t'ai envoyé un texto pour annuler le rendez-vous. Tu n'as pas vu mon message ?"

Retour en arrière : "Non, je n'ai vu aucun message. Montre-moi le texte."

Gaslighter : "Tu ne m'aimes pas comme je t'aime."
Retour : "Ecoute, je peux seulement t'aimer comme je sais comment t'aimer. Ce n'est pas toi qui fixe la norme de comment aimer."

Des idées simples pour combattre les effets du gaslighting

Confronter

Ne laissez pas le chasseur de gaz vous pousser à la soumission lorsque vous savez qu'il ment. Cela va certainement mettre l'agresseur en colère de vous voir répliquer, mais cela lui montre aussi que vous n'êtes pas une mauviette. Prenez une minute pour vous ressaisir, afin de bien comprendre ce à quoi vous êtes confronté. La tactique de l'agresseur sera de vous apaiser et de vous faire croire que vous réagissez de façon excessive.

Demandez une explication

Le chasseur de gaz ne peut pas expliquer ses actions lorsqu'on le lui demande car il comprend sa nature néfaste. Il se met alors sur la défensive et sa tactique consiste généralement à devenir émotif et à vous accuser de ne pas l'aimer ou à vous rendre responsable d'un malentendu.

Faites vos preuves

Si le gaslighter dit que vous n'êtes pas bon à quelque chose et que c'est pour cela qu'il doit être là pour vous, montrez-lui des exemples où vous avez bien fait cette tâche particulière et où vous avez excellé. Il devient plus difficile pour le gaslighter de critiquer sans preuve. Et s'il veut toujours argumenter, refusez, en citant votre preuve.

Exigez le respect

Le chasseur de gaz testera vos limites en termes de respect. Exigez le respect et mettez fin à la relation si vous n'en obtenez pas. Ne donnez pas au gaslighter l'occasion de vous manquer de respect, car la situation ne fera que se dégrader à partir de là.

Une nouvelle compétence pour combattre le gaslighting

La pleine conscience

La pleine conscience est notre capacité humaine fondamentale à rester dans le présent et à être conscient de notre environnement et de nos actions. Le chasseur de gaz s'efforcera d'altérer votre réalité, mais la pleine conscience vous permettra de rester dans le présent et de contrer les faux récits qu'il pourrait essayer d'inventer.

La pleine conscience vous donne la confiance et les munitions nécessaires pour affronter toute situation. Pour cultiver la pleine conscience, vous devez :

Développez votre instinct

Votre instinct ne vous induira jamais en erreur. Appelez-le intuition si vous voulez, mais il vous dit si une situation ne vous semble pas correcte. Le gaslighting est basé sur des mensonges, alors faites confiance à votre instinct s'il vous dit que l'on vous ment.

Tenir un journal

Un allumeur de gaz est un animal en perpétuel changement, donc tenir un journal qui vous dit ce qu'il a dit et quand il l'a dit vous aidera à garder la trace des faits. Vous devrez peut-être tenir un journal en secret.

Méditer

Le gazeur aime vous dominer en vous traitant de tous les noms et en vous rabaissant pour manipuler votre santé mentale. Méditez et protégez votre attention. Non seulement cela vous détend, mais cela vous apporte aussi de la clarté.

Exercice

Plus facile à dire qu'à faire, mais l'exercice mettra votre corps et votre esprit en phase. Un corps et un esprit sains sont plus difficiles à contrôler pour un gaslighter. Le stress et le syndrome de stress post-traumatique liés à la présence d'un "gaslighter" peuvent être combattus en prenant le temps de faire du yoga ou du tai-chi.

LE MOT DE LA FIN

Ce livre a pour but de vous aider à reconnaître et à combattre le gaslighting avant qu'il ne prenne racine et n'ait des effets débilitants sur vous-même ou votre proche. Le gaslighting est un phénomène courant qui a pris de l'ampleur en tant que forme d'abus et qui est utilisé depuis longtemps pour prendre le contrôle de la victime. Pour certaines personnes, l'utilisation du gaslighting est une décision consciente, mais il y a des gaslighters qui ne savent pas qu'ils se livrent à ce comportement.

J'ai parlé du gaslighting dans le contexte des relations intimes, des unités familiales, des lieux de travail et des amitiés. Vous devriez maintenant être en mesure de comprendre l'approche du gaslighter et ce qu'il attend de sa victime. J'ai également mis en lumière la façon dont vous pouvez identifier le gaslighting dans votre vie, quel que soit le contexte.

La personnalité du gaslighter est chargée d'insécurités, de peurs, de doutes, d'une faible valeur personnelle et d'une faible estime de soi. Ces problèmes de caractère jouent un rôle énorme en faisant du gaslighter un individu contrôlant et manipulateur. Que vous ayez affaire à un gaslighter conscient ou non, l'effet sur la victime est le même.

Il est crucial de savoir à quel type d'allumeur de gaz vous avez affaire afin d'être en mesure de voir efficacement leurs schémas. Dès qu'une personne devient abusive et vous menace, il s'agit d'un gaslighter intimidateur. Si vous avez affaire à un gaslighter de type Jekyll et Hyde, il correspond au profil du gaslighter bonhomme. Ce type de gaslighter est peut-être le plus insidieux de tous. Le chasseur de gaz glamour peut être identifié par son comportement pur-sang, qu'il utilise pour vous séduire et finalement vous rendre redevable envers lui.

L'auto-examen est crucial dans une relation, car il se peut que vous fassiez preuve d'un comportement de gaslighting, sans le savoir. Certaines des questions que j'ai présentées peuvent vous aider à identifier si vous vous trouvez dans le spectre du gaslighting et, si c'est le cas, à quel

677

point vous êtes extrême ? Ce livre vous aide efficacement à comprendre tout ce qui précède et à reconnaître les schémas.

La promesse que j'ai faite dans ce livre était de vous donner toutes les informations possibles sur le gaslighting, de mettre à nu ses intentions, et de citer des exemples en ce sens. En utilisant les exemples et les histoires de ce livre, vous pouvez maintenant identifier le gaslighting dans votre vie et dans celle de votre entourage et vous pouvez trouver une solution.

La principale leçon à tirer de ce livre est que la victime du gaslighting n'est pas en faute. Vous avez affaire à un manipulateur expert qui n'a aucun scrupule et ne joue pas franc jeu. De nombreuses victimes font preuve de résilience et il faut les admirer pour leur esprit de combat, car un gaslighter ne se laisse pas abattre sans se battre. Si vous connaissez quelqu'un qui est victime de gaslighter, restez une constante dans sa vie, un refuge sûr pour lui et veillez toujours sur lui.

SOURCES

Duignan, B, Gaslighting: Human behavior. Retrieved from
  https://www.britannica.com/topic/gaslighting

Haider, A (2019, 22nd November). A Cultural History of Gaslighting. Retrieved from
  http://www.bbc.com/culture/story/20191122-cultural-history-of-gaslighting-in-
  film

Waldman, K (2016, 18th April). Form Theatre to Therapy to Twitter, The Eerie History
  of Gaslighting. Retrieved from https://slate.com/human-interest/2016/04/the-
  history-of-gaslighting-from-films-to-psychoanalysis-to-politics.html

Dean, M (2020, 9th March). Gaslighting: A Sneaky Kind of Emotional Abuse
  https://www.betterhelp.com/advice/relations/gaslighting-a-sneaky-kind-of-
  emotional-abuse/

Sarkis, S Ph.D. (2017, 30th January). Are Gaslighters Aware of What they Do?
  Retrieved from https://www.psychologytoday.com/us/blog/here-there-and-
  everywhere/201701/are-gaslighters-aware-what-they-do

Gustafson, K. Are You a Gaslighter. Retrieved from: http://together.guide/are-you-a-
  gaslighter/

Woodruff, T (2019, 3rd Oct). Gaslighting: Are You a Gaslighter? Retrieved from
  https://pairedlife.com/problems/Gaslighting-Are-You-a-Gaslighter-or-gaslighted

Phillips, A. What I Wish I Knew ABout Gaslighting Before It Happened to Me.
  Retrieved from: https://www.joinonelove.org/learn/what-i-wish-i-had-known-
  about-gaslighting-before-it-happened-to-me/

Sarkis, S Ph.D. (2017, 22nd January). 11 Warning Signs of Gaslighting. Retrieved
  from: https://www.psychologytoday.com/us/blog/here-there-and-
  everywhere/201701/11-warning-signs-gaslighting

Sarkis, S Ph.D. (2018, 4th October). This is Why Victims of Gaslighting Stay- And
  How They Can Finally Break Free. Retrieved from:
  https://www.google.com/url?q=https://www.mindbodygreen.com/articles/why-
  victims-of-gaslighting-stay-and-how-to-finally-
  leave&ust=1582536180000000&usg=AFQjCNGzCODCEZSu7ytfxx-
  1d_Sc220pcg&hl=en

Mohan, M (2018, 11th January) Cheating and Manipulation: Confessions of a
  Laughter. Retrieved from: https://www.psychologytoday.com/us/blog/here-there-
  and-everywhere/201701/11-warning-signs-gaslighting

Weiss, S (2017, 6th March). 7 Signs Your Parents Are Gaslighting You. Retrieved
  from: https://www.bustle.com/p/7-signs-your-parents-are-gaslighting-you-42457

Hale, L (2018, 29th March). 24 Phrases Gaslighters Use Against You at Work.
  Retrieved from: https://www.ragan.com/24-phrases-gaslighters-use-against-you-
  at-work/

Richardson, H (2019, 15th Sep). What Happened When I Was Gaslit By My Boss. Retrieved from: https://www.refinery29.com/en-gb/gaslighting-at-work

Nelson, K (2016, 3rd Apr). 5 Ways US Culture and Society is Gaslighting Marginalized People. Retrieved from: https://everydayfeminism.com/2016/04/examples-gaslighting-culture/

Arabi, S (2019, 18th Nov) Recovering from a Narcissist. Retrieved from: https://blogs.psychcentral.com/recovering-narcissist/2018/10/gaslighting-

Miller, N (2014, 24th May). How To Turn People's Own Thoughts Against Them. Retrieved from: https://mind-hacks.wonderhowto.com/how-to/gaslighting-101-turn-peoples-own-thoughts-against-them-0154973/

Christine. The Effects of Gaslighting in Narcissistic Victim Syndrome. Retrieved from: https://narcissisticbehavior.net/the-effects-of-gaslighting-in-narcissistic-

Moss, G (2015, 29 Sep). 3 Problems People From Toxic Families Often Struggle With. Retrieved from: https://www.bustle.com/articles/113750-3-problems-people-from-toxic-families-often-struggle-with

Christine. Les effets du Gaslighting dans le Syndrome de la Victime Narcissique. Récupéré de : https://narcissisticbehavior.net/the-effects-of-gaslighting-in-narcissistic-

Moss, G (2015, 29 Sep). 3 Problèmes avec lesquels les personnes issues de familles toxiques se débattent souvent. Récupéré de : https://www.bustle.com/articles/113750-3-problems-people-from-toxic-families-often-struggle-with